근본설일체유부필추니비나야
根本說一切有部苾芻尼毘奈耶

추천의 글

중앙승가대학교 대학원장 보각(普覺)

일반적으로 부르는 승가(僧伽)는 출가한 수행자들의 조직이며, 필추와 필추니가 중심입니다. 이러한 기본 축의 중심을 이루고 있는 것은 화합이며, 본질적 의미에서 살피면 화합승가·청정승가·평등승가를 바탕으로 삼고 있습니다. 이 가운데서 청정승가란 지계하는 필추들이 모여 있는 승가를 가리키는 것이고, 이것은 행위의 청정성을 목적으로 하고 실천하는 계율의 정신에 기초를 두고 있음은 누구나 널리 알고 있는 사실입니다.

근본불교 이후 세월이 흘러 교단의 분열이 발생하고 부파에 따라 적지 않은 승가의 토착화 현상이 나타났으나 여전히 승가와 계율에 관한 핵심요소는 변화가 일어나지 않았습니다. 승가의 기능 중에서 가장 많이 인식되고 있는 것은 복전(福田)으로서의 공덕을 들 수 있습니다. 이러한 관념은 업과 윤회의 사상과 밀접하게 관련되어 있으며, 따라서 수행자에게 보시를 하고 공덕을 쌓아 안락한 삶을 누릴 수 있기를 염원하였습니다.

부처님의 가르침의 핵심은 반야와 해탈에 있으며, 안락한 삶을 원하는 것은 궁극적이거나 최종적인 목표가 될 수 없는 것입니다. 공덕에 대한 관념은 불자들의 일상생활에 깊이 뿌리 내리고 있는 가치관이며, 청정한 계행이 승가에 대한 보시 공덕을 낳는 것으로 믿어져 왔습니다. 이러한 관점에서 보면 승가의 성스러움과 청정성은 승가를 유지해 나가는 기반이 되는 것으로서, 계율이 실제로 어떻게 바르게 행해지느냐에 달려있는 것이라고 할 수 있을 것입니다.

승가의 기능은 그 어느 것보다도 먼저 수행자들의 화합이 우선한다는 것을 지적할 수 있으며, 교단이 크게 발전하게 되면서 점차로 경계에

8

의한 다른 요인이 개입되어 여러 변화를 가지게 되었어도, 계율의 가치와 실천의 행위에 대하여 의심을 일으키는 수행자는 없을 것입니다.

원효(元曉) 스님이 지은 『대승육정참회(大乘六情懺悔)』에는 "만약 법계에서 노닐고자 하는 사람을 네 가지 위의(威儀)를 조금도 어겨서는 아니되며, 모든 부처님의 부사의한 덕(德)을 생각하고, 항상 현재의 모습을 생각하며 업장(業障)을 녹여야 한다. 널리 육도(六道)의 가없는 중생을 위하여 시방의 헤아릴 수 없는 많은 부처님께 귀명(歸命)해야 할 것이다."라고 계율의 정신을 강조하셨습니다.

지금까지 전해지는 율장 중에서 『근본설일체유부필추니비나야』는 독립적으로 필추니 율장을 완전히 갖추었다는 특징이 있습니다. 180부로 이루어진 이 율장이 이번에 첫 번째로 번역되어 출판되니 이의 보급을 통해 율장에 대한 더 깊은 관심과 연구와 논의가 활성화되기를 기대하여 봅니다.

끝으로 첫 번째의 번역판을 출판하는 보운 스님의 그 동안의 노력을 다시 한 번 축하드리며, 나머지 부분의 율장도 모두 완역되기를 기대합니다.

불기(佛紀) 2558년(2014년) 10월

역자의 말

보운

『근본설일체유부비나야』는 필추의 바라제목차인『근본설일체유부필
추비나야』50권과 필추니의 바라제목차인『근본설일체유부필추니비나
야』20권, 건도는『출가사』4권,『안거사』1권,『수의사』1권,『피혁사』
2권,『갈치나의사』1권,『약사』18권,『잡사』40권,『파승사』20권 등으로
이루어져 있다. 여기에 다시 갈마본인『근본설일체유부백일갈마』10권과
바라제목차를 간추린『근본설일체유부계경』1권,『근본설일체유부필추
니계경』1권 등이 더해지고, 율장의 해설서인『근본설일체유부니타나목
득가』10권 등과 게송을 간추린『근본설일체유부비나야니타나목득가섭
송』1권,『근본설일체유부약비나야잡사섭송』1권,『근본설일체유부비나
야송』3권 등 전체 183권으로 구성된 율장이다.
　여러 율장들이 유통된 후 율을 재정립해야할 필요성에 의해 상대적으로
늦은 시기에 번역된 것으로 보이며, 이 율장들의 가장 큰 특징으로는
역대 왕조에서 조성된 대장경 중에서도 유독『고려대장경(高麗大藏經)』에
만 완전한 내용이 남아 있는 점이다.
　번역을 시작하면서 그동안 수집한 대장경을 검토하였는데 송(宋)나라의
『개보대장경(開宝大藏經)』과『적사대장경(磧砂大藏經)』, 금(金)나라의『조
성금대장경(趙城金大藏經)』, 명(明)나라의『홍무남대장경(洪武南大藏經)』,
『영락북대장경(永樂北大藏經)』, 청(淸)나라의『건륭대장경(乾隆大藏經)』및
『대정신수대장경(大正新修大藏經)』,『Tibet大藏經』등의 북전(北傳)과 P.T.S
본의『Pali대장경』의 남전(南傳)을 중점 비교하여 번역하였다.
　이 번역은『근본설일체유부비나야』가운데 처음 번역된 율장으로 보다

많은 스님들이 쉽게 접근했으면 하는 바람에서 시작되었다. 앞으로 더욱 발전된 번역서가 나타나기를 기대하며 이왕이면 남은 율장 번역의 지침서가 될 수 있다면 더욱 좋겠다.

이 번역서를 내면서 지금까지 학자의 길을 꾸준히 갈 수 있도록 적극적 후원과 격려를 해주시는 신륵사의 세영 회주 큰스님을 비롯해 주지스님과 여러 신도님들에게도 고마움의 뜻을 전달하고 싶다. 또한 입적하시기 전에 항상 필자가 학승의 길을 잘 걸어가도록 용기를 북돋아주었던 안성 석남사의 정무 큰스님과 길상화 노장님께도 깊은 감사를 드린다.

차 례

12

14

16

근본설일체유부필추니비나야 제19권　600

근본설일체유부필추니비나야

根本說一切有部苾芻尼毘奈耶

三藏法師 義淨 漢譯 ┃ 釋 普雲 國譯

혜안

추천의 글

중앙승가대학교 총장 원행(圓行)

　부처님 가르침의 가장 두드러진 특징은 절대자에게 의지하여 안락과 이익을 추구하지 않고, 오직 깨달음을 추구하여 계율을 기초로 삼아 보리심을 이루고 대승의 삶을 실천하는 것에 큰 의미가 있습니다. 우리들의 수행 목표인 깨달음은 인간들이 짊어진 고통의 환경에서 해탈이요, 자재하고 무애한 삶을 가리키는 것입니다.

　그럼에도 인간 세상에는 평등을 벗어난 차별이 존재하고 이 깨달음으로 향하는 여정에 업력의 장애를 받게 됩니다. 선업(善業)보다는 악업(惡業)이 수행의 결정적 걸림돌로 작용하므로 이러한 마장(魔障)을 극복하고 깨달음의 꽃망울을 맺기 위하여 계율은 필수적인 종자(種子)로써 존재하고 있습니다. 이러한 까닭으로 부처님께서는 삼학(三學) 가운데 계율을 앞서 강조하셨던 것입니다.

　『발보리심경론(發菩提心經論)』에서 "보살은 선지식을 가까이하고, 모든 부처님들께 공양하며, 선근(善根)을 닦아 쌓고, 수승한 법을 발원하고 추구하며, 마음이 항상 부드럽고, 괴로움을 당하더라도 능히 참아내며, 자비가 두텁고 깊으며, 마음이 평등하고, 대승을 믿고 즐기며, 부처님의 지혜를 추구하여 마침내 능히 아뇩다라삼먁삼보리의 마음을 일으킬 것이다."라고 설하고 있습니다.

　이러한 지혜를 추구하는 보리심도 계율에 바탕을 두고 있음은 여러 차례 강조하여도 지나치지 않을 것입니다. 서산대사께서 계율에 대하여 말씀하시기를 "선(禪)은 부처님의 마음이요, 교(敎)는 부처님의 말씀이며, 율(律)은 부처님의 행(行)이다."라고 하셨습니다. 따라서 부처님 행을 닦지

6

않고서 어찌 부처님 법을 배우는 수행자라고 할 수 있겠습니까? 계율이 뒷받침 되지 않는 수행은 모래를 쪄서 밥을 지으려는 것과 같으며, 날개 없는 새가 허공을 날려는 것과 같아서 결국 이룰 수 없는 헛된 꿈에 불과한 것입니다.

부처님 당시 불법이 성행하던 인도와, 중국에 전래된 이후의 율장은 환경과 문화 등의 매우 이질적인 요소로 인하여 계율을 실천하던 현실적 측면에서 각각 차이를 보일 수 있었을 것입니다. 그렇지만 부처님의 율의 정신은 현재까지 승가의 화합과 발전에 초석으로 작용하고 있고, 앞으로도 변함없이 계속 이어져 갈 것입니다.

여러 광율(廣律) 중에서 『근본설일체유부필추니비나야(根本說一切有部苾芻尼毘奈耶)』는 근본불교의 계율적 전통이 잘 간직된 필추니 율장으로 독립적으로 구성된 특징을 간직하고 있어 다른 율장에 비교하여 중요한 위치를 차지하고 있습니다. 그 동안 현실적인 어려움으로 인하여 필추니 율장의 독립된 형태로 완전한 모습을 갖춘 광율의 번역과 보급이 미흡하였으나 이 책으로 인하여 더 많은 연구와 논의가 활발해지고 승가의 청정성이 회복되어 승가가 더욱 화합하여지기를 기대하여 봅니다.

끝으로 번역에 열중한 보운 스님의 그 동안의 노력을 깊이 치하(致賀)하며, 많은 스님들이 이 율장을 접하여 계율에 대한 이해가 깊고 넓어지기를 기대하는 바입니다.

불기(佛紀) 2558년(2014년) 10월

근본설일체유부필추니비나야 제20권 637

일러두기

1. 이 책의 저본(底本)은 고려대장경(高麗大藏經) 제22권 K-892의『근본설일체유부
   필추니비나야(根本說一切有部苾芻尼毘奈耶)』이다.
2. 원문은 20권으로 구성되어 있으나 이 책에서는 각 권수를 표시하되 한 책으로
   번역하였다.
3. 번역의 정밀함을 기하기 위해 여러 시대와 왕조에서 각각 결집된 북전대장경과
   남전대장경을 대조 비교하며 번역하였다.
4. 원문 속 의정 스님의 주석은 [ ]으로 표시하였다. 또 원문에는 없으나 독자의
   이해를 위해 번역자의 주석이 필요한 경우 본문에서 ( ) 안에 표시했다.
5. 원문에 나오는 '필추', '필추니'는 각각 현재 보편적으로 '비구', '비구니'라고
   부르지만, 이 책에서는 원의를 최대한 살리는 뜻에서 원문 그대로 '필추',
   '필추니'로 썼다.
6. 원문에서의 '속가(俗家)'는 '재가(在家)'로, '속인(俗人)'은 '재가인(在家人)'으로
   번역하였다.
7. 원문의 한자 음(音)과 현재 불교용어로 사용되는 음이 다른 경우 현재 용어의
   발음으로 번역하였다.
   예) 파일저가법(波逸底迦法)→ 바일저가법
8. 원문에서 사용한 용어 중에 현재는 뜻이 통하지 않는 것이 상당수 있다.
   원문의 뜻을 최대한 살려 번역하였으나 현저하게 의미가 달라진 용어의 경우
   현재 사용하는 단어 및 용어로 바꾸어 번역하였다.

근본설일체유부필추니비나야 해제

1. 역자 의정 스님의 생애

본 율장의 역자, 즉 한어(漢語) 번역자인 삼장법사 의정(義淨) 스님의 기록은 『송고승전(宋高僧傳)』, 『불조통기(佛祖統紀)』, 『대당서역구법고승전(大唐西域求法高僧傳)』, 『삼보감응요략록(三寶感應要略錄)』, 『역대법보기(歷代法寶記)』 등에 전하고 있다.

여러 기록을 종합하여 보면, 의정 스님은 당의 태종(太宗) 정관(貞觀) 8년(635)에 범양(范陽)에서 출생하였으며, 성(姓)은 장(張)씨이고, 자(字)는 문명(文明)이다. 7살(641)에 제주성(齊州城) 서쪽에 자리잡고 있는 토굴사(土窟寺)로 출가하였다. 내전(內典)과 외전에 두루 통달하였으며, 15살에 서역으로 구법하러 갈 뜻을 세웠으며, 37살에 배를 타고 서역으로 출발하였다.

17년 동안의 구법기간을 가진 현장 스님의 여정(旅程)보다 더 긴 왕복 25년 동안 30여 국가를 순례하였으며, 인도에 12년(673~685) 동안 머물며 나란타사(那爛陀寺)에서 학문을 닦은 후, 돌아오는 길에 실리불서(室利佛逝)의 수도(首都)에 머물러 불교의 유통 상황을 살펴본 뒤에 695년 다수의 범본의 경·율·논 등의 400여 부(部) 합계 50만송의 불전(佛典)과 사리 300과(果)를 가지고 귀국하였다. 번역한 삼장(三藏) 가운데 율장은 『근본설일체유부비나야(根本說一切有部毘奈耶)』 50권 및 『근본설일체유부필추니비나야(根本說一切有部苾芻尼毘奈耶)』를 포함한 설일체유부의 율장 180권과 법장부(法藏部)의 『근본살바다부율섭(根本薩婆多部律攝)』 14권 등을 번역하였으며, 선천(先天) 2년(713) 정월(正月) 장안(長安)의 대천복사(大薦福寺) 경내에 있는 번경원(飜經院)에서 향년 79세로 입적(入寂)하였다.

또한『대당서역구법고승전(大唐西域求法高僧傳)』에는 태종 정관 15년
(641)부터 무측천(武則天) 천수(天授) 2년(691)까지 40년 동안 57명의 스님들
이 구법하기 위하여 인도를 순례한 사적(事蹟)을 선후에 맞게 기록에
남겼다. 이 가운데에는 고구려(高句麗), 신라(新羅), 백제(百濟)의 스님들도
포함되어 있으며, 스님들의 출신지와 순례의 노선(出行路線)과 구법의
내용 등을 상세히 기록해 놓아 당시의 승려들의 구법활동을 살필 수
있는 자료로 평가받고 있다.

2. 『근본설일체유부비나야』의 개요

의정 스님에 의해 번역된『근본설일체유부비나야(根本說一切有部毘奈
耶)』는『사분율(四分律)』등 기존의 광률과는 다른 면모를 보이고 있으며,
번역이 되기까지 약 300년이 걸렸다. 본 율장의 저본(底本)은 의정 스님이
가장 오랜 시간 머물렀던 당시 불교계의 중심이었던 나란타사(那爛陀寺)에
서 얻은 것으로 추측된다.『개원석교록(開元釋敎錄)』(730)에 의하면 유부율
200여 권은 의정에 의하여 역출(譯出)되었으며, 처음에 번역 공개된 율은
11부(部) 159권으로 전하고 있다. 그중에서도『근본설일체유부필추비나
야(根本說一切有部苾芻毘奈耶)』50권은 장안(長安) 3년(703)에 번역하였고,
『근본설일체유부필추니비나야(根本說一切有部苾芻尼毘奈耶)』20권과『근
본설일체유부비나야잡사(根本說一切有部苾芻毘奈耶雜事)』40권 등은 경룡
(景龍) 4년(710)에 번역하였으며, 기타 법장부(法藏部)의 율장인『근본살바
다부율섭(根本薩婆多部律攝)』과 『근본살바다부니타나목득가(根本薩婆多
部尼陀那目得迦)』는 성력(聖歷) 3년(700)에 번역하였다.『근본설일체유부
비나야(根本說一切有部毘奈耶)』건도부인『근본설일체유부비나야출가사
(根本說一切有部毘奈耶出家事)』이하의 칠부(七部)인 70~80권은 번역을 완
료하였으나 공개하지 않고 입적하였기 때문에 널리 사용하지는 못하였다.
뒤에 『정원록(貞元錄)』(800)에 이르러 목록을 다시 검사하여 7부(部)를

합하여 정리하였으므로 의정 스님에 의하여 역출된 율전(律典)은『정원록』에 의거하면 모두 18부 209권에 이른다.

　『근본설일체유부비나야』는 설일체유부가 새로운 사상을 정립한 뒤에 완성된 율장으로서, 인도에서 가장 발달된 부파불교에서 수지·수행하며, 연구하였던 율장이다. 다른 광률인『십송율(十誦律)』또한 근본설일체유부가 설일체유부에서 파생된 것과 마찬가지로『근본설일체유부비나야』도『십송율』에서 파생되었다고 판단된다. 의정 스님은『십송율』이 설일체유부의 율장이 아니라고 판단하고 있으나,『근본설일체유부비나야』가『십송율』을 기본으로 증광(增廣)한 내용을 비교하여 보면 일치하는 부분이 많아『십송율』을 설일체유부의 구율(舊律)이라고 할 수 있으며,『근본설일체유부비나야』는 신율(新律)이라고 말할 수 있을 것이다.

　그러나『근본설일체유부비나야』에는 보살(菩薩)·자리이타(自利利他) 등의 말이 등장하고, 특히 밀교적(密敎的) 요소를 첨가한 다라니 등이 보이고 있으며, 나아가 율장으로서의 본질적인 요소가 아닌 본생담(本生話)·비유담(譬喩談) 등의 교의적 설명 등을 많이 부가하는 등 문학적 요소가 풍부하여서,『사분율』·『십송율』등의 구율(舊律)과는 차이가 있다. 또한 나란타사(那爛陀寺), 그리고 남해 지방의 대승교도(大乘敎徒) 사이에 성행된 율이므로,『사분율』·『십송율』등의 여러 율장과 같이 소승률의 형태를 갖추고 있으나 대승적 영향을 받은 상좌부의 율장이라고 말하여야 할 것이다. 결과적으로 대승적 교학이 발전되고 밀교의 의궤(儀軌)가 성행하던 시대 흐름에 맞춰 율장에서도 새로운 사상의 정립(正立)과 새로운 실천적 요소(要素)가 요구되자, 의정 스님은『십송율』을 기초로 삼아 율장을 집대성한 것이라 생각된다.

3.『근본설일체유부필추니비나야』의 구성

　『개원석교록(開元釋敎錄)』에 의하면『근본설일체유부필추니비나야』

26

의 번역은 서기 710년으로, 필추율과 비교하면 그 계율의 계목(戒目)에서 연기 등은 거의 비슷하다. 상좌부 계열의 율장으로서 설일체유부(說一切有部)의 필추니가 수지하는 바라제목차에 대한 내용으로 8바라시가법(波羅市迦法), 20승가벌시사법(僧伽伐尸沙法), 33니살기바일저가법(泥薩祇波逸底迦法), 180바일저가법(波逸底迦法), 11바라저제사니법(波羅底提舍尼法), 99중학법(衆學法), 7멸쟁법(滅諍法) 등의 358항의 조목을 주석(註釋)하고 있다.

제1권에서는 율장이 삼장(三藏) 중에서 으뜸으로, 계율을 무너뜨리지 않아야 최상의 복락을 얻는다고 강조하고 있으며 대가섭의 출생과 출가, 세존과의 만남과 수행을 서술함으로써, 대가섭을 통해 부처님 법맥의 정통성을 확립하고자 노력하였다.

제2권에서는 여덟 가지의 바라시가법(波羅市迦法) 가운데 음행에 대하여 설명하고 있고, 제3권에서는 투도, 제4권에서는 살인과 대망어에 대하여, 제5권과 제6권에서는 20승가벌시사법을 설명하고 있다. 제7권부터 제11권까지는 서른세 가지 니살기바일저가법에 대하여, 제12권에서 17권까지는 180바일저가법에 대하여 설명하고 있다. 또한 제17권에서 제19권까지는 필추니의 바라제목차를 해석하고 있으며, 제20권에서는 바일저제사니법과 중학법, 그리고 7멸쟁법에 대하여 설명하고 있다.

이와 같이 「근본설일체유부필추니비나야」는 필추니승가의 율법에 대한 한역서로, 필추니들은 부처님께서 제정하신 계율 조항을 따라서 실천하여야 수행을 올바르게 닦을 수 있으며, 부처님의 가르침을 널리 펼치는 필수의 조건이 율장인 것을 강조하고 있다.

근본설일체유부필추니비나야 제1권

비나야서(毘奈耶序)

대비하시고 존귀하신 분들께 머리숙여 예경 올리옵나니
능히 모든 중생을 불쌍히 여기시옵소서.
얼굴은 원만하시어 막 떠오르는 태양과 같고
눈빛의 맑음은 푸른 연꽃과 같도다.

세존께서는 조복(調伏)의 가문에 태어나시어
제자 대중을 조복하시고
모든 대중의 허물을 조복하셨으므로
법 가운데서 존귀하므로 예경올립니다.

세존께서는 삼장(三藏)의 가르침을 말씀하셨으나
계율이 으뜸이라네.
나는 이 가르침 가운데에서
대략 그것을 펼치어 찬탄하고 봉송하노라.

나무뿌리가 근본이 되어
줄기와 가지가 이것에서 생겨나듯이
세존께서 말씀하신 계율이 근본이 되어
능히 모든 뛰어난 법을 일으키도다.

비유하면 큰 제방은
사나운 물이라도 넘을 수 없는 것처럼
계법(戒法) 또한 이와 같아서

능히 허물을 막아내도다.

모든 세존께서는 보리를 증득하셨고
독각(獨覺)은 몸과 마음이 적정하므로
이와 같이 아라한에 이르고자 한다면
모두가 계율을 실천한 까닭으로 성취된다네.

삼세의 모든 현자와 성인은
유위법의 속박을 멀리 여의었나니
모두가 계율로써 근본을 삼았으므로
능히 안락하고 고요한 처소에 이르렀다네.

이와 같은 계율로써 조복받고서
세간에 편안히 머무른다면
이것이 곧 모든 여래이시며
바른 법장(法藏)이 소멸하지 않으리라.

이 계율이 능히 올바르게 서 있다면
여래의 바른 법이 등불이 되며
이것을 떠나면 곧 반드시
안락하고 고요한 열반(涅槃)의 길은 없도다.

세존께서는 세간에 유행하시면서
처소에 따라 경전과 계율을 말씀하셨으나
계율의 가르침은 이와 같지 않으니
그러므로 직접 만나기는 어렵다네.

마치 땅이 모든 생명들을 길러서
능히 여러 꽃과 나무를 키워내듯이
계율의 가르침도 또한 이와 같아서

능히 모든 복과 지혜를 낳는다.

세존의 말씀은 계율의 가르침에 의하여
여러 공덕이 생겨나므로
받들어 지니면 해탈을 얻고
악취(惡趣)에 태어나지 아니하리라.

코끼리와 말이 아니 길들여지면
갈고리와 채찍으로 그것을 통제하듯이
계율의 가르침 또한 이와 같아서
조복되지 아니한 것을 잘 따르게 하네.

마치 성(城) 주위에 물길을 파서
능히 여러 원수와 적들을 막는 것처럼
계율의 가르침 또한 이와 같아서
능히 계율을 깨뜨리는 것을 막아준다네.

비유컨대 큰 바다의 물이
능히 시체를 떠오르게 하는 것처럼
계율의 가르침 또한 이와 같아서
능히 여러 계율을 깨뜨리는 것을 없애준다네.

계율은 법 가운데 왕이 되며
모든 부처님들의 가르침 중에서 으뜸이나니
필추를 상인에 비유한다면
계율은 최고가의 보배이로세.

계율을 깨뜨림은 뱀의 독보다 더한 것이고
계율은 아가타(阿伽陀)[1]와 같아

---

1) 아게타(阿揭陀)·아갈타(阿葛陀)라고도 하며, 병을 다스리는 약을 말한다. 무병(無

마음의 번민이 많아지면 조복받기 어려우니
계율로써 고리와 재갈을 삼을지어다.

계율은 수행에 좋은 처소가 되고
더불어 항상 다리가 되어 주며
악취(惡趣)의 바다에서는
능히 배와 뗏목이 되어 주나니.

험한 길을 행하려 하면
계율을 좋은 길잡이 삼고
두려움이 없는 성(城)에 오르려 하면
계율로써 사다리를 삼을 지어다.

세존께서는 최고로 존귀하신 분이시나
친히 계율의 가르침을 말씀하셨나니
세존과 계율은 다르지 아니하므로
모두가 마땅히 귀명(歸命)하여 예배드리려.

세존과 성스러운 제자들께서도
모두가 계율의 가르침에 의지하고 머무셨나니
계율로부터 공경심이 생겨나므로
이러한 까닭에 나는 귀명하여 예배드린다.

나는 계율에 의지하여 찬탄하나니
이 말은 마땅히 존중하면서
처음부터 머리에서 귀의한다면
뛰어나고 상서로운 일을 성취하리라.

계율의 큰 바다는

病·무가(無價)라고 번역된다.

끝의 경계가 아득하여 알기 어렵고
그 차별의 모양이 끝이 없으니
어찌 내가 자세하게 말할 수 있으랴.

세존께서 말씀하신 계율의 가르침의 바다는
깊고 깊어서 헤아릴 수 없나니
나는 이제 내 능력을 좇아
그 조금만을 간략히 찬탄하리라.

세존께서 열반하실 때
널리 여러 대중들에게 알리시면서
그대들은 나의 입멸 후에는
모두가 마땅히 계율을 존중하고 공경하여라.

이러한 까닭으로 내가 찬탄하는 송(頌)을 펼치어
비나야(毘奈耶)를 말하고자 하나니
어진 자들은 마땅히 지극한 마음으로
잘 듣고 가르침으로 조복받으라.

별해탈경은 듣기 어려워
한량없는 구지(俱胝)[2] 겁을 지내왔도다.
독송하여 수지(受持)하는 것도 또한 이와 같아서
말하면서 실천하는 자는 더욱 만나기 어렵도다.

제불이 세간에 출현하심은 즐거움이요
미묘한 바른 법을 말씀하신 것도 즐거움이며
승가가 한마음 같은 견해인 것도 즐거움이요
화합하여 함께 닦고 용맹 정진하는 것도 즐거움이다.

---

2) 산스크리트어 koṭi의 음사로서 수의 단위로, 10^7을 나타낸다.

성인을 만나는 것은 즐거움이요
아울러 함께 머무름 또한 즐거움이니
어리석은 사람들을 만나지 않으면
이것을 이름하여 항상 즐거움을 받는다 하네.

시라(尸羅)[3] 갖춘 자를 만나는 것은 즐거움이요
많이 들은 자를 만나는 것 또한 즐거움이며
아라한을 만나는 것은 진실된 즐거움이니
다음 생을 받지 않는 까닭이라네.

강 나룻터의 묘한 계단을 오르는 것은 즐거움이며
법으로써 원수와 싸워 항복받아 이기는 것은 즐거움이며
바른 지혜를 증득하여 과(果)가 생길 때에는
능히 아만심을 모두 없애주므로 즐거움이다.

만약 능히 뜻을 결정할 수 있다면
육근(六根)의 욕망을 조복시켜 많이 듣고서
어릴 때부터 늙을 때까지 숲속에 머무르나니
고요하고 한가롭게 난야(蘭若)[4]에 머무름도 즐거움이네.

두 손 모아 합장 공경하여
석가모니 세존께 예배드리고
별해탈로써 조복시키는 것을
내가 말하나니 그대들은 잘 들을지어다.

들은 뒤에는 마땅히 바르게 행할 것이며
세존께서 말씀하신 것과 같도록 행할지니

---

3) 산스크리트어 śila의 음사로서 계(戒)라고 번역된다.
4) 산스크리트어 aranya의 음사로서 아란야(阿蘭若)라고 번역되며, 사찰(寺刹)을 가리킨다.

여러 가지 작은 작은 죄가 되는 것까지
용맹하고 삼가하여 보호할 지어다.

심마(心馬)는 다스리기 어려우니
용맹하고 결정하여 항상 이어갈 지니
별해탈은 마치 재갈과 같고
지극히 날카로운 많은 침이 있는 것과 같아
만약 사람이 법도에서 벗어나게 되면
가르침을 듣게 되면 곧 멈출 수 있네

세존께서는 뛰어난 말(馬)과 같아서
순식간에 번뇌의 장애를 뛰어넘으셨으나
만약 사람에게 이 재갈이 없고
또한 일찍이 즐거움(喜樂)이 없다면
그는 번뇌의 구덩이에 빠져서
미혹되게 나고 죽는 것을 계속하리라.

1. 여덟 가지 바라시가법(波羅市迦法)5)

총괄하여 게송으로 거두어 말하겠다.

부정(不淨)을 행하는 것과 주지 않은 것을 취(取)하는 것과
사람을 죽이는 것과 거짓으로 상인법(上人法)을 말하는 것과
몸을 접촉하는 것과 여덟 가지 일을 행하는 것과
죄를 덮어서 숨겨두는 것과 쫓겨난 자를 따르는 것 등
이것은 모두 함께 머물 수 없는 것이니라.

---

5) 의정삼장은 '바라이'를 '바라시가'라 한역하였다. 바라이는 여섯 종류의 계율
가운데 가장 엄하게 다스려지는 계율이다.

34

1) 부정행학처(不淨行學處) ①

그때 보살께서는 도사천궁(覩史天宮)6)에 계시면서 장차 인간 세상에
태어나시려고 먼저 다섯 가지 일로써 인간 세상을 관찰하셨다. 무엇을
다섯 가지라고 하는가? 첫째는 조상을 관찰하는 것이고, 둘째는 시절을
관찰하는 것이며, 셋째는 나라를 관찰하는 것이고, 넷째는 친족을 관찰하
는 것이며, 다섯째는 어머니를 관찰하는 것을 말한다.

그 때 육욕천(六欲天)7)이 어머니가 계신 곳으로 와서 세 번 배를 깨끗하게
하였다. 잠자리에 든 마야부인(摩耶夫人)은 이러한 까닭으로 잠들었을
때 여섯 개의 어금니를 가진 흰 코끼리가 뱃속으로 들어오는 꿈을 꾸었다.

그때 대지는 여섯 가지의 모양으로 진동하였고, 인간 세상에는 큰
광명이 있어서 널리 모든 것을 밝게 비추었다. 해와 달의 빛이 비출
수 없었던 세계와 중간에 있는 어두운 곳까지도 모두가 환히 밝아졌다.
그 세계에 있는 유정(有情)들은 어둡게 가려지고 빛이 비추지 않아서,
태어날 때부터 죽을 때까지 자기 몸의 일부도 볼 수 없었으니 다른 무리들을
어떻게 서로 볼 수가 있었겠는가?

이 광명을 만나고 나서는 진실로 특이하다는 생각을 하고 모두 이렇게
말하였다.

"어떻게 이곳에 중생들이 있는 것인가?"

보살께서 탄생하실 때 대지가 진동하고 널리 광명이 펼쳐진 것이 앞에서
와 같으니, 이 삼천대천세계에 인연이 있는 무리들로써 이 광명을 본
자들은 기뻐하고 뛰어놀며(踊躍) 희유(希有)하다는 생각을 일으켰다.

---

6) 산스크리트어 Tusita의 음역으로 도솔천(兜率天)이라 번역된다. 미륵보살(彌勒菩
薩)이 머물고 있는 천상(天上)의 정토(淨土)이다.
7) 천(天)은 신(神)들이 사는 곳이라는 뜻. 욕계에 있는 여섯 천(天)을 가리킨다.
첫째는 사왕천(四王天)으로 수미산 동쪽의 지국천(持國天)·남쪽의 증장천(增長天)·
서쪽의 광목천(廣目天)·북쪽의 다문천(多聞天)을 가리키고, 둘째는 도리천(忉利天)
으로 33천을 가리키며, 셋째는 야마천(夜摩天)이고, 넷째는 도솔천(兜率天)이며,
다섯째는 낙변화천(樂變化天)이고, 여섯째는 타화자재천(他化自在天)을 가리킨
다.

당시 4대국의 왕은 각자 태자를 낳았는데, 실라벌성(室羅伐城)의 범수대왕(梵授大王)은 태자가 태어날 때 큰 광명이 일어나자 곧 이렇게 생각하였다.

'나의 성스러운 아들이 지니고 있는 복덕의 힘으로 말미암아 큰 광명을 놓아 널리 세계를 비추니, 마땅히 아들의 이름을 승광(勝光)이라고 지어야겠다.'

또 왕사성(王舍城)[8]의 대연화왕(大蓮花王)도 태자가 태어나는 때에 광명이 일어나자 곧 이렇게 생각하였다.

'나의 아들이 지니고 있는 복력이 참으로 희유하구나. 처음 태어날 때에 큰 빛이 널리 비추니 마치 태양 빛이 치솟아 매우 왕성한 것과 같구나. 어머니의 이름 또한 영(影)이라 하니, 마땅히 내 아들의 이름을 영승(影勝)이라고 지어야겠구나.'

또 교섬비국(憍閃毘國)의 백군대왕(百軍大王)도 태자가 태어나는 때에 광명을 보고 곧 이렇게 생각하였다.

'나의 아들이 지닌 복덕으로 큰 광명이 비추니 마치 해가 처음으로 떠올라서 널리 세계를 두루 비추는 것과도 같구나. 마땅히 내 아들의 이름을 출광(出光)이라고 지어야겠다.'

또 온서니국(嗢逝尼國)의 유대륜왕(有大輪王)도 태자가 태어나는 때에 광명을 보고 곧 이렇게 생각하였다.

'나의 아들이 태어날 때에 수승한 광채가 있는 것이 마치 밝은 등불이 능히 큰 암흑을 깨뜨리는 것과도 같으니 마땅히 내 아들의 이름을 등광(燈光)이라고 지어야겠다.'

비록 그 네 나라의 국왕 모두가 각기 환희심을 일으켜 '이 신비로움은 모두 나의 아들 때문이다.'라고 생각하였으나, 그 위엄있는 광명이 바로 보살의 자비로운 선근(善根)의 힘과 광대하고 불가사의한 복덕을 훈습하여 수행하였기 때문에 생겨난 것을 어떻게 알았겠는가?

---

8) 중인도(中印度) 마갈타국(摩竭陀國)의 도성(都城)이며, 세존께서 가장 오랜 기간 동안에 머무르신 장소이다.

바로 그날 석가족에서는 난타(難陀)[9]를 첫째로, 같은 시간에 오백 명의 사내 아이(童子)가 태어났고, 저 야수다라(耶輸陀羅)와 녹모(鹿母) 그리고 구이(瞿夷)[10]의 세 사람을 시작으로 같은 때에 육만 명의 여자 아이(童女)가 태어났다.

다시 오백 명의 시중들 남자가 태어났으니 천타(闡陀)[11]가 우두머리가 되었고, 더불어 오백 명의 시중들 여인도 태어났다. 또한 어미 코끼리인 건탁(建託)이 우두머리가 되어 오백 마리의 코끼리가 새끼를 낳았으며, 오백 마리의 암말이 각각 한 마리씩의 숫망아지를 낳았다. 이때 대지 곳곳에서는 오백 군데에 숨겨져 있던 보물이 홀연히 나타났으며, 변방의 여러 곳에서 복종하지 않던 신하의 무리들이 모두 와서 굴복하였다.

이때 제석천과 범천왕은 여러 하늘의 무리들과 함께 백천(百千) 겹으로 에워싸고 돌면서 공경하고 존중하며 친히 보살을 섬겼다. 또한 여러 왕도(王都)와 성읍과 마을의 모든 장자와 바라문들이 다 함께 우러르며 보살께 예배드리고자 여러 곳에서 구름같이 모여들었다. 이때에 정반왕은 이렇게 생각하였다.

'내 전생의 복력이 감응되어서 이제 성자(聖子)가 나의 집안에 태어나게 되었구나. 또한 능히 모든 수승한 일들이 성취되리니, 마땅히 내 아들에게 일체사성(一切事成)이라고 이름을 지어야겠다.'

그때에 마게타국(摩揭陀國)[12]에는 니구율(尼拘律)[13]이라는 이름의 큰

---

9) 산스크리트어 nanda의 음역으로 환희(歡喜)·가락(嘉樂)이라 번역되며, 정반왕(淨飯王)과 마하파사파제(摩訶波闍波提) 사이에서 태어난 세존의 이복 동생이다.

10) 야수다라와 녹모와 구이는 세존께서 태자로 있을 때 재가에서 결혼하였던 아내들이다.

11) 산스크리트어 chanda의 음역이며, 육중필추(六衆苾芻)의 한 명이다.

12) 산스크리트어 magadha의 음사로서 중인도의 동부지역으로 지금의 비하르(Bihar)의 남쪽 지역에 있던 고대 국가이다. 도읍지는 왕사성(王舍城)으로 기원전 6세기에 빔비사라(bimbisāra) 왕은 앙가국(aṅga國)을 점령하여 영토를 확장하고, 그의 아들 아자타샤트루(ajātaśatru)는 부왕을 죽이고 왕위에 올라 코살라국(kosala國)과 카시국(kāśi國)과 브리지국(vṛji國)을 정복하였다.

13) 인도에서 자생하며 높이가 30~50척까지 자라고 가지와 잎이 무성한 나무이다.

성이 하나 있었는데 평안하고 풍요로워서 백성들이 매우 번성하였고, 이 성 안에는 이름이 니구율이라는 큰 바라문이 있었다. 많은 재산을 가진 부자로 적지 않은 하인들이 있었고 금·은과 진귀한 보물들이 창고에 넘쳐났다. 그의 큰 세력은 마치 비사문왕(毘沙門王)[14]과도 같았으며, 또한 열여섯 개의 넓고 큰 마을에서 봉록을 충당하였으며, 열여섯 개의 큰 읍(邑)에서 하인들을 충당하였고, 60억 이상의 묘(妙)한 진금(眞金)을 가지고 있었다.

당시 마갈타국의 왕인 대연화왕에게는 천(千) 개의 쟁기가 있었는데 그 바라문 집에 있는 쟁기의 수 또한 이와 같았으니, 너무 많다는 비난을 받을까 두려워하여 천 개에서 하나를 줄이고 있었다. 그러나 전생의 복과 선업(善業)에 의해 이루어진 과보가 무르익은 까닭에 쭉정이 보리씨를 뿌려도 금세 자라 금빛의 보리가 되었고, 매번 과일을 거두어들이는 양이 2백여 석(石)[15]이 넘었다.

그는 매일같이 왕에게 인사를 드릴 때에는 항상 한 움큼[16]의 금빛 보리를 바치면서, '대왕의 복과 수명이 끝이 없기를 바라옵니다'라고 기원하였다. 훗날 명망 있는 집안의 여인을 아내로 맞았지만, 여러 해가 지나도록 자식이 없었다. 항상 자식 얻기를 구하였으나 마침내 뜻을 이루지 못하자 드디어 온갖 신들에게 제사를 올렸다. 비록 오랫동안 기도를 하였으나 끝내 뜻을 이루지 못하여 마음에 근심과 걱정을 품은 그는 턱을 괴고서 탄식하였다.

"내 집의 재산은 한량(限量) 없으나, 뒤를 이을 자식이 없으니 장차

---

14) 다문천왕(多聞天王)의 다른 이름이며, 항상 부처님의 도량을 지키면서 부처님의 설법을 듣는다고 하여 '多聞'이라고 부른다.
15) 한국에서 갈대나 풀, 짚 등으로 만든 곡식을 담는 용기를 일컫는 말로서 섬이라고 부른다. 신라 때부터 사용하였으며 성인 한 사람의 1년간 소비량 또는 장정 한 사람이 짊어질 수 있는 양을 말한다. 한 섬은 열 말로서 용량 180리터로 곡식의 종류나 상태에 따라 무게가 달라진다. 벼는 200kg, 쌀은 144kg, 보리쌀은 138kg 등이다.
16) 약 5홉의 양에 해당한다.

38

누구에게 맡길 것인가? 결국은 관청에 빼앗겨 끝내 우리에게는 털끝만큼
도 남는 것이 없겠구나."

어머니가 말하였다.

"그대는 지금 무슨 까닭에 이와 같이 길게 탄식을 하는가?"

아들이 대답하여 말하였다.

"제가 지금 몸과 마음이 어찌 평안할 수 있겠습니까? 세상에 드물게
재산은 풍요로우나 자식이 없어 대를 보존하기 어려우니 세상을 떠나게
되면 모은 것이 모두 흩어질 것입니다."

어머니가 말하였다.

"걱정은 그만두고 근심하지 말게나. 그대에게 방편을 가르쳐 주겠네.
내가 세상에서 자식이 없는 사람들을 보니 스스로 기도하기도 하고,
혹은 남에게 구하기도 하는데 은근하고 신중하게 발원하면 어떻게 결과가
없겠는가?"

아들이 어머니에게 말하였다.

"발원은 어떻게 하여야 합니까?"

어머니가 말하였다.

"나도 예전에 아들이 없었는데 니구율 나무 아래서 구하여 드디어
그대를 낳았네. 그대도 이제 신령스런 나무 아래서 간절하게 기원하면
반드시 뜻을 이루게 될 것이네."

그때에 바라문은 어머니의 가르침을 받들어서 후원(後園) 안에 있는
필발라(畢鉢羅)[17] 나무 아래에 널리 여러 음식을 차려 놓고 기원하여
말하였다.

"엎드려 바라옵건대 나무의 신(木神)께서는 빨리 저에게 아들을 주시옵
소서. 만약 저의 소원대로 이루어진다면 이곳에 신당(神堂)을 넓게 세우고
아울러 큰 잔치를 베풀어서 특별한 은혜에 기뻐하고 감사드리겠나이다."

---

17) 산스크리트어 Pippala의 음사로서 필발라(畢鉢羅)라고 한역된다. 인도에서 불자들
이 Bodhi-vtksa, 즉 '깨달음의 나무'라고 부른 까닭으로 '보리수(菩提樹)'라는
이름으로 널리 알려져 있다.

　하루도 빠짐없이 항상 기원하던 그는 어느날 신에게 이런 말도 하였다.
　"만약 나의 뜻이 이루어지지 않는다면 나는 마땅히 이 뿌리를 자르고 나무를 베어서 당신이 의지할 곳을 없애버리겠습니다."
　그때 천신이 이 은근한 마음을 알고는 두려움이 생겨서 생각하기를 '나에게는 힘이 없으니 어찌해야 될 것인가?' 하고는 서둘러 비사문천에게 가서 말하였다.
　"대천(大天)이시여. 어떤 바라문이 아들을 얻으려고 하는 까닭에 제가 머무르는 나무를 베어버리려고 합니다. 바라건대, 은혜를 베푸시어 구제하여 주십시오."
　천왕은 듣고 나서 스스로에게 힘이 없는 것을 생각하고는 곧 상천(上天)으로 가서 제석천에게 말하였다.
　"바라건대 보시고 들으시고 살피어 주십시오. 지금 제가 맡고 있는 어떤 처소에 한 바라문이 아들 얻기를 구하여 이루지 못하면 베어버리려고 합니다. 이러한 액란이 있사오니 불쌍히 여기십시오."
　천주(天主)는 듣고 나서 보좌하는 사람들에게 말하였다.
　"만약 천자 중에서 노쇠한 모습이 나타나는 사람이 있으면 나에게 알리도록 하시오."
　이렇게 명을 내리니, 사람들은 천주(天主)의 명을 공경히 받들었다. 얼마 후에 한 천자가 다섯 가지의 노쇠한 모습을 나타내자 바로 천주에게 와서 말하였다.
　"지금 어느 천자가 죽을 모습이 나타나고 있습니다."
　그를 오도록 명하여 말하였다.
　"그대는 지금 마땅히 섬부주 안에 있는 니구율성의 대바라문 집으로 가서 태어나도록 하시오."
　이렇게 말하자 천자가 말하였다.
　"대천이시여, 마땅히 아셔야 합니다. 그 바라문은 스스로의 존귀함을 믿어서 깊은 방일한 마음을 일으켰습니다. 무엇보다 세존으로 태어난다 해도 인간 세상에 몸을 나타내고 교화의 인연을 마쳐야 마땅히 열반에 들 수 있습니다. 저는 전생에 세존 계신 곳에서 오로지 청정한 행을 닦는 것을 발원하였는데 그 집에 태어나면 나에게 장애될까 두렵습니다."

천주가 그에게 말하였다.

"그대는 근심하지 마시오. 내가 마땅히 그대를 도와 항상 방일한 마음이 없도록 하겠소."

그러자 천자는 목숨을 마친 후 곧 니구율성으로 가서 몸에 의탁하여 생명을 받게 되었다. 그때 총명하고 지혜로운 여인은 다섯 가지의 기이한 지혜가 있었으니, 무엇이 다섯 가지인가? 첫째는 남자에게 욕심(欲心)이 있음을 아는 것이요, 둘째는 시절을 아는 것이며, 셋째는 어느 사람을 좇아 임신이 되었는지를 아는 것이고, 넷째는 아들인 것을 아는 것이며, 다섯째는 딸인 것을 아는 것이다.

여인은 임신이 된 것을 알고는 크게 기뻐하여 남편에게 알렸다.

"당신은 아시는지요? 지금 착한 아들이 저의 태 안에 들어왔으니 크게 기뻐하십시오."

남편은 그 말을 듣자 몸과 마음으로 기뻐하여 큰 소리로 외쳤다.

"좋구나. 안락하도다. 내가 오래 전부터 하루 종일과 밤새도록 한마음으로 가업(家業)을 이어갈 아들을 얻기를 원하였는데, 백년 후 나의 힘을 나누어 모든 복업(福業)을 닦아서 모두가 나의 이름을 칭송할 것이니 이는 부모님의 공덕인가? 복락이 끝이 없는 것을 원하였었는데, 지금 나의 모든 가업을 부촉(付囑)할 수 있게 되었구나."

이렇게 말하고는 높은 누각 위에 가서 보배로운 자리를 설치하여 아내를 모셨다. 뛰어난 의사를 시켜서 조화롭게 보호하게 하였고, 의복과 음식과 몸에 닿는 모든 것을 알맞게 하였으며, 아울러 가볍고 무거운 것은 때에 맞게, 따뜻하고 서늘한 것은 계절에 알맞도록 하였다. 무엇보다 온몸을 훌륭한 영락으로 장엄하고 화만(花鬘)[18]으로 장식하여 광채가 더없이

18) 불교에서 불전공양에 사용되는 일종의 꽃다발. 범어로는 'Kusumamāla'이다. 실로써 많은 꽃을 꿰거나 묶어 목이나 몸에 장식하기도 하였다. 꽃은 여러 종류가 다 적용되나 대체로 향기가 많은 것을 사용한다.

뛰어났으니, 비유컨대 천녀(天女)들이 환희원(歡喜園)19)에서 거처하는 것과 같았다. 일반적으로 걸어다니는 모든 곳에는 평상과 이부자리가 있어 오고 가는 때에 한 번도 발이 땅에 닿지 않았으며, 사악한 소리와 색은 절대 눈과 귀로 보고 듣지 않도록 하였다.

드디어 달이 차서 아들을 낳으니 자태와 용모가 매우 절륜하였고, 빛나는 얼굴은 비유하면 남섬부주의 금(金)과 같았고, 정수리는 일산과 같이 둥글었으며, 팔은 길어서 무릎 아래를 지났고, 코는 크고 곧았으며, 눈썹은 높고 길었고, 이마는 넓고 평평하고 반듯하여 여러 가지의 상(相)을 갖추었다. 21일이 지나자 여러 친족들이 모여 즐거워하며 말하였다.

"이 아이에게 어떤 이름을 지을까?"

서로 의논하여 말하였다.

"이 아이는 본래 필발라 나무에게 구하여 얻었으니, 마땅히 이름을 필발라(畢鉢羅)라고 부르도록 해야겠다. 또한 씨족의 이름을 따라서 가섭파(迦攝波)20)라고 지어야겠다."

이러한 까닭으로 사람들은 그를 필발라 또는 가섭파라고 불렀다. 곧 이 아이에게 여덟 명의 유모가 붙어 필요한 것은 무엇이든지 부족하지 않게 하였고, 젖과 약과 연유와 기름과 여러 가지 자라는데 필요한 물건들을 한없이 제공하니, 무럭무럭 자라는 것이 마치 연꽃이 물 위로 솟아나는 것과 같았다. 동자가 되어 지혜가 밝은 스승을 좇아 기예와 여러 전적들을 배우고 익히게 하였는데 한번 보고 듣는 것은 기억하여 잊어버리지 아니하였으며, 정병(淨瓶)21)을 잡고도 나아가고 머무르는 위의가 밝고 분명하지 않은 것이 없었다. 옹성(翁聲)과 봉성(蓬聲) 및 네 가지의 벽타(薜陀)22)도

---

19) 도리천(切利天)에 있는 동산(東山)으로 세존(世尊)이 환희원에 있는 파리질다라수(波利質多羅樹)라는 나무 아래 계시면서 석 달 동안 안거(安居)하셨다고 한다.
20) 세존의 십대제자 중 한사람으로서 두타 제일인 마하가섭을 가리킨다.
21) 범어 Kundika로부터 유래하였으며, 군지(軍持) 또는 군치가(裙雉迦)라 번역된다. 수병(水瓶)이라고도 한다. 즉, 물을 담는 병으로, 물 가운데서도 가장 깨끗한 물을 넣는 병을 가리킨다.
22) 산스크리트어 veda의 음사. 벽타(薜陀)라고 한역된다. 고대 인도 브라만교의 기본이

42

모두 밝게 알았다. 이른바 첫째는 힐력(頡力)벽타이고, 둘째는 야수(耶樹)벽타이며, 셋째는 사마(娑摩)벽타이고, 넷째는 아건(阿建)벽타이다.

[벽타는 번역하면 명석한 지혜라는 뜻이다. 만약 이 네 가지를 잘 이해하면 지혜가 넓지 않은 것이 없고, 사용함에 갖추어져 있지 않는 것이 없으므로 마땅히 사명론이라고 해야 할 것이다. 모두 십만여 개의 송(頌)이 있으나 입으로만 서로 전해져서 글로써 종이에 적기에는 적합하지 않다. 그것의 의미는 첫째는 업을 짓는 것을 널리 밝힌 것이고, 둘째는 예찬하는 송을 크게 진술한 것이며, 셋째는 제사지내는 의식과 음악을 말한 것이고, 넷째는 나라를 다스리고 몸을 수양하는 것에 관한 것이다. 여러 바라문들이 모두 많이 외우고 익히는데, 이것의 네 가지 명칭은 정확하게 번역할 수가 없으므로 범어로 갖추어 보존한다.

옹성이란 주술을 일으키는 짧은 구(句)이고, 봉성이란 공경하는 말로써 신들의 명(命)을 부르는 것이다. 그 벽타의 소리음(聲韻)은 외도들이 창안한 것으로 굳게 믿어지나, 자연으로부터 왔고 무시(無始) 이래로 이 소리는 항상 존재하며 허공 가운데에 언제나 있는 것이므로, 사람의 입에서 소리로 나가게 되면 무상(無常)한 것이다. (옛 번역에서 사위타(四圍陀)라고 한 것은 잘못이다.)]

모든 세간, 땅위에 있는 것과 하늘에 사는 것의 여러 상서로운 변화를 살피고, 또한 다루는 방법에도 익숙하였으니, 이른바 스스로 제사를 지내는 일과 남으로 하여금 제사를 지내게 하는 일, 스스로 외우고 익히는 일과 남에게 익히고 외우도록 하는 일, 혹은 스스로 보시를 하는 일과 남에게서 물건을 받는 것 등의 이와 같은 여섯 가지를 분명하게 알지 못하는 것이 없었다. 아울러 네 가지의 벽타에 지엽(枝葉)적으로 속한 것들도 모두 남김없이 다 연구하고 밝혀서 능히 스스로의 종지(宗旨)를 드날리고 다른 종파의 논리를 깨뜨렸다. 또한 지식이 분명하고 날카롭기는

되는 성전(聖典)이며, 최고(最古)의 문헌으로, 대략 B.C. 1200~500년 경에 성립되었다. 『리그베다(Rg-Veda)』, 『사마베다(Sāma-Veda)』, 『야주르베다(Yajur-Veda)』, 『아타르바베다(Atharva-Veda)』 등이 있다.

불과 같아 많은 사람들이 앞 다투어 초청하여 스승으로 삼았으니, 5백 명의 바라문의 아이들을 가르치게 되었다. 이윽고 나이가 들어 어른이 되자, 아버지가 그에게 말하였다.

"가섭파야. 너는 이제 아느냐? 나이가 들어 장성하였으니 혼례를 올려야겠구나."

가섭파가 대답하였다.

"세간(世間)의 욕락(欲樂)은 제가 원하는 것이 아닙니다."

아버지가 타일러 말하였다.

"사람의 아들이 된 자는 모름지기 가업을 잇고 조상을 공경하여 모시며 후사가 끊어지지 않도록 해야 하느니라."

가섭파가 대답하였다.

"아버님께서는 듣지 못하셨습니까? 옛 선인(仙人)이 '은둔하기를 즐기는 자는 그 정신이 맑아지고 상승하여 구경처(究竟處)에 이른다.'고 말하였습니다."

아버지가 말하였다.

"시집을 가고 장가를 드는 의례가 어떻게 바른 법도가 아니겠느냐?"

가섭파가 대답하였다.

"그것은 세속의 논리에 가까운 것으로, 옛 선인의 법도는 아닙니다."

그때 가섭파는 곧 탄식하며 말하였다.

"내가 어떻게 지금의 재앙이 있는 것을 기약했으리요? 욕망의 진흙탕에 한번 빠지면 영겁토록 벗어나기가 어려우나, 부모님의 은혜는 중(重)한 것이므로 거듭해서 어길 수 없구나. 이것은 나아갈 수도 없고, 물러설 수도 없으며, 피할 길도 없구나."

그 때 아버지가 두 번, 세 번 거듭해서 은근하게 타이르니, 공손하게 따르고 감히 명을 거절할 수 없었다. 그는 다시 '어떤 방편을 써야 이 속박을 면할 수 있을 것인가?' 거듭 생각하다가 드디어 아버지께 말하였다.

"지금 할 수 없이 결혼해야 한다면, 자금(紫金)으로 한 여인의 상(像)을 만들어 주십시오."

그의 아버지가 서둘러 만들기 시작하여 곧 완성하니, 색깔과 모양이 분명하고 용모가 사랑스러워 사람과 다르지 않았다. 그때 가섭파는 그 여인상을 보고서 아버지께 말씀드렸다.

"만약 이와 같이 생긴 여인을 얻을 수 있다면 저는 아버님의 명을 따라서 혼인을 하겠습니다."

부친은 그 말을 듣고 마음속으로 근심과 번민이 생겨 손으로 턱을 괴고 탄식하고 있었다.

"걱정이로다. 내가 어느 곳에서 갑자기 이와 같은 아름다운 여인을 구할 수 있을까?"

이때 가섭 부친의 여러 제자들이 부친이 걱정하는 것을 보고 말하였다.

"무슨 뜻으로 장자께서는 이와 같이 걱정하고 있습니까?"

문득 이러한 사실을 알렸다.

"누가 이와 같이 단정한 여인을 얻을 수 있을까?"

제자들이 말하였다.

"찾을 수 있습니다. 세상을 두루 살펴보면 그릇만 있고 뚜껑이 없는 것은 아직 볼 수 없었습니다. 가섭파와 같이 여러 복덕을 갖추신 분이라면 이와 같이 아름다운 여인 또한 마땅히 구할 수 있을 것입니다."

그때 여러 제자들은 곧 게송으로 말하였다.

넓고 경계가 없는 이 대지에
이러한 여인이 반드시 있을 것이며
당신의 아들은 이미 큰 복덕을 갖추었기에
혼인을 원하면 이루어질 터이니 걱정하지 마십시오.

"마땅히 금으로 여인상 세 개를 다시 만들어 주십시오. 저희들이 그것을 지니고 사방으로 두루 다니면서 반드시 여인상과 같은 아름다운 여인을 찾아내도록 하겠습니다."

여러 제자들은 금으로 만든 상(像)을 하나씩 지니고서 이름을 금신(金神)

이라고 불렀다. 그들은 북을 울리고 나팔을 불면서 성대하게 공양을 올렸다. 꽃으로 뒤덮인 구름이 각 성읍으로 퍼졌으며, 여러 곳으로 찾아다니다가 점차로 나아가 겁비라성에 이르렀다. 이 성 안에는 대바라문이 있어서 겁비라라고 이름하였고, 부유하여 많은 하인들을 거느렸으니, 앞에서 자세히 말한 것과 같다. 그는 명망이 있는 집안의 여인을 아내로 맞았는데 오래되지 않아서 딸을 한명 낳았고 얼굴과 용모가 매우 뛰어나서 사람들이 즐겁게 바라보게 되었다. 그때 부모는 이름을 지어주려고 할 때 이 소녀의 용모와 위의가 사랑스럽고, 단정하며, 품성이 어질고, 현명하고, 착하며, 또한 겁비라의 딸이었으므로 묘현(妙賢)[23]이라고 이름하였다.

묘현이 점차 나이가 들어 성장하자 그 아름다움과 아내의 덕(婦德)이 사방에 멀리 두루 알려지게 되었다. 한편 여러 제자들은 금으로 만든 여인상을 가지고 도착하는 성읍마다 큰소리로 여러 남녀들에게 알렸다.

"여러분께서는 마땅히 아십시오. 만약 향과 꽃이나 좋은 물건을 가지고 천신(天神)에게 공양을 올리면 이 천신은 능히 다섯 가지 큰 소원을 이루어 주실 것입니다. 첫째는 부귀한 집안에 태어나는 것이고, 둘째는 귀족에게 시집가는 것이며, 셋째는 남편에게 업신여김을 당하지 않는 것이고, 넷째는 덕이 있는 아들을 낳는 것이며, 다섯째는 남편이 항상 아내의 뜻에 따르는 것입니다."

이 말을 듣고 여러 소녀들이 각자 향과 꽃을 가지고 금신의 처소에 나아가 모두가 공경하고 받들었다. 이때 묘현의 아버지가 딸에게 말하였다.

"사람들이 모두 가서 천신께 공양을 올리니, 너도 가서 공양을 올리도록 하여라."

"어떤 이유로 여신상에게 공양을 올려야 합니까?"

아버지가 말하였다.

"그 금신을 받들어 공양하면 능히 다섯 가지 소원이 이루어진다고

23) 가섭파의 아내를 가리킨다.

하는구나. 부귀한 집에 태어나고, 귀족에게 시집가며, 남편에게 무시당하지 않고, 덕이 있는 아들을 낳으며, 남편이 아내의 뜻에 잘 따른다고 한다."

이때 묘현이 그녀의 아버지께 말씀드렸다.

"저는 탐욕스런 성품의 여인이 아닌데, 어떻게 갑자기 가서 그 천신에게 기도를 드릴 수 있겠습니까?"

아버지가 그녀에게 말하였다.

"비록 바라는 것이 없어도 기도드려서 손해되는 것이 무엇이겠느냐? 잠시 가서 사람들과 함께 보고 오도록 하여라."

그녀는 공경하고 순종하는 성격이어서 아버지의 뜻을 거절하지 못하고 여러 여인들과 함께 천신의 처소로 나아갔다. 그곳에 도착하는 순간에 묘현의 위광(威光)이 밝게 빛났고, 그 빛이 금신(金神)을 덮으니 금신의 빛은 마치 검은 쇳덩어리처럼 변하였다. 그때 여러 제자들은 이 일을 보고 서로 희유(希有)한 일이라고 생각하면서 함께 의논하였다.

"우리 신(神)의 위광은 지금 어디로 간 것인가? 천룡팔부의 신들이 흡수했기 때문인가? 이 여인이 빛을 빼앗아 이러한 것인가? 어떻게 자금(紫金)이 변하여 검은 쇳덩이가 되었는가?"

잠시후 묘현이 여인상을 보고 난 뒤에 함께 왔던 여인들과 함께 집으로 돌아가니 그 여신상은 다시 금색으로 회복되었다. 이때 여러 제자들이 함께 이 일을 보고 그 특별함을 찬탄하고서 모든 사람들에게 물었다.

"그 여인은 어느 집의 딸이고, 용모가 비교할 수 없이 아름다우며, 그녀의 위광 때문에 빛이 검은 쇳덩이 빛으로 변하였습니까?"

사람들이 대답하여 말하였다.

"그녀는 대바라문인 겁비라의 딸로서 이름이 묘현이라고 하고, 위광의 힘을 지녔습니다."

제자들은 이 말을 듣고 각자가 놀라고 기뻐하였다. 그들은 곧 함께 대바라문의 집으로 가서 머리를 조아려 절을 하고 나서 말하였다.

"장자시여. 남방에 니구율이라는 이름의 성이 있으며, 그 성 안에는 대바라문이 있어서 또한 니구율이라고 이름합니다. 그는 부유하여 재산이 많고, 많은 하인들을 거느리고 있으며, 금·은·보배가 창고에 가득하며 큰 세력은 마치 비사문왕과도 같습니다. 열여섯 개의 넓고 큰 마을이 있어서 봉록을 충당하고, 열여섯 개의 큰 읍이 있어서 하인들을 충당하며, 십육억의 매우 좋은 진금(眞金)이 있습니다. 마갈타국의 주인이신 대연화왕(大蓮花王)에게는 쟁기가 천 개 있는데, 바라문이 가지고 있는 쟁기의 숫자도 왕의 것과 같으나, 지나치게 많으면 화가 미칠까 걱정하여 다만 한 개를 줄였을 정도입니다. 그에게 한 아들이 있어서 이름을 가섭파라고 하는데 용모가 매우 뛰어나며 총명하고 슬기롭기가 비교할 사람이 없습니다. 사명(四明) 벽타와 아울러 여러 가지 일에 아주 익숙하고, 능히 자신의 종파를 세우고 다른 종파의 논리를 훌륭하게 논파시킬 수 있으며, 지식이 예리하여서 일을 하는 것이 횃불과도 같습니다. 그러나 아직 혼인할 짝이 없기에 멀리 와서 구하고 있습니다.”

그때 겁비라 바라문은 일찍이 가섭파의 덕을 흠모하고 있었는데, 더욱이 부유하다는 말을 듣고 이전부터 가지고 있던 마음에 기쁨이 늘어나서 그 제자들에게 말하였다.

“이곳에 오신 뜻을 존중하오니 결혼시키도록 합시다.”

이때 제자들은 허락을 받고서 기뻐하며 본가에 돌아와 대바라문에게 알렸다.

“저희들이 이미 가섭파를 위하여 정숙한 아내를 구하였습니다. 단정하기가 비교할 수 없으며, 겁비라성의 대바라문의 딸로서 묘현이라고 이름합니다.”

바라문은 이 말을 듣자 크게 기뻐하고 경사스럽게 생각하며 대답하였다.

“내가 지금까지 이렇게 구하였는데 드디어 뜻을 이루게 되었다.”

가섭파는 이 소식을 듣고 곧 생각에 잠겼다.

‘나를 위하여 아내를 찾아 벌써 구하였구나. 전해 들으니 수승하다고 하였으나 이와 같은가를 아직 알 수 없으니 내가 이제 스스로 가서 살펴보아야겠다.’

곧 부모님께 나아가서 머리를 조아리고 말하였다.

"부모님께서는 마땅히 아십시오. 제가 지금 잠시 다른 곳으로 유행을 하고자 합니다."

부모들이 말하였다.

"우리 두 사람은 다만 너 하나만 자식을 두어서 사랑하고 소중하게 여기어 왔다. 더욱이 혼인할 때가 다가오고 있으니 잠시 유행하고 빨리 돌아오도록 하여라."

이때 가섭파는 부모님께 하직을 하고는 겁비라성으로 가서 옷을 바꾸어 입고 모양을 다르게 꾸몄다. 이어서 작은 나뭇잎으로 엮은 그릇을 가지고 걸식하고 돌아다니면서 그 집을 물어 문 앞에 도착하였다. 당시 이 나라에서는 음식을 베풀어 줄 때는 어린 소녀가 가지고 오도록 되어 있었다. 그때에 묘현은 걸식하는 사람이 왔다는 소리를 듣고 직접 음식을 들고 나와서 걸인에게 주었다. 이때에 가섭파는 그녀를 보고 희유하다는 생각을 하면서 문득 찬탄하며 말했다.

"이렇게도 아름다운 용모는 세상에서 비교할 수 없겠구나. 그러나 허망하게도 꽃같이 빛나는 것을 잃게 되었으니 매우 어려운 일이로다."

묘현이 듣고는 곧 그에게 말하였다.

"제가 혼인하기로 한 분이 벌써 돌아가셨습니까?"

가섭파가 말하였다.

"그 사람은 지금 살아 있습니다."

묘현이 말하였다.

"그렇다면 당신께서는 무슨 까닭으로 문득 그와 같은 말씀을 하시는 것입니까?"

다시 묘현에게 말하였다.

"그는 비록 현재 살아 있으나 마음으로 욕락을 즐거워하지 않습니다."

여인은 이 말을 듣자 거듭 놀라고 찬탄하며 말하였다.

"진실로 희유하고도 실제로 좋은 일이군요. 저도 지극한 마음으로 욕락을 즐거워하지 않습니다."

가섭파가 말하였다.

"어진 여인이여. 그렇다면 말씀드리지요. 내가 바로 그 사람입니다. 나는 지금 당신과 함께 맹세합니다. 진실로 부모님의 가르침은 거역하기 어려운 것이니 결혼한 첫날에 잠시 당신의 손을 잡는 것을 제외하고는 이후에는 맹세코 서로의 몸을 접촉하지 않도록 하겠습니다."

가섭파는 약속을 하고 나서 돌아와 종친들을 모시고 혼인을 하였다. 아내가 시집온 후 기둥을 한 줄로 세운 큰 집에 평상과 앉는 것을 마련하였고 부부가 같이 생활하며 각각 한쪽에 자리잡고 선업(善業)을 닦았다. 함께 세간(世間)의 일을 싫어하여 오로지 세간을 벗어나는 이치만을 구하였으므로 일찍부터 한 번도 염욕심(染欲心)을 일으키지 아니하였다.

그때 가섭파는 묘현에게 말하였다.

　　널리 나고 죽는 여러 근심과 허물을 살펴보면
　　모두가 애염(愛染)을 인연으로 짓는 것이거늘
　　세상 사람들은 모두가 함께 잘못을 저지르나니
　　어찌 삼계(三界)의 큰 바다에 빠지는 것을 알 수 있으리오.

다시 아내에게 말하였다.

"현수(賢首)[24]여. 무릇 여인들은 잠이 많은 법이니 초저녁(初夜)과 새벽녘(後夜)에는 당신은 편히 잠자는 것이 좋겠소. 나는 그 사이의 한밤중(中夜)에 잠시 쉬겠소."

어느 날 묘현이 바로 누워서 잠을 자다가 손을 평상 아래로 늘어뜨렸고 가섭파가 경행을 하거나 혹은 앉아서 사유하는 모습을 본 제석천은 이와 같이 생각했다.

'이제 내가 직접 가서 가섭파가 거짓으로 망녕되게 명리(名利)를 구하는 것인지 진실로 해탈을 구하는 것인지를 시험해 보아야겠다.'

---

24) '필추(苾芻)'를 높여 부르는 말이나, 일반 재가인(在家人)도 상대방을 높여 부르는 말로 사용하였다.

그리고는 하늘에서 내려와 한 마리 뱀으로 변하여 입을 벌려 독을 뿜어내는 괴이한 모습으로 묘현의 팔을 물려고 하였다. 그것을 본 가섭파는 급히 묘현이 있는 곳으로 가 보배로 된 부채 자루로 손을 들어 올려 침상 위에 놓았다. 그러자 묘현이 놀라 깨어나면서 남편에게 말했다.

"성자여, 맹세를 무너뜨리지 마소서. 맹세를 무너뜨리지 마소서."

가섭파가 말하였다.

"당신은 검은 독사가 오는 것을 보지 못하였단 말이오?"

묘현은 게송으로 대답하였다.

    비록 나의 몸이 뱀을 마주할지라도
    맹세를 무너뜨려 서로 접촉하지는 마소서.
    독사는 다만 한 생의 몸을 죽게 할 것이나
    번민의 독은 끝이 없는 경계에 빠지게 합니다.

가섭파는 그 아내에게 말하였다.

"현수여. 당신은 지극히 정성스런 마음으로 청정한 행을 닦고 있구려."

그리고는 게송으로 말했다.

    칼날을 밟고 서거나 불에 뛰어드는 것을 어렵다 할지라도
    여인과 함께 수행하는 것은 그보다 더 어려운 일이오.
    만약 능히 뜻을 지켜 무너뜨리거나 범하는 일이 없다면
    이것은 진실로 세간에 가르쳐 깨우칠 일이라오.

이때 가섭파는 그 일에 대해서도 묘현에게 말하였다.

"내가 속된 마음으로 당신에게 접촉한 것은 아니요. 그저 부채 자루로 손을 들어올려 뱀을 피하도록 하려고 했던 것이오."

이를 지켜보던 제석천은 찬탄하는 마음을 일으켜 천궁(天宮)으로 돌아갔다. 두 사람은 기둥을 한 줄로 세운 큰 집에 살면서 12년 동안 청정한

행을 닦았다.

   그러자 세존께서는 다음과 같이 말씀하셨다.

   쌓이고 모인 것은 모두가 없어지고 흩어지며
   높은 것은 반드시 무너지나니
   만난 것은 끝내 헤어지는 것이고
   목숨이 있는 것은 모두가 죽음으로 돌아가느니라.

   가섭파의 부모가 돌아가시자 드디어 집안일(家事)을 맡게 된 가섭파는
어느 날 밭에서 경작하는 모습을 보고는 게송으로 설하였다.

   이 쟁기로 밭을 가는 것을 보니
   땅의 많은 벌레들을 다치게 하는구나.
   갖은 힘을 다해 부지런히 일하는 소의 모습에
   보는 마음마저 애처롭구나.

   농부는 힘이 들어서 초췌(憔悴)하고
   바람과 햇볕에 얼굴과 몸을 상하였구나
   밭 갈고 김 매느라 피로한 모습에
   보는 마음마저 애달프구나.

   그때 가섭파가 경작하는 사람에게 물었다.
   “이것은 어느 집에서 농사를 짓는 밭인가?”
   경작인이 대답하였다.
   “가섭파의 밭입니다.”
   가섭파가 말하였다.
   “우리집이 어떻게 이러한 밭농사를 지었단 말인가?”
   경작인이 대답하였다.
   “이것은 아버지께서 오래 전부터 하시던 일이므로 그만둘 수 없습니다.”

이 말을 듣자 가섭파가 경작하는 농부들에게 말하였다.

"나는 오늘부터 당신들을 모두 풀어줄 것이니, 노비로 얽매이지 말고 마음대로 살도록 하시오."

그리고 여러 마리의 소와 가축들을 물과 풀이 있는 곳으로 마음대로 갈 수 있도록 풀어주었다.

이윽고 가섭파는 이러한 일의 부질없음을 게송으로 말하였다.

　　밥을 먹는다 해도 한 되의 양을 넘지 않고
　　누워 잠을 자는 것도 하나의 작은 침상으로 충분하다
　　두 겹의 담요만 있으면 발을 덮고 몸을 가릴 수 있으니
　　그 이상은 어리석은 집착에 불과하다.

이어서 가섭파는 자기의 아내에게 말하였다.

"현수여. 나는 이제 세속을 버리고 출가하고자 하오. 왜냐하면 집에 얽매인 것은 마치 감옥에 갇혀 있는 것과 같아 항상 온갖 고뇌에 시달려야 하며, 여러 나쁜 친구들을 따르게 되는 것은 업과 인연을 맺는 것과 마찬가지요. 출가를 하면 넓고 넓은 것이 마치 허공과 같아서 마음대로 다니면서 청정한 범행을 닦을 수 있어 빠르고 원만하게 해탈처(解脫處)에 이를 수 있을 것이오."

그리고 곧 게송으로 말하였다.

　　숲속에는 고요한 곳이 많으며
　　넓게 트여서 두려움도 없다네.
　　그곳에서는 부지런히 수행을 할 수 있으니
　　능히 여러 속박을 벗어날 수 있네

　　바른 견해나 삿된 견해는
　　모두가 마음을 따라서 생겨나는 것이니
　　편안하게 넓고 고요한 숲에 머물면서

지혜를 마땅히 관찰한다네.

사람이 세속의 일에 탐착하면
항상 모든 고통이 뒤따르나니
초연히 번뇌의 속박을 떠나면
능히 열반의 궁전에 갈 수 있으리.

이렇게 말을 한 뒤에 창고를 맡은 창고지기에게 말하였다.

"그대는 나에게 가장 허름한 옷 한 벌을 갖다 주시오. 나는 집을 버리고 가업을 벗어나 수행하고자 합니다."

창고지기는 창고를 열고 모든 옷들을 살펴보았으나 하나같이 매우 값비싼 옷들이었으며, 그 중 가장 값싼 옷 한 벌의 값을 계산하더라도 일억의 금전(金錢)이었다. 그 옷을 가져다가 가섭파에게 바치니, 그는 그것을 받고서 집을 떠났다.

그때 보살께서는 모든 늙고 병들고 죽는 것을 살피시고, 여러 하늘들에게 둘러싸여 문득 밤중에 성을 뛰어넘어 출가한 후 근고림(勤苦林)으로 향했다. 이때 가업을 버리고 생사를 벗어나는 수행을 한 가섭파는 다음과 같이 생각하였다.

'만약 세간에 아라한이 계신다면 나는 마땅히 그에게 의지하여 공경하는 마음으로 그의 수행을 따라 가야겠구나.'

출가를 하자 사람들은 가섭파를 은둔한 스승(隱士)이라고 불렀다. 가섭파는 다자탑(多子塔) 주변에 머물고 있었고, 보살께서는 아란야에 머무르시면서 6년 동안 고행을 닦으신 후에 이 고행이 이익이 없으며 헛된 노력이라는 것을 아셨다.

뒤에 환희(歡喜)와 환희력(歡喜力)이라는 두 마리의 소를 기르는 여인이 있는 곳에서는 열여섯 배(倍)의 우유죽을 드시니 용왕이 찬탄을 하였다. 또 풀을 베는 사람인 길상(吉祥)이 있는 곳에서는 부드러운 풀을 얻어다가 곧 보리수 아래로 나아가시어 금강좌에 손수 풀을 깔고 결가부좌로,

몸을 반듯하게 하고 생각을 바르게 하니 잠을 자는 용왕과 같으시었다. 자비의 방망이로 36억 천마의 무리들에게 항복받은 후엔 깨달음을 증득하였다.

다음으로 바라니사국(婆羅尼斯國)의 선인이 머무는 녹야원으로 가 다섯 필추를 위하여 설법하자, 다섯 필추가 따랐으므로 3전(三轉) 12행(行)의 법바퀴(法輪)를 굴리셨다. 다음으로 대군(大軍) 바라문과 소를 기르는 두 여인에게 미묘한 법을 얘기함으로써 바른 견해를 일으켜 모두 초과(初果)를 얻게 하였고, 또한 상투머리(留髻) 외도 일천 명을 모두 세존께 귀의, 출가하여 구족계를 받게 하셨으며, 빈바사라왕(頻婆娑羅王)[25] 역시 진리를 보게한 후 왕사성으로 가 죽림원에 머무르면서 대목련(大目連)[26]과 사리자(舍利子)[27]를 제도하였다.

다음으로 실라벌성(室羅伐城)에 가 승광왕(勝光王)[28]에게 『소년경(少年經)』을 설법하여 그의 몸과 마음을 고르게 하였으며, 다음으로 승만부인(勝鬘夫人)[29]과 비로(毘盧)장군 그리고 선수(仙授) 등에게 진리를 보게 하였다. 이와 같이 최고로 높으신 세존께서 항상 법을 설하실 때에는 세간을 관찰하여 듣고 보지 못하시는 것이 없었으며, 항상 대비심(大悲心)을 일으켜 모든 중생을 이익되게 하였다. 구호(救護)하는 것 역시 가장 으뜸이고, 웅장하고 용맹함도 으뜸이어서 서로 어긋나는 말씀이 없었다. 정(定)과 혜(慧)에 의지하여 삼명(三明)[30]을 뚜렷이 나타냈고, 삼학(三學)[31]을 훌륭

---

25) 산스크리트어 bimbisāra의 음사로 영승왕(影勝王)이라 한역된다. 마가다국 (magadha國)의 왕으로 앙가국(aṅga國)을 점령하였고, 왕사성(王舍城) 근처에 죽림 정사(竹林精舍)를 지어 세존께 기증하였다. 만년(晩年)에 아들 아사세왕에 의해 감옥에 갇혀 죽었다.
26) 세존의 십대제자 중 한사람으로서 신통 제일인 목련존자를 가리킨다.
27) 세존의 십대제자 중 한사람으로서 지혜 제일이며 사리불(舍利佛)이 다른 이름이다.
28) 사위성이 있었던 코살라국(kosala國)의 왕인 파사닉왕(波斯匿王)을 가리킨다.
29) 산스크리트어 śrimālādevī의 음사로 승만(勝鬘)이라고 한역된다. 코살라국의 파사 닉왕과 말리부인(末利夫人)의 딸로써 아유타국(阿踰陀國)의 우칭왕(友稱王)의 비 (妃)이다.
30) 부처님이나 아라한이 갖추고 있는 세 가지 자유 자재한 지혜를 뜻한다. 첫째는 숙명지증명(宿命智證明)으로 나와 남의 전생을 환히 아는 지혜를 뜻하고, 둘째는

하게 닦고 삼업(三業)32)을 훌륭하게 조복하여 사폭류(四瀑流)33)를 건너셨으며, 사신족(四神足)34)에 안주하였다.

밤이 끝날 때까지 사섭행(四攝行)35)을 닦고, 오개(五蓋)36)를 없앴으며, 오지(五支)37)와 오도(五道)38)에서 벗어나셨다. 육근(六根)을 구족하고, 육바라밀을 원만하게 성취하였으며, 칠재(七財)39)를 널리 보시하여 칠각지(七覺支)40)의 꽃을 피우셨다.

생사지증명(生死智證明)으로 중생의 미래의 생사와 과보를 환히 아는 지혜를 뜻하며, 셋째는 누진지증명(漏盡智證明)으로 번뇌를 모두 끊어 내세에 미혹한 생존을 받지 않음을 아는 지혜를 뜻한다.

31) 삼학은 계학(戒學)·정학(定學)·혜학(慧學)의 세 가지이며, 증상계학(增上戒學)·증상심학(增上心學)·증상혜학(增上慧學)이라고도 한다.

32) 삼업 중 몸으로 짓는 것은 신업(身業), 말로 짓는 것은 구업(口業), 생각으로 짓는 것은 의업(意業)이라고 한다.

33) 사폭류(四瀑流)는 번뇌가 내심(內心)의 선(善)한 성질을 씻어 흘러버리는 것이 폭류와 같아서 번뇌의 다른 이름으로 사용한다. 네 가지 번뇌란 욕(欲)·유(有)·견(見)·무명번뇌(無明煩惱)이다.

34) 신통(神通)을 얻기 위한 뛰어난 선정(禪定)에 드는 네 가지 기초로서, 첫째는 욕신족(欲神足)으로 신통을 얻기 위한 뛰어난 선정에 들기를 원하는 것이고, 둘째는 정진신족(精進神足)으로 신통을 얻기 위한 뛰어난 선정에 들려고 노력하는 것이며, 셋째는 심신족(心神足)으로 신통을 얻기 위한 뛰어난 선정에 들려고 마음을 가다듬는 것이고, 넷째는 사유신족(思惟神足)으로 신통을 얻기 위한 뛰어난 선정에 들려고 사유하고 주시하는 것을 말한다.

35) 사섭사(四攝事)라고도 하며, 첫째는 보시(布施)이고, 둘째는 애어(愛語)이며, 셋째는 이행(利行)이고, 넷째는 동사(同事) 등이다.

36) 청정한 마음을 덮는 다섯 가지 번뇌를 뜻한다. 첫째는 탐욕개(貪欲蓋)이고, 둘째는 진에개(瞋恚蓋)이며, 셋째는 수면개(睡眠蓋)이고, 넷째는 도회개(掉悔蓋)이며, 다섯째는 의개(疑蓋) 등이다.

37) 5지(五支)는 안으로 무명(無明)이 인이 되고 행(行)이 연이 되어 식(識), 명색(名色), 육입(六入), 촉(觸), 수(受) 등을 뜻한다.

38) 오취(五趣)라고도 말한다. 중생이 선악의 업보(業報)에 따라 가게 되는 다섯 곳으로 지옥도(地獄道), 아귀도(餓鬼道), 축생도(畜生道), 아수라(阿修羅), 인간(人間) 등을 뜻한다.

39) 불도(佛道)를 이루는 데 필요한 신(信)·계(戒)·참(慚)·괴(愧)·문(聞)·시(施)·혜(慧)의 일곱 가지를 재물에 비유한 말이다.

40) 일곱 가지 법이 깨달음의 지혜를 도와주는 방법을 말한다. 첫째는 염각지(念覺支)이고, 둘째는 택법각지(擇法覺支)이며, 셋째는 정진각지(精進覺支)이고, 넷째는

세간의 여덟 가지 법에서 벗어나 팔정로(八正路)⁴¹)를 보고, 구결(九結)⁴²)
을 영원히 끊어 구정(九定)⁴³)을 밝게 통달하였다. 십력(十力)⁴⁴)이 가득하자
그 명성이 시방(十方)에 알려졌으며, 모든 자재함 가운데 가장 수승하였고,
법에 두려움이 없음을 얻으시어 마구니(魔怨)를 항복받았으며, 큰 천둥이
치는 것과 같으신 음성으로 사자후(師子吼)를 질렀다.

밤낮없이 모든 시간, 불안(佛眼)으로 세간을 관찰하여 무엇이 늘어나고
무엇이 줄어들었으며, 누가 고액(苦厄)을 만났고, 누가 악취(惡趣)에 떨어졌
으며, 누가 욕망의 함정에 빠졌고, 누가 교화를 받아들이는 것인지를
살펴 어떤 방편으로든 제도하여 벗어나게 하였다. 성스러운 법이 없는
자에게는 성스러운 법을 얻게 해주었고, 지혜라는 안선나(安膳那)⁴⁵)로

희각지(喜覺支)이며, 다섯째는 제각지(除覺支 : 輕安覺支라고도 함)이고, 여섯째는
정각지(定覺支)이며, 일곱째는 사각지(捨覺支) 등이다.

41) 산스크리트어 āryāṣṭāṅgika-mārga의 음사로 괴로움의 소멸에 이르는 여덟 가지
바른 길을 가리킨다. 정견(正見)·정사유(正思惟)·정어(正語)·정업(正業)·정명(正
命)·정정진(正精進)·정념(正念)·정정(正定) 등이다.

42) 중생을 결박하여 해탈하지 못하게 하는 아홉 가지 번뇌를 가리킨다. 첫째는
애결(愛結)이고, 둘째는 에결(恚結)이며, 셋째는 만결(慢結)이고, 넷째는 무명결(無
明結)이며, 다섯째는 견결(見結)이고, 여섯째는 취결(取結)이며, 일곱째는 의결(疑
結)이고, 여덟째는 질결(嫉結)이며, 아홉째는 간결(慳結) 등이다.

43) 중생의 마음과 생존 상태를 욕계·색계·무색계의 삼계(三界)로 나누고, 다시 욕계를
1지(地)로 하고 색계·무색계를 각각 4지(地)로 나눈 것을 말한다. 첫째는 욕계오취
지(欲界五趣地)이고, 둘째는 이생희락지(離生喜樂地)이며, 셋째는 정생희락지(定
生喜樂地)이고, 넷째는 이희묘락지(離喜妙樂地)이며, 다섯째는 사념청정지(捨念淸
淨地)이고, 여섯째는 공무변처지(空無邊處地)이며, 일곱째는 식무변처지(識無邊處
地)이고, 여덟째는 무소유처지(無所有處地)이며, 아홉째는 비상비비상처지(非想
非非想處地) 등이다.

44) 부처님이 갖추고 있는 열 가지 지혜의 능력을 가리킨다. 첫째는 처비처지력(處非處
智力)이고, 둘째는 업이숙력(業異熟智力)이며, 셋째는 정려해탈등지등지지력
(靜慮解脫等持等至智力)이고, 넷째는 근상하지력(根上下智力)이며, 다섯째는 종종
승해지력(種種勝解智力)이고, 여섯째는 종종계지력(種種界智力)이며, 일곱째는 변
취행지력(遍趣行智力)이고, 여덟째는 숙주수념지력(宿住隨念智力)이며, 아홉째는
사생지력(死生智力)이고, 열째는 누진지력(漏盡智力) 등이다.

45) 산스크리트어 añjana의 음사로서 安膳那라고도 말한다. 눈병에 쓰는 약으로 눈의
가장자리를 검푸르게 칠하는 데도 사용한다.

무명(無明)이라는 눈꺼풀을 없애주었다. 선근(善根)이 없는 자에게는 선근을 심게 하고, 선근이 있는 자에게는 선근을 더욱 증장(增長)시켰으며, 인천(人天)의 도리에서 안락하고 장애가 없이 열반의 성(城)으로 나아가게 하였으니 게송으로 말하면 이와 같도다.

　　　가령 큰 바닷물의 밀물과 썰물이
　　　혹시 그 기한을 잃는다고 하여도
　　　세존께서 교화하시고자 하는 자는
　　　제도하시는 때를 지나치지 않으시고

　　　마치 어머니에게 아이 하나가 있으면
　　　항상 그 몸과 목숨을 보호하는 것처럼
　　　세존께 교화 받을 사람은
　　　불쌍히 여기시는 마음이 어머니보다 더 깊으시며

　　　세존께서는 모든 유정(有情)들을
　　　자애롭게 생각하시며 버리시지 아니하나니
　　　그들의 고난을 제도하실 것을 생각하심이
　　　어미소가 새끼소를 따르는 것과 같도다.

　이때 세존께서는 이렇게 생각하셨다.
'은사(隱士)인 가섭파가 이제 마땅히 교화되리라.'
　그리고 이내 불율씨국(佛栗氏國)[46]으로 가 인간세상을 거닐며 광엄성(廣嚴城)[47]의 다자탑(多子塔) 주변으로 가 나무 아래에 앉으셨으니 가섭파를 인도하고자 하신 까닭이었다. 이때 온 몸에서 빛을 비추니, 마치 묘금산(妙

---

46) 불률씨(佛栗氏)·비리기(毘梨祇)·발기(跋耆) 등으로도 음사하며, 멀리 북방 네팔에 근접한 지방으로서 지금의 Darbhanga 지역의 북부에 해당한다.
47) 비사리(毘舍離) 또는 비사리성(毘舍離城). 고대 중인도의 도읍(都邑)으로 광엄성(廣嚴城)으로 번역된다.

金山)과 같았으며, 광채가 희유하고 기이하여 주변을 훤하게 비추었다. 이와 같은 일을 보고 가섭파는 빛을 찾아서 세존께서 계신 곳에 도착하였다. 멀리서 여래를 뵙고 위의와 용모가 단정하시고, 상호가 뛰어나시며, 모든 근(根)이 담담하고 고요하여 한마음으로 어지럽지 아니한 모습이 비유하자면, 마치 산왕(山王)이 금빛을 밝게 비추는 것과 같음을 보고는 기뻐하여 높이 뛰어오르며 큰 소리로 외쳤다.

"이 분은 나의 스승이시며, 나는 이 분의 제자이다."

세존께서 말씀하셨다.

"옳도다. 옳도다. 가섭파여. 나는 그대의 스승이며 그대는 나의 제자이니라."

은근한 마음으로 예배하며 공경하니, 세존께서 거듭 말씀하셨다.

"실제로는 지혜가 없으면서도 지혜가 있다고 거짓으로 말하고, 실제로는 아직 보지도 못하였으면서도 일찍이 보았다고 거짓으로 말하며, 실제로는 큰 스승이 아니면서도 스스로 스승이라고 말하고, 실제로는 아라한이 아니면서도 아라한이라고 말하며, 실제로는 박가범이 아니면서도 박가범이라고 말하고, 실제로는 삼세를 깨우친 사람이 아니면서도 삼세를 깨우친 사람이라고 말하면, 이 사람은 거짓을 말하는 사람이니, 곧 머리가 깨어져 일곱 조각이 날 것이니라.

그대 가섭파여. 나는 지혜로운 자로서 나는 지혜롭다고 말하고, 나는 진리를 본 자로서 진리를 보았다라고 말하며, 나는 큰 스승으로서 큰 스승이라고 말하고, 나는 아라한으로서 아라한이라고 말하며, 나는 삼세를 깨우친 자로서 삼세를 깨우친 자라고 말을 하느니라. 나는 인연을 따라서 여러 성문들에게 널리 법요(法要)를 설하니, 그대와 나는 인연이 없는 것이 아니니라. 이것은 진실로 생사를 벗어난 것이고, 벗어나지 않은 것이 아니며, 이것은 진실로 귀의해야 할 대상이고, 귀의하지 않아야 할 대상이 아니며, 이것은 진실로 뛰어넘은 것이고, 뛰어넘지 못한 것이 아니니라. 이와 같은 신통은 신통이 없는 것이 아니니라.

이러한 인연으로 그대 가섭파는 배우기를 마땅히 이렇게 생각할지니라.

내가 들은 법과 좋게 상응하는 것을 모두 공경하고 마음을 집중하여 듣도록 하라. 마음에 잊지 않도록 존중하고 한 생각도 어기지 아니하며, 진리의 사유를 섭수하여 공경하는 마음으로 받아들이라. 5취온(五取蘊)[48]에 대하여는 '내가 진실되게 관(觀)하여 그것이 나고 죽는 고통임을 알겠구나.' 생각하고, 6촉처(六觸處)[49]에 대하여는 '나는 이것이 집착이고, 이것이 멸함임을 본다'라고 생각하며, 4념처(四念處)[50]에 대해서는 '마음을 잘 머무르리라.' 생각하고, 7보리분(七菩提分)[51]에 대해서는 '나는 마땅히 닦아 익히되 많은 것을 닦아 익히리라.'고 생각하며, 8해탈(八解脫)[52]에 대해서는 '나는 마땅히 몸으로 원만함을 증득하리라.'라고 생각하고, '나는 세존과 지혜 있는 자가 함께 범행하는 곳에서 항상 은근하고 지중한 마음을 일으키고, 지극하게 참회하는 마음을 일으켜 나의 바른 견해를 생각생각에 상속하여 몸을 움직이는 때에도 순간순간 끊어지지 않도록 해야겠다.'라고 생각을 하라. 그대 가섭파여. 마땅히 이와 같이 배울지니라."

---

48) 산스크리트어 pañca-skandha의 번역어로 오음(五陰)이라고도 번역된다. skandha는 '집합'·'구성 요소'라는 의미로서, 오온은 개인 존재를 구성하는 색(色)·수(受)·상(想)·행(行)·식(識)을 뜻한다.

49) 육촉신(六觸身)은 안촉(眼觸)·이촉(耳觸)·비촉(鼻觸)·설촉(舌觸)·신촉(身觸)·의촉(意觸)을 뜻한다.

50) 산스크리트어 catvāri smṛty-upasthānāni의 한역으로서 깨달음에 이르기 위한 네 가지 마음챙김을 말한다. 첫째는 신념처이고, 둘째는 수념처이며, 셋째는 심념처이고, 넷째는 법념처 등이다.

51) 산스크리트어 sapta-bodhy-aṅga의 한역이다. 첫째는 염각지(念覺支)이고, 둘째는 택법각지(擇法覺支)이며, 셋째는 정진각지(精進覺支)이고, 넷째는 희각지(喜覺支)이며, 다섯째는 제각지(除覺支:輕安覺支)이고, 여섯째는 정각지(定覺支)이며, 일곱째는 사각지(捨覺支) 등이다.

52) 번뇌의 속박에서 벗어나는 여덟 가지 선정(禪定)으로 팔배사(八背捨)라고도 한다. 첫째는 내유색상관외색해탈(內有色想觀外色解脫)이고, 둘째는 내무색상관외색해탈(內無色想觀外色解脫)이며, 셋째는 정해탈신작증구족주(淨解脫身作證具足住)이고, 넷째는 공무변처해탈(空無邊處解脫)이며, 다섯째는 식무변처해탈(識無邊處解脫)이고, 여섯째는 무소유처해탈(無所有處解脫)이며, 일곱째는 비상비비상처해탈(非想非非想處解脫)이고, 여덟째는 멸수상정해탈(滅受想定解脫) 등이다.

근본설일체유부필추니비나야 제2권

1) 부정행학처 ②

그때 박가범[1]께서는 가섭파를 위하여 법요(法要)를 널리 말씀하여 가르친 후에 이익과 즐거움을 보여주시며 떠나가셨다. 이때에 구수(具壽)[2] 마하가섭파는 세존을 따라가며 이와 같이 생각하였다.

'만약 세존께서 앉으시게 되면 나는 이 승가지(僧伽胝)를 받들어 포개어 이것을 앉는 자리로 사용하시도록 해야겠구나.'

그런데 이때 오백 명의 도둑떼가 갑자기 뒤를 쫓아와 겁탈(劫奪)하려고 하자 세존께서 그것을 아시고 길옆으로 앉고자 하셨다. 그러자 가섭파는 세존 계신 곳으로 가 재빨리 옷을 포개어 세존께서 앉으실 자리를 받들었다. 세존께서는 곧 앉으시고 가섭파에게 말씀하셨다.

"이 천으로 만든 승가지[3]는 지극히 가볍고 묘하며 지극히 부드럽구나."

대답하여 말하였다.

"그렇습니다. 세존이시여. 이 옷은 진실로 가볍고 부드럽습니다. 불쌍히 여기시어 받아주십시오."

세존께서 말씀하셨다.

"그대는 삼베로 만든 나의 분소의를 입을 수 있겠는가?"

---

1) 산스크리트어 bhagavat의 음사로서 바가바(婆伽婆)·박가범(薄伽梵)으로 한역되며, 유덕(有德)·중우(衆祐)·세존(世尊)이라 번역된다. 모든 복덕을 갖추고 있어서 세상 사람들의 존경을 받는 자. 세간에서 가장 존귀한 자로써 부처님을 일컫는다.
2) 덕행이 높고 나이가 많은 승려를 부르거나, 혹은 승려들이 서로를 높여 부르는 말이다.
3) 산스크리트어 saṃghāṭī의 음사로서 삼의 가운데 가장 크므로 대의(大衣)이다. 직사각형의 베 조각들을 세로로 나란히 꿰맨 것을 1조(條)로 하여, 9조에서부터 25조가 있다.

대답하여 말하였다.

"세존이시여, 저를 불쌍히 여기시어 저의 가벼운 옷을 받아주소서. 저는 세존께서 주시는 삼베로 만든 분소의를 입겠습니다."

세존께서는 불쌍히 여기시는 마음으로 받아들이셨다. 이때 가섭파는 8일 동안은 얻은 것 없이 걸식했지만, 9일이 되자 아라한과의 진리를 깨닫게 되었다.

한편 묘현은 의지할 곳도 전혀 없었고 세간의 일에도 익숙하지 못하였다. 다만 수행하는 모습만을 보고서 공경하고 존중하는 마음을 내어 마침내 노형외도(露形外道)[4]에게 나아가 출가하였다. 그러나 그녀는 용모와 위의가 단정하기로 비교할 사람이 없었으므로 외도들은 그녀를 보고 모두 청정치 못한 마음을 내게 되었다. 마침내 그 5백 명의 노형외도들이 함께 법에 맞지 않는 일을 저지르자 지극히 실망하였으나 멀리 떠날 수 없었던 묘현이 꾸중하여 말하였다.

"당신들은 이렇게 천박하고 나쁜 짓을 저지르면서 어떻게 도를 닦는 일을 이룰 수 있겠는가?"

여자의 몸은 연약하여 가벼운 욕정을 당해도 고통을 견디기 어려우므로 곧 여자 노형외도들에게 이 일을 알리니, 여인들이 대답하였다.

"큰 스승이신 포자나(晡刺拏)의 처소로 가서 그 일을 자세히 말씀하십시오."

이 가르침을 들은 묘현은 곧 스승의 처소로 가 두 발에 예배드리고 나서 이와 같이 말하였다.

"저는 지금 액난을 당하여 매우 큰 고통을 받고 있습니다. 자비를 베푸시어 은혜로 제도하여 주십시오."

스승이 대답하여 말하였다.

"나는 이 대중들로부터 공경을 받고 존중받아서 많은 이양(利養)을 얻고 있다. 만약 그들을 제약(制約)한다면 모두가 흩어질 것이다. 그러면

___
4) 아무 것도 걸치지 않고 알몸으로 고행하는 자이나교의 수행자를 일컫는 말이다.

나의 문도들은 마침내 줄어들고 쇠퇴할 것이다. 그들이 제멋대로 하여도 나는 알지 못한다."

그러면서도 은근히 니인(泥印) 250명에게 당번을 서게 하였고, 묘현의 근심은 조금 줄게 되었다. 어느 날 왕사성에 즐거운 행사가 열리자 묘현은 노형외도들과 함께 한곳을 다니고 있었고, 이때 가섭파는 근처 아란야의 작은 방안에 머무르고 있었다. 어느 날 초분(初分)에 옷과 발우를 챙겨서 성에 들어가 걸식을 하다가 묘현과 마주친 그가 물었다.

"현수(賢首)여. 당신은 조금이나마 안락하게 머무르면서 청정한 수행을 닦고 있습니까?"

묘현은 가섭파를 보고 눈에 가득히 눈물을 흘리면서 슬픔에 겨워 몸을 가누지 못하다가 눈물을 삼키면서 말하였다.

"누가 함께 도반이 되어주며, 제가 어느 곳에서 청정한 수행을 닦을 수 있겠습니까? 예전에 당신과 함께 기둥을 한 줄로 세운 큰 집에서 살 때에는 12년 동안 굳게 묘업(妙業)을 닦고 청정한 수행을 엄정하고 정결히 행하기를 한번도 거른 적이 없으며, 처음부터 애욕에 물든 마음으로는 손끝 하나 서로 접촉하지 않았으나, 한번 어그러지고 괴이한 곳에 의탁하여 잡스럽고 더러운 무리에 섞여 살다보니 사는 일이 마치 축생과 같습니다. 진정한 출가를 이루지 못하였으니 어떻게 청정한 수행을 하였겠습니까?"

가섭파가 거듭해서 그 까닭을 묻자 묘현이 마치 자애로운 아버지를 대하듯이 지극히 공경하는 마음으로 사건을 얘기하니, 그는 이렇게 생각하였다.

'이 여인은 전생에 작은 선근이라도 있는 것인가? 없는 것인가?'

마음을 거두어 묘현의 얼굴을 바라보던 가섭파는 해탈의 선근이 미약하게나마 있는 것을 알고서, '누가 마땅히 제도해야 할 것인가?'라고 생각하다가 자기의 일인 것을 알고 대답하여 말하였다.

"현수여. 어찌 법과 율을 잘 설하는 곳으로 출가하지 않는 것이오?"

대답하여 말하였다.

"성자(聖者)여. 전하는 진리의 법(印法)을 바꾸려고 하지 마십시오."
대답하여 말하였다.

"그만두시오. 현수여. 그러한 말을 하지 마시오. 지금 나의 큰 스승께서
는 만(萬) 가지의 덕을 원만하게 성취하시어 모든 장애를 소멸시키셨으니,
이분이야말로 진실된 복전이시며 귀의할 곳입니다. 미묘(微妙)하고 적정
(寂靜)하시며 진실된 해탈을 증득하셨으니, 어떻게 저들의 지극히 하열한
법과 서로 비교하는 것을 허용할 수 있겠소."

묘현이 듣고 나서 기뻐하여 따라 나서니, 드디어 가섭파는 묘현을
데리고 대세주(大世主)[5]에게 가 부탁하고는 말하였다.

"성자여. 이 여인 묘현은 마음으로 수승한 법을 기뻐하고 지극히 훌륭한
결심을 하고 있으니 출가하는 것을 허락할 수 있습니다."

대세주는 그의 부탁을 공손히 받아들이고 곧 그녀에게 5의(五衣) 등의
물건을 주고 여러 계율과 구족계(具足戒)[6]를 주고 나서 말하였다.

"그대는 이제 마땅히 세존의 경계에서 걸식하여 몸을 지탱해 나가면서
청정행을 잘 닦도록 하라."

어느 날 묘현은 초분(初分)에 옷과 발우를 챙겨가지고 성에 들어가
걸식을 하였는데 보기 드물게 몸가짐과 외모가 단정하여 사람들이
그녀를 보게 되면 하나같이 찬탄하는 마음을 내었다.

"무슨 뜻으로 이렇게 뛰어나고 아름다운 자태를 지닌 여인이 허망하게
꽃다운 나이를 저버리고, 욕락을 받아들이지 않으며, 능히 영화로움과
좋은 것을 버리고 출가할 수가 있었을까?"

묘현은 이 말을 듣자 부끄러운 마음이 생겨서 그 뒤로 성에 들어가
걸식을 하지 않았다. 어느 날 가섭파가 묘현을 만나서 물었다.

"현수여. 편안합니까?"

---

5) 산스크리트어 gautamī의 음사로서 구담미(瞿曇彌)라 번역된다. 인도의 크샤트리아
  계급에 속하는 여러 성(姓) 가운데 구담(瞿曇)의 성(姓)을 가진 종족으로 세존을
  양육한 이모인 마하파사파제(摩訶波闍波提)를 가리킨다.
6) 원문에는 '학처(學處)'와 '근원(近圓)'이라고 표기되어 있다.

묘현이 갖추어서 대답하자 이야기를 들은 그는 이렇게 말하였다.

"만약 세존께서 내가 걸식한 것의 반을 나누어 묘현에게 주는 것을 허락하신다면 나는 마땅히 나누어 주겠소."

뜻을 여러 필추들에게 알리자 한 필추가 세존께 아뢰었다.

세존께서 말씀하셨다.

"뜻에 따라 반을 나누어 주도록 하시오."

존자는 이 말씀을 듣고서 자신의 음식의 반을 나누어 주었다. 그때 토라난타(吐羅難陀) 필추니가 이 일을 보고 업신여기고 비웃는 마음을 일으켜 마침내 비방하는 말을 하였다.

"성자 대가섭파는 예전에 묘현과 함께 일주관(一柱觀)에서 살면서 12년 동안 청정한 범행을 닦았으나, 지금에는 오히려 사사로운 정에 얽매여 걸식한 것을 나누어 주는구나."

이때 이 일에 대해 들은 가섭파는 묘현의 처소로 가서 그녀에게 법요(法要)를 가르쳤다.

"이것은 마땅히 해야 하고 저것은 마땅히 해서는 아니 되오. 마땅히 마음을 잘 다스리시오."

라고 말한 후 그 곳을 떠나갔다. 이 때 묘현은 큰 용맹심을 일으켜 초저녁에서 늦은 밤까지 바른 생각에 머무르고, 스스로의 마음을 채찍질하여 잠시도 쉬지 않고 아라한과를 증득하였으며, 무생(無生)의 진리를 깨달은 청정한 여인이 되었다. 이때 가섭파가 그것을 보고서 그녀에게 말하였다.

"그대는 지금 나를 선지식으로 삼은 까닭으로 마땅히 닦아야 할 것을 이미 닦아서 마치었소. 마땅히 세존의 경계에서 걸식하여 몸을 지탱해야 할 것이오."

묘현은 어느 초분(初分)에 옷과 발우를 챙겨서 왕사성에 들어가 차례로 걸식하였다. 이때 미생원왕(未生怨王)[7]은 어리석게도 자신의 부왕(父王)을

---

7) 산스크리트어 ajātaśatru의 음사로 미생원(未生怨·未生寃)이라 번역된다. 부왕(父王)인 빔비사라(bimbisāra)를 감옥에 가두어 죽이고 즉위한 마가다국(magadha國)의 왕이다. 재위기간은 기원전 550년경~520년경이고, 어머니는 위제희(韋提希)이

살해한 뒤에 크게 뉘우치는 마음을 일으켜 근심에 잠겨 방에 있으며, 갖가지 춤과 음악으로 달래보았으나 근심과 고뇌를 풀지 못하고 있었다. 이때 그의 대신이 우연히 몸가짐과 외모가 단정하고 얼굴과 빛깔이 수려한 묘현을 보고 이와 같이 생각하였다.

'이 특별히 아름다운 여인은 특히 일반 사람과는 다르구나. 마땅히 왕에게 진상을 하면 왕의 근심과 걱정을 없앨 수 있겠구나.'

이렇게 생각하고 묘현을 협박하여 왕의 방 가까이로 데리고 가 강제로 법의를 벗기고, 여러 가지 빛깔의 옷을 입히고 영락을 갖춰 좋은 향을 발라, 가까이 모시는 시녀를 시켜 왕이 있는 곳으로 데려가도록 하였다. 미생원왕은 그녀의 자태와 용모가 매우 뛰어난 것을 보고 금새 근심이 풀렸고, 더욱이 묘현의 악업(惡業)은 이때에 무르익어 마치 거세게 흐르는 물과 같아 막을 수 없는 것과도 같았다. 그리고 마침내 악한 왕에게 강제로 능욕을 당하니, 마치 독화살에 의해 큰 근심과 고통이 생긴 것과 같았다.

이때 대세주(大世主)는 15일에 포쇄타(褒灑陀)[8]를 하려고 두루 필추니 대중을 살펴보았는데 묘현이 보이지 않았다. 정(定)에 들어 관(觀)하여 그녀가 왕궁 안에 있으면서 큰 고난을 만나서 많은 능욕을 당하는 것을 알게 되었다. 여러 필추니들이 물었다.

"성자여. 묘현은 지금 어느 곳에 있기에 혼자 보이지 않는 것입니까?"

그때 대세주가 연화색(蓮花色)[9] 필추니에게 알려 말하였다.

"그대가 마땅히 마음을 거두어서 묘현을 관하여 보시오."

말을 듣고 나서 관하여 그녀가 있는 곳을 알아내자 마치 힘센 장사가

___

며, 코살라국(kosala國)과 카시국(kāśi國)과 브리지국(vṛji國)을 정복하였다.

8) 산스크리트어 poṣadha의 음사로서 단식(斷食)·정주(淨住)·선숙(善宿)·근주(近住)·장정(長淨)이라 번역된다. 출가자들은 음력 매월 15일과 29일(또는 30일)에 한곳에 모여 계율의 조목을 독송하면서 그 동안에 자신이 저지른 잘못을 참회하는 의식을 가리킨다.

9) 연화색은 피부색이 아름다운 연꽃처럼 푸른 빛 윤기가 난다고 하여 붙여진 이름이라고 하며, 필추니 중에 신통 제일이다.

66

팔을 굽혔다가 펴는 것 같은 짧은 시간에 필추니는 대중 사이에서 사라져 왕궁 안 높은 누각 위의 허공중에 머물렀다. 그리고 멀리서 묘현에게 말하였다.

"자매여, 당신은 이미 모든 번뇌와 마구니를 깨뜨렸거늘, 어째서 큰 신통을 일으키지 아니하여 이러한 능욕을 받고 있습니까?"

곧이어 연화색 필추니는 그 신통을 일으키는 방법을 가르쳐 주었다.

"이렇게 하고 이렇게 닦아서 빨리 마음을 조절하여 신통력을 일으켜야 할 것이오."

잠시후 묘현은 마음을 곧게 세워 어지러운 마음을 없애고 잠깐 사이에 신족통을 얻어서 재가 빛깔의 옷을 입은 채로 허공으로 날아올라 떠나갔다. 연화색 필추니가 곧 묘현과 함께 장정(長淨)을 하는 처소에 이르니, 열두 명의 필추니가 그녀를 보고는 크게 싫어하는 마음을 일으켜 비웃으며 말하였다.

"우리는 진실로 이 궁녀와 함께 같은 장소에서 장정을 할 수 없소."

대세주가 이 말을 듣고 묘현에게 말하였다.

"구수여, 마땅히 왕에게 가서 알리고 먼저 입었던 법복을 입고 빨리 이곳으로 돌아오도록 하시오."

묘현이 곧 신통력으로 왕의 침실에 이르렀을 때 왕은 잠을 자고 있었다. 묘현이 허공 가운데에 손가락을 튕겨 소리를 내니 왕이 듣고 깨어났다. 그는 너무 크게 놀라고 두려워서 몸에 있는 털이 모두 곤두섰다. 왕이 물었다.

"당신은 누구시오. 천룡(天龍)이요. 귀신이요?"

그러자 묘현이 허공에서 대답하였다.

"나는 천룡이나 귀신같은 것이 아니요. 다만 세존의 성문제자 가운데 묘현이라는 필추니일 뿐입니다."

왕이 이 말을 듣고 게송으로 대답하였다.

　지금은 법의도 입지 아니하였고 발우도 지니고 않았으며

　얼굴과 모습도 필추니와 같지 아니하고
　형상과 얼굴이 농염한 음녀와도 같나니
　승려와 재가인(法俗)이 서로 다른 것을 설명해야 하리.

이때 묘현의 몸이 허공에서 내려와 사실을 말하였다.

　왕께서 이치에 맞지 아니하게 능멸하고 핍박하여
　억지로 나에게서 법의와 발우를 빼앗았으니
　마땅히 부모로부터 받은 재산을 돌려주시오.
　나는 빨리 돌아가서 장정(長淨)[10]을 하고자 합니다.

　이 말을 듣고 미생원왕은 정신이 혼미하여 기절하여 땅에 쓰러졌고, 차가운 물을 얼굴에 뿌린 뒤에 비로소 깨어날 수 있었다. 그리고는 곧 두 발에 예배드리고 깊이 사죄한 뒤에 서둘러 옷과 발우를 찾아서 공손히 묘현에게 주었다. 묘현은 옷과 발우를 받은 뒤에 곧 본래의 처소로 되돌아가서 여러 필추니 대중들과 함께 장정을 하였다.
　이때에 여러 필추니들이 묘현의 일을 여러 필추들에게 알리고 필추들이 세존께 아뢰었다. 세존께서는 이 인연으로 필추니들을 모으셨다. 세존의 모든 법에는 아시면서도 묻는 것이 있으니, 시간에 의지하여 묻고, 때가 아니면 묻지 않으며, 깨달음이 있으면 묻고, 깨달음이 없으면 묻지 않으셨으며, 결정적으로 막힌 것은 깨뜨려서 의혹을 없애시는 것이었다. 묘현 필추니에게 알려 말씀하셨다.
　"그대가 진실로 그와 같이 단정하고 엄숙하지 못한 일을 저질렀는가?"
　대답하여 말하였다.
　"진실로 그렇습니다. 세존이시여."
　세존께서 거듭 물으셨다.
　"그대는 쾌락을 느꼈는가?"

---

10) '포쇄타'를 다르게 부르는 말이다.

대답하여 말하였다.

"세존이시여. 저는 이미 애욕을 떠났사온데 어떻게 쾌락을 느꼈겠습니까?"

세존께서 말씀하셨다.

"지금 그대는 범한 것이 없다. 그러나 필추니가 부정(不淨)을 행하는 것은 바라시가(波羅市迦)를 범하는 것이며, 소진나(蘇陳那)11)와 같으니라. 내가 열 가지 이익을 관(觀)하여 [자세히 설명한 것은 앞에서와 같다.] 또한 바른 법을 나타내고 드날리며, 널리 인간과 하늘을 이롭게 하라. 모든 성문 필추니 제자들이여. 비나야(毘奈耶) 가운데에서 학처(學處)12)를 제정하나니, 마땅히 이와 같이 설하노라. 만약 다시 필추니가 여러 필추니들과 더불어 학처를 얻고서, 학처를 버리지 않으며, 학처에 스스로 약해진 것을 말하지 않고서 부정을 저지르거나, 서로가 함께 부정한 마음을 일으켜 또한 축생과 함께 부정을 저지르면 이 필추니는 또한 바라시가를 얻는 것이니, 마땅히 함께 머물러서는 아니 되느니라."

이른바 필추니란 다섯 종류가 있다. 첫째는 명자(名字) 필추니이고, 둘째는 자언(自言) 필추니이며, 셋째는 걸구(乞求) 필추니이고, 넷째는 파번뇌(破煩惱) 필추니이며, 다섯째는 백사갈마(白四羯磨) 필추니이니라. '명자 필추니'는 어떤 사람이 이름을 알려 필추니라고 하였고, 혹은 세간 사람들이 함께 허락하였으며, 혹은 필추니의 종족인 것을 인정하여 이것을 인연으로 필추니라고 부르게 되는 것을 명자 필추니라고 말한다. 무엇이 '자언 필추니'인가? 어떤 사람이 실제로는 필추니가 아니면서 '스스로 나는 필추니다.'라고 말하고, 혹은 도적의 마음으로 머무르며 스스로 자신을 필추니라고 말하는 것을 자언 필추니라고 말한다.

무엇이 '걸구 필추니'인가? 여러 재가인들에게 항상 구걸하면서 생계를 꾸려나가는 것을 이름하여 걸구 필추니라고 말한다. 무엇이 '파번뇌 필추

---

11) 수제나(須堤那)라고도 불리며, 필추 중에서 처음으로 음행을 저지른 필추를 가리킨다.
12) 수행자의 근본인 '계율(戒律)'을 다르게 부르는 말이다.

니'인가? 모든 번뇌를 끊고서, 지니고 있던 모든 고뇌와 모든 고통스런 과보와 미래의 나고 죽는 일을 분명하게 알고서 근본적인 것을 영원히 끊기를 마치 다라수의 줄기를 끊듯이 불생법(不生法)을 증득한 사람을 이름하여 파번뇌 필추니라고 말한다. 무엇이 '백사갈마 필추니'인가? 몸에 장애와 어려움이 없으며 작법(作法)이 원만하여 마땅히 꾸짖을 수가 없는 사람을 이름하여 갈마 필추니라고 말하며, 지금 여기에서 말하는 필추니는 다섯 번째를 뜻한다.

'더불어'는 이와 같은 무리가 남아 있음을 말한다.

'여러 필추니들과 더불어'는 여러 나머지 필추니 무리와 함께 하는 것을 말한다.

'함께 학처를 얻는다.'는 어떤 필추니가 앞서서 구족계를 받은 때가 이미 백년이 지났어도 마땅히 배워야 할 일은 이제 막 구족계를 받은 사람과 비교해도 조금도 차이가 없는 것을 의미한다. 새롭게 구족계를 받은 필추니가 마땅히 배워야 할 일은 구족계를 받은 것이 백 년이 지난 필추니 역시 배워야 할 일이 다르지 않는 것이다. 이른바 시라(尸羅)와 학처를 잘 지녀서 계율과 위의를 범하지 않는 것이 서로가 모두 비슷한 까닭으로 함께 학처를 얻는다고 이름하는 것이다.

'학처를 버리지 않는다.'는 어디까지를 제한하여 학처를 버리지 않은 것이라고 이름하는가? 마음이 뒤바뀐 사람과 미친 사람과 마음이 어지러운 사람과 괴로움에 얽매여 있는 사람과 귀머거리와 벙어리와 어리석은 사람이 학처를 버린다고 해서 모두 버리는 것이라고 이름하지 않는다. 만약 도시 사람이 변방 사람에게 도시의 말을 하여 이해가 되지 않으면 버리는 것이 성립되지 않으나, 만약 이해하면 버리는 것이 성립된다. 또 변방 사람이 도시 사람에게 변방의 말로 하고, 도시 사람이 도시 사람에게 변방의 말로 하여 이해가 되지 않으면 버리는 것이 성립되지 않으나, 만약 이해하면 버리는 것이 성립된다. 만약 변방의 사람이 변방 사람에게 도시의 말로 하는 것도 앞에 의거한 예와 같으니 마땅히 알라.

만약 홀로 고요한 곳에 있으면서 홀로 고요하다는 생각을 하고, 혹은 홀로 고요한 곳에 있으면서 홀로 고요하지 않다는 생각을 하며, 혹은 홀로 고요한 곳에 있지 않으면서 홀로 고요하다는 생각을 하는 것은 모두 학처를 버리는 것이 아니다. 만약 잠을 자고 있는 사람과 정(定)에 든 인비인(人非人)과 하늘 등 변화한 것과 축생이나 여러 형상들과 혹은 서로 시끄럽고, 어지러우며, 혹은 본성인(本性人)과 함께 있는 것을 살피지 않은 것은 모두 버리는 것이 성립되지 않는다.

'학처에 약해진 것을 말하지 않는다.'는 마땅히 네 가지 구(句)가 있다. 학처를 버린 것은 아니지만 배움에 약해진 것을 말하는 것이 있고, 학처를 버렸으나 학처에 약해진 것을 말하지 않는 것이 있으며, 학처를 버리고 배움에 약해진 것을 말하는 것이 있고, 학처를 버리지 아니하고 배움에 약해진 것을 말하지 않는 것이 있다.

무엇이 '학처를 버린 것은 아니지만 배움에 약해진 것을 말한다.'고 하는가? 만약 어떤 필추니가 마음에 정(情)을 품고 즐겁고 그리워하는 마음을 일으켜 환속(還俗)하고자 하여 사문의 처소를 사랑하고 즐거워하는 마음이 생기고, 사문이 되어서 받는 괴로움이 부끄럽고 싫어져서 여러 필추니의 처소에 나아가 이와 같이 말하였다.

"대덕께서는 아십니까? 범행은 세우기 어렵고, 고요한 곳에서는 머무르기도 어려우며, 혼자서 머무르는 것도 어렵습니다. 숲속과 들판에서 좋지 못한 이부자리로 머무르는 것도 어렵습니다. 저는 부모·형제·자매와 학업을 가르쳐준 스승을 그리워합니다. 저는 여러 가지 기술을 열심히 배우고 본업(本業)을 경영하여 저의 가족이 희망하는 것을 이어가고자 하여 더 이상 여기에 마음이 즐겁게 머무르지 못합니다."

만약 필추니가 이와 같이 후회하는 말을 하였으나 "저는 학처를 버리진 않습니다."라고 말을 하지 않았으면, 이것을 말하여 '학처에 약해진 것을 말하였으나 학처를 버린 것은 아니다.'라고 이름한다.

무엇이 '학처는 버렸으나, 학처에 약해진 것을 말한 것은 아니다.'고 하는가? 만약 어떤 필추니가 다른 필추니의 처소에 나아가서 "대덕께서는 기억하소서. 저 아무개는 이제 학처를 버렸습니다."라고 한다면 이것을 학처를 버리는 것이라고 이름한다. 혹은 "저는 불·법·승을 버렸습니다."라고 말하고, 혹은 "저는 소단라(蘇坦羅)·비나야(毘奈耶)13)·마질리가(摩咥里迦)를 버립니다."라고 말하며, 혹은 "저는 오바타야(鄔波馱耶)14)와 아차리야(阿遮利耶)15)를 버립니다."라고 말하고, 혹은 "제가 구적녀(求寂女)인 것을 아십시오. 저는 재가자인 선차16) 반택가(扇侘半擇迦)의 여인으로써 필추를 더렵혔습니다. 아버지를 죽이고, 어머니를 해쳤으며, 아라한을 죽였고, 승단의 화합을 깨뜨렸으며, 나쁜 마음으로 세존의 몸에서 피를 흘리게 하였고, 외도의 딸이며, 외도의 딸로 돌아가고자 하며, 도적의 마음과 다른 마음으로 머물렀으니 함께 머물 수 없는 사람입니다."라고 말하며, "저는 여러 자매들과 함께 법을 같이 하며 범행(梵行)을 함께 닦는 도반이 될 수 없습니다."라고 말하면 이것을 학처를 버렸으며 학처에 약해졌다고 이름한다.

무엇을 '학처에 약해졌다고 말하고 또한 학처를 버렸다.'라고 하는가? 어떤 필추니가 마음에 정을 품고 돌이켜 연모하고 나아가 후회하며, "저는 학처를 버립니다. [자세한 내용은 앞에서와 같다.] 또한 저는 도반이 아닙니다."라고 말하면, 이것을 '학처에 약해졌다.'고 이름하며, 또한 '학처를 버렸다.'고 말한다.

무엇을 '학처를 버리지도 아니하였고, 학처에 약해졌다고 말하지도 않는다.'라고 하는가? 앞에서 보인 모습(相)을 없애는 것을 말한다. 이것을

---

13) 산스크리트어 vinaya의 음사로서 조복(調伏)·율(律)이라 번역된다.
14) 산스크리트어 upādhyāya의 음사로서 오파타야(鄔波陀耶)·우파타하(優波陀詞)·욱파제야야(郁波弟耶夜)·우파나하(優波那詞). 근송(近誦)·의학(依學)·친교사(親敎師)라 번역된다. 나이 어린 제자가 모시고 있으면서 경전을 익히고 교법을 배우는 화상(和尙)을 뜻한다.
15) 산스크리트어 Acariya의 음사로서 아사리(阿闍梨)·아차리야(阿遮利耶)라 한역되고. 의역으로는 사장(師長)·궤범(軌範)·궤범사(軌範師) 등으로 번역된다. 제자를 가르치며 모범적인 인물로 규격 규범을 가르치는 모범인물이란 뜻으로 궤범사(軌範師)라 한다.
16) 산스크리트어 ṣaṇḍha의 음사로서 선체(扇搋)·선택(扇侘)이라고 번역된다. 남근(男根)을 갖추고 있지 않은 자를 뜻한다.

'학처에 약해졌다.'고 말하진 않는다.

'부정행을 짓는다.'는 음행을 저지르는 것을 말한다.

'음욕'은 두 사람이 서로 만나서 교류하고 합하는 것을 말한다.

'법(法)'은 '비법(非法)'에 의거한 것을 법이라고 이름한다.

'저지른다.'는 신업(身業)이 잘못된 것을 이름한다.

'나아가 축생과 함께 하는 것'은 원숭이 같은 것 등을 말한다.

'이것'은 그 사람을 가리키는 것이다.

'필추니'는 필추니의 성품을 얻은 것을 말하는 것이다. 무엇이 필추니 성품인가? 구족계를 받은 것을 말한다.[17] 무엇이 구족계인가? 백사갈마를 말하는 것이니, 이는 짓는 일을 법에 맞게 성취하여 장차 열반에 가까워지는 까닭에 근원(近圓)이라고 이름한다. 또한 더 나아가 받을 사람이 원만한 마음으로 간절히 구하고 계를 구족하고자 하여서 기약하고 맹세하여 계를 받는 마음이 성내고 한스러워하는 마음이 없으므로, 말로써 표현하고 어업(語業)을 밝게 드러내며, 탐구하고 만족하는 까닭에 원만히 구족했다고 이름하는 것이다.

'바라시가'는 지극히 무거운 죄로서 가까이 해서는 안 된다. 이것은 싫어하고 버려야 하며, 즐기고 사랑하여서는 아니된다. 만약 필추니가 이것을 범하는 때에는 곧 출가한 여인이 아니고, 세존의 제자가 아니며, 필추니의 몸을 잃고, 열반의 성품이 무너진다. 타락하고, 무너져 넘어지며, 수승하여 남을 구제할 수 없게 된다. 마치 다라수(多羅樹)의 새싹을 꺾는 것과 같아서 다시는 살아날 수 없으며, 다시는 싹이 자라나 크고 울창하게 번성할 수 없는 것과 같은 까닭으로 바라시가라고 이름한다.

'함께 머물 수 없다.'는 이를 범한 사람은 여러 필추니들과 더불어 같이 머무를 수 없는 것을 말한다. 포살을 하고, 수의(隨意)[18]를 하며,

---

17) 원문에는 '원근(近圓)'이라고 표기되어 있다.
18) 산스크리트어 pravāraṇa의 한역으로 자자(自恣) 수의(隨意)로 번역된다. 여름 안거 (安居)가 끝나는 날에 수행자들이 한곳에 모여 자신의 잘못을 서로 고백하고 참회하는 의식을 뜻한다.

단백(單白)·백이(白二)·백사갈마(白四羯磨)를 하고, 대중에게 일이 생겨서 마땅히 열두 종류의 사람을 선출을 할 때도 제한이 있다. 작법을 하고, 음식을 먹을 때에도 함께 할 수 없으므로 마땅히 물리쳐야 하나니, 이러한 까닭으로 마땅히 함께 머무를 수 없다고 이름한다.

　여기에서 범한 모양과 그 일은 무엇인가?

　게송으로 거두어 말한다.

　　세 곳으로 음행을 저지르는 것에
　　세 곳이 피부가 막힌 것과 막히지 않은 것과
　　허물어진 것과 허물어지지 않은 것과 산 것과 죽은 것과
　　반택가(半擇迦)의 남녀에게 음행을 저지르는 것과

　　잠자고 있는 다른 사람을 보고 음행을 저지르는 것과
　　혹은 술이나 약 등을 주는 것과
　　핍박을 당하여 즐거움을 느낀 것과 못 느낀 것과
　　범하고 범하지 않는 것을 마땅히 알아야 한다.

　만약 필추니가 그 세 곳에서 부정(不淨)을 저지르고, 음욕법(婬欲法)을 행하면 곧 바라시가를 얻는다. 무엇이 세 곳인가? 대·소변을 보는 곳과 입을 말한다. 만약 필추니가 세 종류의 사람과 함께 음욕법을 저질러 세 곳에 넣음으로써 부정을 저지르면 곧 바라시가를 얻는다. 무엇이 세 종류인가? 사람인 남자와 비인(非人)인 남자와 방생(傍生)의 수컷을 말한다.

　만약 필추니가 음욕을 저지르려는 마음을 일으켜 즐거움을 느끼려고 욕망을 일으키고, 살아 있는 사람인 남자에게 부정한 뜻(染汚意)을 일으켜 허물어지지 않은 세 곳의 피부에 넣고, 막힌 곳으로써 막힌 곳에 넣으며, 막힌 곳이 있는 것으로써 막힌 것이 없는 곳에 넣고, 막힌 것이 없는 것으로써 막힌 곳에 넣으며, 막힌 것이 없는 곳으로써 막힌 것이 없는

곳에 넣고, 대·소변을 보는 곳과 입에 넣는다면 곧 바라시가를 얻는다. 또한 사람인 남자에서와 같이 비인(非人)인 남자와 방생인 수컷에 대하여 도 이와 같음을 마땅히 알아야 한다.

만약 필추니가 죽은 사람인 남자의 세 곳의 손상된 피부에서도 허물어지고 막힌 것 등은 앞에서와 같으며, 넣으면 솔토라저야(窣吐羅底也)[19] 죄를 얻는다. 남자인 사람에서와 같이 비인(非人)인 남자와 축생의 수컷에게도 또한 이와 같다.

만약 필추니가 잠을 자고 있는 필추에게 부정을 저질렀을 때, 잠을 자던 필추가 처음과 중간과 끝에도 느끼지 못하였고, 알지 못하였으며, 즐거움을 느끼지 못하였으면 범한 것이 없으나, 음행을 저지른 필추니는 근본죄(根本罪)[20]를 얻는다. 만약에 필추니가 잠을 자고 있는 필추의 처소로 갔을 때, (필추가) 처음과 중간에는 알았으나, 끝을 알지 못하였다면 범한 것이 없고, 음행을 저지른 필추니는 근본죄를 얻는다. 만약 처음과 중간과 끝을 모두 알았으나, 마음에 즐거움을 느끼지 않았다면 범한 것이 없고, 음행을 저지른 필추니는 근본죄를 얻는다. 만약 처음과 중간과 끝을 모두 알았으며, 마음에 즐거움을 느꼈다면, 두 가지 모두 근본죄를 얻는다. 필추니의 경우는 이와 같으며, 정학녀(正學女)[21]와 구적녀(求寂女)[22]의 경우도 또한 같다. 필추와 구적남(求寂男)[23]도 이것에 의거하는

---

19) 산스크리트어 sthūlātyaya의 음사로서 중죄(重罪)·대죄(大罪)·추악죄(麤惡罪)로 번역된다. 바라이(波羅夷)나 승잔(僧殘)을 범하려다가 미수에 그친 무거운 죄를 가리킨다.

20) 산스크리트어 pārājika의 음사로 바라이죄(波羅夷罪)라고 한역되며, 필추나 필추니가 승단을 떠나야 하는 무거운 죄를 말한다. 바라이죄(波羅夷罪) 또는 바라이(波羅夷)는 바라시가(波羅市迦) 또는 바라사이가(波羅闍已迦)라고도 하며, 의역하여 극악(極惡)·단두(斷頭)·무여(無餘)·불공주(不共住) 또는 타승(他勝)이라고도 한다.

21) 산스크리트어 śikṣamāṇa의 음사로 식차마나(式叉摩那)로 번역된다. 필추니가 되기 위한 구족계(具足戒)를 받기 전에 2년 동안 육법(六法)을 지키며 수행하는 여자 출가자를 말한다.

22) 산스크리트어 Sramanerika의 음사로서 사미니(沙彌尼)라 한역되며, 근책녀(勤策女)라 의역한다.

23) 산스크리트어 Sramanera의 음사로서 사미(沙彌)라 한역되며, 구적(求寂)·식악(息

일은 모두 같다.

만약 필추니가 여러 종류의 술을 필추에게 주어 취하게 만들어 부정을 저질러 취한 필추가 처음과 중간과 끝에 그것을 알았든, 알지 못하였든, 즐거움을 느꼈든, 느끼지 못했든 얻는 죄의 가벼움과 무거움, 범한 것과 범하지 않는 것 등과 나아가 다른 여러 사람에게 술을 주어서 취하게 만든 것도 앞에서 잠을 자는 것에서 자세히 설명한 것과 같다.

술에 취한 경우는 앞에서와 같으며, 만약 주술이나 약을 사용하여 남에게 미혹되고 어지럽게 하여 그 여러 경계에서 부정을 저지르는 것과 나아가 다른 여러 대중들이 서로 부정을 저지르는 것의 죄를 얻는 것은 앞에서와 같다.

만약 필추니가 강제로 다른 필추를 협박하여 함께 부정을 저지른 때에, 핍박을 당한 필추가 처음에 넣을 때에 마음으로 즐거움을 느꼈다면, 모두 멸빈(滅擯)24)시킨다. 만약 처음에 넣을 때에는 쾌락을 느끼지 아니하다가 넣고 난 뒤에 쾌락을 느꼈어도 모두 멸빈을 시킨다. 만약 넣을 때에는 즐거움을 느끼지 않았고, 넣은 뒤에도 즐거움을 느끼지 않았으나 빼낼 때에 즐거움을 느꼈다면, 그 역시 모두 멸빈을 시킨다. 핍박을 당한 필추가 만약 넣을 때와 이미 넣고 난 뒤와 빼낼 때에도 즐거움을 느끼지 않았다면 범한 것이 없다. 핍박한 필추니는 멸빈을 시킨다.

필추를 핍박한 것처럼 사미나 재가인25)을 핍박하였거나 그 기타의 여러 일은 앞의 경우에 준한다. 만약 필추니들끼리 서로 능욕하고 핍박하였다면 앞에서 설명과 같음을 마땅히 알라.

그때 여러 필추들은 모두 의문을 일으켜 세존께 청하여 말씀드렸다.

"존자 대가섭파와 묘현은 전생에 어떤 업을 지었기에 그 업력을 인연하여 모두 욕심이 적게 되었습니까?"

세존께서는 여러 필추들에게 말씀하셨다.

___
惡)이라고도 한다.
24) 무거운 죄를 저지른 수행승을 영원히 승단에서 추방되는 것을 말한다.
25) 원문에서는 '백의(白衣)'라고 표기되어 있다.

"그 두 사람은 전생에 지은 업을 마땅히 스스로 되돌려 받은 것이니라. [자세히 설명한 것은 다른 곳과 같다.] 마땅히 잘 들어라. 그대들 필추여. 지나간 옛날에 어느 마을에 농부가 살고 있었는데 그는 이른 아침에 소를 끌고 가서 밭을 갈고 씨를 뿌렸느니라. 아내는 밥을 먹을 때가 되어 그를 위하여 밥을 가져다주고, 숲속으로 가서 나물을 캐고 땔감을 구하였다. 이때 어떤 독각(獨覺)이 숲속의 나무 아래에 머무르고 있었다. 어느 날 그 아내는 숲에 들어가서 땔감을 구하다가 그 독각의 몸과 마음가짐이 적정(寂靜)하고 용모가 단정한 것을 보고, 곧 그의 발에 예배드리고 우러러 바라보며 앉아있었느니라. 농부는 아내가 숲속에서 오래도록 있는 것을 이상히 여기며 이렇게 생각했다.

'아내가 무슨 까닭으로 시간이 오래 지났으나 돌아오지 않는 것인가?'

그는 곧 밭가는 데 사용하는 채찍을 가지고 숲속으로 갔으며, 아내가 독각의 앞에 있는 것을 발견하고는 아내에게 말하였다.

"당신은 이 사람과 함께 법답지 않은 일을 저질렀구려."

이때 독각은 이 말을 듣고 불쌍히 여겨, 큰 거위의 왕같이 몸을 허공에 솟구쳐서 신통의 변화를 나타내어 위로는 불꽃을 보이고 아래로는 맑은 물을 흐르게 하였다. 농부가 이것을 보고 깊이 부끄러워하며 마치 큰 나무가 쓰러지듯 몸을 땅바닥에 엎드려 크게 무릎 꿇고 합장하며 공경하는 말을 하였다.

"엎드려 바라건대, 큰 성인(大聖)이시며 진실로 청정한 분이시여. 큰 자비를 내리시어 저의 공양을 받아주십시오."

독각이 불쌍히 여겨 허공에서 내려오니, 농부가 말하였다.

"대사(大士)시여, 제가 의심하고 어리석은 마음을 품어 이치에 맞지 않는 말을 하였으니, 원하건대 용서하여 주십시오."

곧 좋은 음식을 가져다가 독각을 공양하고는 발 아래에 합장하고 서원(誓願)하였다.

"제가 나쁜 생각을 일으킨 것은 모두 욕심 때문이니, 저희 두 사람은 모든 생(生)에 항상 모든 욕심에 적게 물들기를 원하옵니다."

　　그대들 필추들이여. 그대들의 생각은 어떠한가? 과거 농부였던 사람이 어떻게 다른 사람이겠는가? 지금의 구수(具壽) 가섭파가 바로 그 농부이며, 농부의 아내가 바로 묘현이니라. 그때부터 지금에 이르기까지 두 사람은 욕심이 적게 되었느니라.

　　그대들은 다시 들어라. 지나간 옛날에 어느 마을에 한 장자가 크게 부유하여 많은 재물이 있었다. 어느 늦은 봄날 온갖 풀들이 무성하고, 우거진 숲과 맑은 물에는 숲과 새가 서로 어울렸으며, 공작새·앵무새·거위·기러기·원앙새들의 여러 무리가 서로 섞여서 무리지어 날며 구슬프게 울고 있었다. 장자는 여러 집안 권속들과 함께 꽃동산에 놀러 나왔다. 세존께서 세상에 계시지 않고 독각이 출세하여 있었으므로, 불쌍히 여기는 마음을 품어 질(質)이 낮은 이부자리를 보시로 받아도 천상의 복전이 되었다. 한가하고 고요한 곳에 즐거이 머무르고 속세와 교류하지 않으니, 마치 큰 물소가 무리를 벗어나 홀로 있는 것과 같았다. 그 독각이 등산의 한 나무 아래에 앉아 있던 때 장자가 아내를 데리고 숲속으로 가서 함께 음행을 하였는데 색(色)에 정신없이 미혹되어 독각을 보지 못하였다. 독각은 소리를 듣고 정(定)으로부터 깨어났고, 장자는 마침내 독각을 보고는 깊이 부끄러워하는 마음을 일으켜 참회하고 잘못을 빌었으며, 독각을 위하여 공양을 베풀고는 합장하고 발원하였다.

　　“제가 나쁜 짓을 저지른 것은 모두가 욕심 탐착하였던 까닭이오니 저희 두 사람은 미래의 세상에 욕심이 적어지는 과보를 얻을 것을 발원합니다.”

　　그대들 필추들이여. 그대들의 생각은 어떠한가? 옛날의 장자가 어떻게 다른 사람이겠는가? 지금의 구수 대가섭파가 바로 그 장자이며, 장자의 아내는 바로 묘현이니라. 그때 발원한 까닭으로 두 사람이 욕심이 적어지게 되었느니라.”

　　여러 필추들이 말씀드렸다.

　　“세존이시여. 구수 가섭파와 묘현이 함께 출가한 것은 진실로 희유합니다.”

세존께서는 여러 필추들에게 말씀하셨다.

"이 생에만 둘이 함께 세속을 버리고 출가한 것이 아니고, 지나간 옛날에도 그러했느니라. 그대들은 자세히 들으라. 내가 그대들을 위해 말하리라. 바라니사성(婆羅尼斯城)에는 질그릇을 굽는 장인이 있었다. 그의 마을에 네 명의 독각이 와서 머무를 곳을 구하였는데, 그 대사 등은 먼저 오기도 하였고, 나중에 오기도 하여 마을에 이른 것을 서로 알지를 못하였다. 이때 한 독각이 화광정(火光定)[26]에 들어 드디어 멀리서 보고서 서로 물었다.

"당신은 누구십니까?"

한 사람이 대답했다.

"그대들은 장병(杖瓶)이라는 이름의 왕이 있으며, 다시 그 왕에게는 무량한 억천(億千)의 코끼리 군대가 있어 주위를 둘러싸고 있다는 말을 듣지 못하였습니까?"

대답하여 말하였다.

"일찍이 들었습니다."

대답하여 말하였다.

"바로 나입니다."

물어 말하였다.

"당신은 어떠한 일을 인연하여 출가를 하였습니까?"

대답하여 말하였다.

"나는 높은 나무 위에 있다가 올빼미가 고기를 가지고 날아오르자 여러 마리의 올빼미들이 그 뒤를 쫓아가며 서로 싸우는 것을 보았습니다. 그 올빼미가 고기를 버리고서 한쪽으로 날아가니 다른 여러 올빼미들이 서로 그 고기를 끌어당기며 싸웠습니다. 나는 이 일을 보고 싫어하고 버리고자 하는 마음이 생겼고, 이렇게 생각했습니다. '무엇 때문에 이렇게 이익이 없는 일을 하는가? 모두 다 버리자.'라고 생각하고 출가를 하였습니

---

26) 화삼매(火三昧)·화광정(火光定)이라고 번역되며, 몸에서 불을 뿜는 선정(禪定)을 가리킨다.

다.”
　다시 게송으로 말하였다.

　　그 올빼미가 고기를 물고 날아가는 것을 보았을 때
　　여러 마리의 올빼미가 서로 싸우는 것을 보았네.
　　그것을 버리면 편안함을 얻을 것이니
　　이런 까닭에 영화의 지위를 버렸네.

　　욕심으로 일어난 마음은 진실이 없어
　　오히려 꿈이 뒤바뀐 것과 같나니
　　물소와 같이 홀로 걸으며
　　한쪽의 주변에 머물러 있으리라.

　이어서 두 번째 독각에게 물었다.
　“당신은 누구십니까?”
　대답하여 말하였다.
　“그대들은 추면(醜面)이라고 하는 이름의 왕이 있으며, 다시 그 왕에게는
무량 억천의 말로 이루어진 군대가 있어서 주위를 둘러싸고 있다는 말을
듣지 못하였습니까?”
　대답하여 말하였다.
　“일찍이 들었습니다.”
　대답하여 말하였다.
　“바로 나입니다.”
　다시 물어 말하였다.
　“당신은 어떠한 일을 인연하여 출가를 하였습니까?”
　대답하여 말하였다.
　“나는 궁전 안에서 무량 억천 마리의 병마에게 둘러싸여 있다가, 두
마리 숫소가 한 마리 암소를 놓고 서로 부딪쳐서 몸을 상하게 하는 것을

보았는데, 한 마리가 뿔이 부러져서 물러났습니다. 나는 그것을 보고 몹시 안타까운 마음이 일어나 이렇게 생각하였습니다. '모든 허물과 근심은 탐욕이 근본이 되어 번민하고 해치게 되는 것이구나.' 생각하고는 깊이 싫어하는 마음이 일어나서 곧 출가를 하였습니다."

그리고는 다시 게송으로 말하였다.

나는 두 마리 숫소가 한 마리 암소를 놓고 싸워서
서로 부딪쳐서 몸을 상하게 하는 것을 보았네.
한 마리의 소가 버리고 떠나 편안해지는 것을
유정(有情)들은 항상 욕심을 품고 있구나.

나는 물소와 같이 항상 홀로 다니며
한가롭게 넓은 곳에 편안히 한쪽에 머무르며
모든 욕망에 이끌리지 아니하면
자유롭게 무위처(無爲處)에 이를 수 있으리라.

이어서 세 번째 독각에게 물었다.
"당신은 누구십니까?"
대답하여 말하였다.
"그대들은 바라니사성에 범수(梵授)라고 하는 이름의 왕이 있으며, 다시 그 왕에게는 무량한 억천의 사람이 있어서 주위를 둘러싸고 있다는 말을 듣지 못하였습니까?"
대답하여 말하였다.
"일찍이 들었습니다."
대답하여 말하였다.
"바로 나입니다."
물어 말하였다.
"당신은 어떠한 일을 인연하여 출가를 하였습니까?"

　대답하여 말하였다.

　"늦은 봄날에 온갖 풀들이 무성하고, 우거진 숲과 맑은 물에는 숲과 새가 서로 어울렸으며, 공작새·앵무새·거위·기러기·원앙새들의 여러 무리가 서로 섞여서 무리지어 날며 구슬프게 울고 있었습니다. 이때 나는 궁인(宮人)과 채녀(婇女)를 거느리고 네 종류 군대 호위를 받으며 꽃동산으로 나아가 이곳저곳을 돌아다니다가 여러 미녀들과 즐겁게 놀면서 맛있는 음식들을 먹고서 피곤하여 눕게 되었습니다. 내가 잠든 것을 보고 궁녀들이 마음에 꽃과 열매를 욕심내어 꽃과 과일을 따며 나뭇가지를 부러뜨리고 모든 나무를 훼손시켰습니다. 나는 이것을 보고 매우 근심하는 마음이 생겨 탄식을 하였습니다. '이 나무들은 조금 전에는 꽃과 열매·가지와 잎이 좋고 무성하였으나, 홀연히 시들고 떨어져 이렇게 되었구나. 나의 몸도 또한 이와 같을 것이니, 이것을 어떻게 의심하지 않겠는가?' 나는 다시 '세간에서 하는 말과 논리들이 모두 몸과 마음을 괴롭게 하는 것이로구나.'라고 생각하고 곧 임금의 자리를 모두 버리고서 출가를 하였습니다."

　그리고는 다시 게송으로 말하였다.

　　나는 온갖 향과 훌륭한 꽃과 나무들을 보고
　　가지가 부러지고 훼손되어 나쁜 것을 보았네.
　　마땅히 모든 욕망도 모두 그러함을 알아야 할지니
　　저 물소와 같이 마땅히 홀로 한곳에 있으리.

　이어서 네 번째 독각에게 물었다.

　"당신은 누구십니까?"

　대답하여 말하였다.

　"그대들은 영락성(瓔珞城)에 장승(壯勝)이라는 이름의 왕이 있으며, 그에게는 무량한 억천의 사람들이 있어서 주위를 둘러싸고 있다는 말을 듣지 못하였습니까?"

　대답하여 말하였다.

"일찍이 들었습니다."
대답하여 말하였다.
"바로 나입니다."
다시 물어 말하였다.
"당신은 어떠한 일을 인연하여 출가를 하였습니까?"
대답하여 말하였다.

"나는 궁궐 안에서 채녀들에게 둘러싸여 있었습니다. 그때에 어떤 채녀가 흰 소라껍질로 만든 팔찌를 팔에 걸치고 있었는데, 손이 움직일 때마다 그 팔찌도 서로 부딪쳐서 시끄러운 소리를 내었습니다. 나는 그 일을 보고 마음에 근심이 생겨서 탄식하였습니다. '아무런 생각이 없는 이것들도 서로 부딪쳐 소리를 만들거늘, 하물며 사람들은 함께 머무르면서 어떻게 편안하고 적정(寂靜)할 수 있겠는가?' 그리고 다시 '세상 사람들이 서로 접촉하므로 마음과 의식이 괴롭게 되는구나.'라고 생각하고서 모두 다 버리고 출가하였습니다."

다시 게송으로 말하였다.

　나는 팔에 장식으로 두른 둥근 팔찌가
　서로 부딪쳐서 소리를 내는 것을 보았네.
　마땅히 알아야 할 것이며 모든 욕심도 또한 그러하나니
　당연히 들판의 코끼리와 같이 홀로 살아야 하리라.

이때 질그릇 굽는 남편이 여러 대사(大士)들이 이와 같이 주고받는 말을 들었다. 그의 아내가 남편에게 말하였다.

"성자여. 이 여러 대선(大仙)께서는 모두 국왕의 몸으로서 부귀(富貴)를 마음대로 누릴 수 있었으나, 영화로운 지위를 버리고서 세간의 즐거움을 싫어하고 멀리하여 출가하셨는데, 우리는 무슨 까닭으로 출가하지 않는 것일까요?"

다시 질그릇 굽는 장인의 두 아들이 아버지에게 말하였다.

"만약 출가를 하신다면 누가 저희들을 키우겠습니까?"

아버지가 말하였다.

"아들아. 근심하지 말라. 나는 너희들이 장성할 때까지 기다렸다가 출가하겠다."

이렇게 말을 하고는 남편은 물병을 가지고 물을 뜨러 가는 흉내를 내자, 아내가 말하였다.

"성자여. 제가 가서 물을 떠드리겠습니다. 어째서 스스로 고생을 하십니까?"

곧 남편에게서 물병을 빼앗아 가지고 강이 있는 곳으로 가서 아내는 물병을 땅에 놓아두고 출가하였다. 남편은 아내가 출가했다는 말을 듣고는 말하였다.

"내가 때를 놓쳤구나. 이제 집안이 편안하도록 자식을 키워야겠구나."

시간이 흘러 점차 장성해지자 그들의 선악과 능히 스스로 살아갈 수 있는가? 없는가를 시험해 보았다. 자신은 소금으로 간을 해서 음식을 먹으면서도 아들에게는 싱거운 음식을 주었으며, 자신은 익은 과일을 먹으면서도 아들에게는 익지 않은 것을 주었다. 아들이 아버지께 말씀드렸다.

"저도 어찌 간을 한 음식과 잘 익은 과일을 먹고 싶지 않겠습니까? 저에게 싱거운 음식과 익지 않은 과일을 주시면 어떻게 먹겠습니까?"

질그릇 굽는 장인은 생각하였다.

'두 아들이 간을 하고 하지 않은 것과 익고 익지 않은 것을 이미 알았으니 이제 때가 되었다. 드디어 나도 과거의 결심을 이룰 수 있겠구나'

곧 출가를 하였고, 어느 날 그는 이전의 아내를 만났다. 이전의 아내가 말하였다.

"당신은 어린 아이들을 키우는 것을 포기할 수 있었습니까?"

남편이 말하였다.

"내가 이미 시험삼아 간을 한 것과 하지 않은 것, 익은 것과 익지 않은 것을 주어 보았는데 좋고 나쁜 것을 모두 잘 알았으므로, 버리고서

84

이곳에 온 것이오. 당신이 이미 출가하였고 나도 또한 출가하였으니 근심하지 마시오.”

“그대들 필추들이여. 그대들 생각에는 어떠한가? 과거의 질그릇 굽는 장인이 어떻게 다른 사람이겠는가? 지금의 대가섭파가 바로 그 사람이며, 그의 아내는 바로 묘현이니라. 지나간 날에 둘이서 함께 세속을 버리고 출가하였고 지금도 또한 그러하니라.”

이때 여러 필추들은 다시 세존께 청하여 말씀드렸다.

“대덕 세존이시여. 묘현은 과거에 어떤 업을 지었기에 몸이 금빛이 되었습니까?”

세존께서 여러 필추들에게 말씀하셨다.

“그녀가 스스로 지은 업을 지금 다시 스스로 받은 것이니라.” [자세한 내용은 앞에서와 같다.]

또한 게송으로 말씀하셨다.

가령 백 겁이 지날지라도
지은 업은 없어지지 않나니
인연이 서로 만날 때에는
과보를 스스로 되돌려 받느니라.

그대들 필추여. 지나간 과거 91겁 때에 부처님께서 출세하셨으니, 그 이름을 비발시여래등정각(毘鉢尸如來等正覺)이라 하셨으며 십호(十號)²⁷⁾를 구족하셨느니라. 그때 어떤 왕국의 도읍(王都)이 있었으며, 왕의 이름은 친혜(親慧)였다. 법으로써 세상을 교화하니 백성들이 늘어났고, 풍요롭고 즐거웠으며, 편안하였고, 온갖 사기꾼과 도적과 질병이 없었으며, 소·양·쌀·사탕수수 등이 곳곳마다 가득하였다.

---

27) 부처님의 공덕(功德)을 가리키는 열 가지 이름으로 여래(如來), 응공(應供), 정변지(正遍知), 명행족(明行足), 선서(善逝), 세간해(世間解), 무상사(無上士), 조어장부(調御丈夫), 천인사(天人師), 불세존(佛世尊) 등이다.

　왕은 백성[28]들을 걱정하기를 마치 어린아이(赤子)를 돌보듯이 하였다. 이무렵 비발시불등정각(毘鉢尸佛等正覺)께서는 62만의 필추들에게 둘러싸이시어 친혜왕의 도읍에서 멀지 않은 곳의 강가에 머무르고 계시었다. 부처님께서 자리에 계실 때에 필추 대중들은 위엄이 엄숙하였고 광채가 매우 뛰어났다. 어느 때 비바시여래께서는 인간세상을 유행하셨는데 그 부처님께서 앉으셨던 곳에 광채가 사라졌다. 그때 부처님의 누이가 부왕(父王)에게 말하였다.

　“대왕이시여. 세존께서는 지금 어느 곳으로 가셨습니까? 제가 뵙고자 합니다.”

　왕이 대답하였다.

　“세존께서는 인간세상을 유행하시며, 여러 유정들을 교화하고 제도하시느니라.”

　누이가 말하였다.

　“원하건대, 부왕이시여. 섬부(贍部)[29]의 금으로 부처님의 모습과 크기가 똑같은 상(像)을 만들어 주십시오.”

　왕은 곧 금으로 불상을 만들어서 부처님께서 앉아 계시던 곳에 안치하였다. 이윽고 부처님께서 교화의 인연을 마치시고 왕의 도읍으로 되돌아오셨는데, 부처님의 위덕(威德) 때문에 섬부의 금으로 만든 불상은 빛과 색을 잃었다. 누이가 이 일을 보고는 지극히 특이하다는 생각을 일으켜 청정한 신심을 품고 부처님의 발 아래에 무릎을 꿇고 합장하여 발원하였다.

　“세존의 위엄이 있는 광명과 신령스러운 공덕이 이 불상을 비추어 광채를 사라지게 하신 것과 같이 지금 이후로는 제가 태어나는 곳마다 몸의 모양과 광명이 부처님과 비슷하도록 하여주십시오.”

　여러 필추들이여. 옛날의 그 여인이 지금의 묘현이니라. 그가 과거에

---

28) 원문에는 ‘여원(黎元)’이라고 표기되어 있다.
29) 불교 우주관에 나타나는 주(洲)의 명칭으로 섬부주(贍部洲)라고도 한다. 염부(閻浮), 섬부(贍部)는 jambu의 음사이며, 제(提)와 주(洲)는 dvipa의 각각 음사 및 의역이다. 세계의 중심인 ‘수미산’의 남쪽에 위치한다.

청정한 마음으로 올바르게 발원하였으므로 태어나는 곳마다 금빛의 몸이 되었고, 청정하고도 미묘한 광명이 밝게 빛났던 것이니라. 그대들은 다시 보아라. 지극히 정성스럽고 용맹스러우며 날카롭고 무너지지 않는 마음이 청정하게 계속 이어졌고, 이러한 선근 때문에 91겁 때에 위로는 복전이 되었고, 아래로는 훌륭한 씨앗이 되어 묘한 과보를 받았으며, 지금에 이르도록 끊이지 아니하여 현재의 과보를 얻었고, 많은 겁 동안에도 얼굴과 용모가 단정하였느니라.

또한 여러 필추들이여. 다시 묘현이 일찍이 지은 업력 때문에 복덕을 얻었고, 비교할 수 없이 단정하고 뛰어나며 얼굴과 용모가 금색이 된 것을 들을지니라. 지나간 옛날에 바라니사성(婆羅尼斯城)에 한 장자가 있었는데 그는 부유하여 많은 재산이 있었다. 항상 아내에게 말하였다.

"항상 음식을 장만하였다가 나를 위하여 사문과 바라문에게 공양하도록 하시오."

어느 날 독각 한 사람이 몸과 마음을 적정하게 하고서 걸식하다가 장자의 집에 들어왔다. 장자의 아내는 독각의 몸이 단정하지 못한 것을 보고는 음식을 주지 않았다. 음식을 받지 못한 독각이 곧 밖으로 나가려고 하자, 그 집의 계집종이 보고서 집안으로 들어오시기를 청하고는 부인에게 말하였다.

"주인마님께서는 어찌하여 음식을 베풀지 아니하십니까?"

아내가 말하였다.

"지금 이 걸식하는 사람은 몸에 광채가 나지 않는 까닭에 베풀지 않았다."

계집종이 말하였다.

"주인어른께서 다만 몸이 추(醜)한 사람에게는 음식을 베풀지 말라고 말씀하셨습니까?"

아내가 말하였다.

"비록 그러한 별도의 말씀은 없으셨으나 내가 주지 아니하였다."

계집종은 '차라리 내가 먹을 몫을 가져다가 받들어 베풀어야겠다.'

생각하고는 곧 가져다 드렸다. 이때에 독각은 불쌍히 여기는 마음을
품고 큰 거위왕같이 허공에 올라가서 여러 신통변화를 나타내었다. 계집종
은 이것을 보고 무릎을 꿇고 합장하고는 발원하였다.

"존자께서 몸이 추하여 걸식하였으나 얻지 못하신 까닭으로 내가 선근
을 베풀었사오니 미래 세상에는 항상 얼굴과 용모가 단정하여 보는 사람들
에게 즐거움을 주십시오."

이때의 왕은 범수(梵授)라 이름하였으며, 무량한 백천(百千)의 신하들과
함께 그들에게 둘러싸여 있었다. 대사(大士)가 몸을 허공에 오르니, 왕과
신하들이 멀리서 우러러 보면서 상의하여 말하였다.

"지금 이 대사께서는 누가 베푸신 음식을 받으셨을까?"

왕과 신하들은 보고 나서 게송으로 말했다.

    지금 이 대사께서는 누구의 집에 가시어
    빈궁함을 없애시고 안락함을 주셨으며
    위로는 뛰어난 복전이 되시고 아래로는 복전의 씨앗이 되어
    능히 과보가 다하지 않도록 하시었는가.

이때 왕은 대사께서 어느 장자의 집에서 음식을 받으셨다는 말을 들었다.
장자는 이 말을 듣자 곧 집으로 돌아가서 계집종이 그 대선(大仙)께 자기
몫의 음식을 드렸다는 말을 듣고는 곧 계집종에게 말하였다.

"능히 이러한 일을 하였으니, 지금부터 너는 자유의 몸이며, 네 의지대로
살도록 하라. 또한 필요한 물건들은 마음대로 가지고 가도 좋다."

그러자 부인은 계집종에게 말하였다.

"네가 지은 복을 나에게 주어라."

그녀가 주지 않자 부인은 화를 내며 몽둥이로 계집종의 머리를 때렸고,
곧 죽은 뒤에 33천(天)에 태어났다. 천상에 태어나니 천상에 있는 궁전에
광명이 밝게 빛나서 비치지 않는 곳이 없었다. 이때 제석천과 네 명의
보필하는 신하들은 그 여인의 위의가 미묘하고 단정하며 엄정하고 용모가

뛰어난 것을 보고 모두가 마음이 혼미해져서 제석천에게 말하였다.

"지금 이 미묘한 여인은 지극히 사랑스럽고 즐겁나니 마땅히 바치겠나이다."

재석천이 말하였다.

"어느 누가 사랑하고 즐거워하지 않을 것인가? 모두가 얻고자 할 것이다."

그때 제석천은 게송을 말하였다.

나는 지금 마음이 지극히 혼미하니
가운데인가 구석인가를 구별할 수가 없도다.
마음을 사용하여 생각을 지키니
겨우 몸을 가눌 수 있을 정도이구나.

이때 제석천의 첫 번째 대신이 다시 게송으로 말했다.

천주께서는 오히려 안온하신 것이오니
이에 대하여 게송을 말한다면
마치 큰 북소리를 듣는 것과 같사오며
욕망의 어지러움 또한 이와 같나이다

두 번째 대신이 말했다.

마치 막대기로 북을 칠 때에
울리는 소리가 더욱 커지는 것과 같고
사납게 흐르는 물이 나무를 띄운 것처럼
욕망의 어지러움 또한 이와 같나이다.

세 번째 대신이 말했다.

큰 강물이 모든 나무를 떠내려가게 하여
서로가 어울려서 잠시도 머무르지 못하니
독사가 눈을 치켜 뜬 것처럼
사랑에 대한 욕망 또한 이와 같나이다

네 번째 대신이 말했다.

그대들은 마음이 편안하고 태평하여
각자 게송을 말할 수 있으나
나는 지금 내 자신이 알지 못하니
죽은 것도 같고, 살아있는 것도 같습니다.

이때 제석천과 여러 신하들은 함께 의논하여 말하였다.
"이 신하는 아름다운 여색에 탐착하였으니 장차 죽을까 걱정입니다.
마땅히 이 여인이 함께 모시도록 하는 것이 좋겠습니다."
이때에 여러 필추들은 모두 의심스러워 세존께 여쭈었다.
"대덕이시여. 진실로 희유(希有)합니다. 무슨 인연으로 단정하고 사랑스러운 그녀의 용모와 얼굴 때문에 여러 하늘 사람들이 모두 미혹되고 어지러워 게송을 말한 것입니까?"
세존께서 필추들에게 말씀하셨다.
"다만 그때만 천인들에게 미혹되고 어지럽게 만들어 찬미하는 게송을 말하게 했던 것이 아니고, 지나간 옛날에도 또한 그러하였느니라. 이 여인 때문에 성읍과 마을의 모든 젊은 남자들이 그곳에서 노래를 불렀느니라. 그대들은 자세히 들으라.
지나간 옛날에 어느 한 마을에 장자가 살고 있었는데 얼굴과 용모가 단정하고 모습과 위의가 매우 뛰어나 매우 사랑스럽고 즐거워하는 아내가 있었다. 그때에 다섯 명의 젊은이가 그 마을에 와서 장자의 아내를 보고는 모두 마음이 물들어 집착하였고 마음이 혼미하고 어지러워졌다. 그들은 사람을 시켜서 개인적으로 서로 구한다는 것과 어떤 장소에서 같이 만나고자 한다는 것을 알리게 하였다. 이때 그 부인은 남편에게 말하였다.

"여러 젊은이들이 함께 찾아와 저를 구하였습니다. 내가 마땅히 그들을 욕되게 할 것이니, 당신께서는 조용히 계시어 그들을 부끄럽고 얼굴을 붉히게 하십시오."

그들의 심부름꾼에게 말하였다.

"어두운 밤에 어느 곳에 있는 다근수(多根樹) 근처에서 잠시 기다리면 내가 곧 가겠습니다."

첫 번째 남자는 나무의 동쪽 가지를 향하여 앉아 있게 하고, 두 번째 남자는 나무의 서쪽 가지를 향하여 앉아 있게 하며, 세 번째 남자에게는 나무의 남쪽 가지를 향하여 앉아 있게 하고, 네 번째 남자는 나무의 북쪽 가지를 향하여 앉아 있게 하며, 마지막으로 다섯 번째 남자에게는 나무 가운데에 있는 가지를 향하여 앉아 있게 하였으나, 서로는 이렇게 앉는 것을 알지 못하게 하였다. 남자들은 말을 듣고 나무 위에 머물러 있었으나 새벽이 되도록 기다려도 부인은 오지 않았다.

그 중에 한 사람이 게송을 말하였다.

지금 해가 떠올라
농부들은 이미 밭을 향하였는데
거짓말을 하고 오지 않으니
다근수(多根樹)를 떠나야겠구나.

두 번째 사람도 게송을 말하였다.

그 아름다운 여인은 반드시 올 것이며
마땅히 거짓말을 아니 하였네.
어떠한 까닭으로 이 해는
급하게도 빨리 떠오르는가?

세 번째 사람도 마찬가지로 게송으로 말하였다.

 해는 이미 밝게 떠올랐고
 농부들은 밭을 갈러 갔는데
 우리들은 어리석은 양처럼
 나무에서 추워서 떨고 있구나.

네 번째 사람도 게송으로 말하였다.

 지금 이렇게 고통스러운 것은
 남의 부인을 구한 까닭이니
 우리들은 모두가 미혹하여서
 밤의 추위에 얼어 죽을 것 같구나.

다섯 번째 사람도 게송으로 말하였다.

 우리는 자신의 몸을 걱정하지 아니하고
 하룻밤 동안 추위에 고통을 받았는데
 다만 가라수(迦囉樹)의 가지가 시들어
 다시 살아나지 못함을 근심하고 있구나.

그때 다근수 나무의 목신(木神)이 게송으로 말하였다.

 그대들은 단지 자신의 몸만을 걱정을 하며
 다른 일들은 걱정하지 말게나.
 나무는 손상이 있어도 살아날 기약이 있으나
 욕망의 고통은 멈출 때가 없는 것이니.

“그대들 모든 필추들은 마땅히 알라. 탐욕스런 사람에게는 이러한 허물이 있나니 헛되이 고통을 받고, 일은 이룰 수 없느니라. 이러한 까닭으로 부지런히 구하고, 생사를 벗어나며, 욕망과 허물을 없애야 하느니라. 그 장자의 아내가 바로 묘현이며, 용모가 단정하였던 까닭으로 능히 제석천과 모든 천신(天臣)과 더불어 마을의 사람들이 마음이 미혹되고 뜻을 어지럽혔던 것이다. 지금 다시 단정하고, 얼굴이 아주 아름다우며 사랑할 수 있어 보는 사람들이 탐착하게 되었느니라.”

여러 필추들은 다시 세존께 여쭈었다.

“묘현은 이전에 어떤 업을 지었기에 오백의 외도 가운데로 출가를 하여 그들에게 핍박과 고통을 당하였습니까?”

세존께서는 여러 필추들에게 말씀하셨다.

“그가 이전에 업을 짓고 이제 다시 스스로 받은 것이니라.”

자세히 설명한 것은 앞에서와 같으며, 나아가 게송으로 설하셨다.

“그대들 필추여. 지나간 옛날에 바라니사성 안에 한 음녀가 있었는데, 예쁜 용모를 자랑하며 살아가고 있었다. 남자들은 그녀에게 5백 금전(金錢)을 주어야만 함께 어울릴 수가 있었다. 그때 한 마을에 사는 오백 명의 사람들이 뜻을 모아 각자 음녀에게 돈을 보내어 어느 곳에 있는 꽃동산에서 만나기를 청하였다. 음녀는 돈을 받고 약속한 장소로 가는 중간에서 왕자를 만났고 마침내 그에게 머물게 되어 동산이 있는 곳으로 가지 못하였다. 이때 5백 명의 사람들은 기다리다가 각자가 고뇌하는 마음을 품게 되었다.

이때 어느 독각이 불쌍히 여기는 마음을 품어 보잘 것 없는 이부자리를 받아도 최상의 복으로 여기고, 텅비고 한가한 곳에 머물고 있었다. 아침 먹을 때가 되어 옷을 입고 발우를 가지고 5백 명의 사람들이 있는 곳으로 가자 사람들은 이 대사(大士)의 몸과 마음이 고요한 것을 보고 각자 맛있는 음식을 가져다가 받들어 베풀었다. 대사는 곧 여러 신통변화를 나타내었으며, [자세히 설명한 것은 다른 것과 같다.] 이에 합장하고 발원하였다.

“저희들이 최상의 복전에서 복업을 일으켰으니, 마땅히 이와 같은 과보를 얻게 하십시오. 저 나쁜 음녀가 돈을 받고 오지 않아서 우리 모두에게 고통스런 생각을 일으키게 하였습니다. 따라서 그녀가 세속에 있고, 혹은 출가를 하여도 바라건대, 저희들이 미래에는 항상 그녀에게 고통을 주고 저희가 함께 그녀에게 비법을 행하게 하십시오”

　그대들 필추들이여. 그대들 생각에는 어떠한가? 지나간 때의 5백 명의 사람이 어떻게 다른 사람이겠는가? 지금의 5백 명의 외도가 바로 이 사람들이고 그때의 음녀가 바로 묘현이니라. 이러한 인연 때문에 그녀가 비록 출가를 하였으나, 5백 명의 외도들이 항상 그녀에게 나쁘게 핍박하였던 것이니라.”

　여러 필추들이 다시 세존께 여쭈었다.

　“묘현은 이전에 어떠한 업을 지어서 아라한과를 증득하였으나, 다시 미생원왕에게 강제로 핍박당해 부정을 저지르게 되었습니까?”

　세존께서 말씀하셨다.

　“이전의 원력(願力) 때문이니라.”

　“대덕이시여. 그녀는 어느 처소에서 이러한 발원을 하였습니까?”

　세존께서 말씀하셨다.

　“지나간 옛날에 한 장자가 있었는데 아내를 얻고서도 결국 오래도록 자식이 없었다. 장자는 생각하였다.

　‘이 아내는 아이를 낳지 못하니 별도로 다른 아내를 얻는 것이 좋겠다.’

　두 번째의 아내를 맞아들였고 새로운 아내가 집안으로 들어오자 전처(前妻)를 잊고서 전처를 업신여기고, 새로운 아내를 사랑하고 소중히 여겼다. 전처가 남편에게 말하였다.

　“저는 오계(五戒)를 받았습니다.”

　남편은 전처가 계율을 지키는 것을 보고서 공경하고 소중히 여겼고, 후처(後妻)는 질투심이 생겨 생각하였다.

　‘무슨 방법을 써서 계율을 깨뜨리게 할 수 있을까?’

　마침내 술을 가져다가 남편에게 마시게 하여 취하게 만들어 그를 전처의 방으로 들여보냈다. 이때 전처는 잠을 자고 있었으나, 남편은 곧 그녀를 핍박하여 함께 비법을 행하였고, 곧 전처는 매우 고통스러운 생각을 일으키게 되었다. 이때 어떤 독각이 아침이 되어 옷과 발우를 챙겨서 마을에 들어와 걸식을 하다가 장자의 집에 이르렀다. 장자의 아내는 독각의 몸과 마음이 고요한 것을 보고는 음식을 가져다가 받들어 베풀었다. 독각은 이 여인을 불쌍히 생각하는 까닭으로 그녀를 위하여 신통변화를 나타내니 부인은 무릎을 꿇고 합장하여 발원하였다.

"제가 이제 최상의 복전에 지은 복업으로 미래에는 이 후처를 좇아서 신통을 증득하게 하십시오. 저는 그녀의 청정한 행을 핍박하여 더럽히기를 발원합니다."

그대들 필추들이여. 그대들 생각에는 어떠한가? 옛날의 전처가 지금의 미생원왕이고, 후처가 지금의 묘현이며, 비록 아라한과를 얻었으나, 오히려 그에게 핍박을 당하였느니라."

여러 필추들이 다시 세존께 청하였다.

"대덕이시여. 지금의 묘현은 이전에 어떤 업을 지어서 그 업력 때문에 세존의 처소에서 출가하여 모든 번뇌를 끊고 아라한과를 증득하였으며, 명료(明了)함이 증득한 가운데에서 제일이 되었습니까?"

세존께서 여러 필추들에게 말씀하셨다.

"묘현은 이전에 스스로 지은 업을 이제 다시 스스로 되돌려 받은 것이니라."

자세히 설한 것은 앞에서와 같다.

그대들 필추들이여. 지나간 옛날에 사람의 수명이 2만 살이었을 때에 가섭파불(迦攝波佛)께서 계셨으며, 묘현은 그 부처님께 출가하였다. 그녀의 스승[30]은 지혜와 신통이 제일인 아라한이었는데 묘현은 죽는 날에 발원하며 말하였다.

"저의 친교사(親敎師)[31]께서 가섭파 부처님의 법 가운데에서 지혜가

---

30) 원문에는 '오바타야(鄔波駄耶)'라고 표기되어 있다.
31) 산스크리트어 upādhyāya의 한역으로 화상(和上), 화사(和社) 등의 문자도 해당되며, 친교사(親敎師), 의학(依學) 등으로 번역된다. 가르침을 베풀거나 계(戒)를 주는 스승을 가리킨다.

제일이신 것과 같이, 제가 큰 스승이신 석가모니 부처님께서 출세하시는 세상을 만나서 출가하고, 또한 저에게 지혜가 제일이라는 수기를 받기를 발원합니다."

그대들 여러 필추들이여. 그대들의 생각은 어떠한가? 이전에 발원한 필추니가 지금의 묘현이니라. 이 인연 때문에 지금 나를 만나서 지혜 제일이 될 수 있었느니라."

그때 여러 필추들은 다시 세존께 청하였다.

"구수 가섭파는 일찍이 어떤 업을 지어서 그러한 업 때문에 부귀한 가문에 태어나서 수용(受用)하는 것이 풍족하였고, 얼굴과 용모가 단정하여 바라보는 사람들에게 즐거움을 주었습니까? 이미 일찍이 천 번이나 섬부주(瞻部洲)32)에 태어났고, 이와 같이 동쪽과 서쪽과 북쪽의 사대주(四大洲)에 태어났으며, (사대주) 하나하나에서 각각 천 번을 지나서 태어났고, 사천왕(四天王)으로부터 육욕천(六欲天)33)과 광음천(光音天)34)이 끝나도록 각각 천 생을 태어났습니까? 어찌 지금에는 세존을 만나서 수행을 하여 모든 번뇌를 끊고 아라한과를 증득하였습니까?"

그대들 필추들이여. 이 가섭파가 지은 업의 과보는 성숙하여 이루어진 것이니라. [자세한 내용은 앞에서와 같다.] 또한 과보를 스스로 되돌려 받은 것이니라. 그대들 필추들이여. 지나간 과거에 바라니사성 왕이 범수(梵授)라고 이름하였으며, 법으로써 세상을 교화하였다. 이 성에서 멀지 않은 곳에 적정한 처소가 있었고, 꽃과 숲이 울창하여 매우 사랑하고 즐길 수 있었다. 어떤 선인이 살고 있었는데 깊이 자비스러운 생각을

---

32) 섬부(瞻部)는 산스크리트어 jambu의 음사로 사주(四洲)의 하나이다. 잠부(jambu) 나무가 많다고 하여 이와 같이 일컬으며, 수미산 남쪽에 있다는 대륙으로 우리 인간들이 사는 곳이라 한다.

33) 육천(六天)에서 천(天)은 신(神)들이 사는 곳이라는 뜻. 욕계에 있는 여섯 천(天)으로 사왕천(四王天)·도리천(忉利天)·야마천(夜摩天)·도솔천(兜率天)·낙변화천(樂變化天)·타화자재천(他化自在天) 등이다.

34) 색계 십팔천(色界十八天)의 여섯째 하늘로서 이 하늘 중생은 음성이 없고, 말할 때는 입으로 광명을 내어 말의 작용을 하므로 광음천이라 이름한다.

품었고 유정(有情)을 불쌍히 여겨서 항상 이익되게 하는 것을 구하였다. 그는 오백 명의 선인들과 함께 이곳에 거주하였다.

부처님께서 세상에 계시지 아니하고 독각이 출현하여 항상 불쌍히 여기는 마음을 품어 가치 없는 이부자리를 받아도 천상의 복전이 되었으며, 선인들이 있는 처소에서 멀지 않은 곳에 풀로써 암자를 짓고 머무르고 있었다.

어느 날 대사는 아침이 되자 옷과 발우를 챙겨서 성으로 들어가 걸식을 하여 차례로 걸식을 마치자 곧 허공에 올라갔다. 왕이 신하들과 모여 조회를 하고 있다가 문득 대사가 허공 가운데에 올라가 있는 것을 보고는 경건한 마음으로 정례를 하였다. 왕은 머무르시는 곳을 묻고 좋은 음식을 마련하여 받들어 베풀고 매일 세 때(三時)[35]에 독각의 처소에 갔다.

이때 어떤 동자가 선인들에게 의지하여 살았는데 이렇게 생각하였다.

'지금 이 대사(大士)께서는 고행을 통해 성취하시어 날마다 국왕이 세 때에 찾아가 예를 드리는구나.'

이렇게 생각을 하고 날마다 세 때에 독각의 처소에 나아갔다. 또한 다른 어느 날 대사가 발우를 가지고 북구로주(北拘盧洲)[36]에 가서 스스로 자란 멥쌀로 지은 밥을 발우에 가득 채워서 돌아오니 향기가 널리 선인들이 머무는 숲까지 퍼졌다. 그 동자는 독각의 처소에 이르러 말하였다.

"대사께서는 어느 곳에서 이 음식을 얻으셨습니까?"

독각은 대답하여 말하였다.

"북구로주에서 얻었느니라."

동자는 이 말을 듣고 지극히 청정한 신심을 내어 독각에게 청하였다.

"오직 바라건대, 대선(大仙)이시여! 저를 불쌍히 여기시어 내일 저의 음식을 받아주십시오."

---

35) 아침·점심·저녁의 세 때를 가리킨다.
36) 수미산을 사방으로 둘러싼 바다 위에 떠 있는 북쪽 대륙을 가리킨다. 정사각형의 그릇 덮개 모양으로 생긴 이 땅에 사는 사람들은 천 년 동안 장수를 누리고, 다른 지역보다 평등하고 안락한 생활을 한다.

곧 그 청을 받아들였다. 어느 날 여러 선인들이 모두 뿌리와 열매로 식사를 하고서 뒤에 먹을 것을 찾아나섰는데 동자를 남겨두어 처소를 지키게 하였다. 그때 동자는 이른 아침에 일찍 일어나서 벼 한 되(升)를 가져다 우유와 같이 끓여 한 그릇을 가득 채워 그것을 가지고서 독각에게 받들어 올렸다. 독각은 모두 먹고 나서 동자를 위하여 신통변화를 나타내었다. [갖추어 설명한 것은 앞에서와 같다.]

그는 합장하고 발원하여 말하였다.

"저의 복업으로 제가 태어나는 곳마다 큰 부귀를 얻고 위의와 용모가 단정하며 얼굴빛이 단아하고 아름다워 사람들이 보면 즐거워하기를 발원합니다."

그 뒤에 천 번을 섬부주에서 태어났고, 동쪽과 서쪽과 북쪽의 대주(大州)에서도 각각 천 번 태어났으며, 사천왕으로부터 육욕천 내지 광음천에 이르기까지 각각 천 번씩 태어났고, 또한 부처님을 만날 수 있는 것을 발원하였으므로 지금의 수승한 과보를 얻게 되었느니라.

그대들은 마땅히 부지런히 닦아서 방일하지 말라. 그대들 필추들이여. 그대들의 생각은 어떠한가? 그 신선들의 동자가 어찌 다른 사람이겠는가? 지금의 대가섭파가 바로 그 동자이니라. 이전에 독각에게 공양을 드리고 발원하였으므로 태어나는 곳마다 큰 부자로 재산이 많고, 수승하며 귀하게 되었느니라. 그대들 필추들이여. 이러한 뜻이 있는 까닭으로 내가 항상 마땅히 설하는 것이니라."

그때 여러 필추들은 다시 세존께 청하였다.

"구수 대가섭파는 이전에 무슨 업을 지어서 그 업력(業力) 때문에 세존께서 수기하시기를, '부처님의 가르침 가운데에 욕심이 적고 만족하며 즐거이 한적하고 적정한 곳에 머물며 항상 두타[37]행에 가장 뛰어나다'고 하십니까?"

세존께서는 여러 필추들에게 말씀하셨다.

---

37) 원문에는 '두치(杜侈)'라고 표기되어 있다.

"가섭파가 지은 업은 과보가 무르익어 스스로 되돌려 받은 것이니라. 그대들 필추들이여. 과거에 사람의 수명이 2만 살이었던 때에 가섭파불(迦攝波佛)께서 세상에 출현하셨다. 그 부처님께서 교화하는 가운데 어떤 사람이 출가하였으며, 그의 친교사(親敎師)는 욕심이 적고 만족함을 알아서 항상 두타행을 행하고 즐거이 한적하고 적정한 곳에 머무르므로 가섭파불께서 수기 주시기를 두타제일(杜多第一)이라고 하셨다. 그의 출가제자(出家弟子)는 임종하는 날에 이와 같이 발원하였다.

"나의 친교사께서 가섭파 부처님의 가르침 가운데에서 욕심이 적고 만족함을 알고 즐거이 한적하고 적정한 곳에 머물러 두타제일이라고 가섭파불께서 수기주신 것과 같이, 다음 세상에 인간의 수명이 일백 살인 때에 석가모니불께서 세상에 출현하시면 그 부처님을 만나 출가하여 또한 나에게 수기받기를 욕심이 적고 만족한 것을 아는 두타제일이라고 수기하여 주십시오."

그대들 필추여. 그대들의 생각은 어떠한가? 가섭파불의 가르침 가운데에 출가하여 올바르게 발원을 한 사람이 지금의 가섭파 필추이니라. 나도 역시 그가 나의 가르침 가운데에서 욕심이 적고 만족함을 아는 두타제일이라고 설했던 것이다."

이때 여러 필추들은 다시 세존께 청하였다.

"구수 대가섭파는 이전에 어떤 업을 지어서 그 업력 때문에 설령 술이 취한 코끼리도 존자를 보면 곧 깨어나게 됩니까?"

세존께서 여러 필추에게 말씀하셨다.

"이 가섭파는 5백 생 동안 항상 출가하였고, 일찍이 나쁜 죄를 범한 일이 없어서, 이러한 인연 때문에 그를 보는 사람은 공경을 하느니라."

이어서 앞의 일을 모두 거두어 게송으로 말씀하셨다.

두 사람은 욕심이 적음을 갖추었고
함께 진실로 범행을 닦았기에
항상 부귀한 집에 태어났나니

욕심이 적은 것이 가장 뛰어난 것이니라.

근본설일체유부필추니비나야 제3권

2) 불여취학처(不與取學處)

어느 때 박가범(薄伽梵)께서는 왕사성의 가란탁가(迦蘭鐸迦) 연못의 죽림원에 계셨고 법요를 자세히 설하셨으나 여러 성문 필추니를 위하여 여러 학처를 제정하시지는 않으셨다.

단니가(但尼迦) 필추니가 도둑질하여 이것을 단니가 필추에게 주었던 일이 있었다. 그때 여러 필추니들은 그것이 주인이 있는 물건인 것을 알고서도 그곳에 있던 풀과 나무와 쇠똥 같은 것 등을 주지 않아도 가져갔다. 그러자 여러 재가인들과 바라문들은 함께 비난하고 싫어하며 말하였다.

"이 대머리 여자 사문들은 이것이 다른 사람의 물건인 것을 알고서도 주지도 않은 것을 가져다가 사용하니 재가인들과 무엇이 다르겠는가? 누가 자기 몫의 음식을 굳이 이 대머리 사문에게 베풀겠는가?"

필추니들이 이 일을 듣고 여러 필추들에게 알리자 필추들은 부처님께 아뢰었다. 세존께서는 이 인연으로 필추니 대중들을 모으시고, 이익을 보시고 아시면서도 일부러 필추니들에게 물으시었다.

"그대들은 진실로 다른 사람의 물건인 것을 알면서 주지도 않았는데 그것을 가져갔는가?"

대답하여 말하였다.

"진실로 그렇습니다."

세존께서는 곧바로 꾸중하셨다.

"이것은 사문인 필추니로서 석가모니 부처님의 제자인 여인으로서 마땅히 할 일이 아니다. 내가 열 가지의 이익을 위하여 그 마땅한 학처를 제정하고, 자세히 설명하며, 나아가 내가 지금 여러 성문의 필추니들을 위하여 비나야에서 그 학처를 제정하나니, 마땅히 이와 같이 설하노라. 만약 다시 필추니가 마을이 한적하고 빈 곳에서 다른 사람이 주지 않는 물건을 훔치려는 마음으로 이와 같이 훔칠 때에, 왕이나 대신이 붙잡고, 죽이거나, 몸을 묶고 내쫓으며 꾸중하기를 '쯧쯧! 여인이여. 그대는 도둑이다. 어리석고 아는 것이 없어 이렇게 훔쳤으니 너는 도둑이다.'라고 말하면, 이 필추니는 또한 바라시가를 얻은 것이니, 마땅히 여기 함께 머물러서는 아니 되느니라."

'만약 다시 필추니'는 앞에서 설명한 것과 같다.

'마을'은 울타리 안쪽을 말한다.

'텅비고 한적한 곳'은 울타리 밖을 말한다.

'다른 사람'은 여자와 남자와 황문(黃門)[1]과 반택가(半擇迦)를 말한다.

'주지 않는 것을 갖는다.'는 사람이 없는 것을 말한다.

'물건'은 금 등을 말한다.

'훔칠 마음으로 갖는다.'는 남이 주지 않는 물건을 도둑의 마음으로 갖는 것을 말한다.

'이와 같이 훔칠 때'는 5마쇄(磨灑)[2] 또는 5마쇄 이상을 말한다.

'왕'은 찰제리(刹帝利) 종족과 바라문(婆羅門) 종족과 벽사(薜舍)[3] 종족과 수달라(戍達羅)[4] 종족으로 찰제리족의 관정위(灌頂位)[5]를 받은 자를 모두 왕이라 이름한다. 만약 어떤 여인이 관정위를 받더라도 또한 왕이라 이름한다.

---

1) 남자로서 남근(男根)을 갖추고 있지 않거나 남근이 불완전한 자이다.
2) 산스크리트어 māṣa의 음사로서 고대 인도의 화폐 단위이다.
3) 산스크리트어 vaiśya의 음사로서 고대 인도의 사성(四姓) 가운데 셋째 계급으로, 농·공·상업에 종사하는 평민을 말한다.
4) 산스크리트어 śūdra의 음사로서 고대 인도의 사성(四姓) 가운데 가장 낮은 계급으로, 노예 그룹. 아리아(ārya)인에게 정복당한 인도 원주민의 후예로 천한 일에 종사하였다.
5) 산스크리트어 abhisecana의 음사로서 관정(灌頂)이라고 번역된다. 인도에서는 제왕의 즉위식 및 태자를 책봉할 때의 그 정수리에 물을 뿌리는 의식을 가리킨다.

　'대신'은 왕을 보좌하는 사람을 이르는 것이니, 왕을 위하여 정사(政事)를 맡아보는 일로 스스로의 생계를 꾸려가는 사람을 말한다.

　'붙잡는다.'는 붙잡아 데려오는 것을 말한다.

　'죽인다.'는 그 사람의 목숨을 뺏는 것을 말한다.

　'묶는다.'는 세 가지가 있으니, 쇠와 나무와 끈으로 묶는 것을 말한다.

　'내쫓는다.'는 쫓아서 나라 밖으로 떠나게 하는 것을 말한다.

　'꾸짖어서 말하기를 '쯧쯧! 여인이여. 그대는 도둑이다. 그대는 어리석어 아는 것이 없다.'고 업신여기고 헐뜯는 것을 말한다.

　'만약 이러한 사람'은 도둑질한 사람을 가리킨다.

　'필추니'는 필추니의 성(性)을 얻은 사람을 말한다. 무엇이 필추니의 성(性)인가? 구족계6)를 받은 것을 말하며, 자세히 설명한 것은 앞에서와 같다.

　'바라시가'는 도둑질을 한 무거운 죄로서 지극히 싫어하고 미워할 것이고, 이것은 싫어하고 천박하게 생각할 것이며, 사랑하고 즐거워할 것이 아니다. 만약 사람이 이 죄를 범하였고, 또한 비로소 범하였으면 곧 사문인 여인이 아니다. 석가모니 부처님의 제자인 여인이 아니며, 필추니의 성(性)을 잃고 열반의 성(性)을 무너뜨린다. 타락하고 붕괴되며 거꾸러져서 다른 것에 핍박되어 구제될 수 없는 것이 마치 다라수(多羅樹)의 새싹을 꺾으면 다시는 무성하게 자랄 수 없게 되는 것과 같아서 바라시가라고 이름하는 것이다.

　'마땅히 함께 머물러서는 아니 된다.'는 이 사람은 다른 필추니들과 함께 머물러 살면서 포쇄타(褒灑陀)를 하고, 수의(隨意)와 같은 작법을 하며, 단백(單白)·백이(白二)·백사갈마(白四羯磨)를 할 수 없고, 열두 가지의 인(人)갈마를 할 수 없으며, 또한 소임을 맡을 수 없는 까닭으로 마땅히 함께 머물러서는 아니 된다고 하는 것이다.

　여기에서 범한 모양과 그 일은 무엇인가?

---

　6) 원문에는 '근원(近圓)'이라 표기되어 있다. 모든 계율이 완전히 구비되었다 하여 구족계라 하며, 이를 잘 지키면 열반의 경지에 다다를 수 있다고 한다.

총괄하여 계송으로 섭수하여 말한다.

  스스로 땅 위에 있는 것을 가지는 것과
  혹은 공중에서 떨어진 것과
  모포와 수레와 장사와 밭농사와

  수입한 것과 세금등과 발이 없는 것과
  전다라(旃茶羅)와 세라(世羅) 필추니와
  모두 거두어서 열 가지의 일이 있다.

안으로 섭수하여 계송으로 거두어 말한다.

  스스로 취하는 것과 주지 않는 것을 취하는 것과
  훔칠 마음을 일으키는 것과 다른 사람이 갖고 있는 물건과
  다른 사람의 물건이라는 생각을 하는 것 등에
  열다섯 가지의 같지 않은 경우가 있으며

  또한 마흔네 가지의 다른 것이 있고
  아울러 스물다섯 가지의 차별이 있으니
  이것은 모두가 소중하게 여기는 물건에 의지한 것이니
  장소와 일에 따라서 마땅히 알아야 한다.

  세 가지의 모양이 있다. 만약 필추니가 다른 사람이 소중하게 여기는 물건을 주지도 않았는데 가지면 바라시가를 얻는다. 무엇이 세 가지인가? 첫째는 스스로 취하는 것이고, 둘째는 지켜보아서 취하는 것이며, 셋째는 사람을 시켜서 취하게 하는 것이다. 무엇이 스스로 취하는 것인가? 스스로 훔치거나 스스로 가짐으로써 본래의 자리로부터 들어 옮기는 것을 말한다. 무엇이 지켜보아서 취하는 것인가? 내가 지켜보다가 훔치어 취하거나 내가 지켜보다 이끌려서 가짐으로써 본래의 자리로부터 들어서 옮기는

것을 말한다. 무엇이 남을 시켜서 취하는 것인가? 스스로 사람을 시켜서 가지도록 시키거나 사람을 시켜서 이끌어 가짐으로써 본래의 자리에서 들어서 옮기는 것을 말한다. 만약 필추니가 이 세 가지 인연으로 다른 사람의 소중한 물건을 얻거나 가지면 바라시가를 얻는다.

다시 세 가지 인연이 있어 필추니가 다른 사람의 소중한 물건을 주지도 않았으나 가지면 바라시가를 얻는다. 무엇이 세 가지인가? 다른 사람이 주지 않은 것과 소중한 물건과 본래에 있던 자리에서 들어서 옮기는 것을 말한다. 무엇을 주지도 않았으나 가지는 것이라고 하는가? 일찍이 남자나 여자나 황문(黃門)7)이 그 물건을 주지도 않았는데 가지는 것이라고 말한다. 무엇을 소중한 물건이라고 하는가? 그 가치가 5마쇄에 해당하고, 5마쇄 이상인 것을 말한다. 무엇을 그 본래의 자리에서 옮기는 것이라고 하는가? 이곳에서 다른 곳으로 옮기는 것을 말한다. 필추니가 이 세 가지 인연으로써 다른 사람의 소중한 물건을 주지도 않았으나 가지면 바라시가를 얻는다.

다시 세 가지 인연이 있으니, 필추니가 다른 사람이 소중한 물건을 주지도 않았는데 가지면 바라시가를 얻는다. 무엇이 세 가지인가? 훔칠 마음을 일으키는 것과 방편을 이용하는 것과 본래의 자리에서 옮기는 것을 말한다. 무엇을 훔칠 마음을 일으키는 것이라고 하는가? 훔치려는 마음을 가지고서 다른 사람의 물건을 훔치는 것을 말한다. 무엇이 방편을 이용하는 것인가? 손이나 발로 그리고 더 나아가는 것을 말하며, 본래의 자리를 옮기는 것 등은 앞에서와 같으니 마땅히 알라.

다시 세 가지 인연이 있으니, 필추니가 다른 사람의 소중한 물건을 주지도 않았는데 가지면 바라시가를 얻는다. 무엇이 세 가지인가? 다른 사람의 손에 가진 물건과 소중한 물건을 본래의 자리로부터 옮기는 것을 말한다. 무엇이 다른 사람의 손에 가진 물건인가? 이것은 소중한 물건으로써 남자나 여자나 황문이 자기의 소유로 한 것을 다른 사람의 물건이라고

---

7) 성행위를 할 수 없는 자.

이름하는 것을 말한다. '소중한 물건과 본래의 자리를 옮기는 것'은 앞에서
와 같으니 마땅히 알라.

　다시 세 가지 인연이 있으니, 필추니가 다른 사람의 소중한 물건을
주지도 않았는데 가지면 바라시가를 얻는다. 무엇이 세 가지인가? 다른
사람이 손에 지닌 물건이라고 생각하는 것과 소중한 물건과 본래의 자리를
옮기는 것을 말한다. 무엇이 다른 사람의 물건이라고 생각하는 것인가?
만약 필추니가 '이것은 다른 남자와 여자 등이 자신이 지닌 물건이다.'고
생각하면, 이것이 바로 다른 사람의 물건이다. 나머지는 앞에서 설명한
것과 같다.

　다시 네 가지 인연이 있으니, 필추니가 다른 사람의 소중한 물건을
주지도 않았는데 가지면 바라시가를 얻는다. 무엇이 네 가지인가? 다른
사람이 손에 지닌 물건과 다른 사람의 물건이라고 생각하는 것과 소중한
물건과 본래의 자리를 옮기는 것을 말한다. 주지도 않았으나 가지면
바라시가를 얻는다.

　다시 네 가지 인연이 있으니, 필추니가 다른 사람의 소중한 물건을
주지도 않았으나 가지면 바라시가를 얻는다. 무엇이 네 가지인가? 도둑질
할 마음을 갖는 것과 방편을 일으키는 것과 소중한 물건과 본래의 자리에서
옮기는 것을 말한다. 나머지는 위에서 설한 것과 같다.

　다시 네 가지 인연이 있으니, 필추니가 다른 사람의 소중한 물건을
주지도 않았으나 가지면 바라시가를 얻는다. 무엇이 네 가지인가? 다른
사람에 의해서 보호되고 있는 것과 자기에게 귀속된다는 생각을 하는
것과 소중한 물건과 그 본래의 자리를 옮기는 것을 말한다. 무엇이 다른
사람에 의해서 보호되고 있는 것인가? 만약 어떤 사람이 소중한 물건을
그릇 안에 놓아두고서 스스로 지키고 보호하고 또는 군대를 시켜 함께
지키는 것을 말한다. 무엇이 자기에게 귀속된다고 생각하는 것인가? 어떤
사람에게 소중한 물건이 있어서 상자나 그릇 같은 것에 두고서 이것이
나에게 귀속된다고 생각하여 '이것은 나의 것이다.'고 생각하는 것이다.
나머지는 앞에서 설명한 것과 같다.

다시 네 가지 인연이 있으니, 필추니가 다른 사람의 소중한 물건을 주지도 않았으나 가지면 바라시가를 얻는다. 무엇이 네 가지인가? 지키고 보호하고는 있지만 자기에게 귀속된다는 생각이 없는 것과 지키고 보호하고 있지 않지만 자기에게 귀속된다는 생각을 하는 것과 소중한 물건과 그 본래의 자리를 옮기는 것을 말한다. 무엇을 지키고 보호하고는 있지만 자기에게 귀속된다는 생각이 없는 것이라고 말하는가? 만약 어떤 도적이 여러 성읍을 약탈하고 숲과 들판을 노략질 하였을 때, 이때 길을 지키는 사람이 도적의 물건을 빼앗아 어느 한 곳에 모아두고 그것을 지키고 보호하기는 할지라도 자기에게 귀속된다고 집착하지는 않는 것을 말한다. 무엇을 지키고 보호하고 있지는 않지만 자기에게 귀속된다고 생각하는 것인가? 만약 소중한 물건을 상자나 그릇 등에 놓아두고 사람이나 말 등의 군대로써 지키고 보호하지 않는 것을 자기에게 귀속된다고 생각하여 주지도 않았으나 가지는 것을 말한다. 소중한 물건과 그 본래의 자리를 옮기는 것에 대하여 죄를 얻는 것은 앞에서와 같다.

다시 다섯 가지 인연이 있으니, 필추니가 다른 사람의 소중한 물건을 주지도 않았으나 가지면 바라시가를 얻는다. 무엇이 다섯 가지인가? 자기의 물건이 아니라는 생각과 친한 친구가 아니라는 생각과 잠깐 사용하는 것이 아니라는 생각과 가져갈 때 말을 하지 않는 것과 다른 사람에게 훔칠 마음이 있는 것이며, 바라시가를 얻는다.

다시 다섯 가지 인연이 있으면 필추니는 범하는 것이 없다. 무엇이 다섯 가지인가? 자기의 것이라는 생각을 일으키는 것과 친구라는 생각을 하는 것과 잠깐 동안 사용한다는 생각을 하는 것과 가져갈 때 다른 사람에게 말을 하는 것과 훔칠 마음이 없는 것이며, 범하는 것이 없다.

게송으로 거두어 말한다.

땅 위에 있고
그릇 안에 있으며
또는 바닥과 대나무통과

밭에 있는 뿌리 약(藥) 등이 있다.

만약 필추니가 다른 사람의 소중한 물건으로써, 이를테면 목걸이·팔찌·진주·영락 등의 여러 장신구 등이 땅 위에 있는 것을 알고서 훔칠 마음을 일으켜서 방편으로 앉았던 곳에서 의복을 매만지고서 가면, 나아가 아직 만지지 않았어도 악작죄(惡作罪)8)를 얻는다. 만약 손으로 만지고, 아직 그 자리를 옮기지 않았으면 솔토라저야(窣吐羅底也)를 얻는다. 만약 그것을 들어서 본래의 자리에서 옮겼다면 이것을 훔친다고 말하고, 당시의 값을 기준해서 만약 5마쇄(磨灑)에 해당되면 바라시가를 얻고, 5마쇄에 해당되지 않으면 솔토라저야를 얻는다.

만약 그 땅이 평탄하여 한결같이 보기가 좋고 매끄럽다면 이것을 한곳(一處)이라고 말한다. 만약 땅이 울퉁불퉁하고 혹은 더욱이 무너지기도 하였고, 혹은 큰 길을 만들었으며, 혹은 때로 글씨가 있거나 갖가지 문양이 그려져 있으면 이것을 다른 곳(異處)이라고 말한다. 만약 쟁반 같은 그릇들이 한결같이 보기 좋고 매끄러우면 이것을 한곳이라고 말한다. 만약 깨진 곳이 있고 문양이 그려져 있으면 이것을 다른 곳이라고 말한다.

만약 다른 사람의 소중한 물건으로 이를테면, 목걸이와 영락 같은 것이 마당 가운데 놓여있는데, 필추니가 훔칠 마음으로 방편을 일으켜 아직 그것을 손으로 만지지 않았으면 악작죄를 얻는다. 만약 손으로 만지기는 하였으나 아직 그 자리를 옮기지 않았다면 솔토라저야를 얻는다. 만약 그것을 집어서 그 본래의 자리를 옮겼다면 이것을 훔친다고 말하며, 당시의 값을 기준해서 만약 5마쇄에 해당되면 바라시가를 얻고, 만약 5마쇄에 해당되지 않으면 솔토라저야를 얻는다.

만약 마당 위에 있는 곡식 같은 것들이 고르게 모두 한 가지 빛깔이면

---

8) 산스크리트어 duṣkṛta의 음사로서 악작(惡作)·악설(惡說)이라 한역된다. 행위와 말로 저지른 가벼운 죄이다. 좁은 뜻으로는 악작만을 뜻하고, 넓은 뜻으로는 악작과 악설을 뜻하며 고의로 이 죄를 저질렀을 때는 한 명의 필추 앞에서 참회하고, 고의가 아닐 때는 마음 속으로 참회하면 죄가 소멸된다.

이것을 한곳이라고 말한다. 만약 곡식 같은 것들이 높고 낮은 것이 고르지 아니하고 갖가지 색깔로 되어 있다면 이것을 다른 곳이라고 말한다. 만약 다른 사람의 소중한 물건으로 이를테면, 여러 가지 보물과 영락 같은 장신구들이 대그릇이나 광주리 안에 놓여있는데, 필추니가 훔칠 마음으로 방편을 일으켰으나, 나아가 아직 만지지 않았으면 악작죄를 얻는다. 만약 만지기는 하였으나, 아직 그 자리를 옮기지는 아니하였다면 솔토라저야를 얻는다. 만약 집어 들어서 그 자리를 옮기면, 그 값이 5마쇄에 해당되면 근본죄9)를 얻고, 만약 5마쇄에 해당되지 않으면 솔토라저야를 얻는다.

만약 다른 사람의 소중한 물건이 대그릇이나 부엌 등에 놓여 있는데, 대그릇이나 부엌 안에 있는 곡식 등이 그릇의 주둥이까지 가득하고 모두 한 가지의 색이라면 이것을 한곳이라고 말한다. 만약 곡식 같은 것들이 그릇의 주둥이까지 가지런하지 않고 높낮이가 고르지 아니하며 여러 가지 색깔로 되어 있고, 혹은 그 위에다가 나무나 깔개 같은 것을 놓아서 가로막혀 있으면, 이것을 다른 곳이라고 말한다.

만약 다른 사람의 밭에 있는 것으로 여러 가지 뿌리를 쓰는 약재들로서, 이를테면 향부자(香附子)10)·황강(黃薑)11)·백강(白薑)12) 및 다른 뿌리 약초와 오두(烏頭)13)와 같은 것들을 필추니가 방편으로 훔칠 마음을 일으켰으나, 아직 만지지 않았으면 악작죄를 얻는다. 만약 만지기는 하였으나 아직 자리를 옮기지는 않았다면 솔토라저야를 얻는다. 만약 그 본래의

---

9) '바라시가'를 한역으로 의역(意譯)한 것이다.
10) Cyperus rotundus의 뿌리줄기를 말한다. 한습(寒濕)을 제거하고 간 기능의 장애로 인한 옆구리의 통증과 우울증을 비롯한 일체의 정신 신경성질환을 치료하는 효능이 있는 약재이다.
11) 산스크리트어 haridrā의 음사로 황강이라 번역된다.
12) 동인도의 힌두스탠 지역이 원산지로 추정되며 중국에서는 2,500여 년 전에 재배되었다는 기록이 있다. 지금의 사천성이 생강의 원산지로 알려져 있다.
13) Aconitum carmichaeli의 자근(子根)을 가공한 것으로 회양구역(回陽救逆), 보화조양(補火助陽), 온경산한(溫經散寒), 제습지통(除濕止痛), 축한통락(逐寒通絡)하는 효능을 가진 약재를 뜻한다.

자리를 옮겼는데 그 값이 5마쇄에 해당되면 근본죄를 얻고, 5마쇄가
해당되지 않으면 솔토라저야를 얻는다.

게송으로 거두어 말한다.

　지붕 같은 곳의 장소에 세 가지가 있고
　새의 장신구에도 또한 세 가지가 있으며
　주문을 걸어서 땅에 매장한 보물을 가지는 것에도
　세 가지가 있으나 서로 같지 아니하다.

　만약 다른 사람의 물건으로서 여러 가지 색깔로 된 옷이 지붕 위에
놓여 있는데 필추니가 훔칠 마음으로 방편을 사용하여 사다리를 놓고
오르고, 갈고리 같은 물건을 사용하여 지붕 위에 올라갔으면 아직 만지지는
않았을지라도 악작죄(惡作罪)를 얻는다. 만약 옷을 만지기는 하였으나
아직 그 자리를 옮기지는 않았으면 솔토라저야를 얻는다. 만약 집어
들어서 자리를 옮겼다면 이것을 훔친다고 이름하며, 마땅히 그 값에
따라서 죄를 얻는 것은 앞에서와 같다.

　만약 어떤 이가 옷을 빨아서 지붕 위에 옷을 말리고 있는데 옷이 바람에
날아가 필추니가 경행하는 곳에 떨어지고, 혹은 문 곁에 떨어졌을 때
필추니가 훔칠 마음을 일으켜 방편을 사용했으나, 나아가 아직 만지지는
않으면 악작죄를 얻는다. 만약 만졌다면 솔토라저야를 얻는다. 만약
집어 들어 자리를 옮겼다면 죄를 얻는 것은 앞에서와 같다.

　만약 다른 사람의 소중한 물건으로 이를테면, 여러 보물과 영락 같은
장신구가 누각 위에 놓여있는데 필추니가 훔칠 마음을 일으켜 방편으로
사다리를 놓고 오르고, 갈고리 같은 물건을 사용하여 누각 위로 올라갔으면
아직 만지지는 않았어도 악작죄를 얻는다. 만약 만지기는 하였으나 아직
본래의 자리에서 옮기지는 않았다면 솔토라저야를 얻는다. 만약 들어
올려서 그 본래의 자리를 옮겼다면 얻는 죄는 앞에서와 같다.

　만약 다른 사람이 집안이나 동산이나 연못의 주변에 꽃나무와 과일나무

를 심고 명절날에 묘한 물건, 이를테면 여러 가지 보물과 영락 같은 장신구와 여러 가지 그림과 비단을 가지고 그것을 꾸며놓았다. 그때 날아다니던 새가 구슬을 고기라고 생각하여 그것을 물고 날아가는데, 필추니가 훔칠 마음으로 방편을 이용하여 그 새를 쫓거나 아직 영락을 만지지 않았으면 악작죄를 얻는다. 만약 손으로 만지기는 하였으나 아직 그 본래의 자리에서 옮기지는 아니하고 구슬이 새의 물건이라고 생각하면 악작죄를 얻는다. 만약 이것을 집어서 들고 본래의 자리를 떠난다면 이것을 훔친다고 이름하며, 마땅히 그 값에 따라서 만약 5마쇄에 해당되면 솔토라저야를 얻고 만약 그 값이 5마쇄에 해당되지 않으면 악작죄를 얻는다.

만약 필추니가 '이것은 사람의 물건이니 어떻게 나는 새가 영락을 가질 수 있겠는가?'라고 생각하여 비록 만지기는 하였으나 아직 이것을 집어 들고 자리를 벗어나지 않았으면 솔토라저야를 얻는다. 이것을 집어서 들고 그 자리를 떠나면, 만약 그 값이 5마쇄에 해당되면 근본죄를 얻고, 5마쇄에 해당되지 않으면 솔토라저야를 얻는다.

만약 다른 사람이 여러 가지 보물과 영락 같은 장신구를 상자 안에 넣고서 지붕 위에 두었는데, 날아가던 새가 물고 날아가려고 할 때 필추니가 훔칠 마음을 일으켜 방편을 사용하여 그 새를 잡으면 아직 영락을 만지지 않았어도 악작죄를 얻는다. 만약 그 물건을 만지기는 하였으나 아직 그 자리를 벗어나지는 아니하고, 새의 물건이라고 생각하면 악작죄를 얻는다. 만약 이것을 집어서 들고 그곳에서 떠난다면 이것을 훔친다고 이름하며, 마땅히 그 값이 5마쇄에 해당되면 솔토라저야를 얻고, 5마쇄에 해당되지 않으면 악작죄를 얻는다.

만약 필추니가 '이것은 사람의 물건이니, 어떻게 새가 영락을 가질 수 있겠는가?'라고 생각하여 비록 만지기는 하였으나 아직 그곳을 떠나지 않았으면 솔토라저야를 얻는다. 집어서 들고 그곳을 떠나면 그 값이 5마쇄에 해당되면 근본죄를 얻고, 그 값이 5마쇄에 해당되지 않으면 솔토라저야를 얻는다.

만약 어떤 사람이 집안이나 또는 연못 속에 즐기려고 앵무새·사리조(舍利鳥)14)·구타라조(俱打羅鳥)·명명조(命命鳥)15)와 같은 여러 마리 새들을 기르면서 여러 가지 영락 등을 갖추어 새들을 치장하였는데 필추니가 그것을 보고서 훔칠 마음으로 방편으로 사용하여 새를 잡고, 나아가 아직 장신구를 만지지 않았어도 악작죄를 얻는다. 만약 그 물건들을 만지고서 아직은 그 본래의 자리에서 벗어나지는 아니하고서 그 새들의 물건이라고 생각하면 또한 악작죄를 얻는다. 만약 이것을 집어서 들고 본래의 자리에서 벗어났다면 훔친다고 이름하며, 마땅히 그 값에 따라 만약 그 값이 5마쇄에 해당되면 솔토라저야를 얻고, 5마쇄에 해당되지 않으면 악작죄를 얻는다.

만약 이 물건을 다른 사람의 물건이라고 생각하고 새의 물건은 아니라고 생각하면서, 비록 만지었으나 아직은 그 본래의 자리에서 벗어나지 않았으면 솔토라저야를 얻는다. 만약 그 본래의 자리에서 벗어나면 그 값이 5마쇄에 해당되면 근본죄를 얻고, 5마쇄가 해당되지 않으면 추죄(麤罪)16)를 얻는다.

만약 어떤 필추니가 두 가지 복장(伏藏)에 대해서 하나는 주인이 있는 것이고 다른 것은 주인이 없는데, 필추니가 주인이 있는 복장을 가지려는 마음으로 상(床)으로부터 일어나서 의복을 갖추어 입고 만다라(曼茶羅)를 만들고서, 그 복장의 사방에 걸지라(朅地羅) 나무로 말뚝을 박고, 다섯 가지 색깔의 실로 그 둘레를 얽어매며, 화로(火鑪) 안에 여러 잡목들을 태우고 입으로 주문을 외우면서 '주인이 없는 복장물은 오고 주인이 있는 복장물은 오지 말라.'고 말한다. 만약 주인이 없는 복장물이 필추니가 한 말처럼 오고, 나아가 오는 것이 눈에 보이지 않는다면 솔로라저야를 얻는다. 만약 눈에 보였다면 이것을 훔치는 것이라고 이름하며, 마땅히

---

14) 히말라야 산에 서식하는 사리조(舍利鳥)이며, 눈이 매우 아름답고 영롱한 새를 가리킨다.
15) 산스크리트어 jiva-jivaka의 음사로서 인도의 북동 지역에 서식하는 꿩의 한 종류로 새의 소리 때문에 붙여진 이름이다.
16) 무거운 죄와 추악한 죄를 가리킨다.

그 값에 따라서 만약 5마쇄에 해당되면 근본죄를 얻고, 5마쇄에 해당되지 않으면 추죄를 얻는다.

만약 '주인이 없는 복장물은 오고 주인이 있는 복장물은 오지 말라.'라고 말하였으나 이때 주인 없는 복장물이 말한 것처럼 오고, 나아가 아직 나타나지는 아니하였다면 악작죄를 얻는다. 만약 눈에 보였다면 이것을 훔친다고 이름하며, 마땅히 그 값이 5마쇄에 해당되면 솔토라저야를 얻고, 5마쇄에 해당되지 않으면 악작죄를 얻는다. 만약 주인이 있는 복장이고, 주인이 없는 복장은 별도로 다른 때에 작법(作法)을 지어서 훔쳐 갖는다면 일의 크고 작음에 따라서 앞에서와 같이 죄를 얻는다.

게송으로 거두어 말한다.

> 만약 물건이 모포나 좌복에 있거나
> 돌이나 나무판 같은 것에 놓여 있고
> 꽃나무와 과일나무와 기묘한 나무를 훔치는 것은
> 일에 따라 죄를 짓는 것임을 마땅히 알지니라.

만약 다른 사람의 소중한 물건, 이를테면 여러 가지 보물과 영락 등의 장신구들이 모직물로 만든 좌복과 땅에 깔아놓은 자리 위에 있는데, 필추니가 훔칠 마음을 일으켜 방편을 이용하면 아직 만지지 않았어도 악작죄를 얻는다. 만약 그 물건을 만지기는 하였으나 본래의 자리에서 벗어나지 않았다면 솔토라저야를 얻는다. 만약 집어서 들어 본래의 자리에서 벗어났다면 이것을 훔친다고 이름하며, 때와 값에 따라 죄를 얻는 것은 앞에서와 같다.

만약 그 풀로 만든 좌복이 한 가지 색으로 같으면 이것을 한곳이라고 이름한다. 만약 여러 가지 색으로 같지 않으면 이것을 다른 곳이라고 이름한다. 만약 다른 사람의 소중한 물건이 돌 위에 놓여 있는데 나아가 5마쇄에 해당되지 않으면 솔토라저야를 얻는다. 만약 돌이 매끄럽고 모두 한 조각으로 되어 있으면 이것을 한곳이라고 이름한다. 만약 부서지고 갈라졌으며 벌어진 것을 꿰맸고, 혹은 글자가 있으며, 여러 가지 색으로 칠해져 있으면 이것을 다른 곳이라고 이름한다. 돌 위는 앞에서 설명한 것과 같고, 또한 나무판자(板木)·담장·벽체(牆壁)·천석(薦席)[17]·개부(蓋覆)[18]·의복(衣襆)[19]·의궤(衣櫃)[20]·의항(衣笒)[21]·상아(象牙)·높은 평상[22]· 앉는 깔개[23] 등과 문지방에 물건을 놓아둔 것의 일은 모두 앞에서와 같다.

만약 세 가지의 나무, 이를테면 꽃나무와 과일나무와 기묘한 나무를 필추니가 꺾어 꽃나무 등을 훔친다면 그 값이 5마쇄가 되는가 되지 않는가에 따라 얻는 죄는 앞에서와 같다.

게송으로 거두어 말한다.

　만약 물건이 말의 안장에 놓여 있고
　코끼리나 말이 끄는 수레 위에 놓여 있으며
　살찌거나 여윈 것을 따르는 것과
　배를 훔치는 일에 차별이 있다.

만약 다른 사람의 소중한 물건으로서 이를테면, 여러 가지 보물과 많은 영락 등의 장신구를 말의 안장에 놓아두었는데 필추니가 훔칠 마음을 일으켜 방편을 이용하였으나, 나아가 안장에 오르지도 아니하고 아직은 만지지 않았어도 악작죄를 얻는다. 만약 물건을 만지기는 하였으나 본래의 자리에서 옮기지 않았으면 솔토라저야를 얻는다. 만약 본래의 자리를 옮기는 때에 그 값이 5마쇄에 해당된다면 얻는 죄는 앞에서와 같다. 만약 안장 위를 한 가지 색깔로 된 물건으로 덮어 놓았으면 이것을 한곳이라

---

17) 명석의 다른 이름으로, 짚으로 결어 네모지게 만든 큰 깔개를 말한다.
18) 덮개를 덮는 것을 뜻한다.
19) 오늘날의 보자기(袱)를 뜻한다.
20) 의류·패물 등을 넣어두는 나무상자를 뜻한다.
21) 의류·패물 등을 넣어두는 대나무상자를 뜻한다.
22) 원문에는 '익상(杙床)'이라고 표기되어 있다.
23) 원문에는 '좌처(座處)'라고 표기되어 있다.

고 말한다. 만약 여러 가지의 색깔로 된 물건으로 덮어 놓았으면 이것을 다른 곳(別處)이라고 말한다.

만약 다른 사람의 소중한 물건으로서 이를테면, 여러 가지의 보물과 많은 영락 등의 장신구를 코끼리 위에 놓아두었는데 필추니가 훔칠 마음을 일으켜 방편을 이용하였으나, 나아가 코끼리의 위에 오르지도 아니하고 아직은 만지지 않았어도 악작죄를 얻는다. 만약 물건을 만지기는 하였으나 본래의 자리에서 옮기지 않았으면 솔토라저야를 얻는다. 만약 본래의 자리에서 옮기는 때에 그 값이 5마쇄에 해당된다면 얻는 죄는 앞에서와 같다.

만약 그 코끼리가 가죽과 살과 혈맥이 충만하다면 이것을 한곳이라고 말한다. 만약 코끼리의 몸이 여위고 수척하며, 만약 어금니·귀·코·배·힘줄·등뼈·허리가 한곳 한곳에 의지하면 이것을 다른 곳이라고 말한다. 본래 자리에서 옮기는 때는 모두가 근본죄를 얻는다. 만약 그 본래의 자리에서 옮기지는 않았다면 솔토라저야를 얻는다.

만약 코끼리의 위를 휘장(揮帳)으로 치장하였고 이 휘장 위에 여러 가지 보물과 많은 영락 등의 장신구를 놓아두었는데 필추니가 훔칠 마음을 일으켜 방편을 사용하였으나, 나아가 휘장 위에 오르지도 아니하고 만지지 않았어도 악작죄를 얻는다. 만약 물건을 만지기는 하였으나 본래의 자리에서 옮기지 않았다면 솔토라저야를 얻는다. 만약 본래의 자리에서 옮기는 때에 그 값이 5마쇄에 해당된다면 얻는 죄는 앞에서와 같다.

만약 이 휘장의 위를 한 가지 색깔인 물건으로 덮었다면 이것을 한곳이라고 말한다. 만약 다른 색깔인 물건으로 덮었다면 이것을 다른 곳이라고 말한다. 코끼리의 경우에는 앞에서와 같으며, 말이 끄는 수레·사람이 끄는 수레·소가 끄는 수레, 나아가 여러 가지 수레에 있어서도 모두가 앞에서와 같다.

만약 배가 닻줄에 묶여 말뚝에 묶여 있는 것을 필추니가 보고 훔칠 마음으로 배를 흔들면 악작죄를 얻는다. 만약 닻줄을 풀어서 물에 떠내려 보내서 나아가 눈으로 볼 수 있으면 솔토라저야를 얻고, 눈에 보이지 않는 곳에 이르러 그 값이 5마쇄가 해당되면 근본죄를 얻고, 5마쇄가 해당되지 않으면 솔토라저야를 얻는다. 만약 물을 거슬러 위로 끌고 가서 강의 폭과 비슷한 곳에 이르면 근본죄를 얻고, 아직 그곳에 이르지 않았다면 솔토라저야를 얻는다.

　만약 이쪽의 강둑으로부터 저쪽의 강둑으로 훔치는 것은 눈으로 그 경계[24]를 볼 수 있으면 앞의 경우와 같다. 만약 배를 강가로 끌고 가 훔쳐가지고 떠나면 또한 눈에 보이는 경계에 따른다. 만약 진흙 속에 숨겨두고서 뒤에 가져가면, 진흙 속에 숨기는 때가 곧 훔치는 때이며 얻는 죄는 앞에서와 같다. 만약 필추니가 물건을 훔칠 때나, 혹은 진흙 속에 감추고 불에 태우며 구멍을 뚫고 깨뜨리면서 '이 물건이 그대의 것이 되지 않고, 내 것도 되지 말라.'라고 생각한다면 솔토라저야를 얻는다.

　게송으로 거두어 말한다.

　밭농사를 짓는 것에 세 종류가 있고
　배에는 세 가지의 다른 것이 있다.
　거위와 기러기와 연못가의 꽃과
　사냥꾼과 어부의 그물을 훔치는 일과
　베자와 도둑에게 처소를 가르치는 일 등에
　세 가지의 서로 다른 일이 있다.

　만약 사람이 가을에 밭일을 하면서 이를테면, 벼·사탕수수·쪽을 밭에 기르는데 필추니가 자기 밭에 물이 부족한 것을 보고 걱정하여 마침내 함께 사용하는 물도랑을 다른 사람의 밭으로 가는 물길을 막고서 자기 밭으로 흐르게 하면서 '나의 밭은 곡식이 잘 되고 다른 밭의 곡식은 익지 않게 하라.'라고 생각하며 남에게 손해를 끼치면 그 값에 따라 5마쇄에 해당되면 근본죄를 얻고, 5마쇄에 해당되지 않으면 솔토라저야를 얻는다.

　만약 물이 많은 것을 보고 함께 쓰는 도랑 안에서 다른 사람의 밭으로

---

24) 원문에는 '분재(分齊)'라고 표기되어 있다.

들어가는 물길을 열고 자기 밭으로 들어가는 물길은 막으면서 '나의 밭의 곡식은 잘되고 다른 밭의 것은 익지 않게 하라.'라고 생각하며 남에게 손해를 끼치면 그 값이 5마쇄에 해당되면 근본죄를 얻고, 5마쇄에 해당되지 않으면 솔토라저야를 얻는다.

물건에는 네 종류가 있어 같지 않다. 첫째는 그 자체도 무겁고 그 가격도 비싼 것이고, 둘째는 그 자체는 가벼우나 그 가격은 비싼 것이며, 셋째는 그 자체는 무거우나 그 가격은 싼 것이고, 넷째는 그 자체도 가볍고 그 가격도 싼 것이다. 무엇이 그 자체도 무겁고 그 가격도 비싼 것인가? 이를테면 말니진주(末尼眞珠)[25]·폐유리(吠琉璃)[26]·가패(珂貝)[27]· 벽옥(璧玉)[28]·산호(珊瑚)·금(金)·은(銀)·마노(馬瑙)[29]·자거(車磲)[30]·진주(眞珠)·우선(右旋) 등이다. 무엇이 그 자체는 가벼우나 그 가격은 비싼 것인가? 이를테면 증채(繒綵)[31]·증채실(繒綵絲)·울금향(鬱金香)[32]·소읍미라(蘇泣迷羅)[33] 등이다. 무엇이 그 자체는 무거우나 그 가격은 싼 것인가? 이를테면 철(鐵)과 주석(錫) 등이다. 무엇이 그 자체도 가볍고 그 가격도 싼 것인가? 이를테면 모(毛)·마(麻)[34]·목면(木綿)[35]·겁패(劫貝)[36]·솜(絮) 등

---

25) 산스크리트어 maṇi의 음사로 주(珠)·보주(寶珠)라고 한역되며, 보배 구슬을 통틀어 일컫는다.
26) 산스크리트어 vaiḍūrya의 음사로 검푸른 빛이 나는 보석을 말한다.
27) 큰 조개를 뜻한다.
28) 옥은 희귀한 귀금속으로 금보다도 더 소중하게 여겼는데, 은색을 띠면 벽옥이라 한다.
29) 마노라는 이름은 출토되는 원석의 형태가 말의 뇌수 즉, 마노(馬瑙)를 닮은 데서 유래되었다고 한다. 종류는 크게 두 가지로 나누어지는데 색이 비교적 고르게 퍼져있는 칼세도니와 줄무늬를 가진 아게이트가 있다.
30) 칠보공예는 금, 은, 유리, 자거, 파리, 마노, 산호 등 일곱 가지 보석을 가리키는 말로 삼국시대부터의 전통공예이다.
31) 빛깔이 화려한 비단을 가리킨다.
32) 울초(鬱草) 즉, 울금향은 붓꽃과의 사프란을 말한다. 사프란의 꽃술에서 딴 향료는 매우 적은 양이지만 값은 그 어느 보석보다 비싸 불경에서는 부피가 작은 것이나 가치 있다는 의미로 자주 인용되곤 한다.
33) 산스크리트어 Suksmaila의 향료인데 적은 양으로도 짙은 향기를 내뿜기 때문에 매우 값진 물건에 속한다.

이 그것이다.

만약 위의 여러 가지 물건을 세 종류의 배로 이를테면, 옹기로 만든 배와 나무로 만든 배와 가죽으로 안든 배에 놓아두었는데, 만약 그 자체는 무겁지만 가격은 비싼 것과 그 자체도 가볍고 그 가격도 싼 것을 하나의 배에 모두 실었다. 만약 배가 난파될 때 물건의 주인이 "물 위에 뜨는 것은 누구나 가질 수 있고 물에 가라앉는 것은 나의 것입니다."라고 말하면 필추니가 훔칠 마음을 일으켜 방편을 이용하여 곧 물속으로 들어갔을 때 아직은 물건을 만지지 않았어도 악작죄를 얻는다. 만약 만졌다면 솔토라저야를 얻는다. 만약 집어 들어 본래의 자리에서 옮겼다면 그 값이 5마쇄에 해당되면 근본죄를 얻고, 5마쇄가 해당되지 않으면 솔토라저야를 얻는다.

만약 진흙 속에 빠졌는데 앞에서와 같이 물건을 갖는다면 앞에서와 같이 죄를 얻는다. 만약에 자기의 것도 남의 것도 아니 되도록 생각하여 진흙에 빠뜨려 그 물건이 그에게 귀속되지도 않고 나에게 귀속되지도 않으면 앞에서와 같이 죄를 얻는다. 이하의 모든 계율은 앞에 의거하니 마땅히 알라.

만약 그 자체는 가볍고 그 가격은 비싼 것과 그 자체는 무거우나 가격은 싼 물건을 같은 배에 실었는데 만약 배가 난파되었는데 그 물건의 주인이 "물속으로 가라앉는 것은 누구나 가질 수 있고 물 위로 뜨는 것은 나의 것입니다."라고 말하였다. 만약 필추니가 훔칠 마음을 일으켜 방편으로 물 위에 뜬 물건을 가지려고 나아가 물건에 손을 대지 않았어도 악작죄를 얻는다. 만약 물건을 만지었다면 솔토라저야를 얻는다. 만약 그것을 집어서 본래의 자리로부터 옮기면 마땅히 그 값에 따라서 죄를 얻는 것은 앞에서와 같다. 만약 진흙 속에 빠져서 앞에서와 같이 물건을 가지게

34) 삼베옷을 일컫는 말이다.
35) 목화나무라고도 하며, 나무껍질은 회백색이고 코르크질의 돌기가 있으며 가지는 거의 수평으로 돌려난다.
36) 산스크리트어 karpāsa의 음사로서 목화(木花)라고 한역된다.

118

되면 앞에서와 같이 죄를 얻는다.

만약 다른 사람이 집안의 샘물이나 연못이 있는 곳에서 즐기기 위해 거위와 기러기와 원앙 등의 여러 종류의 새들을 모아두고 많은 영락 등으로 치장하여 놓았는데, 필추니가 훔칠 마음을 일으켜 방편을 이용하여 물속으로 들어가서 여러 새들을 잡고, 나아가 영락을 만지지 않았어도 악작죄를 얻는다. 만약 만지면서 '내가 새의 물건을 가져야겠다.'라고 생각하면 또한 악작죄를 얻는다. 만약 그 본래의 자리에서 옮겼으면 마땅히 그 값이 5마쇄에 해당되면 솔토라저야를 얻고, 5마쇄가 해당되지 않으면 악작죄를 얻는다.

만약 '나는 다른 사람의 물건을 갖는 것이며, 어떻게 새가 영락을 가질 수 있겠는가?'라고 생각하면서 물건을 만졌다면 솔토라저야를 얻는다. 만약 본래의 자리를 옮겼으면 마땅히 그 값이 5마쇄에 해당되면 근본죄를 얻고, 5마쇄에 해당되지 않으면 솔토라저야를 얻는다.

만약 연못의 물 위로 청련화(靑蓮花)·울바라화(嗢鉢羅花)³⁷⁾·백련화(白蓮花)·구모두(拘牟頭)³⁸⁾·분다리가(分陀利迦)³⁹⁾ 등의 향기가 나는 꽃이 마침 꽃을 피워 많은 사람들에게 사랑을 받고 있는데, 필추니가 훔칠 마음을 일으켜 방편을 이용하여 연못에 들어가 꽃을 훔치고자 하고, 나아가 만지지는 않았어도 악작죄를 얻는다. 만약 그 꽃을 만져서 꺾었으며 가지고 가서 한 묶음으로 만들었고 나아가 아직은 그 자리를 옮기지 않았으면 솔토라저야를 얻는다. 만약 집어서 들어 그 자리를 옮겼으면 앞에서와 같이 죄를 얻는다.

연못의 사방 가장자리에 아지목다가(阿地木多迦)⁴⁰⁾·점박가(占博迦)⁴¹⁾·

___
37) 우발라(優鉢羅)·울발라(鬱鉢羅)라고 한역되며, 대화(黛華)라고도 번역한다.
38) 산스크리트어 kumuda의 음사로 흰색이나 붉은색의 꽃이 피는 수련(水蓮)을 뜻한다.
39) 산스크리트어 puṇḍarīka의 음사로 흰색의 연꽃을 뜻한다.
40) 일체경음의(一切經音義)의 구역에서는 아제목다가(阿提目多加)라고 하였으며, 우리나라에는 이 꽃이 없다.
41) 산스크리트로 campaka의 음사로 첨파수(瞻波樹)·첨박가수(瞻博迦樹)로 번역된다.

파타라(波吒羅)⁴²)·바리사가(婆利師迦)⁴³)·마리가(摩利迦)⁴⁴) 등의 여러 꽃나무를 심어 기르고 있는데, 필추니가 방편을 일으켜 훔치려는 마음으로 그 꽃을 훔치고자 하고, 나아가 만지지 않았어도 악작죄를 얻는다. 만약 나무 위에 올라가서 그 꽃을 꺾어 옷의 소매 안에다 넣었고, 나아가 자리를 옮기지 않았거나, 자리를 옮겼으면 앞에서와 같이 죄를 얻는다.

만약 어떤 사냥꾼과 그 무리들이 숲이나 들판에 여러 가지 노끈과 같은 도구들을 설치하여 많은 짐승들을 잡아 죽이는 것을 업으로 삼고 있는데, 필추니가 훔치려는 마음으로 사냥 도구들을 갖는다면 그 값에 따라서 죄를 얻는다. 만약 자비스러운 마음을 일으켜 사냥 도구들을 훼손하면서 '이것들 때문에 많은 생명들이 다치고 또한 사냥꾼들이 무량(無量)한 죄를 짓게 한다.'라고 생각하면 악작죄를 얻는다. 이하의 여러 계율은 이와 같으니 마땅히 알라.

필추니가 훔치려는 마음으로 덫에 걸린 사슴을 보고서 풀어준다면 그 값이 5마쇄에 해당되면 근본죄를 얻고, 5마쇄에 해당되지 않으면 솔토라저야를 얻는다. 만약 어부와 무리들이 강둑에서 좁은 곳을 막아 통발을 설치하고 여러 종류의 물고기를 잡는데, 필추니가 훔치려는 마음으로 그 통발을 건지면 앞에서와 같이 죄를 얻는다. 만약 자비로운 마음으로 지으면 얻는 죄는 앞에서와 같다. 만약 통발 안에서 물고기를 훔치면 마땅히 그 값에 따라서 앞에서와 같이 죄를 얻는다.

만약 여러 상인들의 무리가 많은 재화를 가지고 험한 길을 가면서 물을 얻기가 어려워서 항아리·단지·병·가죽 주머니 등의 여러 그릇에 물을 담아서 길가는 사람과 가축에게 물의 양이 나누어져 있는데 필추니가

금색화수(金色花樹)·황화수(黃花樹)라 한다. 인도 북부에서 자라는 교목으로 잎은 윤택하고, 짙은 노란색의 꽃이 피는데 그 향기가 진하다.
42) 산스크리트어 pāṭala의 음사로 오동나무와 비슷한 나무이다.
43) 산스크리트어 vārṣika의 음사로 재스민의 일종인 덩굴식물로 꽃에서 향료를 채취한다.
44) 산스크리트어 mallikā의 음사로 재스민의 일종인 덩굴식물로 꽃에서 향료를 채취한다.

훔칠 마음으로 방편을 사용하여 사람 몫의 물을 가지고, 나아가 만지지 아니한 것과 만진 것은 앞에서와 같이 죄를 얻는다. 만약 가축의 몫을 가져갔으면 5마쇄에 해당되면 솔토라저야를 얻고, 5마쇄에 해당되지 않으면 악작죄를 얻는다.

만일 섬부주의 사람들이 함께 상단(商旅)을 꾸려서 많은 재화를 가지고 배를 타고서 바다에 들어가 보배를 구하려고 하였으나, 물이 없는 까닭으로 항아리·단지·병·가죽 주머니 등의 여러 그릇에 물을 담아 저장하였다. 그러나 물에는 몫이 있고 사람과 짐승이 청하여 받는 것도 차별이 있는데, 필추니가 훔칠 마음으로 방편을 사용하여 사람 몫의 물을 훔치면 앞에서와 같이 죄를 얻는다. 짐승 몫의 물을 훔쳐 죄를 얻는 것도 앞에서와 같다.

어느 때 한 제자가 자신의 두 스승과 함께 길을 가자 스승이 가지고 있던 옷들을 제자에게 부탁하여 가지고 가도록 하였다. 이때 제자가 훔치려는 마음이 있는 까닭으로 천천히 걸어서 앞으로 나아가지 않다가 눈에 보이는 곳에 이른다면 솔토라저야를 얻는다. 눈에 보이지 않는 곳에 이른다면 그 값이 5마쇄에 해당되면 근본죄를 얻고, 5마쇄에 해당되지 않으면 솔토라저야를 얻는다. 만약 제자가 스승을 버리고 앞서 급하게 가면 눈에 보이는 곳에 이른 것과 눈에 보이지 않는 곳에 이른 것도 모두 앞의 경우에 따라서 죄를 얻는다.

만약 제자가 훔칠 마음이 있어 스승의 옷을 가지려고 방안에서 누각 위로 가고, 누각 위에서 방안으로 가며, 혹은 누각 위에서 내려와 문의 처마나 계단 아래에 이르고, 혹은 삼층으로 된 절의 누각 위에서 내려와 나가는 것과 나아가 눈에 보이는 곳과 보이지 않는 곳에 이르는 것은 앞에서와 같이 죄를 얻는다.

만약 어떤 필추니가 아란야에 머물러 있는데 마을을 파괴하는 도둑들이 필추니의 처소에 와서 이와 같이 물었다.

"성자여. 어떤 마을에 있는 집에 대해 모두 아십니까?"

필추니가 대답하였다.

"내가 알고 있습니다."

도둑이 다시 물었다.

"그 집에 여자는 많고 남자는 적고, 사나운 개는 없으며, 가시나무가 많지 않고, 들어가기도 쉽고 나오기가 쉬우며, 내가 피해없이 물건을 가질 수 있겠습니까? 만약 우리의 뜻대로 얻으면 마땅히 성자께 그 물건을 나누어 드리겠습니다."

필추니가 도둑에게 대답하여 말하였다.

"어진 이여. 나는 누구의 집을 알고 있습니다. 여자는 많고 남자는 적으며, 사나운 개와 가시나무가 없고, 들어가기도 쉽고 나오기도 쉬우며, 당신들이 다치지 않고 능히 그 물건을 얻을 수 있을 것입니다."

필추니가 이와 같이 가르쳐주어 도둑들이 물건을 가졌다면 아직 자기 몫을 얻지 않아도 솔토라저야를 얻는다. 만약 도적의 몫을 나누어 얻으면, 죄의 가볍고 무거움은 앞에서와 같다.

만약 그 필추니가 도둑들과 함께 이렇게 말을 나누고서 도둑들이 떠나간 뒤에 마침내 후회하는 마음을 일으켜 그 도적들의 처소로 가서 "어진 이여. 아십니까? 내가 마음을 잠시 살피지 못하고 갑자기 이렇게 말을 하였습니다. 마치 어리석은 바보가 그 일을 잘하지 못한 것과 같이 망녕되게 대답하였습니다. 그러나 그의 집 안에는 여자는 적고, 남자는 많으며, 사나운 개와 가시덤불이 많고, 들어가기도 어렵고 나오기도 어려우며, 그대들이 다치지 않고 물건을 가져올 수도 없습니다." 이와 같이 말하면, 그 도둑들이 갔거나 가지 않았거나 필추니는 솔토라저야를 얻는다.

만약 필추니가 그 도적떼가 마을을 약탈하려는 것을 보고 그 집으로 가서 "어진 이여. 경계하고 깨어있으며, 스스로 삼가해야 합니다. 오늘 저녁에 반드시 도둑들이 들어올 것이니 재물을 도둑들에게 빼앗기지 않도록 하십시오. 혹시 목숨을 건져도 또한 다칠 수도 있습니다."라고 말하면 그 도둑들이 그의 집에 왔거나 오지 않았거나 필추니는 또한 솔토라저야를 얻는다.

만약 필추니가 앞에서 지은 것과 같이 훔치는 방편으로 세 가지 일이 있다. 무엇이 세 가지인가? 밭에 관한 일과 집에 관한 일과 가게에 관한

일을 말한다. 밭에 관한 일에는 두 가지로 가지는 것이 있으니, 첫째는
재판을 하여 얻는 일이고, 둘째는 둘러쌓아 얻는 일이다. 무엇을 재판하여
얻는다고 하는가? 만약 필추니가 재가인과 함께 땅을 가지고 다투게
되어 재판관이 있는 곳으로 나아갔는데 필추니가 재가인에게 이기지
못하면 솔토라저야를 얻는다. 만약 필추니가 이겼고, 재가인의 마음이
아직 가라앉지 아니하였으면 필추니는 솔토라저야를 얻는다. 만약 그
재가인이 마음을 가라앉혔으면 마땅히 그 값에 따라서 앞에서와 같이
죄를 얻는다. 이것을 재판하여 가지게 되는 일이라고 말한다.

　무엇을 둘러쌓아 갖는 일이라고 하는가? 만약 필추니가 다른 사람의
밭이 있는 곳에서 나뭇가지를 가지고 둘러쌓고, 밭둑에 축대를 쌓으며,
구덩이를 파고, 담장(牆壁)을 둘러쌓으며, 나아가 아직은 모두 둘러쌓지
않았어도 솔토라저야를 얻는다. 만약 밭을 모두 둘러쌓았으면 얻는 죄는
앞에서와 같다. 이것을 둘러쌓아 훔치는 것이라고 말한다. 밭에 관한
일은 이와 같으며, 집에 관한 일과 가게에 관한 일은 앞에서와 같음을
마땅히 알라.

　게송으로 거두어 말한다.

　　다리가 없는 것과 다리가 두 개인 것과
　　다리가 네 개인 것과 다리가 여러 개인 것에 대하여
　　만약 이러한 무리들을 훔치면
　　가볍고 무거움에 따르는 것을 마땅히 알지니라.

　'발이 없는 것'은 이를테면, 뱀·거머리·두렁허리 같은 것을 말한다.
이 세 종류는 뱀을 다루는 사람과 왕가(王家)의 의원과 산과 들판의 사람에
의해 잡혀서 모아지게 된다. 뱀을 다루는 사람은 뱀을 잡아서 재롱을
부리게 하여 생계를 꾸려가는 사람을 말한다.

　왕가의 의원은 여러 의원들로서 거머리로 병을 고쳐주고 생계를 꾸려가
는 사람을 말한다. 누구를 산과 들판의 사람이라고 하는가? 산과 같은

곳에 사는 사람이 발 없는 벌레를 잡아 약을 먹이고 그것을 토하게 하여 그릇 속에서 익히거나 삶아서 술과 함께 제공하는 사람을 말한다. 만약 필추니가 이와 같은 발이 없는 것들을 훔치는 경우에는 마땅히 그 값에 따라서 5마쇄에 해당되면 근본죄를 얻고, 5마쇄에 해당되지 않으면 방편죄(方便罪)를 얻는다.

'발이 두 개인 것'은 사람과 새를 말한다. 만약 사람을 훔치는 것은 세 가지 방편이 있다. 장소를 기약해주는 것과 시간을 정해주는 것과 어떤 모양을 보여주는 것이다. 무엇을 장소를 기약해주는 것이라고 하는가? 그 사람에게 "그대가 만약 내가 어느 동산 가운데에 있고, 혹은 많은 사람들이 모인 곳에 있으며, 혹은 하늘에 제사지내는 곳에 있는 것 등을 본다면 마땅히 일이 성취되었음을 아십시오."라고 하면 이것을 장소를 기약해주는 것이라고 말한다. 무엇을 시간을 정해주는 것이라고 하는가? "당신이 만약 새벽과 정오와 혹은 해지는 시간에 멀리서 나를 보면 일이 성취되었음을 아십시오."라고 하면 이것을 시간을 정해주는 것이라고 말한다. 무엇을 어떤 모양을 보여주는 것이라고 하는가? "그대가 만약 내가 새롭게 삭발하였고, 내가 붉은 색의 옷을 입었으며, 발우를 가지고 석장을 짚고 소유(蘇油)나 설탕이나 석밀(石蜜)을 가득 담고 있는 것을 보았을 때는 일이 성취되었음을 아십시오."라고 하면 이것을 어떤 모양을 보여주는 것이라고 말한다. 이와 같이 훔치는 것은 마땅히 그 값에 따라서 죄를 얻는 것은 앞에서와 같다.

만약 새를 훔치는 경우에는 두 가지 방편이 있으니 땅에서 잡아들이는 것과 공중에서 떨어뜨리는 것을 말한다. 무엇이 잡아들이는 것인가? 새가 땅 위에 있는데 잡아서 훔쳐간다면 그 값이 5마쇄가 되는 것과 5마쇄가 되지 않는 것은 앞에서와 같다. 무엇이 공중에서 떨어뜨리는 것인가? 이를테면, 새를 잡는 사람이 언덕이나 연못에 불을 질러서 새를 잡으려고 하였을 때 새들이 불에 쫓겨서 필추니가 경행하는 곳에 떨어지거나 문이나 집 앞에 떨어진 것을 만약 필추니가 훔치려는 마음으로 그 새를 가지면 값이 5마쇄가 되는 것과 5마쇄가 안 되는 것은 앞에서 설명한 것과 같다.

　무엇을 다리가 넷인 것이라고 하는가? 코끼리·말·낙타·나귀·소·양·노루·사슴·돼지·토끼 등을 말한다. 훔치려고 하는 때에는 두 가지 방편이 있으니, 무리를 지어 있는 곳과 혹은 매어져 있는 곳을 말한다. 필추니가 코끼리 무리 가운데에서 코끼리를 훔쳐가면 눈에 보이는 곳에 이르면 솔토라저야를 얻고, 보이지 않는 곳에 이르면 근본죄를 얻는다. 무엇이 매어져 있는 곳인가? 만약 코끼리가 기둥과 나무와 울타리 안에 매여 있는 것을 필추니가 풀어준다면 앞에서와 같은 죄를 얻는다. 코끼리를 훔치는 것은 이와 같으며 나머지의 말 등에 대하여 필추니가 그것을 훔치면 앞에서와 같은 죄를 얻는 것을 마땅히 알라.

　무엇이 다리가 많은 것인가? 이를테면, 굼벵이·메뚜기·나방·여러 가지 벌·개미·전갈 등을 말한다. 이 가운데에서 필요한 것은 세 곳에서 사용하는데, 사건을 판결하는 관리와 성을 지키는 사람과 바다에서 장사하는 상인들을 말한다.

　무엇을 사건을 판결하는 관리가 사용한다고 말하는가? 사건을 판결하는 사람은 다리가 많은 벌레들을 기르면서 벌이나 전갈 등을 항아리 안에 모아두었다가 죄인이나 신하로서 복종하지 않는 자들을 보면 그들의 손과 다리를 그 항아리 안에 넣도록 한다. 그들이 벌레들에게 쏘여 고통스러워 할 때, 죄를 빨리 고백하게 하고 많은 돈이나 물건을 내놓도록 하는 것을 말한다.

　무엇을 성을 지키는 사람이 사용하는 것이라고 하는가? 성을 맡아서 책임진 사람이 단지나 항아리 안에 여러 종류의 많은 벌들을 모아두었다가 적들이 왔을 때, 병사들에게 줘 함께 싸우게 하거나 적들이 물러나지 않으면 성 위에서 벌 항아리를 풀어 놓아 적들이 벌에 쏘여서 사방으로 달아나게 하는 것을 말한다.

　무엇을 바다에서 장사하는 상인들이 사용하는 것이라고 하는가? 사람들이 바다로 나아가서 보배를 구하려고 할 때 단지와 그릇 안에 많은 벌들을 길러서 이것으로 급하고 어려운 일을 막으며, 해적들이 와서 함께 싸울 때에 만약 이기면 좋으나, 만약 그렇지 못할 때에는 곧 벌 항아리를 가지고 적들의 배 위에 던져서 다시는 싸우지 못하고 사방으로 흩어지게 하는 것을 말한다.

인연이 이루어진 처소는 앞에서와 같다.

이때 어떤 아라한 필추니가 세라(世羅)라고 이름하였고, 모든 번뇌를 끊었다. 어느 때에 어떤 향을 파는 동자가 세라 필추니를 보고 마음에 깊이 공경하는 마음을 일으켜 필추니의 처소로 가서 은근(慇懃)하게 예배드리고 말하였다.

"성자여. 만약 필요한 물건이 있으시면 저의 집에서 마음대로 가져가도록 하십시오. 말씀하시는 가르침은 제가 모두 진심으로 받들겠습니다."

이때 필추니가 알려 말하였다.

"현수여. 훌륭하십니다. 바라건대 병이 없으십시오."

뒤에 다른 때에 세라 필추니가 몸에 큰 병이 나서 걸식할 수 없게 되어 다른 필추니가 차례로 다니며 걸식을 하였다. 이때 향을 파는 동자가 보고 예배드리고 물었다.

"성자여. 세라 필추니께서는 어찌하여 보이지 않으십니까?"

대답하여 말하였다.

"현수여. 그 분은 몸에 병이 났습니다."

동자가 대답하여 말하였다.

"성자여. 제가 이전에 만약 필요하신 것이 있으시면 마음대로 가져다 사용하시라고 말씀드렸으나 일찍이 저에게 필요하신 것을 가지러 오시는 것을 보지 못하였습니다. 그 분께서 필요한 것이 있으시면 원하건대, 존자께서 가져가십시오."

필추니가 곧 대답하여 말하였다.

"그렇게 하겠습니다. 현수여. 바라건대 병이 없으십시오."

곧 그에게서 떠나갔다. 이렇게 세 번을 은근하게 청을 받자 이때 나이 어린 필추니가 곧 이와 같이 생각을 하였다.

'동자가 여러 번 이렇게 말하는 것을 들었으니, 내가 마땅히 거짓인가 사실인가를 시험하여 봐야겠구나.'

곧 작은 발우를 동자에게 주고는 말하였다.

"현수여. 성자이신 세라께서는 지금 약간의 기름이 필요합니다."

이때 그 동자에게는 새로 짠 기름이 있었으므로 작은 발우에 가득 담아서 그 필추니에게 주고서 말하였다.

"성자여. 더 필요하면 오시어 마음대로 가져가도록 하십시오."

이때 필추니는 그것을 받아가지고 떠나가서 곧 이 기름으로 세라 필추니의 몸에 발라주었고, 온몸과 손발에 고르게 발라서 기름을 모두 사용하였다. 세라 필추니는 병이 낫자 곧 걸식을 하였는데, 이때 그 향을 파는 동자가 보고서 곧 발에 예배를 드리고는 말하였다.

"성자여, 오랫동안 뵙지 못하였습니다."

필추니는 곧 대답하여 말하였다.

"저는 요즘 몸이 아팠습니다."

알려 말하였다.

"성자시여. 이전에 이미 말씀드리기를 만약 필요하신 것이 있으시면 저의 집에서 모두 마음대로 가져가시라고 청하였사옵니다. 일찍이 저에게서 필요하신 것을 찾는 소식이 없다가 한 필추니를 뵈오니 성자께서 병이 나서 저에게서 기름을 가져오라고 말씀하시어 제가 새로 짠 기름을 작은 발우에 가득 담아서 그 필추니에게 부탁하여 보냈습니다."

필추니가 대답하여 말하였다.

"훌륭하시군요. 동자여. 바라건대 병이 없으십시오."

이렇게 말을 마치고 차례로 걸식하여 본래의 처소로 되돌아와서 여러 나이 어린 필추니들에게 알려 말하였다.

"누가 저 향을 파는 동자에게 가서 기름을 발우에 가지고 왔는가?"

어느 필추니가 대답하여 말하였다.

"성자여. 제가 걸식을 하다가 그 동자를 보았는데 두세 번 거듭하여 저에게 세라 성자께 제가 '이미 만약 필요한 것이 있으시면 모두 마음대로 가져가십시오.'라고 청하였는데 일찍이 저에게 필요한 것을 가지러 오시는 일이 없었습니다. 만약 세라 필추니께서 필요하신 것이 있으시면

원하건대, 가지고 가십시오.'라고 말하여 제가 곧 '마땅히 그를 시험하여 진실을 알아봐야겠다.'고 생각하였습니다. 곧 작은 발우를 가지고 가서 그 동자에게 주고는 '성자이신 세라 필추니께서 지금 병을 앓아서 기름을 필요로 하십니다.'라고 말하였더니 그 동자가 새로 짠 기름을 가득 담아서 저에게 주었습니다. 저는 기름을 얻어서 그것을 가지고 방안으로 와서 곧 성자를 위하여 몸과 손발에 고르게 발라서 모두 사용하였습니다."

이때 세라 필추니는 나이 어린 필추니에게 말하였다.

"내가 일찍이 동자에게 가서 기름을 가져오라고 그대에게 시켰는가?"

나이 어린 필추니가 대답하였다

"일찍이 저에게 시키지 않으셨습니다."

이때 다른 필추니가 그 나이 어린 필추니와 이전에 사이가 좋지 않은 일이 있었으므로 이 말을 듣고 나서 세라 필추니에게 말하였다.

"성자여. 지금 이 나이 어린 필추니가 당신께서 병으로 고통을 받는 것을 핑계로 삼았습니다. 어디 한 곳에서만 제멋대로 기름을 가져왔겠습니까? 실라벌성을 두루 다니면서 모두에게 구걸하였으니 다른 더 많은 죄의 숫자를 알 수 없습니다."

나이 어린 필추니는 이 말을 듣자 후회하는 마음을 일으켰다.

"어떻게 제가 진실로 타승죄(他勝罪)[45]를 지었습니까?"

이 인연으로 여러 필추니들에게 알리고 나아가 세존께 아뢰니, 세존께서는 그 나이 어린 필추니에게 물으셨다.

"그대는 무슨 마음으로 동자에게서 기름을 구걸하였는가?"

세존께 아뢰었다.

"제가 그 동자에게 시험을 해 볼 생각을 일으켰습니다."

세존께서는 필추니에게 말씀하셨다.

"만약 시험할 마음으로 한 일이면 이 필추니는 범한 것이 없다. 그러나 여러 필추니들이 병자(病者)에게 묻지 않고 걸식해서는 아니 되느니라.

---

45) 바라시가를 다르게 부르는 말이다.

만약 걸식할 때에는 환자에게 물어야 한다. '승가의 병자를 돌보는 곳으로 가서 약을 구해올까요? 신심이 있는 사람과 친족이 있는 곳으로 가서 약을 구해올까요? 만약 친족들이 많다면 누구에게 가서 약을 구해올까요?' 그가 가르쳐주는 것을 따라서 마땅히 약을 구해오도록 하라. 만약 병자에게 물어보지도 아니하고 그를 위하여 약을 구걸하면 월법죄(越法罪)[46]를 얻느니라."

　게송으로 거두어 말한다.

　　세금으로 받은 물건을 남에게 맡기는 것과
　　다른 사람의 물건을 가지고 앞서가는 것과
　　받지 않는 것을 곧 억지로 입히는 것과
　　부모를 위하여 가지고 가는 것과

　　또한 삼보(三寶)를 위하는 까닭으로
　　주었다가 뒤에 골고루 나누어주는 것과
　　옷의 주인을 위하여 앞서 가져가게 하는 것과
　　다른 사람에게 물들이게 하는 것과 물들이지 않게 하는 것과

　　앞서 세금을 가지고 작은 문으로 들어가는 것과
　　상인의 물건을 모두 빼앗는 것 등을
　　이 게송으로 연기(緣起)를 거두는 것이니
　　필추의 계율과 같이 밝히겠노라.

---

46) 경계를 등지는 행위를 할 때에는 중죄를 받아야 하니 이 죄를 월삼매야(越三昧耶)의 죄, 또는 월법죄(越法罪)라 한다. 수행자의 의(衣)·식(食)·주(住)·행(行)에 관한 세부적인 계법(戒法)을 위반하는 죄이다.

근본설일체유부필추니비나야 제4권

3) 단인명(斷人命) 학처

그때 박가범(薄伽梵)께서는 광엄성(廣嚴城)[1]의 승혜(勝慧) 강가에 있는 대자림(大柘林)에 계시면서 여러 사부대중들에게 묘법을 연설하시고 부정(不淨)을 설하시며 부정관(不淨觀)을 닦는 것을 찬탄하셨다.

"그대들 여러 사부대중들은 마땅히 부정관을 닦으라. 이 관(觀)을 많이 닦아 익히라. 많이 닦아 익히는 까닭으로 큰 과상(果上)의 이로움을 얻게 되느니라."

여러 필추들은 곧 부정관을 닦았고, 이미 부정관을 닦아 익힌 뒤에는 피와 고름이 가득한 몸에 대하여 마음 깊이 싫어하고 근심하는 생각을 내어 칼을 들어 자살하였으며, 혹은 독약을 먹고 죽기도 하였고, 새끼줄로 목을 매며, 스스로 높은 낭떠러지에서 떨어져 죽기도 하였고, 혹은 서로를 다치게 하였다. 이때 필추 대중의 숫자가 점차로 줄어들었다. 세존께서는 모든 것을 아시고 보시는 분이셨으나 아시면서도 일부러 아난다(阿難陀)에게 물으셨다.

"무슨 인연으로 여러 필추 대중들의 숫자가 점차로 줄어들어 남은 필추가 얼마 되지 않는가?"

이때 아난은 곧 앞의 일을 갖추어 세존께 아뢰었고, 세존께서는 이 인연으로 필추 대중들을 모으시고 여러 필추들에게 물으셨다.

"그대들이 진실로 이렇게 서로를 죽게 하였는가?"

대답하여 말하였다.

"진실로 그렇습니다."

---

1) 산스크리트어 Vaiśālī의 음사로서 비사리(毘舍離)·비사리(鞞舍離) 등으로 번역된다.

세존께서는 여러 필추들에게 말씀하셨다.

"그대들이 한 행위는 사문의 법이 아니고, 이치에 맞는 행동이 아니며, 이것은 청정하지 못한 것으로 출가한 사람으로서 마땅히 할 일이 아니다."

여러 가지로 꾸중하시고 여러 필추들에게 말씀하셨다.

"내가 지금 모든 성문(聲聞)[2]의 이부(二部)[3] 제자를 위하여 그 일에 학처를 제정하나니 마땅히 이와 같이 설하노라. 만약 다시 필추니가 사람과 사람으로서 태(胎) 안에 있는 것을 일부러 자기 손으로 그 목숨을 끊고, 혹은 칼을 집어서 쥐어주며, 혹은 스스로 칼을 쥐고, 혹은 칼을 잡은 사람을 찾으며, 혹은 죽는 것을 권유하고 죽는 것을 찬탄하여 '애석하구나,[4] 여자여. 이와 같이 죄를 거듭 쌓아서 어떻게 하겠는가? 부정하고 악한 생활을 하는 것보다 그대는 차라리 지금 죽도록 하시오. 죽는 것이 사는 것보다 좋겠습니다.'라고 말하며, 자신의 생각에 따라 다른 말로써 죽는 것을 권유하고 칭찬하여서 그녀가 이러한 까닭으로 죽으면 이 필추니는 또한 바라시가를 얻는 것이니, 마땅히 함께 머무르면 아니 되느니라."

'만약 다시 필추니'의 뜻은 앞에서 말한 것과 같다.

'사람'은 어머니의 뱃속에서 이미 육근(六根)인 즉, 눈·귀·코·혀·몸·뜻을 갖추고 있는 상태를 말한다.

'사람의 태'는 어머니의 뱃속에서 다만 삼근(三根)인 즉, 몸·목숨·뜻 등을 갖춘 것을 말한다.

'일부러'는 고의적으로 마음을 먹고 하는 것이며 착오가 아닌 것을 말한다.

'스스로의 손으로'는 자기의 손으로 죽이는 것을 말한다.

'목숨을 뺏는다.'는 다른 사람의 목숨이 이어지지 못하게 하는 것을 말한다.

---

2) 불교의 교설(敎說)을 듣고 스스로의 해탈을 위하여 정진하는 출가 수행자로서 원래의 의미는 석가모니불 당시의 제자들을 말하였다. 연각(緣覺)·보살(菩薩)과 함께 삼승(三乘)이라고 한다.

2) 불교의 교설(敎說)을 듣고 스스로의 해탈을 위하여 정진하는 출가 수행자로서 원래의 의미는 석가모니불 당시의 제자들을 말하였다. 연각(緣覺)·보살(菩薩)과 함께 삼승(三乘)이라고 한다.
3) '필추'와 '필추니'의 승가를 가리킨다.
4) 원문에는 '돌(咄)'이라고 표기되어 있다.

　'혹은 칼을 집어서 쥐어주다.'는 그 사람이 자살을 하려는 것을 알고서
곧 큰 칼과 머리를 깎는데 쓰는 칼과 찌르는 칼 등을 그의 처소에 놓아두어
스스로를 해치게 하는 것을 말한다.
　'혹은 스스로 칼을 쥐어주다.'는 스스로는 힘이 약해서 능히 살인을
할 수 없으므로 스스로 칼을 가져다가 다른 사람의 손에 쥐어주어 사람의
목숨을 끊게 하는 것을 말한다.
　'혹은 칼을 잡을 사람을 찾는다.'는 남자나 여자나 반택가(半擇迦) 등을
찾아서 그가 사람을 죽이게 하는 것을 말한다.
　'죽기를 권유하다.'는 세 종류의 사람에게 권유하여 죽게 하는 것이다.
세 종류의 사람은 계율을 깨뜨린 사람과 계율을 지니는 사람과 병든
사람을 말한다. 무엇이 계율을 깨뜨린 사람을 권유하여 죽게 하는 것인가?
만약 어떤 필추니가 계율을 깨뜨린 필추니가 가지고 있는 것, 이를테면
의복이나 발우나 물을 거르는 주머니나 끈이나 띠 그리고 사문이 생활하는
데 필요한 여러 도구들 가운데에서 필요한 것 등이 있다. 이때 그 필추니가
'만약 저 계율을 깨뜨린 필추니가 살아있으면 저 옷이나 발우 같은 것들을
내가 가질 수 없으니, 내가 마땅히 그에게 가서 권유하여 죽게 만들어야하
겠다.'라고 생각하고 곧 그에게 가서 말한다.
　"성자여. 아십니까? 어진 그대는 지금 계율을 깨뜨리고 여러 죄업을
지었으며, 항상 몸과 말과 뜻의 여러 죄악을 짓고 있습니다. 성자여.
그대가 오래 살게 되면 짓는 악업도 더욱 늘어날 것이고, 악이 늘어나는
까닭에 마땅히 오랜 시간 동안 지옥의 고통을 받게 될 것입니다."
　만약 계율을 깨뜨린 필추니가 이 말을 듣고서 "성자여. 제가 지금
어떻게 해야 되겠습니까?"라고 물으면 그 필추니가 곧 "마땅히 목숨을
버리고 스스로 목숨을 끊는 것이 좋겠습니다."라고 말하여 그 필추니가
스스로 목숨을 버리고, 혹은 스스로 죽으면, 죽기를 권유한 필추니는
바라시가를 얻는다. 만약 계율을 깨뜨린 필추니가 그의 권유를 받아들이지
아니하면 죽기를 권유한 필추니는 솔토라저야를 얻는다.
　죽기를 권유한 필추니가 비록 앞에서와 같은 말을 하였으나 죽기를

권유하고 나서 뒤에 뉘우치는 마음이 생겨서 곧 그 계율을 깨뜨린 필추니가 있는 곳으로 가서 이렇게 말하였다.

"성자여. 마땅히 아십시오. 제가 이전에 한 말은 마치 어리석고, 아는 것이 적으며, 좋은 것을 분별하지 못하고, 깊이 헤아리지 못하여, 순간적으로 말하였습니다. 성자께서 착한 벗을 친근히 하여 이전에 지은 죄를 말하여 없애면 그대가 지은 좋지 못한 삼업(三業)은 그 힘에 의하여 청정함을 얻고 청정한 까닭으로 목숨을 버린 뒤에는 마땅히 천상에 태어나게 될 것입니다."

만약 그 계율을 깨뜨린 필추니가 "성자여 저는 지금 어떻게 해야 되겠습니까?"라고 물으면, 대답하기를 "그대는 목숨을 버리지 마십시오. 당신께서는 스스로 죽지 마십시오."라고 말하여, 만약 스스로 죽지 않으면 죽음을 권유한 필추니는 솔토라저야를 얻는다. 만약 계율을 깨뜨린 필추니가 비록 앞에서와 같은 말을 듣고도 필추니의 말을 받아들이지 아니하고 곧 스스로 죽으면, 그 죽기를 권유한 필추니는 또한 앞에서와 같은 죄를 얻는다. 이것을 필추니가 계율을 깨뜨린 사람에게 권유하여 죽게 하는 것이라고 말한다.

무엇이 계율을 지니고 있는 사람에게 권유하여 죽게 만드는 것인가? 어느 필추니가 계율을 받아 지키고 있는 필추니가 가지고 있는 옷이나 발우 같은 것 중에서 구하는 것이 있어 곧 그 필추니에게 가서 말하였다.

"성자여, 아십니까? 당신께서는 이미 계율을 받아 지켜서 여러 가지의 착한 법을 닦으셨고, 또한 전수시(展手施)·항상시(恒常施)·애락시(愛樂施)·광대시(廣大施)·분포시(分布施) 등을 잘 익혔으므로 험난한 곳을 떠날 수 있으니 비로소 풍요롭고 안락한 처소에 이르렀습니다. 이 몸을 버려 목숨이 마치되면 마땅히 천상에 태어나실 수 있을 것이고, 해탈하여 열반하는 것이 가벼운 천막으로 가리는 것과 같으실 것입니다."

만약 계율을 지키는 필추니가 이 말을 듣고서 묻기를 "성자여. 제가 지금 어떻게 해야 합니까?"라고 말하면, 그 필추니가 곧 대답하기를 "마땅히 몸을 버리고 스스로 목숨을 끊는 것이 좋겠습니다."라고 말한다. 만약 그 필추니가 그 말을 듣고서 곧 스스로 자신의 목숨을 끊으면 그 필추니는 바라시가를 얻고, 만약 계율을 지키는 필추니가 그의 권유하는 말을 받아들이지 아니하면 그 필추니는 솔토라저야를 얻는다.

이때 죽음을 권유한 필추니가 비록 이렇게 말하였으나, 죽음을 권유한 뒤에 마음에 후회하는 생각을 일으켜 곧 계율을 지키는 필추니의 처소로 가서 말하였다. "성자여. 마땅히 아십시오. 제가 이전에 한 말은 마치 어리석고, 아는 것이 적으며, 좋은 것을 분별하지 못하고, 깊이 헤아리지 못하여, 순간적으로 말하였습니다. 성자께서는 이미 능히 계율을 지키시고 여러 선법(善法)을 닦으셨으니 목숨이 마치게 되면, 반드시 천상에 태어나실 것입니다."

계율을 받아 지키는 필추니가 혹은 그 필추니에게 묻기를 "제가 이제 어떻게 해야 합니까?"라고 말하면, 곧 그 필추니에게 대답하기를 "성자여. 당신께서는 몸을 버리지 마십시오. 당신께서는 스스로 죽지 마십시오."라고 말한다. 만약 필추니가 스스로 죽지 아니하였으면 그 필추니는 솔토라저야를 얻고, 만약 비록 앞에서의 말을 듣기는 하였으나 그 말을 받아들이지 아니하고 곧 스스로 죽으면 죽음을 권유하였던 필추니는 또한 솔토라저야를 얻는다. 이것을 필추니가 계율을 지키는 사람을 권유하여 죽게 하는 것이라고 말한다.

무엇이 병든 사람을 권유하여 죽게 만드는 것인가? 만약 어떤 필추니가 병이 있는 필추니가 가지고 있는 의복이나 발우 등을 가지고 싶어하여 '저 중병에 걸린 필추니가 살아있으면 옷이나 발우 등을 얻을 수 없으니 내가 마땅히 그 필추니에게 가서 권유하여 죽게 해야겠다.'라고 생각하고 곧 필추니에게 가서 말하였다. "성자께서는 아십니까? 당신은 이미 무거운 병에 걸려서 극심한 고통을 받으셨습니다. 그대께서 만일 오랫동안 살아 계시면 병이 더욱 심해져서 항상 모진 고통을 받게 될 것입니다."

병이 있는 필추니가 이 말을 듣고서 "제가 지금 어떻게 해야 되겠습니까?"라고 물으면, 곧 그 필추니가 대답하기를 "마땅히 몸을 버리고 스스로 목숨을 끊는 것이 좋겠습니다."라고 말하여, 만약 병이 있는 필추니가 이 말을 듣고 더욱 고통스러워지는 것을 두려워하여 곧 스스로 목숨을 끊으면 그 필추니는 바라시가를 얻는다. 만약 병든 필추니가 권유하는 말을 받아들이지 않으면 그 필추니는 솔토라저야를 얻는다.

죽음을 권유했던 그 필추니가 앞에서와 같이 말을 하여 죽음을 권유하였으나 마음에 후회를 일으켜 곧 그 병이 있는 필추니의 처소로 가서 말하였다. "성자여. 마땅히 아십시오. 제가 이전에 한 말은 마치 어리석고, 아는 것이 적으며, 좋은 것을 분별하지 못하고, 깊이 헤아리지 못하여, 순간적으로 말하였습니다. 성자여. 그대께서는 지금 마땅히 선지식을 찾도록 하십시오. 능히 그대를 위하여 병에 맞는 약을 구하고, 음식을 제공할 수 있으며, 법에 맞게 간호할 것이니, 선지식을 따라 거스르지 않으면 오래되지 아니하여 곧 병이 낫고 안락해지며, 기력(氣力)을 회복하여 마음대로 유행(遊行)할 수 있을 것입니다."

만약 병든 필추니가 그 필추니에게 묻기를 "성자여. 제가 지금 어떻게 해야 되겠습니까?"라고 물으면, 대답하여 말하기를 "당신께서는 몸을 버리지 마십시오. 당신께서는 스스로 죽지 마십시오."라고 말하여 만약 스스로 죽지 않으면 그 필추니는 솔토라저야를 얻는다. 만약 병든 필추니가 비록 앞에서의 말을 듣기는 하였으나, 그 말을 받아들이지 아니하고 곧 스스로 죽으면 그 필추니는 또한 추죄(麤罪)를 얻는다. 이것을 필추니가 병이 있는 필추니에게 권유하여 죽게 하는 것이라고 말한다.

'죽는 것을 찬탄한다.'는 만약 어떤 필추니가 죽는 것을 좋아하는 사람 앞에서 죽는 것을 칭찬하는 것을 말한다.

'애석하도다! 여자여'는 이렇게 애석하다고 부르는 말이다.

'당신은 지금 이와 같은 죄를 거듭 쌓으니 어떻게 하겠는가. 나아가 죽는 것이 사는 것보다 뛰어나다.'는 모두가 이와 같이 업신여기고 헐뜯는 말을 하는 것이다.

'스스로의 마음을 쫓아 생각한다.'는 스스로의 마음을 따라서 다른 생각을 일으키는 것을 말한다.

'다른 말로써 말한다.'는 많은 방편을 가지고 그녀에게 권유하여 죽게 하는 것을 말한다.

　'찬미한다.'는 병이 있는 사람의 앞에서 찬미하는 말을 하여 반드시 죽게 하여 마음에서 뒤돌아보는 것이 없는 것이다. 만약 그녀가 이러한 방편에 의하여 죽으면 이것을 그 필추니가 말한 방편 때문에 목숨을 마치게 되었다고 말한다.

　'다른 일은 이유가 없다.'는 이 일이 아닌 다른 착한 마음 등의 일을 말한다.

　'필추니'는 필추니의 성(性)이 있는 것을 말한다.

　'필추니의 성'은 구족계[5]를 받은 것을 말하며, 자세한 것은 앞에서 설명한 것과 같고, '바라시가'의 뜻 또한 앞에서와 같다.

　이 가운데에서 범한 모양과 그 일은 무엇인가?

　게송으로 거두어 말한다.

　　어느 때에는 몸으로
　　혹은 밖의 물건을 사용하며
　　혹은 안과 밖의 두 가지 등의
　　이것을 죽이는 모양이라고 이름한다.

　무엇이 몸으로써 죽이는 것인가? 이를테면, 만약 필추니가 죽일 마음이 있어서 한 손가락을 사용하여 여자나 남자나 반택가 등을 때려서 이러한 방편에 의하여 그가 죽었다면 이 필추니는 바라시가를 얻는다. 혹은 그 당시에는 죽지 않았으나 이것을 원인으로 뒤에 죽으면, 이 필추니는 또한 바라시가를 얻는다. 만약 당시에도 죽지 아니하였고, 뒤에도 또한 죽지 아니하면 솔토라저야를 얻는다. 만약 한 손가락을 사용하였고, 주먹을 사용하여 정수리·어깨·다른 신체의 일부분 또는 발가락을 때려서 그를 죽이려고 하여, 만약 그가 죽으면 이 필추니는 바라시가를 얻는다. 만약 당시에는 죽지 않았으나, 뒤에 이것에 의하여 죽으면 필추니는

---

　5) 원문에는 '근원(近圓)'이라고 표기되어 있다.

또한 바라시가를 얻는다. 만약 죽지 아니하였으면 솔토라저야를 얻는다. 이것을 몸을 사용하여 죽이는 것이라고 이름한다.

무엇이 밖의 물건을 사용하여 죽이는 것인가? 만약 필추니가 죽이려는 마음이 있어 대나무와 쇠로 만든 화살을 가지고 여자나 남자나 반택가 등을 쏘아 이러한 방편에 의하여 죽으면, 이 필추니는 바라시가를 얻는다. 그 당시에서 죽지 않았으나 뒤에 죽으면 또한 바라시가를 얻는다. 만약 당시에는 죽지 아니하였고 뒤에도 또한 죽지 아니하였으면 솔토라저야를 얻는다.

만약 방패·큰 창과 작은 창·륜(輪)[6]·다른 병장기와 칼, 나아가 대추씨를 멀리서 죽이려는 마음으로 그 사람에게 던져서 이러한 방편에 의하여 죽으면, 이 필추니는 바라시가를 얻고 그 당시에는 죽지 않았으나 뒤에 이것에 의하여 죽으면 또한 바라시가를 얻는다. 만약 당시에도 죽지 아니하였고 또한 뒤에도 죽지 않았으면 솔토라저야를 얻는다. 이것을 밖의 물건을 사용하여 죽이는 것이라고 이름한다.

무엇이 몸과 밖의 것을 합하여 죽이는 것인가? 만약 필추니가 죽이려는 마음이 있어서 손으로 큰 칼을 잡고 여자나 남자나 반택가 등을 죽이려고 하여, 방편에 의하여 죽으면 이 필추니는 바라시가를 얻는다. 그 당시에는 죽지 않았으나 뒤에 죽었다면 또한 바라시가를 얻는다. 만약 당시에도 죽지 않았고, 또한 뒤에도 죽지 않았으면 솔토라저야를 얻는다. 큰 칼을 사용하여 죽이는 것이 이미 이와 같으며, 다른 여러 가지의 양날로 된 칼과 반쪽 날로 된 칼과 창과 같은 종류 등과 나아가 풀줄기를 가지고 죽이려는 마음으로 그를 때려서 이러한 방편에 의하여 죽으면 바라시가를 얻고, 혹은 솔토라저야를 얻는다. 자세히 설명한 것은 앞에서 설명한 것과 같다. 이것을 몸과 몸 밖의 것을 합하여 죽이는 것이라고 이름한다.

게송으로 거두어 말한다.

---

6) 수레바퀴처럼 둥근 테에 날이 것이거나 또는 톱니가 달린 것으로 만든 무기를 가리킨다.

만약 독(毒)이나 독가루와
두 가지 처소에 의지하며
혹은 여러 가지의 술과
장치 등으로 사람을 죽이는 것이다.

무엇이 독약으로 하는 것인가? 만약 필추니가 죽이려는 마음이 있어 독약을 사용하고, 떡이나 밥과 같은 음식에 독을 섞어서 여자나 남자나 반택가 등을 죽이려고 하여, 이러한 방편에 의하여 죽으면 바라시가를 얻고 죽지 않으면 솔토라저야를 얻는다. 자세히 설명한 것은 앞에서와 같다. 이것을 독약을 사용하여 죽이는 것이라고 이름한다.

무엇이 독가루로 죽이는 것인가? 만약 필추니가 죽이려는 마음이 있어 여러 가지 가루로 몸을 문지르고, 혹은 목욕을 하도록 하며, 혹은 향에 섞어서 바르게 하고, 향만(香鬘)[7]에 모아두며, 향의 연기를 섞어 남자나 반택가 등을 죽이려고 하여, 이러한 방편에 의하여 죽으면 이 필추니는 바라시가를 얻고, 혹은 솔토라저야를 얻는다. 이것을 독가루를 사용하여 죽이는 것이라고 이름한다.

무엇이 처소에 의지하여 죽이는 것이라고 말하는가? 이것은 두 가지가 있으니, 첫째는 땅에 의하여 쓰러지는 것이고. 둘째는 나무에 의하여 쓰러지는 것이다. 무엇이 땅에 의하여 쓰러지는 것인가? 첫째는 필추니가 죽이려는 마음이 있어 땅을 파서 함정을 만들고 그 안에다가 장치를 하여 다리를 얽어매어 여자나 남자나 반택가 등을 죽이려고 하여, 이것에 의하여 죽고, 혹은 사자·호랑이·표범·수리·독수리 등에게 뜯어 먹히며, 혹은 바람에 쏘이고 햇볕에 쬐어 그 형체를 무너뜨리고, 혹은 굶주리고 목마르게 하여, 이러한 방편에 의하여 죽었다면 이 필추니는 바라시가를 얻고 죽지 아니하였다면 솔토라저야를 얻는다. 다리를 얽어매는 경우는 이와 같으며, 정강이나 넓적다리나 허리나 가슴이나 나아가 목을 얽어매거나, 혹은 때로는 사자 등으로 잡아먹게 하거나 굶주리고 목마르게 하여

---

7) 향으로 만든 장신구를 뜻한다.

이러한 방편에 의하여 죽게 되었다면 바라시가를 얻거나, 혹은 솔토라저야를 얻는다. 이것을 땅에 의하여 머무르게 하여 죽이는 것이라고 이름한다.

무엇이 나무에 의지하여 쓰러지게 하여 죽이는 것이라고 말하는가? 만약 필추니가 고의로 여자나 남자나 반택가 등을 죽이려고 하여, 혹은 기둥이나 말뚝 같은 큰 나무에 물에 젖은 새끼줄로 그 다리를 묶어서 이것에 의하여 죽게 만들고, 혹은 사자 등으로 잡아먹게 하며, 나아가 굶주리고 목마르게 하고 쇠약하게 하여 이러한 방편에 의하여 죽으면 바라시가를 얻고, 솔토라저야를 얻는다. 이것을 나무에 묶어서 죽이는 것이라고 이름한다.

무엇이 술에 취하게 하여 죽이는 것인가? 만약 필추니가 고의로 여자나 남자나 반택가 등을 죽이려고 쌀로 만든 술을 주어서 먹게 하여 이러한 이유로 죽고, 혹은 사자 등이 잡아먹게 하며, 나아가 굶주리고 목마르게 하고 쇠약하게 하여, 이러한 방편에 의하여 죽으면 바라시가를 얻고, 혹은 솔토라저야를 얻는다. 쌀로 만든 술은 이미 이와 같고, 나아가 뿌리·줄기·꽃·잎·과일로 만든 술을 주고, 혹은 그 술에다가 주문을 외우고 주며, 혹은 술에 약을 타서 주어 마시게 하여, 마음이 어지럽고 어리석어 아무 것도 모르게 하여 이러한 방편에 의하여 죽고, 혹은 술에 취한 것에 의하여 왕의 적군과 원수의 집안이 그의 목숨을 끊으면 바라시가를 얻고, 혹은 솔토라저야를 얻는다. 이것을 술을 가지고서 죽이는 것이라고 이름한다.

무엇이 기관을 장치하여 죽이는 것이라고 하는가? 만약 필추니가 고의로 여자나 남자나 반택가 등을 죽이려고 장치나 활을 설치하고 쇠로 만든 화살을 걸어 놓으며, 혹은 여러 가지 칼날 등을 길 주변에 설치해 놓고 여자나 남자나 반택가 등이 그 길을 따라서 지나가게 되면 곧 손이나 발을 자르거나 머리를 자르며, 나머지 신체의 일부분을 잘라서 이러한 방편에 의하여 죽으면 이 필추니는 바라시가를 얻고, 혹은 솔토라저야를 얻는다. 기관이나 활을 장치하는 것은 이미 이와 같으며, 밟으면 동작하는 것과 다른 여러 장치로써 다른 사람의 목숨을 뺏으려고 하면 죄를 얻는 것은 앞에서와 같다.

　게송으로 거두어 말한다.

　　시체를 전부나 혹은 반만 일으키는 것과
　　낙태를 시키는 것과 주문을 외우는 것과
　　밀어서 떨어뜨리거나 물과 불 등에 이르는 것과
　　추위와 더위로써 죽이는 것이 있다.

　무엇이 시체를 전부 일으켜서 사람을 죽이게 하는 것인가? 만약 필추니가 고의로 여자나 남자나 반택가 등을 죽이려고 흑월(黑月)[8]의 14일에 시체를 버리는 숲으로 가서 새로이 죽은 시체, 혹은 개미에 의하여 아직 손상되지 않은 시체를 찾아서 곧 황토로 씻고 향수로 시체를 씻고는 새로 짠 모직 한 쌍으로 신체를 두루 덮은 뒤에 발에 연유(酥)를 바르고 주문을 외워 시체에 주술을 건다. 이때 죽은 시체의 쭈그러들었던 것이 펴지면서 일어나려고 하면 시체를 바퀴가 두 개인 수레 위에 안치하고 두 개의 구리 방울을 목 아래에 매달고 양날로 된 칼을 손에 쥐어준다. 이때 그 시신이 일어나 주술사에게 묻기를 “당신은 나에게 누구를 살해하게 시켰습니까?”라고 말하면, 주술사는 대답하기를 “당신은 누구 여자와 남자와 반택가 등을 아는가?”라고 말한다. 시체가 대답하기를 “내가 알고 있습니다.”라고 말하면, 그에게 대답하기를 “그대는 그에게 가서 그의 목숨을 끊도록 하시오.”라고 말하여, 만약 그를 죽게 하면 필추니는 바라시가를 얻는다.
　만약 그의 집에 여러 가지의 나뭇잎과 풀로써 끈을 만들어서 문 위를 가로질러 묶어놓고 물병을 놓아두고, 혹은 문과 같은 색깔의 암소와 송아지를 매어두며, 혹은 같은 색깔의 암양과 양의 새끼를 매어두고, 혹은 집에 약병을 걸어두고 아울러 석축(石軸)을 두며, 혹은 문에 인타라(因

---

　8) 인도력(印度曆)에서는 음력 16일에서 다음달 15일까지를 월(月)의 단위로 하는데, 달이 이지러지기 시작하는 16일부터 30일까지의 전반부를 흑월이라고 한다.

陀羅)의 말뚝이 있고, 혹은 불이 항상 꺼지지 아니하며, 혹은 집에 형상을 안치해두었고, 부처님의 진신(眞身)을 모셔 두었으며, 혹은 전륜왕의 어머니가 있고, 혹은 전륜왕의 태(胎)를 품고 있으며, 혹은 보살이 계시고, 혹은 보살의 어머니가 계시며, 혹은 보살의 태를 품고 있고, 혹은 네 가지 『아급마경(阿笈摩經)』을 외우며, 바로 외우는 때와, 만약 다시 『대경(大經)』 즉, 『소공대공경(小空大空經)』·『증오증삼경(增五增三經)』·『환망경(幻綱經)』·『영승왕영불경(影勝王迎佛經)』·『승번경(勝幡經)』을 외우고, 바로 외우며, 이러한 등의 일이 있어 수호(守護)되는 때에 그 일으켜진 시체가 집에 들어갈 수가 없으면 이 필추니는 솔토라저야를 얻는다. 혹은 시체를 일으키는 법을 잘 이해하지 못하여 시체가 일어나서, 곧 주술사를 죽이면 이 필추니는 솔토라저야를 얻는다. 만약 주문을 외우는 필추니가 그 일으켜진 시체를 죽이면 또한 솔토라저야를 얻는다.

무엇이 시체의 반만 일으키는 일인가? 인연은 역시 앞에서와 같다. 이 가운데에서 구별되는 것은 수레가 다만 바퀴가 하나만 있고, 방울도 하나만을 목에 달며, 칼에 날이 한쪽에만 있는 것이다. 나아가 죄가 되는 것의 자세한 것은 앞에서 설명한 것과 같다.

무엇이 낙태를 시켜 죽이는 것인가? 만약 필추니가 아이를 가진 임산부를 죽이려고 하였고, 뱃속의 아이는 죽이지 않으려고 하였으나, 임산부의 배를 발로 밟아 만약 어머니는 죽고 뱃속의 아이는 죽지 않으면, 필추니는 바라시가를 얻는다. 만약 뱃속의 아이는 죽고 어머니는 죽지 않았다면 솔토라저야를 얻고, 둘이 모두 죽으면 바라시가를 얻으며, 둘이 모두 죽지 않으면 솔토라저야를 얻는다. 만약 필추니가 뱃속의 아이는 죽이려고 하였고, 어머니는 죽이려고 하지 않았으나, 임산부의 배를 밟아 만약 뱃속의 아이는 죽고 어머니는 죽지 않으면 필추니는 바라시가를 얻는다. 만약 어머니는 죽고 뱃속의 아이는 죽지 않으면 솔토라저야를 얻고, 모두 죽으면 바라시가를 얻고, 모두 죽지 않으면 솔토라저야를 얻는다.

무엇이 주문을 외워서 죽이는 것인가? 만약 필추니가 죽이려는 마음이 있어 방편을 일으켜 여자와 남자와 반택가 등을 죽이려고 만다라(曼茶羅)를

만들어 화로(火爐)를 갖다놓고, 불을 피우며, 나무를 던져 넣고서, 입으로
금지된 주문을 외우면서 '만약 이 나무가 모두 타면 저 여자와 남자와
반택가 등의 목숨이 곧 끊어져라.'라고 생각하였으나, 만약 불 속에 있는
나무가 타기 시작하여 반이 탔을 때 그가 죽으면 이 필추니는 솔토라저야를
얻는다. 만약 나무가 모두 타고서 그가 죽으면 바라시가를 얻는다.

　만약 필추니가 마음에 방편을 일으켜서 여자와 남자와 반택가 등을
죽이려고 기름과 삼(麻)과 개자(芥子)⁹⁾ 각 한 되(升)를 절구 안에 넣고
찧으며 입으로 주문을 외우면서 '만약 절구 안의 물건을 찧어서 가루가
되면 저 목숨이 곧 끊어져라.'고 생각하였으나, 아직 가루가 되기 전에
그가 죽으면 이 필추니는 솔토라저야를 얻는다. 만약 찧어서 가루가
되고 그가 죽었다면 바라시가를 얻는다.

　만약 필추니가 죽이려는 마음이 있어 방편을 일으켜 누런 소의 우유
한 되를 그릇 안에 넣고 손가락으로 우유를 저으면서 입으로 금지된
주문을 외우기를 '만약 그릇 안의 우유가 모두 피로 변하면 곧 저 사람의
목숨이 끊어져라.'라고 생각하였으나, 만약 우유가 모두 피로 변하지
않았는데 그가 죽으면 솔토라저야를 얻는다. 만약 우유가 모두 피로
변하고 그가 죽으면 바라시가를 얻는다.

　만약 필추니가 사람을 죽이려고 방편을 일으켜 다섯 가지 색으로 된
실을 가지고 승가지를 바느질하면서 입으로 금지된 주문을 외우면서
'이 옷이 모두 만들어지면 저 사람의 목숨이 끊어져라.'라고 생각하였으나,
만약 옷이 모두 만들어지지 않았는데 그가 죽었다면 솔토라저야를 얻는다.
옷이 다 만들어지고 그가 죽으면 바라시가를 얻는다.

　만약 필추니가 사람을 죽이려고 방편을 일으켜 손가락으로 땅에 그림을
그리면서 입으로는 금지된 주문을 외우기를 '그림 일곱 개가 모두 그려지
면 저 사람의 목숨이 끊어져라.'라고 생각하였으나, 만약 그림이 일곱

---

9) 겨자과에 속하는 일년 또는 이년초의 풀이다. 높이는 1m가량이고 4월경에
　누런빛의 작은 꽃이 피고 길이 5cm가량의 열매를 맺음. 씨는 매우 작은데 황갈색으
　로 맵고 향기로운 맛이 있어 양념과 약제로 사용한다.

개가 모두 그려지지 않았는데 그가 죽으면 솔토라저야를 얻는다. 만약 그림이 일곱 개가 모두 그려지고 그가 죽으면 바라시가를 얻는다. 이것을 금지된 주문을 외워서 죽이는 것이라고 이름한다.

'무엇이 밀어서 떨어뜨려 죽이는 것인가?' 만약 필추니가 다른 사람을 죽이려고 낭떠러지와 언덕 주변의 위험한 곳 등에서 그를 밀어서 떨어지게 하여 이것에 의하여 죽으면 바라시가를 얻는다. 당시에는 죽지 않았으나 뒤에 이것에 의하여 죽으면 또한 바라시가를 얻는다. 당시에 죽지 않았고 나중에도 죽지 않으면 솔토라저야를 얻는다. 낭떠러지는 이미 이와 같으며, 혹은 담장과 나무, 혹은 코끼리와 말이 끄는 수레와 평상 또는 앉는 자리에서 머리·어깨·허리·등·넓적다리·무릎·장딴지·발 및 신체의 다른 부분을 밀어 떨어뜨려 이것에 의하여 죽으면 바라시가를 얻는다. 당시에는 죽지 않았으나 뒤에 죽으면 역시 바라시가를 얻는다. 만약 당시에도 죽지 아니하였고 뒤에도 역시 죽지 않았으면 솔토라저야를 얻는다. 이것을 밀어 떨어뜨려서 죽이는 것이라고 이름한다.

무엇이 물로 죽이는 것인가? 만약 필추니가 다른 사람을 죽이려고 물속에 밀어 넣어서 이것에 의하여 죽었으면 바라시가를 얻는다. 죽지 않았으면 솔토라저야를 얻는다. 자세히 설명한 것은 앞에서와 같다. 물은 강·바다·연못·우물의 물과 나아가 한 웅큼의 물을 그의 입안에 넣어 그를 죽게 만드는 것 등을 말한다. 이것을 물로 죽이는 것이라고 이름한다.

무엇이 불로 죽이는 것인가? 만약 필추니가 다른 사람을 죽이려고 불속에 밀어 넣어 이것에 의하여 죽으면 이 필추니는 바라시가를 얻는다. 이를테면, 마을의 숲을 태우고, 성읍에 불을 지르며, 더 나아가 불타는 숲을 그의 입안에 넣어 죽게 하는 것을 말한다. 이것을 불로 죽이는 것이라고 이름한다.

무엇이 내몰아서 죽이는 것인가? 만약 필추니가 사람을 죽이려고 곧 그 사람을 험난한 곳으로 보내어 죽으면 바라시가를 얻고, 혹은 솔토라저야를 얻는다. 자세한 것은 앞에서 설명한 것과 같다. 험난한 곳은 도둑·원수·호랑이·늑대·사자가 있는 곳을 말한다. 사람에게 그곳을 지나도록 하여 그를 죽게 만드는 것을 내몰아서 죽이는 것이라고 이름한다.

무엇이 추위에 얼어 죽게 하는 것인가? 만약 필추니가 다른 사람을 죽이려고 지극히 추운 때에 사나운 바람이 몰아치는데, 낮에는 그늘 가운데 놓아두고, 밤에는 이슬내리는 곳에 놓아두고서 젖은 풀 위에 앉게 하여 이것에 의하여 죽으면 필추니는 바라시가를 얻고, 혹은 솔토라저 야를 얻는다. 자세한 것은 앞에서 설명한 것과 같다. 이것을 추위에 얼어 죽게 하는 것이라고 이름한다.

무엇이 뜨거운 열로 죽이는 것인가? 만약 필추니가 다른 사람을 죽이려고 지극히 더운 때에 몸에 땀띠와 부스럼이 났으나, 낮에는 햇볕 쬐는 곳에 있게 하고, 밤에는 밀폐된 방안에 넣고서 불을 지펴 연기를 내고 좌복과 털담요 등으로 덮어서 이것에 의하여 죽으면 바라시가를 얻는다. 나머지는 위에서 설명한 것과 같다. 이것을 뜨거운 열로 죽이는 것이라고 이름한다.

4) 망설자득상인법(妄說自得上人法) 학처

이때 세존께서는 인간세상을 유행하시다가 죽림 마을의 북쪽에 있는 승섭파림(升攝波林)에 이르시어 이곳에 의지하여 머무르셨다.

이때는 기근(飢饉)을 만나서 걸식이 어려웠다. 부모가 자식조차도 오히려 구제하지 못하였으니 하물며 다른 걸인들임에랴! 이때 세존께서는 여러 성문 제자들에게 말씀하셨다.

"세상이 기근을 만나서 걸식하기가 어렵고 어머니와 자식도 오히려 서로 구제하지 못하니, 그대들은 마땅히 각자가 친한 벗이 있는 곳이나 뜻을 얻을 수 있는 곳을 따라서 벽사리(薜舍離)[10]에서 가까운 마을에 안거하도록 하여라. 나는 아난과 함께 이 숲에서 머물도록 하겠다."

필추들은 이 말씀을 듣고서 "그렇게 하겠습니다."라고 대답하고서

---

10) 산스크리트어 vaiśālī의 음사로서 벽사리(薜舍離)·비사리(毘舍離)로 한역되며, 광엄(廣嚴)이라고 번역된다. 고대 인도의 도시로 릿차비족(licchavi族)의 수도이다.

가르침을 받아 각자가 친근한 벗을 따라서 비사리성의 가까운 마을에서 안거하였다. 그때 5백 명의 필추가 이 일을 보고 함께 서로에게 말하였다.

"그대들이여. 마땅히 아십시오. 세존께서 말씀하신 것과 같이 '지금은 기근이 들어서 걸식하기 어렵고 부자(父子)도 오히려 서로를 구제하지 못하니 하물며 다른 걸인들은 오죽하겠는가? 그대들은 마땅히 각자가 친근한 벗을 따라서 비사리로부터 가까운 곳에서 안거하도록 하여라. 나는 아난과 함께 이 숲에서 머물겠다.'라고 말씀하셨습니다. 우리들은 이곳에 아무 권속(眷屬)이 없어서 이곳에 의지하여 안거할 수가 없습니다. 그러나 물고기를 잡는 마을에는 우리의 권속들이 있으니, 그 곳으로 가서 그 마을 밖에 임시로 초가집을 짓고 안거를 할 수 있는가를 물어보도록 합시다."

그때 5백 명의 필추들은 곧 길을 떠나서 그 어촌이 있는 곳에 이르러 그 권속들에게 임시로 작은 집을 짓고 마을 밖에 머무를 수 있는지를 물어보았다. 이때 여러 필추들은 서로가 상의하여 말하였다.

"우리들은 들은 것이 적고 학식도 갖추지 못했습니다. 만약 여러 권속들이 와서 청하여 물으면 우리들이 어떻게 그들에게 설법을 하겠습니까? 만약 그들이 오게 되면 우리들은 마땅히 서로를 찬탄하기를 '당신들 여러 권속들께서는 진실로 큰 이익을 얻었습니다. 당신들의 마을에 이와 같이 수승하고 묘(妙)한 스님들이 이곳에서 안거를 하게 되었습니다.

이 필추는 무상(無常)에서 무상상(無常想)을 얻었고, 고(苦)에서 고상(苦想)을 얻었으며, 공(空)에서 공상(空想)을 얻었고, 무아상(無我想)과 염리식상(染離食想)을 얻었으며, 모든 세간에 대해서 무애락상(無愛樂想)과 과환상(過患想)과 단제상(斷除想)과 이욕상(離欲想)과 멸상(滅想)과 사상(死想)과 부정상(不淨想)과 청어상(靑瘀想)과 봉창농류상(逢脹濃流想)과 혈식상(血食想)과 혈도상(血塗想)과 이산상(離散想)과 백골상(白骨想)과 관공상(觀空想)을 얻었습니다.

이 필추는 초정려(初靜慮)[11]와 2정려와 3정려와 4정려를 얻었고, 자비희사(慈悲喜捨)와 공무변처(空無邊處)와 식무변처(識無邊處)[12]와 무소유처(無

所處)[13]와 비상비비상처(非想非非想處)를 얻었으며, 이는 사과(四果)[14]와 육신통(六神通)과 팔해탈(八解脫)[15]을 얻었습니다.'라고 찬탄하도록 합시다."

뒤에 그 여러 권속들이 와서 서로를 보고 물었고, 이때 여러 필추들은 권속들이 오는 것을 보고 곧 서로가 함께 찬탄하였다.

"그대들 여러 권속들께서는 진실로 큰 이익을 얻었습니다. 당신들의 마을에 수승하고 묘한 스님들이 이곳에서 안거를 하게 되었습니다. 이 필추는 무상상(無常想)을 얻었으며, 나아가 팔해탈을 얻었습니다."

여러 권속들은 이렇게 말하는 것을 듣고서 말하였다.

"성자여. 여러분께서는 이 같은 수승한 과(果)를 증득하셨습니까?"

대답하여 말하였다.

"모두가 증득하였습니다."

재가의 여러 사람들은 과(果)를 증득하였다는 말을 듣고 모두가 좋아하고 즐거운 마음을 일으켜 자신의 부모와 처자와 친속들은 구제하지 않고 여러 필추들에게 음식을 제공하였다.

이때는 세존께서 아직 열반에 들지 아니하시고 세상에 머무르시던 때였으므로, 여러 제자들과 함께 두 번에 걸쳐 큰 법회를 가지셨으니, 첫째는 5월 15일에 안거를 시작할 때를 말하고, 둘째는 8월 15일에 수의(隨

---

11) 산스크리트 dhyana의 음사로서 정려(靜慮)라고 번역된다.
12) 사무색처(四無色處)의 하나이며, 마음의 작용은 무한하다고 체득한 무색계 제2천의 경지를 말한다.
13) 사공처(四空處)의 하나이며, 삼계(三界)의 여러 하늘 가운데 가장 높은 하늘이다.
14) 소승불교(小乘佛敎)의 성문(聲聞)들이 탐(貪)·진(瞋)·치(癡)를 끊고 성도(成道)에 들어가 성자가 되는 네 단계의 증과(證果)로서, 수다원과(須陀洹果)·사다함과(斯陀含果)·아나함과(阿那含果)·아라한과(阿羅漢果)를 통틀어 일컫는다.
15) 번뇌의 속박에서 벗어나는 여덟 가지 선정(禪定)을 말한다. 첫째는 내유색상관외색해탈(內有色想觀外色解脫)이고, 둘째는 내무색상관외색해탈(內無色想觀外色解脫)이며, 셋째는 정해탈신작증구족주(淨解脫身作證具足住)이고, 넷째는 공무변처해탈(空無邊處解脫)이며, 다섯째는 식무변처해탈(識無邊處解脫)이고, 여섯째는 무소유처해탈(無所有處解脫)이며, 일곱째는 비상비비상처해탈(非想非非想處解脫)이고, 여덟째는 멸수상정해탈(滅受想定解脫) 등이다.

意)를 마친 때를 말한다. 전안거(前安居)는 가르침을 받아 지니고 성읍의 촌락이나 마을로 가서 안거하는 것을 말하고, 수의를 마치면 모두 부처님께 와서 법회에 모여 모두가 증득한 것을 스스로 알며, 아직 증득하지 못한 사람은 법을 증득하기를 청하는 것이다.

비사리성 근처에서 안거하였던 필추들은 3개월의 안거를 끝내고 옷 짓는 것을 마쳤으나, 얼굴빛은 초췌(憔悴)하고 용모는 수척하였다. 발우와 가사를 챙겨 가지고 죽림촌으로 갔다. 죽림촌에 이르자 여러 필추들은 멀리서 필추들이 오는 것을 보고 같은 범행자에게 불쌍히 여기는 마음을 일으켜 멀리서 큰소리로 "잘 오셨습니다."라고 말하고 곧 앞으로 나아가 맞아들였다. 옷·발우·석장(錫杖)·물병 등과 아울러 다른 여러 가지 사문의 물건들을 받아들고는 물었다.

"구수여. 그대들께서는 어느 곳에서 안거를 마치고 이곳에 오셨습니까?"

대답하여 말하였다.

"우리들은 불율씨(佛栗氏) 마을에서 3개월 동안 안거를 마치고 지금 이곳에 이르렀습니다."

다시 물었다.

"여러 구수여. 그곳에서 안거를 하는 3개월 동안에 음식을 걸식하여 얻는데 수고롭지 않으셨습니까?"

대답하여 말하였다.

"그곳에서는 비록 안락하게 머물렀으나 음식을 걸식하기가 매우 어려웠습니다."

대답하여 말하였다.

"진실로 그렇겠습니다. 눈이 수척하고 얼굴빛이 초췌한 것을 보니 오로지 음식을 얻는 것이 진실로 어려웠던 것을 알겠습니다."

이때 어촌의 5백 필추들도 안거를 마치고 가사와 발우를 챙겨서 또한 이 마을로 오는데 얼굴빛은 좋았고 몸은 살이 쪄 있었다. 여러 필추들은 같은 여러 범행자들을 보고 불쌍한 여기는 마음을 일으켜 멀리서 큰

소리로 "잘 오셨습니다."라고 말하고 곧 앞으로 나아가 맞아들이면서
가사와 발우와 아울러 다른 여러 가지의 물건들을 받아들고 앞에서와
같이 물었고, 나아가 물으며 말하였다.

"어촌에서는 음식은 충분히 얻었으며 안락한 행을 구할 수 있었습니까?"

필추들이 대답하여 말하였다.

"우리들은 그곳에 머물면서 진실로 안락하였습니다. 음식도 구하는
것도 쉽게 얻어 어려움이 없었습니다."

대답하자 다시 물었다.

"구수여. 그대들이 살이 찌고 얼굴빛이 빛나는 것을 보니 진실로 음식을
쉽게 얻을 수 있었겠습니다."

곧 다시 물었다.

"지금의 세상은 기근이 들어서 음식을 구하기가 어려워서 부모와 처자
도 오히려 서로를 구제하지 못하는데 어떻게 음식을 쉽게 얻었습니까?"

필추들이 곧 대답하였다.

"우리들은 권속들에게 스스로 서로를 찬탄하며 '이 필추는 무상상을
얻었으며 나아가 팔해탈을 얻었습니다.'라고 말을 했습니다."

다시 물었다.

"그때 한 말이 진실입니까? 거짓입니까?"

대답하여 말하였다.

"거짓입니다."

다시 물었다

"구수여. 그대들은 어떻게 적은 양의 음식을 위하여 실제로는 상인법(上
人法)이 없으면서도 스스로 얻었다고 칭찬을 할 수 있습니까?"

곧 필추들이 대답하여 말하였다.

"옳지 않아도 우리는 이미 이렇게 하였습니다."

그때 욕심이 적은 것을 만족히 여기던 필추들은 모두 비난하고 싫어하며
법에 맞지 않는 것을 꾸중하였다.

"어떻게 그대들은 음식을 욕심내어 실제로는 상인법이 없으면서도

148

스스로 얻었다고 칭찬하였는가?”

여러 필추들이 세존께 아뢰니, 세존께서는 이 인연으로 필추 대중을 모으시고 아시면서도 일부러 앞에서와 같이 자세히 물으셨다. 세존께서 승혜하(勝慧河) 주변의 여러 필추들에게 물으셨다.

“그대들 필추들은 실제로는 상인법이 없으면서도 법을 얻었노라고 스스로 말하였는가?”

필추가 세존께 아뢰었다.

“진실로 그렇습니다. 대덕이시여.”

이때 세존께서는 여러 가지로 꾸중하셨다.

“여러 필추들이여. 그대들은 사문의 법이 아니고, 수순하는 행이 아니며, 마땅히 아니 되는 것이고, 위의에 맞지 아니하니 출가자로서 할 일이 아니다. 그대들 여러 필추들이여. 세간에는 세 가지 큰 도둑이 있는 것을 마땅히 알아야 하느니라. 무엇이 세 가지인가? 여러 필추들이여. 만약 어떤 큰 도둑이 백 명의 무리이고, 천 명의 무리이며, 백 천의 무리가 저 성읍의 마을로 가서 담장을 뚫고 자물쇠를 열어 다른 사람의 물건을 훔치고, 혹은 길을 막아 사람을 다치게 하고 죽이며, 혹은 마을에 불을 지르고, 혹은 왕의 창고를 부수며, 혹은 마을을 노략질하는 것을 첫 번째로 큰 도둑이 세간에 머무르고 있다고 이름하나니라.

여러 필추들이여. 만약 어떤 큰 도둑이 백 명의 무리도 거느리지 아니하고, 천 명의 무리도 거느리지 아니하였으며, 백 천의 무리도 거느리지 아니하였고, 성읍의 마을에 들어가 담장을 뚫고 자물쇠를 열어 다른 사람의 물건을 훔치지도 아니하였으며, 또한 길을 막지도 아니하고, 마을에 불을 지르지도 아니하며, 왕의 창고 같은 것을 부수지도 아니하였고, 승가의 땔나무·풀·꽃·과일·대나무·나무 등을 가져다가 이것을 팔아서 생계를 꾸려나가거나, 혹은 다른 사람에게 주면 이것을 두 번째로 큰 도둑이 세간에 머무르고 있다고 이름하나니라.

또한 여러 필추들이여. 어떤 큰 도둑이 백 명의 무리도 거느리지 아니하고, 천 명의 무리도 거느리지 아니하며, 백 천의 무리도 거느리지 아니하고,

성읍의 마을에 가서 담장을 뚫고 자물쇠를 열어 다른 사람의 물건을 훔치지도 아니하며, 또한 승가의 대나무나 나무 같은 것을 가져다가 생계를 꾸리며 남에게 주지도 아니하고, 자신이 실제로 상인법을 증득하지 못하였으면서도 증득하였다고 망령되게 말하는 것을 세 번째로 큰 도둑이 세간에 머물러 있다고 이름하나니라.

그대들 여러 필추들이여. 첫 번째로 큰 도적과 두 번째로 큰 도둑은 큰 도둑이라고 이름하지 않고, 작은 도둑이라고 이름하나니라. 그대들 여러 필추들이여. 만약 실제로는 상인의 법이 없으면서도 스스로 얻었다고 일컫는다면 사람·하늘·천마·범천·사문·바라문 가운데에서도 가장 큰 도둑이니라."

가타(伽他)[16]로서 설하노라.

  실제로는 아라한이 아니면서
  내가 아라한이라고 말하는 것은
  모든 사람과 하늘 가운데에서
  이것이 큰 도둑이라고 이름하나니라.

이때 세존께서는 여러 가지로 저 필추들을 꾸짖으시고는 여러 필추들에게 알리고 말씀하셨다.

"내가 열 가지의 이익을 관(觀)하여 모든 성문 이부제자들을 위하여 비나야에서 그 일에 학처를 제정하나니, 마땅히 이와 같이 설하노라. 만약 다시 필추와 필추니가 실제로 알지도 못하고, 널리 알지도 못하며, 스스로는 상인법(上人法)과 적정(寂靜)과 성자(聖者)의 수승한 증오(證悟)와 지견(智見)과 안락하게 머무르는 것을 얻지 못한 것을 알고서도 '나는 알았다.'고 말하고, '나는 보았다.'고 말하며, 뒤에 누가 묻고, 묻지 않아도 스스로 청정해지려고 '여러 구수여. 실제로 알지도 못하고 보지도 못하였

---

16) 아가타(阿伽陀)의 준말이다. 산스크리트어 gāthā의 음사로서 계(偈)라고도 하며 십이부경(十二部經)의 하나로 경전의 서술 형식이 운문체로 된 것을 말한다.

150

으면서도 알았다고 말하고, 보았다고 말하였으나, 거짓되고 속이며 망녕
되게 말하였습니다.'라고 말하면 바라시가를 얻는 것이니, 마땅히 함께
머물러서는 아니 되느니라."

이때 세존께서는 여러 필추들을 위하여 학처를 제정하여 마치셨다.

어느 때 여러 필추들이 아란야(阿蘭若)[17]에 머무르고 있었는데, 거친
와구(臥具)를 받은 것이 예전과 비슷하였다. 스스로의 모습(自相)에서 적지
(寂止)[18]와 방편을 조금 얻어 세간에서 죄를 지었던 번뇌를 꺾고 굴복시켜
서 성냄에 물들거나 다시 드러나지 않았다. 이때 필추들은 곧 서로에게
알리고 말하였다.

"구수여. 지금 그대들께서는 아십니까? 아란야 가운데에서 마땅히 얻을
것을 우리는 지금 이미 얻었습니다. 우리의 생은 이미 다하였고, 범행을
이미 세웠으며, 해야 할 것은 이미 모두 갖추어져 다음 생을 받지 않게
되었습니다. 우리는 이제 아란야를 떠나서 마을 가운데에 머무르는 것이
좋겠습니다."

곧 고요한 숲을 떠나서 마을에서 머물렀다. 이때 필추들은 자주 여러
여인들을 보았고, 또한 정인(淨人)[19]과 여러 구적(求寂)들을 보고 그들과
함께 섞여 머무르면서, 번뇌가 다시 일어났으며 성냄에 물들고 성내는
마음이 다시 드러나게 되었다. 어느 날 여러 필추들은 각자가 이렇게
생각하였다.

'세존께서 여러 제자들을 위하여 비나야 가운데에서 그 일에 마땅한
학처를 제정하셨다.' [자세한 내용은 앞에서 설명한 것과 같다.]

이때에 여러 필추들은 곧 서로에게 알리고 말하였다.

"우리들이 아란야에 살면서 거친 와구를 받아 예전과 비슷하게 머물렀
습니다. 스스로의 모습(自相)에서 적지(寂止)와 방편을 조금 얻어 방편으로

17) 산스크리트어 araṇya 음사로서 공한처(空閑處)·원리처(遠離處)라고 번역된다.
18) 산스크리트어 samatha의 음사로서 지(止), 지적(止寂), 등관(等觀)이라고도 번역된
    다. 마음의 작용을 그치게 하여 고요한 상태를 유지하므로 지적이라 한다.
19) 절에 머무르면서 수행자들의 심부름하는 사람을 일컫는다.

번뇌를 꺾고 굴복시켰는데, 문득 고요한 숲을 떠나 마을로 와서 여러 경계를 보니 번뇌가 일어나고 다시 드러나게 되었습니다. [자세한 내용은 앞에서와 같다.] 어떻게 이것이 우리가 타승(他勝)죄를 범한 것이 아니라고 하겠습니까? 우리는 함께 구수 아난의 처소로 가서 이러한 사실을 알리고 존자께서 설하는 것을 우리들이 마땅히 받들어 행하도록 해야겠습니다."

곧 그곳에 이르러 구수 아난에게 여쭈어 말하였다.

"존자께서는 아십니까? 불세존께서 모든 제자들을 위하여 그 마땅한 학처를 제정하시기를 '만약 다시 필추가 [이하 자세한 내용은 생략한다.] 바라시가를 얻는 것이니, 마땅히 함께 머무르면 아니 되느니라.'고 하셨습니다. 저희들은 아란야에 있을 때에는 번뇌가 일어나지 않는 것과 같았으나, 지금 마을에 돌아오니 번뇌가 다시 생겼습니다. [자세한 내용은 앞에서와 같다.] 저희들은 모두가 의심을 하고 있습니다. 저희가 어찌 바라시가를 범한 것이 아니겠습니까? 저희들은 함께 의논을 하여 '마땅히 구수 아난께 물어보고, 말씀하시는 것을 우리가 받들어 행하리라'고 하였습니다. 이러한 까닭으로 저희가 지금 존자께서 계신 곳으로 와서 자세히 물어보고 결정하고자 합니다. 어찌 저희가 바라시가를 범한 것이 아니겠습니까?"

이때 구수 아난은 여러 필추들이 말하는 이 일을 듣고 나서 드디어 여러 필추들과 함께 세존께서 계신 곳으로 가서 세존의 발에 엎드려 정례(頂禮)를 드리고 한쪽에 앉았다. 이때 구수 아난이 세존께 아뢰었다.

"세존 대덕이시여. 이와 같이 모든 필추들을 위하여 비나야에서 그에 마땅한 학처를 제정하시기를 '만약 다시 필추가 [자세한 내용은 앞에서와 같다.] 바라시가를 얻는 것이니, 마땅히 함께 머무르지 못한다.' 고 하셨습니다. 이 필추들은 아란야에 머무를 때에는 하찮은 와구를 받아 예전과 서로 비슷하였고, 스스로의 모습(自相)에서 적지(寂止)와 방편을 조금 얻어 방편으로 번뇌를 꺾고 굴복시켜서 성냄에 물들거나 다시 드러나지 않았습니다.

이때 저 필추들이 문득 서로 알리고 말하기를 '구수여. 지금 그대들께서는 아십니까? 아란야 가운데에서 마땅히 얻을 것을 우리는 이제 이미 얻었습니다. 우리의 생은 이미 다하였고, 범행을 이미 세웠으며, 해야 할 것은 이미 다 갖추어져 다음 생을 받지 않게 되었습니다. 우리는 이제 아란야를 떠나서 마을 가운데에 머무르는 것이 좋겠습니다.' 곧 고요한 숲을 떠나서 마을에서 머물렀습니다. 이때 필추들은 자주 여러 여인들을 보았고, 또한 정인(淨人)과 여러 구적들을 보고 그들과 함께 섞여 머무르면서, 번뇌가 다시 일어났으며 성냄에 물들고 성내는 마음이 다시 드러나게 되었습니다. 그 여러 필추들은 각자가 '장차 우리가 바라시가를 범한 것은 아닌가?'라고 의심하여 일부러 저에게 와서 물었습니다. 제가 감히 결정할 수가 없어 함께 이곳으로 왔습니다. 대덕 세존이시여. 장차 그 필추들이 극중죄(極重罪)20)를 범한 것은 아닙니까?"

세존께서 말씀하셨다.

"아난이여. 증상만(增上慢)21)은 제외하며, 그 필추들은 범한 것이 없느니라."

이때 세존께서는 여러 가지 방편으로 계율을 좋아하고 즐거워하는 자를 위하고, 계율을 존중하는 자를 위하여, 수순(隨順)하고 권유(勸喩)하며 법을 설하시기를 마치고 여러 필추들에게 말씀하셨다.

"그대들 여러 필추들이여. 마땅히 알라. 앞의 것은 처음으로 제정한 것이고, 지금의 것은 따라서 여는 것이니라. 내가 지금 여러 성문 이부 제자들을 위하여 마땅히 이와 같이 설하노라. 만약 다시 필추니가 실제로 알지도 못하고, 널리 알지도 못하면서, 스스로는 상인법(上人法)과 적정(寂靜)과 성자의 수승한 증오(證悟)와 지혜와 지견(智見)과 안락하게 머무르는 것을 얻지 못하였음을 알면서도 '나는 알았다.'고 말하고, '나는 보았다.'고 말을 하고서, 뒤에 누가 묻고, 묻지 않아도 스스로 청정해지려고 '여러 구수여. 실제로 알지도 못하고 보지도 못하였으나 알았다고 말하고 보았다

---

20) 바라시가를 다르게 부르는 말이다.
21) 사만(四慢)의 하나로서 최상의 교법과 깨달음을 얻지 못하고서 얻었다고 생각하는 것을 말한다. 사만은 증상만(增上慢)·비열만(卑劣慢)·아만(我慢)·사만(邪慢) 등이다.

고 말하였으며, 거짓되고 속이며 망녕되게 말하였습니다.'라고 말하면,
증상만을 제외하고는 이 필추니는 또한 바라시가를 얻으니, 마땅히 함께
머무르면 아니 되느니라."

'필추니'의 뜻은 앞에서와 같다.

'알지 못한다.'는 색(色)·수(受)·상(想)·행(行)·식(識)을 알지 못하는 것을
말한다.

'널리 알지 못한다.'는 색(色)·수(受)·상(想)·행(行)·식(識)을 널리 알지
못하는 것을 말한다.

'상인법(上人法)'은 상(上)은 색계가 욕계 위에 있고, 무색계가 색계
위에 있는 것을 말하며, 인(人)은 평범한 사람을 말하는 것이고, 법(法)은
오개(五蓋)[22] 등을 말하는 것이며, 능히 이 번뇌를 제거할 수 있는 것을
이름하여 상(上)이라고 말한다.

'적정(寂靜)'은 열반을 말한다.

'성(聖)'은 세존과 성문(聲聞)을 말한다.

'수승한 증오(證悟)'는 사문의 네 가지의 과(果)이니 예류(預流)·일래(一
來)·불환(不還)·아라한(阿羅漢)을 말한다.

'지혜'는 네 가지의 지(智)이니 고지(苦智)·집지(集智)·멸지(滅智)·도지
(道智)와 다른 여러 지혜를 말한다.

'보다(見)'는 사성제를 보는 것을 말한다.

'안락하게 머무른다.'는 사정려(四靜慮)를 말하며, 이것은 태어나지 않는
것을 닦는 것이다.

'내가 안다.'는 사제법(四諦法)을 아는 것을 말한다.

'내가 보았다.'는 "나는 천인(天人)을 보고, 용을 보며, 야차를 보고,
갈로다(羯路茶)[23]·건달바(健達婆)[24]·긴나라(緊那羅)[25]·마호락가(莫呼洛

---

22) 오개(五蓋)는 청정한 마음을 덮는 다섯 가지 번뇌이다. 첫째는 탐욕개(貪欲蓋)이고,
둘째는 진에개(瞋恚蓋)이며, 셋째는 수면개(睡眠蓋)이고, 넷째는 도회개(掉悔蓋)이
며, 다섯째는 의개(疑蓋)이다.
23) 산스크리트어는 Suparna의 음사로서 가루라(迦樓羅)·가류라(迦留羅) 등으로 한역

伽)26)·구반다(鳩槃茶)27)·갈타포단나(羯吒布單那)·필사차(畢舍遮)28) 귀신
등을 볼 수 있다. 나는 천인(天人)의 소리와 나아가 필사차 귀신의 소리까지
들으며, 나는 천인의 처소에서 나아가 필사차 귀신의 처소에까지 가고,
저 여러 하늘과 용과 필사차 귀신들도 내가 있는 곳에 온다. 나는 여러
천인 등과 함께 항상 가까이 놀고 함께 말도 하며, 저 여러 천인 등도
또한 나에게 와서 항상 가까이 놀며 함께 말도 한다.”고 말하는 것이다.
　‘실제로는 아직 증득하지 못하였으면서도 나는 증득하였노라고 말을
한다.’는 무상상(無常想)을 증득하였으며, [자세한 내용은 생략한다.] 팔해
탈(八解脫)을 얻었다고 말하는 것이다.
　‘그 다른 때’는 별도의 때를 말한다.
　‘묻거나’는 다른 사람에게 질문을 받은 것을 말한다.
　‘묻지 않거나’는 스스로 뉘우치는 마음을 일으켜 근심하고 걱정하는
것을 말한다.
　‘스스로 청정해지려고’는 죄에서 벗어나기를 희망하는 것을 말한다.
　‘이렇게 말하기를, 구수여. 저는 실제로는 알지 못합니다.’고 말하는
것은 의식(意識)을 말한다.
　‘저는 실제로는 보지 못하였습니다.’는 안근(眼根)을 말한다.
　‘거짓되고 속이며 망녕되게 말하였습니다.’는 별도의 다른 말이다.
　‘증상만을 제외한다.’는 증상만이 있는 사람을 제외하는 것을 말하니,

　되며, 금시조(金翅鳥)라고 의역된다.
24) 산스크리트어 Gandharva의 음사로서 수미산(須彌山) 남쪽 금강굴(金剛窟)에 살며,
　제석천(帝釋天)의 음악을 관장하는 신(神)이다.
25) 산스크리트어 kiṃnara의 음사로 의인(疑人)·인비인(人非人)이라 번역된다. 노래하
　고 춤추는 신(神)으로 형상은 사람인지 아닌지 애매하다고 한다.
26) 산스크리트어 mahoraga의 음사로. 대망신(大蟒神)·대복행(大腹行)이라 번역된다.
　몸은 사람과 같고 머리는 뱀과 같은 형상을 한 신(神) 또는 땅으로 기어 다닌다는
　거대한 용(龍)을 가리킨다.
27) 산스크리트어 kumbhāṇḍa의 음사로 염미귀(厭眉鬼)·동과귀(冬瓜鬼)라고 번역된다.
　수미산 중턱의 남쪽을 지키는 증장천왕(增長天王)의 권속으로 사람의 정기를
　먹는다는 귀신을 가리킨다.
28) 산스크리트어 pisaca의 음사로서 아귀의 한 종류이다.

실제로는 아직 증득하지 못하면서 스스로 이미 증득하였다고 말하는 것이다.

'속이려는 마음이 없었던 까닭에 근본죄를 범한 것은 아니다.'는 이러한 사람을 가리켜서 하는 말이다.

'필추니'는 필추니 성(性)에 머무르는 것을 말하며, [자세한 내용은 앞에서와 같다.] 나아가 마땅히 부끄러움이 없어서 열두 부류의 사람으로 작법할 수 없는 까닭으로 함께 머물러서는 아니 되는 것이라고 이름하는 것이다.

이 가운데에서 범한 모양과 그 일은 무엇인가?

게송으로 거두어 말한다.

상(相)을 보는 것과 아란야와
집에서 묘(妙)한 자리를 받는 것과
능히 스스로 상(相)을 아는 것과
방편으로 그 몸을 드러내는 것이다.

만약 필추니가 이와 같이 욕(欲)[29]을 증여하고 이렇게 인정하고서 "나는 여러 천인부터 갈타포단나에 이르기까지 보았다."고 말하면 바라시가를 얻는다. 나아가 "나는 여러 하늘에서부터 분소귀(糞掃鬼)에 이르기까지 보았다."고 말하면 솔토라저야를 얻는다.

만약 필추니가 이와 같이 욕을 즐기고 이렇게 인정하고서 "나는 여러 하늘에서부터 갈타포단나의 소리에 이르기까지 들었다."고 말하면 바라시가를 얻는다. 나아가 "나는 여러 하늘에서부터 분소귀의 소리에 이르기까지 들었다."고 말하면 솔토라저야를 얻는다.

만약 필추니가 망녕된 마음으로 "나는 천인의 처소에서부터 갈타포단나의 처소에 이르기까지 관(觀)한다."고 말하면 바라시가를 얻는다. 나아가

---

29) 포살(布薩)이나 자자(自恣) 등에 참석하지 못할 때, 대중의 결정에 따른다는 뜻을 참석하는 다른 필추에게 위탁하는 것을 말한다.

"나는 여러 하늘의 처소에서부터 분소귀의 처소에 이르기까지 갈 수 있다."고 말하면 솔토라저야를 얻는다.

만약 필추니가 망녕된 마음으로 "여러 천인들이 나의 처소에 오고 나아가 갈타포단나가 나의 처소에 온다."고 말하면 바라시가를 얻는다. 나아가 "여러 천인 나아가 분소귀가 나의 처소에 온다."고 말하면 솔토라저야를 얻는다. 만약 필추니가 망녕된 마음으로 "나는 여러 천인들과 함께 항상 가까이 놀며 함께 이야기를 한다." 나아가 "갈타포단나도 이와 같다."고 말하면 바라시가를 얻는다. 또 "귀소귀와도 같다."고 말하면 솔토라저야를 얻는다.

만약 필추니가 망녕된 마음으로 "여러 천인들이 와서 나와 함께 항상 가까이 놀며 함께 말한다."고 말하고, 또한 "갈타포단나도 이와 같다."고 말하면 바라시가를 얻는다. 만약 "분소귀와도 이와 같다."고 말하면 솔토라저야를 얻는다.

만약 필추니가 망녕된 마음으로 실제로는 무상상(無常想)을 얻지 못하였으면서도 "나는 얻었다."고 말하면 바라시가를 얻고, 나아가 망녕되게 "팔해탈을 얻었다."고 말하면 모두가 바라시가를 얻는다.

만약 필추니가 망녕된 마음으로 "마을이나 아란야에 머무르는 여러 필추니들은 비인(非人)에 의하여 번뇌가 생기지만, 그 가운데 예류과·일래과·불환과·아라한과를 얻은 사람은 비인이 번민하게 못한다. 나는 그곳에 머무르면서 비인에 의하여 번민했던 것이 없었다."고 말하면 바라시가를 얻는다.

만약 필추니가 망녕된 마음으로 "누구의 집에서 다른 사람이 공양청을 받아들였다. 여러 가지로 뛰어나고 묘한 자리를 설치하였는데 사과(四果)를 얻는 사람들이 그 자리에 나아가서 음식을 받을 수 있었다. 나 역시 그 뛰어나고 묘한 자리에서 음식을 먹었다."고 말하면 이 필추니는 바라시가를 얻는다.

만약 어떤 많은 필추니들이 아란야나 마을 가운데에 머무르면서 스스로의 모습(自相)에서 적지(寂止)와 방편을 조금 얻어 세간에서 짓는 마음으로써 번뇌를 꺾고 굴복시켜서 성냄에 물들거나 다시 드러나지 않았다. 필추니가 망녕된 마음으로 "나도 또한 아란야에 머무르면서 스스로의 모습(自相)에서 정(定)과 방편을 조금 얻어 세간에서 짓는 마음으로써 번뇌를 꺾고 굴복시켜서 성냄에 물들거나 다시 드러나지 않는다."고 말하면 바라시가를 얻는다.

만약 필추니가 망녕된 마음으로 자신을 나타내고자 하여 "어떤 필추니는 여러 천인들을 보았는데 그것이 나라고 말하지는 않겠다."고 말하면 솔토라저야를 얻는다. 이와 같이 말하며 나아가 "갈타포단나를 보았는데 그것이 나라고는 말하지 않겠다."고 말하면 솔토라저야를 얻는다. 나아가 "분소귀를 보았다."고 말하면 악작죄를 얻는다.

만약 필추니가 망녕된 마음으로 "어떤 필추니가 여러 천인들의 소리를 듣는데 그것이 나라고는 말하지 않겠다."고 말하면 솔토라저야를 얻는다. 이와 같이 말하며 나아가 "갈타포달나의 소리를 듣는데 그것이 나라고는 말하지 않겠다."고 말하면 솔토라저야를 얻는다. 나아가 "분소귀의 소리를 듣는다."고 말하면 악작죄를 얻는다.

만약 필추니가 망녕된 마음으로 어떤 필추니는 "여러 천인들의 처소에 나아가는데 그것이 바로 나라고는 말하지 않겠다."고 말하면 솔토라저야를 얻는다. 나아가 "갈타포단나의 처소에 나아간다."라고 말하면 솔토라저야를 얻는다. 또한 "분소귀의 처소에 나아간다."라고 말하면 악작죄를 얻는다.

만약 필추니가 망녕된 마음으로 "어떤 필추니에게 여러 천인들이 오고 또한 갈타포단나가 오는데 그가 바로 나라고는 말하지 않겠다."고 말하면 솔토라저야를 얻는다. 만약에 분소귀에 대해서도 그렇게 말하면 악작죄를 얻는다.

만약 필추니가 망녕된 마음으로 "어떤 필추니는 항상 천인 처소에 가서 여러 하늘들과 함께 이야기를 하고 의논을 하며, 나아가 갈타포단나에 대해서도 그렇게 하는데, 그가 바로 나라고는 말하지 않겠다."고 말하면 솔토라저야를 얻는다. 만약 분소귀에 대해서도 그렇게 말하면 악작죄를 얻는다.

만약 필추니가 망녕된 마음으로 "어떤 필추니에게는 여러 하늘들이 와서 이야기를 하며 의논을 하기도 하며 갈타포단나도 그렇게 하는데, 그것이 바로 나라고는 말하지 않겠다."고 말하면 솔토라저야를 얻는다. 분소귀에 대해서도 그렇게 말하면 앞에서와 같다.

만약 필추니가 망녕된 마음으로 "어떤 필추니는 무상상을 얻었으며 [자세한 내용은 앞에서 설명한 것과 같다.] 또한 팔해탈(八解脫)을 얻었는데, 그것이 바로 나라고는 말하지 않겠다."고 말하면 이 필추니는 솔토라저야를 얻는다.

어떤 많은 필추니들이 아란야 마을에 살면서 항상 비인(非人)에게 괴롭힘을 당하였으나, 그 가운데 네 가지의 과(果)를 증득한 사람은 비인들에게 괴롭힘을 당하지 아니하였다. 만약 필추니가 망녕된 마음으로 "어떤 필추니는 그 마을에 살면서도 비인에게 괴롭힘을 당하지 않는데, 그것이 바로 나라고는 말하지 않겠다."고 말하면 솔토라저야를 얻는다.

어떤 여러 명의 필추니들이 재가인의 집에서 뛰어나고 묘한 자리에 앉아 음식을 받았는데 모두가 네 가지 과(果)를 증득한 사람들이었다. 필추니가 망녕된 마음으로 "어떤 필추니가 그 집에서 뛰어나고 묘한 자리를 받았는데, 그 필추니가 바로 나라고는 말하지 않겠다."고 말하면 솔토라저야를 얻는다.

만약 여러 필추니들이 아란야에 머무르면서 "스스로의 모습(自相)에서 정(定)과 방편을 조금 얻어 세간에서 짓는 마음으로써 번뇌를 꺾고 굴복시켜서 성냄에 물들거나 다시 드러나지 않았는데, 그가 바로 나라고는 말하지는 않겠다."고 말하면 솔토라저야를 얻는다.

만약 필추니가 망녕된 마음으로 "어떤 필추니가 저 마을에 사는데 약간의 스스로의 모습(自相)에서 정(定)과 방편을 조금 얻어, [이하 자세한 내용은 생략한다.] 번뇌가 모두 드러나지 않았는데, 그것이 바로 나라고 말하지는 않겠다."고 말하면 솔토라저야를 얻는다.

근본설일체유부필추니비나야 제5권

5) 마촉(摩觸) 학처

인연은 실라벌성에서 이루어졌다.

세존께서는 아직 여러 필추니에게 아란야에 머무르는 것을 금지하는 학처를 제정하지 않으셨다. 세존께서 이와 같이 설하셨다

"내가 이제 여러 성문들을 이익되고 자비로써 불쌍히 여기는 까닭으로 마땅히 해야 할 것을 모두 지어 마치었노라. 그대들도 또한 마땅히 이와 같이 마음을 일으켜 아란야에 머무르고, 혹은 나무 아래의 텅 비고 고요한 곳이나, 산간(山間)의 바위굴과 풀더미 가운데에 머무르며, 혹은 앞이 트인 곳에 거처하고, 혹은 숲에 머무르면서, 세밀하고 깊게[1] 머무르며, 방일(放逸)하여 뒤에 스스로 후회하지 말라. 이것이 곧 나의 가르침이니라."

여러 필추니들은 모두 아란야로 나아가 좌선을 하면서 마음을 고요하게 하고 있었다. 이때 연화색 필추니는 욕망의 번뇌를 여의지 못해 아직 출가를 하지 않았다. 얼굴과 용모가 단정하고 몸가짐이 뛰어나서 여러 사람들이 사랑하고 즐거워하였는데 5백의 금전(金錢)을 얻고서 남자들과 함께 모여 즐기고 있었다. 이때 어떤 바라문의 아들이 연화색을 보고 지극히 애착하여 그녀에게 말하였다.

"정답고 즐겁게 함께 어울려 즐깁시다."

연화색이 말하였다.

"그대가 어울리고 싶으면 5백의 금전을 가져오십시오."

대답하여 말하였다.

"나는 지금 돈이 없소."

---

1) 원문에는 '정려(靜慮)'라고 표기되어 있다.

연화색이 말하였다.

"어디를 가서라도 구해오지 못하면 이곳에 올 수 없습니다."

그는 품팔이를 하러 갔다. 이때 구수 대목건련이 모든 악업을 끊고 열반의 길로 제도하니, 연화색은 삼계를 멀리 벗어나고 모든 욕망의 번뇌를 여의고 해탈의 즐거움을 증득하여 아라한이 되었다. 매일 어둠의 숲으로 가서 선정을 익히며 고요함에 머무르고 있던 어느날 그 바라문의 아들은 오랫동안 품팔이하여 구해온 금전 5백을 가지고 돌아와 연화색을 찾아갔으나, 그녀가 이미 출가하였다는 말을 듣고는 필추니 등에게 가서 물었다.

"연화색 필추니는 지금 어느 곳에 있습니까?"

여러 필추니들이 말하였다.

"그 필추니는 지금 어둠의 숲에 있습니다."

바라문의 아들은 필추니를 찾아 근처에 이르러 나무 아래에서 고요히 앉아 있는 모습을 보고 곧 그녀에게 말하였다.

"내가 이제 5백의 금전을 가지고 왔으니 함께 즐기도록 합시다."

연화색이 말하였다.

"바라문의 아들이여. 나는 이와 같은 악법(惡法)을 이미 버렸습니다."

또한 다시 물었다.

"어진 이여. 나의 어디 몸에서 즐길 만한 곳을 보았기에 욕망을 즐기고자 합니까?"

바라문의 아들이 말하였다.

"나는 성자의 눈썹과 눈이 매우 사랑스러워 즐기고자 합니다."

연화색 필추니는 신통력으로 자기의 눈을 빼내어 손바닥에 올려놓고 그에게 말하였다.

"어진 이여. 지금 이 몸뚱이의 어느 곳을 즐기고자 합니까?"

바라문의 아들은 그것을 보고 성을 내면서 말하였다.

"대머리 여자 사문이 환술(幻術)을 부리는구나."

주먹으로 필추니의 머리를 때리고 그곳을 떠나 곧 이 인연을 필추니에게 말하였다. 필추니들이 이 일을 필추에게 알리고, 필추들은 세존께 아뢰었다. 세존께서는 여러 필추니들에게 말씀하셨다.

"비유하자면 몸뚱이를 네거리의 길가에 내버리면 새와 짐승들이 모두 모여드는 것이니 여인 또한 이와 같으니라. 이러한 까닭으로 필추니들은 아란야에 머물러서는 아니된다."

세존께서는 이렇게 필추니가 아란야에 머무르는 것을 허락하지 않도록 제정하셨다. 어느 날 여러 필추니들이 실라벌성으로 들어가 네 거리 가운데에서 좌선하다가 못된 남자들과 도둑들에게 핍박과 고통을 당하였다. 이 인연을 세존께 아뢰니, 세존께서는 말씀하셨다.

"마땅히 필추니의 절을 마련하도록 하라."

그때 이 성 안에는 신심이 깊고 두터운 비사거 장자가 있었다. 그가 필추니를 보고 말하였다.

"성자여. 무엇이 필요하십니까?"

여러 필추니들이 그 일을 갖추어 말하니, 비사거가 듣고서 말하였다.

"성자여. 저에게 거주할 만한 넓은 처소가 있으니, 절이 완성될 때까지 저를 불쌍히 여기시어 그곳으로 가서 머무르기를 원합니다."

여러 필추니들이 곧 그곳으로 가서 머물렀고, 비사거는 매일 필추니의 처소에 가서 공손하게 예를 드렸다. 이때 비사거의 단정한 위의를 주계난타 필추니가 보고 마음에 애착이 일어나 방에서 몸져누웠다. 비사거가 어느 새벽에 일찍 일어나서 불탑을 돌며 예배드리고, 절 안으로 들어갔다가 한 필추니만 남아서 절을 지키고 있고 나머지는 모두가 걸식하러 간 것을 보았다. 곧 그 필추니에게 정례(頂禮)를 하고는 말하였다.

"성자여. 모든 필추니께서는 어디를 가셨습니까?"

"모두 걸식하러 나갔습니다."

비사거가 절에서 나가려고 했을 때 주계난타 필추니의 방에서 큰 신음소리가 났다. 비사거는 그 소리를 듣고 불쌍한 마음을 품고 곧 절을 지키고 있는 필추니가 있는 곳으로 가서 말하였다.

"성자여. 누가 방안에서 큰 소리로 신음하고 있습니까?"

대답하여 말하였다.

"방에는 병든 필추니가 있습니다."

그 말을 듣고 나서 방으로 들어가 경건하게 여배를 드리고 물었다.

"성자여. 어디가 편찮으십니까?"

필추니가 대답하였다.

"제가 병으로 고통 받는 것을 모두 말하는 것이 어렵습니다."

대답하여 말하였다.

"어찌하여 의원에게 치료받지 않으십니까?"

필추니가 대답하였다.

"이것은 치료할 수가 없습니다."

비사거가 말하였다.

"성자여. 어떻게 그 약을 얻기가 어렵겠습니까?"

필추니가 대답하였다.

"약을 구하기는 어렵지 않습니다. 그러나 제가 원하는 것은 구할 수가 없습니다."

비사거가 말했다

"성자여. 이미 출가를 하셨으니 목숨이 끝날 때까지 마땅히 다른 사람에게 탕약과 음식과 의복과 와구 등을 구하도록 하십시오. 세존께서 말씀하신 것과 같이 마땅히 정인에게서 받도록 하십시오. 성자께서 필요하신 것을 저에게 준비하도록 하신다면 제가 직접 베풀어 드리겠습니다."

필추니가 말하였다.

"진실로 말한 것과 같습니다. 법을 아는 사람이면 또한 헤아릴 수 있습니다."

비사거는 이 말을 듣자 공경하는 마음이 두 배로 생겨나서 찬탄하여 말했다.

"기이합니다. 필추니께서는 매우 욕심이 적으십니다."

곧 필추니의 발에 예배드리고 게송으로 말하였다.

　　나는 성자의 처소에서
　　이제 청정한 신심을 일으켰네.
　　설령 몸의 살이 필요하다면
　　나는 또한 능히 베풀어 드리리라.

　비사거가 이 게송을 마치자 필추니는 비속한 말을 입 밖에 내어 악법을 행하도록 청하였다. 그는 듣고 귀를 가리면서 말하였다.
　"성자여. 제가 있는 곳에서 이와 같이 말씀하지 마십시오."
　필추니가 말했다.
　"당신은 마음으로는 좋아하면서도 입으로는 억지를 부리는군요."
　비사거가 곧 밖으로 나가려 하니 필추니가 다시 말하였다.
　"만약 제 말을 따르려고 않으시면 먼저 머리와 다른 신체의 부분을 껴안아 주십시오."
　비사거가 곧 머리를 껴안으니 필추니는 즐거운 생각으로 받아들였다. 다른 필추니들이 들어와서 이것을 보자, 비사거는 부끄러워서 머리를 숙이고 밖으로 나가서 곧 여러 필추니들에게 이 인연을 알리고, 필추들이 세존께 아뢰었다. 세존께서는 이 인연으로 필추니 대중을 모으셨다. 모든 세존의 상법(常法)에서는 아시면서도 일부러 물으셨으며, 주계난타 필추니에게 말씀하셨다.
　"그대가 진실로 이러한 단정하고 엄숙하지 못한 일을 저질렀는가?"
　대답하여 말하였다.
　"진실로 그렇습니다."
　세존께서 꾸중하셨다.
　"그대의 행위는 여자 사문으로서 법이 아니며, 가르침을 믿고 따르는 행위가 아니며, 청정한 수행법이 아니니라."
　여러 가지로 꾸짖으시고 나서 여러 필추니에게 말씀하셨다.
　"내가 열 가지 이익을 관(觀)하여 [이하 자세한 내용은 생략한다.] 성문 필추니의 비나야에서 그 학처를 제정하나니, 마땅히 이와 같이 설하노라.

만약 다시 필추니가 스스로 염심(染心)이 있어 염심을 가진 남자와 함께 눈 아래로부터 무릎 위까지를 즐거운 마음을 지어 서로 만지고 접촉하고, 만약 심하게 문지르고 접촉하면 이와 같은 일에서 이 필추니는 또한 바라시가를 얻으니, 마땅히 함께 머무르면 아니 되느니라.”

'필추니'의 자세한 뜻은 앞에서 설명한 것과 같으며, 나아가 백사갈마(白 四羯磨)에 의해 구족계를 받은 사문이다.

'만약 다시 필추니'는 염심을 가진 필추니가 마음이 애욕에 얽매인 것을 말한다.

'염심을 가진 남자와 함께'는 남자도 마찬가지로 애욕의 마음이 있는 것을 말한다.

'눈 아래로부터 무릎 위까지'는 몸이 서로 접촉하는 한계를 가리키는 말이다.

'몸을 문지르고 접촉하여 즐거운 마음으로 받아들인다.'는 접촉에 의하여 즐거워하는 것을 말한다.

'심하게 문지르고 접촉한다.'는 이 일에서 서로가 굳게 문지르고 접촉하는 것을 말하니, 근본죄를 얻는다.

이 가운데에서 범한 모양과 그 일은 어떠한가? 만약 필추니가 염심이 있어서 염심을 가진 남자와 함께 눈 아래로부터 무릎 위까지의 몸을 서로 어루만지고 접촉하고, 혹은 심하게 어루만지고 접촉을 하거나 굳세게 어루만지고 접촉을 한다면 근본죄를 얻는다. 만약 필추니가 염심을 가지고 있으면서 마음이 청정한 남자와 몸을 서로 어루만지고 접촉하면 솔토라저야를 얻는다. 만약 필추니는 염심이 없고, 남자는 염심이 있으며, 남자가 염심이 없고, 필추니와 몸을 접촉하는 것을 필추니가 마음으로 방어하면 범한 것이 없다.

만약 필추니에게 병이 있어서 남자가 몸을 어루만졌으나, 필추니가 염심을 일으켰다면 악작죄를 얻고 청정한 마음이었다면 범한 것이 없다. 나아가 병의 고통으로 얽매이면 범한 것이 없다.

게송으로 거두어 말한다.

두 사람 모두가 염심(染心)이 있어
눈 아래에서 무릎에 이르러
만약 서로가 어루만지고 접촉하였다면
이것은 근본죄를 얻는다.

만약 필추니에게는 염심이 있고
남자에게는 음욕심이 없는데
필추니가 그와 서로 어루만지고 접촉하였다면
이것은 솔토라저야를 얻는다.

두 사람 모두가 청정한 생각이고
혹은 남자에게만 염심이 있으면
가령 필추니가 남자에게 접촉하여도
마음을 방어한 까닭으로 범한 것이 없다.

필추니가 병이 있어
남자가 몸을 어루만졌으나
만약 필추니가 염심을 일으킨다면
마땅히 악작죄를 초래하게 된다.

6) 팔사성범(八事成犯) 학처

세존께서 실라벌성에서 머무르셨다.

이 성에서 향을 파는 남자가 한 사람 있었으며, 용모와 위의가 단정하였으며 아내를 얻은 지 오래되지 않았다. 필추니인 토라난타가 돌아다니다가 우연히 그를 보고는 곧 애욕의 번뇌가 일어나 그에게 물었다.

"거사여. 당신은 아내를 얻은 때는 얼마나 되었고, 어떤 모습을 하고 있으며, 부부인 두 사람이 서로 사랑하고 있습니까?"

대답하여 말하였다.

"성자여. 승가와 재가인의 길이 다르거늘 어떻게 수고롭게 이렇게 묻습니까?”

필추니가 말하였다.

“당신이 나와 함께 있다면 어떻게 즐겁지 않겠습니까?”

여러 번 말을 하고, 농담하여 마침내 그는 음욕의 마음에 집착되어 서로 약속하게 되었다. “필추니의 절에 오면 어디 문을 지나서 누구의 방으로 오면 그곳이 내가 머무르는 곳이니, 그 곳에서 서로 만나기로 합시다.”

이어서 말하였다.

“다른 사람들이 개인적인 일을 알지 못하게 하시오.”

필추니가 말하였다.

“당신이 어떻게 방울을 흔드는 것 같이 절에 들어오겠습니까?”

필추니는 곧 절로 되돌아갔고 남자는 저녁 무렵이 되어 마침내 약속한 곳으로 가서 필추니의 방이 있는 곳에 도착하였다. 필추니는 그를 보고 방안으로 불러들인 뒤에 평상 아래에 숨겼다. 그때 필추니의 여러 제자들이 방 밖에 와서 청하니 방 밖으로 나가서 가르쳐 주고 다시 방안으로 들어왔다. 필추니가 방안으로 들어오는 것을 보고 남자가 평상 아래에서 일어났으나, 필추니는 잊어버리고 도둑으로 알고서 크게 놀랐다.

대답하여 말하였다.

“나는 도둑이 아니고, 함께 약속했던 사람이오.”

음욕스러운 생각이 마음에서 일어나 드디어 필추니를 껴안고 평상 위에 눕혔다. 필추니는 마음에서 ‘내가 필추니의 어른으로 여러 사람들을 거느리는 것은 모두가 계율의 공덕에 의한 것이니, 내가 계율을 깨뜨린다면 무슨 소용이겠는가? 사람들이 알게 되면 모두가 나를 버리고 배척하게 될 것이다.’ 이렇게 생각하고는 남자에게 말하였다.

“젊은이여. 잠깐만 놓아주시오.”

말을 따라 놓아주자 필추니는 남자의 가슴을 발로 차서 땅에 넘어뜨려 피를 토하게 만들었다. 필추니는 밖으로 나가 큰소리로 외쳤다

“그대들께서는 마땅히 아십시오. 내가 마구니를 항복시키고 원수를

굴복시켰습니다.”

여러 필추니들이 이 말을 듣고 일어나 와서 함께 물었다.

“큰 자매께서는 아라한과를 증득하셨나요?”

대답하여 말하였다.

“증득하지 못하였습니다.”

다시 물었다.

“당신께서는 불환과(不還果)나 일래과(一來果)나 예류과(預流果)를 증득하셨나요?”

대답하여 말하였다.

“증득하지 못했습니다.”

다시 물었다.

“널리 공양을 베풀어 세존을 청하셨나요?”

대답하여 말하였다.

“청하지 않았습니다.”

필추니가 말하였다.

“만약 그렇다면 당신께서는 무슨 일에 의하여 그렇습니까?”

필추니는 곧 그 남자를 보여주면서 말하였다.

“이 사람이 나의 방에 들어와서 내가 발로 차서 남자에게 피를 토하게 만들었습니다.”

여러 필추니들은 보고서 곧 대답하였다.

“만약 당신이 남자를 스스로 끌어들이지 않았다면, 이 사람이 어떻게 절 안으로 들어올 수 있었겠습니까?”

여러 필추니들은 모두가 꾸짖고 싫어하며 말하였다.

“당신은 나쁜 일을 저질렀으니, 우리는 당신을 기꺼이 따르지 않겠습니다.”

필추니들이 이 일을 필추에게 알리고, 필추들은 세존께 아뢰었다. 세존께서는 이 인연으로 여러 필추니 대중을 모으시고, 이익을 관(觀)하여 아시고 물어 말씀하셨다.

"필추니여. 그대가 진실로 이러한 법에 맞지 않는 일을 저질렀는가?"

대답하여 말하였다.

"진실로 그렇습니다."

세존께서는 곧 꾸중하셨다.

"그대는 부정행(不淨行)을 저질렀으니 가르침을 믿고 따르는 것이 아니고, 사문 여인의 행이 아니며, 출가한 사람으로서 마땅히 지어야 할 일이 아니니라."

세존께서는 여러 가지로 꾸중하시고 나서 곧 여러 필추니들에게 말씀하셨다.

"내가 열 가지 이익을 관하여 성문인 필추니의 비나야에서 [자세한 내용은 생략한다.] 나아가 그 일에 학처를 제정하나니, 마땅히 이와 같이 설하노라. 만약 다시 필추니가 스스로 염심을 가지고서 염심(染心)을 가진 남자와 함께 몸을 비벼대고, 희롱하며, 웃고, 함께 어울릴 처소를 가리켜주며, 함께 어울리는 때를 정해주고, 모양을 나타내며, 남자와 오가면서 정(情)을 허락하고, 잘못된 짓을 할 수 있는 곳에 있으면서 몸을 제멋대로 하여 눕는 것 등의 이와 같은 여덟 가지 일을 함께 갖추고서, 만약 필추니가 이러한 일을 지으면 또한 바라시가를 얻으니, 마땅히 함께 머무르면 아니 되느니라."

'만약 다시 필추니'는 토라난타 필추니 또는 다른 필추니를 말한다.

'청정하지 못한 마음을 가진 남자와 함께'는 필추니와 남자가 염심이 있어서 음욕을 일으켜 얽매인 것을 말한다.

첫째, '몸을 비벼댄다.'는 서로 몸을 접촉하는 것을 말한다.

둘째, '희롱한다.'는 것은 함께 희롱하는 것을 말한다.

셋째, '웃는다.'는 함께 말을 하면서 웃는 것을 말한다.

넷째, '처소를 가리켜준다.'는 것은 어디 동산이나 어디 신당(神堂)을 가리켜주는 것을 말한다.

다섯째, '때를 정하여 준다.'는 아침이나 정오 등을 말한다.

여섯째, '모양을 나타낸다.'는 그대가 만약 내가 새롭게 삭발한 것을

보았고, 헤진 붉은 옷을 입었으며, 손에 기름 발우를 들고 있는 것을
보면 일이 성취된 줄로 아시오'라고 말하는 것이다.

일곱째, '남자와 오고가면서 정을 허락한다.'는 서로 사랑하고 즐거워하
는 것을 말한다.

여덟째, '잘못된 짓을 할 수 있는 곳'은 장소가 막히고 가려져서 음행을
할 수 있는 곳을 말한다.

'몸을 제멋대로 하여 눕는다.'는 몸을 그에게 주어서 서로 사통(私通)하
는 일을 말한다.

'이와 같이 여덟 가지 일을 서로 함께 받아들인다.'는 이 여덟 가지
일을 하는 것이 모두가 염심이 있는 까닭에 받아들인다고 말하는 것이며,
'필추니' 등의 뜻은 앞에서와 같다.

이 가운데에서 범한 모양은 만약 앞의 일곱 가지 일을 하면, 하나하나가
모두 솔토라저야 죄를 얻는다. 여덟 번째의 일을 저지르면 곧 중죄(重罪)를
얻는다.

게송으로 거두어 말한다.

　　몸을 비벼대는 것과 희롱하는 것과 웃는 것과
　　만날 곳을 가리켜 주는 일과 만날 때를 정하여 주는 것과
　　모습을 나타내는 것과 남자와 왕래하는 것과
　　가려진 곳에서 몸을 멋대로 하여 눕는 일이 있으니
　　앞의 일곱 가지는 추죄(麤罪)를 얻고
　　여덟 번째의 것을 저지르면 다스릴 수가 없다.

7) 부장타죄(覆藏他罪) 학처

인연이 이루어진 처소는 앞에서와 같다.

그때에 선우(善友) 필추니가 구수인 실력자(實力者)[2]를 비방하였다가
스스로 그 죄를 스스로 고백하고 대중들에게 내쫓겨 승가를 떠나 재가(在

---

2) 과위(果位)를 증득한 성문을 가리킨다.

家)로 되돌아갔다. 그녀에게는 자매가 있어서 소우(小友)라고 이름하였으며, 다른 필추니의 처소에서 많은 필추니들이 서로 가르쳐주고 있는 것을 보고 여러 필추니들에게 말하였다.

"지난 일에 나의 자매를 재가로 되돌아가게 하지 않았으면 자매 또한 마땅히 이렇게 문도들을 가르치게 되었을 것입니다."

여러 필추니들이 말하였다.

"어째서 그 계율을 깨뜨린 필추니의 이름을 들추어내는가?"

대답하여 말하였다.

"성자여. 나는 자매가 먼저 타승죄(他勝罪)를 범한 것을 알고 있었지만. 나의 친족이었던 까닭에 말을 하지 않았던 것입니다. 게송에서

　비록 원수의 허물을 보았어도
　어진 사람은 오히려 말하지 않으니
　하물며 나의 친족이거늘
　능히 그 개인적인 일을 말하겠는가?

라고 말하였으니까요."

이 일을 가지고 세존께 아뢰니, 나아가 세존께서는 그 사실을 물어보시고 꾸중하셨으며, [이하 자세한 내용은 생략한다.]

"그 일에 학처를 제정하나니, 마땅히 이와 같이 설하노라. 만약 다시 필추니로서 다른 필추니가 타승죄를 지은 것을 먼저 알고서도 일찍이 말하지 아니하고, 그가 죽었고, 그가 환속을 한 뒤와, 그가 떠나간 뒤에, '필추니 대중께서는 마땅히 아십시오. 저는 그 필추니가 타승죄를 범하였다는 것을 먼저 알고 있었습니다.'고 말하면, 이 필추니는 또한 바라시가를 얻으니, 마땅히 함께 머무르면 아니 되느니라."

'필추니'는 소우(小友) 필추니 또는 다른 필추니들을 말한다.

'알았다.'는 스스로 알았고, 또는 다른 사람에 의하여 안 것을 말한다.

'타승죄를 범하였다.'는 여덟 가지 타승죄 가운데에서 한 가지라도

덮고 숨기는 것을 말한다.

'일찍이 말하지 아니하였다.'는 들추어내지 않는 것을 말한다.

'그가 죽은 뒤에'는 그 필추니가 죽은 것을 말한다.

나머지 내용은 알기 쉽고 자세히 설명한 것은 앞에서와 같다. 이 가운데에서 범한 모양과 그 일은 무엇인가? 만약 필추니가 이러한 일을 알면서도 덮어두고 숨겨서 드러내고 밝히지 않으면 모두가 타승죄를 범한다.

8) 피거인(被擧人) 학처

인연이 이루어진 처소는 앞에서와 같다.

그때 어떤 필추가 있어 근본(根本)이라 이름하였으며, 화합승가는 그에게 사치갈마(捨置羯磨)[3]를 주었으므로, 필추니 대중들도 또한 그에게 불예경법(不禮敬法)을 행하였다. [이하 자세한 내용은 생략한다.] 그 필추는 승가가 있는 곳에 공경하는 모습을 드러내고 간절하게 구제받고자 하였으나, 토라난타 필추니가 보고는 말하였다.

"성자여. 저는 지금 공경하고 있는데, 어디로 가고자 하십니까?"

대답하여 말하였다.

"나는 사치갈마를 당하였는데, 이제 대중들이 나를 불쌍히 여기어 구제하여 주기를 간절하게 바라고 있습니다."

토라난타 필추니가 말하였다.

"성자께서는 석가 종족으로서 출가를 하였는데 어떻게 수고스럽게 남에게 부끄럽게 사죄하기를 간절히 구하십니까? 필요하신 물건들을 제가 마땅히 제공하겠으니, 먼저 스스로 마음을 편안히 하시고 독송을 하는 것에 뜻을 두십시오."

나아가 이 인연으로 세존께 아뢰니, 세존께서는 여러 필추니에게 말씀하셨다.

"토라난타 필추니에게 충고하기를 '어떻게 당신은 알지 못하십니까?

---

3) 대중을 벗어나서 혼자 머무르도록 하는 갈마를 말한다.

대중들이 그 필추에게 사치갈마를 하였고, 필추니 대중들도 불예경법을 행하였으나, 당신은 옷과 발우 등의 물건을 제공하여 부족하지 않게 해주고 있습니다. 당신은 이제 이 일을 멈추고, 갈마를 받은 일을 따르십시오.'라고 말하라.”

여러 필추니들이 이와 같이 충고를 하였어도 그 필추니는 굳게 고집하여 이 일을 멈추지 아니하였다. 이 일을 세존께 아뢰니, 세존께서는 여러 필추니들에게 말씀하셨다.

“마땅히 토라난타 필추니에게 백사갈마를 하도록 하라.”

가르침에 의거하여 갈마를 하여 다음과 같이 알려주었으나, 필추니는 고집을 부리며 이 일을 멈추지 아니하였다. 세존께서는 사실을 물으시고 꾸중하셨다. [이하 자세한 내용은 생략한다.]

“그 일에 학처를 제정하나니, 마땅히 이와 같이 설하노라. 만약 다시 필추니로서 그 필추에게 화합승가가 사치갈마를 주었고, 필추니 대중도 그에게 불예경법을 행하여, 그 필추가 승가의 처소에서 공경하는 모양을 드러내며 간절히 구제되기를 희망하여 스스로 경계 안에서 사치법(捨置法)이 풀리기를 구하고 있는 것을 알고서도, 그 필추니가 필추에게 '성자여. 대중의 처소에서 공경하는 모양을 드러내고 간절히 구제받기를 구하지 마십시오. 제가 성자를 위하여 옷과 발우와 다른 도구들을 공급하여 부족하지 않게 하겠습니다. 마땅히 마음을 편안하게 하고 독송을 하는 것에 뜻을 두십시오.'라고 말하면, 이때에 여러 필추니들이 이 필추니에게 '어떻게 당신은 알지 못하십니까? 대중들은 그 사람에게 사치갈마를 하였고 필추니 대중도 그에게 불예경법을 행하고 있습니다. 그 필추는 겸손하게 자기를 낮추는 마음을 내어 스스로 경계 내에서 사치법이 풀리기를 바라고 있어야 하는데, 당신은 옷과 발우 등의 물건을 제공하여 부족하지 않게 하고 있습니다. 당신은 이제 이 일을 버리고 승가의 일에 따라야 합니다.'라고 말하라.

여러 필추니들이 이와 같이 충고를 할 때에 버리면 좋으나 버리지 않는다면 마땅히 두 번 세 번 은근하게 바른 충고를 하여 가르침을 따라 마땅하게 꾸짖고 이 일을 버리게 하라. 버리면 좋으나 만약 버리지 않으면 이 필추니는 또한 바라시가를 얻으니, 마땅히 함께 머무르면 아니 되느니라.”

'필추니'는 토라난타 또는 다른 필추니를 말한다.

'필추를 안다.'는 이 법 가운데의 필추를 말한다.

'화합승가'는 세존의 제자를 말한다.

'사치갈마를 하였다.'는 백사갈마를 짓는 것을 말하며, 문장이 같아서 알 수 있을 것이다. 나머지 뜻은 앞에서와 같다.

이 가운데서 범한 모양과 그 일은 무엇인가? 만약 필추니가 필추 대중이 사치갈마법을 하였고, 필추니 대중도 또한 불예경법을 행하는 것을 알고서도 앞에서와 같이 말하면 하나하나가 모두 악작죄를 얻는다. 만약 충고를 하였을 때 그치면 좋으나, 그치지 않으면 솔토라저야죄를 얻는다. 처음 말하여 갈마를 하고, 두 번째와 세 번째 갈마를 하면 또한 추죄를 얻는다. 네 번째의 갈마가 아직 끝나지 않아서 그만두어도 또한 추죄를 얻는다. 만약 백사갈마를 마쳤다면 곧 타승죄를 범한다.

“여러 대덕들이여. 나는 이미 8타승법(他勝法)을 설하였습니다. 필추니가 여기서 하나하나의 일을 차례로 범하면 여러 필추니들과 함께 머무를 수 없습니다. 앞에서와 같고, 뒤에서도 역시 이와 같으면 타승죄를 얻어 함께 살 수 없습니다. 이제 여러 대덕에게 묻나니, 이 가운데에서 청정합니까? 청정하지 않습니까?(이렇게 세 번을 말한다.) 여러 대덕들은 이 가운데에서 청정하니, 그것은 조용히 계셨기 때문입니다. 나는 이제 이와 같습니다. 여러 대덕들이여. 이것이 스무 가지 승가벌시사법(僧伽伐尸沙法)이니, 보름마다 계경(戒經) 중에서 설하는 것입니다.”

총괄하여 게송으로 거두어 말한다.

중매를 하는 일과 두 가지 비방과
두 가지의 오염된 일과 홀로 하는 네 가지의 일과
남편이 버린 것과 계약과 작법(作法)을 푸는 것과

두 가지의 다툼이 뒤섞이는 것과 홀로 머무는 것과

화합승가를 깨뜨리는 것과 도반을 따르는 것과
승가를 욕보이는 것과 나쁜 성품과
여러 가르침에 스무 가지가 있으며
여덟 가지는 세 번을 충고하는 것이니, 마땅히 알아야 한다.

2. 스무 가지 승가벌시사법(僧伽伐尸沙法)

1) 매가(媒嫁) 학처

인연이 이루어진 처소는 앞에서와 같다.

이때 열두 명의 필추니가 스스로 중매하여 남자의 뜻을 여자에게 말하고, 여자의 뜻을 남자에게 말하였으며, 남녀 사이에 몰래 사통(私通)하는 일에도 남녀를 중개하여 서로 만나게 하였다. 이때 외도들이 모두가 비난하고 싫어하였다.

"그대들이여. 마땅히 아셔야 합니다. 이 사문 필추니들은[4] 해서는 아니 되는 일을 하고 있으며, 또한 중매까지 하고 있으니 우리들과 무엇이 다르겠습니까? 누가 다시 아침에 음식을 가지고 이 대머리 여자 사문인 필추니들에게 베풀겠습니까?"

여러 필추니들이 필추들에게 알리고, 필추들은 세존께 아뢰었다. 세존께서는 이 인연으로 앞에서와 같이 필추니들을 모으시고 열두 필추니에게 말씀하셨다.

"그대들이 진실로 남자의 뜻을 여자에게 말하고, 여자의 뜻을 남자에게 말하였으며, 그리고 남녀의 사통에도 중개하는 일을 하였는가?"

대답하여 말하였다.

"진실로 그렇습니다."

이때 세존께서는 열두 필추니를 꾸중하시고 말씀하셨다.

---

4) 원문에는 '석녀(釋女)'라고 표기되어 있다.

"그대들은 사문의 여인이 아니고, 가르침을 믿고 따르지 아니하였으며, 청정한 행위가 아니고, 훌륭한 위의를 갖춘 것이 아니며, 출가인으로서 마땅히 하지 않을 것을 하였느니라."

이때 세존께서는 여러 가지로 꾸중하시고 말씀하셨다.

"나아가 그 일에 학처를 제정하나니, 마땅히 이와 같이 설하노라. 만약 다시 필추니가 중매하여 남자의 뜻을 여자에게 말하고, 여자의 뜻을 남자에게 말하여서, 만약 아내가 되고, 사통하면 나아가 잠깐일지라도 승가벌시사이니라."

'필추니'는 열두 필추니 또는 다른 필추니를 말한다.

'중매를 한다.'는 심부름꾼이 되어 오고 가는 것을 말한다.

'남자의 뜻을 여자에게 말하고 여자의 뜻을 남자에게 말한다.'는 저 남자와 이 여자의 뜻을 다시 서로에게 전해주는 것을 말한다.

'만약 아내가 되게 하고 사통하게 한다.'는 일곱 종류의 아내와 열 종류의 사통(私通)이 있다. 무엇이 일곱 종류의 아내인가? 첫째는 수수(水授)이며, 둘째는 재빙(財娉)이며, 셋째는 왕기(王旗)이고, 넷째는 자락(自樂)이며, 다섯은 의식(衣食)이고, 여섯은 공활(共活)이며, 일곱은 수유(須臾)이다.

게송으로 거두어 말한다.

　　일곱 가지의 아내란 수수와
　　재빙과 왕기와
　　자락과 의식과
　　공활과 수유이다.

수수부(水授婦)는 재물을 취하지 않고 여인의 부모가 여인의 남편이 될 사람의 물을 받으면서 "내가 지금 딸을 그대에게 주어 아내로 삼게 하니, 그대는 마땅히 스스로 잘 보호하여 다른 사람이 문득 범하는 일이 없게 하라."고 말하는 것을 수수부라고 이름한다. 재빙부(財娉婦)는 재물을 얻고 딸을 주면서 앞에서와 같이 자세히 말하는 것을 재빙부라고 이름한다.

176

왕기부(王旗婦)는 이를테면, 찰제리족의 관정(灌頂)을 한 대왕이 군대를
엄숙히 정비하여 신하로서 굴복하지 않는 부락을 정벌하여 이미 전쟁에서
승리하고 널리 명령하기를, "여자를 얻는 대로 마음껏 아내로 삼으라."고
말하는 것이며, 왕의 깃발의 힘에 의하여 여자를 얻어 아내로 삼는 것이다.
또한 어떤 사람이 스스로 도적의 우두머리가 되어서 마을과 성(城)을
부수고 여자를 잡아다가 아내를 삼는 것도 왕기부라고 이름한다. 자락부
(自樂婦)는 어떤 여자나 어린 여자가 스스로 마음에 둔 남자의 처소로
가서 "내가 지금 즐거이 당신의 아내가 되겠습니다."라고 말하여 그가
곧 거두어 받아들이면, 이것을 자락부라고 이름한다. 의식부(衣食婦)는
어떤 여자나 어린 여자가 남자의 처소로 가서 "당신께서 마땅히 저에게
옷과 음식을 것을 제공하면, 나는 마땅히 당신의 아내가 되겠습니다."라고
말하는 것이며, 이것을 의식부라고 이름한다. 공활부(共活婦)는 어떤 여자
나 어린 여자가 남자의 처소로 가서 "제가 가지고 있는 재물과 당신이
가지고 있는 재물을 아울러 한 곳에 두고 함께 살아갑시다."라고 말하는
것이며, 이것을 공활부라고 이름한다. 수유부(須庾婦)는 잠깐 동안 아내의
일을 하는 것으로, 이것을 수유부라고 이름한다.

　무엇이 열 가지 사통(私通)인가? 열 명의 사람에 의해 보호되는 것을
말하며, 부호(父護)·모호(母護)·형제호(兄弟護)·자매호(姉妹護)·대공호(大
公護)·대가호(大家護)·친호(親護)·종호(種護)·족호(族護)·왕법호(王法護)
등이 있다.

　게송으로 거두어 말한다.

　　열 가지라는 것은 아버지와 어머니와
　　형제와 자매와
　　대공(大公)과 대가(大家)와
　　친족과 종족과 씨족과 왕법이다.

　무엇이 부호(父護)인가? 집에서 여인의 아버지가 항상 양육하고 보호하

는 것을 말한다. 만약 여인이 이미 시집을 갔는데 그 남편이 죽고, 혹은 구금이 되었으며, 도망갔을 때 그의 아버지가 보호해주는 것을 부호라고 이름한다. 모호(母護) 또한 그것과 같다. 무엇이 형제호인가? 만약 여인의 부모가 모두 죽었고, 혹은 흩어져 형제의 집에 머물며 살아 형제가 보호해 주는 것을 형제호라고 이름한다. 자매인 경우도 또한 그것과 같다. 무엇이 대공호(大公護)인가? 만약 여인의 부모와 종친이 모두 죽었고, 그 남편은 병이 들었거나 미쳤고, 혹은 유랑하여 흩어져 살아 대공에게 의지하여 머무르는데 대공이 "신부(新婦)여. 당신은 즐거운 마음으로 나의 곁에 머물러 있으라. 내가 당신을 불쌍히 생각하여 나의 자식같이 살필 것이다." 라고 말하여 대공이 법에 맞게 보호해주는 것을 대공호라고 이름한다. 대가호(大家護) 또한 그것과 같다. 무엇이 친호(親護)인가? 고조(高祖) 이하 의 모든 권속들을 친족이라고 하는 것이니, 이것을 넘어서면 친족이 아니다. 만약 여인의 부모와 형제와 자매와 남편이 모두 죽었고, 미쳤으며, 혹은 다른 지방으로 흩어져서 다른 친족에게 의지하여 머무르는 것을 친호라고 이름한다. 무엇이 종호(種護)인가? 바라문·찰제리·벽사·술달라 종족의 여인이 종족에 의지하여 사는 것을 종호라고 이름한다. 무엇이 족호(族護)인가? 바라문 등의 가운데에 별도의 씨족이 있는 것을 말한다. 파라타(頗羅墮)·사고첩(社高妾)·바차(婆蹉) 등의 여인이 씨족에 의하여 보 호를 받는 것을 족호라고 이름한다. 무엇이 왕법호(王法護)인가? 만약 여인의 친족들이 모두 없고, 오직 혼자이므로 왕법에 의하여 누가 감히 속이지 못하는 것을 왕법호라고 이름한다. 또 법호(法護)가 있으니, 만약 어떤 여인이 청상과부로서 정절을 지키고, 행실과 순결하고 마음이 곧아 다른 사람이 범하지 못하는 것을 법호라고 이름한다.

'법호승가(法護僧伽)'는 만약 이 죄를 범하게 되면, 마땅히 승가에 의지하 여 그 마땅한 법을 행하고, 승가에 의지하여 죄를 벗어날 수 있는 것이며, 다른 사람에게 의지해서는 아니 되는 것을 말한다.

'벌시사(伐尸沙)'는 나머지가 있다는 뜻이다. 만약 필추니가 8바라시가 법 가운데에서 어느 하나라도 범하면, 승려로서의 생명이 남아있지 않아서 함께 머무를 수가 없으나, 이 스무 가지 법은 필추니가 비록 이것을 범하더라도 승려로서의 생명이 남아 있어 다시 다스릴 수가 있는 까닭으로 승잔(僧殘)이라고 이름한다. 또한 대중에게 교시(敎示)해 줌으로써 죄를 없앨 수 있으므로 중교(衆敎)라고도 이름한다.

이 가운데에서 범한 모양과 그 일은 무엇인가? 앞에서의 여러 아내들이 헤어지는 경우는 일곱 종류가 있다.

게송으로 거두어 말한다.

> 지금 싸웠거나 이미 싸운 것과
> 풀을 세 토막 냈거나 기와를 세 곳으로 던진 것과
> 법에 의지하거나 나의 아내가 아니라고 말한 것과
> 많은 사람들에게 널리 알리고서 증명을 받는 것이 있다.

무엇이 일곱 가지인가? 첫째는 지금 싸우고 곧바로 헤어지는 것이다. 둘째는 싸운 뒤에 헤어지는 것이다. 셋째는 풀을 잘라서 세 토막을 내고 헤어지는 것이다. 넷째는 세 방향으로 기와를 내던지고 헤어지는 것이다. 다섯째는 법에 의지하여 친족들을 마주하고 헤어지는 것이다. 여섯째는 나의 아내가 아니라고 말을 하고 헤어지는 것이다. 일곱째는 널리 많은 사람들을 마주하고 헤어지는 것이다.

만약 필추니가 다른 재가인이 처음의 세 아내와 싸움 등에 의하여 헤어지는 것을 보고서 처음으로 헤어지는 것을 화해시켜서 화합하게 하였다면 하나의 악작죄를 얻는다. 만약 두 번째로 헤어지는 것을 화해시키면 둘째의 악작죄를 얻는다. 만약 세 번째로 헤어지는 것을 화해시키면 셋째의 악작죄를 얻는다. 만약 네 번째, 다섯 번째, 여섯 번째로 헤어지는 것을 화해시키면 차례대로 하나, 둘, 셋째의 추죄를 얻는다. 만약 일곱 번째로 헤어지는 것을 화해시키면 승잔죄를 얻는다.

만약 나머지 네 아내와 열 가지의 사통(私通)에 대하여 일곱 가지의 헤어지는 것 가운데에 한 가지로서 헤어질 때 만약 필추니가 곧 거듭해서 화합을 시키면 모두가 승잔죄를 얻는다.

　게송으로 거두어 말한다.

　　스스로 받아들이는 것과 남을 시켜서 받아들이는 것과
　　두 필추니에게 네 가지 위의가 있으니
　　앞서고 뒤에서 서로 따르는 것과
　　존귀하고 비천하며 인연에 관련된 일이 있다.

　만약 필추니가 스스로 말을 받아들이고, 스스로 가서 말하며, 스스로 회답하면 승가벌시사를 얻는다. 만약 필추니가 스스로 말을 받아들이고, 스스로 가서 말하며, 사람을 시켜서 회답하면 승가벌시사를 얻는다. 만약 필추니가 스스로 말을 받아들이고, 사람을 시켜서 가서 말하게 하고, 스스로 회답하면 승가벌시사를 얻는다. 만약 필추니가 스스로 말을 받아들이고, 사람을 시켜서 가서 말하게 하고, 사람을 시켜서 회답하면 승가벌시사를 얻는다.

　만약 필추니가 주변 사람을 시켜서 말을 받아들이고, 스스로 가서 말하고, 스스로 회답하며, 혹은 주변 사람을 시켜서 말을 받아들이고, 스스로 가서 말하며, 사람을 시켜서 회답하고, 혹은 주변 사람을 시켜서 말을 받아들이고, 사람을 시켜서 가서 말하게 하며, 스스로 회답하고, 혹은 주변 사람을 시켜서 말을 받아들이고, 사람을 시켜서 가서 말하게 하고, 사람을 시켜서 회답하면 모두 승잔죄를 얻는다.

　만약 필추니가 심부름꾼을 시켜서 주변 사람이 말을 받아들이게 하고, 스스로 가서 말하며, 스스로 회답하고, 혹은 심부름꾼을 시켜서 주변 사람이 말을 받아들이게 하고, 스스로 가서 말하며, 사람을 시켜서 회답하고, 혹은 심부름꾼을 시켜서 주변 사람이 말을 받아들이게 하고, 사람을 시켜서 가서 말하게 하며, 스스로 회답하고, 혹은 심부름꾼을 시켜서 주변 사람이 말을 받아들이게 하고, 사람을 시켜서 가서 말하게 하며, 사람을 시켜서 회답하면 모두가 승잔죄를 얻는다.

만약 두 사람의 필추니가 스스로 말을 받아들이고, 둘이서 함께 가서 말을 하며, 모두가 회답을 하지 않으면 두 필추니는 모두 두 가지 추죄를 얻는다. 만약 두 사람의 필추니가 스스로 말을 받아들이고, 둘이서 함께 가서 말을 하지 않으며, 둘이서 모두 회답을 하지 않으면 모두 하나의 추죄를 얻는다.

만약 두 사람의 필추니가 스스로 말을 받아들이고 한 사람이 "당신이 곧 나의 뜻을 가지고 가서 말을 하고 회답을 받아오십시오."라고 말하여 그 말과 같이 하였으면 두 사람은 모두 승잔죄를 얻는다. 만약 두 사람의 필추니가 스스로 말을 받아들이고 한 사람이 "나는 다만 가서 말하기만 하고 회답은 하지 않겠다."고 말했으나, 한 사람이 곧 회답하면, 가서 말하고 회답을 한 사람은 승잔죄를 얻고, 회답하지 않은 사람은 두 가지 추죄를 얻는다.

만약 두 사람의 필추니가 스스로 말을 받아들이고, 한 사람이 "나는 가서 말하지도 않을 것이고 또한 회답을 하지도 않겠다."고 말하였으나, 가서 말하고 회답한 사람은 승잔죄를 얻고, 가서 말하지도 않았고 회답을 하지 않은 사람은 하나의 추죄를 얻는다.

만약 한 사람의 필추니가 한 남자와 한 여자와 함께 같은 길을 가고 있는데, 만약 그 남자가 필추니에게 "성자여. 이 여인에게 이와 같이 말해주실 수 있겠습니까? '당신은 능히 이 남자의 아내가 될 수 있습니다.' 혹은 '잠시 동안 같이 살 수 없겠습니까?'라고 말해주실 수 있겠습니까?"라고 말하고, 혹은 여인이 필추니에게 "성자여. 당신께서는 이 남자에게 능히 이와 같이 말해주실 수 있겠습니까? '당신은 능히 이 여인에게 남편이 되어 줄 수 있겠습니까?' 혹은 '잠시 동안 함께 살 수 없겠습니까?'라고 말해주실 수 있겠습니까?"라고 말하였을 때, 이 필추니가 그 말을 받아들여 곧 말해주면, 이 필추니는 돌이켜 승잔죄를 얻는다.

길을 갈 때에는 이미 이와 같고, 서 있거나 앉거나 누워 있을 때에도 그에 의거하는 것을 마땅히 알아야 한다. 이와 같이 만약 두 사람의 필추니가 두 사람의 남자와 두 사람의 여자와 함께 이와 같은 말을 하고,

세 사람의 필추니가 세 사람의 남자와 세 사람의 여자와 함께 이와 같은 말을 하면 승잔죄를 얻는다.

만약 두 사람의 필추니가 한 사람은 앞서서 가고 한 사람은 뒤에서 따라 가는데, 앞서 가는 필추니가 스스로 말을 받아들이고 가서 말을 하고 대답하면, 앞에서 가는 필추니는 승잔죄를 얻고 뒤따라가는 필추니는 범하는 것이 없다. 만약 앞서 가는 필추니가 스스로 말을 받아들이고, 뒤따라가는 필추니를 보내서 말하게 하여, 실제로 이렇게 말하고 앞서 가는 필추니가 스스로 대답하면, 앞서 가는 필추니는 두 가지의 추죄를 얻고 뒤따라가는 필추니는 하나의 추죄를 얻는다.

만약 앞서 가는 필추니가 스스로 말을 받아들이고 나서 뒤따라가는 필추니를 보내서 말하고 대답하게 하면, 뒤따라가는 필추니는 두 가지의 추죄를 얻고, 앞서 가는 필추니는 한 가지의 추죄를 얻는다. 앞서 가는 필추니가 한 일과 같이 얻는 죄의 많고 적음을 이와 같이 마땅히 알아야 한다. 뒤따라가는 필추니가 앞서 가는 필추니를 보내서 한 일이 얻는 죄의 많고 적음은 설한 것에 의거하여 마땅히 알아야 한다.

두 사람의 가장(家長)이 있으니 한 사람은 자재(自在)하고 한 사람은 자재하지 못하다. '자재하다.'는 주인이 된다는 뜻으로, 스스로 정(情)에 따라 남녀를 취할 수가 있고, 관가에 가며, 많은 사람들이 모여 있는 곳에서 비록 사실이 아닌 것을 말하더라도 사람들이 믿고 받아들이는 것을 자재하다고 이름한다. '자재하지 못하다.'는 것은 비천하고 낮다는 뜻이므로, 스스로가 남녀를 취하는데 아무 힘이 없고, 관가에 가며, 혹은 많은 사람들이 모여 있는 곳에 가서 비록 사실을 말하더라도 사람들이 믿고 받아들이지 않는 것을 자재하지 못하다고 이름한다.

필추니가 자재한 가장의 곁에서 말을 받아들이고, 자재한 가장에게 가서 말을 하며, 자재한 가장에게 대답하면 승잔죄를 얻는다. 필추니가 자재한 가장의 곁에서 말을 받아들이고, 가서 말하며, 자재하지 못한 가장에게 대답을 한다면 두 가지 추죄와 하나의 악작죄를 얻는다.

필추니가 자재한 가장의 곁에서 말을 받아들이고, 자재하지 못한 가장에게 가서 말하며, 자재한 가장에게 대답하면 두 가지의 추죄와 하나의 악작죄를 얻는다. 필추니가 자재하지 못한 가장의 곁에서 말을 받아들이고, 자재하지 못한 가장에게 가서 말하며, 자재로운 가장에게 대답하면 두 가지의 악작죄와 하나의 추죄를 얻는다.

필추니가 자재하지 못한 가장의 곁에서 말을 받아들이고, 자재한 가장에게 가서 말하며, 자재하지 못한 가장에게 대답하면 두 가지의 악작죄와 하나의 추죄를 얻는다. 필추니가 자재하지 못한 가장의 곁에서 말을 받아들이고, 자재한 가장에게 가서 말하며, 자재한 가장에게 대답하면 두 가지의 추죄와 하나의 악작죄를 얻는다. 필추니가 자재하지 못한 가장의 곁에서 말을 받아들이고, 자재하지 못한 가장에게 가서 말하며, 자재하지 못한 가장에게 회답하면 세 가지의 악작죄를 얻는다.

필추니에게는 다시 세 가지의 인연이 있으면 중매하는 일이 되고, 비록 세 가지를 받아들이고 말로써 대답하지 않아도 역시 중매하는 일이 된다. 무엇이 세 가지인가? 첫째는 장소를 기약하는 것이고, 둘째는 시간을 정하는 것이며, 셋째는 어떤 모양을 나타내는 것이다. 무엇이 장소를 기약하는 것인가? 그 사람에게 “만약 내가 어디 동산 안에 있고, 혹은 어느 천사(天祠)에 있으며, 혹은 많은 사람들이 모여 있는 곳에 있다면, 그대는 곧 그 일이 성취되었다는 것을 아십시오.”라고 말하는 것이니, 이것을 이 장소를 기약해주는 것이라고 이름한다. 무엇이 시간을 정해주는 것인가? 이를테면, “아침을 먹을 시간과 점심 때와 혹은 해가 질 무렵에 나를 보면, 그대는 곧 그 일이 성취되었다는 것을 아십시오.”라고 말해주는 것을 시간을 정해주는 것이라고 이름한다. 무엇을 어떤 모양을 나타내 보여주는 것인가? “만약 내가 새롭게 삭발을 하였고, 혹은 새로운 승가지[5)를 입었으며, 혹은 석장을 짚고 있고, 혹은 소유(蘇油)를 가득 채운 발우를 가지고 있는 것을 보면, 그대는 곧 그 일이 성취되었다는 것을 아십시오.”라고 말해주는 것을 모양을 나타내주는 것이라고 이름한다. 이것이 세

---

5) 원문에는 ‘대의(大衣)’라고 표기되어 있다.

가지 인연이니, 비록 말을 받아들이고 말로써 대답을 해주지 않았어도 또한 중매하는 일이 된다.

다시 세 가지 일이 있으니. 비록 말을 받아들이고 회답을 않아도 역시 중매하는 일이 된다. 무엇이 세 가지인가? 첫째는 말이고, 둘째는 글이며, 셋째는 수인(手印)이다. 만약 필추니가 스스로 말로 시키는 것을 받아들이고, 말 때문에 가서 말해주며, 말로써 대답하면 승잔죄를 얻는다. 만약 필추니가 스스로 말로 시키는 것을 받아들이고, 말 때문에 가서 말해주며, 글로 대답하면 승잔죄를 얻는다. 만약 필추니가 스스로 말로 시키는 것을 받아들이고, 글 때문에 가서 말해주며, 말로써 대답하면 승잔죄를 얻는다.

만약 필추니가 스스로 말로 시키는 것을 받아들이고, 글 때문에 가서 말해주며, 글로 대답하면 승잔죄를 얻는다. 만약 필추니가 스스로 말로 시키는 것을 받아들이고, 글 때문에 가서 말해주며, 장소를 기약해주고, 혹은 때를 정해주며, 혹은 모양을 나타내주는 것으로써 대답하면 모두가 승잔죄를 얻는다. 이것을 말로 시키는 것과 글을 겸(兼)하는 것이라고 하며, 다섯 가지 차별이 있다.

만약 필추니가 스스로 말로 시키는 것을 받아들이고, 말 때문에 가서 말해주며, 말로 대답하면 승잔죄를 얻는다. 만약 필추니가 스스로 말로 시키는 것을 받아들이고, 말 때문에 가서 말해주며, 수인으로 대답하면 승잔죄를 얻는다. 만약 필추니가 스스로 말로 시키는 것을 받아들이고, 수인 때문에 가서 말해주며, 말로 대답하면 승잔죄를 얻는다. 만약 필추니가 스스로 말로 시키는 것을 받아들이고, 수인 때문에 가서 말해주며, 수인으로 대답하면 승잔죄를 얻는다. 만약 필추니가 스스로 말로 시키는 것을 받아들이고, 수인 때문에 가서 말해주며, 장소를 기약해주고, 혹은 때를 정해주며, 혹은 모양을 나타내주는 것으로 대답하면 승잔죄를 얻는다. 이것을 말로 하는 것과 수인을 겸해서 하는 것이라고 말하는 것이며, 다섯 가지 차별이 있다.

말로 글과 수인을 겸해서 하는 것은 스물다섯 가지로 다르게 된다.

이와 같이 글과 말과 수인을 겸해서 하는 것과, 수인과 말과 글을 겸해서 하는 것과, 그리고 말과 글과 수인을 다시 겸하는 것으로 넓게 말할 수 있다.

만약 문사(門師) 필추니가 시주의 집에 이르러 "이 딸은 장성하였는데 어찌 시집보내지 않으며, 이 아들은 이미 다 자랐는데 어찌 아내를 맞아들이지 않습니까?"라고 말하면 역시 악작죄를 얻는다. 만약 "이 딸은 어찌 시댁에 가지 않습니까?"라고 말하고, "이 아들은 어째서 처가집에 가지 않습니까?"라고 말하면 또한 모두가 악작죄를 얻는다. 문사 필추니가 시주의 집에 이르러 어긋나게 말하면 모두가 악작죄를 얻는다.

범하지 않는 것은 처음 범한 것과, 혹은 어리석고, 미쳤으며, 마음이 어지럽고 고통에 얽매인 것이다.

2) 무근방(無根謗) 학처

인연이 이루어진 처소는 앞에서와 같다.

토라난타 필추니는 늘 싸우고 분쟁을 일으켜서 대중에게 번뇌가 일어나게 하였으며, 곧 근거도 없는 타승법(他勝法)으로써 필추니를 비방하여 안락하게 머무를 수 없게 하였다. 필추니들은 선업을 닦는 것을 그만두었고 이 때문에 정(定)을 익히지도 못하여 모두가 고뇌하게 되었다. 필추니들이 곧 필추에게 이 일을 알리고, 필추는 세존께 아뢰었다. 세존께서는 이 인연으로 필추니 대중들을 모으시고 그 사실을 물으시고는 꾸중하셨다. [이하 자세한 내용은 생략한다.]

"내가 이제 여러 필추니 대중을 위하여 그 일에 학처를 제정하나니, 마땅히 이와 같이 설하노라. 만약 다시 필추니가 화내는 마음을 품고 버리지 아니한 까닭으로 청정한 필추니에게 근거도 없는 바라시가법을 가지고서 비방하여 그 필추니의 청정한 행(行)을 무너뜨리려 하였으나, 뒤의 다른 때에 누가 물어보고, 물어보지 않았어도, 이 일은 근거없이 그 필추니를 비방하였는데, 화가 난 까닭에 이와 같이 하였다고 말하면 승가벌시사이니라.”

'필추니'는 토라난타 또는 다른 필추니들을 말한다.

'성내는 마음을 품었다.'는 마음에 분노가 생긴 것을 말한다.

'버리지 아니하다.'는 성내는 마음을 쉬지 않은 것을 말한다.

'청정한 필추니'는 이 법의 가운데에 있는 필추니를 말한다.

'범한 것이 없다.'는 그 일을 범하지 않은 것이다.

'근거가 없다.'는 세 가지 근거가 없는 것을 말하며, 보고 듣고 의심나는 것이다.

'바라시가법'은 여덟 가지 일 가운데에서 한 가지를 말한다.

'법'은 법답지 못한 것으로 법을 설하는 것이다.

'비방한다.'는 사실이 아닌 일을 말하는 것이다.

'필추니의 청정한 행(行)을 무너뜨리고자 한다.'는 그 사람과 청정한 학처를 손상시키려는 것을 말한다.

'뒤의 다른 때'는 이것이 별도의 때를 말한다.

'물어보거나 물어보지 않았어도'는 비방하는 말을 하고 나서 마음에 뉘우치는 마음이 일어나 타인이 묻는 것에 의거하지 않고 이 일을 근거 없이 비방한 것을 아는 것을 말한다.

'비방 때문에 다툼이 일어난다.'는 다툼에는 네 종류가 있으니, 이를테면 투쟁(鬪諍)·비언쟁(非言諍)·범쟁(犯諍)·사쟁(事諍)을 말한다.

'화가 난 까닭으로 이와 같은 말을 한다.'는 바로 비방하는 말을 하는 것이며, '승가벌시사'는 이미 앞에서 설명한 것과 같다.

3) 가근방(假根謗) 학처

인연이 이루어진 처소는 앞에서와 같다.

그때 토라난타 필추니는 비슷한 법을 취(取)하여 필추니를 비방하였고, [자세한 내용은 앞에서와 같다.] 나아가 모두가 고뇌하게 되었다. [이하 자세한 내용은 생략한다.]

"내가 지금 여러 필추니 대중을 위하여 그 일에 학처를 제정하나니, 마땅히 이와 같이 설하노라. 만약 다시 필추니가 성내는 마음을 품어 버리지 아니한 까닭으로 청정한 필추니를 다르게 나눌 수 없는 바라시가법을 가지고 그 필추니의 청정한 행을 무너뜨리려고 하였으나, 뒤에 물어 보고, 물어 보지 않았어도, 이 일은 다르게 나눌 수 없는 것에서 약간의 비슷한 법을 가지고서 그 필추니를 훼방(毀謗)하였으나, 화가 난 까닭에 이렇게 하였다고 말하면 승가벌시사이니라."

'필추니'는 토라난타 또는 다른 필추니들을 말한다.

'다른 나눌 수 없는 일'은 다르다는 것은 열반을 말하고, 나고 죽는 것을 무너뜨리는 까닭이며, 8바라시가법은 나누어지는 것이 아니다.

'바라시가'는 이 여덟 가지 가운데에서 차례로 한 가지의 일로써 그 필추니를 비방하는 것을 말한다.

'비방한다.'는 그 사람을 억지로 모함에 빠뜨리는 것을 말한다.

'그 필추니의 청정한 행을 무너뜨린다.'는 마음에서 그 필추니의 청정한 행을 무너뜨리고 잃게 하는 것이며, 자세한 내용은 앞에서 설명한 것과 같다.

이 가운데에서 범한 모양과 그 일은 무엇인가? 만약 청정한 필추니를 비방하면 열 가지 일은 범하는 것이 성립되고 다섯 가지 일은 범하는 것이 없다. 무엇이 열 가지인가? 그 일을 보지도 않았고, 듣지도 않았으며, 의심하지도 않았으면서도 곧 거짓으로 속이는 생각을 지어서 실제로는 본 것 등이 없으나, 망녕된 말로써 "나는 보고 듣고 의심나는 일이 있다."고 말하면 승가벌시사를 얻는다.

혹은 듣기는 하였으나 잊어버렸고, 혹은 의심은 하였으나 잊어버리고, 이렇게 이해하고 이와 같이 생각하여 "나는 듣고 의심하여 잊어버리지 않았다."고 말한다면 승가벌시사를 얻는다. 혹은 듣고서 믿고, 혹은 듣고서 믿지 않으면서 "나는 보았었다."고 말하며, 혹은 듣고서 의심하고, 혹은 듣고서 의심을 하지 않으며, 혹은 다만 스스로가 의심을 하면서, "나는 보았다."고 말하면 승가벌시사를 얻는다. 이것을 범하는 것이 되는 열 가지 일이라고 말한다.

무엇이 범하는 것이 되지 않는 다섯 가지 일인가? 그가 보지도 않고, 듣지도 않았으며, 의심하지도 아니하면서 보았다는 등으로 이해하고, 보았다는 등의 생각 등으로 "나는 보고 듣고 의심한다."고 말한다면, 범하는 것이 없다. 혹은 듣고도 잊어버렸고, 혹은 의심을 하고도 잊어버렸으며, 듣고 의심하였다고 생각하여 "들었다."는 등의 말을 하면 또한 범하는 것이 없다. 청정한 사람을 비방할 때 열 가지의 일은 범하는 것이 되고 다섯 가지 일은 범하는 것이 없는 것과 같이, 만약 청정하면서도 청정하지 않은 것 같은 사람을 비방한다면 역시 이와 같다.

만약 청정하지 못한 사람을 비방한다면 열한 가지 일은 범하는 것이 되고 여섯 가지 일은 범하는 것이 없다. 무엇이 열한 가지 일인가? 보지도 아니하고, 듣지도 아니하였으며, 의심하지도 않으면서 이렇게 이해하고, 이렇게 생각을 지어 실제로는 본 것 등이 없으나, 망녕되게 "나는 보고 듣고 의심하였다."라고 말하면 승가벌시사를 얻는다. 혹은 보기는 하였으나 잊어버리고, 혹은 듣기는 하였으나 잊어버렸으며, 혹은 의심을 하기는 하였으나 잊어버리고서 이렇게 이해하고, 이렇게 생각을 지어 "보고 듣고 의심을 하고 잊어버리지 않았다."고 말하면 승가벌시사를 얻는다.

혹은 듣고서 믿고, 혹은 듣고도 믿지 않고서 "나는 보았다."고 말하며, 혹은 듣고서 의심하고, 혹은 듣고서 의심하지 않으며, 혹은 다만 혼자서 의심하면서 "나는 보았다."고 말하면 승가벌시사를 얻는다. 이것을 열한 가지 일은 범하는 것이 된다고 말하는 것이다.

무엇이 범하는 것이 없는 여섯 가지 일인가? 그가 보지도 않고, 듣지도 않고 의심을 하지도 않으면서 보았다는 등으로 이해하고, 보고 들었다는 등의 생각을 지어서 "나는 보고 듣고 의심을 하였다."라고 말하면 범하는 것이 없다. 혹은 보기는 하였으나 잊어버리고, 혹은 듣기는 하였으나 잊어버렸으며, 혹은 외심을 하기는 하였으나 잊어버리고서 보았다는 등으로 이해하여 보았다는 등의 생각을 지어서 "보고 들었다."는 등의 말을 하면 또한 범하는 것이 없다. 이것을 범하는 것이 없는 여섯 가지

188

일이라고 말하는 것이다.

　[실력자(實力者) 필추가 과거의 인연을 자세히 설한 것으로부터는 대필추율(大苾蒭律) 가운데에 갖추어 설명한 것과 같다.]

4) 공염심남자교역(共染心男子交易) 학처

　인연이 이루어진 처소는 앞에서와 같다.

　이 성 안에는 향을 파는 남자가 있어서 얼굴과 용모가 단정하였다. 그때 주계난타 필추니가 그 남자에게 나아가서 여러 가지 물건을 샀는데 필추니는 그 남자에게서 마침내 음심을 일으키게 되었고, 남자도 필추니에게 역시 청정하지 못한 뜻을 품게 되었다. 이때에 남자는 적은 값을 받고서도 많은 물건을 주었으므로 다른 필추니들도 필요한 물건이 있으면 모두가 이 필추니를 의지하여 거래하게 되었고, 모두가 청정하지 못한 마음을 일으켰다. 필추니가 필추에게 알리고, 필추는 세존께 아뢰었다. 세존께서는 이 인연으로 하여 모든 필추니들을 모으시고 아시면서도 일부러 주계난타 필추니에게 물으셨다.

　"그대가 진실로 이와 같이 청정하지 못한 마음을 가진 남자와 함께 거래를 하였는가?"

　대답하여 말하였다.

　"진실로 그렇습니다."

　세존께서는 앞에서와 같이 꾸중하셨으며, [이하 자세한 내용은 생략한다.]

　"그 일에 학처를 제정하나니, 마땅히 이와 같이 설하노라. 만약 다시 필추니가 청정하지 않은 마음으로 청정하지 않은 마음을 가진 남자를 함께 받아들이며 따라서 어떤 물건 등을 취하면 승가벌시사이니라."

　'필추니'는 주계난타 또는 다른 필추니들을 말한다.

　'청정하지 않은 마음'은 그 두 사람이 각각 애욕에 집착된 마음을 품는 것을 말한다.

'따라서 어떤 물건이든 취한다.'는 그 마음을 따라서 갖가지 물건들을 취하는 것이며, 여러 가르침(衆敎)을 범하게 되는 것과 나아가 다른 죄들을 자세히 설명한 것은 앞에서와 같다.

만약 두 사람이 모두 청정하지 않은 마음이 있으면서 어느 물건을 따라서 취한다면 중교죄(衆敎罪)를 범한다. 만약 필추니에게 청정하지 못한 마음이 있고, 남자가 청정한 마음이면 솔토라저야죄를 얻는다. 만약 필추니는 청정한 마음이고, 남자는 청정하지 못한 마음이면 악작죄를 얻는다. 만약 두 사람 모두 청정한 마음이었어도 또한 악작죄를 얻는다.

[이와 같이 사람과 함께 거래를 하는 것은 합당하지 않은 까닭이다.]

근본설일체유부필추니비나야 제6권

5) 자언무과(自言無過) 학처

인연이 이루어진 처소는 앞에서와 같다.

세존께서는 이미 "모든 필추니가 청정하지 않은 마음으로 청정하지 않은 마음을 지닌 남자를 따라서 어떤 물건이든 취한다면 모두 솔토라저야 죄를 얻는다."라고 학처를 제정하셨다. 이때 토라난타 필추니가 오히려 가서 물건을 취하였다. 다른 필추니들이 물었다.

"당신은 어디에서 오십니까?"

대답하여 말하였다.

"나는 물건을 구하러 갔다 왔습니다."

여러 필추니들이 답하여 말하였다.

"세존께서 일찍이 '필추니가 청정하지 않은 마음으로 청정하지 않은 마음을 지닌 남자를 따라서 어떤 물건이든 취하면 추죄(麤罪)를 얻느니라.'라고 학처를 제정하지 않으셨습니까?"

토라난타 필추니가 물었다.

"당신들은 마음이 청정합니까?"

필추니들이 답하였다.

"우리는 청정합니다."

토라난타 필추니는 답하여 말하였다.

"당신들이 청정한 마음으로 마음이 청정하지 않은 남자의 주변에서 물건을 취하는 것처럼 나 또한 그와 같으니 무슨 잘못이 있습니까?"

필추니가 필추에게 알리고 필추는 세존께 아뢰었다. 세존께서는 이 인연으로 모든 필추니 대중을 모으시고 토라난타 필추니에게 물으셨다.

"그대가 진실로 이렇게 말하였는가? '그대들이 청정한 마음으로 마음이 청정하지 않은 남자의 주변에서 물건을 취하는 것처럼 나 또한 그와 같으니 무슨 잘못이 있습니까?'라고 말하였는가?"

대답하여 말하였다.

"진실로 그렇습니다."

세존께서는 앞에서와 같이 꾸중하셨으며, [이하 자세한 내용은 생략한다.]

"나아가 그 일에 학처를 제정하나니, 마땅히 이와 같이 설하노라. 만약 다시 필추니가 필추니에게 '그대가 청정한 마음으로 마음이 청정하지 않은 남자의 주변에서 물건을 받는 것처럼 나 또한 그러한데 무슨 잘못이 있습니까?'라고 말하면 승가벌시사이니라."

'필추니'는 토라난타를 말하며, 죄의 모양을 설명한 것과 죄를 짓는 일 또한 앞에서와 같다.

6) 독향속가숙(獨向俗家宿) 학처

세존께서 왕사성에 머무르셨다.

선우(善友) 필추니는 허망(虛妄)한 일로써 실력자(實力者) 필추를 비방하고 여러 필추들을 대한 후, 스스로 계율을 범하였다고 말하곤 재가로 돌아갔다가 마침내 병이 들어 고통을 당하였다. 선우 필추니는 병이 심해져서 죽음이 다가오자 그와 자매인 지우라는 필추니에게 소식을 보내어 부탁하여 말하였다.

"내가 지금 병이 심해져서 곧 죽을 것 같으니, 네가 빨리 와서 나와 만나보는 것이 좋겠다."

지우가 도착한 그날 밤에 선우가 죽었다. 그의 남편은 잠시 밖에 나갔다가 밤에 집에 돌아왔는데 아내가 죽은 것을 보고 가슴을 치면서 큰 소리로 울부짖으면서 이렇게 말하였다.

"나의 아들과 딸은 누가 키운단 말인가?"

친족들이 그에게 말하였다.

"이모인 지우가 대신해서 길러주면 되겠다."

지우 필추니는 이 말을 듣고 곧 이와 같이 생각하였다.

'내가 만일 대답한다면 욕을 당할까 두렵구나.'

마침내 아무런 말없이 머물러 있었다. 새벽이 되어 지우가 떠나려하니 선우의 남편이 말하였다.

"처제는 지금 어디로 가시오? 이곳에 살면서 아들과 딸을 길러주면 좋겠구려. 가족인데 어찌 불쌍히 여기지 않으시오?"

선우의 남편이 앞에서 지우를 잡으려고 하였다. 지우 필추니는 큰소리로 꾸중하면서 그에게 말하였다.

"당신이 여러 아들, 딸과 함께 한꺼번에 죽는다고 하여도 어찌 그것이 나의 일이겠습니까?"

이윽고 달려서 절에 돌아오자 여러 필추니들이 보고 물었다.

"지난 밤에 누구와 함께 어느 처소에서 머물렀습니까?"

대답하여 말하였다.

"같이 있었던 사람은 없었습니다."

필추니가 말했다

"만약 나쁜 사람이었더라면 그대의 청정한 범행도 무너지지 않았겠습니까?"

대답하여 말하였다.

"내가 만약 함께 하겠다고 말하였으면 결국 그러한 재앙을 불러들였을 것입니다."

필추니들이 묻자 일을 갖추어 대답하였다. 필추니들이 필추에게 알리고 필추는 세존께 아뢰었다. 세존께서는 이 인연으로 모든 필추니들을 모으시고 지우에게 물으셨다.

"그대가 진실로 밤에 필추니의 절을 떠나 다른 곳에 가서 머물렀는가?"

"진실로 그렇습니다."

세존께서 말씀하셨다.

"이것은 출가한 여인이 마땅히 할 일이 아니다."

세존께서는 앞에서와 같이 꾸중하셨으며, [이하 자세한 내용은 생략한다.]

"그 일에 학처를 제정하나니, 마땅히 이와 같이 설하노라. 만약 다시 필추니가 혼자서 필추니의 절을 떠나 다른 곳에 가서 머물면 승가벌시사이니라."

'필추니'는 지우 필추니 또는 다른 여러 필추니들을 말한다.

'혼자'는 다른 도반이 없는 것을 말한다.

'다른 곳에서 머무른다.'는 본사(本寺)를 떠나서 다른 사람의 집에 가서 머무르는 것을 말하며, 죄의 모양을 풀이하는 것과 죄를 짓는 일은 또한 앞에서와 같다.

7) 독향속가(獨向俗家) 학처

인연이 이루어진 처소는 앞에서와 같다.

어느 때에 토라난타 필추니가 한낮에 도반도 없이 혼자서 재가인의 집에 가서 장자 등을 위하여 설법하였다. 여러 필추니들이 토라난타 필추니에게 말하였다.

"그대는 한낮에 혼자 다른 사람의 집에 가지 마십시오. 청정한 행(行)에 어려움이 있을까 걱정됩니다."

토라난타는 그 필추니들에게 대답하여 말하였다.

"당신들은 향을 파는 남자가 나의 발에 차여 입에서 피를 흘리는 것을 보지 못하였습니까?"

필추니들이 말하였다.

"모든 사람들이 그 남자같이 겁이 많고 약하기만 한 것은 아닙니다."

필추니들이 필추에게 알리고 필추는 세존께 아뢰었다. 세존께서는 이 인연으로 앞에서와 같이 필추니들을 모으시고 사실을 물으시고는 꾸중하셨으며, [이하 자세한 내용은 생략한다.]

"그 일에 학처를 제정하나니, 마땅히 이와 같이 설하노라. 만약 다시 필추니가 혼자서 필추니의 절을 떠나 한낮에 재가인 집으로 가면 승가벌시 사이니라."

'필추니'는 토라난타 또는 다른 필추니들을 말한다.

혼자 길을 떠나서 도반도 없이 다른 재가인의 집에 가서 해가 지도록 머무르는 것은 중교죄(衆教罪)를 범한다. 만약 구적녀와 함께 가면 솔토라저야를 범하고, 정학녀와 함께 간다면 악작죄를 얻는다.

8) 독재도행(獨在道行) 학처

인연이 이루어진 처소는 앞에서와 같다.

어느 때에 어떤 상인의 무리가 왕사성을 향해 가자 토라난타 필추니가 다른 여섯 개의 성을 모두 혼자 따라갔다. 뒤에 돌아와 본래의 처소에 이르니 여러 필추니들이 곧 그를 위하여 몸을 주물러서 피로를 풀어주며 쉬게 하고는 물어 말하였다.

"지금 어느 곳에 혼자 다녀온 것입니까?"

대답하여 말하였다.

"나는 혼자서 여섯 개의 성을 두루 돌아다녔습니다."

필추니들이 말하였다.

"도반도 없이 혼자서 두루 돌아다니다 만약 못된 사람을 만나서 능욕이라도 당한다면 어떻게 청정한 행(行)에 큰 어려움이 없겠습니까?"

모두 듣고 나서 대답하여 말하였다.

"그대들은 향을 파는 남자가 나를 핍박하려고 왔을 때, 내가 곧 그를 차서 넘어뜨리고 발로 밟아서 입에서 피를 토하게 하였다는 말을 듣지 못하였습니까? 어찌 다른 사람이 나를 쉽게 범하겠습니까?"

여러 필추들이 토라난타에게 말하였다.

"모든 남자들이 반드시 그 사람과 같이 겁이 많고 나약한 것은 아닙니다."

　필추니가 필추에게 알리고 필추는 세존께 아뢰었다. 세존께서는 이 인연으로 앞에서와 같이 필추니들을 모으시고 사실을 물으시고는 꾸중하셨으며, [이하 자세한 내용은 생략한다.]

　"그 일에 학처를 제정하나니, 마땅히 이와 같이 설하노라. 만약 다시 필추니가 혼자서 길을 가면 승가벌시사이니라."

　'필추니'는 토라난타 또는 다른 필추니들을 말한다.

　'혼자 길을 간다.'는 도반이 없이 혼자서 길을 간다는 말이니, 중교죄를 범하는 것이다.

　만약 구적녀와 함께 길을 가면 추죄를 범하고, 정학녀와 함께 길을 가면 악작죄를 얻는다.

9) 독도하(獨渡河) 학처

　인연이 이루어진 처소는 앞에서와 같다.

　어느 때 여러 필추니들이 세상을 유행하다가 아시라벌저(阿市羅伐底) 강에 이르렀는데 배가 저쪽 언덕에 있었다. 이때 필추니가 가리가(迦利迦)라고 이름하였으며, 이전의 남편이 뱃사공이었다. 그 필추니가 말했다.

　"내가 강에 들어가 헤엄을 쳐서 배를 끌고 오겠다."

　곧 강으로 들어가 헤엄을 쳤으나, 중간에 이르러 지치고 말았다. 그러자 여러 필추니들이 말하였다.

　"가리가여. 두려워하지 마세요. 두려워하지 말고 힘을 내세요."

　그 필추니가 대답하여 말하였다.

　"나는 지금 힘이 모두 떨어졌습니다."

　그리고는 거의 죽을 상태가 되어 겨우 강을 건널 수 있었다. 필추니들이 필추에게 알리고 필추는 세존께 아뢰었다. 세존께서는 이 인연으로 앞에서와 같이 필추니를 모으시고 사실을 물으시고는 꾸중하셨으며, [이하 자세한 내용은 생략한다.]

　"그 일에 학처를 제정하나니, 마땅히 이와 같이 설하노라. 만약 다시

필추니가 혼자서 강을 헤엄을 쳐서 건너면 승가벌시사이니라."

'필추니'는 가리가 필추니 또는 다른 필추니들을 말한다.

'혼자 헤엄을 쳐서 강을 건너다'는 도반이 없이 혼자 강을 헤엄쳐 건너가는 것을 말하고, 중교죄를 범하는 것이며, 만약 뗏목을 묶어서 강을 건넌다면 악작죄를 얻는다.

만약 구적녀와 함께 강을 건너면 솔토라저야를 범하며, 정학녀와 함께 강을 건너면 악작죄를 얻는다.

10) 도타부녀(度他婦女) 학처

인연이 이루어진 처소는 앞에서와 같다.

어느 때 승광왕(勝光王)에게 능집검(能執劍)이라는 이름의 대장군이 있었는데 항상 정벌을 하러 출정하였다. 집에 있던 그의 아내는 욕정(欲情)으로 번민하여 마침내 외부인과 서로 정을 통하였다. 뒤에 그녀의 남편이 집에 돌아와서 그 사실을 전해 듣고 아내를 심하게 매질하였다. 그러나 많은 고초를 겪고도 잘못된 행위를 그만두지 않자, 장군은 곧 생각하였다.

'내가 국왕을 위해선 다른 백성들을 항복시키고 그들을 다스려 순종시키면서도 어째서 나의 아내는 정숙하게 못하는가?'

이와 같이 생각하고 나서 곧 왕에게 말하였다.

"바라건대, 대왕이시여. 여인들에게 법을 제정하시기를, 만약 아녀자로서 덕을 닦지 아니하고 법도를 더럽히는 자는 그 죄에 대하여 큰 처벌을 내려야 할 것입니다."

왕이 말하였다.

"옳은 말이오."

얼마 뒤에 장군의 아내는 이 국법을 어겼다. 남편이 이별하고 왕께 알려 법에 맡기자 그녀는 마침내 법관에게 가서 말하였다.

"제가 한 번 잘못하였으니 원하건대, 너그럽게 용서하여 주십시오."

법관이 말하였다.

"이 일은 용서할 수 없소."

여인이 말하였다.

"죽음을 면제할 수 없다면 청하건대, 7년을 살게 해주십시오."

법관이 말하였다.

"아니 되오."

"7년을 허락하여 주실 수 없다면 6년 동안을 살게 해주십시오."

이렇게 하여 5년, 4년, 3년. 2년, 1년 동안을 살게 해달라고 부탁하였다. 법관이 말하였다.

"아니 되오."

이와 같이 하여 7개월에서 나아가 1개월을 살려달라고 하였으나 법관은 말하였다.

"아니 되오."

"만약 그렇다면 7일 동안 살게 해주십시오."

마침내 법관이 허락하였다.

"뜻대로 하시오."

이렇게 허락을 받고 나서 그녀는 이렇게 생각하였다

'7일을 살고 나면 나는 반드시 참형(斬刑)의 모습이겠구나.'

그녀는 눈물을 흘리면서 많은 복업(福業)을 닦았다. 이때 토라난타 필추니는 아침 시간이 되어 가사와 발우를 챙겨가지고 성에 들어가 걸식하다가 그 여인의 집에 이르러 그녀가 울고 있는 것을 보고 물었다.

"여인이여. 무슨 까닭으로 고통스러운 눈물을 흘리면서 보시를 합니까?"

대답하여 말하였다.

"제 자신이 죽을 날이 장차 멀지 않았습니다."

필추니가 말하였다.

"그러한 상서롭지 못한 말은 하지 마십시오."

여인이 곧 울면서 지난 일을 말하니, 필추니가 말하였다.

"만약 그와 같다면 어찌 세속을 버리고 출가를 하지 않습니까?"

대답하여 말하였다.

"누가 저를 함께 이끌어 주겠습니까?"

필추니가 말하였다.

"내가 출가를 허락해 드리겠습니다."

여인은 곧 발에 예배드리고 필추니에게 대답하여 말하였다.

"성자께서는 저에게 목숨을 베풀어 주십시오."

토라난타 필추니는 곧 출가를 허락하였다. 능집검 장군은 그 나쁜 여인이 이미 출가를 하였다는 말을 듣고 마침내 이와 같이 말하였다.

"어떻게 두려움을 벗어난 성(城)에 들어갈 수 있겠는가? 7일을 기다리면 마땅히 그녀의 목숨이 끊어지리라."

필추니는 이 말을 듣고 곧 그 여인을 데리고 구해줄 도반을 찾아서 열두 명의 필추니가 있는 처소로 가서 말하였다.

"이 여인은 어느 관리의 여인인데 이미 세존께 귀의하였으며. 세존의 가르침에 귀의하였으니, 이제 당신들께 귀의합니다."

차례대로 그들을 향하여 말하니 열두 명의 필추니들이 말하였다.

"이것은 좋은 일입니다. 우리가 지금 거두는데 감히 누가 다시 말하겠습니까? 만약 쉽게 오는 사람이 있으면 우리가 마땅히 풀어지게 하겠습니다."

또 그녀를 데리고 대세주(大世主) 필추니의 처소로 가서 말하였다.

"성자여. 마땅히 아십시오. 이 사람은 어느 관리의 여인인데 몸과 마음을 불·법·승 삼보에 귀의하였습니다. 지금 대세주의 발에 귀의합니다."

대세주가 그 까닭을 물으니 곧 인연을 갖추어 말해주었다. 대세주가 말하였다.

"자매여. 이 사람은 업(業)을 닦지 않은 여인이니 무슨 소용이 있겠습니까?"

토라난타는 다시 그 여인을 데리고 승만(勝鬘)부인의 처소로 가서 말하였다.

"부인이시여. 이 사람은 어느 관리의 여인인데, 이미 삼보에 귀의하였고 지금 부인께 귀의합니다."

부인이 그 까닭을 물으니 앞에서와 같이 일을 갖추어 말해주었다. 부인이 말하였다.

"이 여인은 업을 닦지 않았는데 어떻게 쉽게 제도할 수 있겠습니까? 그녀에게 출가를 허락하는 것은 법에 맞지 않습니다. 이 일은 이미 지나간 일이니 내가 왕께 말해보겠습니다."

왕의 처소로 가서 그 인연을 갖추어 말하니 왕이 말하였다.

"이 일은 진실로 올바른 법이 아니오. 그러나 이 일은 판단하기가 어렵구려. 만약 법에 의하여 그녀를 죽이면 곧 세존의 가르침을 어기게 되고, 나는 나쁜 영향을 초래하게 될 것이오. 그러나 지금 석방하는 것도 형벌의 조항을 손상시키니, 이 두 가지에 알맞게 결단하기가 어렵구려."

곧 사신을 시켜 그 사정을 갖추어 집검 장군에게 설명하게 하니 장군은 엎드려 왕에게 말하였다.

"세우신 엄한 법을 사람들이 모두 알고 있사온데, 어째서 왕께서는 이 여인을 법을 어기면서까지 풀어주려고 하십니까?"

왕이 말하였다.

"이 여인은 풀어주기로 하고 다른 사람들에게 적용하도록 합시다."

장군은 이 말을 듣고서 많이 비난하고 싫어하였다.

"어떻게 그와 같은 법답지 못한 여인을 출가하게 하였는가?"

필추니들이 필추에게 알리고 필추는 세존께 아뢰었다. 세존께서는 이 인연으로 앞에서와 같이 필추니들을 모으시고 사실을 물으시고는 꾸중하셨으며, [이하 자세한 내용은 생략한다.]

"그 일에 학처를 제정하나니, 마땅히 이와 같이 설하노라. 만약 다시 필추니가 다른 사람과 부녀자가 법에 맞지 않는 일을 저질러서 많은 사람들이 함께 미워하고 남편에게 쫓겨난 것을 알고서도 왕에게 말하여 제도된 것을 알게 하고 출가시키면 승가벌시사이니라."

'필추니'는 토라난타 필추니 또는 다른 필추니들을 말한다.

'안다.'는 스스로 아는 것을 이르는 말이다. [이하 자세한 내용은 생략한다.]

이러한 사람은 출가하기에 알맞지 않으니, 만약 제도시키는 자는 중교죄를 얻는다.

11) 색망인물(索亡人物) 학처

인연이 이루어진 처소는 앞에서와 같다.

이 성에는 아주 부유한 장자가 한 사람 있었는데 갑자기 중병을 앓았다. 오랫동안 의원이 치료하였으나 결국 병은 낫지 않았다. 장자는 스스로 목숨이 오래 남지 않은 것을 알았고, 마침내 널리 보시를 행하여 사문과 바라문과 빈궁한 사람과 고아와 과부에게 공양을 하였다. 이때에 토라난타 필추니는 아침 시간에 가사와 발우를 챙겨서 걸식을 하려고 그 집에 들어가서 장자에게 말했다.

"병은 어떠합니까? 요즈음은 편안하신가요?"

장자가 말하였다.

"성자여. 저는 몸과 목숨이 살기를 바라는 마음도 없고 더욱이 병이 낫지도 않아서 가졌던 재산을 모두 보시하여 복을 지었습니다."

필추니가 말하였다.

"현수(賢首)여. 저는 당신이 착한 일을 한 것이 매우 기쁘고, 진실로 마땅한 일입니다. 그러나 우리 여인들은 이양(利養)이 매우 적습니다. 보시하고 남은 것이 있으면 약간이라도 베풀어 주십시오."

장자는 대답하여 말하였다.

"제가 가지고 있던 재물은 모두 이미 보시를 하였습니다. 성자께서는 어찌 일찍 오시지 않으셨습니까?"

필추니가 말하였다.

"나를 이 집에서 빈손으로 나가게 하면 손해가 될 것입니다."

장자는 말하였다.

"성자여, 남아있는 물건이 없는데 어떻게 해야겠습니까?"

필추니가 말하였다.

"현수여, 반드시 조금이라도 제공해 주어야만 합니다."

그때 장자에게는 오직 다른 사람에게 재물을 받을 계약서만이 있어 곧 그것을 필추니에게 보여주었다.

"성자여. 우리 집 안에는 오직 이 계약서만이 있을 뿐이니 필요하시다면 받으십시오."

필추니가 말하였다.

"현수여. 만약 나에게 주면 가지고 가겠습니다."

곧 그 계약서를 얻고서 다시 장자에게 말하였다.

이렇게 복을 베푼 까닭으로
마음에 묘(妙)한 장엄(莊嚴)을 얻으리니
항상 여러 재물들을 갖추고
더할 나위 없는 즐거움을 누리리라.

장자가 말하였다.

"성자여. 그 빚을 진 사람은 집이 가난하고 피폐하여 모두 갚지 못할 것이니 조금이라도 얻을 수 있게 되면 뜻에 따라 그것을 받으시고 그 사람을 고통스럽게 하진 마십시오."

필추니는 말하였다.

"현수여. 나는 출가한 사람인데 어떻게 상도(商度)를 모르고 남을 괴롭히겠습니까? 이것은 이치에 맞지 않습니다."

장자는 오래되지 아니하여 곧 죽었다. 필추니는 장자가 죽었다는 소식을 듣곤 빚진 사람을 재촉하면서 큰 네거리 가운데에서 그를 끌고 다녔다. 장자와 바라문들이 보고 비난하고 싫어하며 말하였다.

"어떻게 필추니가 다른 죽은 사람의 계약서에 의거하여 빚진 사람을 끌고 다니는가?"

필추니가 필추에게 알리고 필추는 세존께 아뢰었다. 세존께서는 이 인연으로 앞에서와 같이 필추니들을 모으시고 사실을 물으시고는 꾸중하

셨으며, [이하 자세한 내용은 생략한다.]

 "그 일에 학처를 제정하나니, 마땅히 이와 같이 설하노라. 만약 다시 필추니가 다른 사람의 오래된 계약서에 의거하여 자신을 위하여 죽은 사람의 물건을 찾으면 승가벌시사이니라."

 '필추니'는 토라난타 필추니 또는 다른 필추니들을 말한다.

 '다른 사람의 오래된 계약서'는 다른 사람의 채무 계약서를 말한다.

 '자신을 위하여 죽은 사람의 물건을 찾는다.'는 다른 사람이 죽은 뒤에 그의 계약서를 가지고 찾아서 자기 것으로 구하는 것을 말하니, 만약 찾은 것이 있으면 중교죄를 얻으며, 범하지 않는 것은 승가를 위한 까닭으로 이치를 쫓아서 찾는 것이다.

12) 첩작해거(輒作解擧) 학처

 인연이 이루어진 처소는 앞에서와 같다.

 어느 때에 이름이 난의(亂意)라는 필추니가 있었다. 성품이 화를 잘내고, 항상 나쁜 말로써 여러 필추니에게 욕을 하여, 필추니 대중들이 모두가 싫어하고 천박하게 생각하였다. 그 필추니가 걸식하러 나가자 여러 필추니들은 그 필추니가 없는 것을 보고 곧 함께 모여서 그의 악행을 말하였다. 그 필추니에게는 적정(寂靜)이라는 딸이 있었는데 여러 필추니들이 자기 어머니의 허물과 나쁜 것을 말하는 것을 보고 걸식에서 돌아오는 어머니에게 모두 말하였다. 이 말을 듣고 다시 화내는 마음을 일으켜 여러 필추니 대중들에게 거친 말로 이때를 마음에 기억하겠다고 말하였다.

 대중들은 누가 이렇게 양쪽을 가르고 어지럽게 하였는가를 물어보고는 적정 필추니가 어머니에게 지난 일을 말한 것을 알았다. 대중들은 곧 적정 필추니에게 사치(捨置)갈마를 주었다. 그녀는 소리내어 울면서 어머니 필추니가 있는 곳으로 가서 발에 예배드리고 말하였다.

 "여러 필추니들이 저에게 사치갈마를 주었습니다."

 난의 필추니는 이 말을 듣고 분노가 더욱 솟구쳐 이와 같이 말하였다.

"바라건대, 너희들이 모든 국민에게 사치갈마를 주어라."

곧 그녀를 경계 밖으로 데리고 가서 작법(作法)을 풀어주었다.

여러 필추니들이 말하였다.

"대중들이 당신의 딸에게 사치갈마를 하였는데, 당신은 다시 무슨 까닭으로 경계 밖에서 풀어주었습니까?"

대답하여 말하였다.

"대중들이 강제로 작법을 하였으니 내가 풀어준다고 해서 무슨 잘못이 되겠소?"

물어 말하였다.

"당신은 어느 곳에서 작법을 풀어주었습니까?"

대답하여 말하였다.

"내가 경계 밖에서 다른 사람과 함께 풀어주었습니다."

필추니가 말하였다.

"어떻게 이렇게 작법을 푸는 것이 합당하겠습니까?"

"합당하든, 합당하지 않든 내가 이미 작법을 마쳤으니 그대들과 무슨 관련이 있소?"

필추니가 필추에게 알리고 필추는 세존께 아뢰었다. 세존께서는 이 인연으로 앞에서와 같이 필추니들을 모으시고 사실을 물으시고는 꾸중하셨으며, [이하 자세한 내용은 생략한다.]

"그 일에 학처를 제정하나니, 마땅히 이와 같이 설하노라. 만약 다시 어떤 필추니가 필추니 대중에 의하여 사치갈마를 받은 것을 알고서도 곧 경계 밖으로 나가서 그를 위하여 작법을 풀어주면 승가벌시사이니라."

'필추니'는 난의 필추니 또는 다른 필추니들을 말한다.

'필추니를 안다.'는 것은 적정 필추니를 말한다.

'그 필추니 대중'은 여래의 성문(聲聞) 필추니 대중을 말한다.

'사치갈마를 지었다.'는 것은 백사갈마를 말한다.

'곧 경계 밖으로 나가서 작법을 풀어준다.'는 갈마법을 풀어주는 것을 말하며, 중교죄를 얻는 것은 처음으로 범하는 것을 말한다.

이 가운데에서 범한 모양과 그 일은 무엇인가? 만약 필추니가 이와 같이 경계 밖으로 나가서 대중들에 의하여 지어진 것을 쉽게 풀어주면 중교죄(衆教罪)를 얻는다.

13) 불사악견(不捨惡見) 학처

인연은 실라벌성에서 이루어졌다.

어떤 필추니가 있었는데 흑색(黑色)이라고 이름하였다. 일찍이 외도가 되어 항상 여러 필추니들과 함께 논쟁하고 다투며 분란을 일으켰다. 항상 "나는 불·법·승을 버리겠다. 이 사문 석녀(釋女)들만 계율을 받아 지키고 덕행을 닦으며, 마음이 바른 생각을 품고, 순수하고 좋게 범행하는 것은 아니다. 다른 처소에도 또한 이렇게 잘하는 사람이 있을 것이다. 나는 마땅히 그에게 나아가서 범행을 닦아야겠다."라고 말하였다.

여러 필추니들이 이 인연으로 여러 필추들에게 알리고 필추는 세존께 아뢰었다. 세존께서는 모든 필추니들에게 말씀하셨다.

"마땅히 이 흑색 필추니에게 그만두도록 충고를 하라. 만약 다시 다른 필추니가 '그대 흑색 필추니여. 싸우고 논쟁할 때에 '나는 불·법·승을 버리겠다. 이 사문 석녀만이 계율을 받아 지키고 덕행을 닦으며, 마음이 바른 생각을 품고, 순수하고 좋게 범행하는 것은 아니다. 다른 처소에도 또한 이렇게 잘하는 사람이 있을 것이다. 나는 마땅히 그에게 나아가서 범행을 닦아야겠다.'라고 이렇게 말하지 마십시오. 흑색 필추니 당신은 지금 이러한 잘못된 견해를 버리는 것이 좋겠습니다.'라고 충고를 해주도록 하라."

여러 필추니들이 가르침에 의거하여 그만두도록 충고를 하였으나, 그 필추니는 일에 굳게 집착하여 버리지 아니하였고 이렇게 말하였다.

"오직 이것이 진실된 것이고 다른 것은 모두 허망하다."

필추니가 필추에게 알리고 필추는 세존께 아뢰었다. 세존께서는 모든 필추니에게 말씀하셨다.

"그대들은 마땅히 백사갈마를 지어 흑색 필추니에게 충고하도록 하여라. 건치(揵稚)를 울리고 나아가 필추니 대중이 모두 모이면 한 필추니가 알리고 다음으로는 갈마를 하라.

대덕 필추니 승가는 들으십시오. 이 흑색 필추니는 스스로 그릇된 견해를 일으켜서 싸우고 논쟁할 때에, '나는 불·법·승을 버리겠다. 이 사문 석녀만이 계율을 받아 지키고 덕행을 닦으며, 마음이 바른 생각을 품고, 순수하고 좋게 범행하는 것은 아니다. 다른 처소에도 또한 이렇게 잘하는 사람이 있을 것이다. 나는 마땅히 그에게 나아가서 범행을 닦아야겠다.'라고 말하였습니다. 여러 필추니들이 그에게 가서 은밀하게 충고를 하였으나, 잘못된 견해를 버리지 아니하고 '이것이 진실된 것이고 다른 것은 모두가 허망하다.'고 말하였습니다. '필추니 승가시여. 지금 이 흑색 필추니에게 잘못된 견해를 버리지 않는 것에 대해 갈마를 짓겠습니다. 만약 여러 구수(具壽)께서 흑색 필추니에게 잘못된 견해를 버리지 않는 것에 대해 갈마를 짓는 것을 승인하시면 조용히 계시고, 만약 허락하지 않으신다면 말씀을 하십시오.'라고 하라. 이것이 첫 번째 갈마이니라.

두 번째와 세 번째의 갈마도 또한 이렇게 지어라.

'필추니 승가시여. 이미 흑색 필추니에게 그릇된 견해를 버리지 않는 것에 대한 갈마를 지어 마쳤습니다. 필추니 승가가 이미 승인하여 허락하신 것은 승가께서 조용히 계셨기 때문입니다 이제 이와 같이 지니겠습니다.'라고 말하여라."

이때에 여러 필추니 대중들이 흑색 필추니에게 백사갈마를 지었다. 그러나 충고할 때에도 필추니는 일에 굳게 집착하여 잘못된 견해를 버리지 않고 "이것이 진실된 것이고 다른 것은 모두가 허망하다. 내가 어디에 집착하여 나에게 버리라고 하는 것인가?"라고 말하였다. 곧 이 인연으로 필추니들이 필추에게 알리고 필추는 세존께 아뢰었다. 세존께서는 이 인연으로 앞에서와 같이 필추니들을 모으시고 사실을 물으시고는 꾸중하셨으며, [이하 자세한 내용은 생략한다.]

"그 일에 학처를 제정하나니, 마땅히 이와 같이 설하노라. 만약 다시

필추니가 여러 필추니와 함께 논쟁하고 다투며 분란을 일으키고, '나는 불·법·승을 버리겠다. 이 사문 석녀들이 계율을 받아 지키고 덕행을 닦으며, 마음에 바른 생각을 품고, 순수하고 좋게 범행하는 것은 아니다. 다른 처소에도 또한 이렇게 잘하는 사람이 있을 것이다. 나는 마땅히 그에게 나아가서 범행을 닦아야겠다.'라고 말하면, 여러 필추니들이 '그대는 이 죄가 되는 잘못된 견해를 버리는 것이 좋겠습니다.'라고 이렇게 충고하여 버리면 좋으나, 만약 버리지 않으면 마땅히 두 번, 세 번 그만두도록 은근하고 올바르게 충고하라. 가르침에 따라 마땅히 꾸중하여 이러한 일을 버리도록 하여 버리면 좋으나, 만약 버리지 않으면 승가벌시사이니라."

'만약 다시 필추니'는 흑색 필추니 또는 다른 필추니들을 말한다. 자세하게 풀이한 것은 앞에서와 같다.

'이와 같이 충고할 때 버리면 좋으나 만약 버리지 않으면 두 번 세 번 마땅히 충고하여 백사갈마를 하고, [자세한 내용은 생략한다.] 승가벌시사이니라.'의 자세한 것은 앞에서 설명한 것과 같다.

이 가운데에서 범한 모양과 그 일은 무엇인가? 만약 필추니가 별도로 충고를 할 때 버리지 않으면 모두 악작죄를 얻는다. 만약 말할 때 버린다면 좋으나, 버리지 않는다면 추죄(麤罪)를 얻는다. 처음의 갈마를 할 때에 버리면 좋으나, 버리지 않으면 앞에서와 같은 죄를 얻는다. 두 번째의 갈마가 끝났을 때에는 또한 추죄를 얻는다. 만약 세 번째의 갈마가 끝났어도 버리지 않으면 승가벌시사를 얻는다.

법에 맞지 않게 지었는데 대중이 화합하였고, 법에 맞게 지었는데 대중이 화합하지 않았으며, 법과 비슷하게 지었는데 대중이 화합하였고, 법과 비슷하게 지었는데 대중이 화합하지 않았으며, 법에 맞지도 않고 율(律)에 맞지도 아니하며 세존의 가르침에도 맞지 않는 법을 지었으면 작법(作法)이 성립되지 않으며, 그 모두가 범하는 것이 없다.

그 필추니가 만약 자리 위에서 대중들에게 "대덕이시여. 나 필추니 누구는 승가벌시사의 죄를 범하였습니다."라고 말하면 좋으나, 만약 그것을 말하지 않고, 나아가 그 죄를 법에 맞게 참회한다고 말하지 않았으나, 만약 다른 여러 필추니들과 함께 백갈마를 짓거나 나아가 백사갈마법을 지으면 하나하나가 모두 악작죄를 얻는다.

14) 설타유애에(說他有愛恚) 학처

인연은 실라벌성(室羅伐城)에서 이루어졌다.

어느 때에 토라난타 필추니는 항상 여러 필추니들과 함께 싸우고 논쟁하여 분란을 일으키고는 한(恨)을 품고서 머무르고 있었다. 여러 필추니들이 말하였다.

"성자여. 싸우고 논쟁을 하여 한을 품고 있지 마십시오."

대답하여 말하였다.

"그대들은 사랑과 성냄과 두려움과 어리석음이 있어서 싸우고 논쟁을 벌인 사람을 막거나, 막지 않는 것이 있다."

필추니들이 이 일을 여러 필추들에게 알리고 필추들은 세존께 아뢰었다. 세존께서는 여러 필추니들에게 말씀하셨다

"마땅히 토라난타 필추니에게 함께 충고하기를, '당신은 사랑과 성냄과 두려움과 어리석음이 있어서 싸우고 논쟁을 벌인 사람을 막고, 막지 않는 것이 있다.'라고 이렇게 말하지 마십시오. '자매께서는 그와 같은 말씀을 멈추고 마땅히 이러한 견해를 버려야 합니다.'라고 말하라."

여러 필추니들이 부처님과 가르침에 의거하여 충고를 하였으나 여전히 고치고 참회하지 아니하면서 "이 법이 진실된 것이고 나머지는 모두가 헛되고 망녕된 것이다."라고 말하였다. 필추니가 필추에게 알리고 필추는 세존께 아뢰었다. 세존께서 여러 필추니들에게 말씀하셨다.

"마땅히 토라난타 필추니에게 백사갈마를 주면서 마땅히 이렇게 지어라. 건치를 울리고 앉을 자리를 마련하여 승가가 모두 모이면 한 필추니가 말하여라.

대덕 필추니 승가는 들으십시오. 이 토라난타 필추니는 항상 여러

필추니들과 싸우고 논쟁하여 분란을 일으키고 한을 품고 있습니다. 여러 필추니들이 '성자여. 싸우고 논쟁하여 분란을 일으키지 마십시오.'라고 충고하면, 대답하기를, '그대들은 사랑과 성냄과 두려움과 어리석음이 있어서 싸우고 논쟁을 벌인 사람을 막거나, 막지 않는 것이 있다.'고 말하고, 굳게 고집하여 버리지 않으며, '오직 이 법이 진실된 것이고 나머지는 모두가 헛되고 망녕된 것이다.'라고 말하였습니다. '필추니 승가시여. 만약 때에 이르렀음을 승인하시면 필추니 승가는 허락하십시오. 이 토라난타 필추니에게 사랑과 성냄과 두려움과 어리석음이 있다고 말하는 것을 버리지 않는 것에 대한 백사갈마를 지으려 합니다. 이와 같이 아룁니다.'라고 말하고서 다음과 같이 갈마를 지으라.

대덕 필추니 승가는 들으십시오. 이 토라난타 필추니는 항상 여러 필추니들과 싸우고 논쟁하여 분란을 일으키고는 한을 품고 있습니다. 여러 필추니들이 '성자여. 싸우고 논쟁하여 분란을 일으키지 마십시오.'라고 충고하면, 대답하기를 '그대들은 사랑과 성냄과 두려움과 어리석음이 있어서 싸우고 논쟁을 벌인 사람을 막거나, 막지 않는 것이 있다.'고 말하고, 굳게 고집하여 버리지 않으며 '오직 이 법이 진실된 것이고 나머지는 모두가 헛되고 망녕된 것이다.'라고 말하였습니다. '필추니 승가시여. 지금 이 토라난타 필추니에게 사랑과 성냄과 두려움과 어리석음이 있다고 말하는 것을 버리지 않는 것에 대한 백사갈마를 짓겠습니다. 만약 여러 구수(具壽)께서 이 토라난타 필추니에게 사랑과 성냄과 두려움과 어리석음이 있다고 말하는 것을 버리지 않는 것에 대해 갈마를 짓는 것을 승인하시면 조용히 계시고, 만약 허락하지 않으시면 말씀을 하십시오.'라고 짓는 것이 첫 번째의 갈마이니라.

두 번째와 세 번째의 갈마도 또한 이렇게 말하고, 또한 '필추니 승가시여. 토라난타 필추니에게 사랑과 성냄과 두려움과 어리석음이 있다고 말하는 것을 버리지 않는 것에 대한 갈마를 지어 마쳤습니다. 필추니 승가가 이미 승인하여 허락하셨으니 조용히 계셨기 때문입니다. 지금 이와 같이 지니겠습니다.'라고 말하라. 이와 같이 두 번 세 번을 은근하고 올바르게

충고하여 가르침에 따라서 마땅히 꾸중하고 그에게 이 일을 버리게 해야
하느니라.”

　여러 필추니들은 세존의 가르침을 듣고 나서 토라난타 필추니에게
두 번, 세 번 백사갈마를 지었으나 그는 굳게 고집하여 참회하거나 버리지
아니하였다. 다시 이 인연으로 필추니들이 필추에게 알리고 필추는 세존께
아뢰었다. 세존께서는 이 인연으로 앞에서와 같이 필추니들을 모으시고
사실을 물으시고는 꾸중하셨으며, [이하 자세한 내용은 생략한다.]

　“그 일에 학처를 제정하나니, 마땅히 이와 같이 설하노라. 만약 다시
필추니가 여러 필추니들과 함께 싸우고 논쟁하여 분란을 일으켜서 여러
필추니들이 이 필추니에게 ‘자매여. 논쟁을 벌여 분란을 일으키지 마십시
오.’라고 말하였으나, 이 필추니가 ‘당신들은 사랑과 성냄과 두려움과
어리석음이 있어서 논쟁을 벌인 사람을 막거나, 막지 않는 것이 있다.’고
대답하여, 다시 여러 필추니들이 ‘대덕이여. 다른 이가 충고할 때 당신들은
사랑과 성냄과 두려움과 어리석음이 있어서 논쟁을 벌인 사람을 막고,
막지 않는 것이 있다.’라고 이렇게 말하지 마십시오. ‘자매께서는 이러한
말을 하지 마십시오.’라고 말하라. 여러 필추니들이 이와 같이 충고할
때 버리면 좋으나, 만약 버리지 않으면 마땅히 두 번, 세 번을 은근하고
바르게 충고하라. 가르침을 따라서 마땅히 꾸중하여 이 일을 버리도록
할 것이며 버리면 좋으나, 만약 버리지 않으면 승가벌시사이니라.”

　‘필추니’는 토라난타 필추니 또는 다른 필추니들을 말한다.

　‘여러 필추니들이 말한다.’는 이 법 가운데의 필추니들이 충고하여
싸우고 논쟁하여 분란을 일으키는 것을 멈추게 한다는 말이다. 만약
사랑과 성냄과 두려움과 어리석음이 있다고 말하면 은근하게 충고하여
버리면 좋으나, 만약 고치거나 뉘우치지 않으면 앞에서와 같이 두 번
세 번 백사갈마를 하여 은근하고 올바르게 충고하라. 가르침에 따라서
마땅히 꾸중하여 버리면 좋으나, 버리지 않으면 중교죄를 얻는다.

　이 가운데에서 범한 모양과 그 일은 무엇인가? 그만두도록 충고할
때 버리면 좋으나, 만약 버리지 않으면 악작죄를 얻는다. 말할 때 버리면

좋으나 버리지 않으면 솔토라저야를 얻는다. 첫 번째 갈마를 할 때에 버리면 좋으나, 버리지 않으면 또한 추죄를 얻는다. 두 번째 갈마를 할 때에 또한 그와 같다. 세 번째의 갈마를 끝나기 전에 버리면 좋으나, 버리지 않으면 중교죄를 얻는다.

범하지 않는 것은 법에 맞지 않게 지었으나 대중들이 화합하였고, 법에 맞게 지었으나 대중들이 화합을 하지 않았으며, 법과 비슷하게 지었으나 대중들이 화합을 하였고, 법과 비슷하게 지었으나 대중들이 화합하지 않았으며, 법에 맞지도 않고 율에 맞지도 않으며 세존의 가르침에 맞지 않게 법을 짓지 않았다면 모두가 범하는 것이 없다.

이때에 그 필추니가 만약 자리 위에서 대중들에게 "대덕이시여. 나 필추니 누구는 승가벌시사죄를 범하였습니다."라고 말하면 좋으나, 이렇게 말하지 않고, 나아가 그 죄를 아직 법에 맞게 참회한다고 말을 하지도 않았으나, 만약 다시 여러 필추니들과 함께 백갈마를 하고 나아가 백사갈마를 하면 하나하나가 모두 악작죄를 얻는다.

또한 범하지 않는 것은 처음으로 잘못을 저지른 사람과 혹은 어리석고, 미쳤으며, 마음이 어지럽고 고통스러운 것에 얽매인 것이다.

15) 잡란주(雜亂住) 학처

세존께서는 실라벌성에서 머무르셨다.

두 사람의 필추니가 있었으니 한 사람은 가애(可愛)라고 이름하였고, 다른 사람은 수애(隨愛)라고 이름하였다. 이들은 뒤섞여 어지럽게 살면서 마음이 들떠서 웃고 떠들며 때리기도 하였다. 여러 필추니들이 말했다.

"자매여. 뒤섞여 어지럽게 마무르면서 마음이 들떠 웃고 떠들며 더욱이 서로가 때리는 일은 하지 마십시오. 만약 뒤섞여 어지럽게 머무르면 선법(善法)을 쇠퇴시키고 손상시켜 이익이 없어지니 마땅히 따로 머물러야 합니다. 따로 머무르면 선법이 쌓여서 다시는 쇠퇴하고 손상되지 않을 것입니다."

여러 필추니들이 이렇게 가르쳐 주었으나 결국 그들은 충고를 따르지 아니하였다. 곧 이 인연으로 필추니가 필추에게 알리고 필추는 세존께 아뢰었다. 세존께서는 여러 필추니들에게 말씀하셨다.

"마땅히 그만두도록 충고를 하라."

[자세한 것은 앞에서 설명한 것과 같다.] 여러 필추니들이 비록 충고를 하였으나 또한 참회하고 버리지 아니하였다. 다시 필추니들이 필추에게 알리고 필추는 세존께 아뢰었다. 세존께서는 여러 필추니들에게 말씀하셨다.

"그대들은 마땅히 가애와 수애 필추니에게 백사갈마를 지어 대중들이 충고하기를 권유하도록 하라. 만약 다시 이러한 잘못 등이 있으면 앞에서와 같이 대중들을 모으고 한 사람의 필추니가 말하라.

'대덕 필추니 승가는 들으십시오. 이 가애와 수애 두 필추니는 뒤섞여 어지럽게 머무르면서 마음이 들떠서 큰 소리로 웃고 떠들며 서로 때리기도 하였습니다. 여러 필추니들이 그만두도록 충고하기를, 뒤섞여서 어지럽게 머무르면서 마음이 들떠서 큰 소리로 웃고 떠들지 마십시오. 만약 뒤섞여서 어지러이 살게 되면 선법이 쇠퇴하고 손상되어 이익이 늘어나지 않을 것이니 마땅히 따로 머무르도록 하십시오. 따로 머무르면 선법이 쌓여서 다시는 쇠퇴하고 손상되지 않을 것입니다.'라고 말하였으나, 그 두 필추니는 굳게 집착하여 버리지 아니하고 '이것이 진실된 것이고 다른 것은 헛되고 망녕된 것이다.'라고 말하였습니다. '필추니 승가시여. 만약 때에 이르렀음을 승인하시면 필추니 승가는 허락하십시오. 이 가애와 수애 두 필추니들이 뒤섞여 어지럽게 사는 것을 버리지 않는 것에 대한 백사갈마를 하고자 합니다. 이와 같이 아룁니다.'라고 한 다음에 갈마를 지으며, 알린 것에 의거하여 마땅하게 하라."

여러 필추니들이 가르침을 받들고 나서 곧 백사갈마로써 그 두 필추니에게 충고를 하였으나, 그들은 굳게 고집하며 버리지 아니하고 '이것이 진실된 것이고 다른 것은 헛되고 망녕된 것이다.'라고 말하였다. 이때에 여러 필추니들이 이 인연으로 필추에게 알리고 필추는 세존께 아뢰었다.

세존께서는 이 인연으로 앞에서와 같이 필추니들을 모으시고 사실을 물으시고는 꾸중하셨으며, [이하 자세한 내용은 생략한다.]

"그 일에 학처를 제정하나니, 마땅히 이와 같이 설하노라. 만약 다시 필추니가 다른 필추니와 함께 뒤섞여서 어지럽게 살면서 마음이 들떠 웃고 떠들어서 여러 필추니들이 이 두 필추니에게 '자매여. 뒤섞여서 어지럽게 머무르면서 마음이 들떠 웃고 떠들며 지내지 마십시오. 당신께서 뒤섞여 어지럽게 머무르면 선법이 쇠퇴하고 손상되어 쌓이지 않으니 마땅히 따로 머무르도록 하십시오. 별도로 머무르면 선법을 늘어나서 다시는 쇠퇴하고 손상되지 않을 것입니다.'라고 말하라. 여러 필추니들이 이와 같이 충고할 때 버리면 좋으나, 만약 버리지 않으면 마땅히 두 번, 세 번을 그만두도록 은근하고 올바르게 충고하라. 가르침을 따라서 마땅히 꾸중하여 이 일을 버리도록 할 것이며 버리면 좋으나, 만약 버리지 않으면 승가벌시사이니라."

'필추니'는 가애필추니와 수애필추니 또는 다른 필추니들을 말한다.

'뒤섞여서 어지러이 머무른다.'는 따로 머무르지 않는 것을 말한다.

'마음이 들떠 웃고 떠든다.'는 몸과 마음을 제멋대로 방일하게 하여 큰 소리로 이야기하며 웃는 것을 말한다.

'여러 필추니들이 말한다.'는 이 법 가운데의 필추니들이 따로 충고를 하여 가르침과 같이 자세히 설명하는 것을 말한다.

'버리면 좋으나 버리지 않으면 마땅히 두 번 세 번을 충고하여 백사갈마를 하고, [이하 자세한 내용은 생략한다.] 승가벌시사이니라.'는 앞에서 설명한 것과 같다.

이 가운데에서 범한 모양과 그 일은 무엇인가? 만약 필추니가 별도로 충고할 때 일을 버리지 않으면 모두가 악작죄를 얻는다. 만약 백사갈마를 하여 법에 맞고 율(律)에 맞으며 세존께서 가르침에 맞게 충고를 할 때 버리면 좋으나, 만약 버리지 않으면 솔토라저야죄를 얻고, 첫 번째 갈마를 마쳤을 때는 앞에서와 같은 죄를 얻으며, 두 번째의 갈마를 마쳤을 때에도 또한 앞에서와 같은 죄를 얻고, 세 번째의 갈마를 모두 마쳤을 때에도 버리지 않으면 승가벌시사죄를 얻는다.

만약 법에 맞지 않게 지었으나 대중이 화합을 하였고, 법에 맞게 지었으나 대중이 화합하지 않았으며, 법과 비슷하게 지었는데 대중이 화합을 하였고, 법과 비슷하게 지었는데 대중이 화합하지 않았으며, 법에 맞지도 않고 율(律)에 맞지도 않으며 세존의 가르침에 맞지도 않게 법을 짓지 않았으면 모두가 범하는 것이 없다.

이때에 그 필추니가 앉은 자리 위에서 대중에게 말하기를 "대덕이시여. 나 필추니 누구는 승가벌시사죄를 범하였습니다."라고 말하면 좋으나, 만약 이렇게 말하지 않고, 나아가 그 죄를 뉘우친다는 말을 아직 법에 맞게 말하지도 않았으나, 다시 다른 필추니들과 함께 백갈마와 나아가 백사갈마를 지으면 하나하나가 모두 악작죄를 얻는다.

또한 범하지 않는 것은 처음으로 범한 사람이며, 혹은 어리석고 미쳤으며 마음이 어지러우며 고통스러운 것에 얽매인 것이다.

16) 권막독주(勸莫獨住) 학처

인연이 이루어진 처소는 앞에서와 같다.

어느 때에 가애 필추니와 수애 필추니는 뒤섞여서 어지럽게 머무르다 승가에서 백사갈마를 주어 뒤에 각자 따로 머무르고 있었다. 이때에 토라난타 필추니가 두 필추니의 처소로 가서 이렇게 말했다.

"자매여. 무슨 까닭으로 함께 머무르지 않고 따로 머무르는 것입니까? 자매여. 만약 함께 뒤섞여 어지럽게 머무르면 선법도 쌓일 수 있을 것입니다."

곧 이 인연으로 필추니가 필추에게 알리고 필추는 세존께 아뢰었다. 세존께서는 여러 필추니들에게 말씀하셨다.

"그대들은 마땅히 토라난타 필추니에게 그만두도록 마땅히 이렇게 충고하도록 하라. '자매여. 따로 머무르지 마십시오. 만약 따로 머무르면 선법을 쇠퇴시키고 손상시켜 선법을 증장시킬 수 없습니다. 마땅히 함께 머무르면 선법이 더욱 쌓여서 다시는 쇠퇴하고 손상되지 않습니다.'라고 말하지 마십시오. '자매여. 이 따로 머무르는 것에 대한 잘못된 견해를 버리도록 하십시오.'라고 말하라."

여러 필추니들은 세존의 가르침을 듣고 가서 곧 토라난타 필추니에게 가서 함께 그만두도록 충고하였다. 그 토라난타 필추니는 굳게 고집하여 버리지 아니하고서 대답하였다.

"오직 이 법이 진실된 것이고 다른 법들은 모두 헛되고 망녕된 것이다."

다시 이 인연으로 필추니들이 필추에게 알리고 필추는 세존께 아뢰었다. 세존께서는 여러 필추니들에게 말씀하셨다.

"그대들은 마땅히 토라난타 필추니에게 백사갈마를 지어 대중들이 충고를 할 것이며, 만약 다시 이러한 잘못이 있으면 앞에서와 같이 대중을 모으고 한 필추니가 말하라.

'대덕 필추니 승가께서는 들으십시오. 가애와 수애 두 필추니는 뒤섞여서 어지럽게 머물러 승가에서 백사갈마를 주어 뒤에 각자가 따로 머물렀으나, 이 토라난타 필추니가 두 필추니의 처소에 가서, 자매여. 함께 머무르면 선법을 증장시킬수 있습니다. 만약 따로 머무르면 선법이 쇠퇴하고 손상됩니다.'라고 말하였습니다. 승가에서는 이미 그만두도록 충고를 하였으나 굳게 고집하여 버리지 아니하고 '이 법이 진실된 것이고 다른 법은 헛되고 망녕된 것이다.'라고 말하였습니다. '필추니 승가시여. 만약 때에 이르렀음을 승인하시면, 필추니 승가는 허락하십시오. 이 토라난타 필추니에게 따로 머무르는 것에 대한 잘못된 견해를 버리지 않는 것에 대하여 백사갈마를 하려 합니다. 이와 같이 아룁니다.'라고 한 다음에 갈마를 지을 것이며, 알린 것에 따라서 마땅하게 하라."

여러 필추니들이 가르침을 받들어 곧 백사갈마로서 토라난타 필추니에게 충고를 하였으나, 그 필추니는 또한 굳게 고집하여 버리지 아니하고 "이 법이 진실한 것이고 나머지는 모두 허망하다."고 말하였다. 이때 여러 필추니들이 이 인연으로 필추에게 알리고 필추는 세존께 아뢰었다. 세존께서는 이 인연으로 앞에서와 같이 필추니들을 모으시고 사실을

물으시고는 꾸중하셨으며, [이하 자세한 내용은 생략한다.]

"그 일에 학처를 제정하나니, 마땅히 이와 같이 설하노라. 만약 다시 필추니가 다른 필추니가 혼자 머무르는 것을 즐거워하는 것을 알고 여러 필추니들과 이 필추니에게 '대덕이여. 혼자 머무르지 마십시오. 만약 혼자 머무르면 선법이 쇠퇴하고 손상되어 이익이 늘어날 수 없습니다. 자매여. 마땅히 함께 머무르면 선법이 더욱 쌓여서 다시는 쇠퇴하고 손상되지 않습니다.'라고 말하면, 여러 필추니들은 또한 마땅히 '대덕이여. 즐거이 혼자 머무르는 것이 선법을 쇠퇴하고 손상된다고 말하지 마십시오. 대덕이여. 마땅히 혼자 머무르는 것에 대한 잘못된 견해를 버려야 합니다.' 라고 말하라. 이렇게 충고를 할 때 잘못된 견해를 버리면 좋으나, 만약 버리지 않으면 마땅히 두 번 세 번을 그만두도록 은근하고 올바르게 충고를 하라. 가르침에 따라 마땅히 꾸중하여 이 일을 버리도록 할 것이며, 버리면 좋으나 만약 버리지 않으면 승가벌시사이니라."

'필추니'는 토라난타 필추니 또는 다른 필추니를 말한다.

'섞여서 어지럽게 머무르다.'는 따로 머무르지 않는 것을 말한다.

자세하게 설명한 것은 앞에서와 같으며, 가르침대로 자세하게 설명하여 버리면 좋으나, 만약 버리지 않으면 마땅히 세 번을 충고하여 백사갈마를 하고, [이하 자세한 내용은 생략한다.] 승가벌시사이니라.

이 가운데에서 범한 모양과 그 일은 무엇인가? 만약 필추니가 별도로 충고를 할 때에 버리지 않으면 모두 악작죄를 얻는다. 만약 말할 때 버리면 좋으나, 버리지 않으면 추죄를 얻는다. 첫 번째로 갈마를 할 때 버리면 좋으나, 버리지 않으면 앞에서와 같은 죄를 얻는다. 두 번째의 갈마를 마쳤을 때도 또한 추죄를 얻는다. 만약 세 번째의 갈마를 마쳤어도 버리지 않으면 승가벌시사를 얻는다.

만약 법에 맞지 않게 지었으나 대중이 화합을 하였고, 나아가 법에 맞지도 않고 계율과 맞지도 아니하며 세존의 가르침대로 집행하지 않았다면 모두가 범한 것이 없다.

이때에 만약 그 필추니가 앉은 자리 위에서 대중들에게 "대덕이시여,

나 필추니 누구는 승가벌시사죄를 범하였습니다."라고 말하면 좋으나, 만약 이렇게 말하지 않고, 나아가 그 죄를 뉘우친다고 법에 맞게 말하지도 않았으나, 다른 필추니들과 함께 백갈마와 나아가 백사법(白四法)을 지으면 하나하나가 모두 악작죄를 얻는다.

17) 파승가(破僧伽) 학처

인연은 왕사성의 갈란탁가(羯蘭鐸迦) 연못이 있는 죽림원(竹林園)에서 이루어졌다.

어느 때에 대성문(大聲聞) 필추니들이 이 처소에서 여름동안 3개월 안거를 하였으니, 준타(准陀) 필추니·인타(印陀) 필추니·마라바(摩囉婆) 필추니·발타절라(鉢吒折囉) 필추니·아타비가(阿吒毘迦) 필추니·거사마(佉史摩) 필추니·소마(蘇摩) 필추니·수교답미(瘦喬答彌) 필추니·연화색(蓮花色) 필추니·대세주(大世主) 필추니 등이었다. 또한 이 많은 필추니들이 모두 이곳에서 석 달간의 여름 안거를 하였으나 흉년이 들어서 걸식하기가 어려웠다.

이때에 토라난타 필추니는 항상 여러 필추니들과 싸우고 논쟁하며 분란을 일으키고서 머무르고 있었으며, 환희(歡喜)·근환희(近歡喜)·주계환희(珠髻歡喜) 필추니들에게 이렇게 말하였다.

"그대들이 와서 나와 함께 화합승가와 화합법륜(和合法輪)을 깨뜨리는 것이 좋겠다."

이때 그 필추니들이 대답하여 말하였다.

"세존의 성문제자인 필추니들은 큰 위력과 덕이 있고, 천안(天眼)이 밝고 맑으며, 다른 사람의 마음에 관(觀)하여 알고, 모든 나아가고 향하는 것에 알지 못하는 것이 없는데, 우리들이 어떻게 능히 화합 승가를 깨뜨릴 수 있겠습니까?"

이때 토라난타 필추니가 말했다.

"나에게 방편이 있다."

물어 말하였다.

"무슨 방편이 있습니까?"

대답하여 말하였다.

"우리가 옷과 발우와 음식과 의약품과 와구(臥具)를 가지고 존숙(尊宿) 필추니와 나이 어린 필추니들을 포섭하여 가까이에서 친근히 하고, 혹은 허리띠와 명주실과 주머니와 옷과 발우를 주기도 하며, 경전을 독송하는 것을 가르쳐 주어 그들이 마음으로 따르게 하자."

환희필추니가 말했다.

"토라난타여. 우리가 생각해보니 진실로 이치에 맞습니다."

비로소 여러 방편을 사용하였으나 여러 필추니들은 살피고 관찰하여 알아차렸다. 이 인연으로 여러 필추들에게 알리고 필추는 세존께 아뢰었다. 세존께서는 여러 필추니들에게 말씀하셨다.

"그대들은 마땅히 토라난타 필추니에게 그만두도록 이렇게 충고하라. '자매여. 방편을 사용하여 화합승가를 깨뜨리지 마십시오. 화합승가를 깨뜨리는 일을 굳게 고집하여 머무르지 않고, 여러 승가와 화합하여 기뻐하며 다툼이 없이 함께 머물러야 합니다. 하나같은 마음과 하나같은 말로써 물과 우유가 화합하듯이 세존의 교법(敎法)이 밝게 드러나고 안락하고 오래도록 머무르게 하여야 합니다. 이제 승가를 깨뜨리는 일을 버리십시오.'라고 말하라."

여러 필추니들이 세존의 가르침을 듣고 곧 함께 가서 그만두도록 충고하였으나 토라난타 필추니는 고집하여 버리지 아니하고 대답하였다.

"이 법이 진실된 것이고 다른 법은 헛되고 망녕된 것이다."

다시 이 인연으로 여러 필추들에게 알리고 필추는 세존께 아뢰었다. 세존께서는 여러 필추니들에게 말씀하셨다.

"그대들은 마땅히 토라난타 필추니에게 백사갈마를 주고 대중들이 마주하여 충고를 하라. 만약 다시 남은 잘못이 있으면 앞에서와 같이 대중을 모으고 한 사람의 필추니가 이렇게 말하라.

대덕 필추니 승가는 들으십시오. 이 토라난타 필추니는 방편을 사용하여 화합승가를 깨뜨리려고 하였습니다. 승가에서는 이미 그만두도록 충고를 하였으나 이 필추니는 굳게 고집하여 버리지 않고, '이 법이 진실된 것이고 다른 법은 헛되고 망녕된 것이다.'라고 말하였습니다. '필추니 승가시여. 만약 때에 이르렀음을 승인하시면 필추니 승가는 허락하십시오. 이 토라난타 필추니에게 승가를 방편으로 깨뜨리려는 잘못된 견해를 버리지 않는 것에 대한 백사갈마를 짓고자 합니다. 이와 같이 아룁니다.'라고 말하고 갈마를 지을 것이며, 알린 것에 의거하여 마땅하게 하라."

여러 필추니들이 가르침을 받들고 나서 곧 백사갈마로써 토라난타 필추니에게 충고하였으나 그는 굳게 고집하여 버리지 아니하고 '이 법이 진실된 것이고 다른 법은 헛되고 망녕된 것이다.'라고 말하였다. 토라난타 와 같이 있던 필추니들은 다시 이렇게 말했다.

"대덕이여. 그 필추니와 함께 의논한 것이 있으니 좋은 것과 나쁜 것을 말하지 마십시오." [이하 자세한 내용은 생략한다.] 백사갈마를 지었으나, '이 법이 진실된 것이고 다른 법은 헛되고 망녕된 것이다.'라고 말하였다. 필추니들이 필추에게 알리고 필추는 세존께 아뢰었다. 세존께 서는 이 인연으로 앞에서와 같이 필추니들을 모으시고 사실을 물으시고는 꾸중하셨으며, [이하 자세한 내용은 생략한다.]

"그 일에 학처를 제정하나니, 마땅히 이와 같이 설하노라. 만약 다시 필추니가 방편을 사용하여 화합승가를 깨뜨리려고 하고 승가를 깨뜨리는 일을 굳게 고집하여 버리지 않으면 여러 필추니들은 마땅히 그 필추니에게 '자매여. 화합승가를 깨뜨리려고 하는 것을 굳게 고집하면서 머무르지 마십시오. 자매여. 마땅히 승가와 화합하여 기뻐하고 다툼이 없이 함께 머물러야 합니다. 하나같은 마음과 하나같은 말로써 물과 우유가 화합하듯 이 세존의 교법(敎法)이 밝게 드러나고 안락하고 오래도록 머무르게 하여 야 합니다. 지금 승가를 깨뜨리는 일을 버리십시오.'라고 말하여 여러 필추니들이 이와 같이 충고할 때 버리면 좋으나, 만약 버리지 않으면 마땅히 두 번, 세 번을 그만두게 올바른 충고를 하라. 가르침에 따라 마땅하게 꾸중하여 이 일을 버리도록 할 것이며 버리면 좋으나, 만약 버리지 않으면 승가벌시사이니라.”

'필추니'는 토라난타 필추니 또는 다른 필추니들을 말한다.

'화합'은 하나의 맛을 말한다.

'승가'란 세존의 성문 대중을 말한다.

'깨뜨리려고 한다.'는 둘로 나누려고 하는 것을 말한다.

'방편'은 나아가고 향하여 논쟁하는 것이다.

'굳게 고집해서 머무른다.'는 토라난타의 동반자인 네 사람이 다투는 일을 포섭하고 받아들여서 머무는 것을 말한다.

'여러 필추니들'은 이 법 가운데의 필추니를 말한다.

'필추니에게 말을 한다.'는 것에서 그 필추니란 토라난타를 말하는 것이고, 말한다는 것은 별도로 충고하는 것을 말한다.

'가르침과 같이 자세히 설명하여 버리면 좋으나, 만약 버리지 않으면 마땅히 세 번을 충고하고, [이하 자세한 내용은 생략한다.] 승가벌시사이다.'의 일은 앞에서 설명한 것과 같다.

이 가운데에서 범한 모양과 그 일은 무엇인가? 만약 필추니가 별도로 충고를 할 때 일을 버리면 좋으나, 버리지 않으면 모두가 악작죄를 얻는다. 백사갈마를 지어 법에 맞고, 율(律)에 맞으며, 세존의 가르침과 같이 충고할 때 버리면 좋으나, 갈마를 마칠 때까지 버리지 않으면 솔토라저야를 얻는다. 갈마를 마쳤어도 버리지 않으면 승가벌시사를 얻는다. 만약 법에 맞지도 않고 율에 맞지도 않았으며 세존의 가르침대로 짓지 않았으면 모두가 범하는 것이 없다.

이때에 그 필추니가 만약 앉은 자리에서 대중들에게 “대덕이시여. 나 필추니 누구는 승가벌시사죄를 범하였습니다.”라고 말하면 좋으나, 만약 말하지 않고, 나아가 그 죄를 아직 법에 맞게 참회한다고 말을 하지 않았으나, 만약 다시 필추니와 함께 백갈마와 나아가 백사갈마를 지으면 하나하나가 모두 악작죄를 얻는다.

18) 조반파승가(助伴破僧伽) 학처

그때 세존께서는 곧 본좌(本座)에서 여러 성문 필추니 제자를 위하여 승가를 깨뜨리는 도반을 따르는 것을 금지하는 학처를 제정하시려고 여러 필추니들에게 말씀하셨다.

"그대들 여러 필추니들이여. 아직 일어나지 않은 승가에 작은 일이 있느니라."

세존께서는 아시면서도 일부러 물으셨으며, [자세한 것은 앞에서와 같다.] 세존께서는 곧 토라난타를 도왔던 도반인 필추니들에게 물으셨다.

"그대들은 진실로 토라난타 필추니가 화합승가를 깨뜨리려고 승가를 깨뜨리는 방편을 사용하는 것을 알고서도 다투는 일을 권유하고, 굳게 고집하여 머무르면서 함께 도반이 되어 잘못된 것을 따르고 바른 것을 어겼으며, 여러 필추니에게 '자매여. 저 필추니와 함께 의논한 것이 있으니 좋거나 나쁘거나 말하지 마시오. 왜 그러한가? 저 필추니는 법과 율에 맞는 말을 하고, 법과 율에 의거하여 말을 하며, 아는 것이 아니면 말을 하지 않으니, 그가 사랑하고 즐거워하는 것을 나 또한 사랑하고 즐거워합니다.'라고 진실로 이렇게 말을 하였는가?"

대답하여 말하였다.

"진실로 그렇습니다."

세존께서 말씀하셨다.

"그대들은 사문인 여인이 아니고, 출가한 여인으로 마땅히 방편을 사용하지 않아야 하는 것이며, 수순하는 행이 아니니, 이것은 청정하지 못하니라."

세존께서는 여러 가지로 꾸중하시고 여러 필추니에게 알려 말씀하셨다. [자세한 설명한 것은 앞에서와 같다.]

"나아가 내가 열 가지 이익을 관(觀)하여 여러 성문 제자들을 위하여 그 일에 학처를 제정하나니, 마땅히 이와 같이 설하노라. 만약 다시 필추니가 혼자이고, 둘이며, 여러 명이 그 필추니와 함께 같은 무리가 되어 삿된 짓을 함께 하고, 바른 것을 어기고 따르면서 머무르며, 이 필추니가

여러 필추니들에게 '대덕이여. 그 필추니와 의논한 것이 있으니 좋거나
나쁘거나 말하지 마시오. 왜 그러한가? 그 필추니는 법과 율을 따르고,
법과 율에 의거하여 말하므로 말에 헛되고 망녕된 것이 없습니다. 그가
사랑하고 즐거워하는 것을 나도 역시 사랑하고 즐거워합니다.'라고 말하
면, 여러 필추니들은 마땅히 이 필추니에게 '구수여. 필추니는 법과 율을
따르고, 법과 율에 의거하여 말을 하므로 말에 헛되고 망녕된 것이 없습니
다. 그가 사랑하고 즐거워하는 것을 나도 역시 사랑하고 즐거워합니다.'라
는 말을 하지 마십시오.

 '왜 그러한가? 그 필추니는 법과 율에 따르지 아니하고 법과 율에
의거하여 말하지 않으므로 하는 말이 모두 헛되고 망녕된 것입니다.
당신은 승가를 깨뜨리는 것을 즐거워하지 말고 마땅히 화합승가를 좋아하
여야 합니다. 마땅히 승가와 화합하여 기뻐하고 싸우지 않아야 합니다.
하나같은 마음과 하나같은 말로써 물과 우유가 화합하듯이 세존의 교법(敎
法)이 밝게 드러나고 안락하고 오래도록 머무르도록 하여야 합니다. 구수
여. 승가를 깨뜨리는 나쁜 견해와 삿된 것을 따르고, 바른 것을 어기며,
싸우는 일을 짓고서 굳게 집착하고 머무르는 것을 권유하는 일을 버려야
합니다.'라고 말을 하라. 여러 필추니들이 이와 같이 충고할 때 버리면
좋으나, 만약 버리지 않으면 마땅히 두 번, 세 번 은근하고 올바르게
충고하라. 가르침을 따라서 마땅히 꾸중하여 이 일을 버리게 할 것이며,
버리면 좋으나 만약 버리지 않으면 승가벌시사이니라."

 '만약 다시 필추니'는 토라난타 필추니 또는 다른 필추니들을 말한다.
 '혼자이거나 둘이거나 여러 명'은 토라난타의 도반인 환희·근환희·주
계난타 등을 말하며, 세 사람 이상을 여러 명이라고 한다.
 '삿된 것을 따르고 바른 것을 어기다.'는 그와 함께 도반이 되어 그
삿된 견해를 따르고 바른 이치를 어기는 것이다.
 '여러 필추니'는 이 법 가운데의 사람을 말한다.
 '좋거나 나쁘거나'는 다시는 함께 선을 행하고 악을 그치는 것을 의논하
지 말라는 것이다. 왜 그러한가? 그는 법과 율을 아는 사람이므로 하는

말이 모두 세존의 가르침을 믿고 따르는 것이라고 하고, [이하 자세한 내용은 생략한다.] 굳게 고집하여 머무르는 것이다. 모두가 별도로 충고의 말을 하여 만약 버리지 않으면 승가는 마땅히 세 번을 충고하여야 한다. 자세한 것은 앞에서 갈마를 하는 것과 같다.

이 가운데에서 범한 모양과 그 일은 무엇인가? 만약 여러 도와주는 필추니들이 그 필추니가 화합승가를 깨뜨리려고 하는 것을 알고서도, [이하 자세한 내용은 생략한다.] 나쁜 방편을 짓고 그와 함께 도반이 되어 삿된 것을 따르고 바른 것을 어기면 악작죄를 얻는다. 나머지 범한 모양은 앞에서 이미 설명한 것과 같다.

근본설일체유부필추니비나야 제7권

19) 오가(汚家) 학처

그 때 박가범(薄伽梵)께서는 실라벌성에 머무르셨다.

어느 때 지타산(枳吒山)에는 열두 명의 필추니가 있었는데, 이를테면 난타(難陀)·오바난타(鄔波難陀)·토라난타(吐羅難陀)·주계난타(珠髻難陀)·저사저사(底沙底沙)·밀항라저사(蜜怛羅底沙)·바리다저사(波離多底沙)·낙기다(洛綺多)·발타라(跋陀羅)·소발타라(蘇跋陀羅)·손타라(孫陀羅)·서연다(逝延多) 등이었다.

이들은 모두 악법으로 재가인의 집을 욕되게 하였다. 여러 남자들과 함께 희롱하고 웃으며 즐겁게 말하여 교제하고 마음이 들뜨는 일을 저질렀다. 서로 몸을 치고 접촉하며 하나의 평상에 함께 앉았고, 같은 밥상에서 밥을 먹고, 같은 술잔으로 술을 마셨다. 마음대로 좋아하는 꽃과 과일을 땄으며 노래하고 춤추며 음악을 연주하고, 화장을 하여 몸을 꾸미었다. 방일(放逸)하고 마음이 들떠서 몸을 뒤척이고 날뛰는 것이 마치 물고기가 펄떡거리는 것과 같았다. 혹은 말소리를 내고, 혹은 소가 우는 소리를 내기도 하는 등 입으로 갖가지 소리를 내었으며, 남녀가 함께 싸우면서 새와 참새 등을 잡았다. 이렇게 희롱하여 여러 가지 법에 맞지 못한 일을 저지르니 지타산의 마을에 악명이 널리 퍼지게 되었다. 이곳에 오던 여러 필추니들은 이 더러운 소문을 듣고 모두가 오지 않았으며 그곳에서 오래 머물렀던 여러 필추니들도 모두 사방으로 흩어졌다.

이때 어떤 많은 필추니들이 유행하다가 이곳에 이르렀다. 하루는 필추니들이 아침에 가사와 발우를 챙겨서 마을에 들어가 걸식을 하였으나, 한 사람도 얻은 것이 없이 빈 발우로 돌아왔다. 여러 필추니들은 곧 생각하였다.

'많은 대중이 있는 이 마을 사람들은 매우 풍요롭고 안온하며 즐겁게 살아서 걸식을 하는 많은 사람들이 모두 몸을 채울 수 있는데 무슨 까닭으로 우리들은 한 사람도 얻은 것이 없는가? 이것은 먼저 이곳에 머물렀던 필추니들이 법에 맞지 않은 일을 많이 저지르고, 음심이 있는 집에서 법도에 맞지 않는 일을 저지르며, 몸을 서로 접촉하고 가까이 하여 마침내 많은 사람들이 믿지 않는 마음을 일으키게 만든 것이 아니겠는가?'

이때 마을에는 많은 장자들이 논의할 일이 있어서 모두 한 곳에 모여 있었다. 그 가운데 오바색가(鄔波索迦)[1]가 있었으니 올로가(嗢路迦)라고 이름하였다. 여러 걸식하는 필추니들이 마을에 빈 발우로 왔다가 빈 발우로 되돌아가는 것을 보고는 한 쪽에 서 있다가 여러 필추니들에게 물었다.

"무슨 까닭으로 빈 발우로 되돌아가십니까?"

여러 필추니들이 곧 그 일을 갖추어 말해주니, 올로가가 말하였다.

"만약 그와 같으면 스님들께서는 실라벌성으로 가시어 이 일을 세존께 알리는 것이 옳겠습니다. 저희들을 불쌍히 여기시어 그렇게 해주십시오."

여러 필추니들이 묵묵히 그의 말을 받아들이니, 올로가는 여러 필추니의 발에 예배드리고 말하였다.

"성자여. 오늘은 자비를 베푸시어 저의 집에서 작은 공양이지만 받아주십시오."

필추니 대중들은 이를 받아들이고 곧 그의 집에 도착하자 올로가는 손수 훌륭한 음식을 스스로 받들어 베풀어 모두 배부르게 먹게 하였다. 양치하는 나무를 씹어서 양치를 하고, 손을 씻은 뒤에 발우와 그릇들을 치우고 시주가 자리를 가져다가 상좌의 앞에 앉았다. 필추니는 그에게 법을 설하여 법의 이익과 기쁨을 보여주고 가르친 뒤에 자리에서 떠나갔다.

이때 여러 필추니들은 교살라(憍薩羅)를 유행하여 점차로 실라벌성에

---

1) 산스크리트어 upāsaka의 음사로서 근사남(近事男)·청신사(淸信士)라고 번역된다. 재가(在家)에서 세존의 가르침에 따르는 남자 신도를 뜻한다.

이르게 되었다. 이때 필추니들은 객(客) 필추니들이 오는 것을 보고 곧 그들을 위하여 피로를 풀어주고 안락함을 얻은 것과 얻지 못한 것을 서로가 물었다. 여러 필추니들은 인연을 모두 갖추어서 말해 주었다. 필추니들이 듣고서 필추들에게 알리고 필추는 세존께 아뢰었다. 세존께서 대세주(大世主) 필추니에게 말씀하셨다.

"교답미(喬答彌)여. 능히 모두 5백 명의 상좌 필추니와 함께 지타산으로 가서 열두 명의 필추니에게 구견갈마(驅遣羯磨)[2]를 할 수 있겠습니까?"

"대덕이시여. 제가 진실로 할 수 있습니다."

세존께서 말씀하셨다.

"교답미여, 다섯 가지 인연으로 구견갈마를 하는데, 법에 맞지 아니하고 율(律)에 맞지 아니하면 필추니 대중은 월법죄(越法罪)를 얻는 것입니다. 무엇이 다섯 가지인가? 첫째는 꾸중하여 묻지 않은 것이고, 둘째는 생각해서 기억나도록 하지 않는 것이며, 셋째는 그 일을 살피지 않은 것이고, 넷째는 그가 스스로 말하지 않은 것이며, 다섯째는 사람이 앞에 나타나지 않은 것입니다. 실제로 죄를 범하였어도 마땅히 합당하게 마음을 꾸중하여 그가 참회하게 할 것이며, 이미 말한 죄를 다시 거듭해서 말하게 해야 합니다. 이것을 다섯 종류의 법에 맞지 않는 구견갈마라고 하며 대중들은 월법죄를 얻습니다.

다시 다섯 가지의 인연이 있으니 구견갈마를 하면서 법에 맞고 율에 맞으면 대중들은 월법죄를 범하지 않습니다. 다섯 가지 인연은 앞의 것을 뒤집는 것이니 마땅히 아십시오. 그 산에 이르면 가는 도중에 한 곳에 머무르고서, 마땅히 사람을 보내어 필추니에게 꾸중하여 묻고, 만약 다섯 가지 법이 없으면 곧 사람을 보내지 않으며, 사람을 보내는 일도 마땅히 그만두십시오. 무엇이 다섯 가지인가? 사랑과 성냄과 두려움과 어리석음과, 꾸중하는 것과 꾸중하지 않는 것에 대해 완전히 알지 못하는 것입니다. 그러나 만약 다섯 가지 법이 있으면 합당하게 사람을 보내어

---

2) 그 지역에서 내쫓는 갈마를 가리킨다.

226

버리지 않도록 하십시오. 무엇이 다섯 가지인가? 위의 것을 뒤집은 것이니 마땅히 아십시오.

이렇게 마땅히 사람을 보내어 평소와 같이 필추니들을 모으고서 마땅히 먼저 그에게 묻기를, '그대들 어느 필추니가 능히 지타산으로 가서 열두 필추니에게 법답지 못한 법을 행하였는가를 물을 수 있겠는가?'라고 말하여 그가 '제가 능히 할 수 있습니다.'라고 대답하면 다음에는 필추니에게 백갈마를 하게 하여 '대덕 필추니 승가는 들으십시오. 이 어느 필추니는 즐거이 지타산으로 가서 승가를 욕되게 한 열두 명의 필추니에게 꾸중하여 묻고자 합니다. 필추니 승가시여. 만약 때에 이르렀음을 승인하시면 승가는 허락하십시오. 승가는 이제 어느 필추니가 꾸중하여 질문하는 사람으로 지타산에 가서 승가를 욕되게 한 열두 명의 필추니를 꾸중하여 묻게 하려고 합니다. 이와 같이 아룁니다.'라고 갈마를 하며, 알린 것에 따라서 마땅하게 지어야 합니다.

다음으로 지타산의 성(城)에 이르면 좌석(座席)을 설치하고 건치를 울리십시오. 만약 그들이 소리를 듣고 와서 모이면 좋으나, 오지 않으면 곧 마땅하게 구견갈마를 할 것이며, 만약 그들이 오면 '당신들은 함께 이와 같은 여러 가지 법에 맞지 않는 일과 청정하지 않은 일을 저질렀습니다.'라고 까닭을 말하여 그 죄를 인정하면 마땅히 알리기를 '이러한 인연으로 와서 당신들에게 구견갈마를 했습니다.'라고 말하십시오."

그때에 열두 명의 필추니들은 대세주가 그들에게 구견갈마를 한다는 소식을 들었다. 이 가운데 발타라·소발타라·손타라·서연다 필추니는 '만약 다른 여섯 필추니가 잘못된 처신으로 정법을 무너뜨렸으면 우리도 그들과 같다. 지금 대세주가 그들에게 구견갈마를 하면 우리에게도 구견갈마를 할 것이다.' 생각하고는 곧 가사와 발우를 가지고서 성의 서쪽 문으로 나와 점차로 유행하여 실라벌성에서 범한 죄에 대하여 참회할 것은 법에 맞게 대중을 마주하여 말하고, 마음으로 꾸중받을 것은 법에 의거하여 꾸중받아 제거한 후 청정한 필추니들과 함께 머물렀다.

그 대세주가 5백 명과 함께 성의 동쪽 문으로 들어와 머무르는 곳에 이르러 자리를 펴고 건치를 울리니 다른 여섯 필추니들도 듣고서 모두 와서 모였다. 그 꾸중하여 질문하는 필추니가 여섯 명의 필추니에게 물었다.

"지금 그대들은 그릇된 행위로 정법을 무너뜨렸습니다. 이 일이 사실입니까? 아닙니까?"

대답하여 말하였다.

"진실로 그렇습니다."

이때에 꾸중하여 질문을 하는 필추니는 대중들이 모두 모인 것을 알고 백갈마를 하였다.

"대덕 필추니 승가는 들으십시오. 이 난타 필추니와 오바난타 필추니와 토라난타 필추니와 주계난타 필추니는 승가를 욕되게 하는 행위를 하였습니다. 이 여러 필추니들은 여러 가지 악행을 저질러 정법을 무너뜨렸습니다. 필추니 승가시여. 만약 이르렀음을 승인하시면 필추니 승가를 허락하십시오. 난타 등의 필추니들이 승가를 욕되게 하는 처신을 하였고 그것을 버릴 마음이 없는 것에 대하여 승가는 지금 구견갈마를 하려고 합니다. 이와 같이 아룁니다." (갈마는 아뢴 것을 따른다.)

이때 올로가 오바색가가 이 일을 보고 나서 대세주 교답미의 처소로 가서 발에 예배하고 한쪽에 앉았다. 이때에 대세주 교답미는 올로가 오바색가에게 법을 설하여 이익과 기쁨을 보이고 가르치고 선(善)을 닦아서 환희심을 내도록 권유하고는 말하였다.

"그 다른 사람의 집을 욕보이는 악행을 저지른 필추니들은 이미 내쫓았습니다."

이때에 올로가 오바색가는 대세주 교답미에게 말하였다.

"저를 불쌍히 여기시어 내일은 저희 집에 오시어 작은 공양이지만 받아주십시오."

교답미는 묵묵히 그 청을 받아들였다. 그때에 올로가는 청을 받아들이는 것을 보고 나서 돌아와 곧 그날 밤으로 음식을 준비하였다. 이튿날 아침이 되어 심부름하는 사람을 보내어 가서 청하게 하였다.

"교답미시여. 음식이 마련되었습니다. 때를 아십시오."

교답미는 여러 필추니 대중과 함께 가사와 발우를 챙겨서 올로가 오바색가의 집으로 갔다. 필추니 대중이 자리에 나아가 앉으니 오바색가는 청정한 음식을 가져다가 차례대로 음식을 올려서 대중들을 배부르게 먹게 하였다. 손을 씻고 양치하는 나무로 양치하기를 마치고 오바색가는 대세주 교답미의 앞에서 자리를 낮게 하고 설법을 들었다. 대세주 필추니는 법을 설하여 이익과 기쁨을 보이고 가르치고는 자리에서 일어나 떠나갔다.

이때에 대세주 교답미는 세상을 유행하다가 실라벌성에 이르러 가사와 발우를 놓아두고 발을 씻고, 세존께서 계신 곳으로 나아가 세존의 발에 정례(頂禮)하고 한쪽에 앉아서 아뢰었다.

"제가 난타와 오바난타 등의 필추니들이 다른 이의 집을 욕보이는 악행을 저지른 것에 대하여 구견갈마를 마쳤습니다."

세존께 아뢰고 난 뒤에 발에 예배드리고 물러났다. 이때에 난타와 오바난타 필추니 등은 서로에게 말하였다.

"사람이 땅에 넘어지면 돌이켜 땅에 의지하여 일어나는 것입니다. 우리들은 함께 실라벌성으로 가서 세존과 대세주 교답미와 필추니 대중의 처소에서 슬프게 참회하여 용서를 구하도록 합시다."

곧 점차로 길을 떠나서 실라벌성에 이르렀다. 그때에 교답미는 난타와 오바난타 필추니 등이 이 성에 이르렀다는 소식을 들었다. 대세주 교답미는 5백명의 필추니 대중과 함께 세존께서 계신 곳으로 나아가 세존의 발에 정례를 드리고 한쪽에 앉았다. 대세주 교답미는 세존께 아뢰었다.

"세존이시여. 저는 난타와 오바난타 필추니들이 지금 이곳에 왔다고 들었습니다. 만약 서로 만나게 되면 어떻게 맞아야 합니까?"

세존께서 말씀하였다.

"그 필추니들을 보면 함께 말을 나누지 않을 것이고, 나이가 많은 사람이라도 예배하지 않을 것이며, 나이가 어린 자가 와서 예배하더라도 '병이 없으십니오.'라고 말하지 마십시오. 만약 머무르기를 구하면 마땅히 곁의 방을 줄 것이며, 평상과 이부자리 같은 것을 찾으면 쓰다가 부서진 것들을 주도록 하십시오. 만약 '나는 나이가 많거늘 어떻게 사용하여 부서진 물건을 주는가?'라고 말하면 '당신은 어리석은 늙은이지만, 세존의 큰 자비로 당신들에게 이 물품을 드리는 것입니다.'라고 말하십시오."

대세주 교답미는 세존의 말씀을 듣고 나서 세존께 예배드리고 물러갔다. 이때 급고독(給孤獨) 장자는 세존께서 계신 곳으로 나아가 세존의 발에 머리를 조아려 예배하고 물러나서 한쪽에 앉아 합장을 하고 아뢰었다.

"대덕 세존이시여. 제가 들으니 난타와 오바난타 필추니들이 이 성에 와서 다른 재가인의 집을 욕보이는 악법을 행하고 있다고 합니다. 지금 저희들은 어떻게 해야 합니까?"

세존께서 말씀하셨다.

"마땅히 공경하고, 예배하며, 안부를 묻지 않으나, 음식은 베풀어 주도록 하시오."

이때 난타와 오바난타 필추니는 대세주의 처소와 여러 나이 많은 필추니의 처소로 가서 머리를 조아려 예배하고 안부를 물었는데 모두가 그들에게 "병이 없고 안락하세요."라고 대답하지 아니하였고, 나이 어린 여러 필추니들도 그들에게 공경하여 예배하지 않았으며, 와구 등을 찾으면 모두가 부서진 것들을 주었고, 머무를 곳을 구하더라도 나쁜 방을 얻게 되었다. 곧 이와 같이 말하였다.

"우리들은 나이가 많은데 어떻게 나쁜 것들을 주는가?"

대세주는 방편으로 말하였다.

"당신들은 진실로 어리석은 늙은이입니다. 세존께서 자비로우신 마음으로 불쌍히 여기시어 당신들에게 부서진 물건들을 주어 환희심이 일어나지 않도록 하신 것입니다."

이때 난타와 오바난타 필추니 등은 이와 같이 의논을 하였다.

"우리들이 했던 말과 뜻과 행동은 저 발타라 필추니와 손타라 필추니와 서연다 필추니 등과 서로 비슷하여 차이가 없습니다. 우리가 지금 마땅히 가서 그들과 함께 헤아려 보도록 합시다."

그곳에 도착하였으나 발타라 등의 필추니들은 그 필추니들이 오는 것을 보고도 모두가 말도 건네지 않고 기뻐하며 안부를 묻지도 않았다. 그 필추니들을 보고서 말하였다.

"이치에 맞는 여러 어른 필추니들께서는 우리와 함께 말하지 않으시네요. 당신들이 이전에 하였던 행적(行跡)과 말은 우리들과 서로 비슷하였는데 무슨 이유로 또한 맞이하지도 않는 것입니까?"

여러 필추니들이 대답하였다.

"우리들이 이전에 하였던 행적과 말은 진실로 다르지 않습니다. 그러나 우리는 참회해야 할 것은 이미 참회하였으며, 마음으로 꾸중받을 것은 우리들이 이미 꾸중받아 없앴으니 청정함을 범한 것이 없습니다. 이러한 까닭으로 우리들은 당신들 같이 악행으로 계율을 깨뜨린 사람들을 함께 받아들여 머무르지 않는 것이 계율을 지키는 것과 같은 것입니다."

이렇게 말하는 것을 듣고는 곧 이렇게 말하였다.

"저 여러 필추니 대중은 사랑과 성냄과 두려움과 어리석음이 있어서 똑같은 죄를 지은 필추니라도 내쫓는 사람과 내쫓지 않는 사람이 있다."

곧 이 인연으로 필추니가 필추에게 알리고 필추는 세존께 아뢰었다. 세존께서는 여러 필추니들에게 말씀하셨다.

"그대들은 마땅히 난타와 오바난타 등의 필추니에게 그만두도록 충고를 하도록 하라." [이하 자세한 내용은 생략한다.]

이렇게 백사구빈갈마(白四驅擯羯磨)를 하였으나, 그들은 굳게 고집하여 버리지 아니하고 "이것이 진실된 것이고 나머지는 모두 허망한 것이다."라고 말하였다. 다시 이 인연으로 필추니들이 필추에게 알리고 필추는 세존께 아뢰었다. 세존께서는 이 인연으로 앞에서와 같이 필추니들을 모으시고 사실을 물으시고는 꾸중하셨으며, [이하 자세한 내용은 생략한다.]

"그 일에 학처를 제정하나니 마땅히 이와 같이 설하노라. 만약 다시 필추니가 마을이나 성읍에 머물면서 악법을 행하여 재가인의 집을 욕되게 하여, 이를 대중들이 보고 들어서 알고, 악행을 저지른 것도 또한 대중들이 알면 여러 필추니들은 마땅히 그 필추니에게 '구수여. 당신들은 악법을 행하여 재가인의 집을 욕되게 하였고, 이를 대중들이 보고 들어서 알고 있으며, 악행을 저지른 것도 또한 대중들이 알고 있습니다. 당신들은 떠나십시오. 마땅히 이곳에 머무르면 아니 됩니다.'라고 말하라.

그 필추니가 여러 필추니들에게 '대덕이여. 여러 필추니들은 사랑과 성냄과 두려움과 어리석음이 있어서 이와 같이 똑같은 죄를 지은 필추니라도 내쫓음과 내쫓지 않음이 있다.'라고 말하면, 이때 여러 필추니들은 그 필추니에게 '구수여. 여러 대덕께서는 사랑과 성냄과 두려움과 어리석음이 있어서 이와 같이 똑같은 죄를 지은 필추니라도 내쫓음과 내쫓지 않음이 있다.'라고 말하는 것을 그만두십시오.

왜 그러한가? 여러 필추니들은 사랑과 성냄과 두려움과 어리석음이 없기 때문입니다. 당신들은 재가인의 집을 욕되게 하고 악행을 저질렀습니다. 재가인의 집을 욕되게 한 것도 또한 대중들이 보고 들어서 알고, 악행을 저지른 것도 또한 대중들이 보고 들어서 알고 있습니다. 구수여. 당신들은 마땅히 '사랑과 성냄과 [이하 자제한 내용은 생략한다.] 등의 말을 하지 마십시오.'라고 말하라. 여러 필추니들이 이와 같이 충고를 할 때 버리면 좋으나, 만약 버리지 않으면 마땅히 두 번 세 번을 은근(慇懃)하고 올바르게 충고하라. 가르침에 따라서 마땅히 꾸중하여 이 일을 버리게 할 것이며, 버리면 좋으나 만약 버리지 않으면 승가벌시사이니라."

'필추니'는 난타야·오바난타 필추니 등이나 또는 다른 필추니들 나아가 세 사람 혹은 여러 사람을 말한다.

'마을 가운데'는 지타산을 말한다.

'재가인의 집을 욕보인다.'는 두 가지의 인연으로 재가인의 집을 욕보이는 것이다. 무엇이 두 가지인가? 첫째는 함께 머무르는 것을 말하고, 둘째는 수용(受用)하는 것을 말한다.

'무엇을 함께 머무른다고 하는가?' 남자와 함께 같은 평상에 앉고, 같은 상에서 밥을 먹으며, 같은 술잔으로 술을 마시고, 즐겁게 웃고 떠들며 노는 것을 말한다.

'무엇을 수용하는 것이라고 하는가?' 나무의 잎과 꽃과 열매 그리고 재배하는 나무 등을 말한다.

'악행을 저지른다.'는 추죄와 중죄의 악법을 저지르는 것을 말한다.

'집'은 바라문 거사 등의 집을 말한다.

'보다.'는 눈의 식별을 말한다.

'듣는다.'는 귀의 식별을 말한다.

'안다'는 나머지의 식별을 말한다.

'여러 필추니들'은 이 법 가운데의 필추니를 말한다.

'마땅히 그 필추니에게 말한다.'는 별도로 충고를 하는 것을 말하며, 충고를 하는 말은 앞에서 자세히 설명한 것과 같다. 만약 별도로 충고할 때에 버리면 좋으나 버리지 않으면 필추니는 마땅히 두 번 세 번을 충고하며 백사갈마로 지어야 한다. 나머지 것은 앞에서 설명한 것과 같다.

이 가운데에서 범한 모양과 그 일은 무엇인가? 필추니가 그가 법에 맞게 구빈갈마를 한 것을 알면서도 뒤에 사랑과 성냄과 [이하 자세한 내용은 생략한다.] 등을 말하면 모두가 악작죄를 얻는다. 필추니가 별도로 충고할 때 버리면 좋으나, 만약 버리지 않으면 솔토라저야를 얻는다. 나머지의 화합승가를 깨뜨리는 것은 앞에서 설명한 것과 같다.

20) 악성위간(惡性違諫) 학처

인연이 이루어진 처소는 앞에서와 같다.

어느 때 저사낙기다(底沙洛綺多) 필추니가 허물이 있어서 여러 필추니들이 꾸중하여 참회하여 이익되어 머무르게 하려고 생각하여 필추니에게 말하였다.

"자매는 허물이 있으니 법에 맞게 그 허물을 드러내고, 덮어서 감추지 마십시오. 드러내어 고백한다면 안락하게 머무를 수 있습니다."

저사낙기다 필추니는 여러 필추니들에게 말하였다.

"당신들 여러 가족(家族)께서는 [자세한 것은 앞에서와 같다.] 나에게 조금이라도 좋고 나쁜 것을 말하지 마십시오. 나도 또한 여러 대덕들께 좋고 나쁜 것을 말하지 않겠습니다. 여러 대덕께서는 저에게 권유하지 마시고, 의논하지도 않을 것이며, 저에 대해서 말하지 마십시오.”

곧 이 인연으로 필추니가 필추에게 알리고 필추는 세존께 아뢰었다. 세존께서는 여러 필추니들에게 말씀하셨다.

“그대들은 마땅히 그 필추니에게 그만두도록 충고하라.” [이하 자세한 내용은 생략한다.] 나아가 백사갈마를 하였으나, 고집하여 버리지 않고 ‘이 법이 진실되고 나머지는 모두가 허망하다.’라고 말하였다. 다시 이 인연으로 필추니가 필추에게 알리고 필추는 세존께 아뢰었다. 세존께서는 이 일을 인연하여 앞에서와 같이 필추니들을 모으시고 사실을 물으시고는 꾸중하셨으며, [이하 자세한 내용은 생략한다.]

“그 일에 학처를 제정하나니, 마땅히 이와 같이 설하노라. 만약 다시 필추니가 나쁜 성품으로 다른 사람의 말을 받아들이지 아니하여, 여러 필추니들이 세존께서 설하신 계경(戒經) 가운데에서 법에 맞고 계율에 맞게 참회하기를 권유할 때 충고하는 말을 받아들이지 않고 ‘여러 대덕께서는 저에게 조금이라도 좋고 나쁜 것을 말하지 마십시오. 저도 여러 대덕들께 좋고 나쁜 것을 말씀드리지 않겠습니다. 여러 대덕께서는 저에게 권유하지 마시고, 의논하지도 마시며, 저에 대해 말하지 마십시오.’라고 대답하여, 여러 필추니들이 그 필추니에게 ‘구수여. 그대는 충고하는 말을 받아들여야 합니다. 여러 필추니들이 세존께서 설하신 계경 가운데에서 법에 맞고 계율에 맞게 참회하기를 권유할 때는 충고하는 말을 받아들여야 합니다. 구수여. 법에 맞게 여러 필추니에게 충고를 하고 여러 필추니 또한 법에 맞게 충고를 해야 합니다. 구수여. 이와 같으면 여래·응공·정등각 세존과 성문 대중들이 곧 증장(增長)되므로 함께 서로 충고하고 참회하는 것입니다. 구수여. 당신은 마땅히 이 일을 버려야 합니다.’라고 이렇게 여러 필추니들이 충고할 때 버리면 좋으나 만약 버리지 않으면 마땅히 두 번 세 번 은근하고 올바르게 충고하라. 가르침에 따라서 마땅하게 꾸중하여 그 일을 버리게 할 것이며, 버리면 좋으나 만약 버리지 않으면 승가벌시사이니라.”

234

'필추니'는 저사 필추니 또는 다른 필추니들을 말한다.

'나쁜 성품으로 다른 사람의 말을 받아들이지 않는다.'는 만약 착한 필추니가 가르침을 수순(隨順)하는 말로써 바른 이치를 어기지 아니하고 바르게 충고를 하는 경우에 스스로 자기의 마음을 사용하여 받아들이지 않는 것이다.

'여러 필추니들'은 이 법 가운데의 필추니를 말한다.

'세존께서 설하신 계경 가운데에서'는 세존은 대사(大師)를 말하고, 계경 가운데 8바라시가법과 스무 가지 승가벌시사법과 서른세 가지 니살기바일저가법과 백여든 가지 바일저가법과 열한 가지 바라저제사니와 중다학법(衆多學法)과 일곱 가지 멸쟁법(滅諍法)을 설하신 것이다. '경(經)'은 세존께서 설하신 것이고, 혹은 제자가 설한 것이며, 이에 상응하는 것이니 대략 이치를 논한 것을 말한다. 이와 같은 법과 계율에 의거하여 충고를 하는 때에 다른 사람의 말을 받아들이지 않고서 스스로 나쁜 성품을 지켜서 굳게 고집하여 머무르는 것이다.

'여러 대덕께서는 좋고 나쁜 것 등을 나에게 말하지 마십시오.'는 좋은 일이라도 모름지기 권유할 것이 없고 나쁜 일이라도 막지 말라는 것이다. 이것들은 모두가 별도로 충고하는 말이다.

'대덕께서는 그만두십시오.'는 거듭해서 은근하게 말을 받아들이지 않겠다는 뜻을 밝히는 말이다. 나아가 세 번 충고를 하는 것에 관한 자세한 설명은 앞에서와 같다.

이 가운데에서 범한 모양과 그 일은 무엇인가? 필추니들이 법에 맞게 충고한다는 것을 알았을 때에는 죄의 가볍고 무거움을 얻는 것은 또한 앞에서 설한 것과 같다. 만약 갈마를 이미 마쳤으면 있는 행법(行法)을 마땅히 수순해야 한다. 무엇이 행법인가? 이를테면, 다른 사람에게 출가 구족계를 주지 못하고, 의지사가 되지 못하며, 구적녀를 곁에 두지 못하고, 마땅히 필추의 처소로 가서 가르침을 청하는 사람이 될 수 없으며, 설령 되었다고 하여도 가서는 아니 되고, 죄를 범한 필추니에게 마땅히 꾸중하여 물을 수 없으며, 갈마 등의 일에서도 또한 마땅히 꾸중할 수 없는 것이다.

만약 스무 가지 법이 있으면 갈마를 풀어주는 일과 죄에서 벗어나게 하는 일을 하여서는 아니된다. 무엇이 스무 가지인가? 몸이 불편한 까닭에 대중들의 처소에서 공경함을 나타낼 수 없고, 혹은 오만함을 버리지 않은 까닭으로 대중의 처소에서 겸손하게 낮추는 마음을 일으키지 아니하며, 혹은 다스리는 법을 따르지 않은 까닭으로 벗어나는 것을 긍정하고 수순하며 따르지 아니하고, 혹은 공경하는 법을 무너뜨린 까닭으로 대중들의 곁에서 공경하고 삼가지 아니하며, 혹은 죄를 참회치 않은 까닭으로 경계 안에서 풀려나기를 구하지 아니하고, 혹은 왕가(王家)나 단사관(斷事官)에게 의지하며, 혹은 외도나 다른 사람에게 이르기까지 대중을 의지하지 아니하고, 재가인의 옷과 외도의 옷을 입으며, 외도를 받들어 섬기고 마땅히 행해야 할 것을 짓지 아니하고, 필추니의 학처를 익히지 아니하며, 혹은 거듭해서 꾸중하고, 혹은 대중들에게 이익을 잃게 하며, 혹은 함께 머무르려고 하지 않는 등의 이와 같은 스무 가지 법이 있으면 마땅히 풀어주어서는 아니된다.

"여러 대덕이여. 내가 이미 스무 가지 승가벌시사법을 설하였으니 열두 가지는 처음에 범하는 것이고, 여덟 가지는 세 번 충고하였을 때 범하는 것입니다. 만약 필추니가 하나하나를 범하고 일부러 감추면 이부(二部)승가는 마땅히 보름의 마나비(摩那卑)[3]를 주어야 합니다. 마나비를 행하여 마쳤으나 나머지가 있으면 출죄(出罪)를 주며, 만약 이부승가의 뜻에 맞으면 이부승가는 각각 20명의 대중을 내어 마땅히 40명의 대중 가운데에서 이 필추니의 죄를 벗어나게 하십시오. 만약 한 사람이라도 부족하여 40명의 대중을 채우지 못한다면 이 필추니의 죄는 제거될 수 없으며 이부승가는 죄를 얻습니다. 이것이 죄를 벗어나게 하는 법입니다.

지금 묻나니, 여러 대덕이여. 이 가운데에서 청정합니까? (이와 같이 세 번을 말한다.) 여러 대덕은 이 가운데서 청정하나니, 조용히 계신

---

3) 산스크리트어 mānāpya의 음사로서 열중의(悅衆意)·의희(意喜)라고 번역된다. 승잔(僧殘)을 저지른 필추가 그것을 즉시 승단에 고백하고 6일 밤낮 동안 참회하는 일을 가리킨다.

까닭입니다. 나는 지금 이와 같이 지니겠습니다."

3. 서른세 가지 니살기바일저가법(泥薩祇波逸底迦法)

여러 대덕이여. 이 서른세 가지 니살기바일저가법은 보름마다 계경 가운데에서 설하는 것입니다.

(필추니는 이부정(二不定)이 없다.)

먼저 게송으로 거두어 말한다.

옷을 가지고, 놓아두며, 쌓아두고 세탁하는 것과
옷을 취하는 것과 걸식에 지나치게 받는 것과
같은 값과 별도의 주인과
사람을 시켜서 옷값을 보내는 것이 있다.

1) 유장의불분별(有長衣不分別) 학처

인연은 실라벌성에서 이루어졌다.

어느 때 여러 필추들은 여분의 옷4)을 간직하고 있다가 매번 양치하는 나무를 씹는 때와, 손발을 씻고 두 스승께 예배드리는 때와 세존께 예배드리는 때와, 절에 물 뿌리고 청소하는 때와, 혹은 쇠똥을 바르는 때와, 혹은 마을에 들어가서 걸식하는 때와, 혹은 음식을 먹을 때와 가르침을 받을 때 등에서 각각 다른 옷을 입으려고 펴고, 늘이고, 접고, 포개는 것에 힘쓰는 일이 많아져서, 선품(善品)을 닦고, 독송하며, 사유(思惟)하는 것 등을 그만두었다. 이때 욕심이 적은 여러 필추들이 함께 보고 이를 싫어하고 부끄럽게 생각하였다.

"어떻게 필추가 여분의 옷을 많이 간직하여 정업(定業) 닦는 것을 그만두는가?"

---

4) 원문에는 '장의(長衣)'라고 표기되어 있다.

여러 필추들이 이 인연으로 세존께 아뢰고 세존께서는 이부대중을 모으시고, [자세한 것은 앞에서와 같다.] 사실을 물으시고는 여러 가지로 욕심이 많아 만족하지 못하면, 선법을 기르기도 어렵고 원만해지기도 어렵다고 꾸중하셨다. 욕심이 적고 만족한 것을 알아야 선법을 기르기 쉽고 원만해지는 것도 쉽다고 하셨으며, 그 양(量)은 알맞게 받아 두타행(杜多行)⁵⁾을 닦는 것을 찬탄하시고는 여러 필추들에게 말씀하셨다. [이하 자세한 내용은 생략한다.]

"내가 열 가지 이익을 관하여 이부 제자를 위하여 그 일에 학처를 제정하나니, 마땅히 이와 같이 설하노라. 만약 다시 필추니가 옷을 짓는 것을 이미 마치고 갈치나의(羯恥那衣)⁶⁾가 다시 나왔어도 여분의 옷을 얻으면 마땅히 분별하여 저장하되, 만약 기한을 넘겨 간직하면 니살기바일저가이니라."

이때 세존께서는 여러 성문제자들을 위하여 학처를 제정하여 마치셨다.

이때에 어떤 장자가 옷과 와구들을 보시하였는데 필추의 계율과 같다.

"나아가 앞의 것은 처음 제정한 것이고, 지금은 다시 따라서 여는 것이니 마땅히 이와 같이 설하노라. 만약 다시 필추니가 옷을 짓는 것을 이미 마치고 갈치나의가 다시 나왔어도 여분의 옷을 얻으면 10일까지는 분별하지 아니하고도 마땅히 간직할 수 있으나, 만약 10일이 지나도록 간직하면 니살기바일저가이니라."

'만약 다시 필추니'는 이 법 가운데의 필추니를 말한다.

'옷을 짓기가 이미 끝나고 갈치나의가 다시 나왔다.'는 옷을 짓기가 끝났는데 갈치나의가 나오지 않은 것과 갈치나의는 나왔는데 옷을 짓기가 끝나지 않는 것과 갈치나의도 나왔고 옷을 짓기도 끝난 것과 옷을 짓기도 끝나지 않고 갈치나의도 나오지 않은 것이 있다. 첫째 구절은 만약 필추니

---

5) 산스크리트어 dhuta의 음사로 기제(棄除)·수치(修治)·두수(抖擻) 등으로 번역된다.
6) 산스크리트어 kaṭhina의 음사로 공덕(功德)·견고(堅固)라고 번역되며, 안거(安居)를 마친 수행자가 공양받은 베 조각으로 하루 만에 만들어 5개월 동안 입는 간편한 옷을 말한다.

238

가 세탁을 하고 물들이며 꿰매고 바느질해서 옷을 짓기를 이미 끝냈으나 승가에서 아직 갈치나의를 내주지 않은 것이고, 둘째 구절은 필추니가 옷을 짓기를 끝나지 못했는데 승가에서 이미 갈치나의를 내준 것이고, 셋째 구절은 필추니가 옷을 짓기를 이미 끝냈는데 승가에서 다시 갈치나의를 내준 것이고, 넷째 구절은 필추니가 옷을 짓기를 끝내지 못했으며 갈치나의를 아직 내주지 않은 것이다.

'여분의 옷을 얻어서 10일이 되기까지'는 열흘 밤을 말한다.

'여분의 옷'은 항상 지녀야 되는 옷 외의 별도의 나머지 옷을 말한다.

'분별하는 법을 지어 마땅히 간직하여도, 만약 기한을 넘겨 간직하면 니살기바일저가이다.'는 이 물건은 마땅히 버리고, 그 죄를 말하는 것이다.

'바일저가'는 불태워지고 떨어진다는 뜻이니 죄를 범한 자는 지옥·축생·아귀의 악도에 떨어져서 불에 타는 고통을 받는 것을 말한다. 또한 이 죄를 범하고서 만약 은근하게 말하여 제거하지 않으면 곧 가지고 있는 선법을 장애(障礙)하는 까닭으로 바일저가라고 이름한다.

이 가운데에서 범한 모양과 그 일은 무엇인가? 만약 필추니가 한 달의 초하루에 옷을 얻으면 10일 이내에 마땅히 지니고, 마땅히 버리며, 마땅히 작법을 하고, 혹은 남에게 주어야 한다. 만약 지니지도 않고, 버리지도 않으며, 작법을 하지도 않고, 남에게 주지도 않고서 11일째의 날이 밝으면 니살기바일저가를 얻는다.

만약 필추니가 초하루에 옷을 얻고 둘째 날에는 옷을 얻지 않고 나아가 열흘째도 얻어서 지니는 등의 일을 하지 않고 11일째의 날이 밝으면 9일 동안 얻은 옷은 모두 사타(捨墮)[7]를 범하는 것이다. 이와 같으며 나아가 8일 동안에 얻은 옷 등은 날짜의 많고 적음에 따라 지은 구절이 앞에서와 같이 따르는 것을 마땅히 알아야 한다.

7) 산스크리트어 naiḥsargika-prāyaścittika의 음사로 가사나 발우 등의 물건을 규정 이상으로 소유한 가벼운 죄이다. 이 죄를 범한 필추·필추니는 그 물건을 버리고, 네 명 이상의 필추 앞에서 참회하면 죄가 소멸되지만 참회하지 않으면 죽어서 지옥에 떨어진다고 한다.

만약 필추니가 초하루에 옷을 얻고, 둘째 날에 옷을 얻었으면 그 필추니는 10일 이내에 전에 얻은 옷을 마땅히 지니고, 뒤에 얻은 옷은 마땅히 버리는 등의 일을 할 것이며, 혹은 이와 반대로 하여 만약 작법(作法)을 하지 않고서 11일째의 날이 밝으면 2일 중에 얻은 옷은 모두 니살기바일저가이다. 이와 같이 3일 동안에 얻은 옷도 이에 따르는 것이니 마땅히 알아야 한다.

만약 필추니가 초하루에 옷을 얻고 나아가 둘째 날 등에 얻은 옷은 마땅히 앞에서와 같이 작법을 해야 한다. 만약 작법을 하지 않고서 11일째의 새벽이 밝으면 모두가 니살기바일저가이다.

만약 필추니가 초하루에 많은 옷을 얻었는데 앞과 같이 뒤에 마땅히 많은 옷을 얻었다면 나머지는 모두 작법을 해야 한다. 만약 작법을 하지 않고서 11일째의 새벽이 밝으면 모두가 니살기바일저가이다.

만약 필추니가 초하루에 많은 옷을 얻었는데 초이틀 이후에 또한 많은 옷을 얻었다면 앞에서와 같이 작법을 해야 한다. 만약 작법을 하지 않고서 11일째의 새벽이 밝으면 죄를 얻는 것은 앞에서와 같다. 이와 같은 것 등은 모두가 앞에서 잘못된 까닭으로 뒤에서 허물이 생겨나기 때문이다.

만약 필추니가 니살기의(泥薩祇衣)를 범하였으나, 이 옷을 버리지 않고, 하룻밤을 지내지 아니하며, 그 죄를 참회한다고 말하지 않고서 다른 옷을 얻으면 모두 사타를 범하는 것이다. 만약 필추니가 그 니살기의를 비록 버리기는 하였으나 하룻밤을 지내지 않고, 죄를 참회한다고 말하지 않았다면 여분의 옷은 모두 사타를 범하는 것이다. 만약 옷을 버리고 하룻밤을 지냈으나 죄를 참회한다고 말하지 않았으면, 얻은 나머지의 옷들은 모두 사타를 범하는 것이니 앞에서 잘못된 까닭이기 때문이다.

만약 필추니가 여분의 옷을 지니고서 사타를 범하고 세 가지 일을 하지 않았다면 그가 얻은 모든 옷으로, 이를테면 발우 주머니와 물 거르는 주머니와 허리띠 나아가 가지고 있는 필추니의 여러 도구와 생활용품들은 모두 니살기바일저가이니 앞에서 잘못된 까닭이기 때문이다.

만약 옷을 버리고, 하룻밤을 지내며, 그 죄를 참회하면 얻은 나머지의 옷은 모두가 범하는 것이 없다.

2) 이오의(離五衣) 학처

인연이 이루어진 처소는 앞에서와 같다.

어느 때 여러 필추들은 3의(三衣)를 많이 간직하였고, 안거하는 처소를 따라서 얻은 옷을 빨고 물들이고 바느질해서 옷의 자루 안에 담고 묶어서 주인에게 맡겼다. 필추는 위아래의 두 가지 옷을 입고 유행하였으며, 그가 떠나간 뒤에 주인은 그 담겨진 옷을 꺼내서 말리고 펼치는 등의 일이 많아지자 마침내 독송을 하고 마음을 거두어 사유하는 일을 그만두게 되었다. 곧 필추를 살피고 섬기는 것을 싫어하고 천박하게 생각하며 모두가 이렇게 말하였다.

"어떻게 필추가 여분의 옷을 많이 간직하여 다른 사람의 정업(正業)을 방해하는가?"

이때 여러 필추들이 이 일을 세존께 아뢰었다. 세존께서는 이 인연으로 앞에서와 같이 대중을 모으시고 사실을 물어보시고는 꾸중하셨으며, [이하 자세한 내용은 생략한다.]

"그 일에 학처를 제정하나니, 마땅히 이와 같이 설하노라. 만약 다시 필추니가 옷을 짓는 것을 이미 끝내고 갈치나의가 다시 나왔으나, 5의(衣)[8] 가운데 한 가지의 옷이라도 떠나서 경계 밖에서 머물러 하룻밤에 지나면 니살기바일저가이니라."

이와 같이 세존께서는 여러 성문제자들을 위하여 학처를 제정하여 마치셨다.

이때에 대가섭파는 옷이 필추의 율(律)에서와 같이 무거웠다. [이하 자세한 내용은 생략한다.]

"나아가 앞의 것은 처음으로 제정한 것이고, 지금은 다시 따라서 여는

---

8) 인도 승단에서 필추니에게 입도록 규정한 다섯 가지 옷으로 구조(九條) 가사인 승가리(僧伽梨), 칠조(七條) 가사인 울다라승(鬱多羅僧), 오조가사인 안타회(安陀會)와 삼의 안에 입는 승기지(僧祇支), 통치마인 구소락가(俱蘇洛迦) 등을 말한다.

것이니 마땅히 이와 같이 설하노라. 만약 다시 필추니가 옷을 짓기를 이미 끝내고 갈치나의가 다시 나왔으나, 5의(衣) 가운데에서 하나의 옷이라도 떠나서 경계 밖에서 머물러 하룻밤이 지나면 대중이 작법을 한 것을 제외하고는 니살기바일저가이니라."

'옷 짓는 것을 이미 마치고 갈치나의가 다시 나온 것'은 세 가지 구(句)의 차별이 있으니 앞에서와 같다.

'하나의 옷이라도 떠나서'는 승가지(僧伽胝)·올달라승가(嗢呾羅僧伽)[9]·안달바사(安呾婆娑)[10]·구소락가(俱蘇洛迦)[11]·승각기(僧脚崎)[12]의 5의 가운데 하나의 옷이라도 떠나서 경계 밖에서 머무르는 것이며, 나아가 날이 밝으면 승가에서 갈마를 한 것을 제외하고는 니살기바일저가이다. 이것은 물건을 버리는 것을 범하는 것이니 앞에서와 같이 작법을 한다.

이 가운데에서 범한 모양과 그 일은 무엇인가?

게송으로 거두어 말한다.

　　하나와 둘 또는 여러 집이 있는 마을과
　　담장과 울타리와 구덩이로 둘러싸인 것과
　　노래하는 집과 외도의 집과
　　가게와 상점과 누각과 마당과

　　집과 수레와 배와 숲과 나무에
　　모두 네 가지의 같지 않은 경우가 있으니
　　네 가지 위의 가운데
　　그 옷에 대해 마땅히 잘 알아야 한다.

한 집이 사는 마을과 두 집이 사는 마을과 여러 집이 사는 마을이

---

9) 산스크리트어 uttara-āsaṅga의 음사로서 상의(上衣)·상착의(上著衣)라고 번역된다.
10) 산스크리트어 antarvāsa의 음사로서 내의(內衣)·중숙의(中宿衣)라고 번역된다.
11) 산스크리트어 kusūlaka의 음사로서 천의(篅衣)라고 번역된다.
12) 산스크리트어 saṃkakṣikā의 음사로서 엄액의(掩腋衣)라고 번역된다.

242

있고, 담장으로 둘러싸인 마을과 울타리로 둘러싸인 마을과 구덩이(塹)13)
로 둘러싸인 마을이 있다. 하나의 마을에 하나의 세분(勢分)이 있는 것과
많은 세분이 있는 것이 있고, 여러 마을에 하나의 세분이 있는 것과
세분이 많은 것이 있다. 하나의 집에 하나의 세분이 있는 것과 세분이
많은 것이 있고, 많은 집에 하나의 세분이 있는 것과 세분이 많은 것이
있으니 이와 같이 마땅히 알아야 한다. 춤추고 노래하는 집과 외도의
집과 가게와 여관과 누각과 마당과 집과 수레와 배와 나무와 숲에도
모두 하나의 세분과 많은 세분이 있어 네 가지가 있으나 같지 않다.
　무엇이 한 집이 사는 마을인가? 산과 들의 사람이 한 집에 같이 사는
것을 말한다. 이것을 어디까지의 한계를 세분이라고 하는가? 모든 집
안과 밖으로 다시 1심(尋)14)이 되는 곳이다. 또한 절구질을 하고 불에
삶으며 갈고 음식을 먹으며, 모이는 곳까지의 한계를 또한 세분이라고
이름한다. 만약 필추니가 옷은 집 안에 놓고 몸은 세분에 거처하고, 혹은
옷은 세분에 놓고 몸이 집 안에 있으면서 날이 밝는다면 이것은 범하는
것이 없다. 만약 옷은 집 안과 세분에 두고 몸은 다른 곳에 거처한다면
곧 사타를 얻는다. 한 집이 사는 마을인 것은 이미 그와 같으며 두 집이
사는 마을인 것도 또한 그와 같다.
　무엇이 여러 집이 사는 마을인가? 마을 안에 있는 인가(人家)가 문에
차례가 없이 흩어져 사는 것을 말한다. 이것은 어디까지의 한계를 세분(勢
分)이라고 하는가? 다르기도 하고 같기도 하다. 대답하면 이 마을에는
세분이 없고 또한 함께 하는 장소도 없다. 옷에서 떠나는 한계는 집에
의거하여 그것에 따른다.
　무엇이 담장으로 둘러싸인 마을인가? 마을의 사방이 담장으로 둘러싸인
것을 말한다. 이것은 어디까지의 한계를 세분이라고 이름하는가? 담장
안쪽과 밖으로 1심이 되는 곳이다. 또한 닭이 날아가 떨어지는 곳을

---

13) 성곽이나 고분의 둘레를 감싼 물길로 주황(周隍)·구지(溝池)·외호(外壕)·호성하(護
　　城河)로 불리기도 한다.
14) 길이의 단위로서 8자(尺)를 가리킨다.

한계로 삼는다. 또한 부끄러워하는 사람이 편리한 곳을 한계로 삼는다. 이것이 세분이며, 나머지는 앞에서 말한 것과 같다.

무엇이 울타리로 둘러싸인 마을인가? 마을의 사방이 울타리로 둘러싸인 것을 말한다. 이것은 어디까지의 한계를 세분이라고 하는가? 울타리 안쪽과 밖으로 1심이 되는 곳이다. 또한 소와 양의 발에 묻어 있는 먼지가 이르는 곳까지이다. 또한 여섯 마리 소가 끄는 대나무 수레가 회전할 수 있는 곳까지를 말하며, 이것이 세분이다.

무엇이 구덩이로 둘러싸인 마을인가? 마을의 사방이 구덩이로 둘러싸여 있는 것을 말한다. 이것은 어디까지의 한계를 세분이라고 하는가? 모든 구덩이 안쪽과 밖으로 다시 8심이 되는 곳까지를 말한다. 또한 12주(肘)의 사다리가 이르는 곳까지를 말하기도 한다. 또한 쓰레기 등을 버릴 때 거칠고 큰 벽돌과 돌이 이르는 곳까지이다. 이것이 세분이다.

무엇이 하나의 마을에 하나의 세분이 있는 것인가? 이 마을에는 하나의 숲과 하나의 신묘(神廟)와 사람들이 모이는 곳이 있다. 이것을 하나의 마을에 하나의 세분이 있다고 말한다. 이것은 어디까지의 한계를 세분이라고 하는가? 숲을 안쪽과 밖으로 다시 1심이 되는 곳까지를 말한다. 또한 절구질하고 불에 삶으며 갈고 음식을 먹으며 모이는 곳까지를 말한다. 이것이 세분이다.

무엇이 하나의 마을에 많은 세분이 있는 것인가? 이 마을에는 많은 숲과 많은 신묘와 모이는 곳이 있다. 이것을 일러서 하나의 마을에 많은 세분이 있는 것이라고 한다. 이것은 어디까지를 한계지어서 세분이라고 이름하는가? 같기도 하고 다르기도 하니 대답하면 세분이 없고 다만 방 안까지 한계를 짓는다.

무엇이 많은 집이 사는 마을에 하나의 세분이 있는가? 이 많은 집이 사는 마을에는 하나의 숲과 하나의 신묘와 사람들이 모이는 곳이 있는 것을 말한다. 이것을 많은 집이 있는 마을에 하나의 세분이 있다고 한다. 이것은 어디까지의 한계를 세분이라고 하는가? 마을 안쪽 밖으로 각 1심이 되는 곳까지를 말한다. 또한 절구질을 하고 불에 삶으며 갈고 음식을 먹으며 모이는 곳까지를 한계지어서 세분이라고 이름한다.

무엇이 많은 집이 있는 마을에 많은 세분이 있는가? 많은 집이 있는 마을에는 많은 숲과 많은 신묘와 사람들이 모이는 곳이 있다. 이것을 많은 집이 있는 마을에 많은 세분이 있다고 말한다. 이것은 어디까지의 한계를 세분이라고 하는가? 다르기도 하고 같기도 하다. 대답하면 이것은 세분이 없고, 나머지는 모두 앞에서와 같다.

무엇이 하나의 집에 하나의 세분이 있는가? 이를테면 이 집안에는 오직 한 사람의 가장과 형제자매가 있는 것이다. 이것을 하나의 집에 하나의 세분이 있는 것이라고 말한다. 일은 앞에서 설명한 한 집이 사는 마을에서 설명한 것과 같다. 무엇이 하나의 집에 많은 세분이 있는가? 이를테면 이 집안에는 많은 가장 등으로 나누어지는 것이다. 이것을 일러서 하나의 집에 많은 세분이 있는 것이라고 한다. 이것은 어디까지의 한계를 세분이라고 이름하는가? 문까지 한계를 짓는 것이니 곧 세분이 없는 것이다.

무엇이 많은 집에 하나의 세분이 있는 것인가? 여러 집이 있는데 오직 한 사람의 가장이 있고 형제는 나누어지지 않는 것을 많은 집에 하나의 세분이 있는 것이라고 말한다. 무엇이 많은 집에 많은 세분이 있는가? 이 여러 집에는 많은 가장이 있어서 형제가 나누어지는 것을 말한다. 이것은 어디까지의 한계를 세분이라고 하는가? 이것은 세분이 없다. 나머지는 모두 앞에서와 같다.

무엇이 하나의 노래하고 춤추는 집에 하나의 세분이 있는가? 집의 안쪽과 밖으로 다시 1심이 되는 곳까지이다. 또한 북과 비파와 피리와 요리하는 도구를 놓아 둔 곳과 음식을 모아 두는 곳까지의 한계를 또한 세분이라고 한다. 무엇이 하나의 춤추고 노래하는 집에 많은 세분이 있는가? 이 집안에는 많은 가장이 있고 형제가 나누어진다. 이것을 하나의 집에 많은 세분이 있다고 말한다. 이것은 어디까지의 한계를 세분이라고 하는가? 무엇을 함께 하고 무엇을 별도로 하는가? 별도로 한다는 것은 그 형제가 거처하는 한계에 의거하는 것이고, 함께 한다는 것은 깃대를 놓아두고 오는 곳을 말한다.

무엇이 여럿의 춤추고 노래하는 집에 하나의 세분이 있는 것인가? 이 여러 집에는 오직 한 사람의 가장이 있어서 형제가 나누어지지 않는 것이다. 이것을 여러 집에 하나의 세분이 있다고 말한다. 이것은 어디까지의 한계를 세분이라고 하는가? 집의 안쪽과 밖으로 1심이 되는 곳까지이다. 또한 그 깃대 등을 놓아두는 곳까지를 또한 세분이라고 한다. 무엇이 여럿이 춤추고 노래하는 집에 많은 세분이 있는가? 이 여러 집에는 많은 가장이 있고 형제가 있어서 경계가 구별된다. 이것은 어디까지의 한계를 세분이라고 이름하며 무엇을 함께 하고 무엇을 별도로 하는가? 대답하면 이것은 세분이 없다.

무엇이 하나의 외도의 집에 하나의 세분이 있는가? 이 집안에는 같은 견해가 있고 다른 뜻은 없는 것을 말한다. 이것의 세분은 집의 안쪽 밖으로 1심까지이다. 또한 쇠똥을 햇볕에 말리고, 땔나무를 쌓아두며, 가죽과 옷과 물병[15])과 제사에 쓰는 작은 대바구니와 국자와 화로를 놓아두는 곳과 제사지내고 절구질하며 음식을 모아 두는 곳까지 한계를 짓기도 한다. 무엇이 하나의 외도의 집에 많은 세분이 있는가? 이 집안에는 많은 견해들이 있어서 뜻이 같지 않은 것을 말한다. 이것의 세분은 무엇을 함께 하며 무엇을 따로 하는가? 하늘에 제사지내는 곳까지를 말한다.

무엇이 많은 외도의 집에 하나의 세분이 있는가? 여러 집에 동일한 견해가 있어서 별도의 다른 뜻이 없는 것을 말한다. 이것의 세분은 집 안 모두와 밖으로 1심이 되는 곳까지이다. 또한 쇠똥을 햇볕에 쪼이는 등의 처소까지 한계를 짓기도 한다. 무엇이 많은 외도의 집에 많은 세분이 있는가? 이 많은 집에는 많은 견해가 있어서 뜻이 같지 않은 것을 말한다. 이것의 세분은 무엇을 함께 하고 무엇을 따로 하는가? 이것은 세분이 없다.

무엇이 하나의 가게에 하나의 세분이 있는가? 가게 안에는 한 사람의

---

15) 원문에는 '군지(君持)'라고 표기되어 있으며, 산스크리트어 kuṇḍikā의 음사로서 물병을 가리킨다.

가장이 있어서 형제가 나누어지지 않는 것을 말한다. 이것의 세분은 중간의 모든 것과 밖으로 1심이 되는 곳까지이다. 또한 물건과 저울을 놓아두고 거래하는 곳까지 한계를 짓기도 한다. 무엇이 하나의 가게에 많은 세분이 있는 것인가? 이 가게 안에는 많은 가장이 있어서 형제가 나누어지는 것을 말한다.

　무엇이 많은 가게에 하나의 세분이 있는가? 이 여러 가게에 오직 한 사람의 가장이 있어서 형제가 나누어지지 않는 것을 말한다. 이것의 세분은 중간의 모든 것과 밖으로 1심이 되는 곳까지이다. 또한 물건 등을 두는 곳까지 한계를 짓기도 한다. 무엇이 많은 가게에 많은 세분이 있는 것인가? 이 여럿의 가게에는 많은 가장이 있고 형제가 있는 것을 말한다. 이것은 어디까지의 한계를 그 세분이 되는가? 무엇을 함께 하며 무엇을 따로 하는가? 이것은 세분이 없다.

　무엇이 하나의 가게에 하나의 세분이 있는가? 이 가게에는 한 사람의 가장이 있고 형제가 나누어지지 않는 것을 말한다. 이것의 세분은 중간의 모든 것과 밖으로 1심이 되는 곳까지이다. 또한 소맥(小麥)과 대맥(大麥)과 유마(油麻)16)와 콩과 좁쌀(粟)과 햅쌀과 겁패(劫貝)17)와 실과 솜과 옷과 치마 등의 물건과 저울을 놓아두고서 거래하는 곳까지를 한계를 삼아 세분이라고도 한다.

　무엇이 하나의 상점에 여럿의 세분이 있는가? 이 가게에는 많은 주인이 있거나 혹은 형제가 나누어지는 것을 말한다. 이것은 어디까지의 한계가 그 세분이 되며, 무엇을 함께 하고 무엇을 따로 하는가? 물건을 쌓아 두는 곳을 말한다. 무엇이 많은 상점에 하나의 세분이 있는 것인가? 이 여러 가게에는 오직 한 사람의 주인이 있어서 형제가 나누어지는 것을 말한다. 이것의 세분은 중간의 모든 것과 밖으로 1심이 되는 곳까지이다.

---

16) 자소(紫蘇)·임자(荏子)·수소마(水蘇麻)라고 번역되며, 원산지는 동남아시아와 인도의 높은 지역이다.

17) 산스크리트어 karpāsa의 음사로서 씨가 솜털로 덮여 있는 나무 또는 그 솜털로 만든 옷이나 깔개를 가리킨다.

또한 보리와 콩 등의 물건을 놓아두는 곳까지 한계를 짓기도 한다. 무엇이 많은 상점에 많은 세분이 있는가? 이 여러 상점에는 많은 상점 주인이 있거나 형제가 나누어지는 것을 말한다. 이것은 어디까지의 한계가 그 세분이 되며, 무엇을 함께 하고 무엇을 따로 하는가? 대답하면 이것은 세분이 없다.

무엇이 하나의 누각에 하나의 세분이 있는가? 이 누각에는 한 사람의 누각 주인이 있고 형제가 나누어지지 않는 것을 말한다. 이것의 세분은 중간의 모든 것과 밖으로 1심이 되는 곳까지이다. 또한 음식을 모아두는 곳까지 한계를 짓기도 한다. 무엇이 하나의 누각에 많은 세분이 있는가? 이 누각에는 많은 누각 주인이 있거나 또는 형제가 나누어지는 것을 말한다. 이것은 어디까지의 한계가 그 세분이 되며 무엇을 함께 하고 무엇을 따로 하는가? 사다리를 놓아두는 곳을 말한다.

무엇이 여럿의 누각에 하나의 세분이 있는가? 여럿의 누각에는 한 사람의 누각주인이 있고 형제가 나누어지지 않는 것을 말한다. 이것의 세분은 중간의 모든 것과 밖으로 1심이 되는 곳까지이다 이것은 어디까지의 한계가 그 세분이며 무엇을 함께 하고 무엇을 따로 하는가? 사다리를 놓아두는 곳을 말한다. 무엇이 많은 누각에 많은 세분이 있는가? 이 여러 누각에는 여럿의 주인이 있거나 또는 형제가 나누어지는 것을 말한다. 이것은 어디까지의 한계가 그 세분이 되며 무엇을 함께 하고 무엇을 따로 하는 것인가? 대답하면 이것은 세분이 없다.

무엇이 하나의 마당에 하나의 세분이 있는가? 이 마당에는 한 사람의 마당 주인이 있고 형제가 나누어지지 않는 것을 말한다. 이것의 세분은 중간의 모든 것과 밖으로 1심이 되는 곳까지이며 곡식과 보리와 광주리와 말(斗)을 놓아두는 곳까지이다. 무엇이 하나의 마당에 많은 세분이 있는가? 이 마당에는 많은 마당 주인이 있거나 형제가 나누어지는 것을 말한다. 이것은 어디까지의 한계가 그 세분이 되며, 무엇을 함께 하고 무엇을 따로 하는가? 마당의 경계가 되는 둑(畔)을 이르는 것이다.

무엇이 여럿의 마당에 하나의 세분이 있는 것인가? 이 여럿의 마당에는 한 사람의 마당주인이 있고, 형제가 구분되지 않는 것을 말한다. 이것의 세분은 중간의 모든 것과 밖으로 1심이 되는 곳까지이며, 곡식과 보리를 두는 곳이다. 무엇이 여럿의 마당에 많은 세분이 있는 것인가? 이 여럿의 마당에는 많은 마당 주인이 있거나 또는 형제가 구분되는 것을 말한다. 이것은 어디까지의 한계가 그 세분이 되며 무엇을 함께 하고 무엇을 따로 하는가? 대답하면 이것은 세분이 없다.

무엇이 하나의 집에 하나의 세분이 있는가? 이 집안에는 한 사람의 집주인이 있고 형제가 나누어지지 않는 것이다. 이것의 세분은 중간의 모든 것과 밖으로 1심이 되는 곳까지이며, 소나 말을 매어 두는 곳과 풀을 잘게 썰고 똥을 버리는 것이 미치는 곳을 말한다. 무엇이 하나의 집에 많은 세분이 있는가? 이 집에는 많은 집주인이 있거나 혹은 형제가 구분되는 것을 말한다. 이것은 어디까지의 한계가 그 세분이 되는가? 문 안에 이르는 것을 말한다.

무엇이 많은 집에 하나의 세분이 있는가? 이 여럿의 집에는 한 사람의 집주인이 있어서 형제가 나누어지지 않는 것을 말한다. 이것의 세분은 중간의 모든 것과 밖으로 1심이 되는 곳까지이며, 소와 말을 매어두고 잘게 썬 풀과 버리는 똥이 미치는 곳이다. 무엇이 많은 집에 많은 세분이 있는가? 이 여럿의 집에는 많은 집주인이 있거나 또는 형제가 나누어지는 것을 말한다. 이것은 어디까지의 한계를 그 세분으로 하며 무엇을 함께 하고 무엇을 따로 하는가? 대답하면 이것은 세분이 없다.

무엇이 하나의 수레에 하나의 세분이 있는가? 이 하나의 수레에 한 사람의 주인이 있고 형제가 나누어지지 않는 것을 말한다. 이것의 세분은 수레를 움직이고 머무르는 중간의 모든 것과 바깥으로 1심이 되는 곳까지이며, 음식을 먹고 소를 매어두며 잘게 썬 풀과 버리는 똥이 미치는 곳이다. 무엇이 하나의 수레에 많은 세분이 있는가? 하나의 수레에 많은 수레의 주인이 있거나 또는 형제가 나누어지는 것을 말한다. 이것은 어디까지의 한계가 그 세분이 되는 것인가? 수레와 멍에가 있는 곳까지를 말한다. 무엇을 함께 하고 무엇을 따로 하는가? 함께 하고 따로 하는 것은 수레 앞턱의 가로나무까지를 말한다.

무엇이 많은 수레에 하나의 세분이 있는가? 여럿의 수레에 한 사람의 수레의 주인이 있고 형제가 나누어지지 않는 것을 말한다. 이것의 세분은 수레가 다니는 곳을 말한다. 무엇이 여럿의 수레에 많은 세분이 있는가? 이 여럿의 수레에 많은 주인이 있고, 또는 형제가 구분되는 것을 말한다. 이것은 어디까지의 한계가 그 세분이 되며, 무엇을 함께 하고 무엇을 따로 하는가? 대답하면 이것은 세분이 없다.

무엇이 한 척 배에 하나의 세분이 있는가? 이 한 척의 배에 한 사람의 배 주인이 있고 형제가 나누어지지 않는 것을 말한다. 이것의 세분은 배가 움직이고 머무는 중간의 모든 것과 밖으로 1심이 되는 곳까지이며, 배를 매어 두는 곳과 음식을 먹는 곳을 말한다. 무엇이 한 척의 배에 많은 세분이 있는가? 이 한 척의 배에 많은 주인이 있거나 또는 형제가 나누어지는 것을 말다. 이것은 어디까지의 한계를 그 세분으로 하는가? 배의 가장자리까지를 말한다.

무엇이 여러 척의 배에 하나의 세분이 있는가? 여러 척의 배에 한 사람의 주인이 있고 형제가 나누어지지 않는 것을 말한다. 이것의 세분은 배가 움직이고 머무는 것을 말한다. 무엇이 여러 척의 배에 많은 세분이 있는가? 이 여러 척의 배에 많은 주인이 있거나 또는 형제가 나누어지는 것을 말한다. 이것은 어디까지의 한계가 그 세분이 되며 무엇을 함께 하고 무엇을 따로 하는가? 대답하면 이것은 세분이 없다.

무엇이 하나의 숲에 하나의 세분이 있는가? 이 숲에는 한 사람의 주인이 있고 형제가 나누어지지 않는 것을 말한다. 이것의 세분은 이 숲속 중간에 있는 모든 것과 밖으로 1심이 되는 곳까지이다. 또한 그 숲에서 꽃을 채취하는 곳과 음식을 먹는 곳까지 한계를 짓기도 한다. 무엇이 하나의 숲에 많은 세분이 있는가? 이 하나의 숲에 많은 주인이 있고 또는 형제가 나누어지는 것을 말한다. 이것은 어디까지의 한계가 그 세분이 되는 것인가? 우물에 이르는 곳까지를 말한다.

무엇이 많은 숲에 하나의 세분이 있는가? 이 여러 숲에는 한 사람의 주인이 있고 형제가 나누어지지 않는 것을 말한다. 이것의 세분은 중간의 모든 것과 밖으로 1심 되는 곳까지와 꽃을 채취하는 곳까지이다. 무엇이 많은 숲에 많은 세분이 있는가? 이 여럿의 숲에 많은 주인이 있거나 또는 형제가 나누어지는 것을 말한다. 이것은 어디까지의 한계가 그 세분이 되며 무엇을 함께 하고 무엇을 따로 하는가? 대답하면 이것은 세분이 없다.

무엇이 하나의 나무에 하나의 세분이 있는가? 나뭇가지와 나뭇잎이 꿀이 서로 이르는 곳과 중간의 모든 것과 바깥으로 1심이 되는 곳까지이다. 또한 5월의 정오가 되는 때에 나무 그림자가 미치는 곳까지이기도 하다. 만약 바람이 없을 때 꽃과 나뭇잎과 열매가 떨어지는 곳과 비가 올 때에 물방울이 떨어지는 곳까지이다. 무엇이 하나의 나무에 많은 세분이 있는가? 나뭇가지와 나뭇잎이 성기어서 섞이지 않는 것을 말한다. 이것은 어디까지의 한계가 그 세분이 되며 무엇을 함께 하고 무엇을 따로 하는가? 나무뿌리까지를 한계로 한다.

무엇이 많은 나무에 하나의 세분이 있는가? 이 여러 나무가 나뭇가지와 나뭇잎이 서로 섞여서 덮이는 곳과 중간의 모든 것이다. 무엇이 많은 나무에 많은 세분이 있는가? 이 여러 나무가 각각 서로 떨어져 있어 나뭇가지와 나뭇잎이 서로 맞닿지 않는 것을 말한다. 이것은 어디까지의 한계가 그 세분이 되며 무엇을 함께 하고 무엇을 따로 하는가? 이것은 세분이 없다.

필추니가 범한 것의 있고 없는 것은 앞에 의거하여 알 수 있다.

그때 구수 오파리(鄔波離)가 세존께 아뢰었다.

"세존 대덕이시여. 만약 필추니가 다니고 머무르며 앉고 누울 때 옷과 떨어지는 세분은 어디까지 허락됩니까?"

세존께서 말씀하셨다.

"마치 생문(生聞) 바라문이 암몰라(菴沒羅) 나무를 심었는데 서로의 거리를 7심(尋)으로 하여 꽃과 과일이 무성하게 하는 것과 같이 이 일곱 나무의 간격이 49심이 되는 것과 같다. 이 간격이 필추니가 길을 갈 때 옷을 잃어버리면 아니 되는 한계이며, 이것을 넘어서면 잃게 되느니라. 만약 머무르고 앉고 누울 때라면 단지 1심 이내이며, 만약 두 경계의 중간에서 누울 때라면 옷자락 끝이 몸에서 떨어지지 않는 것이 그 세분이 되느니라."

만약 필추니가 옷을 떠나서 잠을 잘 때는 마땅히 세 가지의 일을 해야 한다. 범한 것에 관한 내용은 전부 앞에서 설명한 것과 같다.

근본설일체유부필추니비나야 제8권

3) 일월의(一月衣) 학처

이때 박가범께서는 실라벌성에 머무르셨다.

어느 때 여러 필추들은 여분의 옷가지를 많이 간직하고 있었는데 푸른색의 옷가지를 얻게 되면 곧바로 옷을 만들지 아니하고, 다만 간직하기만 하고 다시 다른 것을 바라면서 '만약 이와 비슷한 물건을 얻게 되면 내가 마땅히 옷을 만들리라.'고 생각하였다. 푸른색의 옷가지는 물론이요, 황색·적색·백색 및 진한 색과 옅은 색의 옷가지를 얻으면 또한 모두 모아서 간직했다. 이때 욕심이 적은 필추들은 싫어하고 천박하게 생각하였다.

"어떻게 필추가 옷가지들을 많이 간직하기만 하고 모아두고서 즐거이 옷을 만들지 않는가?"

필추가 세존께 아뢰고 세존께서는 이 인연으로 앞에서와 같이 대중들을 모으시고 사실을 물으시고는 꾸중하셨으며, [이하 자세한 내용은 생략한다.]

"그 일에 학처를 제정하나니, 마땅히 이와 같이 설하노라. 만약 다시 필추니가 옷을 짓는 것을 이미 끝내고 갈치나의도 다시 내놓았으나, 때가 아닌 옷가지를 얻으면 필요에 의해서만 받고, 받고 나서는 마땅히 빨리 옷을 만들 것이니라. 만약 바라는 곳(望處)이 있으면 구하여서 만족할 것이고, 만약 부족하면 한 달을 간직할 수 있다. 만약 기간을 넘기면 니살기바일저가이니라."

'필추니'는 이 법 가운데의 필추니를 말한다.

'옷짓기를 이미 마치고 갈치나의도 이미 내놓았으나'는 네 가지 구(句)가 있으니 자세히 설명한 것은 앞에서와 같다.

'때가 아닌 옷가지를 얻는다.'는 무엇이 알맞은 때이고 무엇이 때 아닌 때인가? 만약 머무르는 곳에서 갈치나의가 베풀어지지 않았으면 한 달 동안이니, 8월 16일로부터 9월 15일까지를 말한다. 만약 머무는 곳에서 갈치나의가 베풀어졌으면 다섯 달 동안이니, 8월 16일로부터 1월 15일까지를 알맞는 때라고 이름하고 나머지는 때 아닌 때라고 이름한다.

'만약 바라는 곳이 있다'는 옷가지가 부족하여 다시 구하는 것을 말한다.

'한 달 간은 간직할 수 있다'는 부모·형제·자매·스승 등의 처소에 바라고 있다는 말이며, '마땅히 나에게 옷을 줄 것이다. 5년회·6년회·정계회(頂髻會)·성년회(盛年會) 등에서 나는 마땅히 옷을 얻을 것이다.'라고 생각하는 것이다. 만족하면 좋으나 5의(衣)에서 한 벌이라도 부족하면 한 달 동안에 얻을 수 있다. 만약 기간을 넘겨 간직하면 니살기바일저가이며, 자세한 것은 앞에서 설명한 것과 같다.

이 가운데에서 범한 모양과 그 일은 무엇인가?

게송으로 거두어 말한다.

　바라는 곳이 있는 것과 바라는 곳이 없는 것과
　바라는 곳이 끊어진 것과 같지 않은 옷과
　새 옷과 헌옷과 분소의 등 다른 것과
　조(條)의 수(數)와 주(肘)의 양(量)이 있다.

만약 필추니가 한 달의 초하루에 조금의 푸른색 옷가지를 얻어서 아직은 옷을 짓지 못하고 간직하였으나, 바라는 곳이 있어 '만약 이와 같은 색의 옷가지를 얻게 되면 나는 마땅히 옷을 지으리라.'고 생각하였고 바로 그 날에 같은 색의 옷가지를 얻었다면, 그 필추니는 10일 이내에 옷을 만들어서 마땅히 지니고, 마땅히 버리며, 마땅히 작법(作法)을 해야 한다. 만약 지니지도 아니하고, 버리지도 아니하며, 작법을 하지도 않고서 11일의 날이 밝으면 니살기바일저가이다.

만약 필추니가 초하루에 나머지 옷가지를 얻지 못하고 2일에 비로소 옷가지를 얻었고, 3일에 옷가지를 얻었으며, 나아가 10일에 옷가지를 얻었다면, 그 필추니는 10일 안에 옷을 지어서 마땅히 지니고, 마땅히 버리며, 마땅히 작법을 해야 한다. 만약 지니지도 아니하고, 버리지도 아니하며, 작법을 하지도 않고서 11일의 날이 밝으면 니살기바일저가이 다.

만약 다시 필추니가 10일에 나머지의 옷가지를 얻지 못하고, 11일에도 얻지 못하며, 12일에도 얻지 못하고, 나아가 19일에도 옷가지를 얻지 못하다가 20일에야 비로소 나머지 옷가지를 얻었다면 곧 마땅히 앞에서와 같이 작법을 해야 한다. 만약 작법을 하지 않으면 사타(捨墮)를 범한다.

만약 필추니가 21일에 나머지 옷가지를 얻지 못하고, 나아가 29일이 지나도록 나머지 옷가지를 얻지 못하다가 30일에 비로소 나머지 옷가지를 얻었다면, 30일 하루 안에 옷을 지어서 마땅히 지니고, 버리며, 작법을 해야 한다. 만약 작법을 하지도 아니하였으나 31일의 날이 밝으면 니살기 바일저가이다. 푸른색의 옷가지를 얻은 것은 이미 그와 같으며 나머지 색깔의 옷가지를 얻은 것도 일은 모두 앞에서와 같다.

만약 필추니가 초하루에 푸른색의 옷가지를 얻고서 옷을 만들지 아니하고 간직하며 따로 바라는 곳이 없어서 '만약 이와 같은 색깔의 옷가지를 얻게 되면 나는 마땅히 옷을 만들리라.'고 생각하였는데, 곧 그날에 같은 종류의 옷가지를 얻게 되었다면 그 필추니는 10일 안에 옷을 지어서 마땅히 버리고, 작법을 해야 한다. 만약 작법을 하지도 않았으나 11일의 날이 밝으면 니살기바일저가이다. 만약 초하루에 나머지 옷가지를 얻지 못하고, 2일에 옷가지를 얻은 것과 나아가 30일에 옷가지를 얻은 것의 자세한 것은 앞에서 설명한 것과 같다. 푸른색의 옷가지를 얻은 것은 이미 그와 같으며 다른 색깔로 된 옷가지를 얻은 일도 모두 이와 같다.

만약 필추니가 초하루에 푸른색의 옷가지를 얻어서 옷을 짓지 아니하고 간직하여 바라는 곳이 있었으나 때가 너무 길고 멀어 구하는 것에 맞지 아니하여 얻을 수가 없고, 또는 그 날에 푸른색의 옷가지를 얻게 되면

10일 안에 마땅히 옷을 지어야 한다. 이와 같이 [이하 자세한 내용은 생략한다.] 나아가 30일에야 비로소 다른 색깔의 옷가지를 얻었다면 일은 앞에서 설명한 것과 같다.

만약 필추니가 초하루에 푸른색의 옷가지를 얻어서 옷을 짓지 아니하고 간직하고 바라는 곳이 있으나, 바라는 곳에서 비록 아직 옷가지를 얻지는 못하였으나 마음이 끊어지지 않았고, 혹은 그날에 청색의 옷가지를 얻었다면 앞에서 자세히 설명한 것과 같다. 만약 필추니가 초하루에 푸른색의 옷가지를 얻어 옷을 짓지 아니하고 간직하여 마음에 바라는 곳이 있으나, 만약 바라는 곳이 모두 끊어졌으면, 그 필추니가 얻은 옷가지는 10일 안에 마땅히 지니고, 마땅히 버려야 하니 앞에서 자세히 설명한 것과 같다.

이때 구수 오파리가 세존께 아뢰었다.

"대덕이시여. 몇 종류의 옷이 있습니까?"

세존께서 말씀하셨다.

"두 종류가 있나니 첫째는 새로운 것이고, 둘째는 오래된 것이니라. 새로운 것은 새로 짠 것을 말하고, 오래된 것은 일찍이 네 달 이상을 입었던 것을 말하느니라. 오파리여. 다시 다섯 가지 옷이 있나니 첫째는 유시주의(有施主衣)이고, 둘째는 무시주의(無施主衣)이며, 셋째는 왕환의(往還衣)이고, 넷째는 사인의(死人衣)이며, 다섯째는 분소의(糞掃衣)이니라. 무엇이 유시주의인가? 남자나 여자나 반택가(半擇迦) 등이 그를 위하여 시주한 것을 말한다. 무엇이 무시주의인가? 남자나 여자나 반택가 등이 그를 위하여 시주하지 않은 것을 말한다. 무엇이 왕환의인가? 만약 죽은 사람이 있어 권속들이 슬프게 생각하여 옷을 시신 위에 올려놓고서 화장하는 곳까지 보냈다가 화장(焚葬)을 마치면 다시 그 옷을 가지고 돌아와 승가에 받들어 보시한 것을 말한다. 무엇이 사인의인가? 시다림[1]에 있는 죽은 자의 옷으로서 주인이 없어 거두어들인 것을 말한다. 무엇이 분소의인

---

1) 원문에는 '시림(屍林)'이라고 표기되어 있다.

가? 다섯 종류가 있으니 무엇인가? 첫째는 길에 버려진 옷이고, 둘째는 더러운 곳에 있는 옷이며, 셋째는 냇가의 주변에 버려진 옷이고, 넷째는 개미가 씹어서 구멍난 옷이며, 다섯째는 찢어진 옷이니라. 다시 다섯 종류가 있으니 첫째는 불에 탄 옷이고, 둘째는 물에 젖은 옷이며, 셋째는 쥐가 갉은 옷이고, 넷은 소가 씹은 옷이며, 다섯은 유모(孀母)가 버린 옷이니라.

만약 필추니가 새 옷을 얻어서 옷을 짓고자 한다면 마땅히 세탁하고, 물들이며, 재단하고, 바느질하며, 두 겹으로는 승가지를 만들고, 두 겹으로는 니사단(尼師但)을 만들며, 한 겹으로는 올달라승가(嗢呾羅僧伽)를 만들고, 한 겹으로는 안달바사(安呾婆娑)를 만들어야 한다. 만약 필추니가 두 겹으로 승가지를 만들 때 만약 덧붙여서 세 번째 겹을 덧붙인다면 덧붙일 때에 악작죄를 얻고, 11일의 날이 밝으면 곧 사타를 범하게 된다.

만약 필추니가 새로 만든 승가지에서 오래된 속감을 뜯어내어 다른 곳에 사용하려고 한다면 뜯어낼 때에 악작죄를 얻으며, 11일의 날이 밝으면 곧 사타를 범하게 된다.

만약 필추니가 새로 만든 승가지에서 그 속감을 뜯어내어 세탁하고 물들이고 바느질하고 다듬어서 다시 본래의 자리에 붙이려고 한다면 범하는 것이 없으나, 11일의 날이 밝을 때까지 덧붙이는 일을 끝내지 못하면 니살기바일저가이다. 승가지는 이미 이와 같으며 니사단의 일도 모두 이와 같다. 만약 필추니가 새로 만든 올달라승가가 있는데 두 번째의 겹을 덧붙인다면 덧붙일 때 악작죄를 얻으며, 11일의 날이 밝을 무렵에는 곧 사타를 범하게 된다. 안달바사도 또한 이와 같다.

만약 필추니가 헌옷가지를 얻어서 옷을 지으려고 하면 마땅히 세탁하고 물들이며, 재단을 하고, 바느질하여 네 겹으로는 승가지를 만들고, 네 겹으로 니사단을 만들며, 두 겹으로는 올달라승가와 안달바사를 만든다. 만약 필추니가 두 겹의 올달라승가와 안달바사에 만약 다시 덧붙이고자 하여 세 번째의 겹을 덧붙이면 덧붙일 때에 악작죄를 얻으며, 11일의 날이 밝으면 사타죄를 범하게 된다.

만약 필추니가 두 겹으로 된 옷에서 속감을 뜯어내어 혹은 덧붙이거나 덧붙이지 않는 것의 범하는 것과 범하지 않는 것의 자세한 것은 앞에서 설명한 것과 같다. 만약 필추니가 유시주의와 왕환의와 사인의가 있으면 그것이 새로운 것인가? 오래된 것인가에 의거하여 겹의 수(數)를 마땅히 알아야 한다. 분소의를 가지고 있는 때는 겹의 수를 마음대로 하여도 옷을 짓는데 제한이 없다.

그때 구수 오파리가 세존께 아뢰었다.

"대덕이시여. 승가지에는 몇 종류가 있고, 조(條)의 수는 어떻게 됩니까?"

세존께서 오파리에게 말씀하셨다.

"아홉 종류의 구분이 있느니라. 무엇이 아홉 가지인가? 9조·11조·13조·15조·17조·19조·21조·23조·25조이니라. 오파리여. 처음의 세 가지 가사는 긴 조각 두 개와 짧은 조각 한 개로 하고, 다음의 세 가지 종류는 긴 조각 세 개와 짧은 조각 한 개로 하며, 끝의 세 가지 종류는 긴 조각 네 개와 짧은 조각 한 개로 짓는 것이니 마땅하게 짓고 마땅하게 지닐지니라. 이것을 넘어서면 곧 잘못된 옷이 되느니라."

오파리가 세존께 아뢰었다.

"대덕이시여. 가사의 크고 작음에는 몇 가지 차별이 있습니까?"

세존께서 말씀하셨다.

"승가지에는 세 가지 차별이 있나니 상·중·하를 말한다. 상(上)은 세로가 3주(三肘)이고, 가로가 5주이며, 하단 세로가 2주 반이고 가로가 4주 반이니라. 이 두 가지의 중간을 중(中)이라 이름한다. 올달라승가와 안달바사의 경우에도 또한 세 종류가 있으니 상·중·하를 말하며 양(量)은 승가지에서 말한 것과 같으니라. 오파리여. 다시 두 가지의 안달바사가 있으니 세로가 2주이고 가로가 5주인 것과 세로가 2주이고 가로가 4주인 것이니라. 가장 아래의 안달바사는 다만 3륜(三輪)[2]을 덮을 뿐이니, 이것이 지니는 가사 가운데에서 가장 작은 것이니라. 만약 니살기바일저가의 가장 작은

---

2) 필추니의 어깨와 가슴 등의 몸을 가리킨다.

것은 다만 가로와 세로를 1주로 제한한 것이니라."

만약 필추니가 사타를 범하면 마땅히 세 가지의 일을 해야 하는데 마땅히 위에서 설명한 것과 같이 하라. 이 가운데에서 말하지 않은 3의(衣)의 법식과 궐소락가(厥蘇洛迦)3)와 승각기(僧脚崎)는 모두 다른 곳에서와 같다.

4) 여비친필추완고의(與非親苾芻浣故衣) 학처

그때 보살께서는 도사천(都史天)4)으로부터 내려오시어 겁비라성의 정반왕(淨飯王)의 가문에 의탁하여 태어나셨다. 이때에 사방에 큰 명성을 떨치고 있던 사람이 말하였다,

"석가족에 태자가 탄생하셨으니, 설산 주변의 분염(分鹽) 강 곁에 있는 겁비라(劫比羅)5) 선인(仙人)이 머무는 처소이다."

이곳에서 멀지 않은 곳에 바라문 선인이 있었으니 아사다(阿私多)라고 이름하였으며, 점을 잘 치고 관상을 잘 보았다. 왕이 부르니 살펴보고 수기(授記)하였다.

"두 가지의 상서로움이 있습니다. 만약 재가에 있으면 전륜왕(轉輪王)이 되어 사천하(四天下)를 교화하고, 대성주(大聖主)가 되어 윤보(輪寶)·상보(象寶)·마보(馬寶)·주보(珠寶)·여보(女寶)·주장신보(主藏臣寶)·주병신보(主兵臣寶)의 칠보(七寶)를 구족하며, 천 명의 아들이 원만하고 큰 위력을 갖추어 용건(勇健)하고 무쌍(無雙)하여 원수를 항복시키고, 이 대지와 사해(四海)의 끝을 다스리며, 모든 도둑들이 없어지고 또한 혹독한 형벌이 없어지며, 법과 이치로써 사람들을 다스리며 안온하게 머무를 것입니다.

---

3) 산스크리트어 kusūlaka의 음사로서 천의(篅衣)라고 번역된다. 인도 승단에서 필추니들이 입는 통치마와 비슷한 옷이다.
4) 도솔천(兜率天)의 다른 명칭이다. 천상(天上)의 욕계(欲界) 중에서 제4천으로 그 내원(內院)은 미래에 부처가 되는 보살이 머무르는 곳이다.
5) 산스크리트어 Kapila의 음사로서 겁비라(劫比羅)·가비리(迦毘梨)로 한역되며, 황발(黃髮)·금두(金頭)라 번역된다. 수론외도(數論外道)의 시조이다.

만일 출가하면 수염과 머리카락을 깎고, 바른 신심(信心)으로 집 아닌 곳에 이르러 마땅히 큰 깨달음을 이루고 마땅히 정변지(正遍知)가 되어 명성이 시방에 가득하며 널리 많은 중생을 구제하실 것입니다."

이때 여러 나라의 대왕들 모두 석가족에 태자가 탄생하여 설산에 있으며, 나아가 널리 중생들을 구제하실 것이라는 소식을 듣고는 각자 이와 같이 생각하였다

'나는 지금 마땅히 가서 태자를 받들어 모시고, 뒤에 마땅히 복록(福祿)을 얻어야겠다.'

또한 이렇게 생각하였다.

'나는 지금 태자를 만날 수 있는 인연은 없으니 만약 정반왕을 받들어 모시면 곧 태자를 받들어 모시는 일이 되는 것이다.'

이때 여러 나라의 왕들이 모두 사신과 함께 나라의 신표(信標)를 지니고 정반왕에게 나아갔다. 뒤에 보살께서는 깊은 궁궐 안에서 양육되어 점차 성장하셨으나, 늙고 병들고 죽는 것을 보신 까닭으로 마음에 근심과 번뇌를 품게 되어 마침내 숲 속으로 가시어 아울러 세속의 일을 버리게 되셨다. 이 소식을 듣고 여러 나라의 왕들은 모두 이렇게 생각하였다.

'내가 지금 정반왕을 섬기는 까닭은 태자를 섬기고자 하는 뜻이었으나, 지금 태자는 이미 숲 속으로 가서 마음에서 출리(出離)를 구하고자 한다. 내가 지금 무엇 때문에 쓸모없이 비용을 낭비할 것인가?'

이에 사신과 여러 국신(國信)을 모두 단절시켰다. 그때에 교살라국(憍薩羅國)의 승광대왕(勝光大王)은 정반왕의 나라와 이웃하고 있어 신물(信物)은 비록 단절시켰으나, 오히려 사신은 왕래하였고 때때로 사신을 보내고 서로를 문안하였다. 파견된 이 나라의 사신은 대신으로 밀호(密護)라고 이름하였다. 이때 밀호는 정반왕의 처소에 이르러 국사를 논의하고서 곧 대신인 오타이의 집에 머물렀다. 정반왕이 사신을 보내어 승광왕을 문안할 때는 대신인 오타이를 가도록 하였고 오타이는 실라벌성(室羅伐城)에 이르러 승광왕을 보고 국사를 논의하고서 밀호의 집에 가서 머물렀다.

밀호에겐 부인이 있어 급다(笈多)라고 이름하였으며, 얼굴과 용모가

단정하여 사람들이 보고는 즐거워하였다. 어느 때 오타이는 급다와 법에 맞지 않은 비법(非法)을 함께 저질렀다. 그러자 그 밀호는 자기 부인이 오타이와 몰래 정을 통한다는 말을 듣고 '이 나쁜 두 사람을 죽여야겠다.'고 생각하였으나, 곧 '내가 만약 그들을 죽인다면 왕성(王城)이 시끄러워져서 크게 놀랄 것이다. 이 죄과(罪過)가 있는 여인 때문에 어떻게 바라문을 죽이겠는가?' 생각하고는 내버려두고 묻지 않았다. 뒤에 밀호가 죽자 승광왕은 그에게 아들이 없는 까닭으로 재산을 거두어 들여서 왕의 소유로 하였다. 오타이는 이 일을 듣고는 곧 이렇게 생각했다.

'내가 저 급다가 어찌 아무 것에도 의지할 수 없도록 하겠는가?'

곧 밤새도록 이익과 손해되는 일을 생각하다가 새벽이 되어 정반왕의 처소로 가서 이와 같이 말하였다.

"왕께서는 승광왕과 국경이 인접하여 있사오며, 이렇게 드러난 일을 곧 보셨으니 마땅히 사신을 보내시어 그 곳에서의 일을 헤아리셔야 합니다. 만약 문안하지 않으면 마땅히 재앙을 초래하실 것입니다."

왕이 곧 그에게 말하였다.

"만약 그와 같다면 경(卿)이 마땅히 사신으로 가서 그 일을 헤아리도록 하시오."

이때 오타이는 곧 실라벌성으로 가서 '내가 지금 대왕을 먼저 만나야 하는가? 신하를 먼저 만나야 하는가?' 이렇게 생각하였다. 다시 헤아리기를 '일을 구하는 법은 이치가 아래로부터 일어난다.'고 생각하고는 곧 대신의 처소로 가서 자신의 근본의 뜻(本意)을 자세히 말하였다.

"내가 왕에게 말하여 급다를 얻고자 하니, 바라건대 당신께서 은혜로 나를 도와 말해주시면 고맙겠습니다."

대신이 듣고 나서 그렇게 하겠다고 하여, 오타이는 곧 승광왕의 처소로 가서 함께 국사를 논의하고 곧 왕에게 말하였다.

"바라건대 대왕께서는 머물 곳을 내려주십시오."

왕이 말하였다.

"경이 이전에 왔을 때는 어느 곳에서 머물렀소?"

대답하여 말하였다.

"저는 이전에는 밀호의 집에 머물렀습니다."

왕이 말하였다.

"이번에도 마땅히 그곳에 머무르는 것이 좋겠소."

곧 다시 왕에게 말하였다.

"밀호는 죽었습니다."

왕이 말하였다.

"집주인이야 비록 죽었으나 집이 어떻게 죽었겠소?"

오타이가 말하였다.

"비록 집은 죽지 않았으나 수입이 하나도 없습니다."

왕이 신하에게 명하였다.

"묵을 곳을 찾아서 오타이를 편안하게 해드리도록 하라."

신하가 말하였다.

"다른 머물 곳이 없습니다. 그러나 저 사람의 본래의 뜻은 이전에 급다와 정을 통한 인연으로 왕께 말하고자 하는 것이니 왕께서 지금 만약 이 사람을 거두어들이면 곧 정반왕을 거두어들이시는 것입니다."

이때 승광왕은 곧 사자(使者)에게 명하여 오타이를 오도록 하여 곧 알려 말하였다.

"오타이여. 나는 진실로 경이 급다와 함께 정을 통한 것을 알지 못하였소 지금 급다를 경에게 주어 아내로 삼고 집과 재물 또한 주겠소."

이때 오타이는 감사의 예를 드리고 물러났다. 이때 급다는 오타이가 그의 집에 온다는 말을 듣고 곧 문 밖으로 나와 큰 소리로 통곡을 하였다. 오타이가 문에 이르러 급다에게 물었다.

"어째서 우는 것이오?"

급다가 대답하여 말하였다.

"내가 사랑하던 남편이 죽었는데 어떻게 지금 당신 또한 나를 버리는 것입니까?"

오타이가 말하였다.

"본래 나는 우리를 위하여 이곳에 왔소. 이미 왕께 말씀드려 당신과 집의 재산을 모두 하사받았으니 당신은 이곳에 있겠소? 겁비라성으로 가겠소?"

급다는 스스로 생각하였다.

'내가 만약 겁비라성으로 가면 바라문의 부인이 나를 살려두지 않을 것이니, 마땅히 이 집에 머물러야겠다.'

이때 오타이는 두 개의 집이 있었으니 하나는 겁비라성에 있었고, 하나는 실라벌성에 있었다.

이때 보살께서는 6년 동안 하나도 소유하지 아니하고 고행을 닦아 마치시고서 곧 마음에 따라 뛰어나고 묘한 음식을 받고자 하셨다. 곧 음식물과 여러 소유(蘇油)를 두루 몸에 바르시고 따뜻한 물로 목욕을 하셨다. 드디어 곧 승군(勝軍) 마을의 두 소를 기르는 여인의 처소가 가셨으니, 한 사람은 환희(歡喜)라 이름하였고, 다른 사람은 환희력(歡喜力)이라고 이름하였다. 열여섯 배(倍)의 우유죽을 받아서 배부르게 드시고, 다시 선행(善行) 남자의 처소로 가셔서 길상초(吉祥草)를 취하시니, 때에 흑룡왕(黑龍王)이 찬탄하였다. 보살께서는 보리수 아래로 가시어 손으로 풀을 고르게 펴서 어지럽지 않게 하신 뒤에 결가부좌를 하고 몸을 단정하고 마음을 바르게 하고서 마음속으로 생각하여 말씀하셨다.

'만약 나의 모든 번뇌를 끊고 다하지 못한다면 나는 끝까지 이 가부좌를 풀지 않으리라.'

이때 보살께서는 아직 가부좌를 풀지 않으셨으나 미혹들을 모두 마치셨다. 이때 세존께서는 36억의 마군을 항복시키시고 일체의 지혜를 증득하셨다. 범왕(梵王)의 청을 받아들여 바라니사(婆羅尼斯)로 가시어 삼전십이행(三轉十二行)6)의 법륜(法輪)을 굴리시어 다섯 필추와 그들을 따르던 다섯 필추니를 제도하셨다.

---

6) 사제(四諦)를 시전(示轉)·권전(勸轉)·증전(證轉)의 세 방면으로 나누고, 다시 시전(示轉)·권전(勸轉)·증전(證轉)의 사제(四諦) 각각에 안(眼)·지(智)·명(明)·각(覺)의 네 단계를 두어, 사제(四諦) 각각을 열두 가지 양상으로 설한 것이다.

다음으로 백모림(白毛林) 가운데로 가시어 60의 현부(賢部)를 제도하시여 견제(見諦)⁷⁾에 머물게 하셨으며, 또한 승군(勝軍) 마을에 이르시어 두 명의 소를 기르는 두 여인을 제도하시고 또한 견제에 머물게 하셨으며, 또한 오로빈라(鳥盧頻螺) 숲 근처에 가시어 천 명의 외도를 제도하시고 출가시켜 구족계를 받게 하셨다. 또한 가야산(伽耶山)⁸⁾ 정상에 이르시어 삼신변(三神變)을 나투시어 교화하시고 안은(安隱)한 열반에 머물게 하셨다. 또한 장림(杖林)⁹⁾에 이르시어 마게타(摩揭陀)의 국왕인 빔비사라왕에게 견제에 머물게 하셨고, 아울러 팔십 백천의 천인(天人) 무리와 무량(無量) 백 천의 마갈타국 바라문 등을 제도하셨다.

다음으로 왕사성에 이르시어 죽림정사를 시주를 받으셨고, 또한 사리불과 목건련에게 출가시키고 구족계를 주셨다. 다음으로 실라벌성으로 가시어 서다림의 급고독원을 받으셨다. 다음으로 교살라국(憍薩羅國)에 이르시어 『소년경(少年經)』을 설하시어 승광왕으로 하여금 견제를 얻게 하셨고 서다림에 머무르셨다. 이때 승광왕은 사신을 정반왕의 처소로 보내 이렇게 알리게 하였다.

"대왕이시여. 지금 왕께서는 기뻐하십시오. 태자께서는 이미 무상정각(無上正覺)을 증득하셨습니다. 또한 유정(有情)¹⁰⁾ 등에게 감로(甘露)를 맛보게 하시며 현재는 서다림 숲 안에서 머무르고 계십니다."

이때 정반왕은 이 소식을 듣자 손으로 뺨을 괴고 걱정하면서 탄식하였다.

"지난 날 일체의성(一切義成)¹¹⁾ 태자가 고행을 닦을 때에 내가 항상 사자를 보내 안부를 묻게 하면 사자가 곧 돌아와서 나에게 머무는 곳을 알려주었으나, 요즘에는 사자를 보내어 물어도 결국 한 사람도 돌아오는

---

7) 견제(見諦)는 진리를 명확하게 터득하는 것이며 견도(見道)와 같다.
8) 부처님이 정각을 이룬 붓다가야의 서북쪽에 인접한 산이다.
9) 산스크리트어 Yaṣṭi의 음사로서 예슬지림(洩瑟知林)으로도 번역된다.
10) 구역(舊譯)에서는 중생(衆生)이라고 기술하였고, 신역(新譯)에서는 유정이라고 기술하였다.
11) 산스크리트어 siddhārtha의 음사로서 세존이 출가하기 전의 태자(太子) 때의 이름이다. '모든 일이 마음대로 이루어진다.'는 뜻이다.

자가 없었는데 지금 서다림 안에 와서 있다고 하니 그 일은 무슨 까닭인가?"

이때에 대신인 오타이가 왕의 처소로 나아가 곧 왕에게 말하였다.

"대왕께서는 무슨 까닭으로 손으로 뺨을 괴시고 걱정하고 계십니까?"

왕이 말하였다.

"내가 어떻게 근심하지 않을 수 있겠소? 지난 날 일체의성 태자가 고행을 닦을 때에 내가 항상 사자를 보내 안부를 묻게 하면 사자가 곧 돌아와서 나에게 머무는 곳을 알려주었으나, 요즘에는 사자를 보내어 물어도 결국 한 사람도 돌아오는 자가 없었소. 지금 믿을 수 있는 소식이 전하기를 '일체의성 태자가 무상정각을 증득하였으며 또한 유정 등에게 감로를 맛보게 하였다.'고 말하며 서다림에서 있으니 어떻게 걱정되지 않겠소?"

이때 오타이는 곧 왕에게 말하였다.

"만약 이렇다면 청하건대, 제가 사신이 되어 신표를 가지고 다녀오겠습니다."

왕이 말하였다.

"경이 간다고 하여도 오히려 그곳에 머물러서 또한 돌아오지 않을 것이오."

오타이가 말하였다.

"대왕의 명을 받들었는데 어떻게 감히 돌아오지 않겠습니까?"

정반왕은 스스로 편지를 써주면서 말하였다.

처음에 수태(受胎)한 후부터
세상에서 가장 귀하게 길렀노라.
번뇌의 불길이 항상 타올라서
항상 최승수(最勝樹)를 간절히 구하더니

지금 이미 성불을 얻어서
따르는 무리의 수는 끝이 없으며

나머지 사람들도 안락함을 받았으나
오직 나만이 아직 고통을 없애지 못하였다네.

편지 쓰기를 마치고 옥쇄를 찍어 오타이에게 주었다. 이때 오타이는 왕의 칙서(勅書)를 가지고 실라벌성으로 가서 세존께 드렸다. 세존께서는 편지를 받고 곧 스스로 열어서 읽으셨다. 이때 오타이가 세존께 아뢰었다.

"세존이시여. 능히 겁비라성으로 향하지 않으시겠습니까?"

세존께서는 오타이에게 말씀하셨다.

"내가 그대와 함께 가겠소."

이때 오타이는 그 예전에 태자가 성을 넘어 출가하여 왕이 자주 불렀으나 결국 나라에 돌아오지 않았던 일을 생각하고 거듭해서 세존께 아뢰었다.

"만약 세존께서 기꺼이 가지 않으시면, 제가 억지로라도 모시고 가겠습니다."

이때 세존께서는 이 말을 들으시고 곧 오타이에게 게송[12]으로 대답하여 설하셨다.

삶과 죽음과 애욕의 그물을 완전히 제거한다면
이것은 곧 진실로 장차 데리고 갈 사람이 없는 것이니
세존의 위력은 이르지 않는 곳이 없거늘
그대가 어떤 방편으로 능히 데리고 갈 수 있을 것인가?

삶과 죽음의 애욕의 그물을 완전히 제거했다면
이것은 곧 진실로 장차 데리고 갈 사람이 없는 것이니
세존의 경계는 이르지 않는 곳이 없거늘
그대가 어떤 방편으로 능히 데리고 갈 수 있을 것인가?

이때 오타이는 세존께서 게송을 설하시는 것을 듣고 세존의 발에 정례(頂

---

12) 원문에는 '가타(伽他)'라고 표기되어 있다.

禮)하고 아뢰었다.

"세존이시여. 제가 궁으로 돌아가서 부왕께 알려드리겠습니다."

세존께서는 오타이에게 말씀하셨다.

"세존의 사자의 이치는 그렇게 하여서는 아니 되오."

오타이가 세존께 아뢰었다.

"세존의 사자는 그 일이 어떠합니까?"

세존께서 오타이에게 말씀하셨다.

"무릇 출가를 한 사람만이 비로소 세존의 사자가 될 수 있는 것이오."

오타이가 말하였다.

"저는 출가하고자 합니다. 그러나 중요한 약속을 하였기에 돌아가서 정반대왕께 보고를 드리려고 하오니 먼저 떠나겠습니다."

세존께서 말씀하셨다.

"기다려서 출가하고 비로소 소식을 전해드리도록 하시오."

오타이가 말하였다.

"좋습니다. 저는 지금 출가하겠습니다."

그러나 세존께서 보살로 계실 때에 태어나는 곳마다 두 스승과 두 어버이와 여러 존경받는 무리들에게 법에 맞게 교육받았고, 일찍이 거역한 일이 없었으므로 이 인연에 의거하여 말씀에 거역하는 사람이 없었다. 그때에 오타이가 세존께 아뢰었다.

"저는 지금 출가를 하겠습니다."

세존께서는 사리자에게 말씀하셨다.

"그대가 오타이를 출가시키고 그에게 긴 밤을 영원히 이익을 얻게 하시오."

사리불이 말하였다.

"알겠습니다. 세존이시여."

곧 출가를 시키고 아울러 구족계를 주었으며 행해야 할 법을 대략 일러주었다. 그때에 오타이는 가르침과 계율을 받고 사리불에게 예배드리고 세존의 처소로 나아갔다. 세존의 두 발에 예배드리고 아뢰었다.

"세존이시여, 저는 이미 출가하였나이다."

세존께서 말씀하셨다.

"그대는 지금 떠나가도 좋소. 그러나 잠깐 동안이라도 왕궁에 들어가서는 아니 되오. 마땅히 그 성문에 도달하면 서서 알리기를, '석가의 필추가 지금 문 밖에 와 있다.'라고 말하시오. 만약 들어오라고 외치면 마땅히 따라 들어갈 것이며, 그가 '또 다른 석가의 필추들이 있습니까?'라고 물으면, '다른 필추들이 있습니다.'라고 대답하시오. 만약 '일체의성 태자께서도 또한 이러한 모습을 하고 계십니까?'라고 물으면 '또한 이와 같은 모습을 하고 계십니다.'고 대답하시오.

그대는 또한 마땅히 왕궁 안에서 잠을 자지 않을 것이고, 만약 '일체의성 태자께서는 왕궁에서 묵으십니까?'라고 물으면, '묵지 않으십니다.'라고 대답하시오. 그가 '어느 곳에서 머무르십니까?'라고 물으면, '아란야나비하라(毗訶羅)[13]에 머무르십니다.'라고 대답하시오. 만약 '일체의성 태자께서는 앞으로 오시려고 하십니까?'라고 물으면, '오시려고 하십니다.'라고 대답하시오. 만약 '어느 때에 오시려고 하십니까?'라고 물으면, '7일이 지나면 이곳에 오실 것입니다.'고 대답하시오."

이때 오타이는 세존께 예배드리고 떠나갔다. 이때 세존께서는 신비한 힘으로 가피(加被)[14]를 주시어 오타이에게 팔을 펴는 잠깐 사이에 겁비라성에 도착하게 하셨다. 오타이는 왕궁의 성문 밖에 서서 문지기에게 알렸다.

"나를 위하여 왕께 석가의 필추가 지금 문 밖에 와 있다고 알리시오."

문지기가 물었다.

"다시 다른 석가의 필추들이 있습니까?"

대답하여 말하였다.

"여러 필추들이 있습니다."

---

13) 산스크리트어 'vihāra'의 음사로서 주처(住處)·유행처(遊行處)·정사(精舍) 등으로 한역된다.
14) 불보살이 자비심으로 중생들에게 이익을 주시는 것을 가리킨다.

문지기가 곧 들어가서 왕에게 아뢰었다.

"석가의 필추가 문밖에 와 있습니다. 들어오게 하시겠습니까?"

왕이 말하였다.

"불러들여라. 내가 석가의 필추는 그 모양이 어떤가를 보아야겠다."

문지기가 인도하였다. 왕이 있는 곳에 이르니 왕이 얼굴을 알아보고 오타이에게 물었다.

"그대는 지금 출가하셨소?"

대답하여 말하였다.

"저는 이미 출가를 하였습니다."

왕이 다시 물었다.

"일체의성 태자도 또한 이와 같은 모습을 하고 있소?"

대답하여 말하였다.

"대왕이시여. 또한 이 모습과 같습니다."

그때에 정반왕은 무시(無始)의 겁(劫)으로부터 은애(恩愛)의 정이 두터워 이와 같은 말을 듣고 기절하여 땅에 쓰러져 일어나지 못하였다. 차가운 물을 뿌리고 오랜 뒤에 깨어나 땅에서 일어나 오타이에게 물었다.

"일체의성 태자는 이곳에 오려고 하오?"

대답하여 말하였다.

"오려고 하십니다."

"언제 오려고 하시오?"

"7일이 지나면 이곳에 오실 것입니다."

이때 왕은 곧 여러 신하들에게 명하였다.

"일체의성 태자가 7일이 지나면 옛 집에 돌아오려고 하니, 경들은 마땅히 성(城)과 해자(隍)[15]를 꾸미고 도로를 장엄하며, 궁중의 내인(內人)들도 또한 물 뿌리고 청소를 하게 하라. 태자가 올 것이다."

오타이가 말하였다.

---

15) 적의 침입을 막기 위하여 성 밖을 둘러 파서 연못으로 만든 곳을 가리킨다.

"세존께서는 왕가(王家)와 내궁(內官) 안에는 머무르지 않으십니다."

왕이 말하였다.

"어느 곳에서 머무르시오?"

"아란야나 비하라에 머무르십니다."

왕은 여러 신하들에게 말하였다.

"경(卿)들은 아란야처인 굴로타림(屈路陀林)으로 가서 서다림과 같이 주처(住處)를 조성하여 열여섯의 대원(大院)을 두고 하나의 원(院)에는 육십 개의 방을 두도록 하시오."

이때 여러 신하들은 왕의 명을 받들어 곧 아란야인 굴로타림으로 가서 서다림의 것과 같이 열여섯 채의 큰 집과 집마다 예순 개의 방을 지어 대왕의 가르침을 따라서 왕의 말과 같이 곧 완성되었다. 여러 뛰어난 천인(天人)들이 마음을 일으켜 일에 힘써 정력(定力)에 상응하여 뜻과 생각이 모두 이루어졌다. 이 성 안에서는 큰 거리와 골목의 모든 더러운 것들이 다 지워지고 전단향의 물을 여러 곳에 뿌렸고, 곳곳마다 특별하고 묘한 향을 공양하였으며, 여러 가지 그림들을 매단 당번(幢幡)을 세웠고, 널리 향과 꽃을 펼쳐 놓아 진실로 즐거워하였으니 오히려 제석천에 있는 환희(歡喜)의 동산과도 같았다. 여러 대중들은 각자 간절하게 우러르는 마음을 가지고 세존을 보는 것을 바라면서 이렇게 생각하고 머무르고 있었다.

이때 세존께서는 서다림에 계셨는데 대목련에게 명(命)하셨다.

"그대는 지금 마땅히 가서 모든 필추들에게 알리도록 하라. 여래께서 겁비라성으로 가고자 하시니 만약 여러 구수께서 즐거운 마음으로 부자(父子)가 만나는 것을 보고자 하면 마땅히 가사와 발우를 챙기도록 하시오."

대목련은 세존의 명을 받고 나서 여러 필추들에게 알렸다.

"여러 구수여. 세존께서는 겁비라성으로 가고자 하십니다. 만약 여러 구수께서 즐거운 마음으로 부자가 만나는 것을 보고자 하신다면 마땅히 가사와 발우를 챙겨서 세존을 따르도록 하십시오."

여러 필추들은 알리는 말을 받들어 갖추어 와서 세존을 뒤따랐다.

그 때 세존께서는 스스로 조복(調伏)하신 까닭으로 조복에 둘러싸이셨고, 적정(寂靜)하신 까닭으로 적정에 둘러싸이셨으며, 해탈(解脫)하신 까닭으로 해탈에 둘러싸이셨고, 안은(安隱)하신 까닭으로 안은에 둘러싸이셨으며, 선순(善順)하신 까닭으로 선순에 둘러싸이셨고, 스스로 이욕(離欲)하신 까닭으로 이욕에 둘러싸이셨으며, 아라한이신 까닭으로 아라한에 둘러싸이셨고, 단엄(端嚴)하신 까닭으로 단엄함에 둘러싸이셨다.

스스로 사자왕과 같으신 까닭으로 사자에게 둘러싸이셨고, 대우왕(大牛王)과 같으신 까닭으로 여러 소들에게 둘러싸이셨으며, 기러기왕과 같으신 까닭으로 여러 기러기들에게 둘러싸이셨고, 스스로 묘시왕(妙翅王)16)과 같으신 까닭으로 묘시조(妙翅鳥)에게 둘러싸이셨으며, 바라문과 같으신 까닭으로 학도(學徒)들에게 둘러싸이셨고, 훌륭한 의사와 같으신 까닭으로 병자(病者)들에게 둘러싸이셨으며, 대군(大軍)의 장군과 같으신 까닭으로 병사들에게 둘러싸이셨고, 스스로 길을 안내하는 길잡이와 같으신 까닭으로 행인들에게 둘러싸이셨으며, 스스로 상주(商主)와 같으신 까닭으로 상인들에게 둘러싸이셨고, 스스로 대장자(大長者)와 같으신 까닭으로 많은 사람들에게 둘러싸이셨다.

스스로 국왕과 같으신 까닭으로 대신들에게 둘러싸이셨고, 밝은 달과 같으신 까닭으로 많은 별들에게 둘러싸이셨으며, 해와 같으신 까닭으로 천(千)의 빛에 둘러싸이셨고, 지국천왕(持國天王)과 같으신 까닭으로 건달바(乾闥婆)에게 둘러싸이셨으며, 증장천왕(增長天王)과 같으신 까닭으로 구반다(鳩槃茶)에게 둘러싸이셨고, 추목천왕(醜目天王)과 같으신 까닭으로 용의 무리에게 둘러싸이셨으며, 다문천왕(多聞天王)과 같으신 까닭으로 야차(藥叉)17) 무리에게 둘러싸이셨고, 정묘왕(淨妙王)과 같으신 까닭으로 아소라(阿蘇羅)18) 무리에게 둘러싸이셨으며, 제석천과 같으신 까닭에 삼

---

16) 산스크리트어 garuda의 음사로서 가유라(迦留羅)·가로차(迦路茶)라고 한역되며, 금시조(金翅鳥)·묘시조(妙翅鳥)라고 의역된다.
17) 산스크리트어 yakṣa의 음사로서 용건(勇健)이라고도 한역된다.
18) 아수라의 다른 이름으로 아수륜(阿須倫)·무단정(無端正) 등으로 번역된다.

십삼천에게 둘러싸이셨고, 범천왕(梵天王)과 같으신 까닭으로 범천의 무리
에게 둘러싸이셨다.

　스스로 큰 바닷물이 맑은 것과 같으신 까닭으로 편안히 머무르셨고,
드디어 큰 구름이 많이 모여서 널리 드리운 것과 같으셨으며, 드디어
코끼리의 새끼가 취하여 날뛰는 것을 그친 것과 같으셨으니 모든 감관을
조복시키시고 위의가 고요하시어 32상(相)으로 꾸미시고 80종호(種好)[19]
로 몸을 장엄하셨고, 1심(尋)의 원광(圓光)이 천 개의 해보다 더 밝게 비치며
편안한 모습으로 천천히 나아가시는 모습은 보산(寶山)을 즐기는 모양과
같으셨으며, 시방의 4무외(四無畏)와 대비(大悲)와 3념주(念住)와 무량한
공덕이 모두가 원만하였다.

　여러 대성문으로서 존자(尊者) 아신야교진여(阿愼若憍陳如)와 존자 고승
(高勝)과 존자 바슬바(婆瑟波)와 존자 대명(大名)과 존자 무멸(無滅)과 존자
사리자(舍利子)와 존자 대목련과 존자 가섭파(迦攝波)와 존자 명칭(名稱)과
존자 원만(圓滿) 등의 여러 대성문과 나머지 많은 사람들이 겁비라성으로
향하여 점차 나아가 노사다하(盧呬多河)에 이르렀다. 이때에 여러 필추들은
혹은 손과 발을 씻기도 하고, 혹은 양치하는 나무를 씹기도 하였으며,
혹은 깨끗한 물을 담기도 하고, 혹은 목욕을 하기도 하였다.

　이때 겁비라성의 많은 사람들은 일체의성 태자가 지금 도착한다는
소식을 듣고 모두 크게 기뻐하여 앞다투어 달려서 굴로타(屈路陀) 숲으로
갔다. 이때 정반왕은 넓은 곳에 평상과 좌석을 설치하고 태자를 기다렸다.

　이때 무량 백 천의 대중들이 구름같이 모여들었고, 혹은 선세(先世)의
선근(善根)으로 서로가 일깨워 주기도 하였으며, 혹은 마음에 기쁘고 즐거
운 생각을 일으켜 이와 같이 생각하였다.

　'아버지가 아들에게 예를 갖추는가? 아들이 아버지에게 예를 갖추는

---

19) 32상은 전륜성왕과 같은 대장부(大丈夫)가 가지는 특수한 모습(相)이 세존을
　　법계(法界)의 왕과 모습으로 비유하여 구체화 한 것이다. 80종호는 세존의 32상(相)
　　을 더 구체적으로 모습을 세분하여 성격, 음성, 행동에 대해서 80가지로 구체화한
　　것으로 수상(隨相), 소상(小相) 등으로 불리기도 한다.

가?'

불세존께서는 곧 이렇게 생각하셨다.

'내가 만약 발로 걸어 성 안으로 들어간다면 여러 석가족의 사람들은 각자 업신여기는 생각을 일으켜 믿지 않는 마음을 일으키고 이와 같이 의논할 것이다.

'일체의성 태자는 큰 잘못을 저질렀다. 이전에 떠나던 날에는 백천(百千)의 천인(天人)의 무리들이 허공으로부터 따라가며 겁비라성을 둘러싸고 갔으나, 지금 무상(無上)의 묘(妙)한 지혜를 획득하였거늘 곧 발로 걸어서 돌아오는가?' 여러 사람들이 업신여기는 마음을 지우도록 나는 지금 마땅히 신통한 변화로써 겁비라성에 들어가야겠구나.'

이때 세존께서는 마음을 따라서 염(念)하여 삼매(三昧)[20]에 드시었다. 이미 정(定)에 드시어 앉았던 자리에서 보이지 않으셨고 여러 필추와 함께 허공으로 뛰어오르시니, 마치 보름달이 함께 둘러싸고 있는 것과 같으셨고, 또한 큰 기러기왕이 날개를 펼치고 가는 것과 같으셨으며, 행주좌와(行住坐臥)의 네 가지 위의의 가운데에서 널리 신통변화를 나투시었다.

그때 세존께서는 먼저 동쪽에서 화광정(火光定)에 드시어 여러 가지 색깔인 청(靑)·황(黃)·적(赤)·백(白)·홍(紅)·파지(頗胝)[21]의 불꽃을 나투셨으며, 혹은 신통한 변화를 나투시어 몸 위로는 물이 나오게 하고 몸 아래로는 불을 나오게 하시었고, 몸 위로는 불이 나오게 하고 몸 아래로는 물이 나오게 하시었다.

동쪽에서는 이미 이와 같이 하시었고, 남·서·북쪽에서도 또한 이와 같이 하시었다. 다음으로 신통을 거두시어 허공 가운데에서 7다라수(多羅

---

20) 원문에는 '삼마지(三摩地)'라고 표기되어 있다. 산스크리트 Samādh의 음사로서 삼마지(三摩地)·삼마제(三摩提) 등으로 한역되고, 등지(等持), 또 정수(正受)·정심행처(正心行處) 등으로 의역된다.
21) 산스크리트어 sphaṭika의 음사로서 빈려(頗黎), 빈리(頗梨)라고 한역되고 수정(水精)을 가리킨다.

樹)22)의 높이에 오르시니 여러 필추들은 다만 6다라수의 높이에 올랐다. 세존께서 6에 오르시면 필추는 5에 올랐고, 세존께서 5에 오르시면 필추는 4에 올랐으며, 세존께서 4에 오르시면 필추는 3에 올랐고, 세존께서 3에 오르시면 필추는 2에 올랐으며, 세존께서 2에 오르시면 필추는 1에 올랐고, 세존께서 1이 되면 대중은 여섯 사람의 키와 같게 되었다.

세존께서 6에 오르시면 필추는 5에 올랐고, 세존께서 5에 오르시면 필추는 4에 올랐으며, 세존께서 4에 오르시면 필추는 3에 올랐고, 세존께서 3에 오르시면 필추는 2에 올랐으며, 세존께서 2에 오르시면 필추는 1에 올랐고, 세존께서 1이 되면 대중은 곧 땅에 머물렀다.

세존께서는 땅을 뛰어올라 한 사람의 키를 넘는 높이로 허공을 다니셨으며, 아울러 무량 백천 구지(俱胝)의 인간과 천상의 대중에게 둘러싸이셔서 겁비라성에 도착하셨다.

이때 정반왕은 세존을 보고 머리를 땅에 대고 세존의 발에 예배드리고 게송을 설하였다.

세존께서 처음에 태어나시어 대지가 진동했을 때와
섬부(贍部) 나무의 그림자가 몸을 떠나지 않았을 때와
지금 세 번째로 세존의 원만한 지혜에 예배하오니
마구니와 원수를 항복시키시고 정각(正覺)을 이루셨다네.

이때 여러 석가족과 나머지 대중들은 정반왕이 세존의 발에 예배드리는 것을 보고 마음을 참지 못하고 함께 큰 소리로 외쳤다.

"어떻게 존귀하신 아버지께서 아들의 발에 예배하십니까?"

이때 정반왕은 모든 석가족들에게 말하였다.

---

22) 산스크리트어 tāla의 음사로서 인도의 해안 주변에서 자라는 종려과의 교목으로, 높이 약 20m에 이름. 수액(樹液)은 사탕의 원료로 쓰이며 열매는 식용한다. 길고 넓은 잎으로 부채·모자·우산 등을 만들고, 특히 고대 인도인들은 이 잎에 경문(經文)을 침으로 새기거나 대나무로 만든 붓으로 쓰기도 하였다.

"그대들은 마땅히 이렇게 말하면 아니된다. 당시 보살께서 처음 태어나신 날에 대지가 진동하였고, 큰 광명을 놓아 세계를 두루 비추어 그 빛깔이 밝게 비추어 삼십삼천을 지나갔으며, 세계의 중간에 있는 어두운 곳으로서 해와 달의 광명이 이르지 않는 곳에도 마땅히 그때에는 모두가 그 빛을 받아서 그곳에 오랫동안 살았던 유정들도 그 빛을 받아서 서로 볼 수 있었다. 서로가 '당신들의 유정(有情)이 또한 이곳에 살고 있었구나.'라고 말하였다. 그때 내가 그 드문 일을 보고 곧 세존의 발에 예배하였느니라.

또한 보살께서 일찍이 밭 가운데에 가시어 여러 가지 농사일을 관찰하시고 섬부 나무 그늘에서 결가부좌하시어 욕계(欲界)의 나쁘고 착하지 못한 법을 멀리 여의시었고, 거친 사유와 미세한 사유가 남아있는 희락정(喜樂定)[23]을 얻어 초정려(初靜慮)[24]에 들어가셨다. 이미 정오가 지나서 다른 여러 나무들의 그림자는 모두 동쪽으로 옮겨갔으나, 오직 섬부 나무의 그늘만은 홀로 옮겨가지 아니하였고 보살의 몸에 그늘을 드리우고 있었느니라. 그때 나는 그 드문 일을 보고 나서 다시 세존의 발에 예배드렸으니 이것이 두 번째로 세존의 발에 예배하였던 것이니라."

이때 세존께서는 필추 대중 가운데에서 여러 대중들과 자리에 나아가시어 앉으셨다. 정반왕은 다시 세존의 발에 예배드리고 얼굴을 마주하고 앉았다. 이것이 네 번째로 세존의 발에 예배드린 일이었다.

한편 여러 석가족 사람들은 굴로타 숲의 특별하고 묘한 곳에서 뛰어난 자리와 좋은 공양을 차려놓고 세존과 여러 필추 대중들을 기다리고 있었다. 그때 세존께서 그 숲이 있는 곳으로 나아가시어 대중 가운데에 마련되어 있는 자리로 나아가 앉으셨다. 그때에 정반왕은 곧 갖가지 모든 세상의 미묘(微妙)하고 수승(殊勝)한 공양을 세존과 스님들께 올렸다.

정반왕은 백반왕·곡반왕·감로반왕과 나머지 그곳에 와있는 백 천의

---

23) 사선정(四禪定)은 초선정(初禪定)·제2선정(第二禪定)·제3선정(第三禪定)·제4선정(第四禪定) 등을 뜻한다.
24) 사선정의 초선정을 가리킨다.

대중들과 함께 세존의 발에 예배드리고 나서 한쪽에 앉았다. 사람들 중에는 합장만 하는 사람도 있었고, 혹은 멀리서 세존께서 묵연(默然)히 앉아계시는 것을 바라보는 사람도 있었다.

정반왕은 곧 게송으로 세존께 여쭈었다.

세존께서 예전에 왕궁에 머무실 때는
외출할 때에 코끼리와 말의 수레를 타시었거늘
어찌 양쪽 두 발로써
가시밭 가운데를 돌아다니십니까?

세존께서 대답하여 말씀하셨다.

나는 신족통(神足通)으로써
자유자재로 허공을 다니니
온 대지를 두루 다니더라도
번뇌의 가시에 다치지 않습니다.

왕이 다시 여쭈어 말하였다.

예전에는 아주 좋은 옷을 입으시고
얼굴빛도 많은 광채가 있었거늘
지금은 거칠고 헤어진 옷을 입으셨으니
어떻게 견디실 수 있겠습니까?

세존께서 대답하여 말씀하셨다.

부끄러움은 최상의 옷이 되나니
이것을 입으면 매우 단정하고 엄숙합니다.
보는 자에게 환희심을 일으키고

고요히 숲이나 들판에 머무릅니다.

왕이 다시 여쭈었다.

예전에는 기름진 쌀로 지은 밥을 드시고
묘한 금 쟁반에 풍성하였거늘
걸식을 하여 거친 음식을 드시니
어떻게 충족시킬 수 있으십니까?

세존께서 대답하여 말씀하셨다.

저는 미묘한 법을 먹으니
맛은 정(定)과 서로 일치하오며
음식을 탐하는 마음을 깨끗이 없애고
불쌍히 여기는 까닭에 받을 뿐입니다.

왕이 다시 여쭈었다.

예전에는 훌륭한 누각과 집에 오르시어
때를 따라 스스로 편안하셨거늘
지금은 숲 속에 머무르시니
어찌 두렵지 않겠습니까?

세존께서 대답하여 말씀하셨다.

저는 두려움의 근본을 끊었고
번뇌를 모두 깨끗이 제거했으니
비록 숲이나 들판에 머물지라도
모든 근심과 두려움이 영원히 끊겼습니다.

왕이 다시 여쭈었다.

 예전에는 왕궁 안에 머무르시어
 향기 있는 끓는 물에 목욕을 하셨거늘
 지금 숲과 들판 가운데에 머무르시니
 세존께서는 어떻게 목욕을 하십니까?

세존께서 대답하여 말씀하셨다.

 법의 연못은 공덕수(功德水)이고
 청정한 사람을 찬탄하나니
 지혜로운 자는 이 가운데에서 목욕을 하여
 모든 번뇌의 때를 영원히 끊사옵니다.

왕이 다시 여쭈었다

 예전에는 왕궁에 머무르시어
 금병(金甁)으로 물 뿌리면서 목욕하셨거늘
 지금은 강이나 못이 있는 곳에 머무르시니
 어떤 그릇으로 물을 뿌리십니까?

세존께서 대답하여 말씀하셨다.

 나는 청정한 계율의 물로 목욕을 하고
 묘법(妙法)의 그릇으로 물을 뿌리니
 지혜로운 이는 모두 흠모하여 찬탄을 하고
 능히 몸과 마음의 때를 깨끗이 합니다.

그때 세존께서는 묘한 게송으로 정반왕에게 대답하시고, 다음으로 대중들의 즐기는 생각과 번뇌와 계성(界性)의 차별을 관(觀)하시어, 그들의 근기에 맞게 법을 설하시었다. 그 법을 들은 사람들, 이를테면, 백반왕·곡반왕·감로반왕과 나머지 그곳에 왔던 백천의 대중들은 함께 묘법을 듣고 예류과(預流果)를 얻었고, 혹은 일래과(一來果)를 얻었으며, 혹은 불환과(不還果)를 얻기도 하였고, 혹은 출가하여 모든 번뇌를 끊고 아라한과를 얻기도 하였으며, 혹은 독각(獨覺)의 보리심을 일으키기도 하였고, 혹은 무상(無上)의 보리심을 일으키기도 하였으며, 스스로 나머지 모든 대중들을 삼보에 귀의하여 바른 믿음 가운데에 머무르게 하였다. 이때 정반왕은 너무 크게 기뻐하였던 까닭으로 아직 견제(見諦)를 얻지 못하였다. 정반왕과 여러 대중들은 세존의 발에 예배드리고 나서 공경스럽게 물러갔으며, 그 정반왕은 문득 밤에 이렇게 생각하였다.

'오직 내 아들 혼자서 이러한 위덕을 갖추었으며, 여기에 이른 사람은 아무도 없구나.'

이때 세존께서는 정반왕의 생각하는 것을 아시고 종친(宗親)이라는 교만심을 항복시키고자 새벽에 이르자 대목련에게 말씀하였다.

"그대는 마땅히 부왕을 관찰하여 불쌍히 생각하시오."

목련이 세존께 아뢰어 말하였다.

"그러겠습니다. 세존이시여."

곧 가사와 발우를 가지고 정반왕의 처소로 갔다. 왕은 존자를 보고 곧 큰 소리로 "어서 오십시오."라고 말하고 받들어 맞아들이고 자리로 나아갔다. 이때 목련은 곧 생각하였던 삼매에 들었다. 정(定)에 들어가서 몸을 자리에서 숨기고 허공에 뛰어올라 몸을 나타내었다. 먼저 동쪽에서 큰 신통한 변화로써 화광정(火光定)에 드시어 여러 가지 색깔인 청(靑)·황(黃)·적(赤)·백(白)·홍(紅)·파지(頗胝)의 불꽃을 나투셨다. 몸 위로는 물이 나오게 하고 몸 아래로는 불을 나오게 하시었고, 몸 위로는 불이 나오게 하고 몸 아래로는 물이 나오게 하시었다. 남쪽과 서쪽과 북쪽에서도 또한 그렇게 하였고, 다음으로 신통을 거두어 본래의 자리에 몸을 나타내었다.

정반왕은 대목련에게 말씀하셨다.

"세존의 제자들께서는 이와 같은 대위덕을 갖추신 것이 존자와 같으십니까?"

대목련은 곧 부왕을 위하여 게송으로 설하였다.

모니(牟尼)의 여러 제자들은
모두가 대위덕을 갖추었으니
삼명(三明)25)과 육통(六通)을
구족하지 않은 사람이 없습니다.

그때에 정반왕은 곧 이렇게 생각하였다.

'오직 나의 아들만이 대위덕(大威德)을 갖춘 것이 아니고 다른 필추들도 또한 갖추었구나. 이와 같은 필추도 대신력(大神力)을 갖추고 있구나.'

이전에 일어났던 교만한 마음이 곧 끊어져 없어졌다. 왕은 다시 생각하였다.

'지금 세존에게는 오직 사람들만이 공양을 올렸을 뿐 여러 천(天)들은 볼 수 없었다.'

대목련은 이미 왕의 생각을 알고 말하였다.

"대왕이시여. 저는 이제 세존께서 계신 처소로 돌아가겠습니다."

대답하여 말하였다.

"뜻대로 하십시오."

이때 정반왕도 또한 세존께서 계신 처소로 나아갔다. 이때 세존께서는 부왕(父王)의 생각을 아시고 곧 굴로타 숲을 모두 소파지가(蘇頗胝迦)로 변화시켰다. 왕이 동쪽 문으로 들어가려 하자 문지기가 말하였다.

"대왕께서는 들어가지 마십시오."

---

25) 세존이나 아라한이 갖추고 있는 세 가지 자유 자재한 지혜이다. 첫째는 숙명지증명(宿命智證明)이고 둘째는 생사지증명(生死智證明)이며, 셋째는 누진지증명(漏盡智證明) 등이다.

왕이 말하였다.

"무슨 뜻이오?"

문지기가 대답하여 말하였다.

"세존께서는 지금 오직 여러 천인들을 위하여 법을 설하고 계십니다."

왕이 문지기에게 물었다.

"현수여. 그대는 누구신가?"

문지기가 대답하여 말하였다.

"대왕이시여. 나는 동방의 지국천왕입니다."

곧 남쪽 문으로 가서 세존을 보려고 하니 문지기가 말하였다.

"대왕께서는 들어가지 마십시오."

왕이 물었다.

"무슨 뜻이오?"

문지기가 대답하여 말하였다.

"세존께서는 지금 오직 여러 천인들을 위하여 법을 설하고 계십니다."

왕이 문지기에게 물었다.

"현수여. 그대는 누구신가?"

문지기가 대답하여 말하였다.

"나는 남방의 증장천왕입니다."

곧 서쪽 문으로 가서 세존을 보려고 하니 문지기가 말하였다.

"대왕께서는 들어가지 마십시오."

왕이 물었다.

"무슨 뜻이오?"

문지기가 대답하여 말하였다.

"세존께서는 지금 오직 여러 천인들을 위하여 법을 설하고 계십니다."

왕이 문지기에게 물었다.

"현수여. 그대는 누구신가?"

문지기가 대답하여 말하였다.

"나는 서방의 광목천왕입니다."

곧 북쪽 문으로 가서 세존을 보려고 하니 문지기가 말하였다.

"대왕께서는 들어가지 마십시오."

왕이 물었다.

"무슨 뜻이오?"

문지기가 대답하여 말하였다.

"세존께서는 지금 오직 여러 천인들을 위하여 법을 설하고 계십니다."

왕이 문지기에게 물었다.

"현수여. 그대는 누구신가?"

문지기가 대답하여 말하였다.

"나는 북방의 다문천왕입니다."

그때 세존께서는 곧 신력(神力)으로써 정반왕에게 가피를 내리시어 문 밖에서 불세존께서 여러 천인의 무리들에게 미묘한 법을 설하시는 것을 보게 하셨다. 이때 왕이 보고 곧 이와 같이 생각하였다.

'지금 불세존께서는 사람들만의 공양을 받으시는 것이 아니라 또한 여러 천인들도 와서 친히 받들어 공양하는구나.'

정반왕이 교만한 마음을 쉬게 하시고 나서 문득 신통한 변화를 거두어 들이셨다. 이때 대목련은 정반왕을 안으로 인도하여 세존을 뵙게 하였다. 세존께서 계신 곳에 이르러 세존의 발에 예배드리고 나서 한쪽에 앉았다. 이때 세존께서는 정반왕과 정반왕을 따라온 여러 대중들의 생각과 번뇌와 계성(界性)의 차별을 따라서 근기에 맞는 법을 설하여 정반왕이 지혜의 금강저(金剛杵)26)와 같이 스무 가지 신견(身見)27)의 높은 산을 꺾어 무너뜨리고 예류과를 얻게 하셨다.

정반왕은 이미 예류과를 얻고서 세존께 아뢰었다.

---

26) 산스크리트어 vajra의 음사로서 발사라(跋闍羅)·벌절라(伐折羅)·발왈라(跋曰羅) 등으로 한역되고, 금강지저(金剛智杵)·견혜저(堅慧杵) 등으로도 의역되며, 금강으로 약칭하기도 한다.
27) 오견(五見)의 하나로서 오온이 거짓으로 화합한 이 몸을 상일주재(常一主宰)하는 뜻이 있는 아(我)를 원인으로 망집(妄執)하는 견해를 말한다.

"세존이시여. 내가 지금 증득한 것은 고조(高祖)께서 지어줄 수 있는 것이 아니고, 또한 부모님께서 지어주실 수 있는 것도 아닙니다. 왕과 천인과 사문 바라문과 여러 종친들이 능히 지어줄 수 있는 것이 아닙니다. 나는 세존이신 선지식께 의지한 까닭으로 비로소 이와 같은 일을 얻었습니다. 나락가(奈落迦)28)와 방생(傍生)과 아귀의 3악도에서 벗어나서 지금 인간과 천인에 편안히 이르게 되었사오며, 능히 미래의 생사의 마지막을 모두 끝내어 젖과 피의 거대한 바다를 마르게 하고, 백골(白骨)의 높은 산을 뛰어넘어 시작이 없는 곳으로부터 일찍이 쌓아온 신견(身見)의 굴택(窟宅)을 지금 모두 제거하고 이러한 묘과(妙果)를 증득하였습니다.

대덕이시여. 생사의 물결에서 내가 지금 벗어났사오니 나는 이제 불·법·승보에 귀의하여 오바색가가 되겠습니다. 원하건대, 세존께서는 자비를 베푸시어 살피소서. 나는 오늘부터 목숨이 다하는 날까지 중생의 목숨을 끊지 않을 것이오며 나아가 술을 일체 마시지 않겠나이다. 세존의 다섯 가지 학처를 공경히 받겠나이다."

이때 정반왕은 세존께 예배드리고 물러나서 곧 백반왕의 처소로 가서 말하였다.

"아우여. 지금 왕위를 받게나."

그가 곧 대답하여 말하였다.

"무슨 뜻이십니까?"

왕이 말하였다.

"나는 이제 견제(見諦)를 얻었으니 왕이 될 수가 없네."

물으며 말하였다.

"언제 얻으셨습니까?"

대답하여 말하였다.

"오늘이네."

그가 곧 대답하여 말하였다.

---

28) 산스크리트어 Naraka의 음사로서 지옥(地獄)·나락가(奈落迦) 등으로 번역된다.

"저는 세존께서 처음 오시던 날에 이미 견제를 얻었습니다."

다음으로 곡반왕에게 갔고, 뒤에는 감로반왕의 처소로 가서 왕위를 물려주려고 하였으나, 모두가 스스로 말하였다.

"저는 이미 견제를 얻었습니다."

정반왕이 말하였다.

"만약 그와 같다면 나는 지금 누구에게 관정(灌頂)하여 왕위를 물려주어야 하는가?"

그가 곧 대답하여 말하였다.

"석가족의 동자(童子)로서 현선(賢善)이라 이름하는 사람이 있으니 그가 왕위를 이을 수 있습니다."

왕이 자신의 뜻을 알리니 그는 곧 조용히 받아들였다. 이때 정반왕은 곧 그에게 관정하고 왕위를 현선에게 물려주었다. 그때 세존과 여러 필추 대중들은 하루의 정오에 왕궁 안으로 들어가셔서 공양을 받으셨다. 이때에 정반왕은 이와 같이 생각하였다.

'지금의 세존의 제자 가운데에는 전에 외도(外道)였던 수(數)가 천 명이다. 마음은 비록 단정하나 몸은 엄정하고 좋지 못하니 예전에 몸을 괴롭혀 모습과 얼굴이 수척(瘦悴)해진 까닭이다. 어떻게 하면 세존의 문도(門徒)들이 용모와 위의가 사랑스러워 보는 자가 기쁜 마음을 일으키게 할 수 있을까? 만약 석가족을 두 배로 하여 세존을 따른다면 비로소 단정하고 엄숙하여 사람들이 함께 존중할 것이다.'

이때 정반왕은 석가족의 모든 사람들을 모이게 하고 알려 말하였다.

"그대들은 마땅히 알라. 일체의성 태자께서 만약 출가하지 않으셨다면 마땅히 무엇을 하시고 있겠는가?"

그들이 대답하여 말하였다.

"전륜왕이 되셨을 것입니다."

다시 물어 말하였다.

"그대들은 무엇을 하겠는가?"

대답하여 말하였다.

"저희들은 신하로서 모두 따르는 사람들이 되었을 것입니다."

왕이 다시 그들에게 알려 말하였다.

"지금 일체의성 태자께서는 감로법을 증득하셨고, 또한 유정들에게 똑같이 그 맛을 보게 하고 계신다. 그대들은 어떤 까닭으로 따르지 않는가?"

그들은 모두 대답하여 말하였다.

"저희들은 출가하여 세존의 뒤를 따르기를 원합니다."

왕이 말하였다.

"각자 그대들의 뜻대로 하라."

여러 석가족의 남자들이 말하였다.

"모든 가족이 다 출가합니까? 집안에 한 사람만 출가합니까?"

왕이 말하였다.

"집안에 한 사람만 출가하라."

그때에 정반왕은 방울을 흔들어 널리 알리고 석가족에게 알려 말하였다.

"집안에 한 사람씩 출가하여 세존을 받들도록 하라. 만약 기꺼이 따르지 않는다면 반드시 책임과 허물을 초래하게 될 것이니라."

바로 이때 석가족 가운데에서 현선(賢善)과 무멸(無滅) 등 5백 명의 석가족 남자가 모두 출가하였다. 세존께서 만약 귀족을 버리고 출가한다면 많은 이양(利養)을 얻게 된다고 말씀하신 것과 같이 그때 5백 명의 석가족 출신의 필추들은 매우 많은 이양을 얻었다.

근본설일체유부필추니비나야 제9권

4) 여비친필추환고의(與非親苾芻浣故衣) 학처 ②

그때 박가범께서는 곧 이렇게 생각하셨다.

'이 여러 석가족의 남자들은 근본적으로 해탈을 위하여 출가를 하였으니 욕심을 버리고 재물과 이익의 탐착(耽着)을 버리도록 해야겠다.'

세존께서는 이양을 끊게 하시려는 까닭으로 곧 실라벌성에 있는 서다림으로 되돌아가서 이전같이 편안히 머무르셨다. 이때에 구수 오타이는 하루의 아침(初分)에 가사와 발우를 챙겨가지고 실라벌성으로 들어가서 차례로 걸식하고 다니다가 두 번째 급다의 집에 이르러 문 밖에 서 있었다. 이때 급다는 멀리서 보고는 곧 알아보고는 손으로 가슴을 치면서 그에게 말하였다.

"오타이여, 당신은 무슨 뜻으로 나를 버리고 출가하셨나요?"

대답하여 말하였다.

"현수여. 나의 세존께서는 보살이셨을 때 아내인 야수다라(耶輸陀羅)[1]와 구비가(瞿比迦)[2]와 밀율가사(蜜粟迦闍)[3] 등의 6만 명의 시녀들을 버리고 출가하셨으니, 누가 능히 그대와 같이 때가 묻은 무리와 함께 미혹에 빠져 있겠소?"

급다가 대답하여 말하였다.

"만약 그와 같다면 저도 출가하겠습니다."

대답하여 말하였다.

"좋소."

---

1) 세존의 출가 이전의 셋째 부인으로 지칭(持稱)으로 한역된다.
2) 세존의 출가 이전의 첫째 부인으로 밀호(密護)라고 한역된다.
3) 세존의 출가 이전의 둘째 부인으로 녹자(鹿子)로 한역된다.

286

급다가 말하였다.

"제가 지금 집안의 가업(家業)을 모두 정리한 뒤에 마땅히 출가하겠습니다."

오타이가 말하였다.

"서두르고 지체하지 마시오."

드디어 그 곳에서 떠나갔다. 그리고 오타이는 때때로 자주 그 집에 가서 살펴본 뒤에 물어 말하였다.

"그대는 아직도 출가하지 않았소? "

대답하여 말하였다.

"저의 가업(家業)이 아직도 거두어지지 않았습니다."

오타이가 말하였다.

"교살라국이 다 불타버린 뒤에 그대의 가업이 비로소 정리되겠소."

급다가 말하였다.

"지금 곧 정리를 하고 내일은 반드시 출가를 하겠습니다."

이때에 오타이는 곧 이렇게 생각하였다.

'나는 지금 이전의 재가인의 허물 때문에 오히려 흑발(黑鉢)⁴⁾과 같은 범행자(梵行者)들에게 가볍고 천박함을 당하게 되었구나. 하물며 그녀를 출가하게 하였으니 다시 비난과 논의를 부르게 되었구나. 육중필추도 필추니로 제도하여 곧 후회를 일으키지 않았던가?'

새벽이 되자 오타이는 가사와 발우를 챙겨가지고 왕사성으로 떠나가서 그 곳에 도착하여 여름 안거에 들어갔다. 이때 급다는 가업을 맡기고 나서 며칠 후에 서다림으로 가서 여러 필추들에게 물었다.

"그는 어디로 갔습니까?"

필추가 물어 말하였다.

"그가 누구입니까?"

대답하여 말하였다.

---

4) 벽사리성의 질 좋고 귀한 재료로 만든 검은 색의 와발(瓦鉢)이며, 세존께서 허락해야 지닐 수 있었으므로, 넓은 의미로 필추를 가리키는 말이다.

"성자(聖者) 오타이입니다."

여러 필추들이 대답하였다.

"그는 멀리 왕사대성(王舍大城)으로 갔습니다."

이렇게 알려주는 말을 듣고 곧 소리 내어 울었다.

필추가 물어 말하였다.

"급다여. 무슨 뜻으로 소리 내어 우는 것입니까?"

"성자 오타이는 저에게 집을 버리고 출가를 허락하셨습니다. 저는 이미 집안의 재산을 맡기고 왔으나 그분은 저를 버리고 멀리 떠나가셨으니 저는 이제 재가인도 아니고 출가인도 아닙니다. 어떻게 걱정하고 번민하지 않겠습니까?"

한 필추가 대답하여 말하였다.

"머리를 깎는 데 사용하는 칼 때문에 그는 왕사성으로 갔습니다. 새로운 칼을 구하여 그대의 머리를 새로 깎아주려고 한 것입니다."

이때 필추니 대중이 가르침을 청하려고 서다림으로 오다가 급다가 걱정하며 울고 있는 것을 보고 물었다.

"급다여. 무슨 뜻으로 울고 있나요?"

급다가 앞의 일을 갖추어 필추니 대중에게 말해주니, 여러 필추니들이 그녀에게 말하였다.

"당신은 진실로 아는 것이 없군요. 어떻게 필추가 필추니를 제도하겠습니까? 도리어 필추니 대중이 당신을 제도하여 출가시키는 것이므로 우리를 따라서 대세주 교답미의 처소로 가면 당신을 제도하여 출가시킬 것입니다."

이때 여러 필추니 대중들은 곧 급다를 데리고 대세주의 처소로 가서 알려 말하였다.

"성자여. 이 급다 여인이 출가하기를 마음으로 원합니다."

이때 대세주는 곧 출가를 허락하였다. 이때 오타이는 왕사성에 있으면서 이와 같이 생각하였다.

'내가 여러 흑발을 보호하고 아끼는 까닭으로 급다의 출가를 허락하지 않았으니, 나는 마땅히 허리띠 등의 몸을 위하여 구하는 물건들을 잃게 되었구나. 만약 다른 흑발이 급다를 제도하였다면 나아가 잠시 보려고 해도 나는 만날 이유가 없구나.'

비록 안거를 하기는 하였으나 마음은 항상 즐겁지 못하였다. 이때 어떤 늙은 필추가 실라벌성에서 여름 안거를 마치고 왕사성으로 왔다. 이때 오타이는 죽림정사의 밖에 있는 큰 길가를 바라보며 머무르고 있었다. 드디어 멀리서 그 늙은 필추가 오는 것을 보았다. 그의 수염은 물억새 꽃과 비슷하였고, 눈썹은 길어서 아래로 덮였으며, 어깨와 팔을 늘어뜨리고 천천히 걸어오고 있었다. 이때 오타이는 '여기 오는 자는 어떤 상좌(上座)일까?' 생각하였다. 가까이 다가오자 그에게 알려 말하였다.

"잘 오셨습니다. 잘 오셨습니다. 상좌시여."

늙은 필추가 말하였다.

"아차리야(阿遮利耶)5)께 공경히 예배드립니다. 오파타야(鄔波馱耶)6)께 공경히 예배드립니다."

오타이는 그가 법도가 없고, 두 스승을 알지도 못하는 것을 보고 곧 그가 필시 마하라(摩訶羅)7)인 것을 알고서 그를 데리고 절 안으로 들어가서 물었다.

"그대는 어디에서 오십니까?"

대답하여 말하였다.

"실라벌성에서 왔습니다."

이때 오타이는 '만약 내가 먼저 급다에 관한 소식을 묻는다면 듣는 사람이 비난하고 천박하게 생각할 것이니 나는 마땅히 차례를 지켜 물어야겠다.'고 생각하였다.

"그대 늙은 필추는 어느 곳에서 왔으며, 세존께서는 병환이 적으시고, 고뇌도 적으시며, 일상생활이 편안하시고 안락하신지, 또 실라벌성에

---

5) 아사리(阿闍梨)라고도 하며, 제자들을 법을 가르치는 궤범사(軌範師)를 말한다.
6) 제자가 시봉하면서 법을 배우는 스승으로 친교사(親教師)·화상(和尚)이라고 한다.
7) 어리석고 나이 먹은 필추를 낮추어 부르는 호칭이다.

계시면서 여름 안거를 하셨는지 잘 아십니까?"

그가 곧 말하였다.

"세존께서는 병이 없으시고 안락하시며 그곳에서 안거를 하셨습니다."

또 물었다.

"필추·필추니·오바색가·오바사가(鄔波斯迦)[8] 대중들도 병 없이 안락하게 평소와 같이 머물렀으며 때때로 세존을 찾아뵙고 정법을 듣고 있습니까?"

대답하여 말하였다.

"물으신 분들도 모두 안온함을 얻었으며 때때로 와서 정법을 듣고 있습니다."

또 물었다.

"주위(住位)[9] 요교교진여(了敎憍陳如)·주위 가섭파(迦攝波)·주위 사리자(舍利子)·대목련(大目連) 등과 다른 여러 존숙들과 대세주 교답미와 그리고 승광왕과 장자 선수(仙授)와 고구(故舊)[10] 녹자모(鹿子母)인 비사거(毘舍去)와 선생부인(善生夫人)도 모두 병이 없이 안락하게 머무르고 있습니까?"

대답하여 말하였다.

"모두가 안락하게 계십니다."

또 물었다.

"그대는 장자의 아내인 급다를 아십니까?"

대답하여 말하였다.

"알고 있습니다. 그는 대덕 오타이의 옛 아내입니다."

오타이가 말하였다.

"그녀는 지금도 장자의 아내입니까?"

대답하여 말하였다.

---

8) 산스크리트어 upāsikā의 음사로서 근사녀(近事女)·청신녀(淸信女)라고 번역된다. 출가하지 않고 재가(在家)에서 부처님의 가르침에 따르는 여신도를 말한다.

9) 보살의 계위 중 신위(信位)의 다음을 주위(主位)라고 한다. 여기에 열 가지가 있으므로 흔히 10주라고 한다.

10) 오래 사귀어 온 친구(親舊)를 말한다.

"이미 출가했습니다."

오타이가 물어 말하였다.

"누가 출가를 허락했습니까?"

대답하여 말하였다.

"대세주입니다."

오타이는 문득 이와 같이 생각하며 '이미 출가를 하였으니 혹시 모습을 볼 수 있겠구나.' 하고는 곧 불러서 말하였다.

"마하라여. 우선 발을 좀 씻으십시오."

이때에 오타이는 그의 가사와 발우를 가져다가 매우 높은 곳에 있는 상아 말뚝에 걸어 두고 많은 기름을 주어서 손과 발에 바르도록 하고 그에게 말하였다.

"지금 이 방 안에는 음식도 있고 편리하니 마땅히 안은(安隱)하고 즐거운 마음으로 머무르시오."

그가 말하였다.

"나는 머물 생각이 없습니다."

이때 오타이는 곧 자물쇠를 부탁하고 알려 말하였다.

"세존께서 말씀하신 것과 같이 필추는 머무르는 곳을 제멋대로 버리고 떠나가는 것이 아닙니다. 마하라여. 이것이 자물쇠이니 당신이 스스로 맡아주어야 되겠습니다."

이렇게 말하고 걸어서 길을 따라 떠나갔다. 점차로 실라벌성의 서다림 안에 이르러 방을 청소하고, 쇠똥을 바르는 것을 마쳤으며, 문을 가리고 평상 위에 누워 부채질을 하고, 노래를 지어 소리 내어 읊으며 정법을 외웠다. 이때 필추니들이 가르침을 청하려고 이곳으로 오고 있었으며, 여러 필추니들은 이 풍송(諷誦)11)의 소리를 듣고 그 소리의 음운(音韻)를 알았으므로, 함께 오타이가 있는 곳에 이르러 물었다.

"대덕이시여. 지난번에 급히 떠나가더니 이제 어느 곳에서 오셨습니

---

11) 경전의 글귀에 가락을 붙여 읽거나, 경전의 글귀를 읊조리면서 암송하는 것을 말한다.

까?"

대답하여 말하였다.

"나는 잠깐 왕사성에 있었습니다."

필추니들이 물어서 알고 나서 돌아가 급다에게 알려 말하였다.

"그대는 지금 기뻐하십시오. 아차리야께서 지금 이곳에 와 계십니다."

급다가 물었다.

"어떤 아차리야 말씀하십니까?"

대답하여 말하였다.

"오타이입니다."

급다가 말하였다.

"어떻게 그가 나의 아차리야입니까? 내가 어떻게 그를 따라서 학업을 배우겠습니까?"

여러 필추니들이 급다에게 대답하여 말하였다.

"그대는 아는 것이 없어 이렇게 말하는 것입니다. 많은 여러 필추니들이 대필추와 함께 서로가 연결되어 있으니, 그대는 지금 마땅히 그에게 안부를 묻는 것이 어떻겠습니까?"

급다가 곧 가루향과 기름과 목욕하는 물건들을 갖추어 오타이의 방으로 가서 문을 두드리며 불렀다. 오타이가 물었다.

"문을 두드리는 사람이 누구요?"

대답하여 말하였다.

"나는 급다입니다."

오타이가 말하였다.

"잘 왔소. 잘 왔소. 장자의 아내여. 마음대로 들어오시오."

이때 급다는 안으로 들어가서 그에게 말하였다.

"대덕이여. 제가 지금 어찌 장자의 아내이겠습니까? 저는 이미 출가하였습니다."

물어 말하였다.

"누가 그대에게 출가를 허락하였소?"

대답하여 말하였다.

"성자 대세주이십니다."

오타이가 말하였다.

"나는 다른 일이 있어 잠시 왕사성에 갔었소. 당신은 무슨 까닭으로 급하게 재가를 떠났소?"

그녀가 곧 대답하여 말하였다.

"대덕께서 이전에 이렇게 말씀하시지 않으셨습니까? '당신은 마땅히 집안의 재산을 정리하도록 하시오. 내가 당신을 출가시켜 주겠소.'라고 말입니다. 저는 그 가르침에 의지하여 재산을 맡기고 왔는데 대덕께서는 저를 버리고 멀리 왕사성으로 떠나가셨습니다. 만약 대세주께서 저를 제도하여 주시지 않았으면 저는 진실로 재가인도 아니고 출가인도 아닐 것입니다."

오타이가 말하였다.

"내가 어떻게 당시에 스스로 무거운 부담을 지니고 당신을 가르치는 것을 허락하였겠소? 우선 앉도록 하시오. 내가 당신을 위하여 설법을 해드리겠소."

예배를 마치고 곧 앉아 마음을 단정히 하고 설법하는 것을 들었다. 이때 오타이는 곧 설법을 하다가 이전에 즐겁고 웃음이 일어나는 일을 생각으로 떠올리며 급다에게 물었다.

"그대는 예전에 어느 곳의 원림(園林) 천사당(天祠堂)에서 우리가 이러한 맛있는 음식을 먹던 일을 기억하시오?"

이와 같이 말을 할 때 욕심이 곧 일어나서 마음이 어긋나고 어지러워졌다. 무릇 지혜가 있는 여인은 남자에게 욕심이 있는 것과 없는 것을 겉으로 보면 아는 것이다. 급다는 오타이가 욕심이 치성한 것을 깨닫고 함께 있지 않기 위해 그에게 말하였다.

"성자여. 제가 잠시 나가야 되겠습니다. 일을 마치면 곧 돌아오겠습니다."

오타이는 이렇게 생각하였다.

‘소변을 보려고 나가려는 것인가?’

곧 잠시 나가게 하였다. 급다는 밖으로 나가 옷을 걷고서 급히 뛰었다. 이때 오타이는 그 달리는 소리를 듣고 곧 방 밖으로 나와 뒤를 쫓아가며 소리쳤다.

"대머리 여자여. 어디로 가는가?"

더욱 급히 쫓아가자 생지(生支)¹²⁾가 넓적다리에 부딪쳐서 마침내 정액이 흘러나왔고 욕심은 이미 사라져서 주변을 배회하고 있었다. 급다가 그것을 알고 다시 돌아와서 말하였다.

"성자여. 제가 만약 머물러 있었으면 저 또한 필추니가 아니고, 당신도 필추가 아닐 것입니다."

오타이가 말하였다.

"자매여. 세존께서 말씀하신 것과 같이 만약 스스로를 보호하는 것이 곧 남을 보호하는 것이고, 만약 남을 보호하는 것이 곧 스스로를 보호하는 것이오. 무엇이 스스로를 보호하면 곧 남을 보호하는 것인가? 스스로가 능히 닦아 익히고 많이 닦아 익히는 까닭으로 증오(證悟)하는 것이 있게 되는 것이오. 이것에 의하여 스스로를 보호하는 것이 곧 남을 보호하는 것이오. 무엇이 남을 보호하는 것이 곧 스스로를 보호하는 것인가? 고뇌하지 않고 성내지 않으면서 남을 원망하고 해치려는 마음이 없이 항상 자비로운 마음을 일으켜서 상대방을 불쌍하게 생각하는 것이오. 이것을 남을 보호하는 것이 곧 스스로를 보호하는 것이라고 이름하는 것이오."

급다가 대답하여 말하였다.

"성자여. 속옷을 벗어 주시면 제가 마땅히 빨아드리겠습니다."

이때 오타이가 곧 옷을 맡겼다. 급다는 옷에 묻어 있는 정액을 보고 후회하는 마음이 생겨서 곧 스스로 생각하였다.

‘나의 몸 어느 부분도 성자에게 접촉하지도 보여주지도 아니하였고 내가 그의 뜻에 따른 것도 아니지만 이것은 좋은 일이 아니다.’

12) ‘남근(男根)’을 다르게 표현한 말이다.

스스로 생각을 지어 청정하지 못한 마음이 더욱 일어나니 마치 세존의 경전 가운데에 게송으로 설해진 것과 같았다.

> 탐욕이 있는 모든 사람은
> 의(義)로운 이익을 보지 못하고
> 또한 선법(善法)을 관(觀)하지도 못하여
> 항상 매우 어두운 곳을 다닌다네.

이때 급다는 욕심에 어지러워져서 정액을 취하여 한 방울은 입 속에 넣었고 다시 한 방울은 여근(女根) 속에 넣었다. 유정(有情)들의 업력(業力)의 일은 생각으로는 헤아릴 수 없는 것이므로, 그때 마지막 몸을 받을 중음(中陰)13)이 와서 의탁(依託)하였다.

급다는 절에 이르러 곧 옷을 빨았다. 여러 필추니들이 보고 나서 물으니 급다는 그 일을 갖추어 대답하였다.

여러 필추니들이 그녀에게 말하였다.

"우리의 말과 뜻은 그대에게 훌륭한 법을 구하러 대덕의 처소에 가라고 하였는데 어떻게 이런 나쁜 일이 생길 것을 알았겠는가?"

급다가 말하였다.

"그 대덕께서는 계율을 지키는 분이십니다. 출가한 이후로는 나의 몸의 한부분도 일찍이 접촉한 것이 없습니다."

여러 필추니들이 말하였다.

"몸의 일부분도 접촉하지 않았는데 이런 일이 있거늘 만약 그가 몸에 접촉하였다면 그대는 어떻게 하겠습니까?"

여러 필추니들이 그 일을 알고 필추에게 가서 알리고 필추는 세존께 아뢰었다. 세존께서는 여러 필추들에게 말씀하셨다.

"그 필추니는 바라시가를 범한 것이 없느니라. 만약 임신을 하였으면

---

13) '중유(中有)'의 다른 표현으로 죽은 뒤에 다음 생을 받아 태어날 때까지의 사이에 있는 상태를 말한다.

마땅히 가려진 방에서 음식을 제공하며 빠뜨리는 일이 없도록 하라.
뒤에 아들을 낳거든 마땅히 이름을 '동자가섭파(童子迦攝波)'라고 이름하
여라. 나의 법에 가운데에서 출가시키면 모든 번민을 끊고 아라한이
될 것이며, 나의 제자 가운데서 변재(辯才)가 교묘하여, 마땅히 능히 말을
잘하며 가장 뛰어나고 으뜸이 될 것이니라."

그때 세존께서는 마침내 이렇게 생각하셨다.

'만약 어떤 필추니가 친족이 아닌 필추에게 고의(故衣)를 빨게 한다면
이렇게 과실(過失)이 있을 것이다.'

세존께서는 이 인연으로 앞에서와 같이 대중을 모으시고 사실을 물으시
고는 꾸중하셨으며, [자세한 내용은 생략한다.]

"그 일에 학처를 제정하나니, 마땅히 이와 같이 설하노라. 만약 다시
필추니가 친족이 아닌 필추의 고의(故衣)를 빨고 물을 들이며 손으로
두드리면 니살기바일저가이니라."

'필추니'는 급다 필추니 또는 다른 여러 필추니들을 말한다.

'친족'은 7대 조부모(祖父母)부터 양가(兩家)가 친족이며, 이것을 넘어서
면 친족이 아니다.

'필추'는 오타이를 말한다.

'고의(故衣)'는 일곱 종류의 옷 가운데 하나를 가리키는 것이다. 무엇이
일곱 종류인가? 첫째는 모(毛)이고, 둘째는 필마가(苾摩迦 : 이 지방에는
없음)이며, 셋째는 사닉가(奢搦迦 : 이 지방에는 없음)이고, 넷째는 갈파사
가(羯播死迦)[14]이며, 다섯째는 독고락가(獨孤洛迦)[15]이고, 여섯은 고참박
가(高䞓薄迦 : 이것은 좋은 털로 짠 것으로 이 지방에는 없음)이며, 일곱은
아반란득가(阿般蘭得迦 : 이것은 북방의 지명인데 그곳에 이 옷이 있으며,
또한 어떤 해석에는 이것은 곧 명주의 종류라고 되어 있음)이다.

'씻는다.'는 물에 담그는 것을 말하다.

'물들인다.'는 한 가지 색깔로 입히는 것을 말한다.

---

14) 흰색의 '모직물'을 가리킨다.
15) '모시'의 옷감을 가리킨다.

'두드린다.'는 손으로 한 번 때리는 것을 말한다.

'니살기바일저가'는 자세히 설명한 것은 앞에서와 같다.

이 가운데에서 범한 모양과 그 일은 무엇인가? 만약 필추니가 친족이 아닌 필추인 것을 알았고, 친족이 아니라고 생각하면서 고의를 빨았다면 사타(捨墮)를 범한다. 물들이고 손으로 때리는 것도 또한 이와 같다. 세 가지 일 가운데에서 혹은 세 가지 일을 모두 갖추어 하고, 혹은 두 가지 일을 하며, 혹은 한 가지 일을 하고, 또한 세 가지 중에서 어느 한 가지를 먼저 하여도 친족이 아닌 필추와 더불어 하면 모두가 근본죄를 얻는다.

만약 친족이 아닌 필추라고 의심하면 또한 사타를 범한다. 만약 친족인 필추를 친족이 아닌 필추라고 생각하면 악작죄를 얻는다. 만약 친족인 필추인데 의심을 일으키면 악작죄를 얻는다.

5) 종비친필추취의(從非親苾芻取衣) 학처

어느 때 세존께서는 실라벌성의 서다림의 급고독원에 머무르셨다.

아직 필추니가 아란야에 머무르는 것을 금지하지 아니하였고, 이때 어느 필추니들이 고요한 숲속으로 가서 선정(禪定)을 닦아 익혀 수승한 선정의 즐거움을 누리고 있었다. 연화색 필추니는 그녀를 따르는 대중 5백인과 함께 어두운 숲 가운데로 가서 한 나무 아래에 반가부좌를 하고 앉아 멸진정(滅盡定)에 들었다. 이때 나머지의 필추니들은 해가 저물 무렵이 되어 각기 실라벌성으로 되돌아가려고 이렇게 말하였다.

"성자 연화색을 우리가 큰소리로 깨어나게 해야겠다."

다시 이렇게 말하였다.

"성자께서는 대위신력(大威神力)을 갖추고 계시니 우리가 먼저 절에 돌아가는 것을 허용해 주실 것이다."

곧 깨우지 않고서 각자 성으로 되돌아갔다. 연화색은 해질 무렵에 선정에서 깨어나 두루 살펴보니 여러 필추니들이 모두 떠나고 없자 '나는 성으로 들어가야 하는가? 마땅히 이곳에 머물러야 될 것인가?' 생각하고는 곧 선정에 들었다. 그때 어떤 5백 명의 도둑떼가 도둑질을 마치고 이 숲으로 와서 의논하여 말하였다.

"반(半)은 물건을 나누고 반은 지키도록 하자."

드디어 숲속에서 선정에 들어 있는 필추니를 보고 누구는 나무라고 말하였고, 누구는 사람이라고 말하였으며, 누구는 필추라고 말하였다. 이때 그 도적 가운데에는 필추였다가 환속한 사람이 있어 말하였다.

"필추니이고, 필추는 아니다."

다른 사람들이 물었다.

"그대가 어떻게 알 수 있는가?"

대답하여 말하였다.

"필추는 전가부좌(全跏趺坐)를 하고 필추니는 반가부좌(半跏趺坐)를 하는데, 반가부좌를 하고 있으니 필추니인 것을 분명히 알 수 있다."

이때 여러 도적들은 희유하다고 생각을 하였다.

"이렇게 무섭고 크고 어두운 숲 가운데에서 필추니 혼자서 능히 이곳에서 밤을 지낼 수 있는 것을 그대들은 알아야 한다."

곧 도둑의 우두머리가 있는 곳으로 가니 우두머리가 물었다.

"그대들은 숲속에서 드물고 특이한 일을 보았는가?"

대답하여 말하였다.

"보았습니다. 이렇게 무섭고 크고 어두운 숲속에서 능히 필추니가 홀로 머무르고 있습니다."

우두머리는 듣고 나서 지키고 있던 도둑들에게 말하였다.

"내가 시험 삼아 가서 보아야겠다."

곧 필추니를 보니 얼굴과 용모가 단정하여 보는 사람에게 즐거움을 주었고, 적정(寂定)한 위의는 보는 자에게 깊이 공경심을 일으켜 찬탄하여 말하였다.

"지금 이 숲 속에는 사랑할 만한 것이 두 가지가 있으니, 비치는 달빛과 그리고 필추니의 드물고 특이한 모습이다."

우두머리가 말하였다.

"마땅히 큰소리 일으켜 내가 음식을 받들어 베풀어야겠다."

그 환속한 사람이 우두머리에게 대답하여 말하였다.

"지금은 때가 아니어서 먹지 않습니다."

우두머리가 말하였다.

"숲 속의 필추니에게 두 가지의 사랑할 것이 있으니, 위의와 용모가 단정한 것과 때가 아니면 음식을 먹지 않는 것이다."

우두머리가 말하였다.

"그녀에게 술을 마시게 하여라."

그 환속한 사람이 말하였다.

"필추니는 술을 마시지 않습니다."

우두머리가 말하였다.

"이 숲에는 다시 두 가지 사랑할 것이 있으니, 필추니의 얼굴과 용모가 단정한 것과 모든 술을 마시지 않는 것이다."

우두머리가 말하였다.

"지금 내가 다행히도 뛰어난 복전을 만났으나, 결국 음식을 하나도 베풀어 드리지 못하는구나."

곧 값비싼 모직물로 된 옷으로 훌륭한 음식을 싸서 나뭇가지 위에 걸어놓고 이와 같이 말하였다.

"이 성자께서는 용모와 위의가 적정하여 깨닫지 못한 것이 없으며 알지 못하는 것이 없는 분이시다. 내가 지금 이 옷과 음식을 두고 가니 바라건대 자비를 베푸시어 마땅히 받아주십시오."

이렇게 말을 하고 그곳을 떠났다. 이때 연화색 필추니는 날이 밝아 선정에서 깨어나 곧 사람들이 다녀간 흔적을 보고 곧 선정에 들어서 그 5백 명의 도둑들이 이곳에 왔다 간 것을 관(觀)하여 보았다. 또한 자신에게 추악한 일이 없었는가를 관하여 허물이 없는 것을 알았다. 또한 옷에 싸인 것이 나뭇가지에 걸려 있는 것을 보고 곧 이렇게 생각하였다.

'이것은 청정한 마음과 경건한 신심에 의해 있게 된 것이다.'

다시 이렇게 생각하였다.

'만약 다시 다른 사람들이 오는 것을 기다려 그들에게 주려고 하면 새와 짐승들이 와서 그 청정한 보시를 무너뜨릴지도 모르니 내가 지금 이 훌륭한 음식을 가지고 승가로 돌아가 받들어 보시해야겠다.'

세존께서 가르치시기를 '만약 필추니가 일찍이 필추를 접촉하면 청정한 것이고, 필추가 일찍이 필추니를 접촉하면 청정한 것이다.'고 하셨으므로, 마침내 연화색 필추니는 자기 손으로 가지고 서다림으로 갔다. 육중필추들은 항상 한두 사람이 처소의 문을 지키는 것을 규칙으로 삼았으며, 이때에 오바난타(鄔波難陀)가 절의 문 앞에서 경행(經行)하고 있다가 멀리 필추니가 오는 것을 보고 물었다.

"대매(大妹)여. 날이 아직 밝지도 않았는데 성문(城門)이 벌써 열려 있습니까?"

필추니가 말하였다.

"대덕이여. 저는 성에서 숙박을 한 것이 아니라 어두운 숲에서 오는 중입니다."

필추니에게 말하였다.

"대매여. 나는 일찍이 한낮에 그 숲 속에 들어가 보았는데 두려운 마음이 일어나 몸에 있는 털이 모두 곤두섰거늘, 대매는 어떻게 혼자서 그곳에 머물렀으며 손에 들고 있는 것은 무슨 물건이오?"

이때 필추니는 인연을 갖추어 그에게 말해주었다.

"이것은 도둑들이 청정한 마음으로 두고 간 것입니다."

오바난타가 말하였다.

"대매여. 당신의 위의를 보고 도적들이 공경하고 사랑하는 마음을 내어 이 물건을 얻게 되었구려. 그들이 만약 나를 보았다면 반드시 몽둥이로 나를 때리고 물건들을 들고 가도록 했을 것이오."

오바난타는 필추니에게 말하였다.

"대매여. 만약 이 새로 싼 좋은 흰 모직물을 얻어서 두 겹으로 된 승가지 가사를 만들고 욕심을 적게 하며 머무르면서 여러 선품(善品)을 닦는다면 진실로 또한 아름다운 것이오.”

필추니가 말하였다.

“성자께서는 이 옷이 필요하신가요?”

대답하여 말하였다.

“만약 남는 것이 있다면 마음대로 나누어 주시오.”

대답하여 말하였다.

“잠깐 머물러 계십시오. 제가 아침을 가지고 승가에 받들어 보시 하고 돌아오면서 옷을 드리겠습니다.”

오바난타는 이와 같이 생각하였다.

‘만약 다른 흑발이 본다면 반드시 이 옷을 걸식할 것이니 나는 얻을 수가 없을 것이다.’ 하고는 필추니에게 대답하여 말하였다.

“대매여. 이곳에 머물러 있으시오. 내가 마땅히 초식을 받을 사람을 부르겠소.”

필추니가 허락하니 오바난타는 곧 절로 들어가서 공양을 받을 사람이 아무 일 없이 머물러 있는 것을 보고 그에게 알려 말하였다.

“구수여. 시주(施主)가 문에서 음식을 들고 있어 고생을 하고 있습니다. 그대는 지금 일없이 한가하게 방 안에 있으니 빨리 가서 그가 베푸는 음식을 받는 것이 좋겠습니다.”

그는 곧 그릇을 가지고 절의 문으로 나가 필추니에게서 음식을 받았다. 필추니는 음식을 주고 나서 흰 모직물 옷을 오바난타에게 베풀어 주었다. 오바난타는 옷을 얻고 기뻐하면서 축원을 하였다.

“그대가 베풀어 준 물건은 마음의 영락(瓔珞)과 같이 마음을 돕는 것입니다. 정(定)과 혜(慧)로써 장엄하고 인간과 하늘의 도(道)를 얻어 마음대로 뛰어나고 묘한 의복을 마음대로 얻으며, 마침내는 무상(無上)의 안은(安隱)한 열반을 얻으십시오.”

아난다가 아뢰었다.

“대덕이시여. 이 필추니는 깊은 신심이 견고하고 마음을 즐거워하며 순박하고 착하여 자기가 얻은 물건을 삼보에 모두 기꺼이 베풀며 구걸하러 오는 자에게도 그 뜻을 거스르지 않습니다. 지금도 주처(住處)에서 좋은 모직물을 얻었으나 존자 오바난타에게 베풀었습니다.”

세존께서 아난다에게 말씀하셨다.

“필추가 친족이 아닌 필추니의 처소에서 옷을 받아 지니는가?”

대답하여 말하였다.

“받습니다.”

세존께서 아난다에게 말씀하셨다.

“친족이 아닌 필추는 이 필추니가 5의를 갖추었는가? 아니 갖추었는가를 생각하지도 아니하고 마음대로 모두 받아 지니지만, 친족인 필추라면 그와 같지 않으니 필추니가 부족한 것을 보면 기꺼이 옷을 받지 않느니라.”

그때 세존께서 아난다에게 말씀하셨다.

“큰 방 안의 가사를 쌓아 두는 곳에서 마땅히 5의를 가져다가 연화색 필추니에게 주어라.”

아난다는 세존의 명을 받들어서 곧 5의를 가져다가 연화색 필추니에게 주었다. 그때 세존께서는 이 인연으로 모든 필추니에게 말씀하셨다.

“또한 마땅히 필추에게서 옷을 얻지 않도록 하라. 나아가 내가 이부(二部) 제자를 위하여 그 일에 학처를 제정하나니, 마땅히 이와 같이 설하노라. 만약 다시 필추니가 친족이 아닌 필추에게서 옷을 얻으면 니살기바일저가 이니라.”

세존께서 이와 같이 이미 학처를 제정하여 마치셨다.

실라벌성의 어떤 한 장자가 있었으며, 큰 부자로서 재산이 많고 얻는 것이 풍족하였고, 소유한 집안의 재산이 비사문왕(毘沙門王)과 같았다. 곧 명망이 있는 가문의 여인을 아내로 삼아 오랫동안 함께 살았으나 결국 자식이 없었다. 마음에 걱정을 가득 품고서 이렇게 생각하였다.

‘지금 내 집안에 많은 보배와 재물이 있으나 한 사람도 뒤를 이을 사람이 없구나. 내가 죽은 뒤에는 아들이 없으니 모든 재산이 왕가(王家)에 빼앗길 것이다. 다음 생(生)에는 길의 양식(路糧)도 모을 수가 없겠구나.’

손으로 뺨을 괴고 길게 탄식하며 있으니 그의 아내가 물었다.

"무슨 까닭으로 마음에 근심을 품고서 **뺨**을 괴고 있습니까?"

대답하여 말하였다.

"현수여. 내가 지금 어떻게 걱정하지 않을 수 있겠소?"

그 일을 갖추어 말하니 아내가 말하였다.

"어찌하여 다음 생의 재물과 양식을 닦고 익히지 않으십니까?"

대답하여 말하였다.

"현수여. 만약 능히 좋은 음식으로 세존과 스님에게 공양하고 공양을 마친 뒤에는 각자에게 한 쌍의 매우 좋은 흰 모직물을 받들어 베푼다면 이것을 내세의 재물과 양식을 닦고 모으는 것이라고 할 수 있겠소."

아내가 말하였다.

"어찌 아니겠습니까?"

이때 장자는 세존의 처소로 나아가 세존의 발에 예배드리고 한쪽에 앉았다. 세존께서는 묘법(妙法)을 설하시어 그 이익과 기쁨을 보이시고 가르치시고 잠자코 계셨다. 이때 장자는 앉은 자리에서 일어나 옷을 가다듬고 한 쪽 어깨를 드러내어 합장하고 세존께 아뢰었다.

"세존이시여. 원하건대, 저를 불쌍히 여기시어 필추 스님들과 함께 내일은 저의 집에 오시어 소박한 공양일지라도 받아주십시오."

세존께서는 잠자코 청을 받아들이셨다. 장자는 세존께서 불쌍히 여기시어 받아들이신 것을 알고 발에 예배드리고 물러갔다. 그날 밤으로 여러 가지 훌륭한 음식을 준비하고 앉을 자리와 씻는 물그릇을 놓아두고는 사람을 시켜서 세존께 아뢰게 하였다.

세존께서는 하루의 아침에 가사를 입으시고 발우를 지니시고 필추 대중과 함께 장자의 집에 이르시어 자리에 앉으셨다. 장자는 세존과 스님들께서 이미 법에 맞게 자리에 앉으신 것을 보고 곧 훌륭한 음식을 스스로 차례대로 충분하게 공양해 드렸다. 손을 씻고 양치가 끝나자 세존과 대중스님들께 각각 한 쌍의 훌륭한 흰 모직물을 가져다 받들어 베풀고는 곧 낮은 의자를 가져다가 세존의 앞에서 묘법을 들었다.

세존께서는 근성(根性)에 맞는 법을 보이시고 가르치시고, 이익이 되게

하시며, 기쁘게 하시고, 법요를 설하셨으며, 평소와 같이 축원을 하시고
자리에서 떠나가셨다. 이때 장자는 세존을 따라 밖으로 나가서 세존의
주위를 세 번 들고 발에 예배드리고 물러나서 높은 누각 위에서 기꺼이
보시하는 생각을 닦았다. 장자가 아내에게 말하였다.

"현수여. 마땅히 매우 기뻐하시오. 나는 지금 이미 다음 생의 재물과
양식을 지었소."

아내가 곧 남편에게 말하였다.

"당신은 지금 다음생의 재물과 양식을 지었지만 저는 오히려 아직
닦지 못하였습니다."

장자가 대답하여 말하였다.

"지금 닦은 복을 어찌 함께 나누지 않겠소?"

아내가 말하였다.

"비록 함께 나눈다는 것을 알겠지만 저의 마음은 대세주와 필추니
대중들을 청하여 우리 집에 오시어 공양을 드시고 각자에게 훌륭한 한
쌍의 된 모직물을 드리고자 합니다. 이것이 바로 저의 다음 생의 재물과
양식입니다."

장자가 알려 말하였다.

"좋소. 좋소. 당신 뜻대로 하시오."

장자의 아내는 곧 대세주 필추니의 처소로 나아가 두 발에 예배드리고
한쪽에 앉았다. 묘법을 듣고 나서 자리에서 일어나 말하였다.

"성자와 필추니 대중께서는 불쌍히 여기시어 내일은 저의 집에 오십시
오."

자세한 것은 앞에 설한 것과 같고, 나아가 손을 씻고 양치하기를 마치었
다.

이때에 장자의 아내는 곧 큰 상자에 훌륭한 흰색의 모직물을 가득
담아서 상좌의 앞에 펼쳐 놓았다. 그때 대세주는 이렇게 생각했다.

'세존께서 계율을 제정하시어 필추니가 훌륭한 의복을 받는 것을 허락
하지 않으셨으니 내가 지금 이것을 받는다면 곧 학처를 어기는 것이고,

만약 받지 않는다면 시주의 복을 장애하니 여러 필추니들이 그 마땅한 이양(利養)을 잃게 될 것이다.'

필추니 대중들은 각자 생각하였다.

'만약 대세주께서 이 옷을 받는다면 진실로 좋겠다.'

대세주는 대중의 마음을 알고 이와 같이 생각하였다.

'세존께서도 또한 마땅히 이 일을 인연으로 좋은 옷을 받는 것을 허락하실 것이다.'

이때 대세주는 한꺼번에 옷을 받았고 장자의 아내를 위하여 게송을 설하고 자리에서 떠나가 세존의 처소로 나아가 평소와 같은 위의로 앞의 일을 갖추어 세존께 아뢰었다. 세존께서 대세주에게 말씀하셨다.

"좋도다. 좋도다. 내가 아직 허락하지 아니한 것을 그대가 이미 때를 알았구려. 지금부터 필추니가 값비싼 옷을 받아서 주변의 필추와 함께 바꾸는 것을 허락하노라."

이때 대세주는 세존의 가르침을 받들고 세존의 발에 예배드리고 물러갔다. 대세주는 필추니의 주처(住處)에 이르러 알려 말하였다.

"세존께서 가르침을 주시기를, 필추니가 값 비싼 옷을 받아서 주변의 필추와 거친 옷으로 바꾸어 갖는 것을 허락하셨으니 마음대로 지니도록 하시오."

필추니는 옷을 얻어서 서다림으로 가서 여러 필추와 함께 바꾸려고 하였다. 이때에 열두 명의 필추니는 곧 비싼 옷을 가지고 육중필추의 처소에 이르러 알려 말하였다.

"성자여. 세존께서는 가르침을 주시기를 필추니가 값비싼 옷을 받아서 주변의 필추와 함께 바꾸는 것을 허락하셨습니다. 지금 마땅히 이 좋은 옷을 가지시고 우리에게 거친 옷을 주십시오."

육중필추가 대답하여 말하였다.

"자매여. 이러한 것을 나에게 직접 시주하여도 오히려 받지 못하거늘 하물며 우매하고 무식하며 자유롭지 못한 자들과 함께 바꾸는 일에랴!"

다른 여러 필추니 대중들은 각자 자신의 뜻대로 얻은 옷을 가지고서 늙은 필추의 처소로 가서 위에서와 같이 일을 말하고 옷을 바꾸고자 하였다. 나이 많은 필추가 말하였다.

"자매여. 잠깐 있으시오. 내가 마땅히 세존께 여쭈어 보도록 하겠소."

그때에 그 필추는 세존의 처소로 가서 세존께 아뢰었다.

"대덕이시여. 어떤 필추니가 좋은 옷과 재물을 가지고 저의 처소에 와서 거친 옷과 바꾸려고 하니 어떻게 할지 모르겠습니다."

세존께서 말씀하셨다.

"내가 필추가 필추니에게서 옷을 받는 것을 금지한 계율에서 바꾸는 것을 제외하는 것을 허락하노라. 옷을 바꿀 때에 필추니들을 기쁘게 하며 한(恨)이 없도록 하라."

이때 세존께서는 계율을 지키며 욕심이 적고 만족할 줄 아는 것을 찬탄하시고 모든 필추니들에게 알려 말씀하셨다.

"앞의 것은 처음으로 제정한 것이고, 이번 것은 따라서 여는 것이니 마땅히 이와 같이 설하노라. 만약 다시 필추니가 친족이 아닌 필추에게서 옷을 구하면서 바꾸는 것을 제외하고는 니살기바일저가이니라."

'필추니'는 이 법 가운데의 필추니를 말하며, 나머지의 뜻은 위에서와 같다. 친족인 것과 친족이 아닌 것의 뜻과 옷에 일곱 종류가 있다는 것의 자세한 뜻은 위에서 설명한 것과 같다.

'바꾸는 것을 제외한다.'는 바꾸어 얻는 것은 죄가 없는 것이다.

'니살기의 뜻과 버리는 것과 후회하는 것에 관한 법'은 모두 위에서 설명한 것과 같다.

이 가운데에서 죄의 모양과 그 일은 무엇인가? 만약 필추니가 친족이 아닌 필추에게 친족이 아니라는 생각을 짓고, 혹은 다시 의심하고서 그에게서 옷을 취하면 사타죄(捨墮罪)를 얻는다. 만약 필추니가 친족인 필추에게 친족이 아니라는 생각을 짓고, 혹은 다시 의심한다면 악작죄를 얻는다.

또한 범하지 않는 것은 만약 필추가 옷을 장차 승가에 보시를 하거나, 혹은 설법하는 까닭으로 보시를 하고, 혹은 구족계를 받을 때 보시를 하며, 혹은 도둑을 당한 까닭으로 보시를 하고, 혹은 때로 사서 얻었으며, 혹은 바꾸어서 얻은 경우에는 모두가 범한 것이 없다.

만약 필추 대중이 함께 많은 이양을 얻은 것을 알았는데, 곧 옷 등을 가지고 필추니의 앞에 이르러 옷을 땅에 놓고서 "자매여. 우리는 지금 이와 같이 재물이 많이 있습니다. 마땅히 자비를 베풀어서 우리를 위하여 받아주시기 바랍니다."라고 이렇게 말하고서 떠났으면 가져도 또한 범하는 것이 없다.

6) 종비친거사걸의(從非親居士乞衣) 학처

인연은 실라벌성에서 이루어졌다.

그때에 오바난타는 장자에게서 옷 등을 얻었다. 세존께서는 대필추율에서와 같이 인연을 갖추어, [이하 자세한 내용은 생략한다.]

"그 일에 학처를 제정하나니, 마땅히 이와 같이 설하노라. 만약 다시 필추니가 친족이 아닌 거사와 거사의 아내에게서 옷을 얻으면 니살기바일저가이니라."

이때 세존께서는 여러 성문 제자를 위하여 처음으로 학처를 제정하셨다. 이때 많은 필추들이 인간 세상을 유행하다가 도둑에게 옷을 모두 빼앗겨 남은 것이 없게 되었다. 이때 여러 필추들은 함께 이렇게 의논했다.

"세존께서 제정하신 것과 같이 친족이 아닌 거사와 거사의 아내에게서 옷을 얻는 것을 금지하셨다. 우리는 이곳에 어느 친족도 없으니 마땅히 실라벌성으로 돌아가서 같은 범행자의 주변에서 옷을 찾아보도록 합시다. 우리가 어떻게 벌거벗고서 갈 것인가?"

나아가 이 인연으로 세존께 아뢰니 세존께서는 여러 필추들에게 말씀하셨다.

"이러한 인연의 다른 때는 마땅히 제외하나니, 만약 필추가 옷을 빼앗겼고, 옷을 잃어버렸으며, 옷이 불에 탔고, 옷이 바람에 날려갔으며, 옷이 물에 떠내려 간 것 등이 다른 때이니라. 앞의 것은 처음으로 제정한 것이고 지금은 다시 따라서 여는 것이니 마땅히 이와 같이 설하노라. 만약 다시 필추니가 친족이 아닌 거사와 거사의 아내에게서 옷을 얻으면 다른 때를 제외하고는 니살기바일저가이니라. 다른 때는 만약 필추니가 옷을 빼앗겼고, 옷을 잃어버렸으며, 옷이 불에 탔고, 옷이 바람에 날려갔으며, 옷이 물에 떠내려간 것이 다른 때이니라.”

'필추니'는 이 법 가운데의 사람을 말하며, 나아가 '옷'의 뜻은 모두 위에서 설명한 것과 같다.

'얻는다.'는 그에게서 구하여 얻는 것을 말한다.

'옷을 빼앗겼다.'는 것은 도둑에게 빼앗겼다는 것이고, '옷을 잃어 버렸다.'는 것은 자기가 옷을 잃어버렸다는 것이며, '옷이 타버렸다.'는 것은 불에 탄 것이고, '옷이 날려갔다'는 것은 바람에 불려서 날아갔다는 것이며, '옷이 떠내려갔다.'는 것은 물에 의해서 떠내려갔다는 것이다. 이러한 어려운 인연으로 얻으면 범하는 것이 없다. 만약 이와 다른 때 옷을 얻었다면 사타(捨墮)를 범한다.

이 가운데에서 범한 모양과 그 일은 무엇인가? 일에는 세 가지가 있으니 가격과 색깔과 양을 말한다. 만약 필추니가 어려운 인연이 없으면 친족이 아닌 사람에게서 그 가격이 1가리사파나(迦利沙波拏 : 가리사파나의 뜻은 이미 앞의 불여취계(不與取戒) 가운데에서 갖추어 설명한 것과 같다.)에 해당하는 옷을 구걸하고, 만약 돌이켜 1가리사파나에 해당하는 가격의 옷을 얻으면 구걸한 때는 악작죄를 얻고, 얻은 때는 사타죄를 얻는다. 이렇게 값의 단위를 높여서 나아가, 50가리사파나에 이르면 구걸하는 때 얻는 죄의 무겁고 가벼움은 마땅히 앞에서와 같음을 알라.

만약 필추니가 친족이 아닌 사람에게서 1가리사파나에 해당하는 가격의 옷을 구걸하여, 가리사파나에 해당하는 가격의 옷을 얻으면 구걸할 때는 악작죄를 얻고, 얻은 때는 범한 것이 없다. 이렇게 하여 나아가 50가리사파나에 이르기까지 구걸한 것은 적고, 얻은 것은 많은 것의 범한 것과 범하지 않는 것은 또한 마땅히 앞에서와 같음을 알라.

색깔은 만약 필추니가 다른 사람에게 청색의 옷을 구걸하여 청색의 옷을 얻으면 구걸할 때는 악작죄를 얻고, 얻은 때는 사타를 범한다. 청색은 이미 그와 같으며, 황색·적색·백색도 색깔의 진한 것과 연한 것도 마땅히 또한 앞에서와 같음을 알라.

만약 필추니가 청색의 옷을 구걸하였으나, 황색의 옷을 얻으면 구걸할 때는 악작죄를 얻고, 옷을 얻었을 때는 범하는 것이 없다. 이와 같이 나머지 색깔과 한 것과 연한 것도 다시 서로 원하는 것에 따라 마땅히 앞에서와 같음을 알라.

양이란 만약 필추니가 다른 이에게 5주(肘)가 되는 옷을 구걸하였으나, 5주인 옷을 얻으면 구걸할 때는 악작죄를 얻고, 얻은 때는 사타죄를 얻는다. 혹은 5주를 구걸하였으나, 10주를 얻었고, 나아가 50주에 이르기까지 앞에 의거하여 마땅히 알라. 이것을 세 가지의 일이라고 이름한다.

만약 실을 구하였으나 작은 조각을 얻었고, 작은 조각을 구걸하였으나, 다른 사람이 큰 옷을 주었다면 모두가 범한 것이 없다. 또 범하지 않은 것은 처음으로 범한 사람을 말한다.

7) 과량걸의(過量乞衣) 학처

인연이 이루어진 처소는 앞에서와 같다.

이때 많은 필추들이 도둑들에게 옷을 빼앗겼다. 오바난타가 그 필추들에게 말하였다.

"무슨 까닭으로 찢어지고 낡은 의복을 입고도 다른 사람에게 옷을 구걸하여 입지 않습니까? 세존께서는 도둑을 만나면 옷을 구걸하여도 범하는 것이 없다고 허락하셨습니다."

대답하여 말하였다.

"우리들은 다른 사람에게 옷을 구걸할 수가 없습니다."

오바난타가 말하였다.

"만약 구걸할 수가 없다면 내가 마땅히 구걸해 드리겠습니다."

대답하였다.

"뜻대로 하십시오."

오바난타는 이 일을 계기로 여러 바라문·거사·장자의 집에 가서 설법하고 교화하고 많은 의복을 얻었으나, 그중에서 좋은 것은 모두 자신이 가졌으며 찢어진 것들은 여러 필추들에게 주었다. 이때 여러 필추들이 세존께 아뢰었다. 세존께서는 이 인연으로 앞에서와 같이 대중을 모으시고 사실을 물으시고는 꾸중하셨으며, [이하 자세한 내용은 생략한다.]

"나아가 그 일에 학처를 제정하나니, 마땅히 이와 같이 설하노라. 만약 다시 필추니가 옷을 빼앗겼고, 옷을 잃어버렸으며, 옷이 불에 탔고, 옷이 날려갔으며, 옷이 떠내려가서 친족이 아닌 거사나 거사의 아내에게서 옷을 구걸하여 그들이 옷을 많이 베풀어 주었다면 필추니는 마땅히 위와 아래의 두 벌의 옷만을 받아야 하며, 만약 그 이상을 받는다면 니살기바일저가이니라."

'필추니'는 이 법 가운데의 사람을 말한다.

'옷을 빼앗겼다'는 등은 모두가 위에서 말한 것과 같다.

'마땅히 위와 아래의 두 벌의 옷을 받아야 한다.'는 두 종류의 상의(上衣)와 하의(下衣)가 있다. 첫째는 필추니의 상의와 하의이고, 둘째는 재가인의 상의와 하의이다. 필추니의 상의와 하의는 만약 새롭게 두 겹으로 승가지를 지을 때 세로가 3주(肘)이고 가로는 5주이며, 니바산(泥婆珊)[16]의 경우에는 세로가 2주이고 가로는 5주이다. 재가인의 상의와 하의란 상의는 길이가 11주이고 넓이는 3주이며, 하의는 길이가 7주이고 넓이는 2주이다.

'마땅히 받아야 한다.'는 '마음으로 받는 것'을 말한다.

'그 이상으로 받는다.'는 앞의 수(數)를 넘어서는 것을 말하며, 옷을 구걸하여 얻었을 때는 곧 사타를 범한다. 나머지의 자세한 뜻은 앞에서 말한 것과 같다.

이 가운데에서 범한 모양과 그 일은 무엇인가? 만약 필추니가 다른 사람에게서 재가인의 상의와 하의를 구걸할 때는 그 양에 따라서 얻을

---

16) 산스크리트어 nivāsana의 음사로서 이원승(泥洹僧)과 같으며 하의(下衣)라고 번역된다. 수행승이 허리에 둘러 입는 치마 같은 옷을 가리킨다.

것이며, 만약 다시 구걸을 할 때는 악작죄를 얻고, 옷을 다시 얻으면 곧 사타죄를 얻는다. 만약 필추니의 상의와 하의를 구걸할 때의 일은 또한 이와 같다.

만약 다른 사람에게서 재가인의 상의와 하의를 구걸한 때는 비록 재가인이 그 수를 줄였다 하여도 다시 구걸해서는 아니 되고, 남는 것이 있더라도 주인에게 돌려주지 않는다. 만약 다른 사람에게서 필추니의 상의와 하의를 구걸한 때는 만약 필추니 옷의 양이 조금 부족하다면 마땅히 다시 구걸해야 하고, 만약에 남는 것이 있으면 마땅히 주인에게 돌려주어야 한다.

만약 재가인의 옷이 부족하면 다시 구걸하고, 필추니의 옷이 남았으나 되돌려주지 않으면 얻는 죄의 무겁고 가벼움은 일에 의거하는 것이니 마땅히 알라. 만약 원래 마음으로 지나치게 구걸하였으면 구걸할 때는 악작죄를 얻고, 물건을 얻은 때는 사타죄를 범한다. 만약 죄를 범하고 나서 다시 다른 물건을 얻으면 모두가 똑같이 범하는 것이다. 자세히 설명한 것은 앞에서와 같다.

8) 지속인공허여의취걸(知俗人共許與衣就乞) 학처

인연이 이루어진 처소는 앞에서와 같다.

이 성 안에는 한 장자가 있어 자신의 아내를 버리고 밖에서 삿된 행위를 하였다. 그의 아내가 말하였다.

"당신은 이런 삿된 행위를 해서는 아니됩니다."

그의 아내가 그만두도록 충고를 하여도 남편이 그의 말을 따르지 아니하였다. 아내는 화내고 미워하는 마음이 일어나서 자신도 다른 남자와 함께 몰래 정을 통하였다. 그의 남편은 매번 집의 재물을 가져다가 내연의 여인에게 주었고 그의 아내도 또한 집의 재물을 내연의 남자에게 갖다 주었다. 남편과 아내 두 사람이 재물을 탕진하니 얼마 되지 않아서 모두 없어졌다. 장자는 성품이 사납고 나빠서 계집종을 때리고, 항상 낡은 옷과 나쁜 음식을 주면서 말하였다.

"너 때문에 나의 재산이 모두 없어졌다."

계집종이 말하였다.

"저는 진실로 오래 전에 재산이 파산된 까닭을 알고 있었습니다. 그러나 두 주인들 때문에 그렇게 되어 감히 말을 하지 못하였습니다."

그 부부는 계집종이 자신들을 야단치는 것을 알고 모두 부끄러워하였으며, 자세히 설한 것은 대필추율에서와 같다. 나아가 세존께서는 꾸중하셨으며, [이하 자세한 내용은 생략한다.]

"그 일에 학처를 제정하나니, 마땅히 이와 같이 설하노라. 만약 다시 필추니가 어떤 친족이 아닌 거사와 거사의 아내가 함께 옷값을 마련하여 '마땅히 이러한 청정한 옷을 사서 어느 필추니에게 주면 때에 맞게 사용할 것이다.'고 하였다. 이 필추니가 먼저 청을 받지도 않았는데 다른 사람이 알려 주는 까닭으로 곧 그의 집으로 가서 '좋습니다. 당신이 나를 위하여 준비한 옷값으로 이러한 청정한 옷을 사서 때가 되면 나에게 주십시오. 좋은 것을 위한 까닭입니다.'라고 말하여 만약 옷을 얻으면 니살기바일저가이니라."

'필추니'는 이 법 가운데의 사람을 말하며, 친족인 것과 친족이 아닌 것 등의 뜻은 앞에서 말한 것과 같다.

'옷값'은 금·은·패(貝)·치(齒) 등을 말한다.

'마련한다.'는 구하는 것을 말한다.

'이러한 옷'은 일곱 종류를 말하는 것이니 앞에서와 같다.

'사다.'는 다른 사람에게서 사는 것을 말한다.

'청정하다.'는 것은 이러한 것을 얻고 옷을 받아 사용할 수 있는 것을 말한다.

'주다.'는 옷을 베푸는 것을 말한다.

'누구라는 것'은 오바난타를 말한다.

'청을 받지도 않았다.'는 먼저 아직은 허락한다고 말하지 않은 것이다.

'다른 사람이 알려주는 것으로 인하여'는 다른 사람이 말하는 것을 보고 그에게 가서 옷을 구하여 억지로 그 가격을 구하니 좋은 것을 위하는 까닭으로 만약 옷을 얻으면 곧 사타죄를 범한다.

　죄의 모양 등을 풀이한 뜻은 위에서 말한 것과 같다. 이 가운데에서 범한 모양과 그 일은 무엇인가? 일에는 세 가지가 있으니 가격과 색깔과 양을 말한다. 무엇이 가격인가? 만약 필추니가 친족이 아닌 사람에게서 5가리사파나의 가치의 옷을 받으면 범한 것이 없다. 이 옷을 받지 아니하고 다시 그 이상의 것을 찾으면 찾을 때에 악작죄를 범하고, 얻으면 사타죄를 범한다. 이렇게 하여 나아가 50가리사파나 등에 이르면 구하는 것과 얻은 것에 따라서 무겁고 가벼움은 마땅히 앞에서와 같음을 알라. 이것을 가격이라고 말한다. 무엇이 색깔인가? 필추니가 청색의 옷을 얻었으면 받는 때에는 범하는 것이 없다. 이 옷을 받지 않고 다시 그 이상의 것을 찾는다면, 구할 때는 악작죄를 얻고, 얻은 때는 사타죄를 범한다. 청색의 경우에는 이미 그와 같으며 다른 색의 것도 앞에서와 같음을 마땅히 알라. 이것을 색깔이라고 말한다. 무엇이 양인가? 만약 필추니가 5주(肘)인 옷을 얻어 받아 취하는 것은 범하는 것이 없다. 이 옷을 받지 아니하고 다시 그 이상의 것을 찾는다면 앞에서와 같이 죄를 얻는다. 이렇게 하여 나아가 다주(多肘)에 이르면 죄의 무겁고 가벼움은 마땅히 앞에서와 같음을 알라. 이것을 양이라고 말한다.

　이 니살기바일저가의 옷을 버리는 방법과 일(事)은 또한 앞에서와 같다. 범(犯)하지 않는 것은 만약 실을 구걸하였으나 조각을 얻었고, 작은 조각을 구걸하였으나 대의(大衣)를 주었다면 이것은 모두 범한 것이 없다. 또한 범하지 않은 것은 처음으로 범한 것을 말한다.

9) 지속인별허여의취걸(知俗人別許與衣就乞) 학처

　인연이 이루어진 처소는 앞에서와 같다.

　어느 때에 어떤 장자와 그의 아내가 각자 바깥사람과 함께 몰래 정을 통하였다. 오바난타는 이러한 까닭으로 나쁜 짓을 그만두고 선(善)을 닦도록 설법한 일은 모두가 앞에서와 같으며, 다만 두 사람이 각자 옷값을

준비한 것이 다르다. 그 두 사람이 준비한 옷값으로 함께 하나의 옷을
만들게 하니 장자에게 매우 큰 고통을 받게 하였다. [이하 자세한 내용은
생략한다.]

 “그 일에 학처를 제정하나니, 마땅히 이와 같이 설하노라. 만약 다시
필추니가 친족이 아닌 거사와 거사의 아내가 각자 옷값을 마련하여 ‘마땅
히 이와 같은 청정한 옷을 사서 어느 필추니에게 주겠다.’고 말하였다.
이 필추니가 먼저 청을 받지도 않고 다른 사람이 알려주는 것에 의하여
곧 그의 집으로 가서 ‘좋습니다. 그대들이 나를 위하여 준비한 옷값을
함께 하여 이러한 청정한 옷을 사서 때에 이르면 나에게 주십시오. 좋은
것을 위한 까닭입니다.’고 말하여 만약 옷을 얻는다면 니살기바일저가이
니라.”

 이 가운데에서 범한 모양은 세 가지로 같지 아니하며, 모두가 앞에서
설한 것과 같다.

10) 과한색의(過限索衣) 학처

 인연이 이루어진 처소는 앞에서와 같다.

 어느 때에 오바난타 필추는 왕사성에서 안거를 하였다. 이른 아침에
가사를 입고 발우를 챙겨서 걸식하다가 대신(大臣)인 행우(行雨) 바라문
집에 들어가 세 가지 복업을 닦는 일에 관한 경(經)(보시와 지계와 닦는
것을 말함)을 설하였다. 행우 대신은 설법을 듣고 기뻐서 청정한 신심을
내어 이렇게 말하였다.

 “성자여. 마땅히 받들어 60금전(金錢)을 보시해 드리겠습니다.”

 [자세한 것은 대필추율에서와 같다.]

 “그 일에 학처를 제정하나니 마땅히 이와 같이 설하노라. 만약 다시
필추니가 만약 왕·대신·바라문·거사 등이 사자(使者)를 시켜 필추니에게
옷값을 보냈는데 그 사자가 옷값을 가지고 필추니의 처소에 와서 알리기를
‘성자여. 이 물건은 어느 왕·대신·바라문·거사가 저를 시켜서 보낸 것입니

다. 성자께서는 불쌍히 여기시어 받아주십시오.'라고 말하였다.

이 필추니가 사자에게 '어진 이여. 이 옷값은 제가 받을 수 없으며, 만약 때에 맞는 청정한 옷은 받을 수 있습니다.'라고 말하라. 그 사자가 '성자여. 집사인(執事人)이 있습니까?'라고 말하면, '옷이 필요한 필추니는 있습니다. 승가의 정인(淨人)이나 오바사가가 필추니의 일을 맡아보는 사람입니다.'라고 말하라. 그 사자가 집사인의 처소로 가서 옷값을 주고 나서 '그대는 이 옷값으로 때에 맞는 청정한 옷을 사서 어느 필추니에게 주어서 입도록 하십시오.'라고 말하고, 그 사자가 집사인에게 가르쳐주고 다시 필추니의 처소로 돌아와서 '성자여. 말씀하신 집사인에게 제가 옷값을 주었습니다. 청정한 옷을 마땅히 받도록 하십시오.'라고 말하였다.

필추니가 옷이 필요하면 집사인 처소로 가서 두 번이나 세 번을 그에게 생각나도록 '나는 옷이 필요합니다.'라고 말하라. 옷을 얻으면 좋으나 만약 옷을 얻지 못하였다면 나아가 네 번·다섯 번·여섯 번을 반복해서 그에게 가서 조용히 처소를 따라 머물러라. 만약 네 번·다섯 번·여섯 번을 반복했을 때 옷을 얻으면 좋으나, 만약 옷을 얻지 못하여 그 이상으로 거듭 반복해서 옷을 구한다면 니살기바일저가이니라. 만약 결국 옷을 얻지 못하면 이 필추니는 마땅히 그 옷값을 보내준 곳으로 스스로 가고, 믿을 만한 사람을 보내어 알리기를 '당신이 어느 필추니를 위하여 옷값을 보내주셨는데 그 필추니는 결국 옷을 얻지 못하였습니다. 당신께서는 마땅히 아시어 잃는 것이 없도록 하십시오.'라고 말할 것이니라."

'필추니'는 이 법 가운데의 사람을 말한다.

'왕'은 남자나 여자나 혹은 나머지의 사람으로서 왕의 법으로써 관정을 받은 자를 모두 왕이라고 이름한다.

'바라문'은 귀한 종족으로서 학식이 많은 사람이다.

'거사'는 재가자로서 부유한 사람들과 다른 여러 무리들을 말한다.

'사자를 보낸다.'는 여자나 남자나 황문(黃門)을 말한다.

'옷값을 보낸다.'는 금·은·돈을 말한다.

'그가 옷값을 가지고 가는 등'은 옷값을 가지고 필추니의 처소로 가서 알리기를 "성자여. 앞 사람 등이 명(命)하였습니다."라고 말하는 것이다.

'이 물건은 어느 등에게'는 옷을 보내며 처소에 와서 받기를 바라는 것을 말한다.

'이 필추니 등'은 대답하여 마땅히 받을 수 없다고 하는 것이다.

'때에 맞는 청정한 것'은 이치에 맞게 얻는 것을 말한다.

'그 사자 필추니에게 말한다.'는 집사인에게 묻는 말이다.

'필추니가 말하기를 있다고 한 것'은 그 사람을 가리켜 알려주는 것이다.

'승가의 정인(淨人)'은 대중의 정인을 말한다.

'오바사가'는 삼보에 귀의하여 5계를 받은 사람을 말한다.

'사자 등'은 심부름하는 뜻을 분명히 한 것이다.

'사다.'는 혹은 사거나 혹은 옷을 짜는 것을 말한다.

'어느 필추니에게 주다.'는 받을 사람을 가리켜 말한 것이다.

'청정하다.'는 받아 사용한다는 말이다.

'잘 가르쳐 주다.'는 잘 가르쳐 준 것을 필추니에게 갖추어 대답한다는 말이다.

'두 번이나 세 번 등'은 갔다가 되돌아 온 횟수를 말한다.

'그에게 생각나게 하여 옷을 얻으면 좋다.'는 구하는 마음에 맞는 것을 말한다.

'만약 옷을 얻지 못하였다면 나아가 네 번·다섯 번·여섯 번을 반복하고 조용히 처소를 따라 머물라.'는 가서 조용히 머무르는 횟수를 말한다.

'처소를 따른다'는 네 가지의 처소가 있다. 첫째는 가리워진 곳이고, 둘째는 집이며, 셋째는 밭이고, 넷째는 가게이다. 가리워진 곳은 기와나 그릇 등으로 막았고, 혹은 머리를 깎는 곳을 말한다. 집은 사람이 사는 집을 말한다. 밭은 벼나 사탕수수 등을 재배하는 곳을 말한다. 가게는 물건을 파는 곳을 말한다.

여섯 가지로 묻는 것이 있으니, 그가 여섯 가지로 말하는 것을 보고 일에 따라 마땅히 묻는 것이다. 무엇이 여섯 가지인가? 만약 그가 '당신은 지금 무슨 인연으로 왔습니까?'라고 물으면, 필추니는 '그 일 때문에 왔습니다.'라고 대답하라. 만약 '당신께서는 매우 잘 오셨습니다. 이곳에 계시도록 하십시오.'라고 말하면, '그 일 때문에 왔습니다.'라고 대답하고, 만약 '공양을 하셨습니까?'라고 말하면 '그 일 때문에 왔습니다.'라고 대답하며, 만약 '공양을 드십시오.'라고 말하면, '그 일 때문에 왔습니다.' 라고 대답하며, 만약 '물을 드십시오.'고 말하면, '그 일 때문에 왔습니다.' 라고 대답을 하라. 만약 이 여섯 종류에서 한 가지의 일을 따라 다른 사람이 말하는 것을 보아서, 묻는 소리에 곧 대답하는데 천천히 대답하지 아니하고, 상대방에게 천천히 말할 여유를 주지 않으면 이것은 여섯 가지의 질문을 원만하고 잘하며 좋게 하는 것이라고 이름하지 않는다.

만약 한 가지의 일을 따라 다른 사람이 말하는 것을 보고, 묻는 소리를 기다려 천천히 대답하며, 그 상대방에게 나머지 말할 여유를 주면 이것을 여섯 가지 종류의 질문을 원만하고 잘하며 좋게 하는 것이라고 이름한다. 만약 이렇게 하여 구할 때 옷을 얻으면 좋으나, 만약 옷을 얻지 못하고 이 이상으로 옷을 얻는 것을 구하면 니살기바일저가이다."

'그 이상으로 한다.'는 세 번을 말하고 여섯 번을 조용히 있다가 다시 가서 옷 얻기를 구하는 것을 말한다.

'만약 결국 옷을 얻지 못하면 옷을 보내준 곳으로 자신이 가고, 혹은 믿을 만한 사람을 보낸다.'에서 믿을 만한 사람은 제자를 말한다.

이것을 믿을 수 있게 그에게 알리고 그 사람이 거두고 취하여 헛되이 잃지 않게 하는 것이 되돌아가서 알리는 방법이다.

만약 필추니가 사람을 시켜서 알린 뒤에 집사인이 필추니의 처소로 와서 '성자께서는 이 옷값을 받으십시오.'라고 말하면 필추니는 마땅히 그에게 '이 옷값은 내가 이미 받지 않기로 하였으니 당신은 마땅히 그 옷을 보내준 곳으로 돌려보내십시오.'라고 말해야 하며, 이렇게 대답하면 좋으나 만약 옷을 취한다면 사타죄를 범한다.

만약 집사인이 '성자여. 당신께서는 이 옷값 받으십시오. 이 옷값의 시주와 제가 함께 부담하겠으니 그의 마음을 기쁘게 해주십시오.'라고 이렇게 말하면 옷을 취해도 범하는 것이 없다. 필추니가 만약 이렇게 하지 아니하고 차례로 옷을 받으면 모두가 사타죄를 범한다. 이미 죄를 범하고 뒤에 버리고 참회하는 것의 자세한 것은 앞에서 말한 것과 같다.

　이 가운데에서 범한 모양과 그 일은 무엇인가? 만약 사람이 시주가 되고, 사람이 사자이며, 사람이 이 일을 하고, 법에 맞게 옷을 얻었다면 범하는 것이 없다. 이것과 다르면 사타죄를 범한다. 만약 사람이 시주가 되고, 사람이 사자이며, 비인(非人)이 이 일을 하고, 법에 맞게 옷을 얻었다면 범하는 것이 없다. 이것과 다르면 악작죄를 얻는다. 만약 사람이 시주가 되고, 비인이 사자이며, 비인이 이 일을 하면 앞에서와 같이 악작죄를 얻는다. 만약 사람이 시주가 되고, 비인이 사자이며, 사람이 이 일을 하면 앞에서와 같이 사타죄를 얻는다.

　만약 비인이 시주가 되고, 비인이 사자이며, 비인이 이 일을 하면 앞에서와 같이 악작죄를 얻는다. 만약 비인이 시주가 되고, 비인이 사자이며, 사람이 이 일을 하면 앞에서와 같이 사타죄를 얻는다. 만약 비인이 시주가 되고, 사람이 사자이며, 사람이 이 일을 하면 앞에서와 같이 사타죄를 얻는다. 만약 비인이 시주가 되고, 사람이 사자이며, 비인이 이일을 하면 앞에서와 같이 악작죄를 얻는다.

　만약 필추니가 비인에게서 옷값을 구걸할 때는 악작죄를 얻고, 얻은 때는 사타죄를 얻는다. 용(龍)에게 옷값을 구걸할 때는 악작죄를 얻고, 얻은 때는 사타죄를 얻는다. 만약 필추니가 사자를 보내는 법식(法式)에서 문서와 도장으로 구걸한 때는 악작죄를 얻고, 얻은 때는 사타죄를 얻는다.

　또한 범하지 않은 것의 자세한 설명은 앞에서와 같다.

근본설일체유부필추니비나야 제10권

두 번째의 게송으로 거두어 말한다.

　금·은을 잡는 것과 이자놀이와
　사고 파는 것과 발우 구걸하는 것과 실오라기와
　실 짜는 사람과 스스로 빼앗는 것과
　남의 것을 돌려놓는 것과 병과 긴 발우 등이 있다.

11) 착보(捉寶) 학처

이때 박가범께서는 실라벌성의 서다림에 있는 급고독원에 머무르셨다.

이때 육중필추는 스스로의 손으로 금·은을 잡고, 혹은 다른 사람을 가르쳐 잡도록 하여 방사(房舍)를 지으며, 혹은 평상과 앉을 좌구(坐具)를 만들었다. 그러자 외도가 그것을 보고 싫어하고 천박하게 생각하며 말하였다.

"이 사문 석자(釋子)들은 스스로의 손으로 금과 은과 돈(錢) 등을 잡고, 혹은 남을 가르쳐 잡게 하여, [이하 자세한 내용은 생략한다.] 다른 여러 재가인들도 모두 또한 이와 같으니 이들이 우리와 무엇이 다르겠는가? 어떻게 다른 바라문과 거사들에게 깊이 공경하고 믿는 마음을 일으키게 하고, 여러 음식들을 가져다가 이 대머리 사문들에게 베풀게 할 것인가?"

필추가 세존께 아뢰니, 세존께서는 이 인연으로 앞에서와 같이 대중을 모으시고 사실을 물으시고는 꾸중하셨으며, [이하 자세한 내용은 생략한다.]

"그 일에 학처를 제정하나니, 마땅히 이와 같이 설하노라. 만약 다시

필추니가 스스로 금과 은과 돈 등을 손에 잡고, 남을 가르쳐 잡도록 하면 니살기바일저가이니라.”

‘필추니’는 이 법 가운데의 필추니를 말한다.

‘스스로의 손으로 잡는다.’는 손으로 잡는 것을 말한다.

‘금과 은 등’은 금·은과 패(貝)나 치(齒)를 말한다.

‘돈’은 금 등과 돈과 같은 것이다.

남을 가르치는 것 또한 이와 같으며 모두 사타죄를 범하는 것이다. 버리고 참회하는 법은 앞에서 자세히 설명한 것과 같다.

이 가운데에서 범한 모양과 그 일은 무엇인가? 만약 남을 가르쳐 물건을 취하는 때는 그 일이 같지 않아서 열여덟 종류가 있으니 모두가 범하는 것이다. 이것을 알려 말하면 이와 같다.

“그대는 이 물건을 취하라. 그대는 이곳에서 취하라. 그대는 이만큼을 취하라. 그대는 이 물건을 가지고 오라. 그대는 이곳에서 가지고 오라. 그대는 이만큼을 가지고 오라. 그대는 이 물건을 놓아두라. 그대는 이곳에 놓아두라. 그대는 이만큼을 놓아두라. 그대는 저 물건을 취하라. 그대는 저곳에서 취하라. 그대는 저만큼을 취하라. 그대는 저 물건을 가지고 오라. 그대는 저곳에서 가지고 오라. 그대는 저만큼을 가지고 오라. 그대는 저 물건을 놓아두라. 그대는 저곳에 놓아두라. 그대는 저만큼을 놓아두라.”

‘너는 이 물건을 취하라’는 금·은 등을 볼 수 있는 곳에서 다른 사람을 시켜서 취하게 하는 것을 말하며, 얻으면 악작죄를 얻고, 그것을 손에 잡고 들어 올리면 사타죄를 범한다.

‘너는 이곳에서 취하라’는 여러 자루와 철과 나무로 만든 상자와 그릇 속에서 다른 사람을 가르쳐 물건을 가지게 하는 것을 말하는 것이며, 죄를 얻는 것은 앞에서와 같다. 이하의 여러 구절에서도 죄는 모두 이와 같다.

‘너는 이만큼 취하라’는 백 천억(百千億) 사람을 가르쳐 물건을 취하는 것을 말한다. ‘너는 이 물건을 가지고 오라’는 금·은 등을 다른 사람을 가르쳐 가져오는 것을 말한다. ‘너는 이곳에서 가지고 오라’는 자루 등이나

320

상자나 그릇 안에서 다른 사람을 가르쳐 가져오는 것을 말한다. '너는 이만큼을 가지고 오라'는 백 천억 등을 다른 사람을 가르쳐 취하는 것을 말한다. '너는 이 물건을 놓아두라'는 금·은 등을 다른 사람을 가르쳐 놓아두는 것을 말한다. '너는 이곳에 놓아두라'는 상자나 그릇 등의 안에다 가 다른 사람을 가르쳐 놓아두는 것을 말한다. '너는 이만큼을 놓아두라'는 백 천억 등을 다른 사람을 가르쳐 놓아두는 것을 말한다. 이 아홉 가지는 모두 볼 수 있는 곳에 의거하여 다른 사람을 가르쳐 짓는 것이다.

'너는 저 물건을 취하라'는 금·은 등을 볼 수 없는 곳에서 다른 사람을 가르쳐 물건을 취하는 것을 말하며, 얻으면 악작죄를 얻고, 그것을 손에 잡고 들어 올리면 사타죄를 범한다. '너는 저곳에서 취하라'는 여러 가지의 자루와 철과 나무로 만들어진 상자나 그릇 안에서 다른 사람을 가르쳐 물건을 취하는 것을 말한다. '너는 저만큼을 취하라'는 백 천억 등을 다른 사람을 시켜서 물건을 취하는 것을 말한다. '너는 저 물건을 가지고 오라'는 말은 금·은 등을 다른 사람을 가르쳐 가져오는 것을 말한다. '너는 저곳에서 가지고 오라'는 자루 등이나 상자나 그릇 안에서 다른 사람에게 물건을 취하게 하는 것을 말한다. '너는 저만큼을 가지고 오라'는 백 천억 등을 남을 가르쳐 가져오는 것을 말한다. '너는 저 물건을 놓아두라'는 금·은 등을 다른 사람이 놓아두는 것을 말한다. '너는 저곳에 놓아두라'는 상자나 그릇 등의 안에다 놓아두는 것을 말한다. '너는 저만큼을 놓아두라'는 백 천억 등을 다른 사람으로 하여금 놓아두는 것을 말한다. 죄를 얻는 것은 앞에서와 같다. 이 아홉 가지는 모두 볼 수 없는 곳에 근거하여 다른 사람을 가르쳐 짓는 것이다.

만약 필추니가 스스로 금·은·돈·패(貝)·치(齒)를 손으로 잡으면 사타죄를 범한다. 만약 필추니가 완성된 것이거나 완성되지 않은 금·은을 손으로 잡으면 사타죄를 범한다. 만약 필추니가 무늬와 모양이 완성된 금·은·돈·패·치를 손으로 잡으면 사타죄를 범한다. 만약 필추니가 말니(末尼)[1]나

1) 산스크리트어 maṇi의 음사로서 주(珠)·보주(寶珠)라고 번역된다. 보배 구슬을 통틀어 일컫는다.

파란색 유리(薜琉璃) 같은 보석을 손으로 잡으면 사타죄를 범한다. 만약 필추니가 지방과 나라에서 함께 쓰이는 돈을 손으로 잡으면 사타죄를 범한다. 만약 필추니가 지방과 나라에서 함께 쓰이지 않는 돈을 손으로 잡으면 악작죄를 얻는다. 만약 적동(赤銅)·두석(鋀石)·동(銅)·철·납·주석을 손으로 잡으면 범하는 것이 없다.

이와 같이 세존께서는 모든 성문들을 위하여 제정하여 마치시고 서다림에 머무르셨다.

이때 점파국(占波國)의 성 안에는 한 장자가 살고 있었는데, 신심이 깊고 순수하고 착하여 묘한 물건으로 베풀기를 좋아하였다. 이때 그 장자는 세존과 스님들을 위하여 머무는 곳을 세웠고, 대문과 창문과 난간2)을 장식하였으며, 아주 묘하게 장엄하여 보는 사람들을 즐겁게 하여 하늘에 태어나게 되었다. 많은 필추니 대중들이 이곳에서 안거를 하여, 안거를 마치고 수의(隨意)하는 일까지 마치고 필추니들은 장자에게 말하였다.

"우리는 이제 실라벌성으로 가서 세존의 발에 예배드리고 여러 존숙들께도 예배를 드리고자 합니다."

필추니는 의복이 낡았으면 마땅히 보시를 받게 되어 있었다. 장자가 말하였다.

"성자여. 이곳의 사람들에게는 좋은 옷이 없습니다. 지금 들으니 상인들이 장차 이곳에 도착한다고 합니다. 그들이 오면 마땅히 베풀어 드리도록 하겠습니다."

필추니가 말하였다.

"만약 좋은 물건이 없으면 거친 것을 주십시오."

장자가 대답하였다.

"성자여. 저의 성격에는 항상 좋은 물건이 아니면 베풀어 드릴 수 없습니다. 어떻게 지금 나쁜 물건을 드리겠습니까? 만약 기다릴 수 없으시

---

2) 원문에는 '난순(欄楯)'이라고 표기되어 있고, 스투파와 기타 성역(聖域)을 둘러싼 돌 울타리를 뜻한다.

다면 옷값에 해당하는 돈을 가지고 가십시오."

대답하여 말하였다.

"장자여. 세존께서는 계율을 제정하시어 우리가 돈을 손으로 만지는 것을 금지하셨습니다."

장자가 대답하여 말하였다.

"만약 이와 같으면 저는 오히려 보시를 않을지라도, 나쁜 물건을 드릴 수는 없습니다."

여러 필추니 대중들은 결국 얻지 못하고 곧 그곳을 떠나서 길을 따라 점차로 나아가 실라벌성에 이르렀다. 다른 여러 필추니들이 보고 말하였다.

"잘 오셨습니다. 자매여. 그대들은 안거하신 처소에서 의복을 많이 얻지 못하셨습니까? 어떻게 이러한 거칠고 떨어진 옷을 입고 이곳에 오셨습니까?"

그들이 곧 대답하여 말하였다.

"옷을 얻을 수가 없었습니다."

필추니가 물었다.

"당신께서는 어디에서 안거를 하셨습니까?"

대답하여 말하였다.

"점파국에 있었습니다."

다시 물었다.

"누구에게 의지하여 머무르셨습니까?"

대답하여 말하였다.

"어느 장자입니다."

여러 필추니들이 말했다.

"들으니 그 장자는 좋은 옷을 잘 베푼다고 하였거늘 어떻게 베풀어 주지 않았습니까?"

대답하여 말하였다.

"다만 이런 인연을 까닭으로 우리가 옷을 얻지 못하였습니다."

여러 필추니들이 물어 말하였다.

"무슨 까닭입니까?"

그들이 지난 일을 갖추어 말하였다. 여러 필추니들은 듣고 여러 필추들에게 알리고 필추는 세존께 아뢰었다. 세존께서는 이와 같이 생각하셨다.

'공경심과 신심있는 여러 바라문·장자·거사 등이 즐거이 필추니에게 옷값을 베풀고자 하였고, 나의 여러 제자들도 옷을 얻고자 하였으므로, 내가 마땅히 법을 지어 여러 필추니들이 그것을 얻지 못하는 일이 없도록 해야겠구나.'

여러 필추니들에게 알려 말씀하셨다.

"만약 다른 사람이 옷값을 보시하고 그것이 필요하면 곧 받으라. 받고 나서는 곧 그 사람의 물건이라는 마음을 짓고 간직하며, 여러 필추니들은 마땅히 집사인(執事人)을 찾아 구하라."

필추니가 어떤 사람을 구하는 것을 몰라서, 세존께서 말씀하셨다.

"마땅히 절 안에 있는 사람과 오바사가를 찾도록 하라. 절 안에 있는 사람은 정인(淨人)을 말하고, 오바사가는 삼보에 귀의하고 5계를 받은 사람을 말한다. 마땅히 그에게 '당신은 나를 위하여 시주가 되어 주겠습니까?'라고 묻고, 만약 그가 '될 수 있습니다.'라고 대답하면 곧 그 사람의 마음을 의지하여 그 물건을 간직할 것이며, 그 사람이 간직하게 하고 마땅히 스스로의 손으로 잡지 않도록 하여라."

이때 어떤 필추니가 다른 지방으로 갔다가 '내가 지금 이곳에 왔으나 또한 시주가 없구나.' 이렇게 생각하고는 후회하는 마음을 일으켰다. 필추니가 필추에게 알리고 필추는 세존께 아뢰었다. 세존께서 말씀하셨다.

"비록 먼 곳에 갔더라도 다만 그 사람이 살아있으면 항상 그가 시주이니라."

이때 어떤 필추니가 아직 시주를 얻지 못하였으나 다른 사람이 보시하여 물건을 주었다. 필추니가 의심이 생겨 감히 받지 못하자 세존께서 말씀하셨다.

"마땅히 받으라. 받고 나서는 물건을 가지고서 한 사람의 필추니를 마주하고 말하여라. '구수여. 잊지 마소서. 저 필추니 누구는 이 청정하지 않은 물건을 얻었습니다. 저는 마땅히 이 청정하지 못한 물건을 가져다가 청정한 재물로 바꾸어 가지겠습니다.' 이와 같이 세 번을 말하고 마음대로 받아 사용하며 의심하는 마음을 일으키지 말라."

이때 어떤 시주가 변두리 처소에 절을 지어 승가에 보시하였으나, 때때로 도둑들이 와서 무섭게 하였다. 그 필추니가 절을 버리고 떠나가니 곧 도둑들이 와서 절의 물건을 가져갔다. 세존께서 말씀하셨다.

"승가의 물건이거나 탑에 딸린 물건으로서 금·은·돈·보배 등의 물건은 마땅히 창고에 저장하고, 다른 곳으로 옮겨가도록 하라."

비록 보내고 저장하라고 말씀하셨으나 필추니는 곧 누구를 보내 저장해야 하는가를 알지 못하였다. 세존께서 말씀하셨다.

"정인이나 오바색가에게 그것을 감추도록 하라."

그 저장하는 자가 그 물건을 훔치자, 세존께서 말씀하셨다.

"신심이 깊은 오바색가에게 저장하게 하고, 만약 없다면 마땅히 구적녀를 시켜라. 만약 구적녀가 없으면 필추니가 스스로 저장하도록 하라."

필추니들은 다시 어떻게 저장해야 하는가를 알지 못하자 세존께서 말씀하셨다.

"마땅히 구덩이를 파도록 하라."

누구를 시켜야 할 것인가를 알지 못하자 세존께서 말씀하셨다.

"마땅히 정인이나 오바색가를 시키도록 하라."

그들이 곧 물건을 훔치니 세존께서 말씀하셨다.

"마땅히 신심이 있는 사람을 시키도록 하고, 만약 그러한 사람이 없으면 구적녀를 시키도록 하라. 만약 구적녀가 없으면 마땅히 스스로 구덩이를 파도록 하고, 도둑들이 물러간 뒤에는 마땅히 이전과 같이 그 물건들을 가져다 승가에 돌려주도록 하라."

세존께서 말씀하셨다.

"내가 어려운 인연을 위하여 계율을 열었으니, 어려운 인연이 없어진 뒤에는 마땅히 행하지 말라. 만약 여전히 행하면 월법죄(越法罪)를 얻느니라."

12) 출납구리(出納求利) 학처

인연은 실라벌성에서 이루어졌다.

세존께서는 서다림에 있는 급고독원에 머무르셨다. 먼 곳과 가까운 곳의 중인도[3]에서 모든 부처님께서 세상에 출현하셨고, 그 부처님의 여러 성문 제자들은 큰 신통이 있어서 온갖 변화를 지으며 널리 묘법을 설하며, 만일 어떤 사람이 능히 그 제자에게 공양하면 큰 과보를 얻고 이익이 늘어난다는 말을 들었다. 이때 북방에 있던 여러 상인들이 이 소문을 듣고 서로 의논하여 말하였다.

"여러분께서는 마땅히 아십시오. 우리들은 마땅히 중인도로 가서 장사를 해야 합니다. 첫째는 많은 이윤을 얻을 수 있고, 둘째는 삼보에 공양할 수 있기 때문이오."

이때 여러 상인들은 많은 재화와 물건을 가지고 실라벌성에 이르렀다. 이 성 안에는 한 사람의 노형외도(露形外道)가 있었으며, 천문(天文)을 잘 알고 미래의 일에 점(占)을 잘 보았다. 상인들의 우두머리가 있는 곳으로 가서 말하였다.

"잘 오셨습니다. 상주(商主)여. 당신의 아버지는 이름이 누구이고, 어머니의 이름은 누구이며, 장차 이러한 재화를 가지고 이 지방에 와서 어느 날까지는 얼마의 이윤을 얻고자 하는군요."

상주는 듣고 이렇게 생각하였다.

'내가 일찍이 듣기를 세존의 제자는 큰 신통력이 있어 연기가 솟고, 비가 내리는 것을 어떤 조짐이 없어도 먼저 안다고 하였는데, 바로 이 사람인가 보구나.'

곧 북방의 붉은색 모직물과 여러 기이한 과일들을 외도에게 바쳤다. 그는 곧 얻은 모직물을 몸에 걸치고 같은 외도들이 있는 곳으로 갔다.

---

3) 원문에는 '중국(中國)'이라고 표기되어 있다.

도반인 외도들이 보고 곧 물으니 그가 일을 갖추어 말하였다. 같은 무리들이 그에게 말하였다.

"어진 이여. 우리들은 항상 사문인 석자(釋子)들에게 업신여김을 당해왔습니다. 항상 우리에게 '그대들은 일찍이 귀하고 뛰어나며 좋은 사람을 가까이 하지 못하고, 다만 고용된 천한 계급인 전다라의 무리들을 가까이 할 뿐이다.'라고 말하였습니다. 그대는 이제 마땅히 이 귀한 옷을 입고 석자들의 처소로 가서 그들의 마음을 아프게 하는 것이 좋겠습니다."

곧 그 모직물을 걸치고 서다림으로 갔다. 이때에 오바난타가 서다림의 문밖에서 경행하며 거닐고 있다가 멀리서 그가 오는 것을 보고 곧 '외도가 걸치고 있는 것이 좋고 귀한 물건이로구나. 만약 내가 저 물건을 얻지 못하면 내 이름을 바꾸겠다.'라고 생각하였다. 외도가 점차 다가오자 물었다.

"외도여. 당신은 지금 어떻게 다시 재가인으로 돌아가려 하오?"

대답하여 말하였다.

"나는 재가인으로 돌아가려는 것이 아닙니다."

"만약 그렇다면 어째서 이 재가인의 옷을 얻어 입었소?"

그가 일을 갖추어 말하니 오바난타가 말하였다.

"이것은 좋은 일이 아니오. 이것은 좋은 일이 아니오. 어째서 나이가 들어 쇠약해진 것을 핑계로 계율을 깨뜨리겠소. 마땅히 잠깐 앉아서 잠시 나의 법요(法要)를 들어 보시오."

그 외도는 오바난타의 말을 따라 곧 앉았다. 오바난타는 환희심을 내어 그에게 설법을 하였다. 오바난타가 남에게 마땅히 보시하는 법을 널리 설할 때는 듣는 사람이 모두가 스스로의 살을 떼어내서라도 서로 보시하려고 하였다. 오바난타는 다시 외도에게 말하였다.

"그대의 스승은 성질이 거칠고 황폐한 것을 사랑하므로, 그대들의 문도들에게 몸을 드러내고, 머리카락을 흩뜨리며, 많이 돌아다니고, 적게 머무르며, 항상 땅에 눕게 하는 것이오. 만약 당신의 스승이 마음에 좋은 옷과 음식을 사랑하고 즐거워하면, 마땅히 그대들에게 값이 천만(千萬)인

좋은 옷을 입고, 온갖 맛있는 음식을 마음대로 먹는 것을 허락해야 될 것이오. 머무르는 방사(房舍)도 그 값이 백 천이 되어야 하는데, 그가 마음이 좁은 까닭에 허용되지 않는 것이오. 우리 세존께서는 마음이 넓고 커서 우리 제자들이 일 만금이 되는 값비싼 옷을 입고, 온갖 맛있는 음식을 먹는 것을 허락하시며, 머무르는 방사도 천금이나 되는 것들이오.

만약 그대가 이러한 값이 비싸고 좋은 옷을 입고 걸식하러 다니면 신심이 있고 공경하는 사람들이 '지금 이 외도는 몸으로 계율을 깨뜨렸구나.'라고 생각할 것이니, 먹고 마시는 것에 있어 몸을 공양하기가 어려워질 것이오. 당신은 이 좋은 옷을 나에게 주는 것이 마땅하오. 나에게 모직물이 있으니 그것과 서로 바꾸도록 합시다. 내가 마땅히 이 좋은 옷을 입고 여러 집을 걸식하다가 만약 청정한 믿음이 있는 사람이 내게 와서 묻는다면 나는 마땅히 '어떤 노형외도의 이름과 성이 누구인데 자신을 돌보지 아니하고 베풀어 주었습니다.'라고 대답할 것이오. 그는 곧 그대가 깊은 신심이 있는 사람인 것을 알게 되어 그대가 걸식할 때에 그대를 보면 마땅히 술과 술지개미를 구리 그릇에 가득 담아서 당신에게 공양해 줄 것이오."

노형외도는 이 말을 듣고, 곧 믿고 기뻐하는 마음을 지어 이렇게 말하였다.

"대덕이시여. 그렇다면 이 옷을 가지십시오."

오바난타는 곧 축원하며 말하였다.

"병이 없고 장수하시오. 그러나 당신들의 무리는 항상 가난하며 고생하고 있으니 당신이 보시하였다면 다시 빼앗으라고 할 것이오."

외도가 말하였다.

"대덕이시여. 이 모직물이 어떻게 그들의 물건이겠습니까? 이것은 제가 마음대로 할 수 있으니 걱정하지 마십시오."

"만약 그와 같다면 내가 마땅히 받도록 하겠소."

이것을 얻고 외도에게 거친 모직물을 한 벌 주었다. 이때 외도는 이것을 입고서 떠나갔다. 외도가 그와 같은 무리들에게 도착하자 그들이 물었다.

"그대는 어느 곳에서 다시 이 옷을 얻었습니까?"

그가 옷을 바꾼 까닭을 자세히 말하자 듣고서 모두 화를 내며 말하였다.

"어진 이여. 이 석자(釋子)들은 항상 우리를 죽일 생각만 하오. 다른 사람들은 비록 속임수를 당하지만 육중필추는 그렇지 않습니다. 여섯 사람 중에서 그 한 사람을 뛰어넘는 사람은 없습니다. 그대가 만약 그것을 다른 대덕에게 베풀어 주었으면 우리도 따라서 기뻐하겠으나 오바난타는 우리의 피를 마시려는 사람이오. 그 옷을 그에게 베풀었으니 누가 참을 수 있겠소. 곧 마땅히 가서 찾으시오. 만약 찾을 수 있으면 좋으나, 찾지 못하면 우리는 모두가 그대를 쫓아내겠소. 당신이 앉을 곳을 옮기고, 당신의 밥그릇을 엎으며, 당신과는 말도 함께 하지 않겠소."

그는 곧 두려워서 오바난타의 처소로 갔다. 오바난타는 멀리서 그가 오는 것을 보고 곧 '이 외도의 거동(擧動)과 형세(形勢)를 보니 반드시 나로부터 좋은 모직물을 빼앗고자 하는구나.' 생각하고는 곧 급히 방으로 들어가서 방문을 닫고 있었다. 외도는 곧 방 앞으로 와서 문을 두드리며 큰소리로 불렀다. 오바난타는 대답을 하지 않고 조용히 있었다. 여러 필추들이 보고 물었다.

"외도여. 당신은 무엇이 필요합니까?"

대답하여 말하였다.

"나의 모직물 때문에 와서 찾고 있습니다."

필추가 대답하여 말하였다.

"그대가 얻고자 하면 세존의 처소로 가서 애달프게 구하고 돌아가시오."

이때 그 외도는 세존의 처소로 나아갔다. 이때 세존께서는 그 외도가 오는 것을 멀리서 보시고 여러 필추들에게 말씀하셨다.

"그대들은 저 외도가 오는 것이 보이는가?"

세존께 아뢰었다.

"보입니다."

세존께서 말씀하셨다.

"그는 모직물을 위하여 일부러 오는 것이다. 만약 찾아서 얻으면 좋으나,

얻지 못하면 곧 더운 피를 토하고 죽을 것이다."

외도는 세존의 처소에 이르러 이렇게 알려 말하였다.

"대덕 오바난타가 저의 모직물을 가져갔습니다. 세존이시여. 원하건대 자비로우신 마음으로 불쌍히 여기시어 저에게 되돌려 주게 하소서. 만약 돌려주지 않으면 저와 같은 무리들이 저를 내쫓을 것입니다."

앞에서와 같이 갖추어 말씀드렸다. 그때 세존께서는 구수 아난다에게 말씀하셨다.

"그대가 직접 가서 오바난타에게 말하라. '당신에게 병이 없으십시오.' 또 말하기를 '당신은 마땅히 외도에게 모직물을 돌려주도록 하시오. 만약 되돌려주지 않으면, 곧 더운 피를 토하고 죽을 것입니다.'라고 전하라."

구수 아난다는 세존의 말씀에 의거하여 알려 말하였다. 그는 말을 듣고 곧 앉은 자리에서 일어나서 말하였다.

"저는 지금 위없는 존경스러운 가르침에 공경히 예배드립니다. 어떻게 감히 거스르겠습니까? 만약 세존께서 돌려주라고 가르치지 않으셨다면, 비록 그 외도들이 섬부주에 대나무와 갈대처럼 많은 수(數)로 가득 차서 모두 더운 피를 토하고 한꺼번에 죽을지라도, 나 오바난타는 털끝 하나도 움직이지 않을 것입니다. 구수 아난다여. 가져도 좋습니다. 제가 마땅히 그에게 되돌려 주겠습니다."

곧 외도에게 말하였다.

"그대의 스승이 이전에 망녕된 말로써 세상을 속였으니, 그가 죽고 나면 무간대지옥(無間大地獄)에 떨어질 것이고, 그의 혀 위에 5백 개의 쟁기를 두고 밤낮으로 쟁기질을 할 것이오. 그대는 지금 망녕되게 말하는 것이 그보다 배나 더하니, 마땅히 천 개의 쟁기가 늘 당신의 혀를 갈게 될 것이오. 당신은 이미 나의 모직물을 입었으나 나는 당신의 물건을 일찍이 사용하지 않았소."

외도가 대답하였다.

"저 또한 입고 있지 않았습니다."

오바난타는 그의 모직물을 가져다가 그 가장자리의 이음새를 풀고 주름을 잡아서 네 번을 포개어 왼손 위에 올려놓고 오른손으로 두드리고 그 모직물을 펴서 그의 머리 위에 걸쳐 놓았다. 그 외도가 마침내 땅에 넘어지자 발로 그의 겨드랑이를 걷어차면서 말하였다.

"외도여. 빨리 가라. 빨리 가. 똥 먼지로 우리 절을 더럽히지 마라."

외도가 대답하여 말하였다.

"대덕이여. 제가 지금 살아서 나간다면 다시는 감히 서다림 안으로 들어오지 않겠습니다."

이 연기(緣起) 때문에 불세존께서 아직은 계율을 제정하지는 않으셨다.

이때 육중필추는 여러 방법으로 이자놀이를 하였다. 혹은 취하고, 혹은 주며, 혹은 일으키고, 혹은 저당을 잡아 완성하고 완성된 것을 취하며, 아직 완성되지 않은 것을 가지고 완성하여 취하고, 완성된 것을 가지고서 아직 완성되지 않은 것을 취하며, 아직 완성되지 않은 것을 가지고서 아직 완성되지 않은 것을 취하였다.

'취한다'는 곧 거두어 취하는 것을 말하니 다른 지방에서 좋아하고 즐기는 재화와 물건을 운반하여 지키는 사람을 찾아 여러 가지 계약을 맺는 것을 취한다고 이름한다.

'주다.'는 다른 사람에게 물건을 주되 8일이나 10일 등으로 계약을 하여 증서를 맺는 것을 준다고 이름한다.

'일으키다.'는 이자를 만드는 것을 말하니 다른 사람에게 적은 물건을 주고 많이 취하는 것이다. 즉 곡식이나 보리는 혹은 다섯을 더하고, 혹은 한 배, 두 배 등으로 되(升)나 말(斗)로 저축하는 계약하는 것을 일으킨다고 이름한다.

'저당을 잡는다.'는 저당물을 받아 구슬이나 보배 같은 것을 취하는 것이고, 앞에서와 같이 계약을 맺고 좋은 보증을 세워 그 재물을 주는 것을 당을 잡는다고 이름한다.

'완성된 것을 가지고서 완성된 것을 취한다.'는 금·은 등으로 그릇으로 다른 사람의 완성된 그릇을 취하는 것을 말한다.

'아직 완성되지 않은 것을 가지고서 완성된 것을 취한다.'는 금덩이를 가지고서 다른 사람의 금그릇을 취하는 것을 말한다.

'완성된 것을 가지고서 아직 완성되지 않은 것을 취한다.'는 금그릇으로 다른 사람의 금덩이를 취하는 것을 말한다.

'아직 완성되지 않은 것을 가지고서 아직 완성되지 않은 것을 취한다.'는 금덩이를 가지고서 다른 사람의 금가루를 취하는 것을 말한다.

필추가 이렇게 교역(交易)하고, 이것으로 이익을 구하자, 여러 외도·바라문·거사·장자 등이 이 일을 보고 모두 싫어하고 천박하게 생각하였다.

"어떻게 사문 석자가 물건을 내어 이익을 구하는가? 재가인과 무엇이 다르며, 누가 능히 그들에게 음식과 옷을 서로 공급하겠는가?"

여러 필추들이 세존께 아뢰었다. 세존께서는 이 인연으로 앞에서와 같이 대중을 모으시고 사실을 물으시고는 꾸중하셨으며, [이하 자세한 내용은 생략한다.]

"그 일에 학처를 제정하나니, 마땅히 이와 같이 설하노라. 만약 다시 필추니가 여러 가지로 물건을 내주고 받아들여 이익을 구하면 니살기바일저가이니라."

'필추니'는 이 법 가운데에 필추니를 말한다.

'여러 가지'는 한 가지 일이 아니라는 말이다.

'물건을 내어주고 받아들여서 이익을 구한다.'는 취하고, 주며, 일으키고, 받아들여서 이윤을 구하는 것을 말한다.

'사타죄를 범한다.'는 위에서 자세히 말한 것과 같다.

이 가운데에서 범한 모양은 만약 필추니가 이윤을 구하려고 물건을 거두어 모으고 여러 가지 방편을 지어 수레에 싣고 다른 지방에 가서 보증인과 계약을 맺고 물건을 들여오면 아직 이윤을 얻지 못하였어도 악작죄를 얻는다. 만약 이익을 얻었으면 곧 사타죄를 얻는다.

만약 필추니가 이윤을 구하려고 여러 가지 재화와 금·은 등의 물건을 가지고 나가서 다른 사람과 함께 계약하면 또한 죄를 얻는 것은 앞에서 자세히 말한 것과 같다. 만약 필추니가 이자를 만들기 위하여 장차 여러 가지 재물과 곡식을 가지고 다른 사람에게 주고 되(升)와 말(斗)로써 양을

332

헤아려서 함께 계약하면 또한 죄를 얻는 것은 앞에서와 같다.

　필추니가 이윤을 구하려고 진보(珍寶)·진주(眞珠)·패옥(貝玉)을 받아 취하여 때를 계산하여 이윤을 얻고자 하면 이윤을 얻든, 얻지 못하였든, 또한 위에서 말한 것과 같다. 만약 필추니가 이익을 위하여 자기의 옷을 다른 사람과 바꾸면 악작죄를 얻고, 이익을 얻으면 사타죄를 범한다.

　이때 세존께서는 광엄성(廣嚴城)의 미후지(獼猴池) 곁에 있는 높은 누각 안에 머무르셨다. 이 성 안에는 율고비(栗姑毘) 등이 자신들이 사는 집을 6층 높이로 지었으나, 필추니들이 사는 곳이 낮은 것을 보고 곧 필추니들을 위하여 높이가 6·7층으로 짓고 장엄하여 좋은 방사(房舍)를 지었다. 그 집이 오래 지나서 많이 허물어졌다. 시주들은 이것을 보고 모두가 '우리가 살아 있는 지금도 절이 모두 부서지고 무너졌으니, 우리가 죽은 뒤에는 어떻게 될 것인가? 우리들이 마땅히 무진(無盡)의 물건을 보시하여 이것으로 보수를 해야겠다.' 생각하고 곧 보시할 물건을 가지고 필추니의 처소로 이르러 말하였다.

　"성자여, 이것은 무진의 시주물입니다. 보수하는 비용으로 받아주십시오."

　여러 필추니들이 말하였다.

　"세존께서 계율을 제정하시어 우리가 받는 것은 합당하지 않습니다."

　이때에 여러 필추니들이 여러 필추에게 알리고 필추가 세존께 아뢰었다. 세존께서는 여러 필추니들에게 말씀하셨다.

　"만약 승가에 짓고 운영할 건물이 있으면 무진의 시주물을 받으라. 그러나 필추의 주처(住處)는 마땅히 3층으로 짓도록 하고 필추니의 승방은 2층으로 짓도록 하라."

　이때 여러 필추니들은 무진의 시주물을 얻어 승가의 창고 안에 두었다. 이때 시주들이 와서 물었다.

　"성자여. 무슨 까닭으로 비하라(毘訶羅)를 아직도 보수하지 않으십니까?"

　필추니가 대답하여 말하였다.

"현수여. 음식이 없기 때문입니다."

시주가 말하였다.

"저희가 무진의 시주물을 보시하지 않았습니까?"

대답하여 말하였다.

"현수여. 그 무진의 시주물을 우리가 어떻게 감히 먹겠습니까? 승가의 창고 안에 보관하여 지금 모두 그대로 있습니다."

시주가 대답하여 말하였다.

"그 무진의 시주물은 이렇게 하면 합당하지 않습니다. 어떻게 저희 집 안에 보관할 곳이 없겠습니까? 어째서 그것을 회전시켜서 이윤을 구하지 않으십니까?"

필추니가 말하였다.

"세존께서는 우리들에게 이윤을 구하는 것을 허락하지 않으셨습니다."

여러 필추니들이 필추에게 알리고 필추는 세존께 아뢰었다. 세존께서 말씀하셨다.

"만약 승가를 위해서는 마땅히 이윤을 구하도록 하라."

세존의 말씀을 듣고 나서 여러 신심이 있는 바라문·거사 등이 불·법·승 삼보를 위하여 무진의 시주물을 시주하였다. 이 삼보의 시주물은 또한 마땅히 회전시켜서 이윤을 구하였고 얻은 이윤을 다시 삼보에게 되돌려 공양을 하였다. 이때 여러 필추니들이 시주한 물건을 가지고 그 시주에게 되돌려 이윤을 구할 때에 많은 다툼이 있었다. 곧 이렇게 말하였다.

"성자여. 어떻게 우리가 우리들의 물건으로 서로 다투겠습니까?"

여러 필추니들이 여러 필추에게 알리고 필추는 세존께 아뢰었다. 세존께서 말씀하셨다.

"마땅히 그들과 함께 이자놀이를 하지 말라."

다시 부귀한 사람들과 함께 이자놀이를 하였으나 물건을 찾을 때 그들이 관권(官權)의 세력을 믿고 기꺼이 돌려주지 아니하였다. 세존께서 말씀하셨다.

"그들과 함께 이자놀이를 하여서는 아니 되느니라."

다시 가난한 사람들과 함께 이자놀이를 하니 물건을 찾을 때 찾을 물건이 없었다. 세존께서 말씀하셨다.

"물건을 줄 때에는 마땅히 분명히 하여 두 배로 저당을 잡고 그 계약서를 쓰고 아울러 보증을 세우고, 그 연월(年月)을 기록하며, 상좌(上座)의 이름과 소임 맡은 집사인의 자(字)를 쓰라. 가령 신심이 있는 오바색가가 5계를 받았어도 또한 마땅히 두 배로 그 저당을 하도록 하라."

13) 판매(販賣) 학처

인연이 이루어진 처소는 앞에서와 같다.

어느 때 육중필추는 여러 가지 장사를 하여 취하고, 주며, 사고, 팔며, 싸게 사들이고, 비싸게 팔아 저축하며 살았다. 여러 바라문 장자들이 그것을 보고 함께 비난하고 부끄럽게 생각하였다. 여러 필추들이 세존께 아뢰고 세존께서는 이 인연으로 앞에서와 같이 대중을 모으시고 사실을 물으시고는 꾸중하셨으며, [이하 자세한 내용은 생략한다.]

"그 일에 학처를 제정하나니, 마땅히 이와 같이 설하노라. 만약 다시 필추니가 여러 가지로 사고 팔면 니살기바일저가이니라."

'필추니'는 이 법 가운데의 필추니를 말한다.

'여러 가지'는 한 가지의 일이 아니라는 말이다.

'취하고, 주며, 사고, 판다.'는 것에서 '취한다.'는 다른 곳에서는 물건이 싸고 이곳에서 물건이 비싸면 저곳에서 물건을 취하는 것이다. '주다'는 이곳이 싸고 다른 곳이 비쌀 때 이곳에서 물건을 가지고 가는 것이니, 풍요로운 때에는 사들이고 부족한 때는 파는 것을 말한다.

'니살기'는 앞에서 자세히 설한 것과 같다.

이 가운데에서 범하는 것은 필추니가 이익을 위하여 사고 팔면, 살 때는 악작죄가 되고 팔 때는 사타죄를 범하게 된다. 만약 이익을 위하여 사고 이익없이 팔면, 살 때에는 악작죄를 얻고, 팔 때에는 범하는 것이 없다. 만약 이익없이 사고, 이익 때문에 팔면 살 때에는 범하는 것이 없고, 팔 때는 사타죄를 범한다. 이익없이 사고, 이익이 없이 팔면 모두 범하는 것이 없다. 만약 다른 지방에서 물건을 사고, 이익을 구하지 않고서 이르는 곳에서 팔면 비록 이익을 얻었어도 범하는 것이 없다.

14) 걸발(乞鉢) 학처

연기를 자세히 설명한 것은 필추율에서와 같다.

"그 일에 학처를 제정하나니, 마땅히 이와 같이 설하노라. 만약 다시 필추니가 아직 다섯 번을 꿰매지 않아 수용할 발우가 있으면서 좋은 것을 구하는 까닭으로 다시 여분의 발우를 얻으면 니살기바일저가이니라. 그 필추니는 마땅히 대중 가운데 발우를 버리고, 대중 가운데에서 가장 나쁜 발우를 취하여 그 필추니에게 주며 '이 발우를 당신에게 돌려주니 마땅히 수지(守持)하지 말 것이고, 마땅히 분별하지 않을 것이며, 또한 남에게 주지 않고, 마땅히 스스로 자세히 살펴 천천히 수용하여 부서질 때까지 마땅히 지켜 보호하도록 하시오. 이것의 법은 그렇습니다.'라고 말하라."

'필추니'는 이 법 가운데의 필추니를 말한다. 나머지 뜻은 위에서와 같다.

'다섯 번 꿰매지 않았다.'는 다섯 번을 꿰매는 것을 채우지 못한 것을 말한다.

'수용하다.'는 수지할 수 있는 것을 말한다.

'좋은 것을 위하여 다시 다른 발우를 구한다.'는 좋은 것을 탐착하므로 다시 두 번째의 발우를 구한다는 말이다.

'좋다.'는 뛰어나고 묘한 것을 말한다.

'얻는다.'는 구하여 손에 넣는 것을 말한다.

'니살기'는 앞에서 자세히 말한 것과 같다.

'그 필추니'는 범한 사람을 말한다.

'그 필추니는 마땅히 대중 가운데 이 발우를 버려야 한다.'는 마땅히 대중 가운데서 한 필추니를 지정하여 범한 발우를 놓도록 하는 것이다. 만약 다섯 가지 덕(德)이 없으면 마땅히 그를 지정하지 않을 것이며 지정하였어도 짓게 하면 아니 된다. 무엇이 다섯 가지인가? 사랑과 성냄과 두려움과 어리석음과 행할 것과 행하지 않을 것을 알지 못하는 것이다. 다섯 가지 덕을 갖추고 있으면 아직 지정하지 않았으면 마땅히 지정하고 지정하였으면 짓게 한다. 무엇이 다섯 가지인가? 앞의 것과 반대되는 것을 마땅히 알아야 한다.

마땅히 이와 같이 지정하고 건치를 울려서 대중들을 모으고 먼저 할 수 있는가? 없는가를 묻는다.

"그대 누구는 승가와 더불어 범한 발우를 놓게 하는 것을 행할 수 있습니까?"

그가 할 수 있다고 대답하면 다음에 한 사람의 필추니가 백갈마를 하여 이와 같이 마땅히 짓는다. [자세한 것은 백일갈마와 같다.]

"세존께서 말씀하셨습니다. 범한 필추니가 발우를 놓게 하는 행법(行法)에 대하여 내가 지금 설하겠습니다. 그 필추니는 마땅히 화합승가 가운데서 이렇게 아뢰어라. '대덕이시여. 나 필추니 누구는 범한 발우를 놓게 하는 것을 행하게 되었습니다. 여러 대덕께서는 내일 각각 자기의 발우를 가지고 승중(僧中)으로 오십시오.'

그 다음 날이 되면 발우를 행하는 필추니는 자리를 설치하고 건치를 울린다. 여러 필추니들이 각자 자신의 발우를 가지고 대중 가운데로 오면 이때에 발우를 행하는 필추니는 마땅히 그 발우를 가지고 상좌의 앞으로 나아가 서서 그 발우를 찬탄하기를, '상좌시여. 이 발우는 청정하고 원만하여 수용할 수 있습니다. 만약에 얻고자 하신다면 마음대로 마땅히 취하십시오.'라고 말한다.

만약 그 상좌가 그 발우를 취하면, 발우를 행하는 필추니는 마땅히 상좌의 오래된 발우를 취하여 그것을 들어 두 번째 상좌에게 준다. 만약 받지 않으면 들어 세 번째 상좌에게 준다. 세 번째 상좌가 취할 때 첫 번째 상좌가 다시 처음의 것을 요구하면 주지 않아야 하고, 두 번째 요구해도 역시 주지 않아야 하며, 세 번째 요구하면 줄 것이며, 상좌는 월법죄를 얻고, 법에 맞게 참회해야 한다.

이와 같이 하여 대중 가운데에서 가장 아래 필추니가 이 발우를 취할 때에 아직 행을 마치지 않았으나, 세 번째 사람이 발우를 요구하면 그 법은 첫째 상좌와 서로 비슷하다. 나아가 행을 마치고 얻어진 하나의 발우는 발우를 행하는 필추니가 마땅히 이 발우를 가지고서 그 필추니에게 맡기면서 이와 같이 말하라. '필추니여. 이 발우를 마땅히 분별하지 않을 것이고, 또한 남에게 주지 않을 것이며, 자세히 살펴서 천천히 법에 맞게 부서질 때까지 사용하십시오. 이것은 그 법이 그렇습니다.' 만약 발우를 행하는 필추니가 법에 의하지 아니하고 행한다면 월법죄를 얻느니라."

세존께서 말씀하셨다.

"발우를 얻은 필추니가 해야 할 행법을 내가 지금 마땅히 제정하노라. 두 개의 발우주머니를 간직하여 좋은 것에는 마땅히 여분의 발우를 넣어두도록 하고 좋지 못한 것에는 마땅히 쓰던 발우를 넣어두도록 한다. 만약 걸식할 때는 마땅히 두 개의 발우를 가지고 다니며, 마른 밥을 얻으면 여분의 발우 안에 넣고, 습기 있는 밥을 얻으면 사용하는 발우에 넣는다.

처소에 이르러서는 만다라(曼茶羅)를 지어 두 개의 발우를 놓고 마땅히 쓰던 발우 안에 음식을 넣고 먹을 것이며, 공양을 마치면 마땅히 여분의 발우를 먼저 씻고 다음에 사용하는 발우를 씻도록 한다. 이렇게 하여 나아가 햇볕에 말리는 때도 여분의 발우를 먼저 할 것이고, 감실에서 불로서 찌는 때에도 여분의 발우를 먼저 할 것이며, 길을 갈 때에도 사용하던 발우는 맡겨두고 여분의 발우를 가지고 갈 것이고, 혼자서 지니고 갈 때에는 여분의 발우는 왼쪽 어깨에 메고 사용하던 발우는 오른쪽에 메고서 가지고 간다. 만약 발우를 얻은 필추니가 이 행법에 의지하지 않고서 행한다면 월법죄를 얻느니라."

이 죄를 다스리는 것과 나아가 모양이 없어지거나 혹은 발우가 깨질 때까지 마땅히 잘 지키고 보호해야 한다.

'니살기'를 얻는다는 것은 앞에서 자세히 말한 것과 같다.

이 가운데에서 범한 모양과 그 일은 무엇인가? 만약 필추니의 발우가 깨져서 한 번 꿰맬 수 있거나 비록 잘 꿰맬 수 없어도 오히려 수용할 수 있으나, 다시 여분의 발우를 구하면 구할 때는 악작죄를 범하고, 얻으면 곧 사타죄를 초래하게 된다. 만약 필추니의 발우가 깨져서 두 번 꿰맬 수 있거나 비록 잘 꿰맬 수 없어도 오히려 수용할 수 있으나, 다시 여분의 발우를 구한다면 죄를 얻는 것은 앞에서와 같다. 이와 같이 세 번을 꿰맬 수 있거나 네 번을 꿰맬 수 있으면 또한 앞에서와 같다.

필추니의 발우가 깨져서 한 번 꿰맬 수 있어서 한 번 잘 꿰매어 그 발우를 갖고 있으면서 다시 여분의 발우를 구하면, 구할 때는 악작죄를 얻고, 얻으면 곧 사타죄를 범한다. 이와 같이 하여 나아가 네 번을 꿰맬 수 있으면 죄를 얻는 것은 또한 그와 같다.

만약 발우가 다섯 번을 꿰매야 하면, 꿰매고, 꿰매지 않으며, 혹은 사용할 수 있고, 사용할 수 없어 다시 여분의 것을 구하면 범하는 것은 없다. 만약 발우를 사서 얻었고, 혹은 보시받아 얻었다면 이것은 또한 범하는 것이 없다.

15) 자걸루사비친직사직작의(自乞縷使非親織師織作衣) 학처

인연이 이루어진 처소와 자세히 설명한 것은 필추율과 같다.

"그 일에 학처를 제정하나니, 마땅히 이와 같이 설하노라. 만약 다시 필추니가 스스로 실을 구걸하다가 친족이 아닌 실 짜는 사람에게 실을 짜서 옷을 만들게 하면 옷을 얻은 경우에는 니살기바일저가이니라."

'필추니'는 이 법 가운데의 필추니를 말하며, 나머지의 뜻은 앞에서와 같다.

'스스로 실을 얻는다.'는 한 냥(兩)[4]이나 반 냥 등을 말한다.

---

4) 1돈의 10배로, 10돈을 1냥으로 하고 16냥이 1근(斤), 1돈쭝은 3.7301g이다. 한(漢)나라 때는 수수[黍] 1,200립(粒)을 12수(銖)로 하고, 24수를 1냥으로 하였으며, 3돈 8푼 정도이다. 당(唐)나라 때는 이것의 3배를 대냥(大兩)으로 하는 제도가 생겼으며, 10돈에 해당되었다. 또한 냥은 약재 양목(量目) 단위로, 1냥은 4돈(약 15g)이

'친족이 아닌 사람을 시킨다.'는 앞에서 자세히 설명한 것과 같다.

'실 짜는 사람'은 손님으로 실 짜는 사람을 말하고, 옷에는 일곱 종류가 있으니, 또한 앞에서 말한 것과 같다. 만약 옷을 얻었다면 사타를 범하며, 사타법은 앞에서와 같다.

이 가운데에서 범한 모양과 그 일은 무엇인가? 만약 필추니가 친족이 아닌 사람에게서 실을 구걸하여 친족이 아닌 실 짜는 사람에게 짜게 하면 모두가 악작죄를 얻고, 옷을 얻었을 때는 곧 사타죄를 범하는 것이다. 필추니가 친족이 아닌 사람에게 실을 구걸하여 친족인 실 짜는 사람에게 옷을 만들게 하면, 구걸을 할 때 악작죄를 얻고, 옷을 얻은 때에는 죄가 없다.

필추니가 친족에게서 실을 구걸하여 친족이 아닌 사람에게 짜게 했다면 얻을 때에는 범하는 것이 없고, 옷을 얻은 때에는 사타죄를 범한다. 필추니가 친족에게서 실을 구걸하여 친족에게 시켜서 짜게 했다면 두 가지는 모두 범하는 것이 없다.

필추니가 친족이 아닌 사람에게서 실을 구걸하여 스스로 그 모직물을 짜면, 실을 구걸하는 때는 악작죄가 되고, 옷이 지어졌을 때는 또한 악작죄를 얻는다. 필추니가 친족에게서 실을 얻어 스스로 그 모직물을 짜면 실을 얻을 때는 범하는 것이 없고, 옷이 지어졌을 때는 악작죄가 된다. 만약 값을 지불하였다면 범하는 것이 없다.

16) 권직사(勸織師) 학처

인연이 이루어진 처소와 자세히 설명한 것은 필추율과 같다.

"그 일에 학처를 제정하나니, 마땅히 이와 같이 설하노라. 만약 다시 필추니에게 친족이 아닌 거사나 거사의 아내가 필추니를 위하여 친족이 아닌 실 짜는 사람에게 실을 짜서 옷을 만들게 하였으나, 이 필추니가 처음에는 청을 받아들이지 않았어도 곧 다른 생각을 일으켜 그 실 짜는

표준으로, 약재에 따라서 4돈 4푼부터 5돈까지 여러 가지이다

340

사람에게 가서 '당신께서는 지금 아십니까? 이 옷은 나를 위하여 실
짜는 것입니다. 훌륭합니다. 실 짜는 사람이여. 마땅히 깨끗하게 짜고,
다듬으며, 잘 가리고, 견실하게 만드십시오. 나는 마땅히 약간의 발우
음식이나 혹은 발우 음식과 같은 것이나 혹은 음식 값 등을 당신에게
드리겠습니다.'라고 이렇게 말하며 만약 필추니가 이러한 물건을 실 짜는
사람에게 주고 옷을 구하여 얻으면 니살기바일저가이니라."

'필추니'는 이 법 가운데의 필추니를 말하며, 나머지 뜻은 위에서와
같다. 친족인 것과 친족이 아닌 것의 뜻과 나아가 일곱 종류의 옷에
대하여 자세한 것은 앞에서 설명한 것과 같다.

'먼저 청을 받지도 않았다.'는 아직은 알려주지 않은 것을 말한다.

'곧 다른 생각을 일으킨다.'는 마음에 옷을 구하고자 하는 것을 말한다.

'실 짜는 사람에게 말한다.'는 스스로의 뜻을 말하는 것이다.

'나를 위하여 짜다.'는 자신을 위한 것을 밝히는 것이다.

'마땅히 잘 짜도록 해야 한다'는 옷의 길이가 그 크기에 잘 맞도록
하게 하는 것이다.

'깨끗하게 다듬는다.'는 옷이 넓고 말끔하게 하려는 것이다.

'잘 가린다.'는 그 이음새의 남는 부분을 제거해야 세밀하고 가늘게
하는 것이다.

'아주 견실하게 한다.'는 부드럽고 치밀하게 하는 것이다.

'나는 마땅히 발우의 음식을 준다.'는 다섯 가지의 가단니식(珂但尼食)[5]
과 다섯 가지의 포선니식(蒲膳尼食)[6]을 말한다.

'혹은 발우 음식 같은 것'은 곡식 등을 말한다.

'혹은 음식 값 등'은 값을 준다는 말이다.

'필추니'는 이 법 가운데의 필추니를 말한다.

---

5) 산스크리트어 khādanīya의 음사로서 작식(嚼食)·부정식(不正食)이라 번역된다.
   필추들이 간식으로 씹어먹는 음식. 뿌리·가지·잎·꽃·열매 등을 말한다.
6) 산스크리트어 bhojanīya의 음사로서 정식(正食)이라 번역된다. 필추들이 끼니로
   먹는 부드러운 음식. 밥·죽·보릿가루·생선·고기 등을 말한다.

‘이와 같은 물건으로써’는 앞에서의 일을 말한다.

‘옷을 얻는다.’는 옷을 얻어 손에 넣는다는 말이다.

‘니살기’는 모두 앞에서 설명한 것과 같다.

이 가운데에서 범한 모양과 그 일은 무엇인가? 만약 필추니가 옷을 구하기 위하여 자리에서 일어나 의복을 정리하고, 스물다섯 가지 등의 음식을 실 짜는 사람에게 주며, 권유하여 잘 짜게 하면 모두 악작죄를 얻고, 옷을 얻으면 사타죄를 범한다. 친족과 친족이 아닌 것 등은 모두 앞에서 설명한 것과 같다.

17) 탈의(奪衣) 학처

인연이 이루어진 처소는 앞에서와 같다.

어느 때에 난제(難提) 필추가 제자에게 옷을 주면서 말하였다.

“그대와 함께 세상을 유행하여야겠다.”

제자가 가고 싶지 않은 마음이었기에 난제 필추는 곧 그 옷을 빼앗았다. 여러 필추들이 이 일을 세존께 아뢰었다. 세존께서는 이 인연으로 앞에서와 같이 대중을 모으시고 사실을 물으시고는 꾸중하셨으며, [이하 자세한 내용은 생략한다.]

“그 일에 학처를 제정하나니, 마땅히 이와 같이 설하노라. 만약 다시 필추니가 필추니에게 옷을 주었으나, 그가 뒤에 화내고 욕하며 미워하고 천박하게 생각하는 마음을 일으켜 스스로 그 옷을 빼앗거나 다른 사람을 시켜 옷을 빼앗으며, ‘나에게 옷을 되돌려 주시오. 당신에게 주지 않겠소.’ 라고 말하며, 만약 그에게서 옷을 빼앗아 자신이 수용한다면 니살기바일저가이니라.”

‘필추니’는 이 법 가운데의 필추니를 말한다.

‘필추니에게 주다.’는 다른 필추니에게 주는 것을 말하며, 옷에는 일곱 종류가 있으니 자세한 것은 앞에서 설명한 것과 같다.

‘옷을 주다.’는 같이 거주하는 문인(門人) 혹은 다른 무리들에게 주는 것을 말한다.

'뒤에'는 별도의 다른 날을 말한다.

'화내고 욕하며 미워하고 천하게 여기는 마음을 일으키다.'는 몸과 말과 마음에서 성을 내는 모양을 나타내는 말이다.

'스스로 하거나 남을 시켜 빼앗아 취하여 그의 몸에서 떨어뜨리다.'는 모두 몸에서 떨어뜨리는 것을 말한다.

'자신이 수용한다.'는 자기 것으로 만든다는 말이며, 죄의 이름을 풀이한 것은 앞에서 자세히 설명한 것과 같다.

이 가운데에서 범한 모양과 그 일은 무엇인가? 세 종류의 모양이 있으니 몸과 말과 그 두 가지를 갖춘 것을 말한다. 몸은 먼저 옷을 주었으나 나중에 화내고 후회하는 마음을 품고서 손으로 직접 빼앗고, 끌어당기거나, 혹은 당기면서 입으로는 아무 말을 하지 않아도 나아가 옷 끝이 아직은 그의 몸에서 떨어지지 않았으면 악작죄를 얻고, 몸에서 떨어지면 곧 사타죄를 초래한다. 이것을 몸으로 짓는 업이라고 이름한다. 말은 성내는 말을 하여 그에게서 옷을 빼앗고, 몸이나 손을 움직이지는 않는 것을 말하며, 죄를 맺는 것은 앞에서와 같다. 몸과 말을 함께 한다는 것은 몸과 말로서 그의 옷을 빼앗는 것을 말하고, 죄를 맺는 것은 앞에서와 같다.

다른 사람을 시킨다는 것은 만약 필추니에게 시켜서 그 옷을 빼앗게 하여, 아직 몸에서 떨어지지 않았으면 모두는 악작죄를 얻는다. 만약 몸에서 떨어졌으면 모두는 사타죄를 얻는다. 중요한 것은 허물을 버리는 데 있다. 만약 필추를 시켜서 빼앗으면 죄는 또한 이와 같으며, 아래의 세 가지 경우는 모두 악작죄를 얻는다. 만약 여러 재가인 남녀가 빼앗으면 한량없는 죄를 얻는다.

범하지 않는 것은 두 가지가 있다. 첫째는 어려운 일이 있는 것이고, 둘째는 가르침에 따르는 것이다. 어려운 일이 있는 것은 만약 그 두 스승과 자신의 문도가 무서운 곳 등에 있고, 혹은 때가 아닐 때에 강 언덕의 위험한 곳에 있는 것을 보고 그가 떨어지는 것을 걱정하여 강제로 그의 옷을 빼앗는 것이니 모두가 범하는 것이 없다. 가르침에 따르는 것은 스승이 보니 문도와 나쁜 도반들과 가까이 하고, 혹은 함께 길가는 것을 보고 옷을 빼앗아서 악한 일을 저지르지 못하게 하는 것이다. 이것을 가르침에 따르는 것이라고 이름한다.

18) 회중물입기(迴衆物入己) 학처

인연이 이루어진 처소와 자세히 설명한 것은 모두 필추율과 같다.

"그 일에 학처를 제정하나니, 마땅히 이와 같이 설하노라. 만약 다시 필추니가 승가 대중의 물건인 줄 알고서 스스로 자기 것으로 돌려놓는다면 니살기바일저가이니라."

'필추니'는 이 법 가운데의 사람을 말한다.

'안다.'는 스스로 아는 것이고, 혹은 다른 사람이 알려 주어 아는 것을 말한다.

'승가'는 세존의 성문 제자를 말한다.

'대중의 물건'은 두 가지가 있으니, 음식으로 이익되는 것과 옷으로 이익이 되는 것을 말한다. 여기에서는 옷으로 이익이 되는 것을 말한다.

'돌려놓다.'는 분명히 남에게 속해 있는 물건을 자기 것으로 만드는 것을 말하며, 니살기바일저가를 풀이한 것은 위에서와 같다

이 가운데에서 범한 모양과 그 일은 무엇인가? 만약 필추니가 한 사람의 필추니에게 속한 물건인 것을 알고서도 스스로 돌려놓아 자기 것으로 만들면 돌려놓을 때는 악작죄를 얻고, 얻은 때는 곧 사타죄를 범한다. 이와 같이 나아가 두 사람 혹은 세 사람에게 속한 것이고, 혹은 승가에 속한 것이라는 것을 알고서도 스스로 돌려놓아 자기 것으로 만들면 죄를 얻는 것은 앞에서와 같다.

만약 필추니가 한 사람의 필추니에게 속한 물건인 것을 알고서도 그것을 돌려놓아 다른 한 사람에게 주면 돌려놓을 때는 악작죄를 얻고, 물건을 얻은 때도 또한 악작죄가 된다. 이와 같이 나아가 한 사람에게 속해

있는 것을 알고서도 돌려놓아 두 사람 혹은 세 사람에게 주고, 혹은 그것을 돌려놓아 승가에게 주면 죄를 얻는 것은 앞에서와 같다.

만약 필추니가 승가에 속해 있는 물건이라는 사실을 알면서도 그것을 돌려놓아 한 사람에게 주면 돌려놓을 때에 악작죄를 얻고, 물건을 얻을 때도 또한 악작죄를 얻는다. 이와 같이 승가에 속해있는 물건이라는 사실을 알고서도 그것을 돌려놓아 두 사람 혹은 세 사람에게 주면 돌려놓을 때에 악작죄를 얻고, 물건을 얻은 때도 또한 악작죄를 얻는다. 만약 필추니가 한 승가에 속해 있는 물건이라는 사실을 알고서도 그것을 돌려놓아 여러 승가에게 주면 돌려놓을 때는 악작죄를 얻고, 물건을 얻은 때도 또한 악작죄를 얻는다.

만약 필추니 승가에게 준 물건이라는 사실을 알고서도 그것을 돌려놓아 필추 승가에게 주고, 필추 승가에게 준 물건이라는 사실을 알고서도 그것을 돌려놓아 필추니 승가에게 주며, 이부(二部) 승가에게 준 물건이라는 사실을 알고서도 그것을 돌려놓아 필추 승가에게 주고, 이부 승가에게 주는 물건이라는 사실을 알고서도 그것을 돌려놓아 필추니 승가에게 주며, 필추 승가에게 주는 물건이라는 사실을 알고서도 그것을 돌려놓아서 이부 승가에게 주고, 필추니 승가에게 주는 물건이라는 사실을 알고서도 그것을 돌려놓아 이부 승가에게 주며, 만약 그 승가를 나누어서 이부 승가가 되었으며, 이 승가에게 주는 물건이라는 사실을 알고서도 그것을 돌려놓아 저 승가에게 주고, 혹은 이 절에 주는 물건이라는 사실을 알고서도 그것을 돌려놓아 저 절에 주며, 이 방에 주는 물건이라는 사실을 알고서도 그것을 돌려놓아 저 방에 주고, 이 곁채(廊)에 주는 물건이라는 사실을 알면서도 그것을 돌려놓아 저 곁채에 주며, 혹은 방과 곁채를 바꾸어 그것을 돌려놓아 주고, 혹은 이 기둥 사이에 주는 물건인 것을 알고서도 그것을 돌려놓아 저 기둥 사이에 주며, 혹은 기둥 사이의 물건을 돌려놓아 문이 있는 곳에 주고, 혹은 문에 속한 물건을 돌려놓아 누각 위에 주며, 이와 같이 [이하 자세한 내용은 생략한다.] 나아가 서로 뒤바꾸어 돌려놓는 것은 모두가 악작죄를 얻는다.

만약 필추니가 이 불상(佛像)에 올린 물건이라는 사실을 알고서도 그것을 돌려놓아 다른 불상에 공양하고, 이 단에 올린 물건이라는 사실을 알고서도 그것을 돌려놓아 다른 탑에 공양하며, 답도(踏道)[7]의 첫 층계에 올린 물건인 것을 알고서도 그것을 돌려놓아 두 번째의 층계 등에게 놓고, 혹은 그것을 돌려놓아 단신(壇身)에 놓으며, 혹은 처마와 계단에 놓고, 혹은 이쪽 두둑(畔)의 물건인 것을 알고서도 그것을 돌려놓아 다른 두둑에 놓으며, 혹은 그것을 돌려놓아 복발(覆鉢)에 놓고, 혹은 그것을 돌려놓아 방대륜상(方臺輪相)의 첫째 기단과 나아가 보병(寶瓶)·법륜(法輪)·입주(立柱)에게 놓으며, 혹은 다시 이것을 돌려놓아 아래 기단에 이르기까지 이와 같이 서로 바꾸는 것은 모두 악작죄를 얻는다. 만약 왕의 힘으로 돌려놓게 한 것이면 범하는 것은 없다.

만약 이 가난한 사람에게 물건을 주려고 하다가 그것을 돌려놓아 저 가난한 사람에게 주면 악작죄를 얻는다. 만약 찾지 못하여 다른 사람에게 돌려서 주면 범하는 것이 없다. 만약 필추니가 이 방생에게 먹을 것을 주다가 그것을 돌려놓아 저 방생에게 주면 악작죄를 얻는다. 만약 찾다가 찾지 못하여 돌려주는 것이라면 범하는 것이 없다. 만약 방생에게 물건을 주려고 하다가 그것을 돌려놓아 사람에게 주고, 사람에게 주려고 하던 것을 돌려놓아 방생에게 주면 악작죄를 얻는다.

만약 출가한 사문에게 물건을 주려 하다가 그것을 돌려놓아 재가인에게 주고, 혹은 이와 반대로 한다면 악작죄를 얻는다. 만약 찾았으나, 찾지 못하였으면 범하는 것이 없다. 이와 같이 여자나 남자나 반택가나 필추 및 하삼중(下三衆)[8]이 많고 적으며 이 사람에게 주는 것과 저 사람에게 주는 것을 서로 바꾸면 마땅히 앞에서 설명한 것에 의거하며, 만약 찾았으나, 찾지 못하여 비록 근본 마음에는 어긋나지만 다른 것에 주면 범하는 것이 없다.

---

7) 임금이 가마를 타고 오르는 계단으로 밟는 길이라는 뜻이다.
8) 식차마나 사미, 사미니를 가리킨다.

19) 복과칠일약(服過七日藥) 학처

인연이 이루어진 처소는 앞에서와 같다.

어느 때 존자 필릉가바차(畢陵伽婆蹉)의 제자가 가지고 있던 여러 가지 약을 스스로 손을 대고, 다른 사람을 시켜 손을 대며, 혹은 음식과 함께 잘게 가루내어 섞고, 혹은 그것을 다시 섞으며, 혹은 한 가지 종류와 여러 가지가 섞인 것을 같이 한 곳에 두고서, 마땅히 버려야 할 것과 버리지 말아야 할 것을 알지 못하고, 때나 때가 아닌 때에 마음대로 먹었다. 욕심이 적은 여러 필추들이 이 일을 보고 싫어하고 천박하게 생각하여 이 인연으로 세존께 아뢰었다. 세존께서는 이 인연으로 앞에서와 같이 대중을 모으시고 사실을 물으시고는 꾸중하셨으며, [이하 자세한 내용은 생략한다.]

"그 일에 학처를 제정하나니, 마땅히 이와 같이 설하노라. 세존께서 설하기를, 여러 병이 난 필추니들이 가지고 있는 여러 가지의 약으로써 이를테면, 연유(酥)와 기름과 사탕(糖蜜) 등은 마음대로 7일 동안은 마땅히 스스로 수지(守持)하고 가지고서 먹는 것을 허락하나니, 만약 필추니가 7일이 넘도록 먹는다면 니살기바일저가이니라."

'세존'은 여래(如來)·응(應)·정등각(正等覺)을 말한다.

'설하다.'는 깨우쳐 보이신 것이다.

'병든 필추니'는 이 법 가운데의 필추니의 몸에 병에 있는 것을 말한다.

'가지고 있는 약들을 마음대로 먹는다.'는 병의 상태에 맞추어 청정하게 먹는다는 말이다.

'연유'는 여러 가지 연유를 말한다.

'기름'은 여러 가지 기름을 말한다.

'사탕'은 여러 가지 당분을 말한다.

'꿀'은 벌꿀을 말한다.

'7일이라는 것'은 7일 동안의 낮과 밤을 말한다.

'마땅히 스스로 수지(守持)하고 가지고서 먹는다.'는 얻어서 스스로 취하여 먹는다는 말이다.

'7일을 지난다.'는 한계를 넘는다는 말이다.

'니살기바일저가'는 이 물건은 마땅히 버리고 죄를 참회하는 것을 말한다.

이 가운데에서 범한 모양과 그 일은 무엇인가? 만약 필추니가 달의 초하루에 약을 얻었으면 이 약은 마땅히 7일까지 스스로 수지(守持)하여 있고, 혹은 버리며, 혹은 다른 사람에게 주어야 한다. 만약 스스로 수지하지 않고, 버리지도 않으며, 다른 사람에게 주지도 않고서 8일의 날이 밝으면 사타죄를 얻는다.

만약 필추니가 초하루에 약을 얻었고, 2일에는 얻지 못하였으며, 3일에 약을 얻고, 나아가 7일에 약을 얻었다면 이 약은 마땅히 7일 이내에 스스로 수지하고 있고, 혹은 버리며, 혹은 다른 사람에게 주어야 한다. 만약 스스로 수지하지 않고, 버리지도 않으며, 다른 사람에게 주지도 않고서 8일의 날이 밝으면 사타죄를 얻는다.

만약 필추니가 초하루에 약을 얻었고, 2일에도 약을 얻었으면 7일 이내에 첫 날에 얻은 약은 마땅히 갖고 있어야 하며, 2일에 얻은 약은 버리거나 남에게 주어야 한다. 혹은 2일에 얻은 약을 가지고 첫 날에 얻은 약은 버리고, 혹은 남에게 주어야 한다. 만약 스스로 수지하지 않고, 버리지도 않으며, 다른 사람에게 주지도 않고서 8일의 날이 밝는다면 사타죄를 얻는다.

만약 필추니가 이를테면, 1일과 2일에 상대작법(相對作法)을 하고, 이와 같이 2일과 3일 나아가 6일과 7일에 상대작법을 하였으면, 나머지는 앞의 법과 같다. 만약 필추니가 달의 초하루에 많은 약을 얻었으면 이 약은 마땅히 7일 이내에 스스로 수지하고 있고, 혹은 버리며, 혹은 다른 사람에게 주어야 한다. 만약 스스로 수지하지 않고, 버리지도 않으며, 다른 사람에게 주지도 않고서 8일의 날이 밝는다면 사타죄를 얻는다.

만약 필추니가 초하루와 같이 얻었고, 나아가 7일에도 많은 약을 얻었으면 이 약은 마땅히 7일 이내에 스스로 수지하고, 혹은 버리며, 혹은 다른 사람에게 주어야 한다. 만약 스스로 수지하지 않고, 버리지도 않으며,

다른 사람에게 주지도 않고서 8일의 날이 밝으면 사타죄를 얻는다.

만약 필추니가 초하루에 많은 약을 얻고, 2일에도 또한 많은 약을 얻었으면, 이 초하루의 약은 7일 이내에 마땅히 수지하고 있어야 하고, 2일에 얻은 약은 버리거나 남에게 주어야 한다. 혹은 2일에 얻은 약을 스스로 수지하고 있다면 초하루에 얻은 약은 버리거나 남에게 주어야 한다. 버리지도 않고 다른 사람에게 주지도 않고서 8일의 날이 밝는다면 사타죄를 얻는다.

만약 필추니가 초하루에 많은 약을 얻지 못하고, 2일에도 많은 약을 얻지 못하였으며, 나아가 6일과 7일에 비로소 많은 약을 얻었으면 6일에 얻은 약은 7일 이내에 마땅히 수지하고 있어야 하고, 7일에 얻은 약은 버리거나 남에게 주어야 한다. 만약 버리지도 않고 남에게 주지도 않고서며 8일의 날이 밝으면 사타죄를 얻는다.

만약 필추니가 가지고 있는 여러 약들에 스스로 손을 대고, 남을 시켜서 손대게 하며, 혹은 다른 음식과 함께 가루내어 서로 닿게 하고, 혹은 서로를 섞으며, 혹은 여러 종류끼리 서로 섞은 것을 한 곳에 두어 분별할 수가 없으면 이 약은 곧 마땅히 절의 정인(淨人)에게 주고, 구적녀에게 주어야 한다.

만약 필추니가 이 여러 가지 약들에 스스로 손대지 않고, 남을 시켜서 손대게 하지 않으며, 다른 음식과 가루를 내어 닿게 하지 않고, 또한 서로를 섞지도 않으며, 또한 다른 종류를 섞지도 않고, 또한 같이 한 곳에 놓지도 않아서 버리는 것과 버리지 않는 것 그리고 때와 때가 아닌 것을 잘 분별할 수 있으면 7일 이내에 스스로 갖고 있고, 스스로 취하여 복용하면, 마땅히 이와 같이 수지하면서 오전 중에 마땅히 손을 깨끗이 씻고 그 약을 취하고서 한 사람의 같은 범행자를 마주하고서 이렇게 말한다.

"구수여. 기억하소서. 저 필추니 누구는 이 병을 인연하여 청정한 약을 제가 지금 지키고 지니면서 7일 이내에 스스로 복용하겠습니다."

같은 범행자와 두 번째와 세 번째의 범행자에게도 또한 이와 같이 말한다. 만약 이미 하루를 복용하였다면 곧 같은 범행자에게 "나는 이 병에 먹는 약을 이미 하루를 복용하였습니다. 남은 날은 6일이 남아 있으니 나는 복용하겠습니다."라고 말하라. 이와 같이 나아가 7일까지 모두 알려야 한다. 만약 7일이 되었으나, 아직도 남은 약이 있으면 마땅히 버리고, 정인에게 주며, 혹은 구적녀에게 주어야 한다. 만약 버리지 않고서 8일의 날이 밝는다면 사타죄를 얻는다.

만약 필추니가 사타죄를 범한 약이 있으나 버리고, 남에게 주지도 않으며, 간격을 두지도 않고, 참회하지도 않으며, 다시 다른 약을 얻으면 모두 사타죄를 범하는 것이니 앞의 것이 청정하지 못한 까닭이다. 만약 필추니가 사타죄를 범한 약을 비록 버리기는 하였으나, 아직은 간격을 두지도 아니하고, 참회하지도 아니하며, 다시 다른 약을 얻으면 모두 사타죄를 범하는 것이니 앞의 것이 청정하지 않은 까닭이다.

만약 필추니가 사타죄를 범한 약을 비록 이미 버렸고, 간격을 두었으나, 참회한다고 아직 말하지 않고서, 다른 약을 얻으면 모두 사타죄를 범한다. 만약 필추니가 사타죄를 범한 약을 갖고 있으면서 아직 세 가지의 일을 하지 않고서, 다시 발우 끈과 허리띠를 얻어 다만 사문이 저축하는 것으로서 일상생활에 필요한 물건들을 받으면 모두 사타죄를 범하는 것이니, 앞의 것이 청정하지 않은 까닭이다.

만약 필추니가 사타죄를 범한 약을 이미 버렸고, 이미 간격을 두었으며, 참회하고, 뒤에 다시 다른 약을 얻으면 범하는 것이 없다.

20) 축장발(畜長鉢) 학처

인연이 이루어진 처소는 앞에서와 같다.

어느 때 열두 명의 필추니는 얻은 여분의 발우를 오로지 저축하였고, 스스로 수용하지도 않았으며, 또한 다른 사람에게 주지도 않았다. 필추니가 필추에게 알리고 필추는 세존께 아뢰었다. 세존께서는 이 인연으로 앞에서와 같이 대중을 모으시고 사실을 물으시고는 꾸중하셨으며, [이하

자세한 내용은 생략한다.]

"그 일에 학처를 제정하나니, 마땅히 이와 같이 설하노라. 만약 다시 필추니가 여분의 발우를 간직하면 하룻밤을 지낼 수 있으나, 하룻밤을 넘기면 니살기바일저가이니라."

필추니가 여분의 발우를 얻어서 간직하고 오로지 하룻밤을 지낼 수 있다.

'하룻밤을 넘어선다'는 하루를 지내는 것을 넘어선다는 말이다.

'여분의 발우'는 지키고 간직하는 발우를 제외하는 것을 여분이라고 이름한다.

'저축하다.'는 자기 것이라고 생각하는 것을 말한다. 만약 다시 저축한다면 사타죄를 얻으며, 버리는 법은 앞에서와 같다.

이 가운데에서 범한 모양과 그 일은 무엇인가? 만약 필추니가 달의 초하루에 발우를 얻었으면 그 초하루 안에 가져야 하고, 분별해야 하며, 마땅히 버리고, 마땅히 다른 사람에게 주어야 한다. 이와 같은 차례로 질문을 하여야 하며, 초의계(初衣戒) 가운데에서 그 일을 자세히 설명한 것과 같다. 나아가 그것을 버리는 법식(法式)은 모두 앞에서와 같다.

만약 작은 것이거나 흰색이거나 혹은 계(戒)를 받은 사람에게 수여하는 것은 범하는 것이 없다.

근본설일체유부필추니비나야 제11권

세 번째의 게송으로 거두어 말한다.

보살피지 않는 것과 버리는 것과 버리지 않는 것과
금과 은을 구걸하는 것과 염색한 것과
이양(利養)을 얻는 것에 다섯 가지의 다른 것이 있고
약을 사는 것과 옷에 두 가지의 가격이 있다.

21) 불간오의(不看五衣) 학처

인연은 실라벌성에서 이루어졌다.

여인의 성품은 기억하고 생각하는 것이 적어 여러 필추니들이 무엇이 승가인지, 무엇이 울달라승가인지 무엇이 안달바사인지 무엇이 궐소락가(厥蘇洛迦)인지 무엇이 승각기(僧脚崎)인지를 알지 못하였다. 어느 때 대세주 교답미가 세존의 처소로 나아가 세존의 발에 예배하고 물러나 한쪽에 앉아서 이 일을 세존께 아뢰니, 세존께서 말씀하셨다.

"이 일을 인연으로 모든 필추니들은 보름 이내에 마땅히 5의(衣)를 살피고 수지(守持)하도록 하라."

세존께서 이미 말씀하셨으나, 토라난타 필추니는 보름마다 살피지 않고서 5의를 수지하고 있었다. 필추니가 필추에게 알리고 필추는 세존께 아뢰었다. 세존께서는 이 인연으로 앞에서와 같이 필추니들을 모으시고 사실을 물으시고는 꾸중하셨으며, [이하 자세한 내용은 생략한다.]

"나아가 모든 필추니를 위하여 비나야 가운데에서 그 학처를 제정하나니, 마땅히 이와 같이 설하노라. 만약 다시 필추니가 보름마다 그 안에

5의를 살피지 않고서 수지한다면 니살기바일저가이니라.”

그 옷은 마땅히 버리고 죄는 참회해야 한다. 이 가운데에서 범한 모양은 보름마다 보름 안에 필추니가 5의를 살피지 않으면 모두 사타죄를 얻는다.

22) 비시사의(非時捨衣) 학처

인연이 이루어진 처소는 앞에서와 같다.

세존께서는 모든 필추니에게 마땅히 갈치나의를 버리게 하셨다. 어느 때 토라난타 필추니는 버릴 때가 아님에도 버리고자 하여 여러 필추니들에게 말하였다.

“어떻게 이 옷을 간직하겠습니까? 마땅히 함께 버립시다. 다시 어느 때를 기다리겠습니까?”

곧 버리기를 권유하였다. 필추니들은 각자 5의를 가지고서 세상을 유행하는데 다른 필추니들이 물었다.

“성자께서는 어째서 갈치나의를 고치지 않았습니까?”

“이미 고쳤습니다.”

다시 물었다.

“만약 고쳤다면 무슨 까닭으로 5의를 가지고 다니십니까?”

곧 이 일을 갖추어 의논하고 말하였다. 필추니가 필추에게 알리고 필추가 세존께 아뢰었다. 세존께서는 이 인연으로 앞에서와 같이 필추니들을 모으시고, 세존께서 토라난타에게 물으셨다.

“그대가 진실로 그와 같이 버릴 때가 아님에도 갈치나의를 버리도록 하였는가?”

“진실로 그렇습니다.”

세존께서는 꾸중하셨으며, [이하 자세한 내용은 생략한다.]

“그 일에 학처를 제정하나니, 마땅히 이와 같이 설하노라. 만약 다시 필추니가 버릴 때가 아님에도 갈치나의를 버리면 니살기바일저가이니라.”

'필추니'는 토라난타 또는 다른 필추니들을 말한다.

'무엇이 갈치나의의 때인가?' 8월 16일부터 이듬해 정월 15일까지를 말하며, 이때를 제외하고는 모두가 버릴 때가 아니다.

'버린다.'는 백이갈마를 하는 것을 말한다. 버리는 것은 모두 사타죄를 얻으며, 옷은 마땅히 버리고 죄는 참회해야 한다.

이 가운데에서 범한 모양은 만약 버릴 때가 아님에도 버리면 모두가 사타죄를 얻고, 범하지 않는 것은 도적에게 빼앗긴 것이다.

23) 의시불사갈치나의(依時不捨羯恥那衣) 학처

인연이 이루어진 처소는 앞에서와 같다.

세존께서는 모든 필추니에게 때에 의지하여 마땅히 갈치나의를 버리게 하셨으나, 토라난타는 홀로 기꺼이 버리려고 하지 않아서 앞에서와 같이 허물이 있게 되었다. 필추니가 필추에게 알리고 필추는 세존께 아뢰었다. 세존께서는 이 인연으로 앞에서와 같이 필추니들을 모으시고 토라난타에게 물으셨다.

"그대가 진실로 때가 되었으나, 갈치나의를 버리지 아니하였는가?"

대답하여 말하였다.

"진실로 그렇습니다."

세존께서는 꾸중하셨으며, [이하 자세한 내용은 생략한다.]

"그 일에 학처를 제정하나니, 마땅히 이와 같이 설하노라. 만약 다시 필추니가 때에 의지하여 갈치나의를 버리지 않으면 니살기바일저가이니라."

'때와 때 아닌 때' 등의 뜻은 앞에서 설명한 것과 같다.

24) 걸금(乞金) 학처

인연이 이루어진 처소는 앞에서와 같다.

어느 때 금(金)을 세공하는 장인(匠人)이 아내를 얻은 지 오래되지 않았다.

얼마 후 장인(匠人)이 '나의 아내가 집안일을 잘 꾸려서 두 배로 늘릴 수 있는가를 지금 시험해 봐야겠다.' 생각하고는 곧 금반지를 가져다가 아내 앞에 놓아두고 집에서 나갔다. 이때 토라난타 필추니가 가사를 입고 발우를 챙긴 뒤에 걸식을 하려고 그 집에 들어와서 장인의 아내에게 말하였다.

"현수여. 저에게 음식을 베풀어 주십시오."

부인은 곧 방에 들어가 보릿가루를 가지고 나와서 보시하였다. 필추니가 금반지를 보고 말하였다.

"그대가 보릿가루를 먼저 주는 것은 상서롭고 좋은 일이 아닙니다. 저에게 금을 베풀어 주십시오."

그 부인이 말을 듣고도 조용히 있자 필추니는 금을 달라고 하였고, 곧 금반지를 가지고 집에서 나왔다. 장인이 뒤에 돌아와서 그의 아내에게 물었다.

"금반지는 어디에 있소?"

아내가 말하였다.

"출가자가 와서 금반지를 가지고 갔습니다."

장인이 뒤쫓아 가서 말하였다.

"성자여. 무슨 까닭으로 나의 금을 도둑질해 가는 것입니까?"

필추니가 말하였다.

"현수여. 주는 사람이 없으면 제가 어떻게 감히 가지고 가겠습니까?"

장인이 대답하여 말하였다.

"나의 금을 돌려주십시오."

필추니는 금반지를 입 안에 넣었다. 장인은 아프게 때려서 입을 벌리고 금을 빼앗은 뒤에 여러 가지로 비난하고 미워하였다. 필추니가 필추에게 알리고 필추는 세존께 아뢰었다. 세존께서 이 인연으로 앞에서와 같이 필추니들을 모으시고 토라난타에게 물으시었다.

"그대가 진실로 사문인 여인의 법에 어긋난 법에 맞지 않고 단엄하지 않은 이러한 일을 하였는가?"

"진실로 그렇습니다."

세존께서는 꾸중하셨으며, [이하 자세한 내용은 생략한다.]

"그 일에 학처를 제정하나니 마땅히 이와 같이 설하노라. 만약 다시 필추니가 금과 은을 구걸하면 니살기바일저가이니라."

'필추니'는 토라난타 또는 다른 필추니들을 말한다.

'구걸하다.'는 집집마다 돌아다니면서 구하여 찾는 것을 말하며, 나머지의 뜻은 앞에서와 같다.

25) 이의염직충식(以衣染直充食) 학처

인연이 이루어진 처소는 앞에서와 같다.

어느 때 토라난타 필추니는 5의(衣)가 찢어지고 낡은 옷을 입고 공양할 때에 가사를 입고 발우를 챙겨서 승만부인의 처소로 갔다. 그곳에 도착하자 자리를 펴고 부인을 앉게 하고서 설법을 하여 마치고 조용히 있었다. 부인이 말하였다.

"어째서 의복이 찢어졌습니까?"

토라난타 필추니가 부인에게 말하였다.

"저에게 지금 어찌 옷을 줄 남편이나 자식이 있겠습니까?"

부인이 말하였다.

"성자여. 제가 5의를 드리겠습니다."

대답하여 말하였다.

"바라건대, 병이 나은 지금이 바로 주실 때입니다."

부인은 곧 옷을 넣어둔 상자를 가지고 와서 말하였다.

"성자여. 마음대로 가지십시오."

필추니가 말하였다.

"비록 시주하여 주는 복은 있으나 수용하는 복은 없습니다. 마땅히 바느질하고 물들이는 비용도 필요합니다."

부인이 그 비용도 주었다. 토라난타 필추니는 그것을 얻고 팔아서 곧 이것을 음식 값으로 충당하였다. 이전과 같이 다시 낡은 옷을 입고 부인의 처소로 갔다. 부인이 보고 말하였다.

"성자여, 어찌하여 이 낡은 옷을 입으셨습니까?"

필추니가 말하였다.

"다만 마땅히 기쁨을 따른다면 여덟 가지 어려움을 떠날 수 있습니다. 이전에 베풀어 주신 것은 무진장(無盡藏) 가운데에 있습니다."

부인이 말하였다.

"성자께서는 옷을 얻어 장차 어디에 사용하십니까?"

필추니가 말하였다.

"마땅함을 따랐으나 지나치면 다만 몸을 가리는 것을 얻을 뿐입니다. 분소의(糞掃衣)를 어떻게 깨끗한 옷으로 사용하겠습니까?"

부인은 관찰하고 공경하지 않는 마음이 생겼다.

"어떻게 필추니가 5의(衣)의 이익을 음식 값에 충당하는가?"

여러 필추니들이 여러 필추들에게 알리고 필추는 세존께 아뢰었다. 세존께서는 이 인연으로 앞에서와 같이 필추니들을 모으시고 사실을 물으시고는 꾸중하셨으며, [이하 자세한 내용은 생략한다.]

"그 일에 학처를 제정하나니, 마땅히 이와 같이 설하노라. 만약 다시 필추니가 옷을 물들이는 비용을 장차 음식 값에 충당하여 사용하면 니살기 바일저가이니라."

'필추니'는 토라난타 필추니 또는 다른 필추니들을 말하며, 일곱 종류의 옷은 앞에서와 같다.

'물들이는 비용'은 그 값을 얻은 것을 말한다.

'장차 음식 값에 충당하여 사용한다.'는 이러한 옷가지 등을 얻어 팔아서 스물다섯 가지의 음식을 만들어 먹는 것이며, 나머지의 뜻은 앞에서와 같다.

26) 이별의리충식(以別衣離充食) 학처

인연이 이루어진 처소는 앞에서와 같다.

토라난타 필추니는 오래되고 떨어진 옷을 입고 발우를 가지고 성으로 들어가 바라문·거사·장자의 집을 돌아다니며 법요(法要)를 설하였다. 재가인들이 함께 물어 말하였다.

"성자께서는 무슨 까닭으로 이러한 낡은 옷을 입고 있습니까?"

필추니가 말하였다.

"저에게 어떻게 옷을 줄 남편이나 남자, 여자, 노비가 있겠습니까? 당신들께서 보시하여 주시면 비로소 충당할 수 있습니다."

재가인들이 함께 대답하여 말하였다.

"저희들이 분수에 따라서 성자께 받들어 보시하겠습니다."

혹은 실을 보시해 주었고, 혹은 옷값을 주기도 하였으며, 혹은 바느질 비용을 주기도 하였고, 혹은 물들이는 비용을 주기도 하였다. 필추니는 얻은 재화를 음식 값으로 충당하여 사용하고, 이전과 같이 오래되고 떨어진 옷을 입고 장자의 집으로 가서 법요를 설하였다. 장자의 아내가 물었다.

"성자께서는 무슨 까닭으로 다시 떨어진 옷을 입었습니까?"

필추니는 앞에서와 같이 대답하였다. [이하 자세한 내용은 생략한다.] 재가인들은 함께 비난하고 싫어하였다. 필추니가 필추에게 알리고 필추는 세존께 아뢰었다. 세존께서는 이 인연으로 앞에서와 같이 필추니들을 모으시고, 사실을 물으시고는 꾸중하셨다.

"그 일에 학처를 제정하나니, 마땅히 이와 같이 설하노라. 만약 다시 필추니가 별도의 옷의 이익을 얻어서 음식 값에 충당하여 사용하면 니살기바일저가이니라."

'필추니'는 토라난타 필추니 또는 다른 필추니들을 말한다.

'별도의 옷의 이익을 얻는다.'는 것은 다른 사람에게서 각자 별도로 보시를 얻는 것을 말한다.

'음식 값에 충당하여 사용한다.'는 팔아서 음식 값을 충당하는 것이며, 죄의 모양을 설명한 것 등의 뜻은 앞에서와 같다

27) 이와구리충식(以臥具利充食) 학처

인연이 이루어진 처소는 앞에서와 같다.

토라난타 필추니가 절 안에 있었다. 이때 어떤 장자가 그의 아내와 함께 절에 찾아왔다. 필추니가 그들을 위하여 법을 설해주니 모두가 청정한 신심을 일으키고 환희심이 생겨 말하였다.

"성자께서 필요하신 것을 다행히 살피고 알려주시면 저희들이 받들어 보시하겠습니다."

필추니가 말하였다.

"나는 와구(臥具)가 필요합니다."

이 말을 듣자 곧 와구를 가져다가 이 필추니에게 보시를 하였다. 필추니는 이것을 얻고서 팔아서 음식 값으로 충당하여 사용하였다. 다시 바라문·장자의 집으로 가니 그들이 물었다

"성자여. 저희들이 전에 와구 값을 보시하였는데 지금 와구를 다 만드셨습니까?"

필추니가 알려 말하였다.

"이 몸은 더럽고 오염되어 일에 따라 수용되는 것입니다. 어떻게 매우 뛰어난 와구를 다시 만들겠습니까?"

재가인들은 그 말을 함께 듣고 모두가 비난하고 싫어하였다.

"어떻게 필추니가 와구의 값을 음식 값에 충당하여 사용하는가?"

필추니가 필추에게 알리고 필추는 세존께 아뢰었다. 세존께서는 이 인연으로 앞에서와 같이 필추니들을 모으시고 사실을 물으시고는 꾸중하셨으며, [이하 자세한 내용은 생략한다.]

"그 일에 학처를 제정하나니, 마땅히 이와 같이 설하노라. 만약 다시 필추니가 와구 값을 얻어서 장차 음식 값에 충당하여 사용하면 니살기바일 저가이니라."

'필추니'는 토라난타 필추니 또는 다른 필추니들을 말한다.

'와구 값을 얻는다.'는 재물을 얻었다는 말이며, 나머지의 뜻은 모두 앞에서 설명한 것과 같다.

28) 영사안거리충식(營寺安居利充食) 학처

인연이 이루어진 처소는 앞에서와 같다.

어느 때 토라난타 필추니는 생각하였다.

'내가 머무르고 있는 절이 지금 모두 부서졌으니 마땅히 누가 보수를 해야겠구나.'

이때 어떤 바라문·장자의 아내들이 와서 필추니의 발에 예배드리고 물러나서 한쪽에 앉았다. 필추니는 그들의 한쪽에 앉아서 그들에게 법요를 설하고, 다시 그 여인들을 데리고 가서 부서진 곳을 두루 보여주었다. 그 여러 여인들은 보수하려고 각자 재물을 조금씩 모아 청정한 마음으로 받들어 보시하였다. 필추니는 이것을 받고서 앞에서와 같이 음식 값으로 사용하였다. 뒤에 그들이 다시 와서 절이 부서지고 무너져 있는 것을 보고 물었다.

"성자께서는 어떤 까닭으로 아직도 수리하지 않으셨습니까?"

필추니가 곧 대답하여 말하였다.

"작은 방과 암자의 방이면 편안하게 머무르며 만족합니다. 어떻게 장엄하게 꾸미겠습니까?"

이 말을 듣고 모두 비난하고 싫어하였다.

"어떻게 필추니가 승가가 얻은 이익과 물건을 돌려서 자기 것으로 하고 음식 값으로 사용하는가?"

여러 필추니들이 듣고 필추에게 알리고 필추는 세존께 아뢰었다. 세존께서는 이 인연으로 앞에서와 같이 필추니들을 모으시고 사실을 물으시고는 꾸중하셨으며, [이하 자세한 내용은 생략한다.]

"그 일에 학처를 제정하나니, 마땅히 이와 같이 설하노라. 만약 다시 필추니가 절을 경영할 이익을 얻어 음식 값에 사용하면 니살기바일저가이니라."

'필추니' 등의 뜻은 앞에서와 같다.

'절을 경영할 돈'은 시주의 본래 마음은 여래의 성문 제자들에게 이익을 말한다. 갖추어 말한 것은 앞에서 설명한 것과 같으며, 나머지의 뜻도 또한 앞에서와 같다.

29) 득다인리회입기(得多人利迴入己) 학처

인연이 이루어진 처소는 앞에서와 같다.

세존께서는 5년과 6년에 마땅히 큰 모임을 가지라고 말씀하셨다. 이때 많은 필추니들이 왔다. 이것을 인연하여 토라난타 필추니는 실라벌성으로 들어가서 장자와 바라문의 아내에게서 구걸하여 많은 이양을 얻었으나, 곧 돌려서 자기 것으로 만들었다. 여러 필추니들이 이 말을 듣고 나서 여러 필추들에게 알리고 필추는 세존께 아뢰었다. 세존께서는 이 인연으로 앞에서와 같이 필추니들을 모으시고 사실을 물으시고는 꾸중하셨으며, [이하 자세한 내용은 생략한다.]

"그 일에 학처를 제정하나니, 마땅히 이와 같이 설하노라. 만약 다시 필추니가 많은 사람을 위한 이양(利養)을 얻어 그것을 돌려놓아 자기 것으로 만들면 니살기바일저가이니라."

죄의 모양을 풀이한 것은 앞에서와 같다.

30) 득승기리물회입기(得僧祇利物迴入己) 학처

인연이 이루어진 처소는 앞에서와 같다.

필추니들은 석 달 동안 안거를 하였는데 토라난타 필추니는 여러 재가인들에게 구걸하여 대중에게 공양한 이익을 마음대로 모두 자기 것으로 만들었다. 재가인들이 듣고 나서 모두가 비난하고 싫어하였다.

"어떻게 필추니가 대중을 위하여 구걸한 물건을 홀로 자기 것으로 만드는가?"

필추니들이 필추에게 알리고 필추는 세존께 아뢰었다. 세존께서는 이 인연으로 앞에서와 같이 필추니들을 모으시고 사실을 물으시고는 꾸중하셨으며, [이하 자세한 내용은 생략한다.]

"그 일에 학처를 제정하나니, 마땅히 이와 같이 설하노라. 만약 다시

필추니가 승가의 돈과 물건을 얻어서 돌려서 자기 것으로 만들면 니살기바일저가이니라.”

'필추니'는 토라난타 필추니 또는 다른 필추니들을 말한다.

'승가의 이양을 얻는다.'는 필추니 대중 때문에 옷과 음식의 두 가지 이양을 얻는다는 말이다.

'돌이켜 자기 것으로 만든다.'는 것은 스스로 장차 수용하는 것이며, 죄의 모양을 풀이한 것은 앞에서와 같다.

31) 매약해계(買藥解繫) 학처

인연이 이루어진 처소는 앞에서와 같다.

어느 때 주계난타 필추니는 향을 파는 한 남자의 가게에서 애욕의 마음을 일으켰다. 그의 가게로 가서 여러 가지 약물(藥物)을 사고 묶는 것을 마치면 다시 풀었고, 풀었다가 다시 묶기를 반복하며 즐거워했다. 여러 필추니들이 보고 충고했다.

“성자께서는 이러한 일을 하지 마십시오.”

그녀가 받아들이지 않으니, 필추니가 필추에게 알리고 필추는 세존께 아뢰었다. 세존께서 이 인연으로 앞에서와 같이 필추니들을 모으시고 사실을 물으시고는 꾸중하셨으며, [이하 자세한 내용은 생략한다.]

“그 일에 학처를 제정하나니, 마땅히 이와 같이 설하노라. 만약 다시 필추니가 여러 가지 약물을 사고서 묶고서 다시 풀고, 풀었다가 다시 묶는다면 니살기바일저가이니라.”

'필추니'는 주계난타 필추니 또는 다른 필추니들을 말한다.

'여러 가지 약물을 사고서 나아가 다시 풀다.'는 그에게서 물건을 사면서 애욕의 마음이 있어서 풀고 묶으며 즐거움을 받는 것을 말한다.

'니살기바일저가'는 그 물건은 마땅히 버리고 타죄(墮罪)를 참회하는 것을 말한다.

이 가운데에서 범한 모양은 보통으로 묶고 푸는 것이 있으면 모두 타죄를 얻는다.

32) 지귀가중의(持貴價重衣) 학처

인연이 이루어진 처소는 앞에서와 같다.

어느 때 교살라국의 승광대왕이 값이 비싸고 무거운 옷을 장군(將軍)에게 주었다. 그는 곧 이 옷을 법여(法與) 필추니에게 보시하였다. 그 필추니는 옷을 얻고 나서 그것을 시렁 위에 놓아두었다. 이때 주계난타 필추니가 법여 필추니의 방에 들어가 예배를 드리고 그 귀한 옷을 보고는 물었다

"성자께서는 이것을 어느 곳에서 얻으셨습니까?"

대답하여 말하였다.

"집극(執戟) 장군이 가지고 와서 나에게 보시하였습니다."

주계난타 필추니가 말하였다.

"성자께서는 복이 깊으시어 인간과 천인(天人)이 공양을 하는군요."

법여 필추니가 말하였다.

"마음에 드는가요?"

주계난타 필추니가 말하였다.

"성자여. 신묘(神廟)에서 쓰고 남은 꽃도 시들게 되면 곧 버려야만 하는 것입니다."

법여 필추니는 이 말을 듣고 뜻을 알아 곧 가져다가 주계난타 필추니에게 주었다. 그는 얻고 나자 곧 옷을 걸치고 성에 들어가 걸식을 하였다. 재가인들은 함께 보고 모두 비난하고 헐뜯었다.

"지금 이 필추니를 보니 욕락(欲樂)을 탐하고 애착하고 있구나. 어떻게 왕이나 귀족이 입는 옷을 입고 이곳저곳을 돌아다니는가?"

필추니가 필추에게 알리고 필추는 세존께 아뢰었다. 세존께서는 이 인연으로 앞에서와 같이 필추니들을 모으시고 사실을 물으시고는 꾸중하셨다.

"그대는 가르치기 어렵고, 원만하기도 어려우며, 욕심이 많아 만족을

모르는구려.”

세존께서는 가르치기 쉽고, 원만하기 쉬우며, 욕심이 적어 만족할 줄 아는 것과 두타행의 공덕이 묘(妙)한 장엄이라고 찬탄하시고 여러 필추니들에게 알려 말씀하셨다.

“내가 지금 그 일에 학처를 제정하나니, 마땅히 이와 같이 설하노라. 만약 다시 필추니가 값이 비싸고 무거운 옷을 지니면 니살기바일저가이니라.”

'필추니'는 주계난타 필추니 또는 다른 필추니들을 말한다.

'값이 비싸고 무거운 옷을 지닌다.'는 옷의 무게가 백 냥(兩)이고 그 값은 20가리사바나(迦利沙波拏)이며, 혹은 그 이상의 것이니, 세가시의(細迦尸衣)나 상견의(上絹衣)[1]를 말한다.

'지닌다.'는 스스로 받는 것을 말한다.

'니살기바일저가' 의 뜻은 앞에서 설명한 것과 같으며, 죄의 모양을 풀이한 것 등도 또한 앞에서와 같다.

33) 지귀가경의(持貴價輕衣) 학처

인연이 이루어진 처소는 앞에서와 같다.

어느 때 승광대왕이 비싸고 가벼운 옷을 가져다가 승만부인에게 주었다. 부인은 그 옷을 대세주 필추니에게 보시하였고, 그 옷을 얻어서 시렁 위에 올려놓았으나, 주계난타 필추니가 와서 보았다. 묻고 대답한 것은 앞에서와 같으며, 나아가 옷을 얻고, 그 옷을 입고 걸식을 하였다. 재가인들이 함께 보고 비난하고 싫어하였다.

필추니가 필추에게 알리고 필추는 세존께 아뢰었다. 세존께서 이 인연으로 앞에서와 같이 필추니들을 모으시고 사실을 물으시고는 꾸중하셨으며, [이하 자세한 내용은 생략한다.]

“그 일에 학처를 제정하나니, 마땅히 이와 같이 설하노라. 만약 다시

---

1) 비단으로 만든 옷을 가리킨다.

필추니가 값이 비싸고 가벼운 옷을 지닌다면 니살기바일저가이니라."

'필추니'는 주계난타 필추니 또는 다른 필추니들을 말한다.

'값이 비싸고 가벼운 옷을 지닌다.'는 값이 20가리사바나이고, 혹은 그 이상이며, 무게는 5냥인 것을 말한다. 나머지의 뜻은 앞에서와 같다.

"여러 대덕이여. 나는 이미 33니살기바일저가법을 설하였습니다. 지금 묻겠습니다. 여러 대덕은 이 가운데서 청정합니까? (이와 같이 세 번을 설한다.) 여러 대덕은 이 가운데서 청정하나니, 조용히 계시는 까닭입니다. 나는 지금 이와 같이 지니겠습니다."

4. 일백여든 가지 바일저가법(波逸底迦法)

여러 대덕이여. 이 180바일저가법은 보름마다 계경(戒經) 중에서 설하는 것입니다.

먼저 게송으로 거두어 말한다.

거짓말과 남을 헐뜯는 말과 이간시키는 말과
들추어내는 것과 법을 설하고 함께 독송을 하는 일과
죄를 설하는 것과 상인법(上人法)을 얻는 것과
친(親)함을 따르는 것과 업신여겨 헐뜯는 것이 있다.

1) 고망어(故妄語) 학처

어느 때 세존께서는 왕사성의 갈란탁가(羯蘭鐸迦)에 있는 죽림원 안에 머무르셨다.

이때 구수 라호라(羅怙羅)[2]는 이 성의 옆에 있는 온천(溫泉)의 숲에 머무르고 있었다. 어느 때 공경하고 신심있는 많은 바라문·거사들이

---

2) 산스크리트어 Rāhula의 음사로서 세존의 아들이다. 세존의 가르침을 석가의 10대 제자 중 한 사람이 된다. 계율의 규칙을 엄격히 지켜 밀행(密行) 제일로 불렸다.

그의 처소가 있는 곳으로 와서 물었다.

"대덕이여. 세존께서는 지금 어느 처소에 머무르고 계십니까?"

만약 불세존께서 죽림원 안에 계시면 라호라는 세존을 번거롭게 해드릴까 걱정이 되어 취봉산(鷲峰山)에 계신다고 대답해주고, 만약 필발라굴(畢鉢羅窟)에 계시면 서니가굴(西尼伽窟)에 계신다고 대답해주었으며, 만약 서니가굴에 계시면 그들에게는 필발라굴에 계신다고 대답하였다. 이때 여러 사람들은 세존께 예배드리려고 하였으나 만날 수가 없었다. 그리하여 몸이 피곤해지고 지쳐서 지극히 고생스러워진 그들은 라호라의 처소로 갔다. 이때 라호라는 그들에게 물었다.

"당신들께서는 세존을 뵈었습니까?"

대답하여 말하였다.

"만나지 못하였습니다."

여러 사람들이 대답하여 말하였다.

"성자께서는 무슨 까닭으로 저희들을 괴롭게 하십니까?"

대답하여 말하였다.

"진실로 그렇습니다. 내가 일부러 여러분들을 괴롭게 하였습니다."

이때 사람들은 각자가 싫어하고 천박하게 생각하였다. 이때에 여러 필추들이 이 인연을 가지고 세존께 아뢰었다. 그때 세존께서는 이러한 말을 들으시고서 하루의 초분(初分)에 가사와 발우를 챙기어 왕사성으로 들어가 차례로 걸식을 하시고 본래의 처소로 되돌아 오셨다. 공양을 마치시고 곧 온천의 숲이 있는 라호라의 처소로 가셨다. 이때 라호라는 멀리서 세존께서 오시는 것을 보고 세존을 위하여 자리를 설치하고, 곧 물병과 발 씻는 그릇을 갖다 놓고 손을 깨끗이 씻고 나서 나아가 세존을 맞이하였다. 라호라는 상의(上衣)를 거두고서 아뢰었다.

"잘 오셨습니다. 세존이시여. 원하옵건대 이 자리에 앉으십시오."

세존께서는 자리에 나아가 앉으시고 나서 곧 병의 물을 취하여 손수 두 발을 씻으시고, 발 씻는 그릇에서 많은 물을 버리시고 조금만을 남겨두시며, 라호라에게 말씀하셨다.

"그릇 안에 물이 조금 남아 있는 것이 보이느냐?"

대답하여 말하였다.

"보입니다."

세존께서 말씀하셨다.

"라호라여. 만약 필추가 일부러 거짓말을 하고, 부끄러워하는 마음도 없으며, 또한 뉘우치지도 않으면, 나는 이렇게 어리석은 사람을 보고 사문의 법이 부족하고 적다고 설하느니라."

세존께서는 다시 그릇 안의 있는 물을 모두 땅에 부으시고 라호라에게 말씀하셨다.

"너는 약간의 물이 모두 땅에 버려진 것을 보았느냐?"

대답하여 말하였다.

"보았습니다."

세존께서 말씀하셨다.

"라호라여. 만약 일부러 거짓말을 하고도, 부끄러워하는 마음이 없고 또한 뉘우치는 마음이 없으면 나는 그와 같이 어리석은 사람을 보고 사문의 법을 버려 없어진다고 설하느니라."

세존께서는 다시 그 그릇을 땅에 기울이시고 라호라에게 말씀하셨다.

"너는 이 그릇이 땅에 기울어진 것이 보이느냐?"

대답하여 말하였다.

"보입니다."

세존께서 말씀하셨다.

"만약 필추가 일부러 마음을 먹고 거짓말을 하고도, [이하 자세한 내용은 생략한다.] 사문의 법이 기울어진다고 설하느니라."

세존께서는 다시 그 그릇을 땅에 엎어 높으시고, 라호라에게 물으시고는 나아가 말씀하셨다.

"앞에서와 같이, [이하 자세한 내용은 생략한다.] 사문의 법이 기울어진다고 설하느니라."

"다시 라호라여. 마치 술에 취한 코끼리 왕이 큰 힘이 있어, 어금니는 수레의 굴대(軸)와 같으며, 살찌고 용맹하여 전투를 잘하여 전쟁터에서 가운데로 나아가 다른 코끼리들과 함께 싸울 때에 네 다리와 두 어금니와 꼬리와 척추와 겨드랑이를 모두 사용하였으나 유독 그 코를 말고서 뻗지 않는 것과 같으니라. 라호라여. 이 코끼리는 목숨을 보호하려는 까닭에 그 코를 사용하지 않고 적군을 물리치는 것이니 코끼리를 부리는 사람은 곧 '이 코끼리왕은 몸과 목숨을 아끼며 보호하는구나.'라고 생각하는 것이니라.

라호라여. 만약 그 코끼리왕이 맞서 싸울 때에 코를 내놓고 전투하면, 이때에 코끼리를 부리는 사람은 곧 이 코끼리가 몸과 목숨을 아끼지 않으며, 아군과 적군 모두 죽고 다치게 하여 악을 저지른다는 것을 알게 된다. 이와 같이 라호라여. 만약 다시 필추가 고의적인 마음으로 거짓말하고, 부끄러워하는 마음이 없으며, 또한 뉘우치는 마음까지 없으면, 나는 이 사람이 악을 짓지 않는 것이 아니라고 말하느니라."

그때 세존께서는 게송으로 말씀하셨다

만약 사람이 진실한 법을 어기고
일부러 헛되고 거짓된 말을 하면
나아가 목숨이 마칠 때까지
허물을 짓지 않는 것이 없으리라.

차라리 불에 달군 쇠구슬을 삼키고
맹렬한 불길에 나갈지라도
계율을 깨뜨린 입으로
신심 있는 다른 사람의 음식을 먹지 않으리라.

이 연기(緣起)에 의하여 세존께서 아직은 계율을 제정하지 않으셨다.
인연은 실라벌성에서 이루어졌다.
어느 때 토라난타 필추니는 일부러 거짓말을 하였다. 곧 이 인연으로 필추니가 필추에게 알리고 필추는 세존께 아뢰었다. 세존께서 이 인연으로 앞에서와 같이 필추니들을 모으시고 토라난타에게 물으셨다.

"그대가 진실로 이렇게 일부러 거짓말을 하였는가?"

"진실로 그렇습니다."

세존께서는 여러 가지로 꾸중하셨으며, [이하 자세한 내용은 생략한다.]

"내가 지금 이부 제자를 위하여 그 일에 학처를 제정하나니, 마땅히 이와 같이 설하노라. 만약 다시 필추니가 일부러 거짓말하면 바일저가(波逸底迦)이니라."

'필추니'는 토라난타 필추니 또는 다른 필추니를 말한다.

'일부러'는 고의적인 마음으로 그것이 사실이 아닌 것을 아는 것을 말한다. 거짓말에는 아홉 가지의 거짓말이 있으니, 여덟 가지와 일곱 가지와 여섯 가지와 다섯 가지와 네 가지와 세 가지와 두 가지 종류의 차별이 같지 아니하다. 무엇이 아홉 가지의 거짓말인가? 근거없는 타승(他勝)·승가벌시사(僧伽伐尸沙)·바일저가·제사니(提舍尼)3)·돌색흘리다(突色訖里多)4)와 근거 없는 파계(破戒)·파견(破見)·파위의(破威儀)·파정명(破正命)으로써 거짓말을 하는 것을 말한다.

무엇이 여덟 가지의 거짓말인가? 근거 없는 타승죄·승가벌시사·바일저가·제사니·돌색흘리다와 근거 없는 견(見)·문(聞)·의(疑)를 말한다. 무엇이 일곱 가지의 거짓말인가? 근거 없는 파계·파견·파위의·파정명 그리고 근거 없는 견·문·의를 말한다. 무엇이 여섯 가지의 거짓말인가? 만약 필추니가 거짓말을 하려고 할 때에 '나는 마땅히 거짓말을 해야겠다.'고 생각하는 것과 혹은 거짓말을 할 때에 '나는 거짓말을 하고 있다.'고 생각하는 것과 거짓말하고 나서 '나는 이미 거짓말을 했다.'고 생각하는

---

3) 바라제제사니(波羅提提舍尼)의 줄임말이다. 산스크리트어 pratideśanīya의 음사로 향피회(向彼悔)라고 번역된다. 계율을 가볍게 어긴 조목으로, 청정한 필추에게 참회하면 죄가 소멸된다.

4) 산스크리트어 duṣkṛta의 음사로서 돌길라(突吉羅)·돌색흘리다(突色訖里多)로 한역되며, 경구(輕垢)·월비니(越毘尼)라고 의역한다.

것과 그리고 근거 없는 견(見)·문(聞)·의(疑)를 말한다.

　무엇이 다섯 가지의 거짓말인가? 근거 없는 오부죄(五部罪)⁵⁾로써 거짓말을 하는 것을 말한다. 무엇이 네 가지의 거짓말인가? 근거 없는 파계·파견·파위의·파정명을 말한다. 무엇이 세 가지의 거짓말인가? 근거 없는 견·문·의를 말한다. 또 세 가지의 거짓말이 있으니, 거짓말을 할 때 이와 같이 '나는 마땅히 거짓말을 해야겠다.'고 생각하는 것과 곧 거짓말을 하면서 '나는 거짓말을 하고 있다.'고 생각하는 것과 거짓말을 하고서 '나는 거짓말을 하였다.'고 생각하는 것이다. 무엇이 두 가지의 거짓말인가? '나는 거짓말을 하고 있다.'고 생각하는 것과 '나는 이미 거짓말을 하였다.'고 생각하는 것이다. 한 가지의 거짓말이 성립되는 것은 없다.

　다시 다섯 가지의 거짓말이 있으니 무엇인가? 스스로 거짓말을 하여 바라시가를 얻는 것과 승가벌시사를 얻는 것과 솔토라저야를 얻는 것과 바일저가를 얻는 것과 돌색흘리다를 얻는 것이다.

　무엇이 바라시가를 얻게 되는 거짓말인가? 만약 필추니가 실제로는 상인법(上人法)을 얻지 못하였으나, 스스로는 얻었다고 말하면 이 거짓말은 바라시가를 얻는다.

　무엇이 승가벌시사를 얻게 되는 거짓말인가? 만약 필추니가 다른 필추니가 청정하여 범한 것이 없는 것을 알고서도 근거 없는 타승법(他勝法)으로 비방한다면 이 거짓말은 승가벌시사를 얻는다.

　무엇이 솔토라저야를 얻게 되는 거짓말인가? 만약 필추니가 필추니 대중 가운데에 있으면서 고의적인 마음으로 거짓말을 하여, 법 아닌 것을 법이라고 말하고, 법을 법이 아니라고 말하며, 율이 아닌 것을 율이라고 말하고, 율을 율이 아니라고 말하면 이 거짓말은 솔토라저야를 얻는다.

무엇이 돌색흘리다를 얻게 되는 거짓말인가? 만약 필추니가 보름마다 행하는 포쇄타에서 계경을 외울 때 '그대는 청정한가?'라고 묻는데 실제로는 청정하지 못하고 스스로 범한 것이 있는 것을 알면서도 덮어 감추려는

---

5)　바라시가(波羅市迦)·승가벌시사(僧伽伐尸沙)·바일저가(波逸底迦)·바라제제사니
　　(波羅提提舍尼)·돌색흘리다(突色訖里多) 등이다.

마음으로 조용히 있다면 이 거짓말은 돌색흘리다를 얻는다.

이전에 설한 네 가지의 거짓말을 제외하고 나머지 여러 거짓말은 모두 바일저가죄를 얻는다. 이 바일저가는 불에 태워지고 떨어진다는 뜻이니, 죄를 범한 자는 지옥·축생·아귀의 악도 가운데에 떨어져서 불에 타는 고통을 받는다는 말이다. 또한 이 죄는 만일 은근(慇懃)하게 말하여 없애지 않으면 곧 능히 가지고 있는 선법을 장애하게 된다. 이러한 여러 가지 뜻이 있는 까닭으로 바일저가라고 이름한다.

이 가운데에서 범한 모양과 그 일은 무엇인가? 만약 필추니가 보지도 못하고, 듣지도 못하였으며, 깨닫지도 못하고, 알지도 못하면서 이와 같이 생각하고 이렇게 인정하여 곧 "나는 보고, 나는 들었으며, 나는 깨달았고, 나는 안다."라고 말하면, 말을 할 때마다 모두 바일저가죄를 얻는다. 만약 필추니가 일찍이 보고 듣고 깨닫고 알았으나, 그 일을 잊어버리고 이렇게 생각하여 이렇게 인정하여 "나는 잊어버리지 않았다."고 말하면, 말을 할 때마다 모두 바일저가를 얻는다. 만약 실제로 보고 듣고 깨닫고 알았으나, 뒤에 드디어 의심하는 생각을 일으켜 저것이 이것을 지었다고 생각하고 이와 같이 인정하여 "보는 것 등에 의심이 없다."고 말하면 하는 말들이 모두 사타죄를 얻는다. 만약 보고 듣고 깨닫고 알지 못하였으나 보았다는 등의 생각을 가지고서 그것이 이것을 지었다고 이해하여 '보았다.'는 등을 말하면, 말을 할 때마다 모두 본죄를 얻는다.

만약 실제로 보지 못하였으나 듣고 깨닫고 아는 것이 있어 그것이 이것을 지었다고 생각하고 이와 같이 인정하여 뒤에 "나는 보기는 하였으나 듣는 등은 없었다."고 말하면, 말을 할 때마다 모두 본죄를 얻는다. 만약 실제로 듣지는 못하였으나 보고 깨닫고 알아서 저것이 이것을 지었다고 생각하고 이와 같이 인정하여 뒤에 "나는 듣기는 하였으나 보고 깨닫고 알지는 못했다."고 말하면, 말을 할 때마다 모두 본죄를 얻는다.

만약 실제로 깨닫지는 못하였으나 보고 듣고 알아서 그것이 이것을 지었다고 생각하고 이와 같이 인정하여 뒤에 "나는 깨닫기는 하였으나 보고 듣고 알지는 못하였다."고 말하면 말을 할 때마다 모두 본죄를 얻는다. 만약 실제로 알지는 못하였으나 보고 듣고 깨달아 이와 같이 생각을 하고 이와 같이 인정하여 뒤에 "나는 알기는 하였으나 보고 듣고 깨닫지는 못했다."고 말하면, 말을 할 때마다 모두 본죄를 얻는다.

만약 실제로는 보았으나 잊고서 듣고 깨닫고 안 것은 잊지 않고서 그것이 이것을 지었다고 생각하여 뒤에 "나는 본 것을 잊지 아니하였고 듣고 깨닫고 안 것도 또한 잊지 않았다."고 말하면, 말을 할 때마다 모두 본죄를 얻는다. 만약 실제로는 들었으나 잊고서 보고 깨닫고 아는 것은 잊지 않고서 저것이 이것을 지었다고 생각하여 뒤에 "나는 들은 것은 잊지 않았으며 보고 깨닫고 아는 것도 또한 잊지 않았다."고 말하면, 말을 할 때마다 모두 본죄를 얻는다.

만약 실제로는 깨달았다가 잊고서 보고 듣고 안 것은 잊지 않아서 그것이 이것을 지었다고 생각하여 뒤에 "나는 깨달은 것을 잊지 않았으며 보고 듣고 안 것도 또한 잊지 않았다."고 말하면, 말을 할 때마다 모두 본죄를 얻는다. 만약 실제로는 알았다가 잊고서 보고 듣고 깨달은 것은 잊지 않아서 저것이 이것을 지었다고 생각하여 뒤에 "나는 안 것은 잊지 아니하였으며 보고 듣고 깨달은 것도 또한 잊지 않았다."고 말하면, 말을 할 때마다 모두 본죄를 얻는다.

만약 실제로는 보았으나 의심하여 듣고 깨닫고 안 것은 의심하지 않아서 저것이 이것을 지었다고 생각하여 뒤에 "나는 본 것은 의심하지 않으나 듣고 깨닫고 안 것을 의심한다."고 말하면, 말을 할 때마다 모두 본죄를 얻는다. 만약 실제로는 들었으나 의심하여 보고 깨닫고 아는 것은 의심하지 않아서 저것이 이것을 지었다고 생각하여 뒤에 "나는 들은 것은 의심하지 않으나 보고 깨닫고 아는 것은 의심한다."고 말하면 말을 할 때마다 모두 본죄를 얻는다.

만약 실제로는 깨달았으나 의심하여 보고 듣고 아는 것은 의심하지 않아서 그것이 이것을 지었다고 생각하여 뒤에 "나는 깨달은 것을 의심하지 않으나 보고 듣고 아는 것은 의심한다."고 말하면, 말을 할 때마다 모두 본죄를 얻는다. 만약 실제로는 알았으나 의심하여 보고 듣고 깨달은 것은 의심하지 않아, [이하 자세한 내용은 생략한다.] 설하는 것은 또한 위에서와 같다.

만약 실제로는 보지 못하였으나 보지 못하였다는 생각을 하고 듣고 깨달은 것은 듣고 깨닫고 안다는 생각을 하면서도 뒤에 "나는 보기는 하였으나 듣고 깨닫고 알지는 못했다."고 말하면, 말을 할 때마다 본죄를 얻는다. 만약 실제로는 듣지 못한 것을 듣지 못했다는 생각을 하고 보고 깨닫고 아는 것을 보고 깨닫고 안다는 생각하여 뒤에 "나는 듣기는 하였으나 보고 깨닫고 알지는 못하였다."고 말하면, 말할 때마다 본죄를 얻는다.

만약 실제로 깨닫지 못한 것을 깨닫지 못하였다는 생각을 하고 보고 듣고 아는 것을 보고 듣고 안다고 생각하여 뒤에 "나는 깨닫기는 하였으나 보고 듣고 알지는 못하였다."고 말하면, 말할 때마다 본죄를 얻는다. 만약 실제로는 들었으나 의심하여 보고 깨닫고 알아서 의심하지 않고서 그와 같이 생각하여 뒤에 "나는 들었으나 의심하지 않고 보고 깨닫고 알았으나 의심하지 않았다."고 말하면, 말할 때마다 본죄를 얻는다.

만약 실제로는 깨달았으나 의심하여 보고 듣고 알아서 의심하지 않고서 그와 같이 생각하여 뒤에 "나는 깨달았음을 의심하지 않으며 보고 듣고 알았으나 의심한다."고 말하면, 말할 때마다 본죄를 얻는다. 만약 실제로는 알았으나 의심하여 보고 듣고 깨달아 의심하지 않으면 위에서 설명한 것과 같다.

만약 실제로는 보지 못한 것을 보지 못한다는 생각을 하고 듣고 깨닫고 안 것을 듣고 깨닫고 생각하여 뒤에 "나는 보았으나 듣고 깨닫고 알지는 못하였다."고 말하면, 말할 때마다 본죄를 얻는다. 만약 실제로는 듣지 못한 것을 듣지 못한다는 생각을 하고 보고 깨닫고 안 것을 보고 깨닫고 알았다고 생각하여 뒤에 "나는 들었으나 보고 깨닫고 알지는 못하였다."고 말하면, 말할 때마다 본죄를 얻는다. 만약 실제로는 깨닫지 못하는 것을 깨닫지 못하였다는 생각을 하고서 보고 듣고 안 것에 대하여 보고 듣고 알았다는 생각을 하면서 뒤에 "나는 깨닫기는 하였으나 보고 듣고 알지는 못하였다."고 말하면, 말할 때마다 본죄를 얻는다.

　만약 실제로 알지 못하는 것을 알지 못하였다는 생각을 하고서 보고 듣고 깨달은 것에 대하여 보고 듣고 깨달았다는 생각을 하면서 뒤에 "나는 알기는 하였으나 보고 듣고 깨닫지는 못하였다."고 말하면, 말할 때마다 본죄를 얻는다. 만약 실제로는 보고 듣고 깨닫고 알면서도 저것이 이것을 지었다고 생각하여 뒤에 "나는 보지도 듣지도 깨닫지도 알지도 못했다."고 말하면, 말할 때마다 본죄를 얻는다.

　만약 실제로는 보고 듣고 깨닫고 알았으며, 그 일을 잊지 않고서 저것이 이것을 지었다고 생각하여 뒤에 "나는 보고 듣고 깨닫고 알았으나 그 일을 잊어버렸다."고 말하면 말할 때마다 본죄를 얻는다. 만약 실제로는 보고 듣고 깨닫고 알아서 의심하지 않으면서 저것이 이것을 지었다고 생각하여 뒤에 "나는 보고 듣고 깨닫고 알지만 의심하는 마음이 있다."고 말하면, 말할 때마다 본죄를 얻는다.

　만약 실제로는 보기는 하였고 듣고 깨닫고 알지는 못하였으면서 저것이 이것을 지었다고 생각하여 뒤에 "나는 보지는 못하였으나 듣고 깨닫고 안다."고 말하면, 말할 때마다 본죄를 얻는다. 만약 실제로는 듣기는 하였으나 보고 깨닫고 알지는 못하였으면서 저것이 이것을 지었다고 생각하여 뒤에 "나는 듣지 못하였으나 보고 깨닫고 안다."고 말하면, 말을 할 때마다 본죄를 얻는다.

　만약 실제로 깨닫기는 하였으나 보고 듣고 알지는 못하였으면서 저것이 이것을 지었다고 생각하여 뒤에 "나는 깨닫지는 못하였으나 보고 듣고 안다."고 말하면 말할 때마다 본죄를 얻는다. 만약 실제로는 알지만 보고 듣고 깨닫지는 못하였으면서 저것이 이것을 지었다고 생각하여 뒤에 "나는 알지는 못하지만 보고 듣고 깨달았다."고 말하면, 말할 때마다 본죄를 얻는다.

　만약 실제로는 본 것을 잊지 않았고 듣고 깨닫고 안 것을 잊었으면서도 저것이 이것을 지었다고 생각하여 뒤에 "나는 본 것을 잊었고 듣고 깨닫고 안 것은 잊어버리지 않았다."고 말하면, 말할 때마다 본죄를 얻는다.

　만약 실제로는 들은 것을 잊지 않았고 보고 깨닫고 안 것을 잊었으면서도 저것이 이것을 지었다는 생각을 하여 뒤에 "나는 들은 것을 잊었고 보고 듣고 깨닫고 아는 것은 잊지 않았다."고 말하면, 말할 때마다 본죄를 얻는다. 만약 실제로는 깨달은 것을 잊지 않았고 보고 듣고 아는 것을 잊었으면서도 저것이 이것을 지었다고 생각하여 뒤에 "나는 깨달은 것을 잊고 보고 듣고 깨달은 것을 잊지 않았다."고 말하면, 말할 때마다 본죄를 얻는다.

만약 실제로는 안 것을 잊어버리지 않았고 보고 듣고 깨달은 것을 잊었으면서도 저것이 이것을 지었다고 생각하여 뒤에 "나는 아는 것을 잊었고 보고 듣고 깨달은 것을 잊지 않았다."고 말하면, 말할 때마다 본죄를 얻는다. 만약 실제로는 본 것을 의심하지 아니하고 듣고 깨닫고 아는 것을 의심하면서도 저것이 이것을 지었다고 생각하여 뒤에 "나는 본 것은 의심하나 듣고 깨닫고 아는 것은 의심하지 않는다."고 말하면, 말할 때 본죄를 얻는다.

만약 실제로는 들은 것을 의심하지 않고 보고 깨닫고 아는 것을 의심하면서도 저것이 이것을 지었다고 생각하여 뒤에 "나는 들은 것을 의심하나 보고 깨닫고 아는 것을 의심하지 않는다."고 말하면, 말할 때 본죄를 얻는다. 만약 실제로는 깨달은 것을 의심하지 아니하나 보고 듣고 아는 것을 의심하면서도 저것이 이것을 지었다고 생각하여 뒤에 "나는 깨달은 것을 의심을 하나 보고 듣고 아는 것은 의심하지 않는다."고 말하면, 말할 때 본죄를 얻는다.

만약 실제로는 아는 것을 의심하지 아니하고 보고 듣고 깨달은 것에 대하여 의심하면서 저것이 이것을 지었다고 생각하여 뒤에 "나는 아는 것을 의심하고 보고 듣고 깨달은 것은 의심하지 않는다."고 말하면, 말할 때 본죄를 얻는다. 만약 실제로는 본 것을 보았다는 생각을 하고 듣지 못하고 깨닫지 못하고 알지 못하는 것을 듣지 못하고 깨닫지 못하고 알지 못한다는 생각을 하면서도 저것이 이것을 지었다고 생각하여 뒤에 "나는 보지는 못하였으나 듣고 깨닫고 안다."고 말하면, 말할 때 본죄를 얻는다.

　　만약 실제로는 들은 것을 들었다는 생각을 하고 보고 깨닫고 알지 못하는 것을 보고 깨닫고 알지 못한다고 생각하면서도 저것이 이것을 지었다고 생각하여 뒤에 "나는 듣지는 못하였으나 보고 깨닫고 안다."고 말하면, 말할 때 본죄를 얻는다. 만약 실제로는 깨달은 것을 깨달았다는 생각을 하고 보고 듣고 알지 못하는 것을 보고 듣고 알지 못한다고 생각하면서도 저것이 이것을 지었다는 생각하여 뒤에 "나는 깨닫지는 못하였으나 보고 듣고 안다."고 말하면, 말할 때 본죄를 얻는다.

　　만약 실제로는 아는 것을 안다는 생각을 하고 보고 듣고 깨닫지 못한 것을 보고 듣고 깨닫지 못하였다고 생각하면서도 저것이 이것을 지었다고 생각하여 뒤에 "나는 알지는 못하지만 보고 듣고 깨달았다."고 말하면, 말할 때 본죄를 얻는다.

　　만약 필추니가 가지고 있는 모든 말을 마음에 어긋나게 말한다면 모두 본죄를 얻는다. 만약 마음에 어긋나지 않게 말한다면 모두가 범하는 것이 없다.

근본설일체유부필추니비나야 제12권

2) 훼자어(毁訾語) 학처

어느 때 박가범께서는 실라벌성의 서다림에 있는 급고독원에 머무르셨다.

이때 육중필추는 매번 여러 필추들의 처소에서 헐뜯는 말을 하였다. 애꾸눈이고, 앉은뱅이며, 곱사등이고, 난쟁이며, 너무 길고, 너무 짧으며, 너무 거칠고, 너무 가늘며, 귀머거리이고, 장님이며, 벙어리이고, 지팡이로 다니는 절름발이이며, 대머리 어깨에 큰 머리이고, 처진 입술에 뻐드렁니라며 헐뜯었다.

이때 육중필추가 이러한 말 등으로 헐뜯으니 여러 필추들은 그것을 듣고 부끄러워 얼굴을 붉히고 걱정하며 기쁘지 아니하여 독송하거나 사유하는 것을 모두 그만두고 근심하면서 머물렀다. 그때 어떤 욕심이 적은 필추가 그 일을 보고 모두 싫어하고 천박하게 생각하여 업신여기고 헐뜯는 말을 하였다.

"어떻게 필추가 필추의 처소에서 헐뜯는 말을 하여 애꾸눈이고, [이하 자세한 내용은 생략한다.] 이라고 하는가?"

이때 여러 필추들이 이 인연으로 세존께 아뢰었다. 이때 세존께서는 이 인연으로 이부 승가 대중을 모으시고 나아가 육중필추에게 물으셨다.

"그대들이 진실로 헐뜯는 말로써 여러 필추들을 괴롭히고 애꾸눈이라는 등의 말을 하였는가?"

육중필추가 대답하였다.

"진실로 그렇습니다. 대덕이시여."

세존께서는 곧 여러 가지로 꾸중하셨으며, [이하 자세한 내용은 생략한

다.]

"이것은 사문인 그대들이 할 일이 아니다. 왜 그러한가? 그대들은 마땅히 들으라. 지나간 과거 세상에 마을 가운데에 한 장자가 있었다. 그는 아내를 얻은 지 오래되지 않아서 기뻐하고 사랑하며 같이 살다가 곧 딸을 하나 낳았다. 아이는 점점 자라났으며 장자는 스스로 혼자서 땅을 갈고 경작하였다. 그때 어느 거사의 아들이 부모님을 모두 여의고 항상 숲에서 땔나무를 구하여 팔아 생활하고 있었다. 그가 땔나무를 지고 그 장자가 밭가는 곳에 이르렀다. 거사의 아들은 밭머리에 있는 나무 아래에 짐을 내려놓고 어깨를 펴다가 그 장자가 스스로 밭을 가는 것을 보고 나아가 물었다.

"아구(阿舅)[1]께서는 무슨 까닭으로 연세가 많으신데 스스로 고생스럽게 일을 하고 있으십니까? 마땅히 마을에 머무르셔야 하는데도 도리어 밭두렁에 계시는군요."

대답하여 말하였다.

"잘 왔네. 외생(外甥)[2]이여. 나에게는 형제도 없고 더욱이 아들도 없으니 스스로 밭을 갈지 않는다면 어떻게 옷과 음식을 해결할 수 있겠는가?"

그가 곧 대답하여 말하였다.

"아구여. 제가 잠깐 밭을 대신하여 갈아드리겠으니 마땅히 쉬십시오."

곧 쟁기를 잡고 대신하여 밭을 갈았다. 마침내 정오가 되자 집에서 음식을 가지고 왔다. 불러 말하였다.

"외생이여. 와서 같이 먹도록 하세."

함께 먹고 나서 장자에게 말하였다.

"아구께서는 집으로 돌아가 계십시오. 그러나 제가 어르신의 댁을 알지 못하니 해가 질 무렵에 마땅히 마을 밖으로 나오시면 길가에서 서로 만나도록 하지요."

장자는 그 말을 듣고 곧 집으로 돌아갔다. 이때 장자의 아들은 해가 질 때까지 밭을 갈고, 소에게 푸른 풀을 먹이고서, 풀 더미를 메고 또

---

1) 중국말로 외삼촌을 뜻한다.
2) 중국말로 외조카를 뜻한다.

나뭇짐을 가지고 소를 몰며 돌아왔다. 그 마을의 모퉁이에 이르러 장자가
나와 있는 것을 보았다. 장자는 곧 그를 데리고 자신의 집으로 돌아갔다.
이때 거사의 아들은 헛간을 치우고 마른 흙을 깔고 다시 연기를 쪼이고서
소에게 먹일 풀을 많이 주었다.

장자는 이것을 보자 이렇게 생각하였다.

'내가 이 젊은이 덕분에 지금 편안하고 즐거우니 나의 어린 딸을 아내로
삼게 해야겠다.'

그에게 음식을 먹고 나자 말하였다.

"외생이여, 이곳에 살면서 가업을 부지런히 닦아주게. 나의 어린 딸을
자네에게 주겠으니 아내로 삼지 않겠나?"

대답하여 말하였다.

"매우 좋습니다."

곧 처분(處分)에 의지하여 생업을 꾸려나갔다. 이때 장자의 집에는 일할
때 부리는 소가 두 마리 있었다. 큰 것은 성질이 온순하였으나 작은
것은 먹는 것을 욕심내는 성격이어서 비록 거듭하여 제지하였으나 사나운
것이 보통이었다. 동자가 화가 나서 멀리서 돌을 던져 그 뿔 하나를
부러뜨렸고 이 까닭으로 독각(獨角)이라고 부르게 되었다. 이후에도 다른
날에 여전히 채소밭에 들어가 망치는 것이 이전과 같이 그치지 않자
곧 낫으로 그 꼬리를 잘랐고 이런 까닭으로 독미독각(禿尾禿角)이라고
이름하였다. 뒤에 어느 날 거사의 아들이 장자에게 알려 말하였다.

"아구께서는 전에 친히 허락하신 것을 이제 지켜 주셨으면 좋겠습니다."

이때 장자는 좋다고 말을 하고 곧 아내에게 말하였다.

"현수여, 의복과 영락(瓔珞)을 준비하시오. 오래지 않아 작은 딸아이를
시집보내려고 하오."

아내가 곧 물어 말하였다.

"아직 줄 사람도 없는데 무엇을 준비하란 말씀이세요?"

장자가 대답하여 말하였다.

"내가 이미 남에게 주었소."

아내가 말하였다.

"누구입니까?"

대답하였다.

"이 거사의 아들이오."

아내가 말하였다.

"그 사람은 종족(宗族)의 근본을 자세히 알지 못하여 마치 백호초(白胡椒[3])가 어디에서 자라는지 모르는 것과 같은데 어찌 딸을 쉽게 혼인시키겠어요? 혼인이라는 것은 친족들이 다들 와서 음식을 먹으며 이름을 불러주고 씨족(氏族)들이 서로 대응하여 '우리가 딸을 준다.'고 해야 되는 것입니다."

그는 아내에게 대답하여 말하였다.

"현수여. 이 거사의 아들이 스스로 우리 집에 와서 나를 대신하여 노동하였기 때문에 안락을 얻을 수 있었소. 만약 이 사람이 없다면 도리어 딸이 고생스럽고 내가 스스로 밭을 갈아야 할 것이오."

아내가 대답하여 남편에게 말하였다.

"저는 진실로 사랑하는 딸을 능히 떠돌이 작인(作人)에게 줄 수는 없어요."

세상 사람들이 모두 그 아내의 말을 하게 되었다. 그때 장자는 곧 이와 같이 생각하였다.

'내가 만약 이 사람에게 딸을 주지 않겠다고 말한다면 이 사람은 오늘 당장 나를 버리고 떠날 것이고, 나는 다시 직접 쟁기를 잡아야 할 것이다. 지금은 다시 거짓으로 방편을 사용하여 당장 떠나가지 않게 해야겠다.'

이때 그 작인은 다른 때에 다시 장자에게 말하였다.

"가장(家長)께서는 마땅히 혼인을 시켜주십시오."

대답하여 말하였다.

"외생이여. 우리 집안의 친족들은 그 숫자가 매우 많아 모이는 때에

---

3) 흰색을 띠는 백후추를 가리킨다.

많은 음식이 필요하다네. 마땅히 가을이 되어 곡식이 익고 수확할 때를 기다리는 것이 좋겠네.”

수확을 마치고 작인은 다시 장자에게 혼인을 시켜달라고 하였다. 대답하여

“외생이여. 혼인에 많은 사탕가루가 필요하니 사탕수수를 수확할 때까지 기다리게.”

그것을 수확하고 나자 다시 혼인시켜달라고 말하니, 대답하여 말하였다.

“외생이여. 떡과 국수를 만들어야 하니 보리가 익을 때까지 기다리게.”

보리를 수확하고 다시 혼인을 시켜달라고 말하니, 대답하여 말하였다.

“외생이여. 수확하였던 벼가 다 떨어져가니 햇벼를 수확할 때까지 기다리게.”

이때 거사의 아들은 혼인이 자꾸 늦어지는 것을 보고 마침내 이렇게 생각하였다.

‘밭곡식을 모두 한꺼번에 수확할 수 없는 것이므로 이 일이 나를 속이려는 까닭이구나. 나는 이제 여러 사람들에게 가서 알리고 만약 주지 않는다면 관청을 통하여 딸을 데려와야겠다.’

곧 많은 사람들에게 알려 말하였다.

“아구께서 혼인을 해도 좋다고 했습니다.”

여러 사람들이 그 말을 듣고서 장자에게 말하였다.

“허락한다고 말한 것이 오래되었는데 어찌 혼인을 시키지 않습니까?”

이때 장자는 화를 내며 사람들에게 말하였다.

“여러분께서는 마땅히 아셔야 합니다. 이 사람은 우리 집에 온 떠돌이 작인(作人)입니다. 내가 어떠한 인연으로 내 딸을 혼인시키겠습니까?”

이때 거사의 아들은 다시 이렇게 생각하였다.

‘나는 돈을 받지도 못하였고 아내를 얻지도 못하여 헛되이 세월만 낭비하고 성공하지 못하였다. 나는 지금 이 사람에게 손해를 입히고서 내 마음대로 떠나야겠다.’

곧 두 마리 소를 데려다가 반나절 동안 부리면서 많은 매질을 하고

마른 나무에 매어 놓아 뜨거운 햇볕을 쪼이고 돌아가려고 하였다. 겁초(劫初)에서 가까운 때는 가축이 사람의 말을 알아들을 수 있었으므로 큰 소가 곧 거사의 아들에게 말하였다.

"당신은 전에는 우리 모두를 사랑하는 마음으로 대하고 부모처럼 은혜를 베풀며 우리의 수고로움을 알아주셨습니다. 무슨 까닭으로 지금은 많은 매질을 하고 메마른 나무에 매어 놓아 뜨거운 햇볕에 쪼이고 우리를 버리고 집으로 돌아가려는 것입니까? 우리가 당신에게 무슨 잘못을 했습니까?"

거사의 아들이 말하였다.

"너희들은 아무 잘못도 없다. 그러나 너희 주인은 나에게 잘못이 있다."

소가 말하였다.

"어떤 잘못이 있습니까?"

대답하여 말하였다.

"나에게 딸을 주기로 전에 약속하였는데 지금에 와서 약속을 어겼다."

소가 말하였다.

"어찌하여 관청을 통하지 않습니까?"

남자가 대답하여 말하였다.

"증인이 없기 때문이다."

소가 말하였다.

"우리가 당신을 위하여 증인이 되겠습니다."

남자가 말하였다.

"사람의 말을 하겠는가? 소 울음소리를 내겠는가?"

대답하여 말하였다.

"사람의 말소리를 내지 않고 우리는 마땅히 모습을 보이겠습니다. 당신은 사람들에게 맹세를 하고 우리를 데려다가 증거로 삼으십시오. 사람들이 알도록 우리를 끌어다가 헛간 안에 매어 두고 물과 풀을 주지 마십시오. 칠일이 되어 물과 풀이 많은 땅에 우리를 풀어 놓고 나가도록 하여 이웃 사람들이 모두 와서 믿을 증거를 보게 하십시오. 우리는 입을 다물고 물과 풀을 먹지 않겠습니다. 우리가 모습을 보여 왕과 대신이 당신의 말이 사실이라는 것을 믿으면, 그때 우리가 마땅히 먹고 마시겠습니다."

남자는 이 계획을 듣고 곧 두 마리의 소를 무성한 풀밭에 풀어놓고 스스로 왕이 있는 곳에 이르러 공경하고 왕에게 말하였다.

"대왕이시여. 어디 마을의 장자는 딸을 저와 혼인하도록 허락하고 여러 해 동안 저를 노동시키더니 지금에 이르러 약속을 번복하였습니다."

왕이 장자를 불러서 그것이 사실인지 거짓인지를 물었다. 장자가 아뢰었다.

"저는 진실로 허락하지 않았습니다."

왕이 남자에게 물었다.

"너는 증거가 있느냐?"

대답하여 말하였다.

"있습니다."

왕이 말하였다.

"사람인가? 사람이 아닌가?"

대답하여 말하였다.

"사람이 아닙니다."

왕이 말하였다.

"무엇인가?"

대답하여 말하였다.

"소입니다."

왕이 말하였다.

"사람의 말을 하는가? 다른 말을 하는가?"

대답하여 말하였다.

"사람의 말을 하지 않습니다."

왕이 말하였다.

"어떻게 증거가 되는가?"

대답하여 말하였다.

"저것은 진실한 표시가 있어 사람에게 알게 할 수 있습니다. 그 소를 7일 동안 창고 안에 매어두고 물과 풀을 주지 않고서, 칠일이 지나서 물과 풀이 많은 곳에 그 소를 풀어 놓고 나가도록 하면 제가 증거로 삼을 만한 특이한 모습이 반드시 있을 것입니다. 대왕께서 믿지 않으시면 소는 끝내 먹지 않을 것입니다. 이것이 만약 거짓이라면 저는 죽을 죄를 짓는 것입니다."

왕은 신하에게 명령하였다

"마땅히 이 사람의 말에 따라 그 증거를 시험하도록 하라."

대신은 명을 받들어 곧 두 마리의 소를 데려다가 헛간 안에다 매어두고 풀과 물을 주지 않았다. 이때 독미독각(禿尾禿角)이 큰 소에게 말하였다.

"우리들은 해가 서쪽에 떴는데 어둡고 막혀진 창고에 갇혀 물도 풀도 먹지 못하니 이 일은 어떻게 거꾸로 된 것이 아니겠는가?"

큰 소가 말하였다.

"어찌 아니겠는가? 내가 거사의 아들에게 증거가 되기를 허락하였으니, 7일 동안은 스스로 굶주리고 있다가 왕이 믿지 않으면 물과 풀을 먹지 않아야 한다."

독미독각이 큰 소에게 대답하여 말하였다.

"만약 나를 풀어준다면 돌이라도 씹어 먹을 것인데 하물며 물과 풀이겠는가?"

큰 소가 말하였다.

"이 거사의 아들은 우리를 사랑하고 부모와 같이 대하였는데 어떻게 약속을 어기고 그 사람을 잘못되게 하겠는가?"

독미독각이 말하였다.

"비록 진실로 사랑하고 은혜를 두 어버이와 같이 대하였으나, 항상 나를 부를 때 뿔도 꼬리도 없는 놈이라고 하였으니, 나는 그렇게 부르는 소리를 들을 때마다 곧 뿔로 들이받아서 그의 배를 찢어 놓고 싶었소."

큰 소는 이 말을 듣고 조용히 있었다. 다른 때에 거사의 아들은 다시 와서 보고 큰 소에게 물었다.

"편안한가?"

큰 소가 말하였다.

"나는 편안하여도 당신은 안은(安隱)하지 못하게 되었습니다."

거사의 아들이 말하였다.

"무슨 까닭으로 그러한가?"

큰 소가 갖추어 말해주니 거사의 아들이 말하였다.

"만약 그렇다면 나는 오늘 밤에 서둘러 도망가야겠다. 왕에게 거짓말을 하였으니 목숨이 잠깐사이(須臾)에 달려있구나."

큰 소가 대답하여 말하였다.

"당신은 도망가지 않아도 됩니다. 마땅히 독미독각의 코를 뚫어서 끈을 묶고 그 고리를 내 뿔에 묶어 두십시오. 밖으로 끌어내는 날에 그 소가 만약 약속을 어기고 물과 풀을 먹으려고 하면 내가 두 뿔로 그 코를 위로 들어 올리겠으니 당신은 곧 사람들에게 말하기를 '지금 이 두 마리의 소가 제오호세(第五護世)에게 알리고 있습니다.'라고 하십시오."

세상 사람들은 다섯 종류의 옹호해 주는 것을 모두 인정하고 있었으니 땅·물·불·바람·태양이었다. 이때 거사의 아들이 마침내 독미독각의 코를 뚫으니 독미독각이 큰 소에게 말하였다.

"이렇게 나를 고통스럽게 학대하는 것을 보십시오."

큰 소가 말하였다.

"영락을 달아주는데 무슨 고통이 있겠는가?"

곧 고리를 꿰어서 큰 소의 뿔에 묶었고 7일이 지나자 왕과 여러 신하들이 함께 와서 보았다. 물과 풀이 많은 밭에 소를 풀어 놓으니 독미독각은 물과 풀을 보고 곧 먹으려고 하였다. 이때 큰 소가 두 뿔로 작은 소의 코를 들어 올려서 해를 바라보게 하였다. 왕이 신하에게 물었다.

"무슨 까닭으로 두 소가 해를 바라보고 있는가?"

이때 어진 지혜로운 신하가 왕에게 대답하였다.

"대왕이시여. 지금 이 두 마리의 소는 왕께 이와 같은 일을 알리고자 하는 것과 '우리 둘이 증거가 될 뿐 아니라 또한 저 제오호세(第五護世)까지도 명백하게 우리를 도와서 증거를 알리려고 합니다.'라고 하고 있습니다."

왕은 이 일을 보자 지극히 희유한 일이라는 생각을 하였고 여러 신하들에게 알려 말하였다.

"축생이 지혜가 없어도 오히려 사람을 위하여 보증을 하니, 이 일은 이미 거짓이 아니다. 마땅히 그 여인과 혼인을 시키고 두 소를 풀어주어 물과 풀을 먹게 하라."

이때 거사의 아들은 이겼고 장가들어 여인을 아내로 삼았다. 세존께서는 여러 필추들에게 말씀하셨다.

"그대들은 마땅히 알지니라. 축생도 헐뜯는 말을 들으면 오히려 해치려는 마음을 품거늘 하물며 사람임에랴! 이러한 까닭으로 필추는 나쁜 말로 다른 사람을 헐뜯어서는 아니 되느니라."

이 인연으로 아직은 계율이 제정되지 않았다.

세존께서 다시 여러 필추들에게 말씀하셨다.

"지나간 과거에 한 마을에 어떤 장자가 살았는데 수레를 끄는 것을 업으로 삼았다. 그에게는 두 마리의 암소가 있었는데 한 마리는 환희(歡喜)라고 이름하였고, 다른 하나는 미미(美尾)라고 이름하였다. 따뜻한 봄날 각각 한 마리의 새끼를 낳았으며, 털의 색깔이 알록달록하였다. 점점 자라 환희의 새끼는 그 뿔이 넓고 길었으며 미미의 새끼는 털이 적었고 뿔이 없었다. 장자는 그들에게 이름을 하나는 환희장각(歡喜長角)이라고 하였고, 다른 하나는 미미독두(美尾禿頭)라고 이름지었다. 그들이 크게 자라 모두 기력(氣力)이 넘쳐났다. 훗날 다른 때에 수레를 끄는 사람들이 각자 소에게 물을 먹이려고 함께 연못에 모여서 이렇게 말하였다.

"누구의 소가 가장 뛰어날까?"

각자 자기의 소가 뛰어나다고 말을 하자 장자가 대답하여 말하였다.

"내 소가 가장 뛰어납니다. 무엇으로 알 수 있는가? 산비탈에서 무거운 수레를 끌 수 있습니다. 여러분과 함께 그것을 보증하여 5백 금전(金錢)을 걸겠습니다."

이렇게 약속을 하고 곧 자기의 소를 데리고 비탈진 곳으로 가서 무거운 수레를 끌게 하였다. 그때 그 장자는 곧 소를 부르며 말하였다.

"환희장각아. 어서 끌어라. 미미독두야. 어서 당겨라."

이때 뿔이 없는 소는 헐뜯는 말을 듣고 곧 그 자리에 멈추어 서있으며, 수레를 당기려고 하지 않았다. 그러자 장자는 크게 화를 내면서 곧 거친 막대기로 심하게 때렸다. 다른 사람들이 장자에게 말하였다.

"당신은 지금 이 소를 죽이려고 합니까? 이미 당신 뜻대로는 되지 않았으니 이 소를 풀어주도록 하시오."

이때 장자는 곧 5백 금전을 지불하고 크게 화를 내며 막대기로 많이 때리고 메마른 나무에 매어 놓았다. 소가 사람의 말을 알아듣는 것은 이미 위에서 말한 것과 같다. 장자가 소에게 알려 말하였다.

"지금 너희들 때문에 내가 벌금을 내었다."

소들이 말하였다.

"주인이 입으로 지은 허물을 만났기 때문입니다."

장자가 말하였다.

"내가 입으로 무슨 허물을 지었느냐?"

소가 말하였다.

"무슨 까닭으로 전에 사람들에게 나를 욕하고 헐뜯었습니까? 만약 좋게 이름을 부르고 헐뜯지 않았다면 곧 비탈길에서 두 배로 무거운 짐을 실고 끌겠으니 사람들에게 두 배인 1천 금전을 걸겠다고 약속하십시오."

장자가 대답하여 말하였다.

"네가 지금 나에게 다시 두 배로 벌금을 내도록 하는 것이냐?"

소가 말하였다.

"우리를 헐뜯는 말을 하지 않으면, 마땅히 모든 힘을 다할 것입니다."

뒤에 다른 때에 다른 사람들과 약속을 하고 소에게 수레를 끌고 비탈길에 올라가게 하였다. 장자는 곧 소를 부르며 말하였다.

"환희야. 급히 끌어라. 미미야. 빨리 당겨라."

두 마리의 소는 이 말을 듣자 곧 기쁜 마음을 내고 힘을 다하여 수레를 끌어 평지에 이르게 하였다. 장자는 이겨서 곧 1천 금전을 얻었다.

그때 어떤 천신이 허공 가운데서 게송을 설하였다.

비록 지극히 무거운 짐을 싣고
비탈길 아래에 있더라도
두 마리 소가 마음이 기쁘다면
능히 이 수레를 끌 수 있다네.

만약 오래 수순하는 말을 한다면
두 마리 소는 듣고 기뻐하여
어렵지 않게 수레를 끄나니
주인은 천금의 상을 얻게 되었네.

이러한 까닭으로 언제나 사랑스런 말과
귀에 거슬리는 말을 하지 않을 것이며
만약 듣기 좋은 말을 한다면
죄가 없어서 언제나 안락하리라.

세존께서 여러 필추들에게 말씀하셨다.

저 방생(傍生)의 무리도 헐뜯는 말을 들을 때는 오히려 주인에게 이익이 되지 않는 일을 하거늘 하물며 사람에게 있음에랴! 이러한 까닭으로 그대 필추들은 마땅히 다른 사람에게 헐뜯는 말을 하여서는 아니 되느니라.”

여러 가지로 꾸중하셨으며, [이하 자세한 내용은 생략한다.]

“내가 이부 성문제자를 위하여 그 일에 학처를 제정하나니, 마땅히 이와 같이 설하노라. 만약 다시 필추니가 헐뜯는 말을 하면 바일저가이니라.”

‘필추니’는 이 법 가운데의 필추니를 말한다.

'헐뜯는 말을 한다.'는 다른 사람에게 욕이 되는 일을 드러내는 것을 말한다. 다른 사람에게 알게 할 때는 바일저가죄를 얻으며, 자세히 설명한 것은 앞에서와 같다.

이 가운데에서 범한 모양과 그 일은 무엇인가?

총괄하여 게송으로 거두어 말한다.

종족(種族)과 공교(工巧)[4]와
업(業)의 형상(形相)과 다섯 가지 병과
죄(罪)와 번뇌의 종류와
나쁘게 욕하는 것은 후변(後邊)이 된다.

개별적으로 게송으로 거두어 말한다.

실 짜고 털을 짜며 바느질하는 것과
철과 구리와 가죽을 다루는 것과
질그릇 굽는 종족과 머리를 깎아주는 것과
나무와 대나무를 다루는 것과 노예가 있다.

만약 필추니가 남을 헐뜯는 말을 하려고 생각하여 바라문 종족으로서 출가한 필추니의 처소로 가서 "성자여. 당신은 바라문 종족으로서 출가를 하였으니, 지금은 사문의 여인도 아니고 바라문의 여인도 아닙니다."라고 이렇게 말할 때, 그 필추니가 이 말을 듣고서 고뇌를 하든, 고뇌를 하지 않든 이 필추니는 악작죄(惡作罪)를 얻는다.

만약 필추니가 남을 헐뜯는 말을 하려고 생각하여 찰제리 종족으로서 출가한 필추니의 처소로 가서 앞에서와 같이 [이하 자세한 내용은 생략한다.] 고뇌를 하고, 고뇌를 하지 않아도 이 필추니는 또한 악작죄를 얻는다.

만약 벽사(薜舍) 종족으로서 출가한 필추니의 처소로 가서 "성자여.

---

4) 미술·공예·문학·음악 등에 대한 기술을 뜻한다.

당신은 벽사 종족으로서 출가를 하였으니, 지금은 사문의 여인도 아니고 바라문의 여인도 아닙니다."라고 이렇게 말하여 그가 이 말을 듣고서 고뇌를 하든, 고뇌를 하지 않든 이 필추니는 바일저가를 얻는다. (이하의 모든 문장에는 모두 '고뇌를 하든 고뇌를 하지 않든'이라는 문장이 많으나 번역하지 않는다.)

만약 필추니가 남을 헐뜯는 말을 하려고 생각하여 술달라 종족으로서 출가한 필추니의 처소로 가서 "성자여. 당신은 술달라 종족으로서 출가를 하였으니 이제는 사문의 여인도 아니고 바라문의 여인도 아닙니다."라고 이렇게 말하여 그 필추니가 듣고서 [이하 자세한 내용은 생략한다.] 또한 이 필추니는 타죄(墮罪)를 얻는다.

이것으로 종족을 논하여 마친다.

만약 필추니가 남을 헐뜯는 말을 하려고 생각하여 바라문 종족으로서 출가한 필추니의 처소로 가서 위에서와 같이 말을 하고, 나아가 "사문의 여인도 아니고 바라문의 여인도 아니니, 당신은 마땅히 스스로의 공교(工 巧)와 여러 가지 기술을 배워야 할 것이다. 말하자면 바라문으로서 가져야 할 위의와 법식인 물병을 씻고 잡는 것과 회토(灰土)를 다루는 일과 규범과 옹성(瓮聲)과 봉성(逢聲)⁵)과 네 가지 벽타론(薜陀論)을 독송하는 일과 여러 모임을 열고 베풀고 받는 방법을 배워야 할 것입니다."라고 말하여 그 필추니가 그 말을 듣고서, [이하 자세한 내용은 생략한다.] 이 필추니는 악작죄를 얻는다.

만약 필추니가 남을 헐뜯는 말을 하려고 생각하여 찰제리 종족으로서 출가한 필추니의 처소로 가서 위에서와 같이 말을 하고, 나아가 "당신은 이제 마땅히 스스로 공교와 여러 가지 기술을 배워야 할 것입니다. 찰제리 종족으로서 가져야 할 위의와 법식으로써, 이를테면, 말을 타고 수레를 끄는 일과 활과 화살을 잡고 다루는 일과 회전하고 나아가는 일과 갈고리를 잡고 밧줄을 잡는 일과 작은 창 같은 것을 다루어 자르고 찍고 베며

---

5) 벽타론(薜陀論) 가운데에서 비밀어(秘密語)를 뜻한다. 옹성은 주술의 발단구(發端 句)이고, 봉성은 신(神)을 공경하고 명(命)에 따라 부르는 말이다.

서로 찌르고 때리며 쏘아 맞추고 소리를 내는 등의 일을 배워야 합니다."라고 말하여 그 필추니가 듣고서 [이하 자세한 내용은 생략한다.] 앞에서와 같은 죄를 얻는다.

만약 벽사(薜舍) 종족으로서 출가한 필추니의 처소로 가서 위에서와 같이 말을 하고, 나아가 "당신은 지금 마땅히 스스로의 공교를 배워야 합니다. 벽사 종족으로서 가져야 할 위의와 법식으로서, 이를테면, 밭을 갈고 소를 기르는 일과 장사를 하는 등의 일을 배워야 합니다."라고 말하여 그 필추니가 듣고서, [이하 자세한 내용은 생략한다.] 이 필추니는 바일저가죄를 얻는다.

만약 술달라(戌達羅) 종족으로서 출가한 필추니의 처소로 가서 위에서와 같이 말을 하고, 나아가 "당신은 마땅히 스스로의 공교를 배워야 합니다. 술달라 종족으로서 가져야 할 위의와 법식으로서, 이를테면, 땔나무를 지고 나르는 일과 여러 가축들을 먹이고 기르는 일들을 배워야 합니다."라고 하여 그 필추니가 이 말을 듣고서, [이하 자세한 내용은 생략한다.] 이 필추니는 타죄를 얻는다.

만약 실 짜는 종족으로서 출가한 필추니의 처소로 가서 위에서와 같이 말을 하고, 나아가 "당신은 지금 마땅히 공교를 배워야 합니다. 이를테면, 큰 무명과 작은 무명 그리고 물건을 덮고 여는 것과 삼(麻)으로 실을 뽑고 모시옷을 만드는 일 등을 배워야 합니다."라고 말하여 그 필추니가 듣고서, [이하 자세한 내용은 생략한다.] 죄를 얻는 것은 앞에서와 같다.

만약 털로서 천을 짜는 종족으로서 출가한 필추니의 처소로 가서 위에서와 같이 말을 하고, 나아가 "당신은 지금 마땅히 스스로의 공교를 배워야 합니다. 이를테면, 크고 작은 모직물과 혹은 두껍고 혹은 얇은 네모나고 둥근 깔개 등을 만드는 일을 배워야 합니다."라고 말하여 이 필추니가 듣고서, [이하 자세한 내용은 생략한다.] 이 필추니는 앞에서와 같은 죄를 얻는다.

만약 필추니가 옷을 바느질하는 종족으로서 출가한 필추니의 처소로 가서 위에서와 같이 말을 하고, 나아가 "당신은 지금 마땅히 스스로 공교를 배워야 합니다. 이를테면, 머리에 쓰는 두건과 적삼과 웃옷과 크고 작은 치마와 바지 같은 것을 만드는 것을 배워야 합니다."라고 말하여 그 필추니가 듣고서, [이하 자세한 내용은 생략한다.] 죄를 얻는 것은 앞에서와 같다.

만약 쇠를 다루는 종족으로서 출가한 필추니의 처소에 가서 위에서와 같이 말을 하고, 나아가 "당신은 지금 마땅히 스스로 공교를 배워야 합니다. 이를테면, 쇠바늘과 머리를 깎는 칼과 도끼와 솥 같은 물건을 만드는 일을 배워야만 합니다."라고 말하여 그 필추니가 듣고서, [이하 자세한 내용은 생략한다.] 이 필추니는 바일저가를 얻는다.

만약 구리를 다루는 종족으로서 출가한 필추니의 처소로 가서 위에서와 같이 말을 하고, 나아가 "당신은 지금 마땅히 스스로 공교를 배워야 합니다. 이를테면, 구리로 만든 쟁반과 밥그릇 같은 것을 만드는 일을 배워야만 합니다."라고 말하여 그 필추니가 듣고서, [이하 자세한 내용은 생략한다.] 앞에서와 같이 죄를 얻는다.

만약 가죽을 다루는 종족으로서 출가한 필추니가 있는 처소로 가서 위에서와 같이 말을 하고, 나아가 "당신은 지금 마땅히 스스로 공교를 배워야 합니다. 이를테면, 신발6)과 가죽신과 안장과 방석 등의 앉는 도구 같은 것을 만드는 일을 배워야만 합니다."라고 말하여 그 필추니가 듣고서, [이하 자세한 내용은 생략한다.] 앞에서와 같은 죄를 얻는다.

만약 질그릇을 만드는 종족으로서 출가한 필추니의 처소로 가서 위에서와 같이 말을 하고, 나아가 "당신은 지금 마땅히 스스로 공교를 배워야 합니다. 이를테면, 병과 항아리와 사발 같은 물건들을 만드는 일을 배워야만 합니다."라고 말하여 그 필추니가 듣고서, [이하 자세한 내용은 생략한다.] 앞에서와 같은 죄를 얻는다.

만약 머리를 깎아주는 일을 하는 종족으로서 출가한 필추니가 있는 처소로 가서 위에서와 같이 말을 하고, 나아가 "당신은 지금 마땅히

---

6) 원문에는 '부라(富羅)'라고 표기되어 있으며, 산스크리트어 pula의 음사로서 목이 짧은 가죽신을 뜻한다.

스스로 공교를 배워야 합니다. 이를테면, 머리를 깎는 일과 손톱을 깎는 일과 머리를 말고 펴는 등의 일을 배워야만 합니다."라고 말하여 그 필추니가 듣고서, [이하 자세한 내용은 생략한다.] 앞에서와 같이 죄를 얻는다.

만약 필추니가 나무를 다루는 종족으로서 출가한 필추니의 처소로 가서 위에서와 같이 말을 하고, 나아가 "당신은 지금 마땅히 스스로 공교를 배워야 합니다. 이를테면, 상(床)과 앉는 자리와 창문과 집 같은 것을 만드는 일을 배워야만 합니다."라고 말하여 그 필추니가 듣고서, [이하 자세한 내용은 생략한다.] 나머지는 위에서 말한 것과 같다.

만약 필추니가 대나무를 다루는 종족으로서 출가한 필추니의 처소로 가서 위에서와 같이 말을 하고, 나아가 "당신은 지금 마땅히 스스로 공교를 배워야 합니다. 이를테면, 상자와 삼태기와 자리와 부채와 우산과 일산과 대통 같은 것을 만드는 일을 배워야만 합니다."라고 말하여 그 필추니가 듣고서, [이하 자세한 내용은 생략한다.] 나머지는 위에서 말한 것과 같다.

만약 필추니가 노예의 종족으로서 출가한 필추니의 처소에 가서 위에서와 같이 말을 하고, 나아가 "당신은 지금 마땅히 스스로 공교를 배워야 합니다. 이를테면, 다른 사람의 발을 씻어주는 일과 몸을 씻어주는 일과 수레를 끄는 일과 다른 일을 하는 등의 일을 배워야만 합니다."라고 말하여 그 필추니가 듣고서, [이하 자세한 내용은 생략한다.] 나머지는 앞에서 말한 것과 같다.

이것으로 공교를 논하여 마친다.

만약 필추니가 남을 헐뜯으려고 생각하여 바라문 종족으로서 출가한 필추니의 처소로 가서 "당신은 바라문 종족의 출신으로서 출가를 하였으니 사문의 여인도 아니고 바라문의 여인도 아닙니다. 당신은 이제 마땅히 스스로 업(業)을 지어야 합니다. 이를테면, 바라문이 가져야 할 위의와 법식으로서 병을 씻고 잡는 등의 업을 지어야만 합니다."라고 앞에서와 같이 자세히 말하여 그 필추니가 듣고서, [이하 자세한 내용은 생략한다.]

이 필추니는 악작죄를 얻는다. 이와 같이 찰제리족의 출신으로서 출가한 필추니에게 스스로 업을 짓게 하여 앞에서와 같이 자세히 말한다면 악작죄를 얻는다.

만약 벽사 종족과 수달라 종족, 그리고 다른 여러 무리의 노예 종족으로서 해야 할 업을 앞에서와 같이 자세히 말하고, 일에 의거하여 마땅히 말하며, 만들어야 할 물건들을 자세히 말하면 이 필추니는 바일저가죄를 얻는다.

이것으로 업(業)을 짓는 것에 관하여 논하여 마친다.

만약 필추니가 남을 헐뜯으려고 생각하여 절름발이와 앉은뱅이인 필추니의 처소로 가서 "당신은 절름발이와 앉은뱅이로서 출가를 하였으니 사문의 여인도 아니고 바라문의 여인도 아닙니다."라고 말하여, 이때 그 필추니가 이 말을 듣고서, [이하 자세한 내용은 생략한다.] 이 필추니는 바일저가죄를 얻는다. 이와 같이 나아가 애꾸눈·장님·곱사등이·난장이·귀머거리·벙어리와 목에 칼을 쓴 걸음걸이를 하는 추한 모습을 한 필추니에 이르기까지 앞에서와 같은 말을 하여 그 필추니가 듣고서, [이하 자세한 내용은 생략한다.] 이 필추니는 모두 바일저가죄를 얻는다.

이것으로 눈에 보이는 형상에 대하여 논하여 마친다.

만약 필추니가 남을 헐뜯으려고 생각하여 문둥병에 걸린 필추니의 처소로 가서 "당신은 문둥병에 걸린 몸으로서 출가를 하였으니, 사문의 여인도 아니고 바라문의 여인도 아닙니다."라고 말하면, 그 필추니가 듣고서, [이하 자세한 내용은 생략한다.] 앞에서와 같이 죄를 얻는다. 이와 같이 몸에 생긴 옴·부스럼·목메임·딸꾹질·구토·건소(乾消)[7]·열병·중풍·미친 병·물집·치질 등의 여러 가지 병에 대하여 만약 필추니가 헐뜯으려고 생각하여 이러한 병을 앓고 있는 필추니의 처소로 가서 위에서와 같이 말하면 죄를 얻는 것은 앞에서와 같다.

무엇을 죄라고 말하는가? 만약 필추니가 남을 헐뜯으려고 생각하여

---

7) 한의학에서는 '소갈증(消渴症)'이라고 부르며, 당뇨병을 가리킨다.

394

필추니의 처소에 가서 "당신은 바라시가(波羅市迦)를 범하였으니 사문의 여인이 아니고 바라문의 여인이 아닙니다."라고 말하면 그 필추니가 듣고서, [이하 자세한 내용은 생략한다.] 앞에서와 같이 죄를 얻는다. 이와 같이 "당신은 승가벌시사·솔토라저야·바일저가·바라제제사니·돌색흘리다를 범하였으니 사문의 여인도 아니고 바라문의 여인도 아닙니다."라고 말하여 그 필추니가 듣고서, [이하 자세한 내용은 생략한다.] 이 필추니는 앞에서와 같이 죄를 얻는다.

이것으로 죄를 논하여 마친 것이다.

무엇을 번뇌라고 말하는가? 만약 필추니가 남을 헐뜯으려고 생각하여 필추니의 처소로 가서 "당신은 성내는 마음이 있으니 사문의 여인도 아니고 바라문의 여인도 아닙니다."라고 말하여 그 필추니가 듣고서 고뇌를 하든, 고뇌를 하지 않든 앞에서와 같이 죄를 얻는다. 이와 같이 "당신은 한스러워하는 마음·번뇌를 덮은 마음·질투하는 마음·아까워하는 마음·아첨하는 마음·속이는 마음·부끄러움이 없는 마음·악한 행위·삿된 견해를 가지고 있으니, [이하 자세한 내용은 생략한다.]" 앞에서와 같이 죄를 얻는다. 이것을 번뇌라고 말한다.

무엇을 나쁜 말로 욕하는 것이라고 말하는가? 만약 필추니가 헐뜯으려고 생각하여 필추니의 처소로 가서 갖가지 천박하고 버릇없는 말을 하고, 욕설을 퍼부으며, 꾸중하면 그 필추니가 듣고서, [이하 자세한 내용은 생략한다.] 앞에서와 같이 죄를 얻는다.

범하지 않는 것은 한 주처에 같은 이름을 가진 필추니가 여러 명이 있어 다른 사람에게 물어보았을 때에 다른 사람이 알지 못하면 마땅히 알려 그에게 "이러이러한 종류의 바라문들과 필추니가 있다."라고 말하면 모두 범하는 것이 없다.

3) 이간어(離間語) 학처
인연이 이루어진 처소는 앞에서와 같다.

어느 때 육중필추가 여러 필추에게 이간시키는 말을 하여 여러 필추들은 서로를 원망하고 크게 부끄러워하는 마음을 일으켜 각자가 근심을 품고 즐겁게 머무를 수가 없었다. 정업(正業)을 닦고 독송하거나 사유를 그만두었고, 오랫동안 사랑한 마음이 이것을 이유로 단절되었다. 이때 욕심이 적은 여러 필추들이 이 일에 대해 듣고 싫어하고 천박하게 생각하여 이렇게 말하였다.

"어떻게 필추가 여러 필추들에게 이간시키는 말을 하는가?"

곧 이 인연으로 세존께 아뢰니 세존께서는 대중을 모으시고 사실을 물으시고는 꾸중하셨으며, [이하 자세한 내용은 생략한다.]

"내가 이부 제자를 위하여 그 일에 학처를 제정하나니, 마땅히 이와 같이 설하노라.(이전의 대필추율에서와 같다). 만약 다시 필추니가 이간시키는 말을 하면 바일저가이니라."

'필추니'는 이 법 가운데의 필추니 또는 다른 필추니들을 말한다.

'이간질하는 말을 한다.'는 만약 필추니가 다른 필추니의 처소에서 이간시키려고 생각하여 말하는 것이다.

'바일저가를 얻는다.'는 위에서 설명한 것과 같다.

이 가운데에서 범한 모양과 그 일은 무엇인가?

총괄하여 게송으로 거두어 말한다.

　종족과 공교(工巧)와
　업의 형상(形相)과 다섯 가지의 병과
　죄(罪)와 번뇌의 종류와
　나쁘게 욕을 하면 후변(後邊)이 된다.

개별적으로 게송으로 거두어 말한다.

　종족이란 사성(四姓)을 말하고
　나아가 노예의 종족에 이르며

공교로 삼는 일은 모두 같으며
업을 짓는 것 또한 이와 같다네.

그 중에서 잡된 무리가 있으니
실과 털과 바느질을 하는 장인과
쇠와 구리의 작인(作人)과
가죽과 질그릇을 굽는 종족과

체발(剃髮)과 나무와
대나무의 작인과
종류는 열한 가지로 다르지 않는데
노예의 종족이 가장 뒤에 있다네.

만약 필추니가 이간시키려고 생각하여 바라문 종족으로서 출가한 필추니의 처소로 가서 "성자여. 어떤 필추니가 말하기를 당신은 바라문종족으로서 출가를 하였으니 사문의 여인도 아니고 바라문의 여인도 아니라고 합니다."라고 말하여, 그가 묻기를 "그가 누구입니까?"라고 말하면, 대답하기를 "누구입니다."라고 이름을 밝히면 악작죄를 얻는다. 종족을 말하는 것도 또한 악작죄이다.

찰제리 종족 출신의 필추니에게 그와 같이 하는 것도 죄는 앞에서와 같다. 벽사 종족으로부터 노예 종족에 이르기까지 그 이름과 종족을 드러내어 밝히면 모두가 바일저가죄를 얻는다. 그 가운데에 자세히 설명한 것은 헐뜯는 말을 하는 것을 금지한 학처에서와 같다.

4) 발거(發擧) 학처

인연이 이루어진 처소는 앞에서와 같다.

이때에 육중필추는 화합승가가 법에 맞게 논쟁하는 것을 마친 것을 알고서도 갈마에서 다시 들추어내니, [이하 자세한 내용은 생략한다.]

세존께서는 꾸중하시고 알려 말씀하셨다.

"내가 이부 제자를 위하여 그 일에 학처를 제정하나니, 마땅히 이와 같이 설하노라. 만약 다시 필추니가 화합승가가 법에 맞게 논쟁하는 일을 마쳐서 이미 없어진 것을 알고서도 뒤에 갈마에서 다시 들추어내면 바일저가이니라."

'필추니'는 이 법 가운데의 사람을 말한다.

'안다'는 스스로 알고 다른 사람에게 말하는 것이다.

'화합'은 한 가지의 맛을 함께 한다는 말이다.

'승가'는 세존의 제자를 말한다.

'법에 맞게 마쳤다.'는 율(律)에 맞고 세존의 가르침에 맞는다는 말이다.

'논쟁'은 네 가지의 논쟁이니, 평논쟁(評論諍)·비언쟁(非言諍)·범죄쟁(犯罪諍)·작사쟁(作事諍)을 말한다.

'이미 없어졌다'는 일이 소진(消盡)되었다는 말이다.

'뒤에 갈마에서 다시 들추어낸다'는 그 일을 들추어내어 멈추지 않게 하는 것을 말하며, '타'의 뜻은 위에서와 같다.

이 가운데에서 범한 모양과 그 일은 무엇인가? 만약 필추니가 평논쟁의 일에서 평논쟁을 한다고 생각하여, 일이 소멸된 것을 알고서도 소멸되었다는 생각을 일으키고, 혹은 거듭 의심하여 다시 들추어내면 바일저가이다. 아직 일이 소멸되지 않았으나, 소멸되었다는 생각을 일으켜서 의심하고 다시 들추어내면 돌색홀리다를 얻는다. 만약 필추니가 평논쟁의 일에서 비언쟁의 일이라고 생각하여 일이 소멸된 것을 알고서도 소멸되었다는 생각을 일으키고, 혹은 다시 의심하여 거듭해서 들추어내면 바일저가이다. 나머지의 범하는 것은 앞에서와 같다.

만약 필추니가 평논쟁의 일에서 범죄쟁의 일이라고 생각하여, 일이 소멸된 것을 알고서도 소멸되었다는 생각을 일으키고, 혹은 다시 의심하여 거듭해서 들추어내면 바일저가이다. 나머지의 범하는 것은 앞에서와 같다. 만약 필추니가 평논쟁의 일에서 비언쟁의 일이라고 생각하여, 일이 소멸된 것을 알고서 소멸되었다는 생각을 일으키고, 혹은 다시 의심하는 생각을 하여 다시 들추어내면 죄를 얻는 것은 앞에서와 같다. 평논쟁의 일이 처음이 되어 나머지의 세 가지 쟁(諍)으로 되고 네 구(句)에서도 다른 쟁이 처음 되는 것도 이와 같음을 마땅히 알아야 한다.

자세히 설명하면 총 열여섯 개의 구가 있게 되고 다섯 종류의 별인(別人)이 있다. 무엇이 다섯 가지인가? 주인(主人)·작갈마인(作羯磨人)·여욕인(與欲人)·술자견인(述自見人)·객인(客人)을 말한다.

'주인'은 논쟁의 일에서 처음과 중간과 끝을 확실히 아는 사람을 말하고, '작갈마인'은 논쟁의 일에서 갈마를 진행하는 사람을 말하며, '여욕인'은 갈마를 할 때에 그에게 욕(欲)을 주는 사람을 말하고, '술자견인'은 갈마를 할 때 자신의 견해를 진술하는 사람을 말하며, '객인'은 논쟁의 일에서 처음과 중간과 끝을 확실히 알지 못하는 사람을 말한다.

이 다섯 가지 사람 가운데에서 처음의 세 사람이 화합한 대중이 그 논쟁하는 일을 법에 맞게 소멸시킨 것을 알고서도, 다시 그 일을 들추어내면 바일저가를 얻는다. 뒤에 두 사람이 화합승가에서 그 일을 끝낸 것을 알고서도 다시 그 일을 들추어내면 돌색흘리다를 얻는다.

경계의 생각과 구절의 숫자는 평소와 같으니 마땅히 알아야 한다.

5) 독여남자설법과오륙어(獨興男子說法過五六語) 학처

인연이 이루어진 처소는 앞에서와 같다.

이때 오타이는 몸의 관상을 잘 보았는데 하루의 초분(初分)에 가사와 발우를 챙겨 실라벌성에 들어가 차례로 걸식을 하다가 바라문 거사의 집에 들어갔다. 그를 위하여 은밀하게 포악한 상(相)을 말해주니, [이하 자세한 내용은 생략한다.] 세존께서는 꾸중하시고 여러 필추들에게 말씀하셨다.

"내가 이부 제자들을 위하여 그 일에 학처를 제정하나니, 마땅히 이와 같이 설하노라.(자세한 인연은 대필추율에서 설명한 것과 같다). 만약 다시 필추니가 남자를 위하여 설법하며, 다섯이나 여섯 구절을 넘으면 지혜가 있는 여인을 제외하고는 바일저가이니라.”

'필추니'는 이 법 가운데의 필추니를 말한다.

'남자'는 나쁜 말을 잘 이해하는 사람을 말한다.

'다섯이나 여섯 구절을 넘는다.'는 만약 다섯 구절의 법을 설할 때에 일부러 여섯 구절에 이르고, 여섯 구절의 법을 설할 때 일부러 일곱 구절에 이르는 것을 말한다.

'법(法)'은 세존의 말씀이나 성문의 말씀을 말한다.

'설(說)한다.'는 입으로 자세히 알리는 것을 말한다.

'지혜가 있는 여인'은 잘 이해하는 여인을 말한다.

'바일저가'의 뜻은 또한 앞에서와 같다.

이 가운데에서 범한 모양과 그 일은 무엇인가? 만약 필추니가 다섯이나 여섯 구절로서 남자를 위하여 설법할 때 일부러 여섯 구절이나 일곱 구절에 이르면 각각 타죄를 얻는다.

6) 여미근원인동구독송(與未近圓人同句讀誦) 학처

인연이 이루어진 처소는 앞에서와 같다.

어느 때 육중필추는 아직 구족계를 받지 않은 자와 함께 구절을 독송하였으나, 곧 주처(住處)에서 크게 시끄러운 소리를 지어서 마치 바라문들이 여러 외론(外論)을 외우는 것과 같았다. 또한 재가인들이 학당(學堂)에서 큰 소리로 암기를 하는 것과 같았으니, [이하 자세한 내용은 생략한다.]

“나아가 이부 제자를 위하여 그 일에 학처를 제정하나니, 마땅히 이와 같이 설하노라. 만약 다시 필추니가 아직 구족계를 받지 않은 사람과 함께 구절을 독송하거나 법을 가르치면 바일저가이니라.”

'필추니'는 이 법 가운데의 필추니를 말한다.

'아직 구족계를 받지 않은 사람'은 두 종류의 구족계를 받은 사람이 있으니, 하나는 필추와 필추니를 말하고, 나머지는 모두 아직 구족계를 받지 못한 사람을 이름한다.

'구절(句)'에는 동구(同句)와 전구(前句)가 있다. 무엇이 동구(同句)인가? 구족계를 받은 자가 "모든 악을 짓지 말라."고 말하면 그 구족계를 받지 못한 사람이 동시에 "모든 악을 짓지 말라."고 말하는 것을 동구라고 이름한다. 무엇이 전구(前句)인가? 구족계를 받은 자가 "모든 악을 짓지 말라."고 말하면 그 소리가 아직 끊어지지 아니하였으나, 구족계를 받지 못한 사람이 소리를 같이 하여 이 구절을 말하고 마침내 앞서 "모든 선(善)을 받들어 행하라."고 말하는 것을 전구라고 이름한다.

무엇이 동자(同字)인가? 구족계를 받은 자가 '악(惡)'이라는 글자를 말하면 구족계를 받지 못한 자가 동시에 '악'이라고 말하는 것을 동자라고 이름한다. 무엇이 전자(前字)인가? 구족계를 받은 자가 '악'이라는 글자를 말하면 소리가 아직 끊어지지 아니하였으나, 구족계를 받지 못한 자가 동시에 '악'이라는 글자를 말하고 마침내 앞서 '악'이라고 말하는 것을 전자라고 이름한다.

'독송'은 말로써 받아들이는 것을 말한다.

'법'은 세존과 성문이 설하신 법을 말한다.

'바일저가'의 뜻은 앞에서 설명한 것과 같다.

이 가운데에서 범한 모양과 그 일은 무엇인가? 만약 필추니가 아직 구족계를 받지 못한 자에게 동구와 전구를 지어서 법을 독송한다면 근본죄를 얻는다. 전자와 동자를 사용하여 법을 독송하는 것도 또한 앞에서와 같이 죄를 얻는다.

범하지 않는 것은 말을 더듬고, 성질이 급하며, 말을 빨리 하는 것은 모두가 범하는 것이 없다. 송(誦)하는 때 가르치고, 물을 때 가르치는 것 또한 범하는 것이 없다. [근원(近圓)과 원구(圓具)의 두 가지 뜻은 서로 통한다.]

7) 향미원구설추죄(向未圓具說麤罪) 학처

인연이 이루어진 처소는 앞에서와 같다.

어느 때 한 필추가 아직 욕심을 버리지 못한 까닭으로 여러 가르침을 범하였다. 마침내 참회하고 죄를 소멸시키는 것을 구하여 널리 머무르는 법을 행하였다. 이를 육중필추가 여러 재가인에게 알려주어 믿지 않는 마음을 일으키게 하였다. [이하 자세한 내용은 생략한다.] 세존께서는 꾸중하시고 여러 필추들에게 말씀하셨다.

"내가 지금 이부 제자를 위하여 그 일에 학처를 제정하나니, 마땅히 이와 같이 설하노라. 만약 다시 필추니가 다른 필추니의 추악죄(麤惡罪)를 알아서 아직 구족계를 받지 못한 자에게 말하면 바일저가이니라."

이와 같이 세존께서는 모든 필추니들을 위하여 계율을 제정하여 마치셨다.

실라벌성에 한 필추가 있었으니 이름이 광액(廣額)이었고, 필추니가 있었으니 이름이 송간(松幹)이었다. 이때 이 두 사람은 여러 재가인들의 집을 더럽혀 좋지 못한 모습을 드러내니, 드디어 여러 사람들이 공경하고 믿지 않는 마음을 생기게 되었다. 이때 여러 필추니들이 여러 필추에게 알리고 필추는 세존께 아뢰었다. 세존께서 여러 필추니들에게 말씀하셨다.

"마땅히 한 필추니를 지명하여 여러 재가인들의 집에서 알려서 '광액 필추와 송간 필추니가 지은 것은 법에 맞지 않습니다.'라고 말하라. 만약 필추니가 다섯 법을 갖추지 못하였다면 지명하지 아니하고 설령 지명하였더라도 보내거나 가서는 아니 되느니라. 무엇이 다섯 가지인가? 사랑과 성냄과 두려움과 어리석음과 말하는 것과 말하지 않을 것을 모르는 것이다.

만약 다섯 가지 법을 갖추었다면 마땅히 지명하고 가도록 하라. 이를테면 말의 다섯 가지를 뒤집는 것을 말하니, 마땅히 자리를 펴고 건치를 울려서 대중들이 모이면 말로써 알리고 마땅히 먼저 가능한가를 묻도록 하라. '당신 누구는 능히 여러 재가인들의 집으로 가서 저 두 사람의 행위가 법에 맞지 않는 것이라고 말할 수 있습니까?' 그가 할 수 있다고 대답하면 다음에는 한 필추니가 백갈마를 하여 마땅히 이와 같이 지을 것이니라.

'대덕 필추니 승가께서는 들으십시오. 이 광액 필추와 송간 필추니는 여러 재가인들의 집에서 법에 맞지 않는 것을 지어 마침내 여러 사람들이 공경하고 믿는 마음을 일으키지 않게 하였습니다. 이 필추니 누구는 능히 여러 재가인들의 집으로 가서 광액 필추와 송간 필추니의 법에 맞지 않는 것을 말하고자 합니다. 필추니 승가시여. 만약 때에 이르렀음을 인정하시면 승가는 마땅히 허락하십시오. 승가는 지금 이 필추니 누구가 여러 재가인들의 집에서 광액 필추와 송간 필추니가 법에 맞지 않는 것을 말하게 하려 합니다. 이와 같이 아룁니다.'

다시 갈마를 짓는다.

'대덕 필추니 승가는 들으십시오. 이 광액 필추와 송간 필추니는 여러 재가인들의 집에서 여러 가지 법에 맞지 않는 일을 지어서 마침내 여러 사람들이 공경하고 믿는 마음을 일으키지 않게 하였습니다. 이 필추니 누구는 능히 재가인들의 집으로 가서 광액 필추와 송간 필추니가 법에 맞지 않는 일을 지은 것을 말하고자 합니다. 여러 구수여. 이 필추니 누구는 여러 재가인의 집에서 사람들에게 허물을 말하고자 합니다. 여러 재가인의 집에서 광액 필추와 송간 필추니가 법에 맞지 않는 일을 행한 것을 말하는 사람으로 허락하시면 말없이 조용히 계시고, 만약 허락하지 않으시면 곧 말씀을 하십시오. 승가께서는 이제 지금 이 필추니 누구를 지명하여 여러 재가인들의 집에서 허물을 말하고, 여러 재가인들의 집에서 광액 필추와 송간 필추니의 법에 맞지 않은 일을 말하는 것을 이미 허락하신 것은 조용히 계셨기 때문입니다. 나는 이제 이와 같이 지니겠습니다.'

그대들 필추니들이여. 나는 지금 저 여러 재가인들의 집에서 허물을 말하는 필추니를 위하여 그 행법(行法)을 제정하였느니라. 그 필추니는 마땅히 재가인의 집에 이르러 이와 같이 말하여라.

'여러분은 들으십시오. 재가인의 집을 더럽히는 자가 있고 출가자를 더럽히는 사람도 있습니다. 비유하면 밭과 밭두렁에 벼와 곡식이 무성하게 잘 자라다가 문득 서리와 우박을 만나 마침내 곡식의 싹이 모두 꺾어져 사라지는 것과 같고, 또한 사탕수수의 줄기가 무성하다가 적절병(赤節病)을 만나 마침내 모두 손상되어 남는 것이 없는 것과도 같습니다. 여러분께서는 마땅히 아셔야 합니다. 저 두 사람의 죄악 또한 이와 같습니다. 여러분께서는 함께 모여 살면서 성스러운 가르침을 훼손하지 마십시오. 이 사람은 스스로의 몸을 허물어뜨려서 불에 탄 씨앗이 다시는 싹을 틔울 수 없는 것과 같으니, 지금은 성스러운 가르침인 법과 율 가운데서 증장될 수 없는 것을 마땅히 아셔야 합니다.

여러분께서는 마땅히 여래·응공·정변지를 보셨고, 또한 상좌(上座)이신 존자(尊者) 해료편진여(解了偏陳如)·존자 바삽파(婆澁波)·존자 무승(無勝)·존자 현선(賢善)·존자 대명(大名)·존자 명칭(名稱)·존자 원만(圓滿)·존자 무구(無垢)·존자 우왕(牛王)·존자 선비(善臂)·존자 신자(身子)·존자 대목건련(大目乾連)·존자 구치라(俱恥羅)·존자 대준타(大准紽)·존자 대가다연나(大迦多演那)·존자 빈려가섭(頻蠡迦攝)·존자 나타가섭(那他迦攝)·존자 가야가섭(伽耶迦攝)·존자 대가섭(大迦攝)·존자 난제(難提)와 같은 여러 대필추들을 당신들께서는 마땅히 관찰하셔야 합니다.

또한 대필추니로써 준타(准陀) 필추니·민타(民陀) 필추니·파타바(波吒婆) 필추니·파타절라(波吒折羅) 필추니·아타비가(阿吒毘迦) 필추니·거섭마(佉閃摩) 필추니·명월(明月) 필추니·수교답미(瘦喬答彌) 필추니·연화색(蓮花色) 필추니·대세주(大世主) 필추니와 같은 여러 대필추니 대중들을 마땅히 관찰하십시오.'라고 말할지니라."

이때 알리게 된 필추니는 마땅히 재가에 이와 같이 알리고 곧 재가인의 집을 나왔다. 이때 송간 필추니는 이 일을 듣고 그에게 와 말하였다.

"당신이 재가인의 집에서 나의 잘못을 말했습니까?"

그 필추니는 곧 대답하여 말하였다.

"나는 승가의 법에 맞는 가르침을 얻었습니다."

대답하여 말하였다.

"나는 이 일이 합당하든, 합당치 않든 당장 너의 배를 찢어 창자를 꺼내어 나무 위에 걸어놓겠다."

그는 이 말을 듣고 곧 크게 두려워하여 여러 필추니들에게 갖추어 알렸다.

"나는 지금 곧 재가에서 예전과 같은 그러한 일을 말할 수 없습니다."

여러 필추니들이 여러 필추들에게 알리고 필추는 세존께 아뢰었다. 세존께서 말씀하셨다.

"저 어리석은 사람은 재가인들은 속일 수 있을지라도 대중을 속이지는 못하느니라. 이러한 까닭으로 승가에서는 마땅히 단백(單白)갈마를 하여 그 허물을 상세하게 말할 것이니라. 자리를 설치하고 건치를 울려 대중들이 모이면 마땅히 말로써 아뢰고, 한 필추니가 마땅히 이렇게 하라.

'대덕 필추니 승가는 들으십시오. 이 광액 필추와 송간 필추니는 여러 재가인들의 집에서 법에 맞지 않은 일을 지어 마침내 많은 사람들이 공경하고 믿는 마음이 생기지 않도록 하였습니다. 지금은 개별적으로 능히 재가인의 집에서 그들의 허물을 말할 수 없게 되었습니다. 승가시여. 만약 때에 이르렀음을 인정하시면 승가는 허락하십시오. 승가는 이제 만약 광액 필추와 송간 필추니가 여러 속인들의 집에서 법에 맞지 않는 일을 짓는 것을 보면 곧 마땅히 그 곳에서 그 허물을 말하여야 합니다. 이와 같이 아룁니다.'

세존의 가르침에 따라 모든 필추니 대중들이 그가 행하는 곳에서 널리 재가에 알리니, 알게 모르게 모두 알려져서 마침내 많은 사람들이 공경하고 믿는 마음을 일으키지 아니하여 걸식하는 자가 음식을 구하는 것이 어려웠다. 곧 이 인연으로 세존께 아뢰니 세존께서 말씀하셨다.

"여러 재가인들의 집에서 그 필추니가 악행을 저지른 것을 알면 마땅히 허물을 말하고, 알지 못하면 말하지 말라. 이와 같이 승가가 갈마를 한 것은 제외하나니 마땅히 알지니라."

그때 세존께서는 계율을 지키는 것을 찬탄하시고 때에 맞추어 욕심이 적은 법을 널리 설하고 모든 필추니들에게 말씀하셨다.

"앞의 것은 처음으로 제정한 것이고 지금 것은 따라서 여는 것이니, 나아가 마땅히 이와 같이 설하노라. 만약 다시 필추니가 다른 필추니에게 추악죄가 있는 것을 알고서 아직 구족계를 받지 못한 자에게 말하면 대중이 갈마를 한 경우를 제외하고는 바일저가이니라."

'필추니'는 이 법 가운데의 필추니를 말한다.

'근원(近圓)'은 두 가지가 있으니 필추와 필추니를 말하며, 나머지는 '갖추지 않았다.'[8]고 이름한다.

'추악(麤惡)하다.'는 두 가지가 있으니, 바라시가와 승가벌시사에 의한 것을 말한다. 추악이란 두 가지의 모양이 있으니, 첫째는 자성(自性)이 추악하고, 둘째는 인기(因起)에 의한 추악이다.

'말한다.'는 그 일을 드러내어 밝힌다는 말이다.

'대중이 갈마를 한 것은 제외한다.'는 대중이 작법한 것은 제외한다는 말이다.

'바일저가'의 뜻은 위에서 말한 것과 같다.

이 가운데서 범한 모양과 그 일은 무엇인가? 만약 필추니가 알지 못하는 재가에서 지은 것을 알지 못한다고 생각하고 의심하여 그에게 다른 사람의 추악죄를 말하면 악작죄를 얻는다. 만약 필추니가 알고 있는 재가에서 지은 것을 알지 못한다고 생각하고 의심하여 그에게 말하면 타죄를 얻는다.

범하지 않는 것은 알지 못하는 재가에서 이전에는 알았다는 생각을 일으키고, 대중이 그 일을 상세히 말하며, 혹은 이때 사람들이 모두 알고 들어서 오히려 벽의 그림을 사람들에게 모두 보이는 것과 같아 나 혼자서 아는 것이 아니면 말하는 것은 모두 허물이 없다.

8) 실득상인법향미원구인설(實得上人法向未圓具人說) 학처

인연이 이루어진 처소는 앞에서와 같다.

이때에 많은 필추들이 정근(精勤)을 연습하고 행하며 생각을 집중하는 것을 닦아 익히며, [이하 자세한 내용은 생략한다.] 아라한과(阿羅漢果)를 얻었으나, 모두가 권속들에게 얻은 과(果)의 이로움을 말하고 자기의 위덕(威德)을 드러내어 자랑하니, [이하 자세한 내용은 생략한다.]

"이부 제자들을 위하여 그 일에 학처를 제정하나니, 마땅히 이와 같이

---

8) 원문에는 '미구(未具)'라고 표기되어 있다.

설하노라. 만약 다시 필추니가 실제로 상인법(上人法)을 얻었더라도 그것을 아직 구족계를 받지 못한 자에게 말하면 바일저가이니라.”

'필추니'는 이 법 가운데의 필추니를 말하며, 나머지의 뜻은 앞에서와 같다.

'실제로 얻었다.'는 그 일이 사실인 것을 말한다.

'상인법' 등은 모두가 앞에서와 같이 대필추율 제4타승(他勝)에서 자세히 설명한 것에서와 같다.

이 가운데에서 범한 모양과 그 일은 무엇인가? 만약 필추니가 거짓되고 망령된 마음 없이 실제로 생각을 지었더라도 아직 구족계를 받지 못한 사람에게 말하면 악작죄를 얻는다. 그 중에서 다른 것은 앞에서의 타승죄를 여기에서는 타락(墮落)이라고 말한 것과 앞에서는 추죄(麤罪)라고 말한 것을 여기에서는 악작(惡作)이라고 말한 것이다.

9) 방회중리물(謗迴衆利物) 학처

인연이 이루어진 것을 자세히 설명한 것은 대필추율에서와 같다

“그 일에 학처를 제정하나니 마땅히 이와 같이 설하노라. 만약 다시 필추니가 먼저 마음이 같아서 허락하고서 뒤에 '여러 구수는 승가의 이양(利養)을 친근하고 사이가 두터운 곳을 따라서 별도의 사람에게 돌려준다.'고 말하면 바일저가이니라.”

'필추니'는 이 법 가운데의 사람을 말한다.

'먼저는 마음이 같아서 허락하다.'는 이전에 그 일을 허락하였다는 말이다.

'뒤에 이렇게 말한다.'는 뒤에 이와 같이 말하는 것이다.

'친근하고 두터운 것을 따르다.'는 것은 친근하고 두터운 두 스승과 같은 스승 밑의 제자들과 아울러 나머지의 친한 벗들이 서로를 알아 친근하고 두터운 사이가 된 것을 말한다.

'승가'는 세존의 제자를 말한다.

'이양물(利養物)'은 두 가지가 있으니, 첫째는 옷의 이양이고, 둘째는 음식의 이양물이다. 여기에서의 이양물은 옷을 말한다.

'이미 대중에게 이른 것을 바꾸어 주다.'는 승가의 이양물을 바꾸어 다른 사람에게 주는 것을 말한다.

'바일저가'의 뜻은 앞에서와 같다.

이 가운데에서 범한 모양과 그 일은 무엇인가? 만약 필추니가 많거나 적거나 승가의 이양물을 가지고서 처음에는 마음이 같아서 허락하였다가 뒤에 다르게 말하면 모두 타죄를 얻는다. 만약 승가가 실제로 주지 않은 것을 문득 바꾸어 주면 말하여도 범하는 것이 없다.

10) 경가계(輕訶戒) 학처

인연은 실라벌성에서 이루어졌다.

세존께서는 모든 필추들에게 말씀하셨다.

"그대들은 보름마다 마땅히 바라저목차경(波羅底木叉經)을 설하도록 하라."

이때 모든 필추들은 세존의 가르침을 따라서 보름에 한 번씩 계경을 설하였다. 이때 육중필추는 이 계경을 설하는 것을 듣고 이렇게 말하였다.

"무슨 까닭으로 우리가 가지고 있는 부스럼을 자주 손상시키는가? 이 작은 연기와 작은 계율을 보름에 한 번씩 자주 설하니, 여러 필추들이 듣고서 마음에 근심과 고뇌가 생기며 후회하는 마음을 일으키는 것이다."

욕심이 적은 필추들은 모두 싫어하고 부끄러움이 생겼으니, [이하 자세한 내용은 생략한다.]

"이부 제자를 위하여 그 일에 학처를 제정하나니, 마땅히 이와 같이 설하노라. 만약 필추니가 보름마다 계경을 설할 때 '여러 구수여. 무슨 용도로 이 작은 연기와 작은 계율을 설하는 것입니까? 이 계(戒)를 설할 때에 모든 필추니가 마음에 악(惡)을 지은 것이 생각나서 고뇌하고 후회하며 근심을 품게 되는 것입니다.'고 말하며, 이와 같이 계를 업신여겨 꾸짖는다면 바일저가이니라.”

　‘필추니’는 이 법 가운데의 필추니를 말하며, 나머지의 뜻은 앞에서와
같다.

　‘보름’은 한 달을 반으로 나눈 것이다.

　‘계(戒)’는 8타승(他勝)으로부터 일곱 가지 멸쟁(滅諍)을 말한다.

　‘경(經)’은 이것이 차례로 서로 연결되는 것을 말한다.

　‘간략하게 설한다.’는 마땅히 설할 때를 말한다.

　‘구수 등’은 그 마음을 펼쳐 설명하여 근심하고 고뇌하는 모양을 드러내
는 것이다.

　‘계를 업신여기고 꾸짖는다.’는 헐뜯는 말로 상대방에게 말하는 것이다.

　‘타(墮)’의 뜻은 앞에서와 같다.

　이 가운데에서 범한 모양과 그 일은 무엇인가? 만약 필추니가 보름마다
8타승으로부터 일곱 가지 멸쟁을 설할 때에 “구수여. 무엇 때문에 굳이
이 작은 연기와 작은 계율을 자주 설하여 여러 필추니들의 마음의 악(惡)을
생기게 합니까?”라고 이렇게 말하면 바일저가를 얻는다. 혹은 “번뇌와
근심을 일으키게 한다.”고 말하고, “세속의 일을 생각나게 만든다.”고
말하며, “출가한 것을 즐겁지 않게 한다.”고 말하고, 혹은 “세속으로 돌아가
게 한다.”는 등의 이러한 말을 지으면 모두 타죄를 얻는다.

　이와 같이 마땅히 알아야 한다. 나머지 열여섯 가지의 일을 설하는
처소와 잡사(雜事)를 설하는 처소와 니타나(尼陀那)[9]를 설하는 처소와
목득가(目得迦)[10] 등을 설하는 처소와 율의 가르침과 서로 관련된 경(經)을
설하는 처소와 다른 것을 설하는 처소 등에서 이러한 것 등을 설할 때
만약 필추니가 ‘무엇 때문에 이 작은 연기와 작은 계율을 설하여 이것을

---

9) 산스크리트어 nidāna의 음사로서 인연(因緣)이라 번역된다. 십이부경(十二部經)의
한가지로 경전의 서술 내용 중에서 부처님을 만나 설법을 듣게 된 인연을 설한
부분이며, 서품(序品)이 여기에 해당한다.
10) 산스크리트어 mātṛka의 음사로서 마달리가(摩呾理迦)라고도 번역된다. 본모(本母)·
지모(智母)·행모(行母)라고 한역되며, 십이부경(十二部經) 가운데 우파제사(優婆提
舍)와 삼장(三藏) 가운데 논장(論藏)을 말한다.

설할 때에 필추니로 하여금 악(惡)을 짓게 하는가?'라고 말하면 모두가
타죄를 얻는다. 만약 다른 나머지의 경(經)을 설하는 곳에서 널리 경을
설할 때에 '사람들을 고뇌하고 후회하게 한다.'라고 말하면 악작죄를
얻는다.

근본설일체유부필추니비나야 제13권

두 번째의 게송으로 거두어 말한다.

> 종자와 업신여기고 고뇌하며 가르치는 것과
> 편안한 평상과 풀로 만든 깔개를 걷는 것과
> 강제로 머무르게 하는 것과 탈각상(脫脚床)과
> 풀에 물을 버리는 것과 두 겹 세 겹이 마땅한 것이 있다.

11) 괴생종(壞生種) 학처

어느 때 박가범께서는 실라벌성에서 머무르셨다.

그때 육중필추는 스스로 짓거나 다른 사람을 시켜서 나무와 여러 풀들을 자르고 베었으며 나아가 꽃과 열매를 취(取)하여 사용하였다. 이때 외도 등이 이것을 보고 나서 싫어하고 부끄럽게 여기며 이렇게 비난하였다.

"이 여러 사문 석자(釋子)들은 스스로 짓거나 다른 사람을 시켜서 풀과 나무들을 자르고 베는구나. 또한 재가인의 무리와 바라문 등과 나아가 고용된 사람까지도 역시 스스로 짓거나 다른 사람을 시켜서 나무나 풀 등을 자르거나 베는구나. 비록 출가를 하였으나 재가인들과 무엇이 다른 가? 누가 이 같은 대머리 사문들에게 마땅히 공양하겠는가?"

여러 필추들이 세존께 아뢰고 세존께서는 이 인연으로 앞에서와 같이 대중을 모으시고 사실을 물으시고는 꾸중하셨으며, [이하 자세한 내용은 생략한다.]

"그 일에 학처를 제정하나니 마땅히 이와 같이 설하노라. 만약 다시 필추니가 스스로 종자촌(種子村)과 유정촌(有情村)을 파괴하거나 다른 사람을 시켜서 파괴하게 하면 바일저가이니라.”

‘필추니’는 이 법 가운데의 필추니를 말하며, 나머지의 뜻은 앞에서와 같다.

‘종자촌’은 다섯 가지의 씨앗이 있으니, 첫째는 근종(根種)이고, 둘째는 경종(莖種)이며, 셋째는 절종(節種)이고, 넷째는 개종(開種)이며, 다섯째는 자종(子種)이다. 무엇이 근종(根種)인가? 향부자(香附子)·창포(菖蒲)·황강(黃薑)·백강(白薑)·오두(烏頭)·부자(附子) 등이니, 이것들은 모두 뿌리에 의하여 성장하는 까닭으로 근종이라고 이름한다. 무엇이 경종인가? 석류수(石榴樹)·유수(柳樹)·포도(蒲萄)·보리수(菩提樹)·오담발라(烏曇跋羅)·익굴로타수(溺屈路陀樹) 등이니, 이것들은 모두 줄기에 의하여 성장하는 까닭으로 경종이라고 이름한다. 무엇이 절종인가? 감자·대나무·갈대 등이니, 이것들은 모두 마디에 의하여 성장하는 까닭에 절종이라고 이름한다. 무엇이 개종인가? 난(蘭)·향(香)·운(芸)·마름(菱)·귤(橘)·유자(柚子) 등의 씨앗이니, 이것들은 씨앗은 모두가 열리고 터지는 것에 의하여 성장하는 까닭에 개종이라고 이름한다. 무엇이 자종인가? 벼·보리·대맥·콩·겨자 등이니, 이것들은 모두가 씨앗에 의하여 성장하는 까닭으로 자종이라고 이름하는 것이다. 이것들을 총괄적으로 이름하여 종자촌이라고 한다.

무엇이 유정촌(有情村)인가? 유정이란 나무굼뱅이(皀)·누에(蚕)·호랑나비(蛺)·모기(蝶)·등애(蚊)·쇠똥구리(蚘)·사마귀(蜣蜋)·개미(蟻子)·뱀(蛇)·전갈(蠍) 그리고 여러 벌(蜂) 같은 것 등이니, 이들 유정들은 모두 풀과 나무를 의지하여 집을 짓고 살아간다. 만약 필추니가 풀과 나무를 뽑고 부수며, 꺾고, 베면 모두가 바일저가이다.

‘바일저가’의 뜻은 앞에서 설한 것과 같다.

이 가운데에서 범한 모양과 그 일은 무엇인가?

게송으로 거두어 말한다.

근종 등에서 씨앗이라는 생각을 일으키는 것과
나무와 풀과 꽃을 베는 것과

나무와 경행하는 곳과
푸른 이끼와 물병과 시렁 등이 있다.

만약 필추니가 근종을 근종이라고 생각을 하고, 살아 있는 것을 살아 있다고 생각을 하고, 의심하면서 스스로 베거나 남을 시켜서 베게 하면 타죄를 얻는다. 만약 메마른 것을 살아 있다고 생각하고서 의심을 하여 스스로 베고, 남을 시켜서 베게 하면 모두 악작죄를 얻는다. 만약 필추니가 근종을 경종이라고 생각하고, 살아 있다고 생각하며, 의심을 하면서 스스로 베거나 남을 시켜서 베게 하면 모두 타죄를 얻는다. 만약 마른 것을 살아 있다고 생각하고 의심을 하면서 자르고 무너뜨리면 모두 악작죄를 얻는다. 이와 같이 근종에 절종과 개종 및 자종을 비교하면 모두 네 가지의 차례가 있으며, 앞에 의거하여 마땅히 지어야 한다. 또한 경중으로 스스로를 비교하고 나머지 네 가지의 종자를 비교하면 각각 네 가지가 차례가 있으며, 생각하거나 의심하면, 모두가 타죄와 악작죄를 얻는다.
　일에 따라서 자세히 설하리라.
　만약 필추니가 다섯 가지의 종자를 스스로 짓거나 남을 시켜서 불 속에 던져 넣으면서 '이제 이 씨앗은 모두 손실되고 파괴되었다.'고 생각한다면 다섯의 타죄를 얻는다. 만약에 실되고 파괴되지는 않았다면 다섯의 악죄를 얻는다. 만약 다섯 가지의 종자를 스스로 짓거나 남을 시켜서 물 속에 던져 넣으면 또한 앞에서 말한 것과 같다. 만약 다섯 가지의 종자를 절구 안에 넣고 절구대를 가지고 찧어서 씨앗을 손실되고 파괴하면 다섯의 타죄를 얻는다. 만약 손실되고 파괴되지 않으면 다섯의 악작죄를 얻는다.
　만약 다섯 가지의 종자를 메마른 땅에 두고, 혹은 뜨거운 곳에 잿물과 쇠똥과 마른 흙이 섞여 있는 곳에 두어서 손실되고 파괴되게 만드는 마음을 지으면 일에 따라서 얻는 죄의 무겁고 가벼움은 앞에서와 같다. 만약 다섯 가지의 종자를 국물 속에 넣어 손실하고 파괴하면 죄를 얻는 것은 앞에서와 같다.

만약 하나의 방편으로 나무를 베고 자르면 하나의 악작죄를 얻고 하나의 타죄를 얻는다. 만약 하나의 방편으로써 두 그루의 나무를 베고 자르면 하나의 악작죄를 얻고 두 가지의 타죄를 얻는다. 만약 하나의 방편으로 여러 그루의 나무를 베고 자르면 하나의 악작죄를 얻고 여러 가지의 타죄를 얻는다.

만약 두 가지 방편으로 한 그루의 나무를 베고 자르면 두 가지의 악작죄와 하나의 타죄를 얻는다. 만약 두 가지 방편을 써서 두 그루의 나무를 베고 자르면 두 가지의 악작죄와 두 가지의 타죄를 얻는다. 만약 두 가지의 방편으로 여러 그루의 나무를 베고 자르면 두 가지의 악작죄와 여러 가지 타죄를 얻는다.

만약 여러 가지의 방편을 써서 한 그루의 나무를 베고 자르면 여러 가지의 악작죄와 하나의 타죄를 얻는다. 만약 여럿의 방편을 써서 두 그루의 나무를 베고 자르면 여러 가지의 악작죄와 두 가지의 타죄를 얻는다. 만약 여러 가지의 방편을 써서 여러 그루의 나무를 베고 자르면 여러 가지의 악작죄와 여러 가지의 타죄를 얻는다. 나무는 이미 이와 같으며, 살아 있는 풀과 연꽃 등도 일에 따라서 얻는 죄의 많고 적음은 앞에서와 같다.

만약 필추니가 나무의 뿌리를 뽑으면 타죄를 얻는다. 나무의 가죽과 딱딱하지 않고 물기 없는 곳을 파괴하면 악작죄를 얻는다. 만약 딱딱한 곳과 물기가 있는 곳을 손상시키면 모두 타죄를 얻는다. 만약 아직 피지 않은 꽃을 손상시키면 타죄를 얻는다. 만약 이미 성숙한 꽃을 손상시키면 악작죄를 얻는다.

만약 살아 있는 풀이 있는 땅에 뜨거운 물을 뿌리고, 쇠똥 등을 그 위에 부어서 손상시키면 모두 타죄를 얻는다. 만약 손상시키지는 않았으면 모두 악작죄를 얻는다. 만약 쏟아 부을 때 마음에 손상시키고 파괴할 뜻이 없었으면 모두가 범한 것이 아니다.

만약 필추니가 살아 있는 풀이 있는 땅에서 경행하면서 '풀을 손상시키고 파괴하겠다.'는 생각을 일으키면 손상된 풀에 따라 모두가 타죄를 얻는다. 만약 경행하려는 마음만 있었으면 범한 것이 아니다. 만약 살아 있는 풀이 있는 땅에서 땔나무나 좌복을 끌어서 손상시키려고 하면 타죄를 얻는다. 만약 손상시킬 마음이 없었으면 범하는 것이 아니다.

만약 푸른 이끼가 있는 땅에서 경행할 때에도 앞에서와 같이 범하는 경우가 있고 범하지 않는 것이 있다. 만약 빈 땅에서 살아있는 나무를 끌거나 좌복이나 다른 물건을 끌어서 손상시키는 것은 죄를 얻는 것이 앞에서와 같다. 만약 물 속에서 부평초나 푸른 이끼를 들어 올리고, 나아가 아직 물 밖으로 끄집어내지 않았어도 악작죄를 얻는다. 물 밖으로 끄집어내면 타죄를 얻는다.

만약 땅에 있는 버섯을 뽑는다면 악작죄를 얻는다. 손상시킬 마음이 있었으면 또한 타죄를 얻는다. 만약 필추니가 물병이나 항아리를 두는 곳에 옷을 두고, 이부자리나 자리를 두는 곳에 옷을 두며, 음식 같은 것을 두는 곳에 청의(靑衣)를 두어서 흰 곰팡이가 생기게 하여 손상시킬 마음이 있으면 모두 악작죄를 얻는다. 만약 다른 사람을 시켜서 청정하게 하고서 수용한다면 범하는 것이 없다. 만약 다섯 가지의 살아 있는 종자를 남을 시켜서 청정하게 하면 또한 모두 범하는 것이 없다.

12) 염훼경천(嫌毀輕賤) 학처

연기를 자세히 설명한 것은 대필추율에서와 같다. [이하 자세한 내용은 생략한다.]

"그 일에 학처를 제정하나니 마땅히 이와 같이 설하노라. 만약 다시 필추니가 다른 필추니를 싫어하여 헐뜯고 업신여겨 천박하게 대하면 바일저가이니라."

'싫어하여 헐뜯고 업신여겨 천하게 여긴다.'는 얼굴을 맞대고 곧바로 이야기하는 것과 다른 일에 의탁하여 드러내는 것을 말하며, 바일저가의 뜻은 위에서 말한 것과 같다.

이 가운데에서 범한 모양과 그 일은 무엇인가? 만약 필추니가 승가의 작법(作法)에 의해서 꾸중을 받고서 열두 종류의 사람 가운데에서 대중에게 뽑혀서 소임을 맡은 사람이 아직 끝내지 아니하였으나, 싫어하고 방해하면 바일저가이다. 만약 업신여겨 천박하게 대하면 바일저가이다. 만약 싫어하여 헐뜯고 업신여기며 천박하게 대하면 바일저가이다.

만약 필추니가 승가의 작법에 의해서 꾸중을 받고 나서 열두 종류의 사람 가운데에서 대중에게 뽑혀서 소임을 맡은 사람이 아직 끝내지 아니하였으나, 싫어하고 헐뜯으면 바일저가이다. 만약 업신여겨 천박하게 대하면 바일저가이다. 만약 싫어하고 헐뜯으며 업신여겨 천박하게 대하면 바일저가이다.

만약 필추니가 승가의 작법에 의하여 꾸중을 받지 아니하고 열두 종류의 사람 가운데에서 대중에게 뽑혀서 일을 맡은 사람이 일을 아직 끝내지 않았으나, 싫어하고 헐뜯으면 악작죄를 얻는다. 만약 업신여겨 천박하게 대하면 악작죄를 얻는다.

만약 필추니가 승가의 작법에 의하여 꾸중을 받지 아니하고 열두 종류의 사람 가운데에서 대중에게 뽑혀서 일을 맡은 사람이 일을 끝내기는 하였으나, 싫어하고 헐뜯으면 악작죄를 얻는다. 만약 업신여겨서 천박하게 대하면 악작죄를 얻는다. 만약 싫어하고 헐뜯으며 업신여겨서 천박하게 대하면 악작죄를 얻는다.

생각의 경계에 대한 구절과 숫자는 일에 의거하는 것이니, 마땅히 알아야 한다. 또한 범하지 않는 것은 최초로 범한 사람이 혹은 어리석고 미쳤으며 마음이 어지럽고 고뇌에 얽매인 것을 말한다.

13) 위뇌언교(違惱言敎) 학처

연기를 자세히 설명한 것은 대필추율에서와 같다. [이하 자세한 내용은 생략한다.]

"그 일에 학처를 제정하나니 마땅히 이와 같이 설하노라. 만약 다시 필추니가 말에 대한 가르침을 어기고 남을 괴롭히면 바일저이니라."

‘만약 다시 필추니’는 이 법 가운데의 필추니를 말하고, 나머지는 앞에서
와 같다.

‘말에 대한 가르침을 어기고 남을 괴롭히다.’는 남을 괴롭히려고 생각하
여 말로써 표시하는 것을 말한다.

‘바일저가’의 뜻은 앞에서 말한 것과 같다.

이 가운데에서 범한 모양과 그 일은 무엇인가? 만약 어떤 필추니가
다른 필추니의 처소로 가서 “아리이가(阿離移迦)여. 어느 필추니가 새로이
삭발하고, 붉은색의 대의(大衣)를 입었으며, 발우를 대신하여 물건을 가지
고서 손에는 석장(錫杖)을 집었고, 또는 연유·꿀·사탕·석밀(石蜜)을 발우에
가득 담아 가지고 가는 것을 보았습니까?”라고 물었는데, 그가 질문을
받고서 “나는 진실로 이와 같은 모습을 한 필추니를 보지 못하였습니다.
그러나 나는 어느 필추니가 두 다리로 가는 것은 보았습니다.”라고 대답하
고, 만약 필추니가 다른 것을 보고 다른 것을 말하며, 일부러 이렇게
말하여 다른 사람을 괴롭히고 어지럽게 하면 바일저가를 얻는다. 이렇게
하여 나아가 정학녀(正學女)와 구적녀(求寂女)에게도 앞에서와 같이 묻고
대답하면 바일저가를 얻는다.

만약 다른 사람이 와서 “어떤 재가인이 사탕수수·대나무·갈대·꿀·연유
·기름·병 등을 가지고 이곳을 지나가는 것을 보았습니까?”라고 물으면,
그가 곧 “나는 진실로 그러한 사람을 보지 못하였습니다. 다만 어떤
사람이 두 다리로 걸어가는 것을 보았을 뿐입니다.”라고 대답하고, 만약
필추니가 다른 것을 보고 다른 것을 말하여 이와 같이 고뇌하게 하면
바일저가이다.

만약 어떤 사람이 “재가인 남자가 파랑·노랑·빨강·흰색 등의 옷을
입고 연유와 물병 등을 가지고서 이곳을 지나가는 것을 보았습니까?”
라고 물으면, 나아가 대답하기를 “다만 두 다리로 걸어가는 것을 보았을
뿐입니다.”라고 하여 [이하 자세한 내용은 생략한다.] 마땅히 알지니라.
마음을 어지럽히는 말을 할 때는 모두 타죄(墮罪)를 얻는다. 말로써 하는
것은 이미 그와 같으며 말없이 하는 것도 또한 같아서 모두 타죄를 얻는다.

범하지 않는 것은 만약 어떤 사냥꾼이 노루와 사슴 등을 뒤쫓아 절 안에 들어와서 이미 본 필추니에게 사냥꾼이 "성자여. 달리는 사슴이 이곳을 지나가는 것을 보았습니까?"라고 물으면, 마땅히 "내가 그것을 보았습니다."라고 대답하면 아니된다. 만약 추운 때이면 "현수여. 그대는 잠시 따뜻한 방에 들어와 잠깐 불을 쬐십시오."라고 대답하고, 만약 더운 때이면 "현수여. 그대는 잠시 서늘한 방에 들어와서 시원한 물을 마시고 잠깐 쉬도록 하십시오."라고 대답한다.

만약 사냥꾼이 "나는 피곤하지도 않고 힘들지도 않습니다. 나는 뛰는 사슴을 물었습니다."라고 말하면, 곧 마땅하게 스스로 지갑(指甲)을 관(觀) 하여 그 사람에게 "낙구발사미(諾佉鉢奢弭)"라고 대답하고, 만약에 다시 물으면 마땅히 스스로 태허(太虛)를 관하고 그 사람에게 "납바발사미(納婆鉢奢弭)"라고 대답한다. (이 범어는 다만 음(音)이 지방에 따라 구별될 뿐이며 그 뜻을 풀이하기가 지극히 어렵다. 자체가 누구든지 알 수 있는 비밀한 뜻이 아니므로 어떻게 능히 이 언사(言辭)를 본체로 삼겠는가? 그 자체가 무엇을 가리키는 것이 아니므로 깨우치기가 어렵다. 지갑과 태허도 다른 곳과 같이 자세히 갖추어 주석하고 서술한 것이 없다).

만약 사냥꾼이 "나는 지갑과 태허를 물은 것이 아니고, 죽일 수 있는 유정(有情)이 이곳을 지나간 것과 아닌 것을 묻고 있습니다."라고 말하면, 필추니는 곧 사방을 두루 살피고 '승의제(勝義諦)에서는 모든 제행(諸行)이 본래부터 유정이란 없는 것이다.'라고 생각하고 곧 그에게 "유정을 보지 못하였습니다."라고 대답하면 이것은 모두 범하는 것이 아니다. 만약 필추니가 다른 질문에 대하여 사실과 같지 않으면 모두가 타죄를 얻는다.

14) 제노지안승부구(在露地安僧敷具) 학처

인연이 이루어진 처소는 앞에서와 같다.

어느 때 장자가 세존과 스님들께 집에서 공양을 받으시기를 청하였다. 이때 여러 필추들은 하루의 초분(初分)에 가사와 발우를 챙겨서 장자의 집으로 갔다. 이때 세존께서는 절 안에 머무르시면서 필추에게 공양을 가져오게 하셨다.

세존께서는 다섯 가지의 인연으로 절에 머무르시며 공양을 하신다. 무엇이 다섯 가지인가? 첫째는 스스로 편안하고 고요히[1] 계시는 것이고, 둘째는 여러 천인(天人)을 위하여 설법을 하시는 것이며, 셋째는 병이 난 필추를 살펴보시는 것이고, 넷째는 승가의 와구(臥具)를 살펴보시는 것이며, 다섯째는 모든 필추들을 위하여 학처를 제정하시는 것이다.

이때 세존께서는 승가의 와구를 살펴보시고 아울러 학처를 제정하시려고 하셨으며, 이 인연으로 절 안에 머무르시면서 필추에게 공양을 가져오게 하신 것이다. 이때 세존께서는 대중들이 떠난 후에 방의 열쇠를 가지고 절 안의 방사(房舍)들을 두루 살피시고 나아가 절 밖의 가까이에 있는 원림(園林)도 널리 모두 살피시고 다음에 승방(僧房)에 이르셨다. 이 방안에는 깔고 덮는 와구들이 많이 있었으나 맨바닥에 방치되어 있었다. 그때 홀연히 바람이 불고 비가 뿌리고 들이쳤다. 세존께서는 이렇게 생각하셨다.

'이러한 와구들은 모두 신심이 있는 바라문과 여러 거사들이 스스로 자기의 몸을 수고롭게 하며 아내와 자식의 것을 줄이고 승가에 보시하여 수승한 복을 구하는 것이거늘, 여러 필추와 필추니들이 받아 쓸 때 헤아리지 못하고 잘 지키고 보호하지도 않는구나. 이렇게 아무 곳에나 버리고 던져놓아 비와 바람에 노출되어 있지 않는가?'

세존께서 그것을 보시고 신통력으로 바람과 비를 물리치시고 구름을 겹겹으로 모아놓고 드리워져 흩어지지 않게 하고서 세존께서 와구들을 챙기실 때까지 기다리게 하셨다. 세존께서는 손수 깔고 덮는 것들을 가져다 모두 방안에 놓아두시고 곧 우의(雨衣)를 가지고 방 밖으로 나오셨다. 곧 목욕을 하시고자 신통을 거두시니 벼락이 치고 대낮인데도 어두워져서 곧 많은 비가 내려 높은 곳이나 낮은 곳이나 모두 비에 젖었다. 세존께서

는 몸을 씻으시고 나서 발을 씻으시고 방에 들어가시어 고요히 앉아
계셨다.

이때 세존의 공양을 가져오는 필추가 음식을 가지고 와서 한쪽에 놓아두고
세존께서 계신 곳으로 나아가 두 발에 정례(頂禮)를 드렸다. 세존의 상법(常法)
에는 음식을 가져온 필추에게 기쁘게 안부를 묻고 말하는 것이다.

"필추여. 승가가 받은 음식을 배부르게 먹었는가?"

대답하여 아뢰었다.

"대덕이시여. 모두가 배불리 먹었습니다."

곧 나아가 공양을 받들어 세존께 올렸다. 세존께서는 공양을 마치시고
편안하고 고요히 머무르셨다. 해질녘이 되자 항상 앉으시는 자리에 앉으신
후 여러 필추들에게 알리고 말씀하셨다.

"이전에 승가가 공양하러 간 후에 내가 방의 열쇠를 가지고서 방사를
두루 살펴보니 깔고 덮는 것 등이 맨바닥에 많이 놓여 있는 것을 보았느니
라. 그때 하늘에서 비가 내리려고 하여 내가 신통력으로 비를 막고 몸소
챙기었느니라. 모든 필추에게 알리나니 모든 시주들이 자신들의 몸을
고생스럽게 하여 승가에 보시하고 복을 구하였거늘 그대들이 능히 법에
맞게 수용하지 못하였으니 신심으로 보시한 물건을 헛되이 손상시킨
것이니라."

곧 게송으로 말씀하셨다.

　　다른 사람이 신심으로 보시한 물건을
　　알고서 헤아려 받아쓰는 것이
　　자기 자신은 안은(安隱)을 얻고
　　다른 사람의 복(福)을 증장시키는 것이니라.

그때 세존께서는 만족한 것을 알고 법에 의거하여 신심으로 보시한
물건을 받아쓰는 것을 찬탄하시고 여러 필추들에게 말씀하셨다. [이하
자세한 내용은 생략한다.]

"내가 이제 이부 제자를 위하여 그 학처를 제정하나니 마땅히 이와 같이 설하노라. 만약 다시 필추니가 땅바닥에 승가의 와구 등과 여러 상(床)과 앉는 자리를 놓아두고 떠날 때에 스스로 챙기지도 아니하고 남을 시켜 챙기지도 않는다면 바일저가이니라."

이와 같이 세존께서는 모든 필추를 위하여 학처를 제정하여 마치셨다.

어느 때 어떤 필추가 상인들의 무리를 따라서 세상을 유행하다가 한 마을에 이르러 머무르게 되었다. 늦은 밤이 되어 상인들이 다시 길을 떠나고자 한 사람이 와서 필추를 불렀다. 필추는 그 부르는 소리를 듣고 곧 급하게 일어났으나 이부자리를 나누어주고 늦게 따라가다가 마침내 도적들을 만나 겁탈을 당하였다. 이 인연을 세존께 아뢰니 세존께서 말씀하셨다.

"머무는 곳에 필추가 있으면 그 필추에게 부탁하고 떠나라."

이때 여러 필추들은 세존의 가르침을 듣고서 인연이 있으면 모두 부탁하고 떠나갔다.

실라벌성에 두 사람의 장자가 있었는데 태어나는 곳마다 원수가 되었으며 한 사람은 신심이 있었으나 한 사람은 신심이 없었다. 그 신심이 있는 사람은 이렇게 생각하였다.

'내가 지금 무슨 이유로 원한을 증장(增長)시키겠는가? 원한을 버리고 출가해야겠구나.'

신심이 없는 사람이 듣고는 원한을 품고 말하였다.

"설령 네가 소의 뿔 속으로 들어가더라도 내가 끝까지 놓아주지 않을 것이다."

필추는 그 말을 듣고 나서 이렇게 생각하였다.

'나는 오직 그를 두려워하여 이곳에 와서 출가하였는데, 어떻게 이곳에서 다시 그의 두려움을 만나겠는가? 나는 지금 마땅히 다른 지방으로 달아나 피해야겠구나.'

이렇게 생각하고 나서 친교사에게 말하였다.

"제가 이제 어느 곳으로 떠나야 그 고난을 벗어날 수 있겠습니까?"

친교사가 말하였다.

"그대는 이러한 두려움이 있으니 세상을 유행하는 것이 좋겠다."

제자는 곧 떠나갔고 원한이 있는 장자는 소식을 듣고서 곧 양식을 가지고 그의 뒤를 따라다녔다. 필추는 때에 의지하여 길을 갔고 때가 아니면 길을 가지 않았으나 재가인은 때와 때 아닌 때에 모두 쉬지 않고 길을 갔다. 길의 중간에 절이 하나 있었으며, 장자는 뒤따라 가다가 멀리서 필추가 절에 들어가는 것을 보았다. 장자는 마음속으로 중얼거렸다.

"내일 마땅히 길을 떠날 것이니 내가 스스로 알게 될 것이다."

이렇게 생각을 하고 다른 쉴 곳을 찾았다. 이때 그 필추는 새벽이 되어 여러 필추들에게 알렸다.

"이부자리를 살펴 주십시오. 저는 먼저 길을 떠나겠습니다."

물어 말하였다.

"어느 곳으로 가십니까?"

대답하여 말하였다.

"왕사성으로 가고자 합니다."

필추가 대답하여 말하였다.

"마땅히 이 길로 가도록 하고 다른 길로는 가지 마십시오."

필추는 잘 있으라고 말하고 곧 앞서서 길을 갔다. 그때 장자는 아침이 되자 절 안으로 들어가 필추에게 물었다.

"어느 길로 갔습니까?"

대답하여 말하였다.

"이 길입니다."

장자는 그 길을 따라 급히 쫓아가 필추에게 말하였다.

"에잇! 대머리 사문아. 어느 곳으로 가는가?"

필추가 대답하였다.

"현수여. 나는 이미 출가를 하였고 원한과 다툼을 그만두고자 합니다."

그가 곧 대답하였다.

"나는 지금에 와서야 원한과 다툼을 그만두게 되었다."

몽둥이로 실컷 때렸고 거의 죽을 지경이 되었다. 가사와 발우도 모두 찢어지고 부서졌으며 목숨만 남은 상태로 겨우 절로 돌아와서 사실을 갖추어 말하였다. 절 안에 있던 필추가 알려 말하였다.

"만약 당신이 가는 곳을 가르쳐 주지 않았으면 결코 이러한 고통을 만나지 않았을 것입니다."

마침내 이 인연을 갖추어 세존께 아뢰니 세존께서 말씀하셨다.

"때의 인연을 제외하고 나머지는 마땅히 부탁하여 맡기도록 할지니라. 앞의 것은 처음으로 제정한 것이고 이번 것은 따라서 여는 것이니, 마땅히 이와 같이 설하노라. 만약 다시 필추니가 맨바닥에 승가의 깔고 덮는 것과 여러 상(床)과 앉는 자리들을 놓아두고서 떠나갈 때에 스스로 챙기지도 않고, 남에게 시켜서 챙기지도 않으며, 만약 필추니가 있는데도 부탁하여 맡기지 않으면 다른 인연이 있는 것을 제외하고는 바일저가이니라."

'필추니'는 이 법 가운데의 사람을 말하고, 나머지의 뜻은 앞에서와 같다.

'승(僧)'은 여래의 성문 제자를 말한다.

'깔고 덮는 것(敷具)'은 큰 상과 솜으로 만든 요와 이불과 담요 같은 것을 말한다.

'여러 가지의 물건'은 작은 상(床)과 앉는 자리와 다른 물건을 말한다.

'맨바닥'은 것은 덮개가 없는 곳을 말한다.

'떠날 때'는 세분(勢分)을 떠나는 것을 말한다.

이때 구수 오파리가 세존께 아뢰었다.

"대덕이시여. 깔고 덮는 것을 벗어날 때에 멀고 가까운 것을 어디까지를 세분이라고 이름합니까?"

세존께서 알려 말씀하셨다.

"마치 생문(生聞) 바라문이 암몰라(菴沒羅) 나무를 심는 방법이 서로의 거리를 7심(尋)으로 정해 나무를 심어야 가지가 무성하고 꽃과 열매가 많이 열리는 것과 같이 일곱 그루의 나무 안에는 49심이 있는 것과 같으니라. 만약 깔고 덮는 것들을 맨바닥에 놓는 것은 이것의 멀고 가까움을 한계삼아 마땅히 부탁하여 맡길 것이며, 이 세분을 벗어나면 곧 챙겨야 하느니라. 만약 스스로 챙기지 않고 남을 시켜서 챙기지 아니하면 이것을 챙기지 않는 것이라고 이름하나니라.”

‘필추니가 있다.’는 현재에 사람이 있으므로 부탁하여 맡길 수 있다는 말이다. 다섯 종류의 부탁하고 맡기는 것이 있으니, 무엇이 다섯 가지인가? 마땅히 주인에게 알리고 “구수여, 이 방은 머무르는 방입니다. 이 방은 관찰할 수 있습니다. 이것은 깔고 덮는 것입니다. 이것은 마땅히 지닐 수 있습니다. 이것은 방문의 자물쇠입니다.”라고 말한다.

만약 그 처소에 필추니가 없으면 구적녀(求寂女)에게 부탁하여 맡겨야 하고, 구적녀도 없으면 마땅히 재가인에게 부탁하며, 재가인도 없으면 사방을 살피고 방문의 자물쇠를 잘 숨긴 뒤에 비로소 떠나야 한다. 만약 길을 가는 도중에 만나면 마땅히 어느 곳을 알려주어 그것을 가지도록 하라.

‘때의 인연을 제외한다.’는 어려운 인연은 제외하는 것을 말한다.

‘바일저가’는 앞에서 설명한 것과 같다.

이 가운데에서 범한 모양과 일은 무엇인가? 만약 필추니가 깔고 덮는 것을 두고서 일부러 부탁하여 맡기지 아니하고 버리고 떠나면, 아직 세분을 벗어나기 않았으면 악작죄를 얻는다. 만약 세분을 벗어났으면 곧 타죄를 얻는다. 만약 필추니가 맨바닥에다 깔고 덮는 것들을 놓아두고서 되돌아 방에 들어가 편안히 앉아 어지러운 마음을 멈추고자 하여 이미 적정(寂定)한 뒤에 비로소 뜻에 따라 나왔으나, 처음과 두 번째까지 깔고 덮는 것들이 손상되지 않았으면 악작죄를 얻고, 손상되었으면 타죄를 얻는다.

구수 오파리가 세존께 아뢰었다.

“세존 대덕이시여, 무릇 깔고 덮는 것들에는 몇 가지 손상되는 것이 있습니까?”

세존께서 오파리에게 말씀하셨다.

“두 가지 손상되는 것이 있으니 바람과 비를 말하느니라. 만약 바람이

불어서 깔고 덮는 것들을 접고 걷으면 이것을 바람이 손상시키는 것이라고 이름하고, 만약 비가 내려서 그것들을 젖게 하면 이것을 비가 손상시키는 것이라고 이름하나니라.”

만약 필추니가 해가 저무는 시간에 깔고 덮는 것들을 밖에 놓아두어 시간의 반이 되었으나 스스로 거두지 아니하고, 남을 시켜서 살피고 지키지도 않아서 손상되지 않으면 악작죄를 얻고, 손상되면 타죄를 얻는다.

이와 같이 하여 1경(更)·1경 반(半)·2경·2경 반·3경·3경 반·4경·4경 반·평단(平旦)(인도에서는 밤에 삼시(三時)가 있고 십초(十稍)로 나뉘어져 있으므로 이해하기 어렵다. 그러므로 중국의 5경(更)에 의거하여 숫자로 나타낸 것이며, 찾는 자가 쉽게 알도록 할 뿐이다.) 일출시(日出時)·소식시(小食時)·우중시(隅中時)·욕오시(欲午時)·정오시(正午時)·과오시(過午時)·일각시(日角時)·포시(哺時)·포후시(哺後時)·일모시(日暮時)에 이르기까지 만약 필추니가 이 밤낮을 한계삼아 때때로 승가의 깔고 덮는 것들을 놓아두고 곧바로 살피지 아니하여, 만약 아직 손상되지는 않으면 악작죄를 얻고, 만약 손상되었으면 타죄를 얻는다.

15) 불거초부구(不擧草敷具) 학처

인연이 이루어진 곳은 앞에서와 같다.

두 사람의 필추가 세존께 예배드리기 위하여 실라벌성으로 가다가 도중에 해가 저물어 절에 들어가 기숙(寄宿)하게 되었다. 이때 여러 필추들은 그들을 멀리서 보고 나이 많은 필추에게는 방과 이부자리를 주고 젊은 필추에게는 방만 주고 이부자리는 주지 않았다. 이 두 필추는 성격이 부지런하여 많은 마른 풀을 구하여 깔아 두껍고 따뜻하게 만들었다. 새벽이 되어 그들은 곧 떠나갔다. 뒤에 이 풀로 만든 깔개 사이에 있던 많은 개미들이 방사(房舍)를 구멍을 내어 파괴하였다.

세존께서는 승가의 이부자리도 살피시고 아울러 학처를 제정하시고자 두루 살피시다가 풀이 어지럽게 흩어져 있는 것을 보시고, [이하 자세한

내용은 생략한다.]

"내가 지금 이부 제자를 위하여 그 일에 학처를 제정하나니, 마땅히 이와 같이 설하노라. 만약 다시 필추니가 승방(僧房)에 풀이나 나뭇잎을 스스로 깔았고, 남을 시켜서 깔고서 떠날 때 스스로 거두지도 아니하고 남을 시켜서 거두지도 아니하며, 만약 필추니가 있어도 부탁하여 맡기지 않으면 바일저가이니라."

이와 같이 세존께서는 모든 필추를 위하여 학처를 제정하셨다.

이때 많은 무리의 필추들이 세상을 유행하였는데 한 장자가 그들이 머무는 것을 허락하였다. 필추들은 많은 건초를 쌓아서 무릎 높이까지 깔고는 새벽이 되어 장자에게 알리지 아니하고 떠나갔다. 장자가 보고 비난하니, 세존께서 말씀하셨다.

"마땅히 주인에게 말하여 알리고 마땅히 나뭇잎을 치우도록 하라. 만약 이것을 어긴다면 월법죄를 얻느니라."

다시 많은 무리의 필추들이 세상을 유행하다가 [이하 자세한 내용은 생략한다.] 어느 한 절 안에서 머무르게 되어 깔아 놓은 풀을 치우려고 하자, 주인이 필추들에게 말하였다.

"저는 손님들을 위하여 일부러 먼 곳에서 이 풀을 구해왔습니다. 진실로 얻기 어려운 것이니 마땅히 버리지 않도록 하십시오."

손님인 필추가 주인에게 알려 말하였다.

"당신은 스스로가 죄를 범하는 것을 알지도 못하고 우리에게 또한 죄를 범하게 하는 것입니까?"

이렇게 꾸중하고 풀을 가져다가 밖에 내버렸다. 이 일을 세존께 아뢰니 세존께서 말씀하셨다.

"이것은 마땅히 버리지 말라. 만약 필추가 있으면 부탁하여 맡기고 떠날 것이며, 버리라고 하면 비로소 버리도록 하라. 만약 이것과 다르면 월법죄를 얻느니라. 앞의 것은 처음으로 제정한 것이고 이번 것은 따라서 여는 것이니, 마땅히 이와 같이 설하노라. 만약 다시 필추니가 승방 안에 풀이나 나뭇잎을 스스로 깔거나 남을 시켜서 깔게 하고 떠나갈 때 스스로 거두지 아니하고, 남을 시켜서 거두지도 아니하며, 만약 필추니가 있어도 그에게 부탁하여 맡기지 않으면 다른 인연이 있는 것을 제외하고는 바일저가이니라."

'필추니'는 이 법 가운데의 사람을 말한다.

'승방'은 여래의 제자들이 머무는 곳으로 그 안에서 행주좌와(行住坐臥)의 네 가지 위의를 얻는 곳을 말한다.

'펴고 까는 것'은 풀이나 나뭇잎을 말하며, 나머지 자세한 것은 위에서와 같다.

이 가운데에서 범한 모양은 또한 앞에서 설명한 것과 같다. 만약 벽돌과 딱딱한 땅에 있고, 혹은 모래나 돌 가운데에 벌레나 개미가 없는 곳에 풀을 깔면 설령 자주 살피지 않아도 모두 범하는 것이 없다.

16) 강뇌촉타(强惱觸他) 학처

인연이 된 처소는 앞에서와 같다.

어느 때 구수 오타이는 나이가 어린 필추들이 많이 있는 곳으로 가서 그들을 권유하여 말하였다.

"그대들은 나와 함께 세상을 유행하도록 하자." [이하 자세한 내용은 생략한다.]

나이 어린 필추들이 모두 외출하여 맨바닥에서 누웠으나, 하룻밤에 추위의 고통 등을 받았다. 인연을 갖추어 설명한 것은 필추율에서와 같다. [이하 자세한 내용은 생략한다.]

"이부 대중을 위하여 그 일에 학처를 제정하나니, 마땅히 이와 같이 설하노라. 만약 다시 필추니가 승가의 주처(住處)에서 여러 필추니들이 앞서 이곳에 머무르는 것을 알고서 뒤에 그곳에 와서 일부러 고통스럽게 하고자 그의 이부자리에 앉거나 누워서 '저 사람이 만약 고통스러우면 스스로 마땅히 나를 피해 떠날 것이다.'라고 생각한다면 바일저가이니라."

'필추니'는 이 법 가운데의 필추니를 말하고, 나머지의 뜻은 앞에서와 같다.

'안다.'는 그 일을 확실히 아는 것을 말한다.

'필추니가 먼저 이곳에 머물렀다.'는 먼저 이 가운데에서 머무르며 유숙하는 것을 말한다.

'뒤에 그곳에 왔다.'는 몸을 제멋대로 하며 억지로 앉고 눕는 것을 말한다.

'그가 고통스러운 것을 싫어한다.'는 그가 고통스러워 즐겁지 않는 것을 말한다.

'스스로 마땅히 나를 피해 떠난다.'는 이것을 인연을 삼는 것이고 다른 일이 아닌 것을 말한다.

'바일저가'는 앞에서 말한 것과 같다.

이 가운데에서 범한 모양과 그 일은 무엇인가? 만약 필추니가 그 일을 확실히 알고서 앞에서 말한 것과 같이 행하고 나아가 '나를 피해 떠날 것이다.'라고 생각한다면 모두가 바일저가를 얻는다.

17) 고방신좌와탈각상(故放身坐臥脫脚床) 학처

인연이 이루어진 처소는 앞에서와 같다.

어느 때 구수 오바난타는 저 여러 나이 어린 필추들의 처소로 가서 권유하여 말하였다.

"그대들이 나와 함께 세상을 유행하면 반드시 다른 종교를 항복시키고 스스로 명칭(名稱)을 얻을 것이다. 만약 찬송(讚誦)과 선사(禪思)를 하고, 옷과 음식과 병을 인연으로, 필요한 것이 있으면 모든 것이 부족하지 않게 하겠다."

이때 여러 젊은 필추들은 비록 이 권유를 들었으나 오바난타의 타고난 성품과 악행으로 함께 머무를 수 없는 것을 모두가 알고 있었으므로 결국 한 사람도 같이 가는 것을 허락하지 않았다. 이때 어느 걸식하는 필추가 도반을 찾는다는 말을 듣고 오바난타에게 대답하여 말하였다.

"내가 대덕과 함께 세상을 유행하겠습니다."

함께 동행하였던 필추가 걸식하는 필추에게 대답하여 말해주었다.

"이 오바난타는 성격이 사나워서 당신이 지금 그를 따라가면 반드시 고통을 받게 될 것이오."

마침내 같은 범행자에게 걸식하는 필추가 대답하여 말하였다.

"나는 하안거(夏安居)를 열 번이나 마쳤으니, 다른 사람에게 의지하여 머무르지도 않을 것이고 또한 나아가 그에게 학업(學業)을 구하지도 않을 것이오. 그가 나의 처소에서 무슨 일을 할 수 있겠소?"

아는 필추가 대답하여 말하였다.

"말로써 상대할 일이 아니오. 뒤에 스스로 알게 될 것입니다."

그러나 권유하는 말을 받아들이지 아니하고 마침내 함께 떠나갔다. [이하 자세한 내용은 생략한다.]

오바난타는 누각 위에 누워 있다가 평상의 다리가 없는 것을 알고서도 몸을 제멋대로 하고 앉았으며, 평상의 다리가 부러져 그의 머리 등을 다치게 하였다. 인연을 갖추어 말한 것은 필추율에서와 같다. 세존께서는 이 인연으로 여러 가지로 꾸중하셨다.

"이부 제자를 위하여 그 일에 학처를 제정하나니, 마땅히 이와 같이 설하노라. 만약 다시 필추니가 승가의 처소인 이층 건물에서 누각 위에 있는 다리 없는 평상과 그 밖의 앉는 것 등을 알고서도 몸을 제멋대로 하여 앉거나 누우면 바일저가이니라."

'필추니'는 이 법 가운데에 있는 필추니를 말하고, 나머지의 뜻은 앞에서와 같다.

'안다.'는 스스로 짓거나 또는 남이 가르쳐주는 것을 말한다.

'이층 건물'은 거처하는 이층 건물이 위험하고 굽은 것을 말한다.

'누각 위의 다리 없는 평상'은 이 평상의 다리가 위의 덮개와 이어지지 않은 것을 말한다.(인도에서 사용하는 평상의 다리는 네 귀퉁이에 머리가 있고 그 위에 덮개가 있어 서로가 다리와 이어져 있다. 중국의 것과는 같지 않다.)

‘그 밖의 앉는 것들을 몸을 제멋대로 하여 앉고 눕는다.’는 몸가짐을 지극히 제멋대로 하여 앉고, 또는 누워서 일부러 평상의 다리가 빠지게 하여 다른 사람을 다치게 하는 것을 말한다.

‘바일저가’는 앞에서 자세히 설명한 것과 같다.

이 가운데에서 범한 모양과 그 일은 무엇인가? 만약 필추니가 승가의 방사에 다리가 없는 평상이 있는 것을 알고서도 몸을 제멋대로 하여 앉고 누워서 다른 사람을 고통스럽게 하면 모두 타죄를 얻는다. 만약 판자의 시렁이고, 혹은 땅에 펼쳐있으며, 혹은 판자 조각으로 다리를 만들었고, 혹은 위쪽으로 덧붙인 것 등은 모두 범하는 것이 없다.

18) 용충수(用蟲水) 학처

인연은 교섬비국(憍閃毘國)에서 이루어졌다.

어느 때 구수 천타(闡陀)는 벌레가 있는 물을 가지고 풀이나 땅에 뿌리고, 쇠똥 등을 반죽하였다. 여러 욕심이 적은 필추들이 함께 싫어하고 천박하게 생각하며 말하였다.

“어떻게 벌레가 있는 물을 풀 등에 뿌리고, 스스로 남을 시켜서 생명을 살피지 않는가?”

이 인연으로 세존께 아뢰었다. 세존께서는 이 인연으로 사실을 물으시고는 꾸중하셨다.

“이부 제자를 위하여 그 일에 학처를 제정하나니, 마땅히 이와 같이 설하노라. 만약 다시 필추니가 물에 벌레가 있는 것을 알면서 스스로 풀과 땅에 뿌리고 쇠똥과 섞으며, 남을 시켜서 물을 뿌리게 하면 바일저가이니라.”

나머지는 앞에서 말한 것과 같다.

이 가운데에서 범한 모양은 무엇인가? 만약 필추니가 벌레가 있는 물을 벌레가 있다는 생각을 짓고서 스스로 사용하고, 남을 시켜서 사용하게 하면 바일저가를 얻는다. 의심하는 것도 또한 이와 같다. 만약 물에 벌레가

없으나 벌레가 있다는 생각을 지으면 악작죄를 얻는다. 의심하는 것도
또한 이와 같다.

19) 조대사과한(造大寺過限) 학처

인연이 이루어진 처소는 앞에서와 같다.

세존께서 말씀하신 것과 같이, 복덕을 닦는 사람은 현재나 미래에서
항상 안락함을 받으며, 복이 없는 사람은 언제나 괴로움을 만나는 것이다.
이때 여러 필추들이 바라문과 거사를 교화하여 승가를 위하는 까닭으로
처소를 세우게 되었다. 이때 육중필추는 온갖 허물을 말하였다.

"이 절의 문을 설치하는 곳이 좋지 않다. 자세히 말한 것은 필추율에서와
같다. [이하 자세한 내용은 생략한다.] 나아가 세존께서는 꾸중하시고
여러 필추들에게 말씀하셨다.

"내가 이부 제자를 위하여 그 일에 학처를 제정하나니, 마땅히 이와
같이 설하노라. 만약 다시 필추니가 큰 주처(住處)를 지을 때는 문의 울짱
주변에는 마땅히 가로지르는 빗장과 여러 창문과 물도랑을 두도록 할
것이며, 만약 담장을 세울 때는 젖은 진흙으로 세우고, 마땅히 두 겹이나
세 겹을 가로지르는 빗장이 있는 곳까지 세우라. 만약 이것을 넘어서면
바일저가이니라."

나머지의 뜻은 앞에서와 같다.

'크다.'는 두 가지가 있다. 하나는 시물(施物)이 크다는 것이고, 나머지는
형체와 분량이 크다는 것이다. 여기서는 형체와 분량이 큰 것을 말한다.

'주처'는 그 안에서 행주좌와의 네 가지의 위의를 행하는 곳을 말한다.

'짓는다.'는 혹은 스스로 짓고, 혹은 남을 시켜서 짓는 것을 말한다.

'문의 울짱 주변에 마땅히 가로지르는 빗장과 창문과 물도랑을 둘
것이며, 만약 담장을 세울 때는 젖은 진흙으로 세운다.'는 처음에 땅을
고르고 기초를 쌓고 집을 세우기 시작할 때부터 마땅히 두 겹이나 세
겹으로 울짱과 물고랑을 만드는 것을 말한다.

'만약 이것을 넘어선다면 바일저가를 얻는다.'는 뜻을 설명한 것은 앞에서와 같다.

이 가운데에서 범한 모양의 자세한 설명은 대승(大僧)에서와 같다.

20) 과일숙식(過一宿食) 학처

인연은 실라벌성에서 이루어졌다.

세존께서는 대신통을 나타내시어 외도들을 꺾어 무너뜨리니 모두가 달아나고 흩어져서 변방에 머물렀다. 이때 어느 장자가 여러 외도들을 위하여 하나의 처소를 지으니 외도의 삿된 스승이 육십 명의 외도와 함께 그곳에서 머물렀다. 후에 장자의 친구가 실라벌성에서 장자의 처소로 와서 말하였다.

"자네는 지금 이곳에서 수승한 복전으로서 공경할 수 있겠는가?"

장자는 곧 장차 삿된 사람이 있는 곳으로 갔다. 친구가 그에게 대답하여 말하였다.

"이것은 세상의 뒤바뀐 것이고, 진실된 복전이 아닐세."

곧 장자를 위하여 여러 필추들의 덕행이 존귀하고 높은 것을 말해주고, [이하 자세한 것은 생략한다.] 나아가 또 육중필추에게 알렸다. 육중필추는 모두 그곳에 와서 드디어 장자에게 마음의 청정한 믿음을 없애고, 다시 외도들을 때려서 몰아내고 떠나게 하였다. 필추가 이 일을 세존께 아뢰고 세존께서는 이 인연으로 갖가지로 꾸중하시고 말씀하셨다.

"이부 제자를 위하여 그 일에 학처를 제정하나니, 마땅히 이와 같이 설하노라. 만약 다시 필추니가 외도의 처소에서 하룻밤을 머물고 한 끼를 먹을 순 있으나 이것을 넘으면 바일저가이니라."

이때 세존께서는 그 장자를 조복시킬 때가 된 것을 관(觀)하시고 구수 사리자에게 그를 위하여 설법을 하게 하였다. 그는 법을 듣고 나서 진제(眞諦)를 얻었고, 다시 무량 백 천의 유정들을 위하여 설법을 하니, 모두가 진제를 깨달았다. 때가 지났으나 먹지 않아 바람이 일어나서 병을 얻었다.

[이하 자세한 것은 생략한다.] 세존께서 말씀하셨다.

"앞의 것은 처음으로 제정한 것이고, 이번 것은 따라서 여는 것이니, 마땅히 이와 같이 설하노라. 만약 다시 필추니가 외도의 처소에서 하룻밤을 머무르고 한 끼를 먹을 수 있으나, 병을 얻은 인연을 제외하고 그 이상을 머무르면 바일저가이니라."

'필추니'는 이 법 가운데의 사람을 말한다.

'외도의 처소'는 같은 범행이 아닌 것을 말한다.

'하루를 머무르고 한 끼를 먹는다.'는 그들에게서 먹을 것과 잠자리를 받는 한계의 시절(時節)인 때를 말한다.

'병을 얻은 인연을 제외한다.'는 설법하는 일을 인연하여 병을 얻은 것을 말한다.

'바일저가'의 자세한 설명은 앞에서와 같다.

이 가운데에서 범한 모양과 그 일은 무엇인가? 만약 필추니가 별도의 처소에서 이미 한 번의 공양을 받고 만약 다시 머무르면 악작죄를 얻는다. 만약 다시 먹으면 타죄(墮罪)를 얻는다. 만약 이곳에서 머무르고 다른 곳에서 밥을 먹으면 머무를 때는 악작죄를 얻고, 먹을 때에는 범하는 것이 없다. 만약 다른 곳에서 머무르고 이곳에서 먹으면 머무를 때는 범하는 것이 없으나 먹을 때에는 타죄를 얻는다. 만약 다른 곳에서 머무르고 다른 곳에서 먹고서 잠시 이곳에 오면 범하는 것이 없다. 만약 이 처소가 많은 사람이 함께 지은 것이고, 혹은 주인이 머무르는 것을 보았거나, 혹은 친족이 이 처소를 지은 것이면 하루 이상을 먹어도 범하는 것이 없다.

세 번째의 게송으로 거두어 말한다.

세 번을 넘는 것과 여식(餘食)을 하지 않는 것과
만족하였어도 권하는 것과 대중들과 따로 하는 것과
때 아닌 때와 손을 댄 것과 받지 않은 것과

벌레와 외도와 무장한 것을 보는 것이 있다.

21) 과삼발수식(過三鉢受食) 학처

인연은 실라벌성에서 이루어졌다.

세존께서는 이미 무상(無上)의 깨달음을 증득하셔서 명칭이 널리 퍼졌다. 이때 북방의 어느 큰 상주(商主)가 이 성의 바깥에 이르러 머물렀다. 이때 육중필추는 이 소식을 듣고 함께 그의 처소로 가서 설법을 하였다. 다른 사람이 곧 음식받기를 청하니, 이미 음식을 받고 나서 다시 살펴보고 그에게 설법을 하였다. 상주가 은근히 그들에게 음식받기를 청하니 그에게 대답하여 말하였다.

"우리는 음식이 필요한 것이 아니고, 드러나는 모양의 옷을 구하고 있습니다."

상인들이 그곳을 버리고 떠나자 뒤따르면서 게송으로 말하였다.

변방은 길이 험하니 마땅히 가지 않을 것이며
설령 가더라도 그곳에 머무르지 마시오.
단지 처소는 다닐 곳이 아닐 뿐이며
그곳의 사람들과 함께 친구가 되지 마시오.

산이 험한 곳에 사는 사람은 처음에는 좋아보일지라도
금을 돌에 갈면 처음에는 선명한 것과 같으나
중앙의 지방에 사는 사람은 곧 그렇지 않아서
처음이나 끝이 움직이지 않는 것이 산과 같다네.

이때 상인들은 이 말을 듣고 나서 대답하였다.
"성자여. 무슨 까닭으로 한스러워 하면서 꾸중하는 것입니까?"
육중필추가 말하였다.
"현수여. 이미 당신들과 함께 적은 정과 뜻을 나누어서 선품(善品)을 닦는 것도 그만두고, 자주 설법을 하였으며, 모양을 드러내고, [이하 자세한 내용은 생략한다.] 옷을 얻고자 하였습니다."

상인들은 굽어보고 우러러보며 육중필추에게 가지고 있던 양식을 모두 남김없이 주었으나 마치 모두 도둑에게 빼앗긴 것과 같았다. 다른 여러 상인들이 이 말을 듣고 모두 비난하고 미워하였다.

이 연기로써 아직은 계율을 제정하지 않으셨다.

인연이 이루어진 처소는 앞에서와 같다.

이때 이 성에 있는 어느 장자가 아내를 맞이하였으나 오래지 않아 곧 아내가 죽었다. 이와 같이 하여 일곱 번째까지 아내를 얻었으나, 얻을 때마다 모두 죽었다. 이때 사람들은 모두 방부(妨婦)라고 불렀다. 다시 아내를 얻으려고 하였으나, 사람들이 딸을 주지 않아서 나아가 오른쪽 눈이 먼 여인을 구하여 아내로 삼았다.

장자에게 아는 사람이 있어서 게송으로 말하였다

> 파라사(波羅奢)로써 이를 닦는 것과
> 사람이 머리를 서쪽으로 향하여 잠에서 깨어나는 것과
> 오른쪽 눈이 먼 여인을 아내로 삼는 일은
> 모두 좋은 일을 나타내는 것이 아니라네.
>
> 양쪽의 악한 상(相)이 만나면 반드시 손해가 있을 것이니
> 비유하면 칼날과 돌이 서로 부딪치는 것과 같다네.
> 부부가 모두 상대방을 해롭게 하는 사람이므로
> 만약 아내로 맞는다면 마땅히 죽음을 만나게 되리라.

그러나 그 장자는 비록 말을 듣기는 하였으나 결국 치록(齒錄)[2]하지 아니하고 오히려 찾는 것을 멈추지 않았다. 눈이 먼 여인의 부모는 음식을 준비하고 딸을 시집보내려고 하였다. 이때 열두 명의 필추니가 와서

---

2) 어떤 일의 내용을 모아 기록하는 것을 말한다.

음식을 모두 먹어 혼례식이 이루어지지 못하자 재가인들이 비난하고 미워하였다. [이하 자세한 내용은 생략한다.]

"그 일에 학처를 제정하나니, 마땅히 이와 같이 설하노라. 만약 다시 여러 명의 필추니가 재가인의 집에 갔을 때 청정한 믿음을 가진 바라문·거사가 떡과 보릿가루와 밥을 주겠다고 은근하게 청하면, 필추니가 필요하면 마땅히 둘이나 세 발우를 받을 것이며, 만약 그것보다 더 많이 받으면 바일저가이니라. 이미 받고 나서는 처소로 돌아와 만약 필추니가 있으면 마땅히 음식을 함께 나누도록 할 것이니, 이것이 때에 맞는 것이니라."

'필추니'는 열두 명의 필추니 또는 다른 필추니들을 말하고, 두 명 이상을 대중이라고 이름한다.

'재가(俗家)'는 백의(白衣)의 집으로 바라문 등을 말한다.

'가다.'는 그 장소에 도착하는 것을 말한다.

'청정한 믿음'은 삼보를 믿어서 깊은 마음으로 귀의하고 공경하는 것을 말한다.

'은근하다.'는 마음이 지극한 것을 말한다.

'청한다.'는 말하여 친근히 부탁하는 것을 말한다.

'보릿가루와 떡'은 보시로 받은 음식을 말한다.

'필요하다.'는 마음으로 좋아하는 것을 말한다.

'둘이나 세 발우'는 세 가지가 있으니, 상·중·하를 말한다. 상(上)은 마갈타국의 도량형으로 두 되의 쌀밥이 들어가는 것을 말하고, 중(中)은 한 되 반의 쌀밥이 들어가는 것을 말하며, 작은 것은 한 되의 쌀밥이 들어가는 것을 말한다.

'마땅히 둘이나 세 발우로 한다.'는 그 한계를 가리키는 말이다.

'절에 되돌아오다.'는 절 안에 도착한 것을 말한다.

'만약 필추니가 있으면 마땅히 함께 음식을 나누다.'는 같은 범행자와 함께 서로 나누는 것을 말한다.

'만약 지나치게 받으면 바일저가를 얻는다.'는 일은 또한 앞에서와 같다.

이 가운데에서 범한 모양은 둘이나 셋의 큰 발우로 음식을 받으면 악작죄를 얻는다. 만약 삼켜서 먹는다면 타죄를 얻는다.

22) 족식(足食) 학처

인연이 이루어진 처소는 앞에서와 같다.

세존께서는 여러 필추들에게 말씀하셨다.

"나는 일좌식(一坐食)을 하면 항상 욕심이 줄고 병이 없으며 일어나고 머무르는 동작이 가볍고 편안하며 건강하고 안락하게 머무를 수 있었느니라."

세존께서 말씀하신 것과 같이 일좌식을 하는 것에는 이러한 수승한 이로움이 있는 것이다. 이때 모든 필추들은 일좌식을 하였으나 정식(正食)[3]을 할 때 만약 두 스승 및 다른 기숙(耆宿)들을 보면 곧 자리를 비켜서게 되어, 만족하게 먹으려 해도 감히 다시 먹을 수 없었다. 적게 먹는 까닭으로 안색이 누렇게 되고 몸이 마르고 수척해졌다. 세존께서 보시고 아시면서도 아난다에게 물으셨다.

"나는 일좌식을 하여 나아가 안락하게 머무를 수 있었느니라. 모든 필추들 또한 일좌식을 하여 안락하게 머무를 수 있게 하였으나, 무슨 까닭으로 모든 필추들이 얼굴빛은 누렇게 되고 몸이 마르고 수척해졌는가?"

아난다가 아뢰었다.

"여러 필추들은 세존께서 가르치신 대로 일좌식을 하였으나, 정식을 할 때에 두 스승과 여러 존숙들을 보면 곧 자리에서 비켜서게 되었고, 자리에서 벗어나면 만족하게 먹으려고 하여도 다시 감히 먹을 수가 없었습니다. 먹은 것이 적기 때문에 안색이 누렇게 되고 몸이 마르고 수척해진 것입니다."

---

3) 사문에게 먹는 것이 허락된 음식으로 밥·보리밥·보릿가루·떡 등이다. 구본(舊本)에는 포사니인데 번역하여 정식(正食)이라 하였고, 신본(新本)에는 포선니라 하여 담식이라 번역하였다. 정식에는 다섯 가지가 있다.

세존께서 아난다에게 말씀하셨다.

"만약 필추가 음식을 먹을 때 아직 만족하게 먹기 전까지는 마음대로 배부르게 먹을 것이고, 만약 음식을 받고 나서 자리에서 다시 일어나서는 아니 되느니라."

세존께서 가르치신 것과 같이 나아가 다시는 일어나지 않도록 하였으나, 이때 여러 필추들은 적은 국과 나물들과 익은 콩을 얻으면 곧 만족하게 먹었다고 말하고, 일어나서는 다시 먹을 수 없었으므로 이러한 까닭에 몸이 모두 수척해졌다. 세존께서 보시고 아난다에게 물으셨다.

"내가 모든 필추에게 가르치기를, 무릇 음식을 먹을 때는 차례로 조금 받고 나서 아직 만족하도록 마음대로 배불리 먹도록 하였으며, 음식을 받고 나서 다시는 일어나지 않도록 하였는데, 무슨 까닭으로 여러 필추들이 몸이 마르고 수척해져서 기력이 충만하지 않는 것인가?"

이때 아난다는 곧 앞의 인연을 갖추어 세존께 아뢰었다. 세존께서 이 인연으로 아난다에게 말씀하셨다.

"다섯 가지의 가단니식(珂但尼食 : 이것은 깨물어서 씹는다는 뜻이다.) 이 있으니, 만약 이것을 먹으면 만족하게 먹는 것이 아니니라. 무엇이 다섯 가지인가? 첫째는 뿌리이고, 둘째는 줄기이며, 셋째는 잎이고, 넷째는 꽃이며, 다섯째는 열매이니라. 이 다섯 가지를 먹는 때는 만족하게 먹는 것이 아니니라. 만약 필추가 먼저 다섯 가지의 씹는 음식을 먹고서 뒤에 다섯 가지의 삼키는 음식을 얻었거나, 먼저 다섯 가지의 삼키는 음식을 먹었다면 마땅히 다섯 가지의 씹는 음식을 다시 먹어서는 아니 되느니라. 다시 먹으면 월법죄를 얻느니라."

세존께서 말씀하신 것과 같이 다섯 가지의 씹는 음식을 만족하게 먹는 것이라고 이름하지 않았고, 다섯 가지의 삼키는 음식을 만족하게 먹는 것이라고 이름하였다.

이때 여러 필추들은 받은 음식을 겨우 조금 먹고서 연기(緣起)가 있게 되면 곧 만족하게 먹었다고 말하고, 감히 다시 먹지 못하여서 몸이 모두 수척해졌다. 세존께서 보시고 아시면서 아난다에게 물으셨다.

"내가 말하기를 다섯 가지의 씹는 음식은 만족하게 먹는 것이 아니고, 다섯 가지의 삼키는 음식은 만족하게 먹는 것이라고 말하여 모두 배부르게 먹도록 하였는데, 무슨 까닭으로 필추들의 몸이 수척해졌느냐?"

아난다가 세존께 아뢰었다.

"세존께서 말씀하신 것과 같이 다섯 가지의 씹는 음식은 만족하게 먹는 것이라고 이름하지 않으셨고, 다섯 가지의 삼키는 음식을 만족하게 먹는 것이라고 이름하였으므로 여러 필추들이 받은 음식을 먹을 수 있었으나 겨우 조금 먹고서 연기가 있으면 곧 만족하게 먹었다고 말하고 감히 다시 먹지 못하였으므로 이 인연으로 몸이 수척해졌습니다."

세존께서는 아난다에게 말씀하셨다.

"다섯 가지의 인연이 있어야만 만족하게 먹는 것이며, 다시 다섯 가지의 인연이 있으면 만족하게 먹는 것이 아니다. 무엇이 만족하게 먹는 다섯 가지의 인연인가? 첫째는 먹는 음식인 것을 아는 것이고, 둘째는 음식을 주는 사람을 아는 것이며, 셋째는 남에게서 음식을 얻는 것을 아는 것이고, 넷째는 음식을 금지하는 것을 아는 것이며, 다섯째는 위의를 버리는 것을 아는 것이다.

무엇이 먹는 음식인 것을 아는 것인가? 이것은 다섯 가지의 씹는 음식과 삼키는 음식인 것을 아는 것을 말한다. 무엇이 음식을 준 사람이 있음을 아는 것인가? 여자나 남자나 반택가(半擇迦) 등을 아는 것이다. 무엇이 음식을 남에게 얻는 것을 아는가? 열 가지의 음식을 남에게 얻는 것을 아는 것을 말한다. 무엇이 음식을 금지하는 것을 아는가? 열 가지의 음식을 금지하는 것을 말한다. 무엇이 위의를 버리는 것을 아는가? 이 자리에서 음식을 버리고 일어나 가는 것을 말한다. 이 다섯 가지의 인연을 갖춘 것을 만족하게 먹는 것이라고 이름하나니라.

무엇이 다섯 가지의 만족하지 않게 먹는 것인가? 먹을 것이 아닌 것을 아는 것과 음식을 주는 사람이 없음을 아는 것과 음식을 얻어 아직 먹지 않는 것을 아는 것과 음식을 금지하지 못하는 것을 아는 것과 아직 자리를 떠나지 않는 것을 아는 것이다. 이 다섯 가지를 만족하게 먹지 않는 것이라고 이름하나니라.

다시 다섯 가지의 만족하게 먹는 것이 있으니 무엇인가? 첫째는 청정한 음식이고, 둘째는 조금의 청정하지 않은 음식이 섞인 것이며, 셋째는 더럽혀진 음식이 아닌 것이고, 넷째는 조금 더럽혀진 음식이 섞인 것이며, 다섯째는 그 본래의 자리를 버린 것이니, 이것을 다섯 가지의 만족하게 먹는 것이라고 이름하나니라.

다시 다섯 가지의 만족하게 먹는 것이라고 이름하지 않는 것이 있으니 무엇인가? 첫째는 청정하지 않은 음식이고, 둘째는 청정하지 않은 음식이 많이 섞인 것이며, 셋째는 더럽혀진 음식이고, 넷째는 더럽혀진 음식이 많이 섞여 있는 것이며. 다섯째는 아직 그 본래의 자리를 떠나지 않은 것이니, 이것의 다섯 가지를 만족하게 먹는 것이 아니라고 이름하나니라.

다시 다섯 가지의 만족하게 먹는 것이 있으니 무엇인가? 음식을 차례로 나누어 주는 것을 보고서 필추가 ‘나는 필요하지 않습니다.’라고 대답하고, 혹은 ‘그냥 가십시오.’라고 대답하며, 혹은 ‘그만 두십시오.’라고 대답하고, 혹은 ‘이미 만족하게 먹었습니다.’라고 대답하며, 혹은 ‘이미 공양을 마쳤습니다.’라고 대답하면 이 다섯 가지는 모두가 결국 받지 않는다는 말이므로, 이렇게 말할 때는 곧 만족하게 먹은 것이라고 이름하나니라.

다시 만족하게 먹은 것이라고 이름하지 않는 다섯 가지가 있으니 무엇인가? 음식을 차례로 나누어 주는 것을 보고서 필추가 ‘아직은 필요하지 않습니다.’라고 대답하고, 혹은 ‘잠시 가십시오.’라고 대답하며, 혹은 ‘잠시 멈추십시오.’라고 대답하고, 혹은 ‘잠시 기다리겠습니다.’라고 대답하면 이 다섯 가지는 모두가 아직은 결국 남은 것이 있다는 말이므로, 이렇게 말할 때는 만족하게 먹은 것이라고 이름하지 않으니라.”

세존께서 말씀하신 대로 필추는 마땅히 만족하게 먹은 뒤에는 다시 거듭해서 음식을 받지 않도록 되어 있었다. 이때 열두 명의 필추니가 만족하게 먹지 않았고, 만족하게 먹었어도 다시 음식을 받아서 먹었다. 욕심이 적은 필추니들이 이 말을 듣고 나서 싫어하고 부끄러워하며 이렇게 말하였다.

"어떻게 세존의 가르침을 어기는 것인가?"

여러 필추에게 알리고 필추들은 세존께 아뢰었다. 세존께서는 이 인연으로 앞에서와 같이 필추니를 모으시고 사실을 물으시고는 꾸짖으셨다. [이하 자세한 내용은 생략한다.]

"그 일에 학처를 제정하나니, 마땅히 이와 같이 설하노라. 만약 다시 필추니가 만족하게 먹고서 다시 먹는다면 바일저가이니라."

이와 같이 세존께서는 학처를 제정하여 마치셨다.

어느 때 어떤 장자가 세존과 스님들을 집으로 모셔 음식을 청하였으나 여러 명의 필추니들이 몸이 아프고 병이 나서 그들을 간병하는 필추니들이 음식을 가지러 갔다. 그들은 자기의 음식을 먹고 나서 또한 병이 난 필추니들을 위하여 음식을 가지고 돌아왔다. 이때 병이 난 여러 필추니들은 그 음식을 모두 먹을 수가 없었고 간병하는 필추니들도 배불리 먹었기 때문에 감히 다시 먹을 수가 없었다. 더욱이 구적녀나 정인(淨人)도 없어 음식을 먹을 수 없었으므로 곧 남긴 음식을 한쪽에 버려두었다. 드디어 까마귀와 새들이 다투어 날아와서 먹는 까닭으로 시끄러운 소리가 들리게 되었다. 세존께서 말씀하셨다.

"내가 여식법(餘食法)을 허락하니 마음대로 먹도록 하라."

세존께서 말씀하시어 여식법을 허락하셨으나, 어떻게 짓는 것인가를 알 수 없었다. 이 인연을 세존께 아뢰니 세존께서 말씀하셨다.

"만약 어떤 필추니가 이미 만족하게 먹는 것을 마쳤으나 다시 어떤 시주가 다섯 가지의 씹는 음식이나 다섯 가지의 삼키는 맛있는 음식을 주면 마음으로 기쁘게 받을 것이며, 먹고 싶으면 그 필추니는 마땅히 깨끗이 손을 씻고서 그 음식을 받아 아직 자리에서 떠나지 않은 필추니에게 나아가 그의 앞에 서서 이렇게 말하라.

'구수여. 잊지 마소서. 나 필추니 누구는 이미 배부르고 만족하게 먹는 것을 마쳤으나 다시 이 가단니식과 포선니식 등을 얻어서 먹으려고 합니다. 구수께서는 마땅히 저에게 여식법을 주십시오.'

이때 그 필추니는 곧 여식법을 짓도록 할 것이고, 두세 입을 먹고 나서 대답하여 말하여라.

'하십시오. 이것은 당신의 것이니 마땅히 여식법을 짓도록 하십시오.' 이때 그 필추니는 작법(作法)을 마친 후에 한쪽으로 치워두고 마음대로 먹을지니라. 만약 필추니가 이미 만족하게 먹고서, 다시 먹고자 하면서 여식법을 짓지 않고서 먹으면 월법죄를 얻느니라.

여식법이 성립되지 않는 다섯 가지의 인연이 있으니 무엇인가? 경계 밖에 머물러 있는 것을 말하고, 혹은 먼 곳에 있고 막혀 있는 곳에 있으며, 혹은 배후(背後)에 머물러 있고, 혹은 주변(傍邊)에 있으며, 혹은 마주하는 사람이 이미 본래의 자리를 떠난 것이니, 이 모두는 여식법이 성립되지 않느니라.

여식법이 성립되는 다섯 가지의 인연이 있으니 무엇인가? 동일한 경계 안에 있는 것을 말하고, 서로 가까운 곳에 있고 장애가 없는 곳에 있으며, 배후에 머물러 있지 않고, 주변에 있지 않으며, 마주하는 사람이 또한 아직 자리를 떠나지 않은 것이니, 이 모두는 여식법이 성립되느니라.

다시 여식법이 성립되지 않는 다섯 가지의 인연이 있으니 무엇인가? 경계 밖에 있고, 혹은 멀리 떨어져 있으며, 막혀 있는 곳에 있고, 혹은 그릇을 채우지 않았으며, 혹은 손으로 받들지 않았고, 혹은 마주하는 사람이 이미 본래의 자리를 떠났으면 여식법을 지은 것이라고 이름하지 않느니라. 여식법이 성립되는 다섯 가지의 인연이 있으니 위의 것과 반대의 것임을 마땅히 알라.

만약 그 한 사람이 여식법을 하였는데 여러 명의 필추니들이 와서 함께 음식을 먹는다면 모두가 범하는 것이 없으니 의심하여 미혹하지 말라."

세존께서는 계율을 지키는 것을 찬탄하시고 여러 필추니들에게 말씀하셨다.

"앞의 것은 처음으로 제정한 것이고, 이번 것은 따라서 여는 것이니, 마땅히 이와 같이 설하노라. 만약 다시 필추니가 만족하게 먹은 뒤에 여식법을 하지 않고서 다시 음식을 먹으면 바일저가이니라."

'필추니'는 열두 명의 필추니를 말하고, 나머지의 뜻은 앞에서와 같다.

'만족하게 먹고 난 뒤에'는 배불리 먹고 본래의 자리를 떠난 것을 말한다.

'여식법을 하지 않았다.'는 열 가지의 음식 같은 것을 가지고 다른 사람을 마주하고 작법을 하지 않은 것을 말한다.

'다시 먹는다.'는 목구멍으로 삼키는 것을 말한다.

이 가운데에서 범한 모양은 만약 필추니가 만족하게 먹었다고 생각을 하여 의심하면 모두 타죄를 얻는다. 만족하게 먹고서 만족하게 먹지 못했다는 생각으로 의심하면 악작죄를 얻는다. 만족하게 먹지 못하고서 만족하게 먹지 못했다는 생각을 하는 것과 만족하게 먹고서 만족하게 먹지 못했다는 생각을 하는 것은 범하는 것이 없다.

그때 오파리가 세존께 아뢰었다.

"세존이시여. 어떤 죽 등을 먹는 것을 만족하게 먹었다고 이름합니까?"

세존께서 오파리에게 말씀하셨다.

"만약 죽이 지금 막 끓어서 수저를 세워 넘어지지 않는 것과 혹은 손가락 등으로 선을 그어 흔적이 없어지지 않는 이러한 죽을 먹으면 이것을 만족하게 먹은 것이라고 이름하나니라."

"대덕이시여. 어떤 보릿가루를 만족하게 먹는 것이라고 이름합니까?"

세존께서 말씀하셨다.

"만약 물을 섞어 저을 때 숟가락을 세워서 넘어지지 않고, 혹은 다섯 손가락으로 그었을 때 그 흔적이 없어지지 않으면 이러한 보릿가루를 먹는 것을 만족하게 먹는 것이라고 이름하느니라. 또한 오파리여. 모든 묽은 죽과 맑게 섞은 보릿가루는 모두가 만족하게 먹는 것이 아니니라."

23) 권타족식(勸他足食) 학처

인연이 이루어진 처소는 앞에서와 같다.

한때 어느 재가의 부인이 필추니의 처소에 가서 말하였다.

"성자여. 저는 출가하고자 합니다."

필추니가 이 여인을 데리고 친교사의 처소로 가니, 곧 출가를 허락하고 제자에게 말하였다.

"네가 마땅히 가르쳐 주어라."

이때 어느 장자가 세존과 스님들께 집으로 오시어 공양하기를 청하니 마음대로 먹고서 다시 남은 음식을 얻어서 그것을 가지고 연못가로 갔다. 스승이 나이 많은 제자에게 물었다.

"그대는 더 먹으려 하는가?"

대답하여 말하였다.

"저는 먹으려 합니다."

스승이 말하였다.

"그대는 물을 거르겠는가? 여식법을 하겠는가?"

나이 많은 제자가 말하였다.

"제가 여식법을 하겠으니 스승께서는 물을 가져오시면 좋겠습니다."

스승이 곧 물가로 갔고 제자는 곧 자기 음식에만 여식법을 짓고 스승의 물에는 여식법을 짓지 않았다. 스승은 물을 가져와서 곧 음식을 먹었다. 스승이 음식을 먹는 것을 마치니 나이 많은 제자가 말하였다.

"스승께서는 죄를 지으셨으니 마땅히 법에 맞게 참회하셔야 합니다."

스승이 말하였다.

"나는 죄를 범하지 않았다."

대답하여 말하였다.

"여식법을 짓지 않으셨습니다."

스승이 말하였다.

"나는 진실로 죄가 없다. 이 일에 의거하면 그대에게 마땅히 허물이 있다."

곧 이 인연으로 여러 필추니들에게 알리고, 필추니는 필추에게 알렸으며, 필추는 세존께 아뢰었다.

세존께서는 이 인연으로 앞에서와 같이 대중을 모으시고, 사실을 물으시

고는 꾸중하셨으며, [이하 자세한 내용은 생략한다.]

"그 일에 학처를 제정하나니, 마땅히 이와 같이 설하노라. 만약 다시 필추니가 다른 필추니가 만족하게 먹은 뒤에 여식법을 짓지 않은 것을 알고서도 그에게 다시 '구수여. 마땅히 이 음식을 드십시오.'라고 권유하여 이 인연으로 다른 필추니가 죄를 범하여 근심하고 고뇌하게 하면 바일저가 이니라."

'필추니'는 이 법 가운데의 필추니를 말한다.

'안다.'는 혹은 스스로 깨달아서 알았고, 혹은 다른 사람이 알려주어 아는 것을 말한다.

'만족하게 먹고 난 뒤에'는 배불리 먹는 것을 마쳤다는 말이다.

'여식법을 짓지 않았다.'는 다른 사람을 마주하지 않았고 음식을 취하지 않은 것을 말한다.

'권유하다.'는 다시 먹도록 하는 것을 말한다.

이 인연으로 다른 필추니가 범하는 것은 죄를 맺는 것과 뜻을 설명한 것은 모두 앞에서와 같다.

이 가운데에서 범한 모양은 만약 필추니가 다른 필추니가 만족하게 먹은 뒤에 여식법을 짓지 않은 것을 알고서도 그에게 먹도록 권유하여 먹고, 씹으면 모두가 타죄를 얻는다.

근본설일체유부필추니비나야 제14권

24) 별중식(別衆食) 학처

세존께서 왕사성에서 머무르셨다.

이때 제바달다(提婆達多)는 경계 안에서 5백 명의 필추와 더불어 승가의 대중들과는 별도로 음식을 먹었다. 욕심이 적은 필추들은 모두 싫어하고 부끄럽게 여겨서 이 인연을 갖추어 세존께 아뢰었다. 세존께서는 이부 승가를 모으시고 사실을 물으시고는 꾸중하며 말씀하셨다.

"내가 지금 모든 필추와 필추니에게 그 일에 학처를 제정하나니, 마땅히 이와 같이 설하노라. 만약 다시 필추니가 대중들과는 별도로 음식을 먹으면 바일저가이니라."

이와 같이 세존께서 학처를 제정하여 마치셨다.

어느 때 어떤 필추와 필추니들이 몸이 아프고 병을 얻자 세존께서 말씀하셨다.

"병을 얻었으면 제외하느니라."

혹은 길을 다니고, 혹은 일을 하느라 함께 음식을 먹지 못하자 세존께서 말씀하셨다.

"길을 가는 것과 일을 할 때는 제외하느니라."

혹은 배를 타고 가며 음식을 먹지 못하자 세존께서 말씀하셨다.

"배를 타고 갈 때는 제외하며, 나아가 크게 베푸는 모임이 있을 때도 제외하느니라."

이때 영승왕(影勝王)은 아직 견제(見諦)를 얻지 못하여 노형외도(露形外道)에게 죽림원(竹林園)을 베풀었으나, 마침내 견제를 얻고서 외도를 쫓아내자 세존과 승가를 받들어 보시하고 수용하게 하였다. 그때 영승왕의 장인은 외도의 무리에 출가해 있었으나 믿음과 공경심을 일으켜 공양을 청하고자 나아가 세존께 아뢰니 세존께서 말씀하셨다.

"사문이 음식을 베풀 때는 제외하느니라."

이때 세존께서는 욕심이 적은 필추와 계율을 존중하는 필추를 찬탄하시고 그들을 위하여 법을 설하시고는 모든 필추들에게 말씀하셨다.

"앞의 것은 처음으로 제정한 것이고 이번 것은 따라서 여는 것이다. 내가 지금 이부 제자를 위하여 그 일에 학처를 제정하나니, 마땅히 이와 같이 설하노라. 만약 다시 필추니가 대중들과는 별도로 음식을 먹으면 다른 때를 제외하고는 바일저가이니라. 다른 때란 병이 있고, 일을 하며, 길을 가고, 배를 탔으며, 크게 음식을 베푸는 모임이 있을 때와 사문이 음식을 베푸는 모임이 있을 때이니, 이것이 다른 때이니라."

나머지의 뜻은 앞에서와 같다.

'대중들과 별도로 음식을 먹는다.'는 따로따로 음식을 먹는 것을 말한다.

'다른 때를 제외한다.'는 별도의 때를 제외한다는 말이다.

'병이 있을 때'는 한 번 음식을 먹는 때에 편안히 앉아 있을 수 없는 것을 말한다.

'일을 할 때'는 혹은 솔도파(窣睹波)에 관한 것이고, 혹은 여러 가지의 일로서 작게는 땅을 쓰는 것이며, 크게는 자리가 있는 곳에 나아가는 것이고, 혹은 소가 누워 있는 곳에 가서 바르고 터는 것을 말한다.

'길을 갈 때'는 반역(半驛)의 거리를 오고 가며, 혹은 1역(一驛)의 거리를 가는 것을 말한다.

'배를 타고 갈 때'는 만약 다른 자의 배를 타고서 반역 또는 1역의 거리를 가는 것을 말한다.

'큰 모임'은 많은 숫자의 사람이 모이는 것을 말한다.

'사문'은 세존의 법 밖의 모든 외도의 무리들도 또한 사문이라고 이름하나니, 그들이 몸으로 노력하여 도(道)를 구하는 것을 말한다.

이것은 따라서 여는 것이고, 죄를 얻는 것은 앞에서와 같다.

이 가운데에서 죄를 범한 모양과 그 일은 무엇인가? 만약 필추니가 경계 안에서 같은 경계라고 생각하고 의심하면서 대중들과 별도로 음식을 먹으면 바일저가를 얻는다. 만약 경계 밖에 있으면서 경계 안이라는 생각을 하고 의심을 하면 악작죄를 얻는다. 만약 경계 밖에 있으면서 경계 밖이라고 생각하는 것과 경계 안에 있으면서 경계 밖이라고 생각하면 범하는 것은 없다.

　무릇 주처(住處)라고 말하는 것은 두 가지가 있으니 근본주처(根本住處)와 원외주처(院外住處)이다. 만약 근본주처의 필추니가 음식을 먹을 때는 마땅히 원외주처의 필추니가 와서 함께 먹을 것인가 아닌가를 물어야 한다. 만약 묻지 않고서 음식을 먹으면 악작죄를 얻는다. 만약 원외주처의 필추니가 음식을 먹을 때는 마땅히 근본주처의 필추니가 와서 함께 음식을 먹을 것인가 아닌가를 물어야 한다. 묻지 않고서 알고 있는 네 사람이 함께 음식을 먹으면 바일저가를 얻는다. 만약 세 사람은 먹고 한 사람은 먹지 않았으며, 세 사람은 구족계를 받은 사람이고 한 사람은 아직 구족계를 받지 못한 사람이 음식을 먹었으면 모두가 범하는 것이 없다.

　만약 음식을 그에게 보냈고, 소금 한 숟가락이나 또는 풀잎 한 주먹이라도 대중의 처소에 주었으면 모두가 범하는 것이 없다. 혹은 시주가 "들어오신다면 제가 모두 음식을 드리겠습니다."라고 말하거나, 혹은 시주가 별도로 방에서 보시하면서 "저의 방안에 머무르시는 분께는 제가 모두 음식을 드리겠습니다."라고 말할 때는 이것 또한 죄가 없다.

25) 비시식(非時食) 학처

　인연이 이루어진 처소는 앞에서와 같다.

　어느 때 대목련(大目連)은 열일곱 명의 대중에게 출가를 허락하였다. 그들이 아침 시간에 가사를 입고 발우를 가지고 성에 들어가 걸식하였으나, 바라문과 장자 등이 화를 내고 꾸중하여 음식을 얻지 못하고 빈 발우로 돌아왔다. 마침내 음식을 먹지 못하고 대중 앞에서 자신의 배를 어루만지며 게송으로 말하였다.

세존께서 말씀하신 가장 미묘한 말씀은
인천(人天)에 두루 가득 차 있으나
배고픔의 고통이 가장 심하다고 말하신
이 말씀이 가장 미묘하구나.

나아가 열일곱 명의 대중은 한 장자의 처소로 가서 때 아닌 때에 배부르게 음식을 먹었다. 세존께서는 여러 가지로 꾸중하시고 말씀하셨다.
"내가 지금 이부 제자를 위하여 학처를 제정하나니, 마땅히 이와 같이 설하노라. 만약 다시 필추니가 때 아닌 때에 음식을 먹으면 바일저가이니라."
나머지의 뜻은 앞에서와 같다.
'때 아닌 때'는 두 가지의 제한이 있으니, 첫째는 정오를 지난 것이고, 둘째는 아직 날이 밝지 않은 때를 말하며, 죄를 얻는 것은 앞에서와 같다.
이 가운데에서 죄를 범한 모양과 그 일은 무엇인가? 때 아닌 때에 때 아닌 때라고 생각하고 의심하면서 음식을 먹으면 바일저가이다. 만약 때 아닌 때에 맞는 때라고 생각하고 의심하면 악작죄를 얻는다. 만약 맞는 때에 맞는 때라는 생각을 하는 것과 때 아닌 때에 맞는 때라는 생각을 하는 것은 범하는 것이 없다.

26) 식증촉식(食曾觸食) 학처
인연이 이루어진 처소는 앞에서와 같다.
이때 가라(哥羅) 필추는 항상 다음과 같은 것을 법으로 삼았다. 매번 마을에 머무르면서 걸식하러 다닐 때 발우와 발우 주머니를 가지고 다니면서 만약 습기가 있는 음식을 얻으면 발우에 담고, 마른 음식을 얻으면 곧 발우 주머니에 담았다. 습기가 있는 음식은 그날에 모두 먹고, 마른 것은 말려서 그릇 안에 두었다가 바람이 불고 추우며 비가 오면 곧 그것을 따뜻한 물에 담가서 음식으로 충당을 하여 배불리 먹고 난 후에 곧 정려(靜

慮)·해탈(解脫)·등지(等持)·등지(等至)의 미묘한 즐거움을 누렸다. 나아가 세존께서는 여러 가지로 꾸중하시고 말씀하셨다.

"내가 지금 모든 이부 제자를 위하여 그 일에 학처를 제정하나니, 마땅히 이와 같이 설하노라. 만약 다시 필추니가 먼저 손으로 만진 음식을 먹으면 바일저가이니라."

나머지의 뜻은 앞에서와 같다.

'먼저 손으로 만진 음식'은 두 가지가 있으니, 첫째는 정오 이전에 음식을 받고 정오가 지나서 손으로 만지는 것이고, 둘째는 정오가 지나서 음식을 받고 얼마 후에 다시 손으로 만지는 것이다. 만약 필추니가 먼저 손으로 만진 음식인 것을 알고서 법을 짓지 않고 거듭하여 목구멍으로 삼키면 죄를 얻는 것은 앞에서와 같다.

이 가운데에서 범한 모양과 그 일은 무엇인가? 만약 필추니가 일찍이 손으로 만진 음식을 먼저 손으로 만졌다고 생각하고 의심하면서 음식을 먹으면 바일저가이다. 만약 먼저 손으로 만지지 않고서 이 손으로 만졌다고 생각하고 의심하면 악작죄를 얻는다. 만약 손으로 만지지 않고서 손으로 만지지 않았다는 생각을 하고, 혹은 손으로 만지고서 손으로 만지지 않았다고 생각하면 범하는 것이 없다.

만약 먼저 손으로 만진 발우를 잘 씻지 아니하였고, 작은 발우나 숟가락과 구리로 만든 잔(盞)이나 소금을 담는 그릇을 사용하여 음식을 먹으면 모두가 바일저가죄이다. 만약 손으로 발우 주머니와 닦는 수건과 석장(錫杖) 등과 방문의 자물쇠와 열쇠와 등을 만지고 손으로 잡으며, 깨끗하게 손을 씻지 아니하고 다른 음식을 손으로 만지고, 나아가 과일 등을 목구멍에 삼키면 모두가 바일저가를 얻는다. 만약 필추니가 물을 마시려고 할 때 입을 깨끗이 씻지 않고 삼키는 것은 악작죄를 얻는다. 만약 씻는 콩이나 흙 등으로 청정하게 세수하고 양치질하면 범하는 것이 없다.

27) 불수식(不受食) 학처

인연이 이루어진 처소는 앞에서와 같다.

이때 대가라(大哥羅) 필추는 항상 심마사나처(深摩舍那處)의 발우를 사용하였고, (심마사나는 죽은 시체를 버리는 곳을 말한다. 구역(舊譯)에서 시타(尸陀)라고 말한 것은 잘못이다.) 심마사나처의 옷과 음식과 와구를 수용(受用)하였다.

무엇이 시체를 버리는 곳의 발우인가? 만약 어떤 사람이 죽으면 사발과 제사 지내는 그릇을 가져다가 그것을 발우로 충당하는 것이다. 무엇이 죽은 사람의 옷인가? 죽은 사람에게 주었던 옷을 가져다가 그것을 빨고 물들이며 바느질하고 잘라서 옷 만드는 것이다. 무엇이 죽은 사람의 음식인가? 여러 친족들이 5단식(團食)을 가지고서 죽은 영혼에게 제사지낸 것을 가져다가 음식으로 충당하는 것이다. 무엇이 죽은 사람의 와구인가? 이 대가라 필추는 항상 시체를 버리는 곳에서 누워 잤다. 이것을 시림(屍林)의 발우와 옷과 음식과 와구라고 말한다.

만약 죽은 사람이 많으면 대가라의 몸도 살이 쪄서 성 안으로 자주 가서 걸식하지 않았으나, 만약 죽은 사람이 없으면 몸이 마르고 수척하여 자주 성 안으로 들어가서 집집마다 돌아다니며 걸식을 하였다. 이때 성문을 지키는 사람이 마음속으로 '대가라 필추가 죽은 사람의 살을 먹는 것인가?'라고 생각하였다. 이때 이 성 안의 어느 장자가 죽어 시체를 버리는 숲으로 보내졌다. 그의 아내와 딸이 한쪽에서 울고 있었는데 이때 대가라는 시체를 태우는 것을 보고 있었다. 이때 딸이 이것을 보고 어머니에게 말하였다.

"지금 이 성자는 마치 애꾸눈 새와 같이 죽은 시체를 지키면서 머무르고 있네요."

이때 어떤 사람이 듣고 와서 필추에게 알리고 필추는 세존께 아뢰었다. 세존께서 말씀하셨다.

"그 바라문의 딸은 스스로를 손해되게 하였구나. 나의 성문 제자는 그 덕이 미묘하고 높거늘 추악한 말로써 함께 업신여기고 헐뜯었으니,

이 악업(惡業)을 인연하여 500생(生) 동안 애꾸눈 새인 채로 살 것이다.”

이때 멀고 가까운 곳에 있는 사람들이 모두 세존께서 수기하신 일을 들었다. [이하 자세한 내용은 생략한다.] 야간(野干)¹⁾에게 그 제사 지낸 음식을 먹지 못하게 곧 급히 쫓아냈으며 그 야간을 내쫓은 뒤에 제사 지낸 음식을 가져갔다. 사람들이 대가라에게 “당신이 마음대로 먹는 것이 무슨 음식입니까? 또한 소문이 성안에 두루 들리기를 당신이 사람을 먹는다고 합니다.”라고 말하고 서로 떠나가서 여러 필추에게 알리고 필추는 세존께 아뢰었다. 세존께서는 이렇게 생각하셨다.

‘나의 성문 제자가 음식을 받지 않는 까닭에 이러한 허물이 생기는 것이다. 이와 같은 까닭으로 나는 지금부터 모든 제자에게 말하여 마땅히 음식을 받도록 할 것이니, 다른 사람들에게 알리고자 하는 까닭이다.’

세존께서 가르침을 받들어 받아서 먹었으나 제자들은 어떻게 받는가를 알지 못하였다. 세존께서 말씀하셨다.

“다섯 가지의 받는 것이 있으니, 첫째는 몸으로 주고 몸으로 받는 것이고, 둘째는 몸으로 주고 물건으로 받는 것이며, 셋째는 물건으로 주고 몸으로 받는 것이고, 넷째는 물건으로 주고 물건으로 받는 것이며, 다섯째는 땅에 놓아두고 받는 것이니라. 다섯 가지는 받는 것이 아니니, 무엇이 다섯 가지인가? 경계 밖에 있는 것을 말하고, 혹은 먼 곳이나 막혀 있는 곳에 있으며, 혹은 주변(傍邊)에 있고, 혹은 배후(背後)에 머무르며, 혹은 손을 합하고 있는 때이니, 이것을 음식을 받는 것이 성립되지 않는 다섯 가지라고 말하는 것이니라.”

[자세한 내용은 생략한다.] 나아가 과일을 얻으려 해도 받지 못하므로 세존께서 말씀하셨다.

“마땅히 받을 것이고, 마땅히 청정하게 할 것이니라.”

어떻게 청정하게 하는 것을 알지 못하여 세존께서 말씀하셨다.

“다섯 가지로 청정하게 지을 수 있느니라. 무엇이 다섯 가지인가? 불로써

---

1) 실가라(悉伽羅)라고 번역되며, 늑대·여우와 비슷하고, 색깔은 청황색이고 개와 비슷하고 떼를 지어 다니며 밤에 우는 소리가 늑대와 비슷하다.

청정하게 짓고, 칼로써 청정하게 지으며, 손톱으로 청정하게 짓고, 시들어서 청정하게 지으며, 새가 부리로 쪼아서 청정하게 짓는 것을 말한다. 다시 다섯 가지의 청정하게 짓는 것이 있으니, 뿌리가 뽑혀 청정하게 짓고, 손으로 꺾어서 청정하게 지으며, 잘리고 끊어져 청정하게 짓고, 쪼개지고 깨져서 청정하게 지으며, 씨앗이 없어져 청정하게 짓는 것이니라.”

　세존께서 말씀하신 것과 같이 받아서 마땅히 먹어도 되었으나, 열두 명의 필추니들은 받은 것과 받지 않은 것까지 스스로 가져다가 먹었다. 욕심이 적은 필추니들이 보고 싫어하고 부끄럽게 여겨서 이 인연으로 필추에게 알리고 필추는 세존께 아뢰었다. 세존께서는 이 인연으로 앞에서와 같이 필추니 대중을 모으시고 사실을 물으시고는 꾸중하셨으며, [이하 자세한 내용은 생략한다.]

　“그 일에 학처를 제정하나니, 마땅히 이와 같이 설하노라. 만약 다시 필추니가 음식을 받지 아니하고 집어서 입 안에 넣고서 목구멍으로 삼키면 바일저가이니라.”

　이와 같이 세존께서는 학처를 제정하여 마치셨다.

　어느 때 한 필추니가 물과 양치하는 나뭇가지를 누구도 주는 사람이 없어서 마을에 들어가 구하니, 세존께서 말씀하셨다.

　“물과 양치하는 나뭇가지는 제외하느니라.”

　다시 어떤 필추니가 세상을 유행하다가 험난한 길을 지나게 되어 음식을 주는 사람이 없었다. 원숭이와 곰이 그를 위하여 열매와 음식을 주었으나, 필추니가 기쁘게 받지 않고 되돌아와서 나아가 세존께 아뢰니, 세존께서 말씀하셨다.

　“만약 모든 유정들이 주었고, 아직 주지 않은 것을 안다면 모두 음식을 받으며 의심하지 말라. 앞의 것은 처음으로 제정한 것이고 이번 것은 따라서 여는 것이니, 마땅히 이와 같이 설하노라. 만약 다시 필추니가 남에게서 받지 않은 음식을 집어서 입에 넣고서 삼키면, 물과 양치하는 나뭇가지를 제외하고는 바일저가이니라.”

'필추니'는 이 법 가운데의 사람을 말한다.

'받지 않는다.'는 남에게서 얻지 않은 것을 말한다.

'음식'은 스물다섯 가지 등을 말한다.

'목구멍으로 삼킨다.'는 목구멍으로 넘기는 것을 말한다.

'물과 양치하는 나뭇가지를 제외한다.'는 이 물건을 제외하고 나머지는 모두 받을 수 있는 것을 말한다. 만약 살아서 습기가 있는 나뭇가지와 불로 청정하게 한 것은 마땅히 받을 것이며, 죄를 얻는 것은 앞에서와 같다.

이 가운데서 범한 모양은 받지 않은 음식을 받은 것이 아니라는 생각을 하고 의심하는 것 등이며 두 가지는 무겁고 두 가지는 가벼우니 뒤의 두 가지는 범하는 것이 없다. 자세한 것은 앞에서 설명한 것과 같다.

28) 음충수(飮蟲水) 학처

인연은 교섬비국(憍閃毘國)의 구사라원(瞿師羅園)에서 이루어졌다.

이때 천타(闡陀) 필추가 벌레가 있는 물을 사용하자 여러 필추들이 보고서 그에게 알려 말하였다.

"무슨 까닭으로 일부러 벌레가 있는 물을 사용합니까?"

대답하여 말하였다.

"이 물 안에 있는 벌레를 누가 나에게 가져다 맡긴 것입니까? 여러 다른 그릇과 강물과 연못과 사대해(四大海) 물에 어떻게 가지 않겠습니까? 스스로 태어나서 스스로 죽는 것이거늘 나에게 무슨 잘못이 있습니까?"

이 말을 듣고 모두가 싫어하고 부끄럽게 여겨서 이 인연으로 세존께 아뢰었다. 세존께서는 이 인연으로 이부대중을 모으시고 사실을 물으시고는 꾸중하셨으며, [이하 자세한 내용은 생략한다.]

"그 일에 학처를 제정하나니, 마땅히 이와 같이 설하노라. 만약 다시 필추니가 물에 벌레가 있는 것을 알고서도 수용(受用)하면 바일저가이니라."

‘필추니’는 이 법 가운데의 사람을 말한다.

‘안다.’는 혹은 스스로 알고, 혹은 다른 사람이 알려주어 아는 것을 말한다.

‘물에 벌레가 있다.’는 벌레에는 두 종류가 있으니, 첫째는 대충보면 곧 보이는 것이고, 둘째는 그물망으로 걸러야 보이는 것을 말한다.

‘물’은 모든 물을 말하며 사용하는 물에는 두 가지가 있다. 첫째는 안에서 받아서 사용하는 것이고, 둘째는 밖에서 받아서 사용하는 것이다. 무엇이 안에서 받아서 사용하는 것인가? 이는 몸 안에서 사용하는 것을 말한다. 밖에서 받아 사용하는 것은 몸 밖에서 사용하는 것으로 가사와 발우를 씻고 옷을 빨며 물들이고 땅에 뿌리며 쇠똥을 바르고 씻어내는 것에 사용하는 물을 말한다.

‘바일저가’의 뜻을 설명한 것은 앞에서와 같다.

이 가운데에서 범한 모양은 만약 필추니가 벌레가 있는 물을 사용하면서 벌레가 있는 물이라고 생각하고서 의심을 하는 것이니, 모두가 바일저가를 얻는다. 만약 물에 벌레가 없으나 벌레가 있다고 생각하고 의심하면 모두가 악작죄를 얻는다. 나머지의 두 가지는 범하는 것이 없다.

만약 필추니가 보릿가루·밀·사탕·기름·식초(醋)·간장(水漿)과 초유(醋乳)·낙(酪)·과일 등에 벌레가 있는 것을 알고서도 수용하면 모두 타죄를 얻는다.

29) 여무의외도남녀식(與無衣外道男女食) 학처

인연은 왕사성에서 이루어졌다.

어느 때 이 성 안에는 여러 상인들이 있었는데 세존께서 처소로 오자 두 발에 예배를 드리고 한쪽에 앉았다. 이때 세존께서는 여러 상인들을 위하여 미묘한 법을 설하시어 그 이익과 기쁨을 보이시고 가르치시고는 조용히 머물러 계셨다. 상인들은 법을 듣고 마음 깊이 기뻐하며 세존께 예배드리고 다시 아난다의 처소로 가서 예배를 드리고 앉았다. 존자가 그들을 위하여 법요를 설하니, 상인들이 존자에게 말하였다.

"대덕이시여. 세존께서는 처소를 나와 세상을 유행하시고자 하십니까?"

아난다가 말하였다.

"당신들이 직접 가서 세존께 여쭈어 보십시오."

대답하여 말하였다.

"세존(世尊)과 같은 큰 스승께서는 위덕이 엄중(嚴重)하신데 저희들이 어찌 감히 마음대로 여쭐 수 있겠습니까?"

아난다가 말하였다.

"내가 세존의 모습을 보니 세존께서는 오래지 않아 실라벌성으로 향하실 것 같습니다."

하안거를 마치고 세존께서는 여러 대중들과 길을 따라 유행하셨다. 이때 상인의 무리에는 노형외도가 있었으며 또한 함께 길을 따랐으나 음식을 얻지 못하여 굶주린 모습이 나타났다. 여러 필추니들이 발우에 음식을 남겨서 각자 주어 떡과 과일 등이 그의 그릇에 가득 찼다. [이하 자세한 내용은 생략한다.] 길의 중간에서 어느 노형외도를 만났고 그가 물었다.

"당신들의 길의 양식을 누가 제공합니까?"

대답하여 말하였다.

"여러 대머리 석녀(釋女)입니다."

이때 노형외도는 이 말을 듣고 참지 못하고 여러 외도들에게 게송으로 말하였다.

어떻게 당신의 몸이 지옥에 떨어지지 않을 것이고
어떻게 혀가 백 갈래로 찢어지지 않을 것이며
어떻게 여러 신(神)들이 이 일을 보고서
벼락을 내려서 당신들의 몸을 부수지 않겠는가?

야간(野干)은 매번 사자가 남긴 것을 먹으면서도
항상 사자를 해치려는 마음을 품고 있거늘
10력(力)의 성중(聖衆)들이 음식으로 구제하였으니
당신들은 지금 욕을 먹으면서도 은혜를 알지 못하는구나.

저들은 결정코 모든 지혜를 증득하였으니
벗이나 벗이 아닐지라도 마음이 평등하여서
당신들의 외도들이 악한 사람일지라도
오히려 또한 서로 의지하며 구제하는 은혜를 베풀었구나.

만약 사람이 은혜와 의리를 알지 못하면
마땅히 사람들은 개만도 못한 것을 알아야 할 것이며
개는 사람의 처소에서 베풀어 주는 은혜를 알지라도
당신들은 사악한 뱀과 같아 항상 독을 토하고 있도다.

이 연기로써 아직은 계율을 제정하지 않으셨다.

이때 세존께서는 세상을 유행하시다가 실라벌성에 이르셨다. 이때 마을 사람들 가운데 5백 명이 세존과 스님들을 청하여 [이하 자세한 내용은 생략한다.] 설법을 듣고 견제를 얻었다. 이때 노형외도 두 여인이 있었는데, 한 사람은 늙었고 한 사람은 젊었다. 그들이 와서 걸식을 하였으나, 아난다는 떡이 달라붙어 있는 것을 잘 살피지 못하고 나이 많은 외도에게는 하나를 주었고 젊은 외도는 두 개를 주게 되었다. 나이 많은 외도가 말하였다.

"왕자였던 필추가 나에게는 떡을 하나를 주고 곧 너에게는 두 개를 주었으니 이것은 분명히 너를 사랑하는 마음을 품고서 스스로를 꾸미고 있는 것을 알겠다."

나이 어린 외도가 말하였다.

"그런 말씀을 하지 마십시오. 지금 왕자였던 이 필추는 좋은 궁궐을 버리고 출가하여 세상을 싫어하고, 세상의 욕락을 벗어나는 것을 눈물과 침을 버리듯이 하였습니다."

이때 여러 필추들이 이 인연을 세존께 아뢰니 세존께서는 모든 필추들에게 말씀하셨다.

"내가 열 가지의 이익을 관(觀)하여 이부 제자를 위하여 그 일에 학처를 제정하나니, 마땅히 이와 같이 설하노라. 만약 다시 필추니가 스스로의 손으로 노형외도와 다른 외도인 남녀에게 음식을 주면 바일저가이니라."

'필추니'는 이 법 가운데의 사람을 말한다.

'스스로의 손으로'는 손으로 음식을 준다는 말이며, 음식의 뜻은 앞에서와 같다.

'옷이 없다'는 몸을 드러낸 무리와 다른 여러 외도의 무리를 말한다.

'바일저가를 얻는다.'의 다른 뜻은 앞에서와 같다.

이 가운데에서 범한 모양은 만약 필추니가 스스로의 손으로 음식을 주면 모두가 타죄를 얻는다. 친족이나 병이 있는 사람에게 주는 것은 범하는 것이 없다. 혹은 음식의 인연으로 그의 악견(惡見)을 없애주려고 주는 것은 또한 범하는 것이 없다.

30) 관군(觀軍) 학처

인연은 실라벌성에서 이루어졌다.

어느 때 승광대왕은 한 대장(大將)에게 군대를 거느리고 정벌하도록 명령하였다. 이때 육중필추는 군대가 떠난다는 소식을 듣고 서로 말하였다.

"우리들이 마땅히 살펴보도록 하자."

곧 길이 있는 곳으로 가서 코끼리부대가 오는 것을 보고 물었다.

"어디로 갑니까?"

"성자여. 지금 변방에는 신하로서 복종하지 않는 자가 있습니다. 왕께서 우리에게 정벌하라고 명령하셨습니다."

육중필추가 대답하여 말하였다.

"당신들의 형세를 보아하니 가면 돌아오지 못하겠구려. 당신들은 잠시 되돌아가서 종친들에게 작별을 하고 거승수(莒勝水)[2]를 가지고 함께 제사 지내고 비로소 군대를 따르는 것이 좋겠소."

[이하 자세한 내용은 생략한다.] 나아가 세존께서는 사실을 물으시고는 꾸중하셨으며 여러 필추들에게 말씀하셨다.

"내가 이부 제자를 위하여 그 일에 학처를 제정하나니, 마땅히 이와 같이 설하노라. 만약 필추니가 무장한 군대를 구경하면 바일저가이니라."

'필추니'는 이 법 가운데의 사람을 말한다.

'무장을 갖춘 군대'는 장차 싸우려고 갑옷과 투구를 갖추고 군대의 위의를 갖춘 것을 말한다. 일류군(一類軍)은 오직 코끼리부대로만 이루어진 군대를 말하고, 이류군(二類軍)은 코끼리부대와 기마부대가 있는 것을 말하며, 삼류군(三類軍)은 이류군에 또한 전차(轉車)부대가 있는 것을 말하고, 사류군(四類軍)은 삼류군에 또한 보병부대가 있는 것을 말한다.

'가서 보다.'는 그 장소로 가는 것을 말하며, 죄를 얻는 것은 앞에서와 같다.

이 가운데에서 범한 모양은 만약 필추니가 무장을 갖춘 군대를 보는 것이니 바일저가를 얻는다. 만약 필추니가 걸식하러 갔다가 길에서 군대가 오는 것을 보았고, 혹은 때에 절과 가까운 큰 길에 군대가 지나갔으며, 혹은 군대가 절로 들어오고, 혹은 필추니가 왕의 부름을 받았으며, 혹은 부인·태자·대신 및 여러 사람들에게 청을 받으면 설령 군대를 보아도 모두가 범하는 것이 없다. 만약 군대를 보았을 때는 좋고 나쁜 것을 마땅히 말하지 않고, 또한 여덟 가지의 어려운 인연 가운데 한 가지라도 만나면 보아도 또한 범하는 것이 없다.

네 번째의 계송으로 거두어 말한다.

---

2) 횃불 모양의 그릇에 물을 담은 것을 가리킨다.

군대를 보는 것과 두 가지 때리는 시늉하는 것과
죄를 덮어주는 것과 재가에 가는 것과
불을 쬐는 것과 여욕(與欲)의 허물과
욕심이 장애가 되지 않는다는 것이 있다.

31) 군중과이야숙(軍中過二夜宿) 학처

인연이 이루어진 처소는 앞에서와 같다.

어느 때 승광왕은 친히 군대를 거느리고 변방의 성에 이르러 포위하였으
나 여전히 항복을 받지 못했다. 대신이 왕에게 말하였다.

"급고독장자는 큰 복력(福力)이 있으니, 그가 만약 이곳에 온다면 혹시
항복을 받을 수도 있을 것입니다. 칙서를 보내어 이곳으로 오도록 하고
비록 군대의 병영 안에 있을지라도 오로지 성중(聖衆)만을 생각하게 하십
시오."

이때 승광왕은 곧 서신을 쓰고 여러 승가 대중에게 알렸다. 육중필추는
이 소식을 듣고 왕의 군대가 있는 곳으로 갔다. 그들은 곧 코끼리의
어금니를 잡아 땅에다 문지르고, 기마부대가 오는 것을 보고 말의 꼬리를
잡고서 한쪽에 내던졌다. 전차부대가 오는 것을 보고 이것은 부서진
수레라고 말하고, 수레의 굴대를 잡고 길 왼쪽으로 끌어냈으며, 보병부대
가 오는 것을 보고 풀로 만든 허수아비 같다고 말하고 그들의 목을 누르며
군대 밖으로 밀어냈다. 이때 네 종류의 병사들은 그들에게 능욕을 당하였으
나 어떻게 할 수가 없었다. 나아가 세존께서는 이 인연으로 필추 대중을
모으시고 앞에서와 같이 묻고 대답을 들으신 것은 앞에서와 같으며,
알려 말씀하셨다.

"내가 열 가지의 이익을 관(觀)하여 이부 대중을 위하여 그 일에 학처를
제정하나니, 마땅히 이와 같이 설하노라. 만약 다시 필추니가 인연이
있어 군대의 병영 안으로 가면 마땅히 이틀 밤을 한계로 할 것이고,
그 이상을 머무르면 바일저가이니라."

'필추니'는 이 법 가운데의 사람을 말한다.

'인연이 있다.'는 것은 왕 등과 나아가 국민 대중들이 오라고 부탁하는 것을 말한다.

'군대의 병영'은 군대가 전쟁을 하는 곳을 말한다.

'네 종류의 병사'는 앞에서와 같다.

'이틀 밤을 한계로 한다.'는 이틀 밤은 마땅히 머무를 수 있으나 그 이상은 머무를 수 없다는 것이며, 만약 그 이상을 머무르면 바일저가이다.

이 가운데에서 범한 모양은 만약 군대의 병영 안에 이르러 이틀 밤 이상을 머무르면 모두 타죄를 얻는다. 만약 왕 등의 부탁으로 머무르는 것과 여덟 가지의 어려운 일이 있는 것은 이틀 이상을 머물러도 범하는 것이 없다.

32) 요란군병(擾亂軍兵) 학처

인연이 이루어진 처소는 앞에서와 같고, 나머지는 앞에서 설한 것과 같다.

나아가 함께 가서 병사들이 용감하기도 하고 겁이 있는 것을 보고는 미리 엎드려 숨어 있다가 군사들을 놀라게 하고 함께 소란을 떨었다. [이하 자세한 내용은 생략한다.] 나아가 세존께서는 꾸중하시고 앞에서와 같이 대중을 모아 모든 필추에게 말씀하셨다.

"내가 지금 이부 제자를 위하여 그 일에 학처를 제정하나니, 마땅히 이와 같이 설하노라. 만약 다시 필추니가 군대의 병영 안에서 이틀 밤 이상을 머무르면서 무장한 군대를 살펴보고, 앞에 있는 기병을 보며, 진(陣)을 치는 것을 보고, 군사들이 흩어지는 것을 보면 바일저가이니라."

'필추니'는 이 법 가운데의 사람을 말하고, 나머지의 뜻은 앞에서와 같다.

'깃발(旗)'은 네 가지가 있으니 첫째는 사자의 깃발(獅子旗)이고, 둘째는 큰 소의 깃발(太牛旗)이며, 셋째는 고래의 깃발(鯨魚旗)이고, 넷째는 금시조의 깃발(金翅鳥旗)이다.

'병사(兵)'는 네 가지가 있으니, 코끼리부대·기마부대·전차부대·보병부대를 말한다.

'진(陣)'은 네 가지가 있으니, 첫째는 창날의 모양(樂刀勢)이고, 둘째는 수레 축의 모양(車輾勢)이며, 셋째는 반달의 모양(半月勢)이고, 넷째는 붕새 날개의 모양(鵬翼勢)이다. 만약 이러한 군대의 진을 보면 곧 타죄를 얻는다.

이 가운데에서 범한 모양은 만약 이틀 밤을 군대의 병영에 머무르면서 만약 네 종류의 병사들이 아직 갑옷을 입고 투구를 쓰지 않았으며, 아직 창의 자루를 잡지 않은 것을 보는 것이니, 악작죄를 얻는다. 무장을 갖춘 것을 보면 바일저가이다. 만약 왕 등의 부탁으로 머무르고, 여덟 가지의 어려운 일이 있어서 머무르면 보아도 또한 범하는 것은 없다

33) 타필추니(打苾芻尼) 학처

인연이 이루어진 처소는 앞에서와 같다.

어느 때 대목련은 열일곱 명의 무리에게 출가를 허락하고 자신이 유행을 떠날 때를 대비해 그들에게 말하였다.

"만약 그대들은 내가 없으면 좋은 스님에게 의지하여 머물러라."

그들은 곧 오타이에게 의지하였으므로 오타이가 그들에게 말하였다.

"그대들은 와서 이러저러한 일을 하라."

대답하여 말하였다.

"분부하신 일을 저희들은 할 수가 없습니다."

그러자 오타이는 그 중의 한 사람을 때렸다. 이때 열일곱 명의 대중이 큰 소리로 울었다. [이하 자세한 내용은 생략한다.] 또한 세존께서 꾸중하셨다.

"어떻게 필추가 화내는 마음으로 다른 필추를 때리는가?"

필추 대중을 모으시고 말씀하셨다.

"내가 열 가지의 이익을 관(觀)하여 이부 제자를 위하여 그 일에 학처를 제정하나니, 마땅히 이와 같이 설하노라. 만약 다시 필추니가 화가 난

까닭으로 기뻐하지 아니하며 다른 필추니를 때리면 바일저가이니라.”
　‘필추니’는 이 법 가운데의 사람을 말한다.
　‘화를 낸다.’는 성내는 마음에 얽매어 분노하고 괴로워하는 마음을
일으키는 것을 말한다.
　‘때린다.’는 치고 때리는 것을 말한다.
　‘필추니’는 이 법 가운데의 사람으로서 이미 구족계를 받은 사람을
말하며, 죄를 풀이한 것은 앞에서와 같다.
　이 가운데에서 범한 모양은 만약 몸 안에 있는 신체의 일부분이고,
혹은 신체 외의 물건을 가지며, 혹은 두 가지를 합하여 때리는 것이다.
몸안의 것은 만약 한 손가락으로 때리는 것은 하나의 타죄를 얻는다.
만약 두 개의 손가락으로 때렸다면 둘의 타죄를 얻는다. 나아가 다섯
개의 손가락으로 때리면 다섯의 타죄를 얻는다. 만약 주먹·팔꿈치·머리·
어깨·사타구니·무릎 등과 더 나아가 발가락으로 때리는 것에 이르기까지
모두가 타죄를 얻는다.
　신체 외의 물건으로는 가느다란 풀줄기, 혹은 화살대 및 다른 기구
등이며, 나아가 대추씨와 혹은 겨자씨를 가지고 멀리서 남을 때리는
것에 이르기까지 한 대를 때릴 때마다 모두 타죄를 얻는다. 이것을 신체
외의 물건이라고 이름한다.
　두 가지를 합한다는 것은 손에 칼이나 막대기를 잡고서 상대방을 때리는
것과 다른 여러 가지와 빗자루나 풀줄기나 나뭇잎으로 때리는 것이니,
때리는 것마다 모두 타죄를 얻는다. 이것을 두 가지를 합하여 때리는
것이라고 이름한다. 만약 그 사람을 겁먹게 하기 위한 것이고, 혹은 주술을
성취하기 위하여 상대방을 때리는 것은 모두가 범하는 것이 없다.

34) 의수향필추니(擬手向苾芻尼) 학처
　인연이 이루어진 처소는 앞에서와 같고, 나머지도 앞에서 설명한 것과
같다.

그때 오타이는 곧 성을 내어 손을 들어서 한쪽을 향하였다. 그 열일곱 명의 사람들은 한꺼번에 모두 쓰러져 큰소리로 울었다. 필추들이 싫어하고 천박하게 여겨서 이 일로서 세존께 아뢰었다. 세존께서는 곧 꾸중하시고, 나아가 알려 말씀하셨다.

"내가 열 가지의 이익을 관(觀)하여 이부 제자를 위하여 그 일에 학처를 제정하나니, 마땅히 이와 같이 설하노라. 만약 다시 필추니가 화가 난 까닭으로 기뻐하지 아니하고 손을 들어서 다른 필추니에게 향하면 바일저가이니라."

나머지의 뜻은 위에서와 같다.

'손을 들어서'는 손을 들어서 때리는 시늉을 한다는 것을 말하고, 죄를 설명한 것은 앞에서와 같다.

35) 부장타죄(覆藏他罪) 학처

인연이 이루어진 처소는 앞에서와 같다.

이때 난타(難陀) 필추에게는 친히 가르치는 제자가 있었으니, 이름이 달마(達摩)였다. 깊이 참괴(慚愧)하는 마음을 품고 즐거이 계행(戒行)을 지켰으며 항상 스스로 참회하는 까닭으로 스승에게 말하였다.

"저는 지금 한정(閑靜)한 곳으로 가서 정(情)에 따라 업을 짓고자 합니다."

난타가 대답하여 말하였다.

"너는 마땅히 삼가해야 할 것이다."

오바난타는 이 말을 듣고 달마에게 알려 말하였다.

"너는 내 좌복을 가지고 가거라. 나도 너와 함께 행을 닦겠다."

달마가 말하였다.

"어떻게 조용한 숲으로 가서 고요함(靜)을 따를 수 있겠습니까?"

오바난타가 말하였다.

"어리석은 사람아. 그대가 내 마음이 산란하고 밝게 아는 것이 없다고 말하는 것인가?"

달마는 곧 그의 좌복을 가지고 한낮에 유처(遊處)로 갔고, [이하 자세한 내용은 생략한다.] 이때 어떤 여인이 왔고 오바난타는 청정하지 않은 마음을 일으켜 곧 팔을 잡고 여인의 몸을 끌어안으며 소리내어 입을 맞추고는 버려두고 갔다. 오바난타는 달마에게 말하였다.

"구수여. 비록 그대가 이것을 알지라도 다른 사람에게는 말하지 말라."

달마가 대답하여 말하였다.

"대사(大師)이시여. 만일 아직 보지 못한 일이라면 착한 필추가 와도 저는 끝내 말하지 않겠습니다."

오바난타가 말하였다.

"너의 친교사에게도 비루(鄙陋)하고 나쁜 일이 있으나 내가 항상 덮어주거늘 그대가 나의 허물을 본 것을 어떻게 덮지 않겠는가?"

달마가 말하였다.

"대사께서는 다른 사람에게 추죄(麤罪)가 있는 것을 알고서도 서로가 함께 덮어주시니 이러한 일을 제가 마땅히 먼저 말을 하겠습니다."

달마가 곧 가서 여러 필추들에게 알리고 필추는 세존께 아뢰었다. 세존께서는 필추를 모으시고 말씀하셨다.

"내가 이부 제자를 위하여 그 일에 학처를 제정하나니, 마땅히 이와 같이 설하노라. 만약 다시 필추니가 다른 필추니에게 추악죄(麤惡罪)가 있는 것을 알고서도 덮어서 감추어주면 바일저가이니라."

'필추니'는 이 법 가운데의 사람을 말하고, 나머지의 뜻은 앞에서와 같다.

'추악죄'는 두 가지가 있으니, 타승죄(他勝罪)와 중교죄(衆敎罪)를 말한다.

'덮어서 감추어준다.'는 덮어서 숨겨준다는 말이며, 죄를 설명한 것은 앞에서와 같다.

이 가운데에서 범한 모양은 마음으로 짓고 추죄를 감추어주는 것이니, 모두 타죄를 얻는다. 타죄는 아직 새벽이 되기 전에는 악작죄를 얻고, 새벽이 지나면 또한 악작죄를 얻는다. 만약 다른 사람이 범행(梵行) 등의 어려움을 겪을 것을 걱정하여 덮어주는 것은 모두가 범하는 것이 없다.

36) 공지속가불여식(共至俗家不與食) 학처

인연이 이루어진 처소는 앞에서와 같다.

오바난타는 난타 필추에게 말하였다.

"대덕께서는 마땅히 아십시오. 당신의 제자인 달마가 나에게 원한이 있어 나의 나쁜 소문을 드러내어 학처가 제정되게 하였으니, 나는 그에게 이익이 되지 않는 일을 하고, 혹은 하루 동안 어느 음식도 먹지 못하도록 하겠습니다." [이하 자세한 내용은 생략한다.]

육중필추는 달마를 데리고 한 재가에 가서 자기들은 음식을 먹고 달마에게는 먹지 못하게 하였다. 세존께서는 꾸중하시고 말씀하셨다.

"이러한 일이 생긴 까닭으로 내가 열 가지의 이익을 관(觀)하여 이부제자를 위하여 그 일에 학처를 제정하나니, 마땅히 이와 같이 설하노라. 만약 다시 필추니가 다른 필추니에게 '구수여. 함께 재가에 가시면 마땅히 당신에게 맛있는 음식을 드리고 배부르게 드시도록 하겠습니다.'라고 말해놓고서 그 필추니가 같이 재가에 갔으나 결국 그에게 음식을 주지 않고서 '구수여. 당신은 가십시오. 나는 당신과 함께 같은 자리에 앉고 함께 말하는 것이 즐겁지 않습니다. 나는 혼자 앉아서 혼자서 말하는 것이 즐겁습니다.'라고 말하여 번뇌를 일으키게 하였으면 바일저가이니라."

'필추니'는 이 법 가운데의 사람을 말하고, 나머지의 뜻은 앞에서와 같다.

'함께 재가에 간다.'는 네 가지 종족[四姓]을 말한다.

'맛있는 음식'은 다섯 가지의 씹는 음식과 다섯 가지의 삼키는 음식을 말한다.

'배부르게 먹게 한다.'는 마음대로 먹는 것을 말한다.

'당신은 가십시오.'는 말로써 내쫓는 것을 말한다.

'말한다.'는 독송을 말한다.

'앉는다.'는 선(禪)을 생각하는 것을 말한다.

'혼자 앉는 것 등을 즐거워한다.'는 분명히 번뇌의 마음을 지어서 남이 음식을 먹지 못하게 하는 것이니, 이것으로 인연이 되어 다른 일을 하지 못하는 것이며, 죄를 설명한 것은 앞에서와 같다.

이 가운데에서 범한 모양은 만약 필추니가 고의로 다른 필추니가 음식을 먹지 못하게 하는 것으로 바일저가를 얻는다. 만약 병을 인연하여 의사가 음식을 먹지 못하게 하여 주지 않으면 범하는 것이 없다.

37) 촉화(觸火) 학처

인연은 왕사성에서 이루어졌다.

어느 때 이 성 안에 있는 장자와 바라문은 이렇게 생각하였다.

'세존께서는 여름 안거를 마치시고 어느 처소로 유행을 하시려는 것일까? 많은 재화를 가지고서 세존을 따라가면 많은 복과 이익을 얻을 것이거늘, [이하 자세한 내용은 생략한다.] 나아가 아난다에게 물었으며 문답(問答)은 앞에서와 같다. 아난다가 말하였다.

"이전의 경우를 살펴보면 왕사성으로 가실 것입니다."

상주(商主)는 길을 가는 기간이 며칠인가를 물었고 곧 모두 공양에 필요한 것들을 미리 노력하여 준비하였다. 이때 아난다는 매일같이 상주보다 앞서 길을 갔는데 마침내 갈라지는 길을 만났다. 하나는 곧은 길이었으나 사자·호랑이·표범이 많이 지나는 길이라 어려움이 두려웠고, 다른 길은 구불구불하였으나 안은(安隱)하여 장애가 없었다. 상인은 두 무리로 나누어졌고, [이하 자세한 내용은 생략한다.] 아난다가 말하였다.

"여래이신 대사께서는 이미 오래전에 두려움을 벗어나신 분이십니다. 사자·호랑이·표범이 어떻게 할 수 있겠습니까? 세존을 따라가면 두려움을 만나는 일은 없을 것입니다."

세존께서는 점차로 유행하시어 한 마을에 이르셨다. 이때 두 명의 동자가 마을의 입구에서 놀고 있었는데 한 아이는 북을 가지고 있었고 한 아이는 활을 잡고 있었다. 이때 두 동자는 세존 앞으로 와서 북을 울리고 활을 당겨 소리를 내었다. 이때 세존께서는 곧 미소를 지으시면서 입으로 갖가지 빛을 나타내시니, 이른바 청(靑)·황(黃)·적(赤)·백(白)·홍(紅)·파지(頗胝)의 색깔이었다. 이 광명(光明)은 아래로 가라앉기도 하고 혹은 위로 솟아오기도 하였다. 이 광명은 아래로는 속활(速活)지옥·흑승(黑繩)지옥·중합(衆合)지옥·소규(小叫)지옥·대규(大叫)지옥·소열(小熱)지옥·대열(大熱)지옥·아비(阿毘)지옥과 팔한(八寒)지옥까지 내려가 이르렀으니, 광명이 그곳에 닿은 순간 뜨거운 고통을 받고 있던 모든 유정(有情)들은 모두 시원함을 얻었으며, 춥고 얼음에 있던 유정들은 곧 따뜻함을 얻었다. 저 모든 유정들이 괴로움을 벗어나 안락하여 모두 이렇게 말하였다.

"내가 그대들과 함께 지옥에서 죽고 다른 곳에 태어났는가?"

이때 세존께서는 저 모든 유정들에게 믿음과 기쁨을 일으키시려고 곧 화신(化身)을 지옥 안으로 보내셨다. 유정들은 화신을 보고 모두 이렇게 말하였다.

"우리들이 이곳에서 죽어서 다른 곳에 태어난 것이 아니다. 희유하고 기이한 대인(大人)의 성취력(成就力) 때문에 우리의 몸과 마음의 고통이 소멸되고 즐거움을 받게 된 것이다."

이미 믿는 마음이 생겨나자 곧 지옥의 모든 고통을 능히 소멸시킬 수가 있었고, 인간과 천상에서 뛰어나고 묘한 몸을 받아 항상 법기(法器)가 되어 능히 견제(見諦)의 이치를 볼 수 있었다.

위로 솟은 빛은 사천왕중천(四天王衆天)·삼십삼천(三十三天)·야마천(夜摩天)·도사다천(覩史多天)·화락천(化樂天)·타화자재천(他化自在天)과 나아가 색구경천(色究竟天)에까지 이르렀다. 빛이 닿은 곳은 광명(光明) 가운데에서 고(苦)·공(空)·무상(無常)·무아(無我) 등의 법이 자세히 설해졌으며, 아울러 다시 이 두 게송이 설해졌다.

그대들은 마땅히 벗어나기를 구하여

세존의 가르침에서 부지런히 닦을지니
생사(生死)의 군대를 항복시키기를
마치 코끼리가 초가집을 무너뜨리듯이 할 것이니라.

이 법의 가운데에서
항상 방일(放逸)하지 아니 한다면
능히 번뇌의 바다를 마르게 하고
마땅히 괴로움의 끝이 없어지리라.

　이때 그 광명이 삼천대천세계를 두루 비추고 세존께서 계신 곳으로 되돌아왔다. 세존께서 과거의 일을 설하실 때는 광명은 등으로 들어가고, 미래의 일을 설하실 때는 광명은 가슴으로 들어가며, 지옥의 일을 설하실 때는 광명은 발 아래로 들어가고, 축생의 일을 설하실 때는 광명은 발뒤꿈치로 들어가며, 아귀의 일을 설하실 때는 광명은 발가락으로 들어가고, 인간의 일을 설하실 때는 광명은 무릎으로 들어가며, 역륜왕(力輪王)의 일을 설하실 때는 광명은 왼쪽 손바닥으로 들어가고, 전륜왕(轉輪王)의 일을 설하실 때는 광명은 오른쪽 손바닥으로 들어가며, 하늘의 일을 설하실 때는 광명은 배꼽으로 들어가고, 성문의 일을 설하실 때는 광명은 입으로 들어가며, 독각의 일을 설하실 때는 광명은 미간으로 들어가며, 아뇩다라샴막삼보리를 설하실 때는 광명은 정수리로 들어간다. 이때 광명은 세존의 주위를 오른쪽으로 세 번 돌고 정수리로 들어갔다. 이때 구수 아난다가 합장을 하고 공경스럽게 세존께 아뢰었다.
　"세존이시여. 여래·응·정등각께서는 까닭이 없이 기쁜 미소를 짓지 않으십니다."
　그리고는 곧 게송으로 말씀드렸다.

　세존께서는 들뜸과 교만함을 멀리 떠나시어
　유정 가운데에서 가장 존귀하시니

　　번뇌와 모든 악을 항복받으시어
　　인연이 없으면 미소를 짓지 않는다네.

　　여래께서는 스스로 진실하고 묘한 깨달음을 증득하셨으니
　　들을 수 있는 모든 자들이 모두 즐겨 듣나니
　　모니(牟尼)께서는 가장 뛰어나시고 널리 드날리시어
　　대중들의 의심을 열고서 결정하여 주시옵소서.

　세존께서 아난다에게 말씀하셨다.
　"옳고 옳도다. 여래·응·정등각은 까닭 없이 미소를 나타내지 않느니라. 그대는 두 명의 동자가 나를 인도하는 것을 보았는가?"
　세존께 아뢰었다.
　"보았습니다."
　세존께서 아난에게 말씀하셨다.
　"이 선근으로 당래(當來)의 13겁 안에는 마땅히 악취에 떨어지지 않으며, 사람과 천상 가운데에 태어날 것이고, 최후의 몸을 받아서는 무상정등보리(無上正等菩提)를 성취할 것이다. 한 동자는 법고음(法鼓音) 여래라고 이름하고, 다른 동자는 시무외(施無畏) 여래라고 이름할 것이니라."
　이때 세존께서는 이렇게 수기(授記)하시고 길을 따라 가서 어느 마을의 끝자락에 이르러 숲속에서 머무르셨다. 세존 말씀에 따라 필추가 머무는 곳은 나무 아래에 이르기까지 마땅히 차례를 따라 함께 자리를 나누었다. 이때 육중필추는 한 그루의 마른 나무를 얻었는데 밤이 되어 추워져서 나무에 불을 지펴 태웠다. 이 나무 속에는 독사가 살고 있었는데 뱀은 연기에 쫓겨 나뭇가지 위로 올라가 몸을 늘어뜨리고 떨어지려고 하였다. 육중필추는 뱀을 보고 큰소리로 떠들었다.
　"떨어지려고 한다. 떨어지려고 한다!"
　이때 여러 상인들은 이 소리를 듣고 모두가 '사자 한 마리가 숙영지에 들어와 높이 뛰어올랐다가 떨어지는가 보구나.'라고 생각하고는 곧 크게 놀라 두려워하며 사방으로 달아났다. 이때 세존께서 아난다에게 말씀하셨다.

"무슨 까닭으로 상인들이 사방(四方)으로 달아나는가?"

아난다가 세존께 아뢰었다.

"대덕이시여. 세존께서 말씀하신 것과 같이 모든 필추들이 있는 곳을 승랍의 많고 적음을 따라 머무는 곳을 함께 나누었습니다. 육중필추는 지금 머무는 곳으로 마른 나무를 얻었다가 추워서 나무에 불을 지펴 태웠습니다. 그 나무에는 독사가 한 마리 살고 있었는데 뱀이 연기에 쫓겨 나뭇가지 위로 올라갔다가 떨어지려는 것을 보고 육중필추가 큰 소리로 '떨어지려고 한다. 떨어지려고 한다.'라고 소리쳤습니다. 이때 여러 상인들이 이 소리를 듣고서 모두가 '사자가 숙영지에 들어와서 높이 뛰어올랐다가 떨어지는가 보구나.'라고 생각하고는 곧 크게 놀라 두려워하며 사방으로 달아나게 되었습니다."

세존께서 알려 말씀하셨다.

"그대는 빨리 가서 여러 상인들에게 '여래가 계신 곳에는 사자의 두려움이 없습니다.'라고 알려서 상인들이 다시 놀라고 두려워하지 않게 하라."

이때 아난다는 세존의 가르침을 받들어 알리니 여러 사람들은 모두가 머물러 있게 되었다. 이때 여러 필추들은 이 일을 보고 모두가 의심이 있어서 함께 와서 세존께 아뢰었다.

"대덕이시여. 육중필추가 떨어진다는 소리를 질러 여러 상인들을 놀라게 하였는데, 세존께서는 어떤 이유로 거듭하여 안심시키시고 근심과 두려움을 떠나게 하셨습니까?"

세존께서는 아난다에게 말씀하셨다.

"지금 상인들을 놀라게 한 것은 오늘만이 아니니라. 지나간 옛날에도 일찍이 다른 사람을 두렵게 하여 그들이 사방으로 달아나게 하였으나, 또한 내가 안심을 시키고 근심과 고뇌를 떠나게 하였느니라. 그대들은 마땅히 들어라. 지나간 과거의 세상에 한 물가에 빈연과(頻蠡果)와 숲이 있었다. 이 숲 속에는 여섯 마리의 토끼가 함께 친구 사이로 의지하며 살고 있었다. 어느 때 빈연과가 익어 물 위로 떨어지면서 소리가 났다. 이때 여섯 마리의 토끼가 열매가 떨어지는 소리를 듣고 몸이 오그라들고 마음에 겁이 들어 곧 크게 놀라고 두려워서 사방으로 달아났다. 이때 야간(野干)이 토끼가 달아나는 것을 보고 와서 그 까닭을 물으니 토끼가 말하였다.

"나는 물속에서 특이한 소리를 들었다. 장차 사나운 짐승이 와서 우리를 해치려는 것이 아니겠는가? 이 일을 인연으로 우리들이 도망가는 것이다."

야간도 또한 도망갔고, 이와 같이 멧돼지(猪)·사슴·소·코끼리·승냥이(豺)·늑대(狼)·호랑이·표범(豹)과 작은 사자까지 서로에게 물어보고서 이러한 말을 듣고 모두가 도망가서 숨었다. 멀지 않은 곳에 산이 하나 있었고, 그 산의 계곡에는 용맹스러운 사자왕이 한 마리 살고 있었다. 이때 사자는 여러 짐승들이 두려워 도망가는 것을 보고 물었다.

"그대들은 무엇이 두려운가?"

모두가 그 일을 말하니 사자가 대답하여 말하였다.

"어느 곳에서 나쁜 소리가 있었는가?"

여러 짐승들이 대답하였다.

"우리들도 또한 모릅니다."

"만약 아직 자세하지 않으면 먼저 달아나지 말라. 내가 자세히 살펴 관찰하겠다."

곧 차례로 물어 보니 토끼가 말하였다.

"이 무서운 소리는 제가 직접 들은 것이고 남에게 전해들은 것이 아닙니다. 함께 소리가 있는 곳을 관찰해 봅시다."

이때 여러 짐승들이 모두 그곳에 이르러 잠시 머물렀는데 다시 과일이 물위에 떨어져 소리가 나는 것을 듣고서 대답하여 말하였다.

"이것은 먹는 과일이며, 무서운 것과는 관련이 없다."

이때 허공(空中)에서 천인(天)이 그것을 보고 게송으로 설하였다.

　마땅히 다른 사람의 말을 듣고 곧 믿으면 아니 되고

모름지기 스스로 마땅히 살피고 관찰하라.
나무 열매가 연못 가운데 떨어지는 소리에
숲속의 짐승들이 모두 놀라 도망가지 않을지니라.

"그대들 필추들이여. 이상하게 생각을 하지 말라. 그때의 사자는 바로 나이고, 그때의 여섯 마리 토끼는 곧 육중필추이니라."

이때 세존께서는 점차 유행을 하시어 왕사성에 도착하셨다. 이때 육중필추는 불을 피우는 곳에서 각자가 불씨를 가지고 혹은 해나 달의 모양을 지으며 함께 장난을 쳤다. 외도들이 보고 각자가 업신여기고 천박하게 생각하여 이렇게 말하였다.

"당신들은 아는가? 사문 석자(釋子)가 불씨를 가지고 장난을 치니 어린아이들과 무엇이 다른가? 사람들이 어떻게 자기 아내와 자식의 몫을 나누어 이 대머리들에게 제공하여 그 발우에 음식을 채우겠는가?"

이때 여러 필추들이 이 말을 듣고 갖추어 세존께 아뢰었다. 세존께서는 이 인연으로 모든 필추들을 모으시고 사실을 물으시고는 꾸중하셨으며, 알려 말씀하셨다.

"내가 이부 제자를 위하여 그 일에 학처를 제정하나니, 마땅히 이와 같이 설하노라. 만약 다시 필추니가 스스로 불을 피우고, 남을 시켜 불을 피우면 바일저가이니라."

이때 세존께서 모든 필추니 대중을 위하여 학처를 제정하였다.

이 때문에 여러 필추니들은 여래의 솔도파에서 향을 사루고 등불을 켜서 공양하지도 못하였고, 또한 친교사와 궤범사에게 물을 따뜻하게 드리지도 못하였다. 세존께서는 아시면서도 일부러 물으시고는 나아가 말씀하셨다.

"만약 불을 접촉하여도 때에 맞게 수지(守持)하고 지으면 비록 접촉하여도 범하는 것이 없느니라."

어떻게 수지하는가를 알지 못하였으므로 세존께서 말씀하셨다.

"무릇 불을 접촉할 때는 '나는 세존께 공양을 올리기 위하여 지금

불을 접촉한다.'라고 생각하고, 혹은 '법을 위하고 승가를 위하며, 오바타
야와 아차리야를 위하고, 또한 스스로가 수용하고 아울러 같은 범행자와
무엇의 일을 위하여 지금 불에 접촉한다.'라고 말하며, 나아가 '병(病)을
인연하여 접촉한다.'라고 말하는 것이다.”

세존께서 말씀하셨다.

“앞의 것은 처음으로 제정한 것이고, 지금의 것은 따라서 여는 것이니,
마땅히 이와 같이 설하노라. 만약 다시 필추니가 몸에 병이 없으나 몸을
위하여 스스로 불을 피우고, 다른 사람을 시켜서 불을 피우면 바일저가이니
라.”

'필추니'는 이 법 가운데의 사람을 말하고, 나머지의 뜻은 앞에서와
같다.

이 가운데에서 범한 모양은 만약 필추니가 불씨를 가지고 서로 장난을
하고, 혹은 해나 달의 둥그런 모양을 만드는 것이니, 모두가 타죄를 얻는다.
무릇 불을 피울 때에는 마땅히 그 일을 관하여 수지하는 것을 지을 것이니,
만약 수지하지 않고서 문득 불을 접촉하면 바일저가를 얻는다. 만약
불을 끄면 또한 타죄를 얻는다. 또한 마땅히 일에 의거하여 마음을 가지고
서 '나는 불을 끈다.'라고 말하라. 만약 불 앞에서 불씨를 손에 잡고
불을 앞으로 내밀고, 혹은 불씨를 당기며, 혹은 불에 탄 재를 뒤집고,
혹은 쌀겨나 보릿겨를 태운 불을 뒤집으면서 불을 따라 어떤 일을 짓는
것이 일로써 이를테면, 음식을 하고 물을 끓이며 등불을 켜고 향을 사루는
등을 지어도 불을 접촉하면 모두 악작죄를 얻는다. 만약 머리카락과
손톱과 침 등을 불 속에 버리면 또한 악작죄를 얻는다. 만약 이러한
일 등을 하면 때에 의거하여 관찰하고 수지한다면 범하는 것이 없다.

근본설일체유부필추니비나야 제15권

38) 여욕이갱차(與欲已更遮) 학처

인연이 이루어진 처소는 앞에서와 같다.

이때 육중필추 가운데 아설가(阿說迦)와 보나벌소(補捺伐素) 등 두 사람은 목숨이 다하였고, 난타와 오바난타 등 두 사람은 모두 늙고 쇠약해졌다. 저 열일곱 명의 필추 대중들은 점차 장성하여 용감하고 건장해져 힘이 있어 곧 서로 상의하였다.

"우리들은 항상 저 육중필추들에게 업신여김을 당하였다. 그중에서도 오바난타가 더욱 우리를 고통스럽게 하였으니, 우리들이 마땅히 그에게 사치갈마(捨置羯磨)를 하고, [이하 자세한 내용은 생략한다.]

난타필추를 대중의 상좌로 삼아 임시로 거짓으로 속여서 오바난타가 대중 속에 들어오지 못하도록 하고 곧 건치를 울려 사치갈마를 하였다. 오바난타가 난타의 처소로 가서 울면서 머무르자 난타가 대답하여 말하였다.

"욕(欲)을 지니는 것은 성립되지 않았으며, 이것은 잘못된 여욕(與欲)입니다. 나에게 욕을 되돌려 주시오."

이 인연으로써 세존께서는 꾸중하셨으며, [이하 자세한 내용은 생략한다.]

"이부 제자를 위하여 그 일에 학처를 제정하나니, 마땅히 이와 같이 설하노라. 만약 다시 필추니가 다른 사람에게 욕을 주고서 뒤에 곧 후회하여 '나에게 욕을 되돌려 주시오. 나는 당신에게 주지 않겠습니다.'라고 말하면 바일저가이니라."

'필추니'는 이 법 가운데의 사람을 말한다.

'욕을 주고서'는 먼저 주겠다고 이미 말한 것이고, '뒤에 다시' 등은 욕을 찾으려고 하는 말이며, 죄를 설명한 것은 앞에서와 같다.

이 가운데에서 범한 모양과 그 일은 무엇인가? 만약 먼저 여욕(與欲)을 하고서 뒤에 곧 후회하는 생각을 일으켜 곧 대중에게 알리기를 "나에게 욕을 돌려주시오. 나는 당신에게 주고 싶지 않습니다."라고 말하면 타죄를 얻는다.

39) 여미근원인동실숙과이야(與未近圓人同室宿過二夜) 학처

인연이 이루어진 처소는 앞에서와 같다.

이때 세존께서는 대중들에게 둘러싸이어 법을 설하셨으며, 말씀이 미묘하여 대중들이 즐겁게 듣도록 하시어 법을 듣는 사람이 피로를 잊은 것이 벌이 꿀을 먹는 것과 같았다. 이때 가난한 소작인이 세존의 법을 듣고 나서 이와 같이 말하였다.

"세존께서 세상에 오신 것은 모두 부자들을 위한 것이다. 만약 불세존께서 밤에 법을 설하신다면 우리도 들을 수 있을 것이다."

세존께서 말씀하셨다.

"마땅히 밤에는 경을 외우도록 하라. 혹은 법을 설한다면 등불이나 촛불을 켜서 어둡지 않도록 하라."

어느 때 한 늙은 필추가 마음을 올바르게 사용하지 않고 졸다가 마침내 헛소리를 하며 법에 맞지 않는 일을 말하였다. 재가인이 이 말을 듣고서 곧 비난하고 싫어하여 법을 듣지 아니하였다. 이 일을 세존께 아뢰니 세존께서 말씀하셨다.

"아직 구족계를 받지 않은 사람과 함께 같은 방에서 잠을 자고 등불과 촛불을 밝힌 까닭에 이러한 허물이 있게 된 것이니라. 이러한 까닭으로 나는 이제 필추나 필추니가 아직 구족계를 받지 않은 사람과 함께 같은 방에서 잠을 자고 등불과 촛불을 밝히는 것을 허락하지 않노라."

이 연기로써 아직은 계율을 제정하지 않으셨다.

이때 존자 사리자에게는 구적(求寂)이 두 사람 있었으니, 한 사람은 준타(准陀)이고, 다른 사람은 라호라(羅怙羅)이었다. 하안거를 하려고 대중들이 모여서 함께 방사(房舍)를 나누었는데, 이 두 구적은 방을 배정받지 못하여서 근심을 품고 고뇌하였다. 나아가 준타가 라호라에게 물었다.

"무슨 까닭으로 근심하여 머무르고 있습니까?"

대답하여 말하였다.

"그대는 복덕을 갖추고 큰 위신력이 있어 초가집을 변화시켜 잠을 잘 수가 있으나, 나는 큰 위신력이 없으니 어떻게 해야 하는가?"

준타가 말하였다.

"때 아닌 때에 세존을 뵙고 여쭈는 것은 옳은 일이 아닙니다. 어떤 청정한 시주(施主)가 묘한 향내가 있는 진흙으로 화장실을 칠하였으니 그곳에서 하룻밤을 지내는 것이 좋겠습니다."

마침내 화장실 안으로 들어가서 임시로 누웠으나 곧 밤에 큰 비가 내렸다. 그곳에서 멀지 않은 곳에 있는 땅속 구멍에는 큰 독사가 살고 있었는데 물이 구멍 안에 가득 차오르자 독사는 곧 화장실 안으로 갔다. 여래 큰 스승께서는 무망심(無忘心)을 얻으셨으므로 이와 같이 생각하였다.

'만약 저 독사가 라호라를 깨물면 반드시 죽게 되어 그 이름만이 남게 될 것이고, 또한 석가 종족들은 스스로를 믿으며 교만하여져 믿는 마음이 없이 "만약 라호라가 출가하지 않았으면 전륜왕의 자리를 얻었을 것이나 출가하여 의지할 곳이 없어 화장실에 누웠다가 뱀에게 물려 고통 속에서 죽었구나."라고 말할 것이다.'

이렇게 생각하시고 곧 오른손을 코끼리왕의 코와 같이 펼치시어 라호라의 몸을 높이 들어 세존의 평상 위에 올려놓으셨다. 세존께서는 밤부터 새벽까지 앉아계셨는데 여러 필추들이 세존의 처소로 가서 예경(禮敬)을 드리고자 하였다. 세존의 상법(常法)에는 만약 여러 성문 제자를 위하여 학처를 제정하고자 하면, 아직 도착하지 않은 사람은 모이는 것을 기다리고 도착한 사람들은 떠나지 못하도록 하였다. 이때 구적인 라호라는 잠에서 깨어 자신이 세존의 평상 위에 있는 것을 알았다. 곧 놀라 황망하게 일어나 두려워하며 서 있었다. 이때 세존께서는 여러 필추들에게 말씀하셨다.

"모든 구적과 구적녀는 부모도 없이 오직 그대들만이 있을 뿐이니 범행인(梵行人)으로서 서로가 자애롭게 생각하라. 이들을 불쌍히 여기고 보호하지 않으면 누가 마땅히 걱정하겠는가? 이러한 까닭으로 내가 지금 허락하나니, 모든 필추와 필추니가 아직 구족계를 받지 못한 사람과 함께 이틀 밤까지 같이 잠을 자도 범하는 것이 없느니라."

이때 육중필추는 이틀 밤이 넘게 같이 머물렀다. 욕심이 적은 필추들은 이 소식을 듣고 곧 싫어하고 천박하게 생각하며 말하였다.

"어떻게 필추가 세존의 가르침을 받들지 않는가?"

이 인연으로 세존께 아뢰니 세존께서는 묻고 나서 꾸중하시며 이렇게 말씀하셨다.

"내가 열 가지의 이익을 관(觀)하여 이부 제자를 위하여 그 일에 학처를 제정하나니, 마땅히 이와 같이 설하노라. 만약 다시 필추니가 아직 구족계를 받지 않은 자와 함께 이틀 밤 이상을 머무르면 바일저가이니라."

'필추니'는 이 법 가운데의 사람을 말한다.

'구족계를 갖춘 두 종류의 사람'은 필추와 필추니를 말한다.

'구족계를 갖추지 않은 사람'은 구적녀 등을 말한다.

'방'은 네 종류가 있다. 첫째는 모두가 덮여지고 가려진 것이니, 여러 방사(房舍)와 누각 등으로 천정이 모두 덮이고 사방의 벽이 모두 막힌 것이다. 둘째는 모두가 덮여지고 많이 막힌 것이니, 그 사방의 벽에 창문 같은 것이 조금 있는 것이다. 셋째는 많이 덮여지고 모두가 막힌 것이니, 곧 사면(四面)의 집으로 네 벽이 둘러있고 중간에 기둥이 세워져서 사면의 처마가 안으로 들어가 있고, 혹은 끝부분이 평평한 것이다. 넷째는 많이 덮여 있고 많이 막혀 있는 것이니, 삼면(三面)의 집으로 사면의 집에서 그 한쪽이 없는 것이다.

만약 반(半)이 막히고 반(半)이 덮였고, 혹은 많이 막히고 조금 덮였으며,

혹은 처마 끝이 일정한 것은 모두가 범하는 것이 없다. 만약 병으로 인하여 같이 머무르며 이틀 밤을 넘기는 것 또한 범하는 것이 없다.

40) 불사악견위간(不捨惡見違諫) 학처

인연이 이루어진 처소는 앞에서와 같다.

어느 때 무상(無相) 필추는 스스로 그릇된 견해를 일으켜 이와 같이 말하였다.

"세존께서 장애가 되는 법은 마땅히 익혀서 행하지 말라고 말씀하셨으나, 내가 이 법을 알고 익혀서 행하는 것은 장애가 되지 않는다."

이 인연으로 세존께 아뢰니, 세존께서 이렇게 말씀하셨다.

"대중들은 마땅히 그와 함께 별도로 충고하는 일을 지어라. 만약 다시 이러한 무리의 필추와 필추니가 있으면 마땅히 이와 같이 하라. 그의 처소로 가서 그에게 알리기를 '그대는 이러한 말을 하지 마십시오. 세존께서 장애가 되는 법은 익혀서 행하지 말라고 설하셨으니, '내가 이 법을 알고 익혀서 행하는 것은 장애가 되지 않는다.'라고 말하지 마십시오. 그대는 세존을 비방하지 마십시오. 세존을 비방하는 것은 옳지 못한 것입니다. 세존께서는 장애하는 법을 장애하는 법이 아니라고 말씀하시지 않으셨으며 여러 가지 방편으로 이 장애하는 법을 설하셨습니다. 만약 익혀서 행하는 것은 결국 이것이 장애가 되는 것입니다. 당신은 지금 마땅히 이러한 잘못된 견해를 버려야 합니다.'라고 말하여라."

이렇게 마땅히 가르침을 받들어 충고하였으나 잘못된 견해를 고집하고 버리지 아니하여 세존께서 말씀하셨다.

"마땅히 백사갈마를 지어 충고할 것이니, 그 일은 대승률(大僧律)에서와 같다."

나아가 사치갈마를 지었으나 뒤에도 잘못된 견해에 집착하여 버리지 않았다. 이 인연으로 세존께 아뢰니, 세존께서는 대중을 모으시고 물으시고는 여러 가지로 꾸중하셨으며 말씀하셨다.

"내가 열 가지의 이익을 관(觀)하여 이부 제자를 위하여 그 일에 학처를 제정하나니, 마땅히 이와 같이 설하노라. 만약 다시 필추니가 '내가 세존께서 설법하신 '욕심은 장애가 되는 것이다.'라는 것을 알고 익혀서 행하는 것은 장애가 되지 않는다.'라고 말하면, 모든 필추니들은 마땅히 그에게 '당신은 내가 세존께서 설하신 욕심은 장애가 되는 것이라는 것을 알고 익혀서 행하는 것은 장애가 되지 않는다.'라고 말하지 마십시오. 당신은 세존을 비방하지 마십시오. 세존을 비방하는 것은 옳지 못한 것입니다. 세존께서는 이렇게 말씀하시지 않았습니다. '세존께서는 무량문(無量門)으로써 모든 욕법(欲法)이 장애가 된다.'고 설하셨습니다. 당신은 이러한 잘못된 견해를 버리십시오.'라고 말하라. 여러 필추니가 이렇게 충고할 때 잘못된 견해를 버리면 좋으나, 버리지 않으면 나아가 두 번 세 번을 바르고 마땅하게 충고하라. 바르고 마땅한 충고를 따라서 이 일을 버리도록 하여 버리면 좋으나 버리지 않으면 바일저가이니라."

나머지의 뜻은 앞에서와 같다.

'이렇게 말한다.'는 그 일을 설명하는 것을 말한다.

'내가 세존께서 설하신 법을 알고'는 여래·응·정등각을 말한다.

'법'은 세존이 설하셨거나 혹은 성문의 설하신 것을 말한다.

'설(說)'은 뜻을 드러내어 보여주는 것을 말한다.

'장애'는 4타승(他勝)과 중교(衆敎)와 33사타(捨墮)와 180타(墮)와 나아가 7멸쟁법(滅諍法)을 말한다.

'익혀서 행하는 것은 장애가 되지 않는다.'는 사문의 성스러운 과(果)를 능히 장애할 수 없다는 말이다.

'비방한다.'는 이치가 아닌 말을 입 밖으로 내는 것을 말한다.

'옳지 못하다.'는 악한 과보를 초래한다는 말이다.

여러 필추니들이 이렇게 말하는 것을 보았을 때에는 마땅히 별도로 충고할 것이며, 만약 이때에도 버리지 않으면 갈마를 하여 충고를 하고, 나아가 끝을 맺는다. 자세히 설명한 것은 앞에서와 같다.

이 가운데에서 범한 모양은 만약 나는 세존께서 설하신 [이하 자세한 내용은 생략한다.] 등이라고 말하여 충고하였을 때 버리면 좋으나, 버리지 않으면 악작죄를 얻는다. 갈마하여 충고를 할 때에서 만약 아뢰는 때와 처음 두 번의 갈마에서 버리지 않으면 모두가 악작죄를 얻는다. 만약 세 번의 갈마를 마친 경우에는 곧 타죄를 얻는다. 만약 법에 맞지 않은 등의 갈마를 그에게 하였다면 범하는 것이 없다.

다섯 번째 게송으로 거두어 말한다.

잘못된 견해를 가진 자와 함께 잠자는 것과
구적과 괴색(壞色)의 옷과
보물을 잡는 것과 목욕과 방생(傍生)과
괴롭히고 손가락과 물과 같이 잠자는 것이 있다.

41) 수사치인(隨捨置人) 학처

인연이 이루어진 처소는 앞에서와 같다.

이때 무상(無相) 필추는 이미 갈마를 얻고서 뺨을 괴고 근심하고 머물렀다. 육중필추가 보고 물었다.

"어째서 근심을 품고 있는가?"

대답하여 말하였다.

"여러 흑발(黑鉢)들이 나에게 사치갈마를 짓고 장차 나를 전다라(旃荼羅) 같이 여겨 상대를 하지 않습니다."

육중필추가 그에게 말하였다.

"설령 성읍(城邑)의 마을과 삼계(三界)의 유정들에게 사치갈마를 지었을 지라도 어떻게 성읍 등이 없겠소? 근심하지 마시오."

곧 함께 이야기를 하고 옷과 음식을 수용(受用)하며 같은 방에 누웠다. 이때 욕심이 적은 필추들은 모두 싫어하고 천박하게 생각하여 이 인연으로 세존께 아뢰니, [이하 자세한 내용은 생략한다.] 나아가 세존께서 말씀하셨다.

"내가 열 가지의 이익을 관(觀)하여 이부 제자를 위하여 그 일에 학처를 제정하나니, 마땅히 이와 같이 설하노라. 만약 다시 필추니가 이렇게 말을 하는 사람이 아직 법을 수순하지 않고 잘못된 견해를 버리지 않은 것을 알고 함께 이야기하며, 함께 머무르고 수용(受用)하고, 같은 방에서 잠을 자면 바일저가이니라.”

나머지의 뜻은 위에서와 같다.

‘아직 법에 수순하지 않고’는 수순하며 참회하는 작법을 짓지 아니하고 잘못된 견해를 버리지 않은 것을 말한다.

‘함께 이야기하는 것 등’은 가르쳐 주고 의지하는 등의 일을 말하고, 네 종류의 방 안에서 새벽까지 함께 잠을 자는 것과 죄를 맺는 일은 모두 앞에서와 같다.

이 가운데에서 죄를 범한 모양과 그 일은 무엇인가? 만약 필추니가 이러한 말을 하는 사람이 법에 수순하지 않게 짓는 것을 알고서 함께 말하여 의논하고 같은 방에서 잠을 자는 등의 일을 하면 타죄를 얻는다. 만약 그가 몸에 병을 간호하며 모시면 범하는 것이 없다. 혹은 함께 살면서 잘못된 견해를 버리게 하면 이것도 또한 범하는 것이 없다.

42) 섭수악견불사구적녀(攝受惡見不捨求寂女) 학처

인연이 이루어진 처소는 앞에서와 같다.

이때 육중필추에게는 두 명의 구적이 있었으니, 한 사람은 이자(利刺)이고, 다른 사람은 장대(長大)였다. 이때 어떤 걸식하는 필추가 이 두 사미와 함께 머무르면서 희롱하는 말을 하여 마음을 들뜨게 하였다. 뒤에 뉘우치는 마음이 생겨나 곧 스스로 지극히 책망하고 용맹심을 일으켜 모든 번뇌를 끊고 아라한과를 증득하였다. 그는 큰 신통을 얻어 허공으로 올라 두 구적의 처소로 가서 신통과 과(果)를 얻은 것까지 자세히 설하였다.

사미는 이 말을 듣고 이렇게 생각하였다.

‘예전에는 우리들과 함께 이러이러한 법에 맞지 않는 일을 하였는데 어떻게 지금은 증상과(增上果)를 얻었단 말인가? 이 인연에 의거하면 세존

께서 "여러 욕심을 익히는 것은 장애가 된다."라고 설하셨으나 내가 알고
보니 그것은 장애가 되지 않는구나.'라고 하였다

이 일로써 세존께 아뢰니 세존께서 말씀하셨다.

"이 두 구적이 말한 것은 이치에 맞지 않느니라. 마땅히 별도로 충고하여
깨우쳐 주도록 하고 만약 다시 이와 같은 일이 있으면 또한 이렇게 충고하
라."

"그대들 누구도 이러한 말을 짓지 마시오. '내가 알고 보니 세존께서
욕심이 장애된다고 설하신 것은 장애가 되지 않는구나.' 이렇게 말하여
세존을 비방하지 마시오. 세존을 비방하는 것은 옳지 못합니다. 세존께서
는 이렇게 말씀하시지 않았습니다. 세존께서는 여러 가지 방편으로 '여러
욕심을 행하면 이것은 장애가 되는 법이다.'라고 설하셨습니다. 그대들
두 사람은 지금 마땅히 잘못된 견해를 버리십시오."

세존의 가르침을 받들어 그들에게 가서 말을 하였으나 두 구적은 견해를
고집하고 버리지 않았다. 이 인연으로 세존께 아뢰니 세존께서 말씀하셨
다.

"마땅히 백사갈마를 하라. [자세한 것은 위에서 설명한 것과 같다.]
그 필추니는 또한 마땅히 이와 같이 하라. 대덕 필추니 승가는 들으십시오.
어떤 구적녀는 스스로 이와 같은 잘못된 견해를 일으켜 이렇게 말했습니다.
'세존께서 욕심이 장애된다고 설하신 것을 내가 알고 보니 장애가 되지
않는구나.' 여러 필추니들이 그에게 별도로 충고를 하였으나 그들은 오히
려 잘못된 견해를 고집하여 버리지 않고 '이것이 진실된 것이고 다른
것은 모두 허망한 것이다.'라고 말하였습니다. '필추니 승가시여. 만약
때에 이르렀음을 승인하시면 승가는 허락하십시오. 승가는 지금 그에게
백사갈마를 하여 그 일을 깨우쳐 주고자 합니다. [자세한 내용은 생략한다.]
나아가 말하기를 대중 승가는 그대에게 알리는 작법을 마쳤으니, 그대는
지금 마땅히 잘못된 견해를 버려야 한다.'라고 말하여 만약 버리면 좋으나,
버리지 않으면 다시 갈마를 하며, 나아가 처음의 갈마처럼 앞에서와
같이 묻도록 하고, 두 번째와 세 번째의 갈마가 끝나면 또한 앞에서와

같이 물을지니라.”

세존의 가르침을 받들어 갈마를 지었으나 그는 오히려 잘못된 견해를 고집하여 버리지 않았다. 이 인연으로 세존께 아뢰니 세존께서 말씀하셨다.

“그대들은 마땅히 그 구적녀에게 잘못된 견해를 버리지 않는 것에 대한 견빈갈마(見擯羯磨)를 줄 것이며 마땅히 이와 같이 지어라. 건치를 울려 대중을 모으고 한 필추니가 백(白)갈마를 지어라.

‘대덕 승가는 들으십시오. 어느 구적녀는 스스로 잘못된 견해를 일으켜서, [자세한 설명은 앞에서와 같다.] 승가는 그에게 별도로 충고하고 또한 백사갈마로 그를 깨우치려고 하였으나 이때 잘못된 견해를 고집하여 버리지 않고, ‘이 일이 진실된 것이고 나머지는 모두 허망한 것이다.’라고 말하였습니다. 승가시여. 만약 때에 이르렀음을 승인하시면 승가는 허락하십시오. 승가는 지금 그에게 잘못된 견해를 버리지 않는 것에 대한 구빈갈마를 마칩니다.’라고 말하여라.

마땅히 알리기를 ‘그대 등은 지금부터 다시는 ‘여래·응·정등각께서는 나의 큰 스승이시다.’라고 말해서는 아니 된다. 또한 다시 필추니의 뒤를 따라서 같은 길을 가서도 아니 되고, 다른 구적녀처럼 대필추니와 함께 이틀 밤을 같은 방에서 머물러서도 아니 되며, 그대에게는 지금 이러한 일이 없으니, 그대들 어리석은 사람이여. 이제 떠나가라.’라고 말하라.

이와 같이 아뢰고 앞에서와 같이 알리고 물어라. 만약 버리지 않는다면 다음 갈마를 하고 백(白)에 의거하여 마땅하게 한 번을 지어 마치고 다시 필추니에게 그에게 다시 ‘대중이 이미 당신에게 첫 번째 갈마를 지어 마쳤으니, 마땅히 잘못된 견해를 버리도록 하시오.’라고 말하여라. [자세한 설명은 앞에서와 같다.] 나아가 세 번째의 갈마를 마치고 맺는 문장(結文)에 의거하여 지어라.”

세존의 가르침을 받들어 구빈갈마를 하였으나 잘못된 견해를 버리지 않았으며, 오바난타 필추는 그에게 공양을 공급하고 함께 이야기하며 함께 잠을 잤다. 이 인연으로 필추에게 알리고 필추는 세존께 아뢰었다.

세존께서는 사실을 물으시고 꾸중하시고 나서 알리고 말씀하셨다.

"내가 열 가지의 이익을 관(觀)하여 이부 제자를 위하여 그 일에 학처를 제정하나니, 마땅히 이와 같이 설하노라. 만약 다시 필추니가 어느 구적녀가 '세존께서 '욕심은 장애가 된다.'라고 설하신 것을 알고 보니, 익혀 행할 때에도 이것은 장애가 되지 않는다.'라고 말하는 것을 보면, 여러 필추니들은 마땅히 그 구적녀에게 '그대는 '세존께서 욕심은 장애가 된다.'라고 설하신 것을 알고 보니 '이것은 익혀서 행할 때에도 장애가 되지 않는다.'라는 말을 하지 마십시오. 그대는 세존을 비방하지 마십시오. 세존을 비방하는 것은 옳지 않은 것입니다. 세존께서는 이러한 말씀을 하지 않으셨습니다. 세존께서는 한량없는 방편문으로 여러 욕심에 대하여 장애가 된다고 말씀하셨습니다. 그대는 이러한 잘못된 견해를 버리도록 하십시오.'라고 말하여라.

여러 필추니들이 그 구적녀에게 말을 할 때에 이 일을 버리면 좋으나 만약 버리지 않으면 나아가 두 번 세 번까지 바르고 마땅한 가르침을 따라서 마땅하게 충고하여 이 일을 버리게 하라. 만약 버리면 좋으나 버리지 않으면 여러 필추니들은 그 구적녀에게 '그대는 지금부터는 마땅히 '여래·응·정등각께서는 나의 큰 스승이시다.'라고 말해서는 아니 되고, 어느 존숙(尊宿)과 같은 범행자들을 따라다녀도 아니 되며, 다른 구적녀와 같이 필추니와 함께 이틀 밤을 같이 머물러서는 아니 되고, 그대에게는 이제 이러한 일이 없느니라. 그대 어리석은 사람이여. 빨리 떠나라.'고 말하여라. 만약 필추니가 쫓겨난 구적녀인 것을 알고서도 그를 받아들이고 이익이 되게 하며 같은 방에서 잠을 자면 바일저가이니라."

나머지의 뜻은 위에서와 같다.

'부처님'은 여래·응·정등각을 말한다.

'말한다.'는 뜻을 열어 이끄는 것이다.

'법'은 세존께서 설하신 것과 성문이 설한 것을 말한다.

'욕심은 장애하는 것이다.'는 5욕(欲)을 말한다.

'익혀서 행한다.'는 그 일을 짓는다는 말이다.

‘장애가 되지 않는다.’는 사문의 성스러운 과(果)는 장애하지 못한다는 말이다.

‘필추니’는 이 법 가운데의 사람을 말한다.

‘구적녀 등에게 말한다.’는 그에게 잘못된 견해를 설명해주고 별도로 충고하는 것과 대중과 함께 충고하는 것을 말한다.

‘만약 버리지 않으면’은 마땅히 구빈갈마를 하여 “그대는 지금 [자세한 내용은 생략한다.] 이것은 마땅히 함께 길을 가고 잠을 자서는 아니된다. 그대 어리석은 사람이여. 빨리 떠나거라.”라고 하는 것을 말한다.

‘안다.’는 혹은 스스로 알거나, 혹은 남에게 들어서 아는 것을 말한다.

‘받아들인다.’는 함께 의지하고 머무는 것을 말한다.

‘이익이 되게 한다.’는 입을 것과 먹을 것을 공급해주는 것을 말한다.

‘같은 방에서 머무른다.’는 네 가지의 방 안에서 그와 함께 잠을 자는 것을 말한다.

죄를 짓는 것은 앞에서와 같다.

이 가운데에서 범한 모양은 쫓겨난 사미니인 것을 알고서 나아가 같은 방에서 잠을 자는 것이니, 바일저가이다. 만약 친족이고, 혹은 병이 있으며, 다시 그에게 잘못된 견해를 버리도록 하려는 까닭으로 비록 권유하여 받아들이는 것은 모두가 범하는 것이 없다.

43) 착불괴색의(着不壞色衣) 학처

인연은 왕사성에서 이루어졌다.

이때 이 성에는 두 용왕이 있었는데 하나는 기리(祇利)라고 이름하였고, 다른 것은 발구(跋寠)라고 이름하였다. 이때 영승왕(影勝王)은 성 밖의 숲과 샘이 있는 곳에 신당(神堂) 두 곳을 지었다. 해마다 두 때의 절회일(節會日)이 되면 여섯 곳의 큰 성에 사는 사람들이 모두 구름같이 모여들었다. 일찍이 어느 때의 절회일에 남쪽 지방에서 어느 악기를 연주하는 사람이 이 성에 와서 스스로 ‘만약 대인(大人)의 수승(殊勝)한 행적(行跡)을 말해주면 사람들이 마음에서 즐겁고 사랑하는 마음을 일으켜 많은 재물을 얻도록 하겠습니다.'라고 말하며, 육중필추의 처소로 가서 발에 예배드리고 말하였다.

"성자여. 저를 위하여 세존께서 과거에 보살이실 때의 지니셨던 수승한 행적을 말씀하여 주십시오."

육중필추가 물어 말하였다.

"그대들은 이것을 물어서 무엇을 하려는 것이오?"

연주하는 사람이 대답하여 말하였다.

"저희는 그것을 받아들여 관악기와 현악기로 노래를 만들고자 합니다." 대답하여 말하였다.

"어리석은 사람이여. 그대들은 우리 불법(佛法)의 수승한 일을 가지고 노래로 연주하려고 하는구려. 그대들은 당장 떠나시오. 다시는 말해주지 않을 것이오."

곧 다시 토라난타 필추니의 처소로 갔다. 필추니는 그들에게 처음에 태어나신 것부터 보리를 증득하실 때까지의 일을 갖추어 말해주었다. 악기를 연주하는 사람은 듣고서 모두 노래를 만들어 널리 사람들을 모아 여러 악기로 연주하였다. 공경하여 믿는 사람들은 희유(希有)하다고 마음을 일으켜 모두가 말하였다.

"특이하구려. 음악을 연주하는 사람이여, 훌륭하게 노래를 만들었구려."

많은 돈과 재물을 주는 것이 보통 때와 달라서 다시 곧 '믿지 않는 사람들을 마침내 끌어 들여야겠구나.' 생각하고는 육중필추의 모양과 위의와 행동과 하는 일들을 지어 보였다. 이때 믿지 않는 사람들도 그것을 보고 모두 크게 웃으며 많은 보물과 재물을 주었다. 육중필추들이 이 말을 듣고는 두 채의 신당(神堂)이 있는 곳에 가서 스스로 재가인의 옷을 입고 모두 춤을 추고 음악을 연주하였다. 대중들이 그 연극장을 버리고 구름처럼 모여들어 많은 옷들을 얻을 수 있었다. 음악을 연주하는 사람들은 비난하고 천박하게 여겨 말했다.

"어떻게 필추가 재가인의 옷(俗白衣)을 입는가?" [이하 자세한 내용은
생략한다.] 세존께서는 꾸중하시고 알려 말씀하셨다.

"내가 열 가지의 이익을 관(觀)하고 이부 제자를 위하여 그 일에 학처를
제정하나니, 마땅히 이와 같이 설하노라. 만약 다시 필추니가 새로 만든
옷을 얻으면 마땅히 세 가지의 괴색(壞色)으로 염색할 것이니, 청색이나
진흙색이나 적색의 한 가지 색을 따라서 본래의 색을 무너뜨려라. 만약
세 가지의 괴색으로 염색하지 않고 수용하면 바일저가이니라."

'필추니'는 이 법 가운데의 사람을 말한다.

'새로 만든 옷'은 두 가지가 있으니, 하나는 그 자체가 새로 만든 옷이고,
다른 것은 새로운 것을 남에게서 얻은 것을 말한다. 이곳에서의 새로운
것은 그 자체가 새 옷을 말하고, 옷에는 열 가지가 있으며 위에서 갖추어
말한 것과 같다.

'청(靑)'은 푸른색을 말하고, '진흙(泥)'은 붉은 돌을 말하며, '적(赤)'은
나무의 붉은 껍질을 말한다.

'적색으로 물들인다.'는 그 색깔을 무너뜨리는 것을 말한다.

만약 색깔을 무너뜨리지 않고 수용하면 얻는 죄는 앞에서와 같다.
이 가운데에서 범한 모양은 만약 옷을 얻어서 세 가지의 색깔 가운데
한 가지를 따라 무너뜨리지 않는 것으로 타죄를 얻는다.

44) 착보(捉寶) 학처

인연이 이루어진 처소는 앞에서와 같다.

어느 때 오바난타는 하루의 초분(初分)에 가사와 발우를 챙겨서 성에
들어가 걸식하였는데 길 가운데에서 여러 남자 아이들이 영락으로 만든
장신구를 한쪽에 놓아두고서 함께 놀이를 하고 있는 것을 보았다. 오바난타
는 그것을 보고서 야차(藥叉)의 물건이라고 말하고 집어서 가졌다. 이때
아이들이 곧 각자 달려들어 그의 팔과 다리를 끌어당기고 모두가 흙을
뿌리고 던졌으니, [이하 자세한 내용은 생략한다.] 나아가 세존께서는

꾸중하시고 알려 말씀하셨다.

"내가 열 가지의 이익을 관(觀)하고 이부 제자를 위하여 그 일에 학처를 제정하나니, 마땅히 이와 같이 설하노라. 만약 다시 필추니가 보물과 그와 같은 종류의 물건을 손으로 잡거나 다른 사람을 시켜서 손에 잡게 하면 바일저가이니라."

어느 때 세존께서는 광엄성을 떠나 실라벌성에 이르시어 서다림에 머무르셨다. 그때 비사거녹자모(毘舍佉鹿子母)는 세존께서 오셨다는 소식을 듣고 공경하고 예배하고자 여러 가지의 영락으로 몸을 두루 장엄하였으나 곧 부끄럽게 생각하여 세존을 뵐 때는 영락들을 벗어서 하인에게 맡기고 세존께 예배를 올리고 설법을 듣고 나서 자리에서 물러났다. 이때 하인은 그 영락들을 꽃나무 아래에 놓아둔 것을 잊고서 집으로 돌아갔다.

이때 아난다가 보고 나서 '세존께서 제정하신 것을 인연으로 마땅히 열어야 하겠구나.' 생각을 짓고는 곧 이것을 가지고 스스로 세존께 나아가 아뢰었다. 세존께서 말씀하셨다.

"옳도다. 내가 비록 허락하지 않았으나 그대가 때를 알았구나." [이하 자세한 내용은 생략한다.] 세존께서는 이 인연으로 대중들을 모으시고 계율을 지키는 것을 찬탄하시고 알려 말씀하셨다.

"앞의 것은 처음으로 제정한 것이고, 이번 것은 따라서 여는 것이니, 마땅히 이와 같이 설하노라. 만약 다시 필추니가 보물이나 그와 같은 종류를 스스로 손으로 잡거나 남을 시켜 손으로 잡게 하면 절 안에 있을 경우와 재가인의 집에 있는 것을 제외하고는 바일저가이니라. 만약 절 안과 재가인의 집에서 보물이나 보물 종류를 보면 '만약 아는 사람이 있으면 나는 마땅히 그에게 주겠다.'라고 생각한 뒤에야 가지도록 하라."

'필추니'는 이 법 가운데의 사람을 말한다.

'보물'은 칠보(七寶)를 말한다.

'보물과 같은 종류'는 여러 가지의 병장기로서 활과 칼 같은 것에 속한 것과 소리내고 연주하는 것으로 북과 피리 같은 것들을 말한다.

스스로 손으로 잡거나 남을 시켜서 잡게 하는 것 등의 죄를 맺는 자세한 것은 앞에서 설명한 것과 같다.

필추니가 절 안과 재가인의 집에서 만약 보물 등을 보면 '마땅히 거두어 지녀서 주인이 오면 마땅히 주인에게 주어야겠다.'라고 생각해야 한다. 이 가운데서 범한 모양은 만약 보물을 스스로 손으로 잡거나 다른 사람을 시켜 손으로 잡게 하여 그것을 닿으면, 모두가 타죄를 얻는다. 아직 닿지는 않으면 악작죄를 얻는다. 나아가 거짓인 유리를 손에 잡는 것 또한 악작죄를 얻는다.

만약 영락으로 만든 장신구들을 손에 잡는다면 모두가 타죄를 얻는다. 나아가 보릿대를 엮어 머리 장식을 만든 것을 손에 잡으면 또한 악작죄를 얻는다. 비파와 같이 음악을 연주하는 여러 가지 악기로서 현(絃)이 있는 것을 손에 잡는다면 곧 타죄를 얻는다. 줄이 없는 것이라면 악작죄를 얻는다. 나아가 대나무통으로 만든 현이 하나 있는 비파를 손에 잡으면 또한 악작죄를 얻는다. 만약 여러 가지 조개껍질로서 불어서 소리낼 수 있는 것을 손에 잡으면 타죄를 얻고, 불 수 없으면 악작죄를 얻는다. 여러 가지의 북 등도 또한 그와 같다. 상(像)에 사리(舍利)가 있는 것을 잡으면 타죄를 얻고, 사리가 없으면 악작죄를 얻는다.

만약 불상이라 생각하고서 집어 올리면 범하는 것이 없다.

45) 비시세욕(非時洗浴) 학처

인연이 이루어진 처소는 앞에서와 같다.

그때 이 성의 주변에는 세 군데의 온천(溫泉)이 있었다. 첫째는 왕이 목욕하는 곳이었고, 둘째는 왕의 궁인(宮人)들이 목욕하는 곳이었으며, 셋째는 일반 사람들이 목욕하는 곳이었다. 왕이 목욕하는 곳에서는 필추들도 목욕하였으며, 궁인들이 목욕하는 곳에서는 필추니들이 목욕하였다. 어느 때 육중필추와 열두 필추니들은 목욕하러 가서 문득 '왕의 신심이 얼마나 두텁고 넓은가를 시험해 보겠다.'라고 생각하고는 왕을 괴롭히고자 물을 오랫동안 머금었다가 갑자기 내뿜었다. 왕은 마침내 사람을 보내어 물을 다른 곳으로 가져와 목욕하였으며 온천에는 들어가지 않았다. 왕은 목욕을 마치고 세존께서 계신 처소로 나아가 두 발에 정례를 올리고 묘법을 듣고 세존께 감사드리고 나서 물러갔다. 이때 아난다가 이 일을 세존께 아뢰니 세존께서는 말씀하셨다.

"여러 필추들이 목욕을 한 까닭으로 이러한 허물이 생긴 것이니 마땅히 목욕을 하지 말라."

몸을 씻지 않아 몸에 때가 많이 있어서 걸식할 때에 재가인들이 보고 물었다.

"장차 이렇게 때 묻은 몸으로 청정하려고 하십니까?"

세존께서 말씀하셨다.

"보름마다 목욕을 하라."

더울 때에 자주 씻지 않아 앞에서와 같은 질문을 받게 되어 세존께서 말씀하셨다.

"더울 때는 마땅히 씻도록 하라."

어떤 필추가 병이 있어 의사가 씻도록 권유하니 필추가 말하였다.

"세존께서 허락하지 않으셨습니다."

세존께서 말씀하셨다.

"병이 났을 때는 씻도록 하라."

혹은 일을 할 때에나 탑을 만들 때에 몸에 때가 있어 깨끗하지 않아 사람들이 보고서 비난하고 싫어하니 세존께서 말씀하셨다.

"일을 할 때는 마땅히 씻도록 하라."

길을 걸어 여행할 때 오고 가면서 몸이 매우 피곤하자 몸을 제멋대로 뉘었다. 사람들이 보고는 이상하게 생각하여 세존께서 말씀하셨다.

"길을 갈 때는 마땅히 씻도록 하라."

나아가 바람을 맞아 몸에 먼지가 많으니 세존께서 말씀하셨다

"바람이 불 때는 마땅히 씻도록 하라."

또한 비가 내리거나 비바람을 만나서 진흙으로 몸이 더러워져 앞에서와

같이 세존께 아뢰니 세존께서 말씀하셨다.

"비가 내릴 때나 비바람이 칠 때는 마음대로 씻도록 하라."

이때 세존께서는 계율을 지키는 것을 찬탄하시고, 나아가 말씀하셨다.

"내가 열 가지의 이익을 관(觀)하고 이부 제자를 위하여 그 일에 학처를 제정하나니, 마땅히 이와 같이 설하노라. 앞으로 필추니는 보름마다 목욕을 할 것이며, 일부러 이것을 어기고 목욕을 하면 나머지의 때를 제외하고는 바일저가이니라. 나머지의 때는 더울 때와 병이 났을 때와 일을 할 때와 여행할 때와 바람이 불 때와 비가 내릴 때와 비바람이 칠 때이니, 이것이 그때이니라."

'필추니'는 이 법 가운데의 사람을 말한다.

'보름마다 마땅히 목욕을 해야 한다.'는 15일에 한 번은 목욕하는 것을 허락한다는 것이다.

'일부러 어긴다.'는 가르침에 의지하여 행동하지 않는 것을 말한다.

'나머지의 때를 제외한다.'는 나머지의 때가 있으면 이렇게 하여도 범하는 것이 없다는 것이다.

'때'는 봄의 나머지 한 달 반이 있는 것이며, 한 달 반 동안은 마땅히 안거를 하고 (4월 1일부터 5월 15일까지를 말한다.) 그리고 여름으로 접어든 한 달부터 (5월 16일부터 6월 15일까지를 말한다.) 두 달 반 동안을 이름하여 매우 더운 때라고 말한다.

'만약 병이 났을 때'는 병이 나서 여러 번 목욕을 하지 않으면 편안하지 못한 경우를 말한다.

'일을 할 때'는 삼보를 위해서 일을 하는 것을 말하고, 아래로는 땅을 쓰는 일과 크게는 자리를 설치하는 일 등과 혹은 때로 소가 눕는 곳 같은 곳에서 쇠똥을 바르고 털어내는 것을 말한다.

'여행할 때'는 1유선나(踰膳那)의 길을 가거나 혹은 반 유순의 거리를 갔다가 되돌아오는 것을 말한다.

'바람이 부는 때'는 나아가 바람이 불어 옷 끝부분이 흔들리는 것을 말한다.

'비가 오는 때'는 두세 방울의 빗방울이 몸에 떨어지는 것을 말한다.

'비바람이 치는 때'는 위의 두 가지가 같이 있는 것을 말한다.

'이것이 그 때이니라.'는 따라서 법을 허락하는 것이고, 죄가 맺는 것은 앞에서와 같다.

이 가운데서 죄를 범한 모양은 만약 필추니가 매번 제한된 날짜에 목욕을 할 때는 항상 마음으로 생각하고 입으로 말하며 수지(守持)하여 마땅히 처소에서 '어느 때에 내가 목욕을 하고자 한다.'라고 말해야 한다. 만약 수지하지 않고서 물로 몸을 씻어 물이 아직 배꼽에 이르지 않았으면 악작죄를 얻고, 물이 배꼽에 이르면 타죄를 얻는다. 만약 사연(事緣)이 있어서 물이 배꼽을 지났다면 범하는 것이 없다.

46) 살방생(殺傍生) 학처

인연은 실라벌성에서 이루어졌다.

어느 때에 오타이는 걸식하러 갔다가 활쏘기를 가르치는 곳에 이르러 화살을 가지고 까마귀를 쏘니, 나아가 재가인들이 비난하고 싫어하였다. 세존께서는 꾸중하시고 알려 말씀하셨다.

"내가 열 가지의 이익을 관(觀)하고 이부 제자를 위하여 그 일에 학처를 제정하나니, 마땅히 이와 같이 설하노라. 만약 다시 필추니가 일부러 축생의 목숨을 끊는다면 바일저가이니라."

나머지의 뜻은 앞에서와 같다.

'일부러'는 분명히 착오가 아닌 것을 말한다.

'축생'은 나는 새와 혹은 다른 여러 날짐승의 무리를 말한다.

'목숨을 끊는다.'는 그 생명을 죽이는 것을 말하고, 죄를 풀이한 것은 앞에서와 같다.

이 가운데에서 범한 모양으로 축생의 목숨을 끊는 것에는 세 가지가 있다. 내부와 외부, 두 가지를 함께 갖추어 세 가지의 방편을 일으켜 그 목숨을 끊는 것을 한다. 만약 필추니가 죽이고 다치게 하려는 마음을

일으켜 나아가 한 손가락으로 축생을 다치게 하여서 이것을 까닭으로
죽으면 바일저가를 얻는다. 혹은 그 당시에는 죽지 않았으나 뒤에 죽으면
또한 타죄를 얻는다. 만약 뒤에도 죽지 않으면 악작죄를 얻게 되고, 앞의
사람을 죽이는 것을 금지한 학처에서 갖추어 설명한 것과 같다.

47) 고뇌필추니(故惱苾芻尼) 학처

인연이 이루어진 처소는 앞에서와 같다.

어느 때 열일곱 명의 필추가 육중필추를 가까이에서 모셨는데

"이와 같은 일을 하라."라는 말을 들었지만

"저희들은 할 수 없습니다."라고 말하였다.

육중필추는 곧 그들을 내쫓고 같이 머무는 것을 허락하지 않았다.
이때 열일곱 명의 필추는 다른 곳으로 가서 독송을 하였다. 난타가 오바난
타의 처소로 가서 알려 말하였다.

"이 여러 어린 필추들이 나의 말을 받아들이지 않습니다."

대답하여 말하였다.

"마땅히 그들이 각자 괴로운 생각을 일으켜 독송을 못하도록 해야
할 것이니 마땅히 이와 같이 지으시오."

괴롭게 할 수 있는 인연을 자세히 설명하여 그들이 후회하는 마음이
생기게 하였다. 이 인연을 세존께 아뢰었다. [자세한 내용은 생략한다.]
세존께서는 사실을 물으시고는 꾸중하셨으며 알려 말씀하셨다.

"내가 열 가지의 이익을 관(觀)하고 이부 제자를 위하여 그 일에 학처를
제정하나니, 마땅히 이와 같이 설하노라. 만약 다시 필추니가 일부러
다른 필추니를 괴롭히고 나아가 잠시라도 즐겁지 않은 것을 인연을 삼으면
바일저가이니라."

나머지의 뜻은 앞에서와 같다.

'일부러 괴롭히다.'는 마음을 나쁘게 지어 후회하는 마음을 일으키게
하는 것이다.

'잠시도 즐겁지 않는다.'는 잠깐 동안이라도 마음이 편안하지 않은 것이다.

'이것을 인연을 삼는다.'는 다른 일을 인연한 것이 아니라는 것이며, 죄를 맺는 것은 앞에서와 같다.

이 가운데서 범한 모양은 그에게 별도의 일을 묻는 것과 또는 계율의 가르침에 서로 맞는가를 묻는 것을 말한다. 무엇이 별도의 일을 묻는 것인가? 만약 필추니가 다른 필추니의 처소에서 어지럽히고 산란시키려는 마음을 지어 그의 처소로 가서 "구수여. 당신은 어느 왕과 어느 장자를 기억하십니까?"라고 이렇게 말을 짓는다. 대답하기를 "그 때는 너무 오래 되어 내가 기억하지 못합니다."라고 말하면, 대답하기를 "구수여. 그것은 오래 되어서 기억하지 못하는 것이 아니고, 나이가 스무 살이 되지 않았는 데 구족계를 받아 그러한 것이니, 다시 구족계를 받아야 합니다."라고 말한다면 타죄를 얻는다. 이와 같이 묻기를 "당신은 어느 때의 일식과 월식, 흉년과 풍년을 기억합니까?"라고 말하는 것의 자세한 설명은 앞에서와 같다.

무엇이 계율의 가르침에 서로 맞는가를 물어서 마음을 어지럽게 하는 것인가? 묻기를 "당신은 먼저 어느 처소에서 구족계를 받았습니까?"라고 말하여 "어디 처소입니다."라고 말하였으나, 대답하기를 "그 처소는 대계(大界)도 없고, 결계(結界)의 장소도 없으며, 대중들이 모이지도 않았고, 별도로 머무르고 있었으므로, 법에 맞게 구족계를 받은 것이 아닙니다. 당신은 마땅히 다시 구족계를 받아야 합니다."라고 말하는 것이다.

또 묻기를 "누가 아차리야이고 오바타야입니까?"라고 말하여 대답하기를 "누가 나의 두 스승이십니다."라고 말을 하였으나, 대답하기를 "그 사람은 계율을 깨뜨렸으니 스승으로 알맞지 않습니다. 당신은 법에 맞게 구족계를 받았다고 할 수 없습니다."라고 말하는 것이다.

또 묻기를 "당신은 어느 곳에 가 보았습니까?"라고 말하여 대답하기를 "갔었습니다."라고 말하면, "만약 그곳에 갔었다면 그들은 모두가 어리석고 계율을 깨뜨린 사람들이며, 혹은 비천하고 나쁜 무리들이므로 좋은 도반이 될 수 없으니, 당신은 결국 계율을 깨뜨렸을 것입니다."라는 등의 말을 하여 상대방의 마음을 어지럽게 할 때에 그 사람의 마음이 어지럽고, 어지럽지 않게 하며, 다만 듣게 하였어도 모두 타죄를 얻는다.

또 묻기를 "구수여. 당신은 두 스승의 옷을 취했습니까?"라고 말하여 대답하기를 "일찍이 취했습니다."라고 말을 하였는데, 대답하기를 "만약 당신이 스승의 옷을 취했으면 도둑의 마음이 있는 까닭으로 타승죄를 범하였습니다."라고 말하는 것이다.

또 묻기를 "구수여. 당신은 일찍이 제행무상과 제법무아와 열반적멸(涅槃寂滅)을 설하였습니까?"라고 말을 하여, 대답하기를 "내가 설한 적이 있습니다."라고 말을 하였는데, 대답하기를 "만약 당신이 이러한 상인법(上人法)을 설하였다면 타승죄를 범한 것입니다."라고 말하는 것이다.

또 만일 어떤 필추니가 필추니들의 처소에 나아가 묻기를 "구수여. 당신은 어느 왕과 어느 장자를 기억하십니까?"라고 말하여, 대답하기를 "나는 기억하지 못합니다."라고 말하였으나, 대답하기를 "구수여. 그 일은 너무 오래되어 당신이 비록 기억하지 못할지라도 또한 나이가 스무 살이 되었으니 법에 맞게 구족계를 받은 것입니다."라고 말하는 것이다. 또한 일식과 월식, 그리고 흉년과 풍년을 기억하느냐고 물어서 위에서와 같이 말하는 것이다. 마땅히 알라. 이러한 것을 그에게 별도의 일을 묻는 것이라고 이름하느니라.

만약 어떤 필추니가 필추니의 처소에 가서 묻기를 "구수여. 당신은 먼저 어느 곳에서 구족계를 받았습니까?"라고 말하여, 대답하기를 "어느 처소입니다."라고 말을 하였으나, 대답하기를 "나는 그곳에 먼저 대계(大界)가 있었고 결계의 장소를 알고 있습니다. 당신은 법에 맞게 구족계를 받았습니다."라고 말하며, 이와 같이 두 스승에 대하여 묻고, 어느 곳에 갔었는지를 물으며, 스승의 옷을 취했는지를 묻고서, 대답하기를 "이것은 모두가 허물이 없습니다."라고 말한다.

또 묻기를 "구수여, 당신은 제행무상과 나아가 열반적멸을 설하였습니까?"라고 말하여, 대답하기를 "나는 설하였습니다."라고 말을 하였으나,

대답하기를 "당신은 스스로 상인법을 얻었다고 말하였습니까?"라고 말하여, 대답하기를 "아닙니다."라고 말하여, 만약 이와 같이 말한 것은 또한 범하는 것이 없으니, 이것을 계율의 가르침에 서로 맞는가를 묻는 것이라고 말한다.

48) 이지격력타(以指擊攊他) 학처

인연이 이루어진 처소는 앞에서와 같다.

어느 때 어떤 필추가 손가락으로 남을 때려 죽게 하였다. 세존께서는 꾸중하셨으며, [이하 자세한 내용은 생략한다.]

"나아가 이부 제자를 위하여 그 일에 학처를 제정하나니, 마땅히 이와 같이 설하노라. 만약 다시 필추니가 손가락으로 남을 때리면 바일저가이니라."

나머지의 뜻은 위에서와 같다.

'손가락으로 때리다.'는 신업(身業)을 말하고, 죄를 얻는 것은 앞에서와 같다.

이 가운데에서 범한 모양은 만약 하나의 손가락으로 때리면 하나의 타죄를 얻고, 나아가 다섯 개의 손가락으로 때리면 다섯의 타죄를 얻는다. 만약 손가락 끝으로 그 아픈 곳을 보여주며, 혹은 부스럼이 있는 곳을 가리키면 이것은 모두가 범하는 것이 없다.

49) 수중희(水中戲) 학처

인연이 이루어진 처소는 앞에서와 같다.

그때 열일곱 명의 필추 가운데에서 가장 큰 필추는 오파리(鄔波離)라고 이름하였으며, 모든 번뇌를 끊어 아라한과를 증득하고서 이렇게 생각하였다.

'내가 처음으로 관(觀)하여 살펴보리라. 같이 머무르는 범행자 중에서 누가 선근이 있고 누가 선근이 없는가?'

관하여 누구에게 얽매임이 있는가를 알았으며 자신에게 부촉되어 있음을 알고서 인도하여 방편으로 서로 따르게 하려고 함께 아시라발저(訶市羅跋底)의 강가에 가서 물을 걸러 병에 담았다. 관하여 물속을 살펴보고는 바른 생각으로 마음을 사용하여 목욕을 마치고 한쪽에 머물러 있었다.

이때 나머지 열여섯 명의 필추들이 모두 목욕을 하고 있었다. 그들은 강물 속으로 들어가 물질을 하기도 하였고, 혹은 저쪽 언덕으로 갔다가 이쪽 언덕으로 되돌아 왔으며, 물결을 따라 내려갔다가 물결을 거슬러 올라가기도 하였고, 혹은 물장구를 치기도 하고 물속의 개구리를 때리기도 하였으며, 혹은 물속을 살펴보고 물로 방망이를 만들기도 하는 등 여러 가지로 물장난을 하면서 몸과 손을 어지럽게 흔들면서 떠들고 웃었다.

이때 승광대왕이 높은 누각 위에서 필추들이 장난하는 것을 보고 승만부인에게 말하였다.

"당신의 소중한 복전들이 하는 짓을 좀 살펴보시오."

부인이 대왕에게 말하였다.

"대왕이시여. 이 소년들은 얼굴과 용모는 성장(盛壯)하였으나 어린 나이에도 불구하고 능히 범행(梵行)을 닦고 있는데도 왕께서는 기특함을 칭찬하지 않으시는군요. 왕께서는 비록 나이는 많으시나 아직 고요하게 쉬지 못하였습니다. 저들이 물속에서 장난하여도 어떻게 꾸짖을 수 있겠습니까?"

이때 오파리는 왕의 마음을 관하여 알고서 대중에게 말하였다.

"각자 옷을 갖추어 입고 물병을 가지고 함께 절로 돌아가도록 하자."

이때 오파리는 신통력으로 범행자와 함께 허공 위에 올라 왕이 있는 누각 위를 날아서 지나갔다. 이때 승만부인은 그 그림자를 우러러 살피고 그 희유하고 기이함을 바라보면서 곧 왕에게 말하였다.

"왕께서는 이 매우 뛰어난(勝妙) 복전들이 허공으로 날아올라 떠나가는 것을 보십시오."

왕이 부인에게 말하였다.

"어떻게 아라한과를 증득한 자가 물속에서 장난을 하겠소?"

부인이 대답하였다.

"이것은 곧 왕께서 들어서 아시는 것이고, 아직 듣지 못한 일을 왕께서는 모르시는 것입니다."

왕이 말하였다.

"무슨 말이오?"

부인이게 말하였다.

"마음은 번갯불과 같아 잠깐 사이에도 바뀌는 것입니다. 굳센 정(定)은 오히려 금강(金剛)과 같아서 찰나지간에 무명(無明)의 미혹을 깨뜨리는 것이니 왕께서는 마땅히 이상하게 생각하지 마십시오."

왕은 이 말을 듣고 나자 대답하지 않고 잠자코 있었다. 이때 승만부인은 사자에게 명하여 세존께 아뢰게 하였다.

"원하옵건대 세존께서는 억념(憶念)하여 주십시오."

이때 세존께서는 아시고 대중들을 모으시고 사실을 물으시고 꾸짖으셨으며 알려 말씀하셨다.

"내가 열 가지의 이익을 관(觀)하고 이부 제자를 위하여 그 일에 마땅한 학처를 제정하나니 마땅히 이와 같이 설하노라. 만약 다시 필추니가 물속에서 장난하면 바일저가이니라."

나머지의 뜻은 앞에서와 같다.

'물속에서 장난을 한다.'는 앞에서 설명한 것과 같으며, 모두가 타죄를 얻는다.

이 가운데에서 범한 모양은 물속에서 장난하려는 마음으로 물속으로 들어가는 것이며 나아가 아직 몸이 물속에 잠기기 전까지는 모두가 악작죄를 얻는다. 만약 물속에 잠기면 타죄를 얻는다. 나아가 손가락으로 튕겨서 소리를 내는 것도 모두가 타죄를 얻는다. 만약 물병이나 그릇에 물을 채우고서 장난하면 또한 타죄를 얻는다. 만약 국그릇을 쳐서 소리를 낸다면 악작죄를 얻는다. 시원하게 하려는 것은 범하는 것이 없다.

50) 여남자동실숙(與男子同室宿) 학처

인연이 이루어진 처소는 앞에서와 같다.

이때 아니로타(阿尼盧陀)는 온갖 번뇌를 끊고 아라한과를 증득하여 가사와 발우를 챙겨서 세상을 유행하다가 한 마을에 이르렀다. 이 마을에는 장자가 한 사람 살았는데 두 명의 아들과 한 명의 딸이 있었다. 그 딸은 장성하였으나 행실이 올바르고 삼가지 않았다. 그 두 형제는 이러한 까닭으로 다른 사람과 다투게 되었는데 다른 사람이 말하였다.

"당신의 누이는 아직 시집가지도 않았으나 바깥사람과 몰래 정을 통하였다."

이 말을 듣고 누이에게 거짓인가 사실인가를 물으니, 누이가 곧 대답하였다.

"나는 진실로 청정하게 삼가고 있습니다. 사람들이 거짓으로 말하는 것입니다."

뒤에 임신을 하니 형제가 물었다.

"너는 청정하게 삼가한다고 말하였으니, 어느 곳에서 이러한 일이 있었느냐?"

누이가 대답하였다.

"일찍이 대머리인 사람이 억지로 나를 핍박한 일이 있었고, 이것을 인연하여 곧 임신을 하게 되었습니다."

뒤에 드디어 아들을 낳으니, 이때 사람들은 그녀를 대머리 아들의 어머니라고 불렀다. 이때 구수 아니로타가 이 마을에 이르렀는데 장차 해가 저물어 하룻밤 머무를 처소를 찾았다. 이때 여러 아이들이 대답하여 말하였다.

"성자여. 저기에 있는 대머리 아들의 어머니 집에 가면 반드시 하룻밤 머무를 수 있을 것입니다."

말을 따라 그 집에 머무르게 되었다. 이때 대머리 아들의 어머니는 그의 얼굴과 모습을 보고 곧 삿된 마음을 일으켜 그날 밤에 끌어안으려고 하였다. 이때 존자는 그녀의 잘못된 견해를 알고 신통력으로 허공에 올라갔다. 여인은 그것을 보고 희유한 마음을 일으켜 간절히 참회하였다.
[이하 자세한 내용은 생략한다.] 존자는 이러한 허물을 당하고 다시는
재가인의 집에서 머무르지 않았다. 이 일로 세존께 아뢰었다. 세존께서는
이 인연으로 앞에서와 같이 대중을 모으시고 계율을 지키는 것을 찬탄하시
고 알려 말씀하셨다.

"내가 열 가지의 이익을 관(觀)하고 이부 제자를 위하여 그 일에 학처를
제정하나니, 마땅히 이와 같이 설하노라. 만약 다시 필추니가 남자와
함께 같은 방에서 잠을 자면 바일저가이니라."

나머지의 뜻은 앞에서와 같다.

'함께'는 남과 같이 한다는 말이다.

'남자'는 어른(丈夫)이나 어린 남자로서 음행을 저지를 수 있는 사람을
말한다.

'같은 방에서 잠을 잔다'는 방은 네 종류가 있으니 앞에서와 같으며,
죄를 설명한 것은 앞에서와 같다.

이 가운데에서 범한 모양은 만약 남자와 같이 잠을 자게 되었는데
자신은 중간의 누각에 있고 남자는 누각 아래에 있으면 마땅히 사다리를
위에 두고, 혹은 문 안에서 자물쇠를 채우며, 혹은 사람을 시켜서 지키게
해야 할 것이니, 만약 이와 다르며 나아가 날이 아직 밝지 않으면 악작죄를
얻고, 날이 밝으면 타죄를 얻는다.

만약 필추니가 누각 아래에 있으며 남자가 가운데 누각에 있고, 혹은
필추니가 중간의 누각에 있고 남자가 위의 누각에 있으며, 혹은 이와
반대이면 자세히 설명한 것은 앞에서와 같다. 혹은 필추니가 방에 있고
남자가 처마에 있으면 앞에서 사다리를 치우는 한 가지 일을 제외하고
나머지는 모두가 앞에서와 같다.

만약 남자가 방안에 있고 필추니가 처마 아래에 있으면 마땅히 밖으로
그 방문을 묶어둘 것이며, 나머지는 앞에서 말한 것과 같다.

만약 문옥(門屋)의 아래에 있는 것과 필추니는 문 안에 있고 남자가
문 앞에 있다면 마땅히 안으로 문빗장을 걸어야 하고, 이와 반대의 경우에

는 밖에서 빗장을 걸어야 할 것이며, 나머지는 모두가 앞에서와 같다. 가령 같은 방을 사용하여도 아내가 있어 지키고 있으면 범하는 것이 없다.

　여섯 번째의 게송으로 거두어 말한다.

　　두려운 것과 감추는 것과 성내는 것의 두 가지와
　　땅을 파헤치는 것과 넉 달의 공양청과
　　가르침을 거부하는 것과 논쟁을 조용히 듣는 것과
　　조용히 자리에서 일어나 떠나가는 것이 있다.

51) 공포필추니(恐怖苾芻尼) 학처

　인연이 이루어진 처소는 앞에서와 같다.

　어느 때 열일곱 명의 필추들은 독송을 부지런히 익히고 있었으나 육중필추가 알고서 곧 초저녁에 모직물을 뒤집어쓰고 무서운 소리를 내었다. 이때 열일곱 명의 필추들이 모두 크게 놀라고 두려워하였다. [이하 자세한 내용은 생략한다.] 나아가 세존께서는 꾸중하시고 알려 말씀하셨다.

　"내가 열 가지의 이익을 관(觀)하고 이부 제자를 위하여 그 일에 학처를 제정하나니, 마땅히 이와 같이 설하노라. 만약 다시 필추니가 다른 필추니를 스스로 놀라고 두렵게 하며 다른 사람을 시켜 놀라고 두렵게 하여 아래에 이르기까지 희롱하며 웃으면 바일저가이니라."

　나머지의 뜻은 위에서와 같다.

　'다른 필추니'는 이 법 가운데의 사람을 말한다.

　이 가운데서 범한 모양은 만약 필추니가 다른 사람을 두렵게 하려는 마음으로 여러 가지의 형상으로 이를테면, 여러 색깔의 나무 그루터기가 불타는 것처럼 하고, 혹은 여러 가지 귀신 등의 모습 등을 만들어 "너를 잡아먹으러 왔다. 너의 목숨을 끊어버리겠다."고 말하여, 따라서 그 필추니가 놀라고 두려워하고, 두려워하지 않았어도 이 필추니는 바일저가죄를 얻는다.

만약 필추니가 다른 사람을 무섭게 하려고 마음으로 여러 가지의 두려운 소리로 이를테면, 사자·호랑·표범·여러 귀신들의 소리를 내면서 "너를 잡아먹으러 왔다."고 말하면 나머지는 모두 앞에서와 같다.

만약 두려워할 만한 여러 가지 기운으로 이를테면, 대소변의 기운과, 혹은 귀신들의 기운 등과, 혹은 다른 사람을 두렵게 하려는 마음으로 알 수 없는 감촉으로 이를테면, 거친 채찍·돗자리·여러 귀신들이 나쁘게 접촉하는 일을 만들어서 "너를 해치러 왔다."고 말하면 나머지는 모두 앞에서와 같다. 혹은 갖가지의 사랑스러워할 만한 색(色)으로 이를테면, 국왕·대신·장자·거사·천신(天神) 등의 모양을 만들어서 "너를 해치러 왔다."고 말하면 그 필추니가 두려워하고, 두려워하지 않아도 악작죄를 얻는다.

만약 사랑스러워할 만한 소리로써 이를테면, 비파·생황(笙)[1]·피리·천룡(天龍) 등의 소리를 내어서 "이 여러 가지의 소리가 너를 해치려고 왔다."라고 말하며, 사랑스러워할 만한 기운으로 이를테면, 전단향·침수향·용뇌향·울금향·천룡 등의 향으로 여러 가지치 기운을 피워서 "너를 해치려고 왔다."고 말하고, 사랑스러워할 만한 감촉으로 이를테면, 증채(繒綵)·고운 모직물 등의 뛰어난 여러 가지 감촉과 천룡 등의 촉감을 만들어서 "이러한 여러 감촉들이 너를 해치려고 왔다."라고 말하여, 그 필추니가 두려워하고, 두려워하지 않아도 모두 악작죄를 얻는다.

만약 앞에 있는 사람에게 염리심(厭離心)을 일으키게 하려고 지옥·축생·아귀·인간·천상(天上)의 여러 세계의 고통스럽고 즐거운 일을 말하여서 두려운 마음을 일으키면 이것을 모두 범하는 것이 없다.

52) 장타필추니등의발(藏他苾芻尼等衣鉢) 학처

인연이 이루어진 처소는 앞에서와 같다.

어느 때 한 장자가 세존과 여러 스님에게 집에 오시어 공양하시도록

---

1) 피리와 비슷한 악기를 가리킨다.

청하였다. 육중필추와 열일곱 명의 필추들은 뒤에서 천천히 가면서 한 연못에 이르렀는데 육중필추가 곧 열일곱 명의 필추에게 말하였다.

"아직 서둘러 갈 필요가 없다. 잠시 함께 연못에 들어가 천천히 목욕을 하도록 하자."

연못에 들어가자 열일곱 명의 필추에게 말하였다.

"함께 물속에 잠겨서 누가 더 늦게 머리를 물 밖으로 내미는가를 해보겠는가?"

열일곱 명의 필추가 물속으로 들어가자 육중필추는 빨리 물 밖으로 나와 그들의 옷을 가져다가 풀숲 아래에 숨겼다. [이하 자세한 내용은 생략한다.] 나아가 세존께서는 꾸중하시고 알려 말씀하셨다.

"내가 열 가지의 이익을 관(觀)하고 이부 제자를 위하여 그 일에 학처를 제정하나니, 마땅히 이와 같이 설하노라. 만약 다시 필추니가 필추·필추니·정학녀·구적·구적녀의 옷과 발우와 다른 물건들을 스스로 감추고, 다른 사람을 시켜 감추면 바일저가이니라."

이와 같이 세존께서 학처를 제정하셨는데, 어느 때 한 필추가 다른 필추에게 옷을 맡겼다. 그 필추는 다만 자기의 옷만 간직하고 다른 필추의 옷은 간직하지 않았다. 이때 어떤 도둑이 와서 다른 필추의 옷을 훔쳐갔으며, 그 옷을 맡긴 필추는 이러한 까닭으로 수행을 그만두었다. 세존께서 말씀하셨다.

"때의 인연이 있으면 제외하나니, 감추는 것은 범하는 것이 없느니라. 앞의 것은 처음으로 제정한 것이고 이번의 것은 따라서 여는 것이니, 마땅히 이와 같이 설하노라. 만약 다시 필추니가 필추·필추니·구적·구적녀의 옷과 발우와 다른 물건들을 스스로 감추고, 다른 사람을 시켜서 감추면 다른 인연이 있는 것을 제외하고는 바일저가이니라."

나머지의 뜻은 앞에서와 같다.

'필추 등의 5중(衆)'은 모두가 이 법 가운데의 사람이다.

옷에는 일곱 종류가 있고, 허리끈에는 세 종류가 있으며, 그리고 다른 물건들은 모두 앞에서 말한 것과 같다.

이 가운데에서 범한 모양과 그 일은 무엇인가? 만약 필추니가 다른 필추니 등의 옷과 발우와 다른 물건들을 스스로 감추고, 다른 사람을 시켜서 감추면 모두가 타죄를 얻는다.

'다른 인연이 있는 것을 제외한다.'는 8난(難) 등을 말하며, 모두가 범하는 것이 없다.

53) 이중교죄방청정필추니(以衆敎罪謗淸淨苾芻尼) 학처

인연은 왕사성에서 이루어졌다.

이때 구수 실력자(實力者)는 취봉산(鷲峯山)에 머무르면서 돌을 쌓은 연못 근처에서 경행을 하고 있었다. 어느 때 온발라(嗢鉢羅) 필추니가 멀리서 존자를 보고 와서 공경하며 예경(禮敬)을 드렸다. 그 필추니는 삭발을 한 지 오래되지 않아 머리를 숙여 예배(禮拜)를 드리고 일어날 때 머리로 실력자의 대의(大衣)를 들고서 일어났다. 나아가 지(支)와 지(地)라는 두 필추가 이 일을 보고 처소로 돌아와서 여러 필추들에게 말하였다.

"여러 구수들이여. 우리들이 누구의 처소에서 믿고 우러르는 마음을 일으키려 하였으나 우리는 실력자와 온발라 필추니가 함께 몸을 서로 비벼대고 접촉하는 것을 보았습니다."

자세히 그 일을 말하였고, 나아가 세존께서 자세히 물으시니 대답하였다.

"저희는 성내고 분노하는 마음이 있어 일부러 그렇게 말을 하였습니다."

세존께서는 꾸중하시고 알려 말씀하셨다.

"내가 열 가지의 이익을 관(觀)하고 이부 제자를 위하여 그 일에 학처를 제정하나니, 마땅히 이와 같이 설하노라. 만약 다시 필추니가 성을 낸 까닭으로 그 필추니가 청정하여 범한 것이 없는 것을 알고서도 근거가 없는 승가벌시사법으로 비방하면 바일저가이니라."

나머지의 뜻은 앞에서와 같다.

'성을 내다.'는 분노하고 원망하는 마음을 품는 것을 말한다.

‘청정한 필추니’는 이 법 가운데의 사람을 말한다.

‘근거가 없다.’는 세 가지의 근거인 보고, 들으며, 의심하는 일이 없는 것을 말하며, 나머지는 앞에서 설명한 것과 같다.

이 가운데에서 범한 모양은 청정한 사람인 것을 알고서도 근거가 없는 법으로 비방하는 것을 말하는 것이니, 열 가지의 일은 범하는 것이고, 다섯 가지의 일은 범하는 것이 없다. 일은 앞에서 설명한 것과 같다.

54) 여남자동도행(與男子同道行) 학처

인연이 이루어진 처소는 앞에서와 같다.

어느 때 이 성 안에는 실을 짜는 사람이 한 사람 살았는데 성품이 거칠고 사나워서 함께 머무르는 것이 어려웠다. 아내를 얻고도 고생을 시켜 언제나 즐거운 마음이 없었기에, 아내는 외출하였다가 어떤 필추가 실라벌성으로 가는 것을 보고 곧 그를 따라 떠나갔다. 이때 실을 짜는 사람이 흔적을 찾아 급히 뒤쫓아 가서 한 필추가 자기 아내와 함께 길을 가는 것을 보았다. 실을 짜는 사람은 멀리서부터 기다려 한 마을에 도착하는 것을 보고 여러 실을 짜는 사람들을 불러 함께 필추를 때려서 거의 죽음에 이르게 되었다. [이하 자세한 내용은 생략한다.] 나아가 세존께서는 계율을 지키는 것을 찬탄하시고 알려 말씀하셨다.

"내가 이부 제자들을 위하여 그 일에 학처를 제정하나니, 마땅히 이와 같이 설하노라. 만약 다시 필추니가 남자와 함께 같은 길을 갈 때 다른 여인이 없이 함께 한 마을의 사이에 이르면 바일저가이니라."

나머지의 뜻은 앞에서와 같다.

‘남자’는 음행을 저지를 수 있는 사람을 말한다.

‘다른 여인이 없다.’는 다만 두 사람만이 있다는 말이다.

‘길’은 넓고 먼 길을 말한다.

이 가운데에서 범한 모양은 만약 남자와 함께 먼 길을 서로 따라서 가는 것이며 바일저가를 얻는다. 만약 한 마을의 사이가 1구로사(拘盧舍)[2]

의 거리가 되며, 이와 같이 하여 일곱 마을에 이르고, 만약 충족되지 않으면 악작죄를 얻고, 만약 그 거리가 되면 타죄를 얻는다. 만약 그곳에서 다른 사람이 남자를 보내 길을 안내하거나, 혹은 길을 잃었는데 남자가 와서 가르쳐 주면 이것은 모두 범하는 것이 없다.

---

2) 거리의 단위로서 큰 소의 우는 소리나 북소리를 들을 수 있는 범위를 나타낸다.
5백 궁의 거리라고도 말하며 대략 1km 정도의 거리에 해당된다.

근본설일체유부필추니비나야 제16권

55) 여적동행(與賊同行) 학처

인연이 이루어진 처소는 앞에서와 같다.

어떤 필추 한 사람이 왕사성에서 하안거를 마쳤는데 이때 어느 상인이 실라벌성으로 가고자 하였다. 이 상인은 세금을 훔친 사람이었으나, 필추는 모르고 함께 길을 가다가 곧 검사에 발각되어 두 사람이 나란히 묶였다. [이하 자세한 내용은 생략한다.] 나아가 세존께서 알려 말씀하셨다.

"내가 열 가지의 이익을 관(觀)하고 이부 제자를 위하여 그 일에 학처를 제정하나니, 마땅히 이와 같이 설하노라. 만약 다시 필추니가 도둑인 상인과 함께 길을 가면서 한 마을의 중간에 이르면 바일저가이니라."

나머지의 뜻은 앞에서와 같다.

'도둑과 함께'는 마을과 관청을 파괴한 사람들과 세금을 도둑질한 사람을 말한다.

'함께 길을 가다.'는 함께 먼 길을 가는 것을 말하니, 한 마을의 사이에 이르면 바일저가를 얻는다. 만약 도둑을 막아주는 안내자와 함께 가면 범하는 것이 없다. 혹은 길을 잃었는데 그가 와서 가르쳐 주면 비록 함께 길을 가도 또한 이것은 범하는 것이 없다.

56) 괴생지(壞生地) 학처

인연이 이루어진 처소는 앞에서와 같다.

어느 때 육중필추는 스스로 직접 땅을 파고, 혹은 남을 시켜서 땅을 파도록 하였다. 재가인들이 보고 비난하자 나아가 인연으로 세존께 아뢰었다. 세존께서는 필추들을 모으시고, 여러 가지의 방편으로 계율을 지키며 욕심이 적어 만족하여 아는 것을 찬탄하셨으며, 욕심이 많은 것을 꾸중하시고 알려 말씀하셨다.

"내가 열 가지의 이익을 관(觀)하고 이부 제자를 위하여 그 일에 학처를 제정하나니, 마땅히 이와 같이 설하노라. 만약 다시 필추니가 스스로 직접 땅을 파고, 남을 시켜서 땅을 파게 하면 바일저가이니라."

나머지의 뜻은 앞에서와 같으며, 스스로 하는 것과 남을 시켜서 하는 것도 앞에서와 같다.

땅에는 두 종류가 있으니, 생지(生地)와 비생지(非生地)를 말한다. 무엇이 생지(生地)인가? 성질이 살아 있는 땅을 말하고, 혹은 땅을 파고서 3개월 안에 하늘에서 큰비가 지나간 것을 생지라고 이름한다. 만약 그때 비가 내리지 않으면 다시 6개월이 지나면 비로소 생지라고 이름할 수 있으며, 죄를 설명한 것은 앞에서와 같다.

이 가운데에서 범한 모양과 그 일은 무엇인가? 만약 필추니가 땅을 파헤쳐 훼손시키면 타죄를 얻는다. 만약 비생지면 악작죄를 얻는다. 만약 땅의 껍질을 들어 올렸을 때 땅의 본 성질과 이어져 있으면 바일저가이고, 서로 이어져 있지 않으면 악작죄를 얻는다. 만약 필추니가 땅에 말뚝을 박으면 바일저가이고, 말뚝을 뽑으면 악작죄를 얻는다. 만약 필추니가 문득 땅에 그림을 그리면 악작죄를 얻고, 가볍게 땅에다 숫자를 기록하면 범하는 것이 없다. 만약 쇠똥이 땅에 붙어 있는 것을 떼어내면 악작죄를 얻고, 다만 쇠똥을 취하기만 하면 범하는 것이 없다.

만약 필추니가 강둑을 무너뜨릴 때에 생지를 손상시키면 바일저가이고, 갈라져 있는 것을 무너뜨리면 악작죄를 얻는다. 만약 필추니가 강이나 연못 속에 있는 진흙을 흔들면 악작죄를 얻고, 진흙이 있는 곳에서 항아리를 들어 올리면 악작죄를 얻는다. 만약 담장에 말뚝을 박으면 바일저가이고, 만약 담장에 붙은 쇠똥을 들어 올리면 악작죄를 얻는다.

만약 담장과 벽이 젖은 것과 이어져 있는 것을 밀치면 바일저가를 얻고, 갈라져 있으면 악작죄를 얻는다. 만약 벽에 그림을 그리면 악작죄를 얻고, 숫자를 기록하려고 생각하였다면 범하는 것이 없다. 만약 담장 위에 있는 푸른 이끼를 손상시키고 흔든다면 악작죄를 얻는다.

만약 돌이 있는 땅을 파는데 돌이 적고 흙이 많으면 바일저가죄를 얻고, 흙이 적은 땅이면 악작죄를 얻으며, 순수하게 돌로 되어 있으면 범하는 것이 없다. 만약 모래땅을 파는데 모래가 적고 흙이 많은 땅이라면 바일저가를 얻고, 모래가 많은 땅이라면 악작죄를 얻으며, 순수하게 모래만 있으면 범하는 것이 없다.

만약 일을 경영하는 필추니가 터를 정할 때 좋은 계절과 날을 얻었는데 정인이 없어 마땅히 스스로 땅에 말뚝을 박고 그 경계를 표시하려고 네 손가락으로 깊이 파는 것은 범하는 것이 없다.

57) 과사월색식(過四月索食) 학처

인연은 겁비라성에서 이루어졌다.

이때 석가족인 대명(大名)은 세존과 스님들께 세 달 동안의 음식 공양을 청하고 아울러 필요한 모든 물건들을 부족하지 않게 하였다. 이때 육중필추는 석 달 동안 항상 좋은 음식을 먹었고, 모두가 의사의 가르침대로 하였으나 석 달이 이미 지났음에도 불구하고 오히려 주방 사람을 쫓아다니며 맛있는 음식을 찾자 대명이 비난하고 싫어하였다.

"다른 사람의 청을 받는 것이 끝났는데 어떻게 분수에 맞지 않게 억지로 찾는가?"

이 인연을 세존께 아뢰니 세존께서 말씀하셨다.

"다시는 시주를 쫓아다니며 억지로 요구하고 걸식하며 찾는 까닭으로 화나고 괴롭게 하지 말라."

이전의 인연을 자세히 말씀하시고 나아가 여러 가지로 꾸중하시고 모든 필추에게 알려 말씀하셨다.

"내가 열 가지의 이익을 관(觀)하고 이부 제자를 위하여 그 일에 학처를 제정하나니, 마땅히 이와 같이 설하노라. 만약 다시 필추니가 네 달 동안의 청을 받으면 필요한 때에 마땅히 받도록 할 것이며 만약 지나서 받으면 바일저가이니라.”

이와 같이 제정하여 마치셨다.

어느 때 승광대왕이 세존과 스님들께 세 달 동안의 공양을 청하였고, 어떤 필추에게 시주가 거듭해서 청을 하니, 세존께서 말씀하셨다.

“내가 지금 따라서 여는 것이니, 만약 별도로 청하는 사람이 있으면 마땅히 받아들이도록 할 것이니, 범하는 것이 없느니라.”

다시 어느 객승이 왔으나 왕의 청을 받지 못하여 마침내 걸식하러 나갔다. 왕이 그것을 보고 물었다.

“제가 여러 스님들께 공양을 청해놓았는데 무슨 까닭으로 걸식을 하는 것입니까?”

대답하여 말하였다.

“저는 청을 받지 못하였습니다.”

왕이 말하였다.

“제가 지금 다시 음식을 청하겠습니다.”

세존께서 말씀하셨다.

“만약 다시 거듭해서 청하거든 마땅히 받도록 하라. 나아가 은근하게 거듭해서 청하는 것도 받도록 하라.”

공양하는 기간이 끝나서 걸식을 하자 왕이 다시 항상 공양을 청하니, 세존께서 말씀하셨다.

“만약 항상 공양을 청하거든 또한 마땅히 받도록 하라.”

세존께서는 계율을 지키고 욕심이 적은 것을 찬탄하시고 욕심이 많은 것을 꾸짖으시고 여러 필추들에게 알려 말씀하셨다.

“앞의 것은 처음으로 제정한 것이고, 이번의 것은 따라서 여는 것이니, 마땅히 이와 같이 설하노라. 만약 다시 필추니가 네 달 동안의 공양청이 있으면 필요한 때에 마땅히 받을 것이며, 만약 지나서 받으면 나머지의 때를 제외하고는 바일저가이니라. 나머지의 때는 별도의 청을 할 때와 거듭해서 청을 할 때와 은근하게 청을 할 때와 항상 청하는 때이니, 이것이 그 때이니라.”

나머지의 뜻은 앞에서와 같다.

'네 달'은 네 달까지의 기간을 말한다.

'청을 받는다.'는 그 일을 허락하는 것을 말한다.

'만약 지나서'는 기간을 넘기는 것을 말한다.

'나머지의 때를 제외한다.'는 별도의 청이 있을 때에는 곧 다른 사람들과 함께 하지 않는 것을 말한다.

'거듭해서 청한다.'는 자주 거듭해서 청하는 것을 말한다.

'은근하게 청한다.'는 거듭 은근하게 마음을 다하여 청하는 것을 말한다.

'항상 청한다.'는 오랜 기간 동안 청을 하는 것을 말한다.

'이것이 그때이다.'는 따라서 여는 때를 말하고, 죄를 설명한 것은 앞에서와 같다.

이 가운데에서 범한 모양과 그 일은 무엇인가? 만약 필추니가 남에게서 거친 음식을 받았으나, 맛있는 음식을 찾는다면 찾을 때에 악작죄를 얻고, 먹으면 타죄를 얻는다. 만약 다른 사람이 좋은 음식을 주었으나 거친 음식을 찾으면 찾을 때에 악작죄를 얻고, 먹으면 범하는 것이 없다. 만약 우유 등을 주었으나, 곧 쫓아서 타락 등을 찾으면 찾을 때 악작죄를 얻고, 먹으면 타죄를 얻는다. 만약 병이 있으면 범하는 것이 없다.

만약 차례대로 집에서 걸식할 때 주인이 보고 음식을 가지고 나왔으나 필추니가 마음에 바라는 것이 있으면 마땅히 알려 "다시 밥은 필요하지 않습니다."라고 말할 것이고, 만약 다시 묻기를 "성자께서는 무엇을 필요로 하십니까?"라고 말하면 이것이 곧 필요에 따라서 청하는 것이니, 마땅히 나아가 찾아도 범하는 것이 없다.

58) 차전교(遮傳敎) 학처

인연은 왕사성에서 이루어졌다.

세존의 법에서는 이부(二部) 승가가 함께 지켜야 할 학처가 제정된 때는 반드시 이부승가가 함께 모여서 이 학처를 공유하게 되어 있었다.

그러나 필추니 대중이 모이지 않아 세존께서 구수 아난다에게 말씀하셨다.

"그대가 주다반탁가(朱茶半託迦)에게 '그대는 마땅히 이 학처를 가지고 필추니 대중에게 가서 널리 알리도록 하시오.'라고 말하라."

그는 세존의 가르침을 받들어 곧 필추니의 처소인 절에 가서 세존의 가르침을 알리고자 하였으며, 길을 가는 도중에 육중필추를 만났다. 육중 필추가 무슨 학처인가를 물으니, 곧 자세히 말하였다.

"만약 다시 필추니가 네 달 동안의 공양청을 받고 필요한 때에는 마땅히 받을 것이며, 만약 그 기간을 넘어서 받으면 나머지의 때를 제외하고는 바일저가이며, 나아가 이것이 그때이니라."

이렇게 설명을 하니 육중필추가 대답하여 말하였다.

"당신은 어리석고, 분별하지도 못하며, 분명히 이해하지도 못하는데 어떻게 당신의 말을 믿겠는가? 우리가 다른 삼장(三藏)에 아주 능숙한 사람을 보면 마땅히 그의 말을 따라 학처를 받아 행하겠소."

이렇게 비난하고서 곧 떠나갔다. 또한 열두 명의 필추니 대중이 있는 곳에 이르니 그들도 또한 법에 맞지 않는 말을 하였다. 나머지의 다른 필추와 필추니 대중들은 세존의 가르침을 듣고 기뻐하며 받들어 행하였다. [이하 자세한 내용은 생략한다.] 세존께서는 사실을 물으시고는 꾸중하셨으며 알려 말씀하셨다.

"내가 열 가지의 이익을 관(觀)하고 이부 제자를 위하여 그 일에 학처를 제정하나니, 마땅히 이와 같이 설하노라. 만약 다시 필추니가 여러 필추니들이 '구수여. 당신은 이러한 학처를 익히고 행해야 합니다.'라고 말하는 것을 듣고서, 그에게 '나는 당신같이 어리석고, 분별하지 못하며 분명히 이해하지도 못하는 사람이 학처를 받아 행하라고 하는 말을 진실로 수용할 수가 없소. 만약 다른 삼장(三藏)에 아주 능숙한 사람을 만나면 나는 마땅히 그의 말을 따라 학처를 받아 행할 것입니다.'라고 말하면 바일저가이니라. 만약 그 필추니가 진실로 잘 이해하고 있는 사람을 만나고자 하면 마땅히 삼장을 물어야 할 것이고, 이것이 옳은 것이니라."

나머지의 뜻은 앞에서와 같다.

'구수여. 당신은 이제 이러한 학처를 익혀야 합니다.'는 전달된 학처를 말한다.

'당신같이 어리석은 사람을 수용할 수 없소' 등은 그 나쁜 생각을 하고, 나쁜 말을 하며, 나쁜 행위를 짓는 이것을 어리석은 것(愚)이라고 이름한다. 만약 경·율·논을 지니지 않았으면, 이것을 어리석은 것이라고 이름한다. 만약 삼장에 대하여 그 뜻을 밝게 알지 못하면, 이것은 확실하지 못하다고 이름한다. 만약 삼장에 대하여 분명히 분별[1]하지 못하면, 이것을 확실히 알지 못한다고 이름한다. 나머지의 문장은 알기가 쉬우니, 나아가 죄를 설명한 것은 모두가 앞에서 말한 것과 같다.

이 가운데에서 범한 모양과 그 일은 무엇인가? 만약 필추니가 다른 필추니에게 "당신은 이러한 학처를 익혀 행해야만 합니다."라고 말하였으나, 그가 곧 "나는 당신의 말을 수용할 수가 없습니다."라고 대답하고, 곧 '어리석다'는 등의 네 가지 일을 말하면 한 가지 한 가지를 말할 때마다 모두 타죄를 얻는다. 만약 그 상대방이 실제로 어리석은 말 등을 하면 범하는 것이 없다.

59) 묵청투쟁(默聽鬥諍) 학처

인연은 왕사성에서 이루어졌다.

어느 때 열일곱 명의 필추는 육중필추 가운데에서 목숨을 마친 필추가 있음을 보았다. 오타이는 대중을 의지하여 머무르고 있었다. 이때 열일곱 명의 대중은 이전에 속았던 일을 생각하여 식당 안에서 함께 오바난타에게 사치갈마를 주려고 의논하고 있었다. 그는 식당의 창문 옆으로 가서 엿듣고 곧 식당 안으로 들어가 심하게 꾸짖었다. 이와 같이 열일곱 명의 대중들이 의논하는 곳마다 모두 가서 몰래 엿듣고는 함께 싸우고 혼란스럽게 하였다. [이하 자세한 내용은 생략한다.] 세존께서는 꾸중하시고 알려 말씀하셨다.

---

1) 원문에는 '결택(決擇)'이라고 표기되어 있다.

"내가 열 가지의 이익을 관(觀)하고 이부 제자를 위하여 그 일에 학처를 제정하나니, 마땅히 이와 같이 설하노라. 만약 다시 필추니가 다른 필추니들이 평가하고 의논할 일이 생겨서 허물을 구하며 많이 논쟁하며 머무르는 것을 알고서, 조용히 그 곳으로 가서 말하는 것을 엿들은 뒤에 '나는 듣고 마땅히 다투고 혼란스럽게 해야겠다.'라고 생각하여 이것을 인연으로 삼으면 바일저가이니라."

나머지의 뜻은 앞에서와 같다.

'평가하고 의논한다.'는 처음에 뜻에 맞지 않는 일을 보고 평가하고 의논을 시작하는 것을 말한다.

'허물을 구한다.'는 허물을 구하여 다시 자세히 말하는 것이다.

'많이 요란스럽다.'는 마음을 참지 못하여 그 일을 들추어내는 것을 말한다.

'다투어 논쟁을 한다.'는 이 논쟁하는 일로써 투쟁(鬪諍)의 문에 들어가 스스로 붕당(朋黨)을 맺고 서로 부추기고 선동하며 투쟁하고 머무르는 것을 말한다.

'조용히 듣는다.'는 그 말을 엿듣고 그가 말을 따르는 것을 말한다.

'다투고 혼란스럽다.'는 어지럽게 다투는 것을 멈추지 않게 하는 것을 말하고, 죄를 설명한 것은 앞에서와 같다.

이 가운데에서 범한 모양은 만약 필추니가 누각에서 함께 의논을 하는데 다른 필추니가 누각 위로 올라올 때는 마땅히 계단을 찾아 소리를 내고, 혹은 기침 소리를 내며, 혹은 손가락을 튕겨 소리를 내어야 한다. 만약 이렇게 짓지 않고서 누각 위에 올라왔을 때는 다만 논쟁하는 소리는 듣고 그 뜻은 알아듣지 못하였어도 악작죄를 얻고, 뜻을 알아들었으면 타죄를 얻는다. 자세히 설명한 것은 앞에서와 같고, 나아가 문 앞에 이르기까지 가볍고 무거운 죄는 일을 따라서 마땅히 알아야 한다.

만약 경행을 하는 곳이며, 고요한 숲 속이라면 또한 일에 의거하여 마땅히 알아야 한다. 만약 길을 따라 가면서 함께 의논을 하는데 필추니가 뒤에 오면 행할 법(行法)은 모두 누각 위에 올라가는 것에 의거하니, 마땅히

알아야 한다. 만약 짓지 않는 것의 얻는 죄의 무겁고 가벼움은 앞에서와
같다.

만약 예전에 원한이 없는데 우연히 들었거나, 혹은 다시 듣고서 투쟁의
방편을 멈추게 하려고 하는 것은 범하는 것이 없다.

60) 불여욕묵연기거(不與欲黙然起去) 학처

인연이 이루어진 처소는 앞에서와 같다.

이때 오타이는 모든 얽힌 미혹을 끊고, [이하 자세한 내용은 생략한다.]
나아가 열일곱 명의 대중들은 함께 의논을 하고 필추 대중을 모은 뒤에
상좌(上座)의 앞으로 나아가 이와 같이 말하였다.

"우리는 지금 질문할 것이 있으며, 나아가 함께 오바난타에게 사치갈마
를 짓고자 합니다."

난타는 이 말을 듣고 두려운 마음이 생겨서 조용히 일어나서 떠나갔다.
[이하 자세한 내용은 생략한다.] 세존께서는 꾸중하시고 알려 말씀하셨다.

"내가 열 가지의 이익을 관(觀)하고 이부 제자를 위하여 그 일에 학처를
제정하나니, 마땅히 이와 같이 설하노라. 만약 다시 필추니가 대중들이
법에 맞게 평가하고 의논하는 것을 알고서 조용히 자리에서 일어나 떠나가
면 바일저가이니라."

이와 같이 제정을 하여 마치셨다.

어느 때 모든 필추니들이 오랫동안 대중 가운데에 있었으므로 간병인(看
病人)과 수사인(授事人)의 소임에 부족함이 생겼다. 이것을 인연으로 하여
세존께서는 다시 허락하셨다.

"만약 인연이 있으면 마땅히 부탁하고 떠나가도록 하라."

세존께서는 계율을 지키는 것을 찬탄하시고 나아가 자세히 말씀하셨다.

"앞의 것은 처음으로 제정한 것이고, 이번 것은 따라서 여는 것이니,
마땅히 이와 같이 설하노라. 만약 다시 필추니가 대중들이 법에 맞게
평론하는 것을 알고서 조용히 자리에서 떠나면서 다른 필추니에게 부탁하

여 맡기지 않으면, 다른 인연이 있는 것을 제외하고는 바일저가이니라."

나머지의 뜻은 앞에서와 같다.

'대중'은 세존의 제자를 말한다.

'법에 맞게 평가하고 의논한다.'는 법에 맞는 단백(單白)·백이(白二)·백사(白四)의 갈마를 말한다.

'조용히 자리에서 일어나 떠나간다.'는 세분(勢分)의 밖으로 나가는 것을 말한다.

'부탁하여 맡기지 않는다.'는 어느 필추니에게 맡긴다고 말하여 알리지 않고 떠나가는 것을 말하고, 죄를 설명한 것은 앞에서와 같다.

이 가운데에서 범한 모양과 그 일은 무엇인가? 만약 필추니가 대중들이 법에 맞게 일을 의논하고 결정하여 선택하는 것을 알고서도 다른 필추니에게 부탁하여 맡기지 않고서 조용히 자리에서 일어나 떠나가서, 나아가 말소리가 들리는 곳까지 오면 악작죄를 얻는다. 이곳을 버리고 가는 때는 근본죄를 얻는다.

일곱 번째의 게송으로 거두어 말한다.

공경하지 않는 것과 음식과
마을에 들어가는 것과 다른 집에 가는 것과
밝은 모양과 귀 기울이는 것과 바늘통과
평상의 다리와 비단의 이불이 있다.

61) 불공경(不恭敬) 학처

인연은 왕사성에서 이루어졌다.

어느 때 필추 두 사람이 대중들이 식당 안에 모여서 논쟁하는 일을 멈추려는 것을 알고서 한 필추는 대중의 명에 따랐으나, 다른 필추는 대중의 명에 거슬러 대중들이 있는 곳에 나오지 않았다. 이 인연을 세존께 아뢰니 세존께서는 이 인연으로 앞에서와 같이 꾸짖으시고,

"이부 제자들을 위하여 그 일에 학처를 제정하나니, 마땅히 이와 같이

설하노라. 만약 다시 필추니가 공경하지 않으면 바일저가이니라.”

나머지의 뜻은 위에서와 같다.

‘공경하지 않는다.’는 그 두 종류가 있으니, 첫째는 대중을 말하고, 둘째는 다른 사람을 말한다. 이 두 종류의 처소에 공경하지 않는 때는 모두 타죄를 얻는다.

이 가운데에서 범한 모양과 그 일은 무엇인가? 만약 필추니가 대중들이 모여 평가하고 의논하는 일을 할 때 그를 불러 모임에 나오도록 한 것을 알고서 오지 않으면 곧 타죄를 얻는다. 불러 머무르게 하였으나 머무르지 않고, 떠나게 하였으나 떠나지 않으며, 와구(臥具)를 취하게 하였으나 기꺼이 취하지 않고, 취하지 못하게 하였으나 억지로 취하며, 방 등에 나아가게 하는 모든 일은 이와 같으며, 대중의 가르침을 어길 때는 모두 타죄를 얻는다.

만약 필추니가 친교사와 궤범사의 두 스승을 보고 이와 같이 말하여 불러도 오지 않고 나아가 방 등의 일에 이르기까지 다른 사람의 가르침을 어겼을 때는 모두 악작죄를 얻는다. 만약 도리(道理)에 의거하여 알리는 것은 공경하지 않는 것이 아니며, 이것은 모두 범하는 것이 없다.

62) 음주(飮酒) 학처

인연은 실라벌성에서 이루어졌다.

어떤 장자가 있었으니 부도(浮圖)라고 이름하였다. 큰 부자로서 재산과 옷과 음식이 풍족하였다. 아내를 얻어 오래 되지 않아 딸을 낳으니 얼굴과 용모가 단정하여 사람들에게 사랑을 받고 즐겁게 하였다. 나이가 들어 장성하여 급고독장자의 아들에게 시집가서 아내가 되어 뒤에 아들을 하나 낳았다. 아버지가 보고 기뻐하면서 “잘 왔구나! 잘 왔구나!”라고 말하니, 이때 친족들은 이 까닭으로 선래(善來)라고 이름을 지었다. 그러나 이 아이는 복력(福力)이 적은 까닭에 소유한 재산이 날마다 줄어들고 아버지와 어머니도 모두 죽었다. 이때 여러 사람들은 이것을 보고 드디어 그 아이를 악래(惡來)라고 불렀었다. 이 아이는 거지들과 함께 무리지어 구걸을 하면서 생활하였고, [이하 자세한 내용은 생략한다.] 청처관(靑處觀)을 닦는 영상(影像)이 앞에 나타나게 되었다. 세존께서 다시 그를 위하여 법요(法要)를 보이시고 가르쳐서 그 이익과 기쁨을 널리 설하시니 곧 견제(見諦)를 증득하였다. 출가를 하여 세속을 떠나서 범행을 닦고 지키며 대용맹심(大勇猛心)을 일으켜 견고한 마음을 지키고 초저녁부터 늦은 밤까지 사유(思惟)하면서도 잊고 게으르지 않아서 맺고 얽힌 모든 번뇌를 끊어 아라한과를 증득하고는 게송으로 설하였다.

옛날에 여러 세존께서 계신 처소는
다만 기왓장과 쇳조각 같은 몸을 지켰으나
지금 세존의 가르침을 듣고서
변하여 진금(眞金)의 몸을 지었구나.

나는 나고 죽는 가운데에서
다시는 몸을 받지 않을 것이며
무루법(無漏法)을 받들어 지녀서
편안하게 열반의 성(城)으로 나아가리라.

만약 사람이 진귀한 보물을 즐거워하고
해탈(解脫)하여 하늘에 태어나고자 하면
마땅히 선지식을 가까이 하면
하고자 하는 모두가 뜻대로 되리라.

이때 믿지 않고 공경하지 않는 자들은 곧 미워하여 사문인 교답마(喬答摩)는 가난하고 천박하며 어리석은 사람들을 모두 제도하고 출가시켜 제자로 삼았다고 말하였다. 세존께서는 선래(善來)의 덕을 일으키시고자 하는 까닭으로 독룡(毒龍)을 조복시키도록 하셨으며, 나아가 용에게 삼귀의와 오계2)를 받도록 하셨다. 세존께서는 여러 필추들에게 말씀하셨다.

"나의 여러 제자인 성문 가운데서 독룡을 항복시키는 것은 선래가 제일이니라."

이때 수마라산(收摩羅山)의 멀고 가까이 있는 모든 사람들과 바라문들은 독룡이 조복하여 고통과 피해가 없는 것을 보았다. 이때 어떤 바라문이 선래를 받들어 청하여 좋은 음식으로 정성스럽게 공양을 올려 배불리 먹게 하였다. 선래가 음식을 빨리 소화할 수 있도록 약간의 음상(飮象)의 술을 음료수 속에 넣었다. 선래는 알지 못하고 그 음료수를 마시고 취하여 땅에 누웠다. 모든 불세존께서는 항상 생각을 잊지 않으시므로 곧 선래가 누워 있는 곳에 변화시켜 초가집을 만들고 그의 몸을 덮어 사람들이 보지 못하게 하시고 모든 필추들에게 알려 말씀하셨다.

"그대들은 마땅히 선래가 지은 것을 보아라. 강저산(江猪山)에서 암바(菴婆)의 독룡을 항복시켰으나, 지금은 작은 게(蟹) 한 마리도 조복시킬 수 있겠는가? 그대들 모든 필추들이여. 만약 술을 마시면 이와 같은 큰 손실이 있게 되느니라."

곧 무량 백천의 망만륜상(網輓輪相)의 복덕을 갖추시어 매우 뛰어나게 장엄하신 손으로 선래의 정수리를 어루만지며 말씀하셨다.

"선래야, 어떻게 이러한 곤욕을 받는 것을 살피지 못하였는가?"

이때 선래는 약간 술이 깨어 세존을 뒤를 좇아 서다림에 이르렀다. 세존께서는 발을 씻으시고 평소와 같이 자리에 나아가 앉으시고 모든 필추에게 알려 말씀하셨다.

"그대들은 마땅히 보아라. 술을 마시는 모든 사람은 이러한 허물이 있느니라."

계율을 지키는 것을 찬탄하시고, [이하 자세한 내용은 생략한다.]

"내가 열 가지의 이익을 관(觀)하고 이부 제자를 위하여 그 일에 학처를 제정하나니, 마땅히 이와 같이 설하노라. 만약 필추니가 여러 가지의 술을 마신다면 바일저가이니라."

2) 원문에는 '오학처(五學處)'라고 표기되어 있다.

나머지의 뜻은 앞에서와 같다.

'여러 가지의 술'은 쌀의 누룩으로 만든 것이거나, 혹은 뿌리·줄기·껍질·잎·꽃·열매를 서로 섞어서 만든 술을 말한다. 이러한 여러 가지의 술을 마시면 이때 사람은 혼미하여 취하게 된다.

'마신다.'는 목구멍으로 삼키는 것을 말하고, 죄를 설명한 것은 앞에서와 같다.

이 가운데에서 범한 모양과 그 일은 무엇인가? 만약 필추니가 여러 종류의 술을 마실 때 사람을 취하게 하면 바일저가이다. 남을 취하게 하지 않으면 악작죄를 얻는다. 만약 필추니가 그 여러 가지 술과 술 빛깔과 술기운과 술맛을 보고서 능히 취하면 바일저가이고, 취하지 않았다면 세 가지의 악작죄를 얻는다. 만약 필추니가 여러 가지의 술을 마실 때 술 빛깔과 술기운이 있어서 취하면 바일저가이고, 취하지 않았으면 두 가지의 악작죄를 얻는다.

만약 필추니가 여러 가지의 술을 마실 때 다만 술 빛깔이 있어서 취하면 타죄를 얻고, 취하지 않았으면 하나의 악작죄를 얻는다. 만약 술지게미를 먹고 취하면 타죄를 얻고, 취하지 않았다면 악작죄를 얻는다. 만약 필추니가 여러 가지의 뿌리와 줄기와 잎과 혹은 열매를 먹고서 다른 사람을 취하게 하면 모두가 악작죄를 얻는다.

세존께서 모든 필추와 필추니에게 말씀하셨다.

"그대들이 만약 나를 스승으로 생각하면 모름지기 모든 술을 스스로 마시지 않을 것이고, 또한 다른 사람에게 주어서도 아니 되며, 나아가 한 방울의 술이라도 입안에 넣지 않아야 할 것이다. 만약 일부러 어긴다면 월법죄를 얻느니라."

만약 필추니가 식초를 마실 때 술 빛깔이 있으면 마셔도 범하는 것이 없고, 만약 뜨겁게 끓인 술을 마시면 이것도 또한 범하는 것이 없다. 만약 의사가 술을 머금게 하며, 혹은 몸에 바르게 하였다면 범하는 것이 없다.

63) 비시입취락불촉수필추니(非時入聚落不囑授苾芻尼) 학처

인연이 이루어진 처소는 앞에서와 같다.

어느 때 다른 곳에 살던 한 바라문이 이 성 안으로 와서 아내를 얻어 같이 살았고, 오래되지 않아 딸을 하나 낳았다. 점차 자라서 장성한 딸은 여러 여자 아이들과 서다림에 갔다가 절의 문 앞에 이르렀다. 이때 오타이는 이 여인의 용모가 아름다운 것을 보고 청정하지 못한 마음을 일으켜 곧 그녀의 몸을 어루만지고 소리내어 입을 맞추었다. 이때 여자 아이는 비법을 행하려고 하였으나 오타이는 그 일을 허락하지 않았다. 여인은 성내는 마음을 품고 마침내 손톱으로 자신의 몸을 할퀴고 나서 집으로 돌아가 아버지에게 말하였다.

"오타이가 우리 여자 아이들을 다치게 하였습니다."

아이의 아버지는 곧 5백 명의 바라문에게 알리고, 각자 성내는 마음을 품고 한곳에 모여서 오타이를 때리려고 하였다. 이때 5백 명의 사람들은 그곳에 이르러 함께 끌어내고 나아가 다리를 움직이지 못하게 만들었다. 세존께서는 이 일을 아시고 이렇게 생각하셨다.

'지금이 오타이를 가르치고 경계할 마지막 기회이구나.'

세존께서는 오타이의 힘을 약하게 하시어 견딜 수 없게 하셨다. 여러 바라문들은 그의 힘이 약해진 것을 보고 곧 함께 실컷 때려서 거의 죽을 상태가 되자 왕궁의 문으로 끌고 갔다. 이때에 왕은 높은 누각 위에서 낮잠을 자고 있었으나 세존께서 신통력으로 왕을 깨어나게 하시고, [이하 자세한 내용은 생략한다.] 승만부인이 말하여서 참회하고 마음을 고치도록 하였다. 이러한 꾸중을 듣고 용맹심을 일으켜 오래 되지 않아 모든 의혹을 끊고 아라한과를 증득하여 널리 사람들을 제도하였다. 세존께서는 그를 수기하시기를 남을 교화하는데 있어서 제일이라고 하셨다.

뒤에 어느 밤에 오타이는 다른 사람의 집에 들어갔다가 이치에 맞지 않게 살해되어 똥무더기 속에 버려졌다. 그때 세존께서는 그곳에 가셨다가 처소에 돌아와 여러 필추들에게 말씀하셨다.

"이것은 때가 아닌 때에 다니는 까닭으로 큰 허물을 초래한 것이니라."

[이하 자세한 내용은 생략한다.]

"내가 열 가지의 이익을 관(觀)하고 이부 제자를 위하여 그 일에 학처를 제정하나니, 마땅히 이와 같이 설하노라. 만약 다시 필추니가 때가 아닌 때에 마을에 들어가면 바일저가이니라."

이와 같이 제정하여 마치셨다.

어느 때 여러 필추니들을 간병하는 필추니가 때가 아닌 때에는 마을에 들어갈 수 없었으므로 마침내 아픈 필추니를 간호하지 못하였고 승가의 일을 맡은 필추니도 승가의 일을 하지 못하였다. 이 일을 세존께 아뢰니 세존께서 말씀하셨다.

"다른 필추니에게 부탁하여 맡기고서 마땅히 떠나도록 하라. 마땅히 그에게 알리기를 '구수여. 기억하십시오. 저는 간병의 인연이 있어서, 혹은 승가의 일이 있어 때가 아닌 때이지만 마을에 들어가고자 하니 구수께서는 아십시오.'라고 말할 것이며, 그가 대답하기를 '오비가(奧箄迦)3)'라고 말할 때 떠나라."

어느 필추가 재인의 집에 이전에 옷과 발우를 맡겼으나, 그 집이 때 아닌 때에 우연히 불이 났다. 그 필추는 곧 그 집으로 달려갔으나 도중에 다른 필추에게 부탁하여 맡기지 않은 것을 기억하고는 되돌아갔으므로 결국 옷과 발우를 모두 태웠다. 세존께서 말씀하셨다.

"인연이 있는 것은 제외한다. 앞의 것은 처음으로 제정한 것이고, 지금은 다시 따라서 여는 것이니, 마땅히 이와 같이 설하노라. 만약 다시 필추니가 때가 아닌 때에 마을에 들어가면서 다른 필추니에게 부탁하여 맡기지 않는다면 인연이 있는 것을 제외하고는 바일저가이니라."

나머지의 뜻은 앞에서와 같다.

'때가 아닌 때'는 두 가지의 시간이 있으니, 정오가 지난 때부터 아직 날이 밝기 이전까지를 말한다.

'마을'의 뜻은 앞에서와 같다.

---

3) 승가에서 포살이나 자자 등의 작법을 할 때 일을 인연으로 참석하지 못할 때 이 행사의 결정에 찬성하는 욕(欲)을 가리킨다.

'들어간다.'는 마을의 입구에 이르는 것을 말한다.

'다른 필추니'는 그 처소에 이미 필추니가 있으나 맡기지 않는 것을 말한다.

'때의 인연을 제외한다.'는 어려운 인연이 있는 것을 말하고, 나머지의 뜻은 앞에서와 같다.

이 가운데에서 범한 모양과 그 일은 무엇인가? 만약 필추니가 때가 아닌 때에 때 아닌 때라고 생각하고 의심하면 근본죄를 얻는다. 때에 때라는 생각을 일으키고 의심하면 악작죄를 얻는다. 나머지의 두 가지는 범하는 것이 없다. 옛 것의 인연이 있는 나머지는 필추율에서 설명한 것과 같다.

64) 수식전식후청(受食前食後請) 학처

인연이 이루어진 처소는 앞에서와 같다.

어느 때 이 성에는 장자가 한 사람 살고 있었으며, 큰 부자로서 재산이 많고 수용하는 것이 풍족하였다. 이때 오타이는 걸식하다가 그의 집에 이르렀다. 그를 위하여 법요를 설하여 음식을 베푸는 사람이 얻는 다섯 가지의 공덕으로 수명이 길어지는 것과 얼굴이 예뻐지는 것과 힘이 세어지는 것과 안락하게 되는 것과 말솜씨가 좋아지는 것을 말하였다. 장자는 이 법을 듣고 나서 음식을 가져다 받들어 보시하면서 마음 깊이 기뻐하여 그 발에 정례를 하였으며, 삼보에 귀의하고 5계(戒)를 받았다. 뒤에 다른 때에 오타이가 다시 장자의 집으로 가니 장자가 말하였다.

"제가 세존과 스님들께 저희 집에 오시어 공양하시기를 청하오니 당신께서는 일찍 오시는 것이 좋겠습니다."

오타이는 문득 이른 아침에 장자의 집에 이르러 대답하여 말하였다.

"나는 일을 인연하여 잠시 다른 사람의 집에 다녀오겠으니, 내가 돌아오기 전에는 음식을 나누지 마시오."

세존께서 장차 대중과 함께 장자의 집에 도착하시니 이때에 여러 필추들이 장자에게 말하였다.

"마땅히 큰 소리로 수의(隨意)를 하십시오."

장자가 대답하여 말하였다.

"성자시여. 제가 대중을 위하여 이 자리와 방석을 베풀어 두었습니다."

세존께서 말씀하셨다.

"이것이 곧 큰 소리로 수의(隨意)를 마친 것이니 마땅히 자리에 나아가 앉도록 하라."

이때 오타이는 막 정오가 지나려는 때에 비로소 도착하여 음식을 먹기 시작하였다. 여러 필추들은 겨우 조금을 먹은 사람도 있었고, 먹지 않는 사람도 있었다. 세존께서는 장자를 위하여 게송을 베푸시고 자리에서 일어나 떠나가셨다. 오바난타는 그곳에 머물러 절 안으로 오지 않았으나, 이때는 15일이었으므로 대중들이 장정(長淨)을 하는 날이었다. 오바난타가 모임에도 오지 않고, 또한 욕(欲)을 가지고 온 사람도 없어 대중들은 모두 법을 행하지 못하며, 찾아도 찾을 수 없어 오랫동안 자리에 앉아 있었으므로 피로해졌다. [이하 자세한 내용은 생략한다.]

"내가 열 가지의 이익을 관(觀)하고 이부 제자를 위하여 그 일에 학처를 제정하나니, 마땅히 이와 같이 설하노라. 만약 다시 필추니가 공양청을 받고서 공양하기 전과 공양하고 난 뒤에 다른 사람의 집으로 가면 바일저가이니라."

이와 같이 제정하여 마치셨다.

이때 어느 간병을 하는 사람과 승가의 일을 맡은 사람에게 앞에서와 같은 허물이 일어났다. 세존께서는 이것을 들으시고 알려 말씀하셨다.

"앞의 것은 처음으로 제정한 것이고, 이번 것은 지금 다시 따라서 여는 것이니, 마땅히 이와 같이 설하노라. 만약 다시 필추니가 공양청을 받고서 공양하기 전과 공양하고 난 뒤에 다른 사람의 집으로 가면서 다른 필추니에게 부탁하여 맡기지 않으면 인연이 있는 것을 제외하고는 바일저가이니라."

나머지의 뜻은 앞에서와 같다.

'집에서 음식을 청한다.'는 다른 사람에게 청하여 부르는 것을 말한다.

'공양을 하기 이전'은 정오가 되기 전을 말하며, 만약 밖으로 나갈 때 두 집 이상을 지나가면 곧 타죄를 얻는다.

'공양을 하고 난 뒤에'는 정오가 지난 것을 말하며, 밖으로 나가서 세 집 이상을 지나간다면 곧 타죄를 얻는다.

'부탁하여 맡기지 않는다.'는 다른 사람에게 알리지 않는 것을 말하며, 마땅히 시주에게 "나는 어느 곳에 갑니다."라고 알리거나, 혹은 다른 필추니에게 "어느 곳에 갑니다."라고 알려야 하며, 죄를 얻는 것은 앞에서와 같다.

이 가운데에서 범한 모양은 만약 공양청을 받고서 공양을 하기 전에 나가서 두 집 이상을 지나가고, 공양을 마친 후에 나가서 세 집 이상을 지나가면서 부탁하여 맡기지 않는 것이니, 타죄를 얻는다. 만약 이 필추니를 우두머리로 공양청을 하지 않은 것은 범하는 것이 없다.

65) 입왕궁(入王宮) 학처

인연이 이루어진 처소는 앞에서와 같다.

어느 때 오타이는 때의 변화를 알지 못하여 밤에 병마(兵馬)의 방울소리를 듣고 놀라 잠에서 깨어 이렇게 생각하였다.

'틀림없이 왕에게 일이 생겨 다른 곳으로 가는 것이다.'

곧 날이 밝지도 않았으나 새벽이라고 생각하여 가사와 발우를 챙겨서 왕궁 안으로 들어갔다. 승만부인은 듣고 나서 맞아들여 공손히 경전의 가르침을 받았으나 두 번 세 번을 반복하여도 날이 밝지 않았다. 궁인들이 비난하며 의논하였다.

"왕께서 비록 공경하고 믿어서 마음에 싫어하지 않으나 필추가 어떻게 때도 알지 못하고 한밤에 이르러 왕께서 아직 보물과 여러 보배로운 물건들을 간직하지도 않으셨는데 문득 궁궐의 문에 쉽게 들어오는가?"

[이하 자세한 내용은 생략한다.] 세존께서는 이 인연으로 모든 필추와

필추니에게 말씀하셨다.

"왕궁에 들어가게 되면 열 가지의 허물이 있게 된다." [자세히 내용은 대필추율에서와 같다.]

"내가 열 가지의 이익을 관(觀)하고 이부 제자를 위하여 그 일에 학처를 제정하나니, 마땅히 이와 같이 설하노라. 만약 다시 필추니가 아직 날이 밝지 않았고, 찰제리족의 관정(灌頂)을 한 왕이 아직 보물과 보배로운 것들을 감추지도 않았으나, 궁궐의 문지방을 넘어 들어간다면 바일저가이니라."

이와 같이 제정하여 마치셨다.

다시 다른 때 왕이 세존과 스님들을 청하였다. 세존께서는 가지 않으시고 사리자에게 대중과 함께 가도록 하셨다. 궁궐에 도착하였으나 쉽게 문을 들어가지 못하니, 왕이 명령하여 나아가게 하였다. 사리자는 생각하였다.

'세존께서 계율을 제정하시어 쉽게 궁궐의 문에 들어가는 것을 허락하지 않으셨으나 지금은 왕의 명령을 받았으니, 다시 명령을 어기는 것을 허락하지 않으실 것이다. 세존께서는 이 인연으로 열어서 허락하실 것이다.'

곧 궁궐의 문 안으로 들어갔다가 되돌아와서 세존께 처소에 이르러 앞의 일을 자세히 아뢰었다. 세존께서는 사리자에게 말씀하셨다.

"훌륭하구나. 내가 아직 열어 허락하지 않은 것을 그대가 이미 때를 알았구나. 그대들은 마땅히 알라. 앞의 것은 처음으로 제정한 것이고, 지금 다시 따라서 여는 것이니, 모든 제자들을 위하여 마땅히 이와 같이 설하노라. 만약 다시 필추니가 아직 날이 밝지 않아 찰제리족의 관정을 한 왕이 아직 보물과 보배로운 물건들을 간직하지도 않았으나, 궁궐의 문지방을 넘어 들어가면 다른 인연이 있는 것을 제외하고는 바일저가이니라."

나머지의 뜻은 앞에서와 같다.

'명상(明相)4)이 아직 나오지 아니하였다.'는 날이 아직 밝지 않았다는 말이며, 세 가지의 상(相)이 있다.

'왕 및 보물' 등은 모두 다른 곳에서 말한 것과 같다.

'궁궐의 문지방'은 세 가지의 종류가 있으니 성문(城門)과 왕문(王門)과 궁문(宮門)을 말한다.

'지나다.'는 발을 들어 넘어서는 것을 말한다.

'다른 인연이 있는 경우는 제외한다.'는 뛰어난 법(法)을 얻은 사람으로 사리자 등은 제외한다는 것이며, 죄를 설명한 것은 앞에서와 같다.

이 가운데에서 범한 모양은 만약 필추니가 아직 날이 밝지 않았으나, 아직 날이 밝지 않았다고 생각하고 의심하면서 성문을 넘어서는 것으로 악작죄를 얻는다. 날이 밝았는데 아직 날이 밝지 않았다고 생각하고 의심하면 또한 악작죄를 얻는다. 왕문도 또한 같다. 만약 궁문을 넘어선다고 생각하고 의심하면 본죄를 얻는다. 다음의 두 가지는 악작죄를 얻는다. 뒤의 두 구(句)는 범하는 것이 없다. 만약 왕비와 태자와 대신이 부른 경우에는 또한 범하는 것이 없다.

66) 사언부지(詐言不知) 학처

인연이 이루어진 처소는 앞에서와 같으며, 세존께서 말씀하셨다.

"매번 보름마다 바라제목차의 계(戒)를 설하도록 하라."

가르침을 받들어 설하였는데 육중필추는 계율을 들을 때마다 이렇게 말하였다.

"나는 지금 처음으로 이 법이 계경(戒經) 가운데에 설해져 있는 것을 알았다."

여러 필추들이 말하였다.

"그대들은 요즘에 어떻게 듣지 못하였습니까?"

대답하여 말하였다.

"어떻게 우리들이 오직 이것을 설하는 것을 들을 뿐이고, 다시 다른

---

4) 하늘이 동이 트는 훤한 새벽을 뜻한다.

일이 없겠습니까?”

[이하 자세한 내용은 생략한다.]

“이부 제자들을 위하여 그 일에 학처를 제정하나니, 마땅히 이와 같이 설하노라. 만약 다시 필추니가 보름마다 계경을 설할 때 ‘구수여. 저는 지금 처음으로 이 법이 계경의 가운데에 설해져 있는 것을 알았습니다.’라고 말하면, 여러 필추니들이 ‘이 필추니가 두 번이나 세 번을 함께 장정(長淨)을 지었으며, 오히려 더 많은 장정을 했을 것입니다.’ 마땅히 그 필추니에게 ‘구수여. 알지 못하였으면 그 죄를 벗어날 수 있는 것이 아닙니다. 그대가 범한 죄는 마땅히 법에 맞게 참회한다고 말해야 합니다.’라고 말하라. 마땅히 비유하여 권유하기를 ‘구수여. 이 법은 드물고 특이한 것이므로 만나기 어려운 것입니다.’라고 말하라. 그대들은 계를 설할 때 공경하지 않고, 마음을 머무르지 않으며, 은근하며 소중하게 여기지 않고, 주의하지 않으며, 하나같이 생각하지 않고, 귀를 기울이지 않으며, 생각을 올바르게 않고서 법을 들으면 바일저가이니라.”

나머지의 뜻은 앞에서와 같다.

‘계경을 설할 때’는 8타승법(他勝法)으로부터 7멸쟁법(滅諍法)에 이르기까지 차례로 설하며 그 중요한 뜻을 확실하게 설명하는 것을 말한다.

‘나는 지금 처음으로 그것들을 알았습니다.’는 육중필추가 다른 필추들과 함께 여러 번 같이 계를 설하는 것을 들었으나 일부러 “나는 알지 못하였다.”고 말하는 것이고, 다른 사람의 마음을 어지럽히려고 일부러 당시의 대중들을 괴롭히려는 뜻이다.

‘여러 필추들은 마땅히 비유하여 권유하는 말들을 한다.’는 분명히 공경하지 않는 등의 잘못된 허물이 있기 때문이다.

이 가운데에서 범한 모양은 필추니가 8타승법을 설하였을 때 이와 같이 하고, 나아가 스물한 가지 승잔죄와 일곱 가지 멸쟁법에 이르기까지 이와 같이 말을 하는 것이며, 하나하나를 말할 때 모두 타죄를 얻는다. 만약 실제로 분명히 알지 못하는 사람과 같은 어리석은 사람은 사실을 말하여도 범하는 것은 없다.

67) 작침통(作針筒) 학처

인연이 이루어진 처소는 앞에서와 같다.

어느 공인(工人)이 한 사람 있었는데 이름은 달마(達摩)였다. 그는 상아와 뼈로 만드는 것을 잘하였다. 이전에는 외도를 공경하고 믿는 마음을 내었으나, 인연을 따라 절에 왔다가 법요(法要)를 듣고서 거짓된 가르침을 버리고 세존의 가르침이 진실하다고 믿고서 생각하여 말하였다.

"그러나 나는 집이 가난하여 복업(福業)을 닦기 어려우니 마땅히 스스로 나의 일을 노력하여 다른 사람에게 베풀도록 해야겠다."

여러 필추나 필추니에게 알려 말하였다.

"저는 상아와 뼈로써 무얼 잘 만듭니다. 만약 바늘을 넣는 통이 필요하시다면 제가 손수 만들어 보시하겠습니다."

이때 그 공인은 그 일을 하여 가난해지고 몸을 가리지도 못하고 입에 풀칠하기도 어려워졌다. 외도가 보고 물었다.

"당신은 이전에 보면 집안이 풍족하였으나 지금 삭발한 무리에게 의지하여 이렇게 가난해졌습니다. 이것으로 살펴보면 누가 뛰어난 친구인가?"

[이하 자세한 내용은 생략한다.] 세존께서는 꾸중하시고 모든 필추들에게 알려 말씀하셨다.

"내가 열 가지의 이익을 관(觀)하여 이부 제자를 위하여 그 일에 학처를 제정하나니 마땅히 이와 같이 설하노라. 만약 다시 필추니가 뼈와 상아를 사용하여 바늘을 넣는 통을 만들었다면 마땅히 깨뜨려야 할 것이며 바일저가이니라."

나머지의 뜻은 앞에서와 같고, 그 뼈와 상아는 이 일과 같음을 알라.

바늘통은 두 가지가 있으니, 첫째는 통(筒)으로 만든 것이고, 둘째는 관(管)으로 만든 것이다. 만약 뼈와 상아를 사용하여 만들면 두 가지 모두가 허락되지 않는다. 스스로 만들고, 남을 시켜 만들어서도 아니된다. 만약 만들었으면 마땅히 깨뜨려 부수어야 하고, 그 죄를 참회한다고 말하라. 그 마주한 사람은 "당신은 바늘통을 깨뜨렸습니까?"라고 물어야 하며, 만약 묻지 않으면 악작죄를 얻는다. 묻는 것을 마치고 비로소 참회할 수 있다.

필추니가 대나무나 갈대로 통을 만들고, 혹은 모직물 조각 등에 바늘을 꽂아 두고서 자주 살펴보며 때가 없도록 하면 이것은 모두 범하는 것이 없다.

68) 작과량상(作過量床) 학처

인연이 이루어진 처소는 앞에서와 같다.

어느 때 한 필추가 세상을 유행하다가 서다림의 문에 이르렀는데 날이 저물어 문이 닫혀 있었다. 곧 문옥(門屋)의 아래에서 다리가 짧은 평상 위에 앉아서 발을 씻고 몸을 단정히 하여 정(定)에 들었다. 뱀이 서늘한 것을 좋아하여 평상에 머무르고 있었는데 필추를 보고 머리를 늘어뜨려 그의 이마를 물었다. 이 인연으로 목숨을 거두고 삼십삼천에 태어났다. [이하 자세한 내용은 생략한다.] 이 일을 세존께 아뢰니 세존께서 말씀하셨다.

"마땅히 다리가 짧은 평상 위에 누워 잠을 자지 않을 것이고, 또한 마땅히 평상 앞에서 발을 씻지 않도록 할 것이며, 어기는 사람은 월법죄를 얻느니라."

이때 육중필추는 이렇게 제정되었다는 소식을 듣고 마침내 높은 평상을 만들었다. 다리의 길이가 7주(肘)였으므로 사다리로 오르내리니 재가인들이 비난하고 싫어하였다. 세존께서는 꾸중하시고 모든 필추에게 알려 말씀하셨다.

"내가 열 가지의 이익을 관(觀)하여 이부 제자를 위하여 그 일에 학처를 제정하나니, 마땅히 이와 같이 설하노라. 만약 다시 필추니가 크고 작은 평상의 다리를 만들면 마땅히 높이가 세존의 8지(指)가 되게 하라. 만약 이것을 넘으면 마땅히 잘라낼 것이며, 바일저가이니라."

이와 같이 제정하여 마치셨다.

그때 오타이는 몸이 커서 그 평상에 앉으면 평상의 아래 부분에 무릎이 닿으니 세존께서 말씀하셨다.

"이것은 다시 따라서 여는 것이니, 구멍 속에 들어간 나무를 제외하고 만약 지나치게 길면 마땅히 잘라낼 것이며, 바일저가이니라."

나머지의 뜻은 앞에서와 같다.

'크고 작은 평상을 만든다.'는 스스로 만들거나 남을 시켜 큰 평상과 작은 자리를 만든다는 말이다.

'때에 마땅히 높이를 세존의 8지만큼 한다.'는 세존은 큰 스승을 이르는 말이고, 큰 스승의 8지의 길이는 보통 사람의 1주(肘)이다.

'구멍 속에 들어간 나무를 제외한다.'는 평상 다리가 들어간 구멍 속의 나무는 제외한다는 것이며, 이것은 헤아리지 않는다는 말이다.

'이것보다 넘어서게 만든다.'는 헤아려서 만약 넘어서는 것은 마땅히 잘라내야 하는 것을 말하고, 타죄(墮罪)는 마땅히 참회해야 하는 것을 말한다.

이 가운데에서 범한 모양은 만약 승가를 위하여 만들고, 스스로를 위하여 만들면 8지를 벗어나는 것을 마땅히 잘라내야 한다. 그 죄는 말하여 없애는 것이니, 죄를 말할 때 마주하고 있는 사람은 "평상의 다리를 잘라냈습니까?"라고 물어보아야 하고, 만약 묻지 않는다면 악작죄를 얻으며, 그 죄는 마땅히 참회해야 한다고 말하지 않는다. 만약 크기에 의거하여 만들었다면 범하는 것이 없다.

69) 용초목면저상(用草木綿貯床) 학처

인연이 이루어진 처소는 앞에서와 같다.

어느 때 오바난타는 나누어 얻은 큰 평상에 목면을 두껍게 덧대어 홑이불을 덮고 누웠다. 어느 나이 많은 필추가 오니 합하여 이부자리를 주었고, 곧 속에 넣는 홑이불을 덮고서 목면이 흩어진 상태로 잠을 자게 되어 몸과 옷이 모두 하얗게 되었다. 이 인연을 세존께 아뢰니 세존께서 말씀하셨다.

"내가 열 가지의 이익을 관(觀)하고 이부 제자를 위하여 그 일에 마땅한 학처를 제정하나니 마땅히 이와 같이 설하노라. 만약 다시 필추니가 목면 같은 것으로 승가의 평상이나 좌석에 두껍게 덧대었으면 마땅히 떼어내야 할 것이며, 바일저가이니라."

나머지의 뜻은 위에서와 같다.

두툼하게 까는 것에는 다섯 가지가 있으니, 첫째는 점말리(苫末梨)이고, 둘째는 적점(荻苫)이며, 셋째는 알가(頞迦)이고, 넷째는 포대(蒲臺)이며, 다섯째는 양모(羊毛)이다. 만약 필추니가 이 다섯 가지의 물건으로 스스로 두툼하게 깔거나 남을 시켜서 깔면 모두가 타죄를 얻는다.

이 가운데서 범한 모양은 필추니가 만약 승가와 개인의 평상이나 앉는 자리에 목면 등을 흩어 두껍게 덧대는 것이니, 모두가 타죄를 얻는다. 솜을 덧대었다면 떼어야 할 것이며, 죄는 마땅히 참회해야 한다. 나머지는 모두가 앞에서와 같다.

70) 과량작니사단나(過量作尼師但那) 학처

인연이 이루어진 처소는 앞에서와 같다.

세존께서 말씀하신 것과 같이 만약 승가의 와구(臥具)와 다른 사람의 물건과 나아가 개인적인 물건을 수용하면 마땅히 몸에 알맞는 속감[5]을 사용하였으나 그 크기를 알지 못하여 마침내는 크게 만들었고 작은 것은 버려지며 혹은 길고 짧은 것을 싫어하게 되었다. [이하 자세한 내용은 생략한다.]

"이부 제자들을 위하여 그 일에 학처를 제정하나니, 마땅히 이와 같이 설하노라. 만약 다시 필추니가 니사단나(尼師但那)를 만들면 마땅히 크기를 맞출 것이며, 크기에 맞추는 것은 길이는 세존의 두 뼘(張手)과 같으며 폭은 한 뼘 반을 펼친 것과 같다. 만약 이것보다 크게 만들면 바일저가이니라."

5) 원문에는 '친신체(儭身替)'라고 표기되어 있다.

이와 같이 제정하여 마치셨다.

이때 토라난타 필추니는 몸이 커서 누울 때마다 와구를 보호하기 위하여 그의 발 주변에 많은 나뭇잎을 속감으로 사용하였다. 또한 세존께서 말씀하셨다.

"이것은 다시 거듭하여 여는 것이니 니사단나의 길이를 한 팔을 펼친 것만큼을 더하도록 하라. 이것보다 긴 것은 마땅히 잘라내도록 하며, 바일저가이니라."

나머지의 뜻은 위에서와 같다.

'니사단나'는 이불 등을 말하며, 만약 스스로 만들고 남을 시켜서 만들면 모두 범하는 것과 같다.

'마땅히 헤아려야 한다.'는 글과 같으니 알 수 있을 것이다.

'세존의 한 뼘'은 보통사람의 세 뼘에 해당하며, 총 길이는 아홉 뼘이고 합하면 4주(肘) 반이다.

'폭이 한 뼘 반'은 보통사람의 네 뼘에 다시 6지(指)를 더한 것이다. 만약 이 크기를 헤아리지 아니하고 크게 만들면 남는 것은 마땅히 잘라내고, 죄는 마땅히 참회해야 한다.

나머지의 묻고 답한 것 등은 모두가 앞에서 말한 것과 같다.

여덟 번째의 게송으로 거두어 말한다.

　　부스럼을 덮는 것과 세존 옷의 크기와
　　마늘과 털을 깎고 씻는 것과 손으로 때리는 것과
　　직접 음식을 익히는 것과 물을 뿌리는 것과
　　살아있는 풀에 버리는 것과 담장 밖이 있다.

71) 작부창의(作覆瘡衣) 학처

인연이 이루어진 처소는 앞에서와 같다.

세존께서 말씀하신 것과 같이 몸의 부스럼을 덮는 옷을 만드는데 필추와 필추니가 어떻게 맞게 만드는 것을 알지 못하여 지나치게 크게 만들거나

혹은 너무 작게 만들었다. [이하 자세한 내용은 생략한다.]

"그 일에 학처를 제정하나니, 마땅히 이와 같이 설하노라. 만약 다시 필추니가 몸에 생긴 부스럼을 덮는 옷을 만든다면 마땅히 맞추어 만들어라. 크기에 맞는 것은 길이는 세존의 네 뼘이고, 폭은 두 뼘이며, 만약 크게 만들면 마땅히 잘라낼 것이며, 바일저가이니라."

나머지의 뜻은 앞에서와 같다.

'몸의 부스럼을 덮어 가리는 옷'은 몸에 있는 부스럼과 몸을 덮는 것을 말한다.

'세존의 뼘과 남는 것을 자르는 것과 죄를 말하는 것' 등을 자세히 설명한 것은 앞에서 같다.

72) 동불의량작의(同佛衣量作衣) 학처

인연이 이루어진 처소는 앞에서와 같다.

어느 때 오바난타는 세존과 같은 크기로 가사를 만들었는데 한쪽만 걸치고 나머지는 어깨 위에 모아 두고 있었다. 세존께서는 이 인연으로 모든 필추들에게 알려 말씀하셨다.

"내가 열 가지의 이익을 관(觀)하여 이부 제자를 위하여 그 일에 학처를 제정하나니, 마땅히 이와 같이 설하노라. 만약 다시 필추니가 세존의 옷과 같은 크기로 가사를 만들었으나 혹은 지나치게 크면 바일저가이니라. 세존 옷의 크기에 맞는 것은 길이는 세존 열 뼘이고 폭은 세존 여섯 뼘이다. 이것이 세존의 옷의 크기이니라."
나머지의 뜻은 위에서와 같다.

'세존의 옷'은 큰 스승의 옷이다. 길이가 세존 열 뼘은 보통사람 서른 뼘에 15주(肘)를 더한 것이며, 폭이 세존 여섯 뼘은 보통사람 열여덟 뼘에 9(肘)를 더한 것이다. 혹은 다시 이보다 크게 만들면 모두 타죄를 범하고, 자세히 설명한 것은 앞에서 같다.

근본설일체유부필추니비나야 제17권

73) 담산(噉蒜) 학처

세존께서는 실라벌성에 머무르셨다.

어느 때 한 장자가 마늘을 심어 생업을 꾸려가고 있었는데 그의 밭에는 좋은 나물이 많이 자라고 있었다. 이때는 흉년이 들어 음식을 걸식하기가 어려웠다. 장자는 매번 여러 필추니들이 걸식하러 나왔다가 빈 발우로 돌아가는 것을 보고 알려 말하였다.

"성자여. 저의 밭에 마늘을 심었는데 다른 나물도 많이 있으니 마음대로 가져가십시오."

여러 필추니들이 자주 그의 밭으로 가서 맛있는 나물을 많이 뜯었다. 이때 토라난타 필추니도 나물을 뜯으러 갔다가 마늘까지도 뜯었다. 여러 필추니들이 보고 그에게 말했다.

"당신은 마늘을 뜯었습니까?"

토라난타 필추니는 곧 필추니들에게 대답하여 말하였다.

"나물이 곧 마늘이고, 마늘이 곧 나물입니다."

장자가 이것을 보고 마음에서 참지 못하여 곧 필추니의 나물과 마늘을 빼앗고 마구 때리며 밭의 밖으로 쫓아내면서 여러 가지로 비난하고 미워하며 말하였다.

"어떻게 필추니가 마늘을 먹는가?"

여러 필추니들이 이 인연을 필추에게 알리고 필추는 세존께 아뢰었다. 세존께서는 이 인연으로 필추니 대중을 모으셨다. 세존께서는 모든 것을 알고 보시는 분이셨으나 아시는 것을 물으시고 아시는 것이 아니면 묻지 않으셨고, 때에 맞게 물으시고 때에 맞지 않으면 묻지 않으셨으며, 이로움이 있으면 물으시고 이로움이 있지 않으면 묻지 않으셨으며, 제방을 무너뜨리듯이 의혹을 없애주셨으므로 토라난타 필추니에게 물으셨다.

"그대가 진실로 이러한 단정하고 엄숙하지 못한 일을 하고 마늘을 먹었는가?"

"진실로 그렇습니다. 대덕이시여."

세존께서는 곧 여러 가지로 꾸중하셨다.

"그것은 사문녀의 법이 아니고, 정행(淨行)의 법이 아니며, 단정하고 엄숙한 일이 아니니라."

모든 필추니에게 알려 말씀하셨다.

"내가 열 가지의 이익을 관(觀)하여, [이하 자세한 내용은 생략한다.] 모든 성문 필추니 제자들을 위하여 비나야에서 그 일에 학처를 제정하나니 마땅히 이와 같이 설하노라. 만약 다시 필추니가 마늘을 먹는다면 바일저가이니라."

'필추니'는 토라난타 필추니 또는 다른 필추니들을 말한다.

'마늘을 먹는다.'는 목구멍으로 삼키는 것을 말한다.

'바일저가'는 태워지고 삶아지며 떨어지는 것을 말하고, 죄를 범한 자는 지옥·축생·아귀의 악도에 떨어져 태워지고 삶아지는 고통을 받게 된다. 또 이 죄를 범하고서 은근하게 말해도 제거하지 않으면 곧 능히 가지고 있는 선법(善法)을 장애하게 된다. 이러한 여러 뜻이 있는 까닭으로 바일저가라고 이름한다.

이 가운데에서 범한 모양과 그 일은 무엇인가? 만약 필추니가 마늘을 먹는다면 모두가 타죄를 얻는다.

이때 모든 필추들은 함께 의심이 있어 세존께 청하여 아뢰었다.

"원하옵건대 대덕이시여. 토라난타 필추니가 탐하는 마음 때문에 그에게 매를 맞고 밭의 밖으로 쫓겨난 옛날의 인연을 말씀하여 설하여 주십시오."

세존께서는 모든 필추들에게 말씀하셨다.

"토라난타 필추니가 탐내는 마음 때문에 여러 가지의 이익되지 않는 일을 만난 것은 다만 지금 뿐만이 아니고 지나간 옛날에도 또한 재앙을 만나 죽음의 상태에 이르렀느니라. 그대들은 자세히 들어라. 내가 마땅히 설하리라. 옛날에 한 도적이 담장에 구멍을 내어 왕의 집에 들어가서 많은 금·은과 여러 가지의 묘(妙)하고 진귀한 보물들을 훔쳐 넣고서 가지고 나오면서 담장에 있었던 구멍 주변에서 하나의 구기(杓)1) 하나를 잃어버렸다. 곧 가지러 왔다가 지키고 있던 사람들에게 붙잡혀 왕이 있는 곳에 끌려갔고, 법관에게 명하여 손과 발을 자르게 하였다.

이때 어느 천인이 게송을 설하였다.

마땅히 많이 탐내는 것을 짓지 않을 것이니
탐내는 것은 죄악(罪惡)이구나.
만약 많이 탐내는 마음을 지으면
얻은 것도 모두가 흩어져 잃게 되나니
저 사람이 잃어버린 구기 하나를 구하다가
마침내 많은 고통을 만나게 되는구나.

그대들 필추들이여. 그대들의 생각에는 어떠한가? 옛날의 도둑이 어찌 다른 사람이겠는가? 지금의 토라난타 필추니가 바로 그 사람이니라. 그 탐내는 마음 때문에 이익이 없는 고통을 받았고 지금도 또한 그와 같으니라.

다시 여러 필추들이여. 이 필추니는 탐내는 마음을 품은 까닭으로 아무 이익이 없는 것을 많이 만나고 얻은 것도 흩어졌으니, 그대들은 자세히 들으라. 내가 지금 다시 설하리라. 지나간 과거에 바라니사성(婆羅尼斯城)에 금을 다루는 장인(匠人)이 한 사람 살고 있었다. 그는 아내를 얻어 오래 되지 않아 딸을 하나 낳았다. 그 아이는 용모와 위의가 단정하고 얼굴이 뛰어나서 매우 사랑스럽고 즐거웠다. 그 딸이 장성하였는데 그 아버지는 목숨을 마쳤다가 다시 기러기로 태어나 기러기의 왕이 되었고

1) 술 등을 뜨는 국자 모양의 물건을 말한다.

딸은 가난하여 많이 고생하였다. 기러기의 왕이 된 아버지는 전생의 일을 기억하고 딸을 살펴보아 살아 있으면 구제하려고 결심하였다. 마침내 자기의 딸이 가난하여 많은 괴로움을 받는 것을 보고, 딸을 사랑하는 마음 때문에 보주(寶洲)로 날아가서 보배구슬을 하나 물어다가 이른 아침에 딸이 사는 집의 문 아래에 놓아두었다. 딸은 보배구슬을 거두어 깊이 숨겨 두었고, 기러기왕은 이와 같이 매일 보배구슬을 물어다 주었으나 딸은 거두어 간직하고서 생활비로는 사용하지 않았다. 이와 같이 많은 보배구슬을 갖게 된 딸은 생각하여 말하였다.

'누가 나에게 구슬을 주는 것일까?'

늦은 밤에 문 옆에서 엿보다가 마침내 기러기가 오는 것을 보고 곧 이렇게 생각하였다.

'이 기러기의 몸 안에 보배구슬이 숨겨져 있어 매일같이 와서 문 앞에 버리고 가는구나. 어떻게든 방편을 사용하여 붙잡아 한꺼번에 보배구슬을 모두 얻어야겠다.'

기러기를 잡기 위하여 비밀스럽게 그물을 쳤으며, 기러기왕은 그물을 보고 이렇게 생각하였다.

'이 죄가 많고 악한 물건이 은혜를 모르고 나를 해치고자 하는구나.'

곧 날아가서 다시는 오지 않았다. 천인이 게송을 설하였다.

마땅히 많이 욕심내지 않아야 하나니
욕심은 죄가 되고 악한 일이로다.
만약 탐욕이 많아 지으면
얻은 것을 모두 잃게 되나니
너는 지금 기러기를 잡으려고 하였으므로
보배구슬이 문득 끊어진 것이구나.

그대들 필추들이여. 그대들 생각은 어떠한가? 옛날의 여인이 어떻게 다른 사람이겠는가? 지금의 토라난타 필추니가 바로 그 여인이니라. 탐내는 마음 때문에 많은 보물을 잃고서, 지금은 탐내는 마음 때문에 남에게 얻어맞고 밭의 밖으로 쫓겨나 희망이 끊어졌느니라. 오로지 이러한 뜻 때문에 모든 필추니들은 마땅히 탐욕이 많아서는 아니 되느니라."

74) 체은처모(剃隱處毛) 학처

인연이 이루어진 처소는 앞에서와 같다.

어느 때 토라난타 필추니는 밖의 드러난 곳에서 겨드랑이의 털을 깎았는데 다른 필추니들이 보고 물었다.

"누가 겨드랑이의 털을 깎아서 이곳에 버렸는가?"

토라난타가 말하였다.

"내가 버렸습니다."

여러 필추니들이 다시 물었다.

"무슨 까닭입니까?"

대답하여 말하였다.

"겨드랑이 털 때문에 거슬려 내가 깎아 버렸습니다."

여러 필추니들이 말하였다.

"자매여. 이것이 청정한 일입니까?"

대답하여 말하였다.

"청정하든 청정하지 않든 나는 이미 깎았습니다."

여러 필추니들이 필추에게 알리고, 필추는 세존께 아뢰었다. 세존께서 토라난타 필추니에게 말씀하셨다.

"그대가 진실로 겨드랑이의 털을 깎았는가?"

대답하여 말하였다.

"진실로 그렇습니다. 대덕이시여."

세존께서는 여러 가지로 꾸중하시고, [이하 자세한 내용은 생략한다.]

"모든 성문 필추니 제자들을 위하여 비나야에서 그 일에 학처를 제정하나니, 마땅히 이와 같이 설하노라. 만약 다시 필추니가 숨겨진 곳에 나

있는 털을 깎는다면 바일저가이니라."

'만약 다시 필추니'는 토라난타 필추니 또는 다른 필추니를 말한다.

'숨겨진 곳'은 드러나지 않은 곳을 말한다.

'털을 깎는다.'는 그 털을 제거하는 것을 말하고, '타죄'는 앞에서와 같다.

나아가 범한 모양과 그 일은 무엇인가? 만약 필추니가 숨겨져 있는 곳에 나 있는 털을 깎으면 모두 타죄를 얻는다.

75) 세정불과량(洗淨不過量) 학처

인연이 이루어진 처소는 앞에서와 같다.

어느 때 토라난타 필추니는 음욕이 크게 생겨서 대소변을 본 뒤에 씻으면서 손가락을 여근(女根) 안에 넣어 즐겁다는 생각을 하였다. 이와 같이하여 마침내 부스럼이 생겨 큰 고통을 받게 되어 여러 제자들에게 알려 말하였다.

"그대들은 여러 가지 향이 있는 전단향과 향풀 등을 구해오너라. 내게 병이 있어 고통스럽구나."

제자들이 물었다.

"성자께서는 지금 어디가 편찮으십니까?"

그는 곧 그 일을 갖추어 말하니 여러 필추니들이 말하였다.

"성자여. 이와 같이 짓는 것이 청정한 법에 맞습니까?"

대답하여 말하였다.

"청정하든 청정하지 않든 나는 이미 그 일을 지었다."

필추니는 필추에게 알리고 필추는 세존께 아뢰니, 세존께서는 물으시고 꾸중하셨다.

"이 모든 허물과 병은 모두 손으로 씻는 까닭이니, 마땅히 필추니는 대소변을 보고 나서 물로 씻지 않을 것이니라."

세존께서 제정하여 마치셨다.

어느 날 다른 때에 토라난타 필추니는 장자의 아내에게 설법을 해주었는데 몸에 더러운 냄새가 나서 그녀는 참을 수가 없어서 물어 말하였다.

"이 냄새가 어디서 나는 것입니까?"

또 다시 필추니에게 물었다.

"세존께서 필추니에게 대소변을 보고 나서 물로 씻지 못하게 학처를 제정하셔서 더러운 냄새가 나는 것입니까?"

필추니가 말하였다.

"그렇습니다."

필추니는 필추에게 알리고 필추는 세존께 아뢰니 세존께서 말씀하셨다.

"이것을 까닭으로 내가 지금 다시 모든 필추니를 위하여 그 일에 마땅한 학처를 제정하나니 마땅히 이와 같이 설하노라. 만약 다시 필추니가 물로 씻을 때에는 마땅히 손가락 두 마디까지 허용되나니, 만약 그 이상으로 씻으면 바일저가이니라."

'필추니'는 토라난타 필추니 또는 다른 필추니들을 말한다.

'마땅히 손가락 두 마디까지 허용한다.'는 그 이상으로 씻을 수 없다는 것이며, 두 마디 이상으로 씻는다면 모두 타죄를 얻는다. 나머지는 앞에서 설한 것과 같다.

76) 이수박은처(以手拍隱處) 학처

인연이 이루어진 처소는 앞에서와 같다.

어느 때 토라난타 필추니는 음욕이 크게 생겨서 손으로 여근[2]을 두드렸다. 이 같이 하여 마침내 부스럼이 생겨 크게 고통을 받았다.

묻고 대답을 한 것은 앞에서와 같으며, [이하 자세한 내용은 생략한다.]

"성자께서는 지금 어디가 편찮으십니까?"

그가 곧 그 일을 갖추어 말하니, 여러 필추니들이 말하였다.

"이렇게 짓는 것이 청정한 법에 맞습니까?"

---

2) 원문에는 '은처(隱處)'라고 표기되어 있다.

대답하여 말하였다.

"청정하든, 청정하지 않든 나는 이미 그 일을 지었다."

필니가 필추에게 알리고, 필추는 세존께 아뢰었다. 세존께서는 물으시고는 꾸중하셨으며, [자세한 내용은 앞에서 설명한 것과 같다.]

"그 일에 학처를 제정하나니, 마땅히 이와 같이 설하노라. 만약 다시 필추니가 손으로 여근을 두드리면 바일저가이니라."

'필추니'는 토라난타 필추니 또는 다른 필추니들을 말한다.

'여근'은 앞에서와 뜻이 같은 것을 말한다.

'두드린다.'는 손으로 두드리는 것을 말하고, '타죄'는 앞에서와 같다.

만약 필추니가 손으로 여근을 두드리면 모두 타죄를 얻는다.

77) 자수자생식(自手煮生食) 학처

인연이 이루어진 처소는 앞에서와 같다.

어느 때 어느 사람이 동산(苑園)을 사랑하였는데 요리사에게 말하였다.

"내가 동산에 놀러가려고 하니 이른 아침에 일찍 와서 음식을 만들어 둘 것이며 또한 요리사들은 모두 집에 와서 필요한 것을 모두 준비하도록 하시오."

이렇게 알리고 곧 동산으로 갔다. 이때 하인은 필요한 것을 준비해 놓고 마침내 요리사를 기다렸다. 결국 요리사는 나타나지 않았고, 장차 시간이 지나서 근심하여 기다리고 있었다. 이때 토라난타 필추니가 걸식을 하다가 그 집에 들어와서 하인에게 말하였다.

"현수여. 병이 없으십시오. 나에게 음식을 베풀어 주십시오."

그의 아내가 대답하여 말하였다.

"성자여. 저는 지금 걱정이 있는데 어떻게 음식을 베풀어 드리겠습니까?"

필추니가 말하였다.

"현수여. 무엇을 근심하십니까?"

그녀가 곧 갖추어 말하니 필추니가 말하였다.

"자매여. 오직 바느질을 알고 다른 것은 알지 못합니까?"

대답하여 말하였다.

"성자께서는 음식을 만드십니까?"

필추니가 말하였다.

"재주가 있는 내가 어떻게 못하겠습니까?"

부인이 말하였다.

"성자여. 바라건대 저를 불쌍히 여기시어 음식을 만들어 주십시오."

필추니가 말하였다.

"내가 음식을 만들면 마땅히 음식을 주겠습니까?"

대답하여 말하였다.

"드리겠습니다."

"방에 있는 것도 주겠습니까?"

대답하여 말하였다.

"또한 드리겠습니다."

필추니가 말하였다.

"어떤 음식을 만들겠습니까?"

대답하여 말하였다.

"여러 가지의 지수(脂酥)와 과반(果盤), 그리고 여러 떡을 만들면 됩니다."

그녀가 필요한 것을 모두 만들어 주었고, 여러 가지 준비를 끝낸 뒤에 음식을 가지고 절로 돌아갔다. 요리사가 뒤에 오니 하인이 그에게 말하였다.

"토라난타 필추니가 음식을 정성스럽게 이미 만들었습니다."

요리사는 이 말을 듣고 여러 가지로 비난하고 싫어하여 나쁜 말을 내뱉었다.

"어떻게 사문인 석녀(釋女)가 남의 직업을 빼앗는가? 사문녀(沙門女)도 아니고 정행녀(淨行女)도 아니다."

필추니가 필추에게 알리고, 필추는 세존께 아뢰었다. 세존께서는 물으

시고는 꾸중하셨으며, [자세한 내용은 앞에서 설명한 것과 같다.]

"그 일에 학처를 제정하나니, 마땅히 이와 같이 설하노라. 만약 다시 필추니가 직접 날 것의 음식을 익히면 바일저가이니라."

'필추니'는 토라난타 필추니 또는 다른 필추니를 말한다.

'날것의 음식'은 스스로의 손으로 직접 익게 하는 것이고, '타죄'는 앞에서와 같다.

범하지 않는 것은 만약 필추 승가를 위하는 것과 또한 나머지의 같은 범행자를 위하는 것과 보이지 않는 곳에서 음식을 익혀 외부인이 보는 사람이 없는 것이다.

78) 수쇄상중(水灑上衆) 학처

인연이 이루어진 처소는 앞에서와 같다.

어느 때 한 장자가 오래 전에 아내를 얻었으나 결국 자식이 없었다. 친족들이 모두 죽고 재산을 모두 사용하여 가난해졌고, 홀로 늙으니 의지할 곳이 전혀 없었다. 손으로 뺨을 괴고 이렇게 생각하였다.

'내가 지금 나이가 많으니 어떻게 돈을 벌 것인가? 출가를 하여 좋은 곳을 찾는 것이 좋겠다.'

아내에게 알려 말하였다.

"현수여. 내가 출가를 하려고 하니 당신은 어떻게 하겠소?"

아내가 말하였다.

"나도 출가를 하겠어요."

곧 자신의 아내를 데리고 대세주 필추니의 처소로 가서 말하였다.

"성자여. 이 사람은 저의 아내입니다. 출가를 하고자 이렇게 와서 여쭙니다."

대세주는 곧 제도하여 출가시켰고, 그 남편도 또한 스승에게 나아가 출가를 하고서 이렇게 생각하였다.

'내가 먼저 그 사람과 약속하기를 함께 자주 안부를 묻기로 하였으니

지금 가서 보아야겠다.'

이렇게 생각하고 곧 필추니의 처소로 갔다. 필추니는 멀리서 오는 것을 보고 스스로 나와서 맞이하고 그를 위하여 평상과 좌석을 설치하였다. 필추가 앉자 필추니는 한쪽에 있으면서 묘법을 설하였다. 듣기를 마치고 필추가 떠나려고 하였다. 여인들의 성품 상 일찍이 얻은 물건들을 방안에 모아두고 있었다. 필추니가 곧 알려 말하였다.

"원하건대, 잠깐 머물러 제가 모아둔 음식을 조금 받으시기 바랍니다."

곧 여러 가지 음식을 가지고 와서 필추에게 주었는데, 필추니는 부채와 물병도 갖고 있었다. 필추가 마침내 웃으니 필추니가 곧 물었다.

"무슨 까닭으로 웃으십니까?"

필추가 대답하여 말하였다.

"재가에서 나를 섬기던 일을 지금 다시 하여서, 이것 때문에 내가 웃는 것이오."

필추니는 곧 화가 나서 그에게 말하였다.

"나는 앞으로 복을 지을 경건한 마음으로 주었는데 도리어 우습게 되었군요."

곧 한 웅큼의 물을 필추에게 뿌리고 다시 병으로 때렸다. 필추니가 필추에게 알리고, 필추는 세존께 아뢰었다. 세존께서는 물으시고는 꾸중하셨으며, [이하 자세한 내용은 생략한다.]

"그 일에 학처를 제정하나니, 마땅히 이와 같이 설하노라. 만약 다시 필추니가 위(上) 대중에게 물을 뿌리면 바일저가이니라."

'위 대중'은 먼저 출가를 하여 위에 있는 사람이다.

'물을 뿌리다.'는 물을 몸에 뿌리는 것을 말하고, '타죄'는 앞에서와 같다.

만약 기절한 사람에게 물을 뿌리면 범하는 것이 없다.

79) 생초상대소변(生草上大小便) 학처

인연이 이루어진 처소는 앞에서와 같다.

필추니의 절에서 가까운 곳에 풀이 있는 땅이 있었다. 여러 바라문들과 장자의 어린아이들이 무리를 지어 이곳에 와서 법에 맞지 않는 이야기를 하며 함께 마음이 들떠 희롱하며 소란을 피워 여러 필추니들을 괴롭혔다. 이때 토라난타 필추니는 이 일을 보고, 모든 제자들에게 설사약을 먹이고 큰 그릇에 부정(不淨)을 받았다. 그릇에 가득 담아 곧 절 앞의 풀이 있는 땅에 흩어 뿌렸다. 그 바라문과 장자의 아이들이 이전처럼 모두 와서 함께 희롱하며 땅에 구르다가 서로에게 말하였다.

"아주 지독한 냄새가 나는 부정이 많이 있다. 누가 이런 일을 했는지 모르겠으나, 어떻게 멸망(滅亡)하지 않겠는가?"

토라난타 필추니가 멀리서 보고 크게 웃으니 사람들이 물었다.

"성자는 어째서 웃습니까? 어떻게 이러한 오물이 풀이 있는 땅에 있습니까?"

대답하여 말하였다.

"내가 아니면 누가 그랬겠는가? 그대들처럼 나쁜 사람들에게는 이러한 일이 마땅하다."

그 여러 사내아이들은 이 말을 듣고 모두 싫어하면서 각자 집으로 돌아가서 부모와 친척과 형제자매들에게 그 일을 갖추어 말하니, 모두가 비난하고 부끄럽게 생각하였다. 필추니가 필추에게 알리고, 필추는 세존께 아뢰었다. 세존께서는 물으시고 꾸중하셨으며, [자세한 내용은 앞에서 설명한 것과 같다.]

"그 일에 학처를 제정하나니, 마땅히 이와 같이 설하노라. 만약 다시 필추니가 풀이 있는 곳에서 대소변을 보고 코를 풀며 침을 뱉는다면 바일저가이니라."

'필추니'는 토라난타 필추니 또는 다른 필추니들은 말한다.

'풀이 나 있는 곳'은 풀이 파랗게 자라는 땅을 말한다.

'대소변'은 여러 가지 깨끗하지 못한 것들을 말하고, '타죄'는 앞에서와 같다.

병을 인연하는 것은 제외하며, 범하는 것이 없다.

80) 이부정기장외(以不淨棄牆外) 학처

인연이 이루어진 처소는 앞에서와 같다.

어느 때 토라난타 필추니는 대중의 일을 맡아보고, 혹은 풍송(諷誦)을 가르치면서 밤에 잠을 자지 못하는 일이 많았고 음식도 소화시키지 못하였다. 곧 배탈이 나서 부정을 담장 밖으로 버렸다. 이때 승광왕에게는 길상(吉祥)이라고 이름하는 대신이 마음대로 왕의 코끼리를 타다가 왕이 화가 나서 그를 쫓아냈으므로 절의 담장 근처를 지나가고 있었다. 이때 토라난타 필추니가 버린 오물이 대신의 머리를 더럽혔다. 여러 필추니들은 이 사실을 알고 함께 상의하여 말하였다.

"지금 이 대신은 큰 세력을 갖고 있으니, 우리들은 반드시 재앙을 만나게 될 것입니다."

이 대신은 화나는 마음과 수치스러운 마음을 품고 강으로 가서 목욕하였다. 이때 녹자대신(鹿子大臣)은 그 길상을 위하여 왕에게 말하였다.

"그 신하는 충성스럽고 삼가하여 나라에 공(功)이 있습니다. 바라건대, 대왕께서는 코끼리를 탄 잘못을 용서하십시오."

왕은 그 말이 옳다고 여기고 사신을 보내어 뒤쫓아 가서 알려 말하였다.

"대왕께서 옛일을 생각하시고 저를 보내시어 다시 부르게 하셨습니다."

그 신하는 정신이 없고 전해온 뜻을 알지 못하여 두려워하면서 곧 젖은 옷을 입고 급히 왕에게 나아갔다. 왕은 그를 보고 기뻐하여 그의 관직을 되돌려 주고 흰 연꽃으로 장식한 코끼리를 마음대로 타게 하였다. 길상은 기뻐하며 다시 이렇게 생각하였다.

'내가 어느 처소의 소중한 것을 쫓아 관직과 영화를 되찾았을까? 오로지 그 범행자가 오물을 버려 나의 몸을 더럽힌 것을 까닭으로 이러한 과보를 얻게 되었구나.'

왕궁에서 나와 필추니의 처소로 가서 여러 필추니들에게 알려 말하였다.

"성자여. 오늘 어느 필추니가 그 오물을 나의 머리 위로 버렸습니까?"

이때 토라난타 필추니는 그가 찾아와 묻는 것을 보고 크게 놀라고 두려워하여 방문을 닫고 문틈으로 그에게 대답하여 말하였다.

"어느 늙은 필추니가 좋고 나쁜 것을 알지 못하여 정신을 잃고 이것을 버려서 귀하신 분을 더럽혔습니다. 부디 화내지 마십시오."

대신이 말하였다.

"저는 그것에 대해서 진실로 화내는 마음이 없습니다. 의복을 보시하고자 일부러 와서 묻는 것입니다. 저는 그 오물 때문에 거듭해서 관직과 영화를 받았습니다."

필추니는 이 말을 듣고 문에서 나와 손으로 가슴을 쓸어내리며 대답하여 말하였다.

"저의 어리석은 마음으로 이런 허물을 짓게 되었습니다."

대신은 필추니가 나오는 것을 보고 여러 가지 의복을 지어 스스로 받들어서 보시하였다. 신하는 다시 웃음을 머금고 이렇게 말하였다.

"내가 성자의 부정한 위력 때문에 높은 지위와 왕의 총애를 얻게 되었습니다."

이후에 다른 때 토라난타 필추니는 여러 필추니들과 다투게 되자 그 필추니를 욕하며 말하였다.

"내가 지금 당신을 보니 나의 똥에도 미치지 못하는구나."

필추니가 필추에게 알리고 필추는 세존께 아뢰었다. 세존께서는 물으시고는 꾸중하셨으며, [이하 자세한 내용은 생략한다.]

"그 일에 학처를 제정하나니, 마땅히 이와 같이 설하노라. 만약 다시 필추니가 잘 살피지 아니하고 쉽게 오물을 담장 밖으로 버리면 바일저가이니라."

'만약 다시 필추니'는 토라난타 필추니 혹은 다른 필추니들을 말한다.

'밖으로 버린다.'는 담장 밖으로 버리는 것을 말한다.

'잘 살피지 않는다.'는 살펴보지 않는 것을 말한다.

'깨끗하지 않은 것'은 사람의 똥과 같은 더러운 것을 말하고, '타죄'는 앞에서와 같다.

만약 물건을 넣어 함께 버리면 범하는 것이 없다.

아홉 번째의 게송으로 거두어 말한다.

혼자 하는 것의 다섯 종류와
귀속 말을 하는 네 가지 것과
만약 화내는 마음을 품고서
가슴을 두드리는 것은 합당하지 않다.

81) 독여남자병처립(獨與男子屛處立) 학처

인연이 이루어진 처소는 앞에서와 같다.

어느 때 토라난타 필추니는 혼자서 남자와 함께 가려진 곳에 서 있었다. 바라문과 장자와 많은 사람들이 이 일을 보고 드디어 의심하여 서로 의논하며 말하였다.

"이것은 적정행(寂靜行)을 닦는 출가자의 무리가 아니다. 혼자서 남자와 함께 가려져 보이지 않는 곳에 서 있구나."

필추니가 필추에게 알리고 필추는 세존께 아뢰었다. 세존께서는 물으시고는 꾸중하셨으며, [이하 자세한 내용은 생략한다.]

"그 일에 학처를 제정하나니, 마땅히 이와 같이 설하노라. 만약 다시 필추니가 혼자서 남자와 함께 가려져 보이지 않는 곳에 서 있으면 바일저가이니라."

'필추니'는 토라난타 필추니 또는 다른 필추니들을 말한다.

'혼자서 남자와 함께'는 재가인의 장부와 함께 있다는 말이다.

'가려진 곳에 서 있다.'는 다섯 가지의 가려진 곳이 있으니, 첫째는 울타리가 둘러진 곳이고, 둘째는 담장이 둘러진 곳이며, 셋째는 휘장이 쳐진 곳이고, 넷째는 깊은 숲속이며, 다섯은 어두운 곳이다.

'서 있다.'는 서서 머무르는 것을 말하며, 나아가 모두 타죄를 얻는다.

82) 독여필추병처립(獨與苾芻屛處立) 학처

인연이 이루어진 처소는 앞에서와 같다.

어느 때 급다(笈多) 필추니는 오타이와 함께 가려진 곳에 서 있었다. 바라문과 장자와 여러 남자들이 보고 싫어하는 마음을 일으켜 함께 의논하였다.

"이 필추니는 적정행을 닦는 출가자가 아니다. 필추와 함께 가려진 곳에서 만나는 약속을 하는 것이 틀림없다."

그 믿지 않는 사람들은 여러 가지로 헐뜯고 비방하였다. 필추니가 필추에게 알리고 필추는 세존께 아뢰었다. 세존께서는 물으시고는 꾸중하셨으며, [자세한 내용은 앞에서 설명한 것과 같다.]

"내가 그 일에 학처를 제정하나니, 마땅히 이와 같이 설하노라. 만약 다시 필추니가 혼자서 필추와 함께 가려진 곳에 서 있으면 바일저가이니라."

'필추니'는 급다 필추니 또는 다른 필추니들을 말한다.

'필추'는 오타이 필추를 말한다.

'가려져서 보이지 않는 곳에 서 있다.'는 가려진 곳이란 다섯 가지가 있으니 그 뜻은 위에서 설명한 것과 같으며, 나아가 서 있는 것은 모두 타죄를 얻는다.

83) 독여남자노처립(獨與男子露處立) 학처

인연이 이루어진 처소는 앞에서와 같다.

어느 때 토라난타 필추니는 혼자서 남자와 함께 드러난 곳에 서 있었다. 바라문과 장자 등이 보고 싫어하는 마음을 일으켜 함께 의논하여 말하였다.

"이 필추니는 적정행을 닦는 출가자가 아니다. 마침내 남자와 함께 혼자서 드러난 곳에서 만날 약속을 하고 있구나."

필추니가 필추에게 알리고 필추는 세존께 아뢰었다. 세존께서 물으시고는 꾸중하셨으며, [자세한 내용은 앞에서 설명한 것과 같다.]

"그 일에 마땅한 학처를 제정하나니 마땅히 이와 같이 설하노라. 만약 다시 필추니가 혼자서 남자와 함께 드러난 곳에 서 있으면 바일저가이니라."

'만약 다시 필추니'는 토라난타 필추니 또는 다른 필추니들을 말한다.

'혼자서 남자와 함께'는 재가인의 장부를 말한다.

'드러난 곳에 서 있다.'는 드러나서 막힌 것이 없는 곳을 말하고, 나아가 만약 서 있으면 모두 타죄를 얻는다.

84) 독여필추노처립(獨與苾芻露處立) 학처

인연이 이루어진 처소는 앞에서와 같다.

어느 때 급다 필추니는 혼자서 오타이 필추와 함께 드러난 곳에 서 있었다. 바라문과 장자가 보고 의논한 것은 앞에서와 같으며, "나아가 함께 만나기로 약속을 하는 것임에 틀림없다."

필추니가 필추에게 알리고 필추는 세존께 아뢰었다. 세존께서는 물으시고는 꾸중하셨으며, [자세한 내용은 앞에서 설명한 것과 같다.]

"그 일에 학처를 제정하나니, 마땅히 이와 같이 설하노라. 만약 다시 필추니가 필추와 함께 드러난 곳에 서 있으면 바일저가이니라."

'필추니'는 급다 필추니 또는 다른 필추니들을 말한다.

'필추'는 오타이 또는 다른 필추들을 말한다.

'드러난 곳에 서 있다.'는 뜻은 위에서 설명한 것과 같으며, 나아가 모두가 타죄를 얻는다.

범하지 않는 것은 필추에게 도반이 있는 것과 필추니에게 시자(侍者)가 있는 것이다.

85) 독주일방(獨住一房) 학처

인연이 이루어진 처소는 앞에서와 같다.

주계난타(珠髻難陀) 필추니는 좋은 가사를 입었으며 위의가 가지런하였

552

고 걸음걸이가 단정하고 엄숙하였다. 이 필추니가 걸식을 할 때, 어느 향을 파는 남자가 필추니의 용모와 위의를 보고 마음이 부정에 물들고 음욕심이 치성해져서 수치스럽고 부끄러운 마음을 모르고 천천히 필추니에게 다가가서 작은 소리로 말하였다.

"성자여. 나와 함께 개인적인 곳에서 서로 즐기도록 합시다."

필추니가 대답하였다.

"나는 출가하였으니 어떻게 당신과 함께 이러한 비천한 일을 짓겠습니까?"

잠시 후 마음에 분노가 일어나 남자에게 알려 말하였다.

"이 못된 사람아! 아버지를 죽이지 아니 하였는가. 지금 나에게 이러한 추잡한 말을 하는가? 당신은 어째서 코끼리나 호랑이나 사자나 독사 등 사나운 것과 함께 즐기지 않겠는가?"

남자가 말하였다.

"성자께서는 무엇을 이상하게 생각하십니까? 남자들은 모두가 이렇게 말을 합니다."

필추니는 이렇게 생각하였다.

'이 사람은 착한 사람이 아니다. 이미 나를 괴롭혔으니, 나는 마땅히 그와 함께 만날 것을 약속하여 괴롭혀야겠구나.'

이렇게 생각하고는 알려 말하였다.

"현수여. 나의 방이 어느 곳에 있으니, 마땅히 스스로 때를 알고서 오면 함께 즐길 수 있습니다."

날이 저물자 모든 필추니들이 탑[3]에 애배드리는 시간이 되었고, 남자는 방안에 들어가 있었다. 필추니는 다른 필추니들과 함께 풍송(諷誦)을 하고 밤이 늦어지자 곧 방에 들어가서 평상 위에 앉았다. 남자가 마침내 와서 손을 잡으니, 필추니는 곧 큰소리로 외쳤다.

"도둑이 내 방안에 들어왔다."

---

3) 원문에는 '제저(制底)'라고 표기되어 있다.

남자는 황급히 방 밖으로 나가면서 이렇게 말했다.

"이 필추니가 많이 망녕되게 나와 약속하고서 이곳에 와서 도적이라고 소리치는구나."

필추니가 필추에게 알리고 필추는 세존께 아뢰었다. 세존께서는 물으시고는 꾸중하셨으며, [자세한 내용은 앞에서 설명한 것과 같다.]

"그 일에 학처를 제정하나니, 마땅히 이와 같이 설하노라. 만약 다시 필추니가 혼자서 한 방에 머무르면 바일저가이니라."

'만약 다시 필추니'는 주계난타 필추니 또는 다른 필추니들을 말한다.

'혼자서 한 방에 머무른다.'는 다른 필추니가 없이 혼자서 밤을 지낸다는 말이며, '타죄'는 앞에서와 같다. 나아가 머무는 것은 모두 타죄를 얻는다.

범하지 않는 것은 같은 방에 있던 다른 필추니가 죽었고, 혹은 쫓겨났으며, 스스로 도(道)를 그만두는 것이다.

86) 공남자이어(共男子耳語) 학처

인연이 이루어진 처소는 앞에서와 같다.

어느 때 토라난타 필추니는 아침 시간에 실라벌성에 들어가 위의를 바르게 하고 걸식하다가 여러 재가인들과 함께 귓속말을 하였다. 바라문과 장자와 믿고 공경하지 않는 사람들이 그것을 보고 싫어하는 마음을 내어 함께 의논하였다.

"이 필추니를 보니 적정행을 닦는 출가자는 아니다. 스스로 선품(善品)을 버리고서 여러 남자와 함께 귓속말을 하여, 서로 만날 약속을 하는 것이 틀림없다."

필추니가 필추에게 알리고 필추는 세존께 아뢰었다. 세존께서는 물어보시고는 꾸중하셨으며, [자세한 내용은 앞에서 설명한 것과 같다.]

"그 일에 학처를 제정하나니, 마땅히 이와 같이 설하노라. 만약 다시 필추니가 남자와 함께 귓속말을 하면 바일저가이니라."

'만약 다시 필추니'는 토라난타 필추니 또는 다른 필추니들을 말한다.

'남자와 함께 귓속말을 한다.'는 장부와 함께 귓속말을 하여 서로 주고받는 것을 말하며, 나아가 말을 한다면 모두 타죄를 얻는다.

87) 수남자이어(受男子耳語) 학처

인연이 이루어진 처소는 앞에서와 같다.

어느 때 토라난타 필추니는 앞에서와 같이 위의를 갖추고 성에 들어가서 걸식을 하다가 남자의 귓속말을 받아들였다. 믿고 공경하지 않는 자들이 그것을 보고 비난하고 싫어하였으며 자세히 설명한 것은 앞에서와 같다.

필추니가 필추에게 알리고 필추는 세존께 아뢰었다. 세존께서는 물어보시고는 꾸중하셨으며, [자세한 내용은 앞에서 설명한 것과 같다.]

"그 일에 학처를 제정하나니, 마땅히 이와 같이 설하노라. 만약 다시 필추니가 남자에게서 귓속말을 받아들이면 바일저가이니라."

'필추니'는 토라난타 필추니 또는 다른 필추니들을 말한다.

'남자에게서 귓속말을 받아들인다.'는 남자의 말을 귀로 듣는 것을 말하며, '타죄'는 앞에서와 같다. 나아가 귓속말을 받아들이는 것은 모두 타죄를 얻는다.

88) 공필추이어(共苾芻耳語) 학처

인연이 이루어진 처소는 앞에서와 같다.

어느 때 급다 필추니가 성 안에서 걸식하는 곳으로 가서 필추와 함께 귓속말을 주고받았다. 신심이 없는 사람들이 보고 싫어하고 비난하였다.

"지금 이 필추니를 보니 적정(寂靜)을 닦는 출가자가 아니다. 개인적으로 몰래 하는 일을 약속을 하는 것이 틀림없다."

필추니가 필추에게 알리니 필추는 세존께 아뢰었다. 세존께서는 물어보시고는 꾸중하셨으며, [자세한 내용은 앞에서 설명한 것과 같다.]

"그 일에 학처를 제정하나니, 마땅히 이와 같이 설하노라. 만약 다시 필추니가 필추와 함께 귓속말을 주고받으면 바일저가이니라."

'필추니'는 급다 필추니 또는 다른 필추니들을 말한다.

'필추와 함께 귓속말을 주고받는다.'는 뜻은 위에서 설한 것과 같으며, 모두 타죄를 얻는다.

89) 수필추이어(受苾芻耳語) 학처

인연이 이루어진 처소는 앞에서와 같다.

어느 때 급다 필추니는 앞에서와 같이 걸식하다가 필추에게 귓속말을 받아들였다. 신심이 없는 사람들이 보고 비난하고 싫어하니, [이하 자세한 내용은 생략한다.]

"그 일에 학처를 제정하나니, 마땅히 이와 같이 설하노라. 만약 다시 필추니가 필추와 함께 귓속말을 받아들이면 바일저가이니라."

'필추니'는 급다 필추니 또는 다른 필추니들을 말한다.

'필추가 귓속말을 받아들인다.'는 뜻은 위에서 설한 것과 같으며, 모두가 타죄를 얻는다.

90) 추흉(椎胸) 학처

인연이 이루어진 처소는 앞에서와 같다.

어느 때 여러 필추니들이 서로 논쟁하다가 여러 허물을 말하게 되었다. 각자 성내는 마음을 품고 곧 스스로 가슴을 치며 큰소리로 고통스럽다고 외쳤다. 필추니가 필추에게 알리고 필추는 세존께 아뢰었다. 세존께서는 물어보시고는 꾸중하셨으며, [이하 자세한 내용은 생략한다.]

"그 일에 학처를 제정하나니, 마땅히 이와 같이 설하노라. 만약 다시 필추니가 화가 난 까닭으로 곧 스스로 가슴을 치면서 고통스러워하면 바일저가이니라."

'만약 다시 필추니가'는 이 법 가운데의 필추니를 말한다.

'화가 난 까닭으로 스스로 가슴을 친다.'는 마음에 어긋나는 일을 듣고서 참지 못하고 손으로 가슴을 두드려서 매우 고통스러워하는 것이며, 앞에서와 같고 나아가 이러한 일을 지으면 모두 타죄를 얻는다.

열 번째의 게송으로 거두어 말한다.

　　주문으로 서약하는 것과 일을 살피지 않는 것과
　　평상에 앉는 것과 수교(樹膠)로 만드는 것과
　　재가인의 집에서의 네 가지와
　　간병하지 않는 것과 함께 눕는 것이 있다.

91) 주서(呪誓) 학처

인연이 이루어진 처소는 앞에서와 같다.

어느 때 열두 명의 필추니는 모두 장자와 바라문의 집에 걸식하러 가기도 하였으며 혹은 문병을 가고 혹은 설법을 하기도 하였다. 그 집에 이르면 재가인들은 필추니들이 오는 것을 보고 모두가 공경하여 예배드리며 경건하고 공손하게 말하였다.

"여러 성자께서는 만나보는 것이 매우 어렵습니다. 저희들이 복이 있어야 성자께서 집으로 오시는 것을 볼 수 있으니, 원하건대 자비를 베푸시어 자주 이곳에 오시어 저희들이 볼 수 있게 해 주십시오."

그때 이 여러 필추니들은 다른 사람들이 자신들을 찬탄하고 성자라고 불러주어 각자 아만심을 품고 큰 교만심을 일으켰다. 재가인들이 다시 말하였다.

"여러 성자들께서 떠나가시면 다시 오지 않을까 걱정되오니, 반드시 오실 것을 주문으로 서약하여 주십시오."

여러 필추니들이 말하였다.

"만약 갔으나 다시 오지 않으면 우리가 청정한 계율을 닦는 데 무슨 이익이 있겠습니까."

이렇게 스스로 범행(梵行)을 가지고 주문으로 서약하니 사람들이 모두 비난하고 싫어하였다. 필추니가 필추에게 알리고 필추는 세존께 아뢰었다. 세존께서는 물어보시고는 꾸중하셨으며, [이하 자세한 내용은 생략한다.]

"그 일에 학처를 제정하나니, 마땅히 이와 같이 설하노라. 만약 다시 필추니가 스스로 범행을 가지고 주문으로 서약하면 바일저가이니라."

'필추니'는 앞에서와 같다.

'스스로 범행을 가지고'는 법을 싫어하여 행하지 않는 것을 말한다.

'주문으로 서약한다.'는 스스로 주술의 말을 하는 것이며, 뜻은 위에서 설명한 것과 같다. 모두 타죄를 얻고 방편죄는 평소와 같다.

92) 불관힐타(不觀詰他) 학처

인연이 이루어진 처소는 앞에서와 같다.

여러 필추니들이 화합하여 살고 있으니 신심이 있는 장자와 바라문들이 모두 공경하고 존중하여 옷과 음식과 와구와 약값을 베풀어 주면서 말하였다.

"성자께서는 이 약값을 받아 두고서 만약 몸이 아프면 마음대로 몸을 치료하는 데 사용하십시오."

이때 열두 명의 필추니들은 이 일을 보고 질투심이 생겨서 이렇게 생각했다.

'우리들은 무슨 까닭으로 재가인들이 공경스럽게 공양하는 옷과 음식과 와구와 약값을 받아서 음식 값에도 충당하지 못하는가?'

이렇게 생각하고 서로 의논하여 말하였다.

"우리들이 계획을 세워 장자와 바라문에게 우리들의 처소에 청정한 믿음과 공경하는 마음을 두 배로 일으켜 공양하고 받들어 보시하게 합시다."

이렇게 의논하고 보고 듣고 의심나지 않은 것으로 널리 듣고 의심난다고 하여 여러 필추니들을 꾸중하였다. 어느 필추니는 이러한 허물이 있고, 어느 필추니는 이러한 일을 범하였으며, 장정(長淨)과 수의(隨意)를 할 때 대중 가운데 있는 것이 허락되지 않았다고 말하고 근거도 없는 죄를 가지고서 여러 필추니들을 비난하면서 머물렀다. 필추니가 필추에게

558

알리고 필추는 세존께 아뢰었다. 세존께서는 사실을 물어보시고는 꾸중하셨으며, [이하 자세한 내용은 생략한다.]

"그 일에 학처를 제정하나니, 마땅히 이와 같이 설하노라. 만약 다시 필추니가 잘 살펴보지 아니하고 다른 사람을 꾸중하면 바일저가이니라."

'필추니' 등은 앞에서와 같다.

'잘 살펴보지 아니하고'는 자세히 살피지 않고서 남을 꾸중하는 것이니 근거가 없는 일로서 억지로 꾸중하는 것을 말하며, 뜻은 위에서 말한 것과 같다. 모두 타죄를 얻는다.

93) 불관상좌좌와(不觀床座坐臥) 학처

인연이 이루어진 처소는 앞에서와 같다.

어느 때 여러 필추니들은 하안거를 마치고서 세존께서 허락하신 것과 같이 세상을 유행하다가 점차 나아가 한 마을에 이르렀다. 때는 날이 저무는 시간이 되어 한 장자에게 가서 머무를 곳을 구하니 장자가 대답하여 말하였다.

"여러 성자여. 객청(客廳) 안에 머무실 수 있습니다."

이미 보고 허락하였으나 처소를 살피지 않았다. 그 곳에는 먼저 온 사람이 있었으나 길의 도중에 피로하고 또한 열까지 났으므로 안에 있을 수도 없고 밖으로 나가서 잘 수도 없었다. 그 밤중에 홀연히 비바람이 일어나 사방이 깜깜해져서 모두 크게 놀라고 두려워서 집안으로 들어갔다. 서로를 볼 수가 없었으므로 먼저 들어와 있는 재가인이 일어나서 갑자기 필추니의 손을 잡았다. 필추니는 놀라서 소리쳤다.

"어느 나쁜 녀석이 나의 손을 잡는가? 승광대왕은 모든 필추니들을 공경하고 받드는 것을 왕비같이 하는데, 어찌 어리석은 사람이 강제로 핍박하는 것을 용납하겠는가?"

나아가 관가에 알려서 이 사람의 손을 자르게 하였다. 여러 필추니들은 실라벌성에 도착하여 곧 이 인연을 필추니들에게 알렸다. 필추니가 필추에게 알리고 필추는 세존께 아뢰었다. 세존께서는 사실을 물어보시고는 꾸중하셨으며, [이하 자세한 내용은 생략한다.]

"그 일에 학처를 제정하나니, 마땅히 이와 같이 설하노라. 만약 다시 필추니가 가려지고 어두운 곳에서 평상과 자리를 잘 살피지 않고서 앉거나 누우면 바일저가이니라."

'필추니' 등은 앞에서와 같다.

'가려진 곳'은 덮어서 막아 놓은 것을 말한다.

'살피지 않는다.'는 자세히 살피지 않는 것을 말한다.

'앉거나 눕는다.'는 밤에 자는 것을 말하며, 나머지의 뜻은 위에서와 같다. 모두 타죄를 얻는다.

94) 이수교작생지(以樹膠作生支) 학처

인연이 이루어진 처소는 앞에서와 같다.

어느 때 토라난타 필추니는 걸식하다가 장자의 집으로 가서 장자의 아내에게 말하였다.

"병이 없이 장수하십시오."

그녀의 남편이 집에 없는 것을 알고서 다시 물었다.

"현수여. 남편이 집에 없으면 어떻게 지내십니까?"

그녀는 곧 부끄럽게 생각하여 조용히 있고 대답하지 않았다. 필추니는 이내 머리를 숙이고 밖으로 나가서 왕궁 안에 이르러 왕비인 승만부인에게 말하였다.

"병이 없이 장수하십시오."

다시 서로 위로하며 안부를 묻고 조용히 왕비에게 말하였다.

"왕께서 멀리 나가셨을 때는 어떻게 마음을 다스리십니까?"

왕비가 말하였다.

"성자께서는 이미 출가를 하셨는데 어떻게 재가의 법을 논하십니까?"

필추니가 대답하였다.

"귀하고 수승한 것은 마음대로 할 수 있으나, 젊은 나이에 짝이 없으면 진실로 날을 보내기 어려운 것이니, 저는 매우 걱정이 됩니다."

왕비가 말하였다.

"성자여. 왕께서 안 계실 때에는 나는 수교(樹膠)[4]를 가지고 장인에게 가서 남근(男根)을 만들어 사용하여 이것으로 뜻을 통하게 합니다."

필추니는 이 말을 듣고 곧 장인의 아내가 있는 곳으로 가서 알려 말하였다.

"나를 위하여 마땅히 수교로 남근 하나를 승만부인에게 만들어 드린 것과 같이 만들어 주십시오."

그 장인의 아내가 대답하여 말하였다.

"성자여. 출가하신 분이 이러한 물건을 어디에 사용하시려고 합니까?"

필추니가 대답하였다.

"내가 필요한 곳이 있습니다."

부인이 대답하였다.

"만약 그러시면 제가 마땅히 만들게 하겠습니다."

곧 남편에게 말하여 남근 모양을 하나 만들게 하니 남편이 말하였다.

"내가 부족하여 다시 이런 것을 구하는 것이오?"

아내가 말하였다.

"내가 아는 사람이 일부러 와서 부탁한 것이요, 제가 필요한 것이 아닙니다."

장인이 아내에게 만들어 주니, 아내는 곧 필추니에게 주었다. 이때 토라난타 필추니는 밥을 먹고 나면 곧 방으로 들어가서 수교로 만든 남근을 발뒤꿈치 사이에 끼워 몸속에 집어넣고는 욕락(欲樂)을 즐겼다. 이것을 까닭으로 잠이 들었는데, 이때 필추니의 절에 홀연히 불이 나서 아주 시끄러운 소리가 났다. 필추니는 곧 놀라 일어나서 남근 모양의 물건을 빼내는 것도 잊어버리고 방 밖으로 나갔다. 대중들이 이것을

---

4) 나무줄기가 탄력이 있으며, 모래 위에서 잘 자라는 인도 자생종이다..

보고 크게 비난하고 비웃었다. 이때 어린 아이들이 그것을 보고 큰 소리로 말하였다.

"성자여. 다리 사이에 있는 것이 무엇입니까?"

필추니는 이 말을 듣고 지극히 부끄러워하였다. 필추니가 필추에게 알리고 필추는 세존께 아뢰었다. 세존께서는 물어보시고는 꾸중하셨으며, [이하 자세한 내용은 생략한다.]

"그 일에 학처를 제정하나니 마땅히 이와 같이 설하노라. 만약 다시 필추니가 수교로 남근 모양의 것을 만들면 바일저가이니라."

'필추니' 등은 앞에서와 같다.

'수교로 남근을 만든다.'는 여러 수교와 나아가 다른 물건을 가지고서 남근 모양을 만드는 것을 말하며, 나머지의 뜻은 앞에서와 같다. 만들었으나 사용하지 않는다면 악작죄를 얻는다. 그 가운데에 있는 방편의 죄는 일에 의거하는 것이니 마땅히 알아야 한다.

이때 필추들은 모두 의심스러운 것이 있어 세존께 청하였다.

"대덕이시여. 토라난타 필추니가 대중들에게 비웃음을 얻은 것에 대하여 말씀하여 주십시오."

세존께서 모든 필추들에게 말씀하셨다.

"토라난타 필추니가 대중들에게 비웃음을 얻은 것은 지금 뿐만이 아니라 과거에도 또한 그러하였느니라. 내가 이제 말해주리니 그대들은 자세히 들으라. 지나간 옛날 어느 마을에는 한 바라문이 있었는데 아내를 얻은 지 오래 되지 아니하여 아들을 하나 낳았다. 그 아이는 열여덟 가지의 모든 악상(惡相)을 갖추고 있었다. 나이가 들어 장성해지자 다른 지방으로 유학을 가서 예업(藝業)을 구하였다. 그때 한 마을에는 사명(四明)[5]에 아주 밝은 대바라문이 있었다. 그의 아내가 딸을 하나 낳고서 아버지는 이렇게 생각하였다.

'어떤 바라문이든 사명론(四明論)에 능통한 사람이 있으면 딸을 그에게

---

5) 네 가지의 벽타를 가리킨다.

주어 아내로 삼게 해야겠다.'

그 바라문의 아들인 동자가 점점 유행하다가 이 마을에 이르렀다. 마침내 그 대바라문의 처소에 나아가 사명론을 배웠으며, 막히는 것이 전혀 없었다. 바라문은 생각하였다.

'내가 앞서 기약하기를 만약 정행자(淨行子)로서 사명론에 밝으면 딸을 주어 아내로 삼게 하겠다고 하였는데, 지금 이 동자는 정행(淨行)의 종족으로 사명론에 밝으니 딸을 주어 아내로 삼게 해야 하겠구나.'

곧 혼인을 시켰고, 어느 정도 시간이 흘러서 바라문은 다시 이렇게 생각했다.

'내 사위는 모양과 위의가 못생기고 천박하여 만약 집안에 있으면 많은 사람들이 업신여기고 비웃을 것이다.'

또한 그의 딸의 행실이 정숙하고 삼가지 않는 것을 보고 사위에게 말하였다.

"지금 그대의 아내를 데리고 그대의 본가로 돌아가는 것이 좋겠다."

사위는 이렇게 생각하였다.

'나의 아내는 성격과 행실이 정숙하고 순수하지 못하여 나를 마주하고도 다른 사람들과 함께 희롱하고 웃으니, 지금 부모님께서 계신 곳으로 데리고 돌아가는 것이 좋겠다.'

이렇게 생각하고서 곧 아내에게 말하였다.

"현수여. 준비하도록 하시오. 내일 아침에 함께 꽃동산을 보러 갑시다."

아내가 말하였다.

"그렇게 하지요."

이튿날 아침이 되어 아내를 나귀에 태우고 본가로 돌아가려고 하니, 아내가 말하였다.

"당신은 지금 나를 데리고 어디로 가려고 하는 것인가요?"

남편이 말하였다.

"나는 지금 당신을 데리고 부모님의 집으로 가고 있소."

아내는 곧 생각하여 말하였다.

"재앙이 몸에 미치는구나. 이곳에서는 마음대로 행동을 하고 다른 남자와 함께 마음대로 놀아날 수 있었으나, 지금 만약 나를 데리고 저 사람의 집으로 가면 곧 부모와 여러 친족들이 나를 둘러싸고 있을 것이니, 어떻게 능히 다시 마음대로 돌아다닐 수 있겠는가?"

곧 남편과 싸우다가 큰소리로 울부짖으며 "나는 죽어도 가지 못한다."라고 말하였다. 남편은 크게 화를 내며 엎어놓고 새끼줄로 묶어서 나귀 위에 눕히고는 나귀를 앞세워 갔다. 남편은 음욕심이 일어나 마침내 비법(非法)을 행하고 물로 씻으려고 병을 가져다가 물을 부었다. 물이 나와 소리가 나서 나귀가 듣고 놀라 달아났다. 남편은 뒤쫓아 갔으나 잡지 못하고 나귀는 마을 가운데로 들어가서 사람들이 모두 보고서 부끄러워하였다. 사람들이 그 남편에게 물었다.

"무슨 까닭에 이렇게 되었소?"

남편은 이에 병에서 물이 나오는 소리를 듣고 나귀가 놀라서 달아난 것까지 그 일을 갖추어 대답하였다. 그 말을 들은 사람들은 크게 웃으며 게송으로 말하였다.

병의 물이 쏟아지면서 소리가 나서
나귀가 듣고 놀라 달아났다네.
이 박복한 여인 때문에
추악한 사람이 사람들을 웃게 하였네.

그대들 필추들이여. 이상하게 생각하지 말라. 이전의 못 생긴 바라문의 아내가 어떻게 다른 사람이겠는가? 지금의 토라난타 필추니가 바로 그 사람이니라. 그대들 모든 필추들이여. 토라난타 필추니는 과거에도 많은 사람들에게 큰소리로 웃게 하였느니라.

그대들은 다시 들으라. 내가 지금 거듭 말하겠노라. 지나간 옛날 어느 마을에 한 바라문이 살고 있었다. 아내를 얻어 오래되지 않아서 다른 때에 다른 마을에 가게 되었다. 그의 아내는 이전부터 행실이 정숙하지 못하여 남편이 다른 곳에 간다는 말을 듣고 바깥 남자에게 말하였다.

"내 남편이 다른 마을에 간다고 하니, 당신이 집에 와서 함께 자는 것이 좋겠습니다."

그 사람은 그 말을 따라서 밤이 되어 여인의 집에 갔다. 남편이 곧 되돌아와서 아내를 부르며 문을 열도록 하였다. 물어 말하였다.

"누구세요?"

남편의 목소리를 알아듣고 두 사람은 놀라고 두려워하다가 마침내 바깥사람을 쇠똥을 치우는 삼태기 안에 감추고서 문을 열어주었다. 남편이 집에 들어오자 아내는 물을 가져다주었다. 남편이 발을 씻고 있는데 집안에 문득 불이 났다. 황급히 재물을 밖으로 들어내는 남편에게 아내가 말하였다.

"여러 귀한 재물들이 이 삼태기 안에 있으니 먼저 들어내도록 하지요"

곧 함께 들어 올리니 삼태기가 갑자기 찢어지면서 그 남자가 달아나다가 기둥에 머리를 부딪쳐 피를 흘리면서 도망쳤다.

그때 사람들이 게송으로 말하였다.

이 여인은 전부터 다른 남자와 정을 통하다가
그 사람을 삼태기 안에 넣어두었는데
불이 나서 곧 들어내다가
머리가 깨어져 사람들이 알게 되었네.

그대들 필추들이여. 그대들 생각은 어떠한가? 그때 그 바라문의 아내가 어떻게 다른 사람이겠는가? 지금의 토라난타 필추니가 바로 그 아내이니라."

95) 백의가설법부촉수와구(白衣家說法不囑授臥具) 학처

인연이 이루어진 처소는 앞에서와 같다.

어느 때 토라난타 필추니는 자주 장자와 바라문의 집에 가서 그들을 위하여 법을 설하였다. 그 장자의 아내는 필추니가 오는 것을 보고 공경하고 소중히 여기는 마음을 두 배로 일으켜 좋은 자리를 마련하였다. 필추니는 곧 경전 속의 깊은 뜻을 말하였으나 그녀는 법문을 들을 때 집안 일이 걱정되어 시간이 너무 길어지는 것을 싫어하여 이렇게 생각하였다.

'나에게 집안 일이 있어 오래 머무를 수 없겠구나.'

곧 자리에서 일어나 떠났고 필추니는 경전을 다 설했으나 듣는 사람이 보이지 않아 곧 자리에서 일어나 조용히 떠나갔다. 뒤에 도둑이 와서 앉았던 와구를 훔쳐갔으나 부인이 필추니를 보고 와구를 찾았다. 필추니가 말하였다.

"나는 그때 당신이 보이지 않아 와구를 놓아두고 돌아왔습니다."

필추니가 필추에게 알리고 필추는 세존께 아뢰었다. 세존께서는 물어보시고는 꾸중하셨으며, [이하 자세한 내용은 생략한다.]

"그 일에 학처를 제정하나니, 마땅히 이와 같이 설하노라. 만약 다시 필추니가 재가인의 집에서 법을 설하고 떠나갈 때 주인에게 와구를 거두어 들이는 것을 부탁하여 맡기지 않는다면 바일저가이니라."

'필추니' 등은 앞에서와 같다.

'법을 설한다.'는 경전의 뜻을 설명하는 것을 말한다.

'와구'는 앉고 눕는 데 펴는 물건을 말한다.

'떠날 때에 부탁하여 맡기지 않는다.'는 주인에게 말하여 알리지 않는 것이며, 죄의 모양을 풀이한 것 등을 자세히 설명한 것은 앞에서와 같다.

96) 미허첩좌(未許輒坐) 학처

인연이 이루어진 처소는 앞에서와 같다.

어느 때 토라난타 필추니는 걸식을 하러 갔다. 이때 한 바라문이 청정한 법을 좋아하였다. 필추니가 걸식을 하러 그의 집에 들어갔는데 객청(客廳) 안에는 평상과 방석이 있었고 흰 모직물로 덮여 있었다. 다시 한 여인이 먼지떨이를 잡고서 더럽지 않게 하고 있었다. 여인이 필추니에게 물었다.

"성자께서는 어떤 일 때문에 이곳에 오셨습니까?"

필추니가 말하였다.

"나는 걸식하러 왔으니 당신은 음식을 가져오십시오."

여인이 말하였다.

"성자여. 제가 음식을 가지러 가면 파리가 방석을 더럽히는 것이 걱정입니다."

필추니가 말하였다.

"내가 파리를 쫓아 더럽히지 못하게 하겠습니다."

여인이 곧 집안으로 들어갔다. 필추니는 발이 깨끗하지 않으면서 그 평상 위에 앉았고 더욱이 피가 맺혀 있었다. 바라문이 보고 물었다.

"성자께서는 어떻게 발을 땅을 밟고도 씻지 않고서 깨끗한 평상에 앉았습니까?"

필추니가 말하였다.

"당신도 이미 그곳에 앉았는데 나 같은 범행자가 어떻게 앉을 수 없겠습니까?"

곧 자리에서 일어났는데, 바라문이 피가 자복에 묻은 것을 보고 여러 가지로 비난하고 싫어하였다.

"내가 이 필추니를 보니, 부끄러워하는 마음이 없구나."

필추니가 필추에게 알리고 필추는 세존께 아뢰었다. 세존께서는 물어보시고는 꾸중하셨으며, [이하 자세한 내용은 생략한다.]

"그 일에 학처를 제정하나니, 마땅히 이와 같이 설하노라. 만약 다시 필추니가 재가인의 집에서 주인이 허락하지도 않았으나, 평상이나 방석 위에 쉽게 앉으면 바일저가이니라."

'필추니' 등은 앞에서와 같다.

만약 재가인의 집에 있는 평상이나 방석을 주인이 허락하지 않으면 쉽게 앉아서는 아니 되며, 죄의 모양 등을 풀이한 것의 자세한 것은 앞에서 설명한 것과 같다.

97) 불문주인철숙(不問主人輒宿) 학처

인연이 이루어진 처소는 앞에서와 같다.

어느 때 여러 필추니들이 세상을 유행하다가 한 마을에 이르러 머무를 곳을 찾았다. 그때 실을 짜는 장인의 집에 남편이 집에 없어서 아내가 마음대로 머무를 것을 허락하였고 하나의 방 안에서 필추니가 함께 머물렀다. 실 짜는 사람이 밤에 와서 아내와 함께 누워 비법을 행하려고 손으로 아내를 만지니, 아내가 마침내 소리를 질렀다. 필추니들이 듣고서 곧 웃으니 남편이 아내에게 물었다.

"웃는 사람이 누구요?"

대답하여 말하였다.

"출가자들입니다."

남편은 곧 화를 내며 필추니들을 집 밖으로 내쫓았다.

필추니가 필추에게 알리고 필추는 세존께 아뢰었다. 세존께서는 물어보시고는 꾸중하셨으며, [이하 자세한 내용은 생략한다.]

"그 일에 학처를 제정하나니, 마땅히 이와 같이 설하노라. 만약 다시 필추니가 재가인의 집에서 주인에게 묻지 아니하고 쉽게 머무르면 바일저가이니라."

'필추니' 등은 앞에서와 같다.

'주인에게 묻지 않는다.'는 집의 주인에게 물어서 청하지 않는 것을 말한다.

'쉽게 머무른다.'는 그 안에서 앉고 눕는 것을 말한다.

죄의 모양 등을 풀이한 것의 자세한 설명은 앞에서와 같으며, 범하는 것이 없는 것은 아내에게 남편이 없어서 스스로 집의 주인이 되는 경우이다.

근본설일체유부필추니비나야 제18권

98) 지니선재백의가후령타거(知尼先在白衣家後令他去) 학처

인연이 이루어진 처소는 앞에서와 같다.

어느 때 많은 필추니들이 세상을 유행하다가 한 마을에 이르러 머물 곳을 찾았으며 마침내 어느 장자가 필추니들이 머무르는 것을 허락하였다. 이때 토라난타 필추니 또한 그 필추니들보다 뒤에 와서 머물 곳을 찾았다. 마을 사람이 알려 말하였다.

"다른 필추니들이 저 집에 머무르고 있습니다. 성자께서도 마땅히 그 집에 가시어 머물 곳을 찾도록 하십시오."

필추니는 곧 앞으로 들어가서 여러 필추니들에게 알려 말하였다.

"내가 머무를 수 있겠군요."

여러 필추니들이 대답하여 말하였다.

"이곳은 비좁아서 같이 머물 수가 없습니다."

토라난타 필추니가 말하였다.

"뜻을 합하면 머물 수 있습니다."

여러 필추니들은 이 말을 듣자 무릎을 쪼그리고 앉아 서로 양보하였다. 그런데 토라난타 필추니는 곧 손과 발로 먼저 머무른 필추니들을 밀어냈다. 여러 필추니들이 말하였다.

"성자여. 어떻게 이와 같이 핍박하는 것입니까?"

대답하여 말하였다.

"머물 수 없으면 마음대로 떠나시오."

여러 필추니들이 의논하여 말하였다.

"이 토라난타 필추니는 몸이 크고 힘이 세니, 고통스럽고 핍박을 당한다면 목숨을 유지하기 어려울 것이다."

여러 필추니들은 곧 일어나서 한번에 밖으로 나갔다. 필추니가 필추에게 알리고 필추는 세존께 아뢰었다. 세존께서는 물어보시고는 꾸중하셨으며, [이하 자세한 내용은 생략한다.]

"그 일에 학처를 제정하나니, 마땅히 이와 같이 설하노라. 만약 다시 필추니가 다른 필추니가 먼저 재가인의 집에 와 있는 것을 알면서 뒤늦게 그 집에 와서 그들을 나가게 하면 바일저가이니라."

'필추니' 등은 앞에서와 같다.

'먼저 재가인의 집에 와 있다.'는 재가인의 집에 앞서 도착한 것을 말한다.

'그들을 나가게 한다.'는 뒤에 와서 나가게 하는 것이며, 죄의 모양을 자세히 풀이한 것 등은 앞에서와 같다.

99) 제자유병불첨시(弟子有病不瞻視) 학처

인연이 이루어진 처소는 앞에서와 같다.

어느 때 토라난타 필추니가 병이 들어 그가 구족계를 준 제자와 그에게 의지하고 있던 제자들이 모두 함께 간병하여 병이 나았다. 뒤의 다른 때에 제자들이 병이 났으나 간병하는 사람이 없어 오물이 흩어져 있어도 누구도 치워주지 않았다. 여러 필추니들이 서로에게 물었다.

"병이 난 사람이 누구인가?"

대답하여 말하였다.

"토라난타 필추니의 제자입니다."

필추니가 필추에게 알리고 필추는 세존께 아뢰었다. 세존께서는 물어보시고는 꾸중하셨으며, [이하 자세한 내용은 생략한다.]

"그 일에 학처를 제정하나니, 마땅히 이와 같이 설하노라. 만약 다시 필추니가 친(親) 제자와 의지하고 있는 제자가 병이 있는 것을 보고 돌보지 않으면 바일저가이니라."

570

'필추니' 등은 앞에서와 같다.

'친(親) 제자'는 구족계를 주었던 제자를 말한다.

'의지하고 있는 제자'는 의지하여 머물러 있는 제자를 말한다.

'병'은 사대(四大)가 조화롭지 않는 것을 말한다.

'돌보지 않는다.'는 자비로운 마음으로 공급하고 살피지 않는 것을 말하며, 죄의 모양을 자세히 설명한 것 등은 앞에서와 같다.

100) 이니동일상와(二尼同一床臥) 학처

인연이 이루어진 처소는 앞에서와 같다.

어느 때 악애(惡愛)와 상애(上愛)라는 두 필추니가 함께 하나의 평상 위에 있으면서, 남자와 여자처럼 함께 희롱하고 즐거워하였다. 한 필추니가 뒤에 임신하여 달을 채워 고깃덩어리를 하나 낳았으나 여러 근(根)과 손과 발이 모두 없었다. 여러 필추니들이 이 소식을 듣고 그 필추니를 절 밖으로 내쫓았다. 필추니가 필추에게 알리고 필추는 세존께 아뢰었다. 세존께서 말씀하셨다.

"아직은 내쫓지 않고 마땅히 자세히 살피도록 하여라. 앞으로 그 고깃덩어리를 가져다 햇볕에 놓아두어 만약 그것이 없어진다면 필추니는 임신한 것이 아니고, 만약 없어지지 않으면 실제로 임신을 한 것이니라."

필추니들이 세존의 가르침에 의지하여 곧 햇볕 가운데에 놓아두니 모두가 없어졌다. 필추니가 필추에게 알리고 필추는 세존께 아뢰었다. 세존께서는 물어보시고는 꾸중하셨으며, [이하 자세한 내용은 생략한다.]

"그 일에 학처를 제정하나니, 마땅히 이와 같이 설하노라. 만약 다시 필추니로서 두 필추니가 함께 하나의 평상에 누우면 바일저가이니라."

이와 같이 세존께서는 모든 필추니들을 위하여 학처를 제정하여 마치셨다.

어느 때 여러 필추니들이 길을 가다가 날이 저물어 한 장자에게서 밤에 머물 곳을 구하였다. 장자가 허락하고서 하나의 큰 평상을 주었으나 한 사람의 필추니가 홀로 머물고 다른 필추니들이 다른 평상을 찾았다. 장자가 대답하여 말하였다.

"집 안에 사람이 많아 남는 것이 없습니다. 성자께서는 좁은 곳에 있으면서 어떻게 평상을 함께 하지 않습니까?"

필추니가 말하였다.

"세존께서는 필추니가 함께 침상에 눕는 것을 금지하셨습니다."

이 일을 까닭으로 필추니가 필추에게 알리고 필추는 세존께 아뢰었다. 세존께서 말씀하셨다.

"만약 큰 평상을 얻어 함께 들 수 없으면 필추니는 처소를 함께 할 수 있으나, 마땅히 옷으로 간격을 두고 생각을 한곳에 잡아두고 잠을 자며 서로 부딪치지 않게 하라. 작은 평상으로 사이를 나눌 수 있으면 또한 함께 잠을 잘 수 있느니라."

열한 번째의 게송을 거두어 말한다.

　　안거의 두 가지와 두려움의 두 가지와
　　하늘을 모시는 사당과 나이를 채우지 않은 것과
　　제자를 두는 것과 시집갔던 여인의 두 가지와
　　승가에서 주지 않은 것과 한계가 없는 것이 있다.

101) 안거미수의유행(安居未隨意遊行) 학처

인연이 이루어진 처소는 앞에서와 같다.

어느 때 토라난타 필추니는 실라벌성에서 하안거를 하고 아직 자자(自恣)가 끝나지 않았는데 곧 세상을 유행하니, 여러 외도들과 바라문·장자·거사들이 모두 비난하고 싫어하였다.

"지금 이 필추니를 보니 출가한 것을 즐거워하지 않는구나. 지금의 때는 여러 벌레들이 땅 위에 많이 있는데, 마을을 유행하면서 죽이고 해치는 것이 끝이 없을 것이다. 작은 새의 무리들도 우기(雨期)가 되면 둥지나 구멍에 숨어 있으나 이 여자 사문은 자비심이 없어 생물들을 다치게 하니, 누가 다시 마음을 일으켜 공경하고 공양을 하겠는가?”

필추니가 필추에게 알리고 필추는 세존께 아뢰었다. 세존께서는 물어보시고는 꾸중하셨으며, [이하 자세한 내용은 생략한다.]

“그 일에 학처를 제정하나니 마땅히 이와 같이 설하노라. 만약 다시 필추니가 하안거를 마치고 아직 수의(隨意)가 끝나지 않았으나 세상을 유행하면 바일저가이니라.”

‘필추니’ 등은 앞에서와 같다.

‘하안거’는 앞뒤의 3개월의 안거를 말한다.

‘아직 수의가 끝나지 않았다.’는 수의하는 일을 하지 않은 것을 말한다.

‘세상을 유행한다.’는 마음대로 떠나가는 것을 말하며, 죄의 모양 등을 자세히 설명한 것은 앞에서와 같다.

범하는 것이 없는 것은 만약 팔난(八難) 가운데에서 어느 한 가지라도 있어서 유행하면 범하는 것이 없다.

102) 안거만불유행(安居滿不遊行) 학처

인연이 이루어진 처소는 앞에서와 같다.

어느 때 여러 필추니들이 하안거를 마치고 세상을 유행하려고 토라난타 필추니에게 말하였다.

“세상을 유행합시다.”

토라난타 필추니가 말하였다.

“내가 지금 어찌 세상을 유행하겠습니까?”

여러 필추니들이 말하였다.

“세존께서 떠나도록 가르치셨는데 어떤 까닭으로 일부러 어기는 것입니까?”

필추니가 필추에게 알리고 필추는 세존께 아뢰었다. 세존께서는 물어보시고는 꾸중하셨으며, [이하 자세한 내용은 생략한다.]

“그 일에 학처를 제정하나니, 마땅히 이와 같이 설하노라. 만약 다시 필추니가 하안거를 마치고 머물던 곳을 떠나서 세상을 유행하지 않으면 바일저가이니라.”

'필추니' 등은 앞에서와 같다.

'하안거를 채우다.'는 안거를 마치는 것을 말한다.

'머물던 곳을 떠나지 않는다.'는 세상에 유행하지 않는 것을 말하며, 죄의 모양 등을 자세히 설명한 것은 앞에서와 같다.

103) 지유포유행(知有怖遊行) 학처

인연은 왕사성에서 이루어졌다.

어느 때 미생원왕(未生怨王)은 광엄성(廣嚴城)에 큰 원한이 있어서 공격하려고 북을 울리고 널리 명하여 사람들에게 알려 말하였다.

“내 경계 안에 있는 사람으로서 광엄성으로 가는 사람은 그 목을 벨 것이다.”

지름길이 되는 곳은 모두 방어를 하도록 명령하고 법을 어기는 사람을 붙잡았다. 이때 여러 필추니들이 왕사성에서 광엄성으로 가려고 길에 있다가 도둑을 만나 모두 놀라고 두려워서 큰소리로 소리쳤다. 지키던 사람들이 소리를 듣고 찾아오니 도둑들은 왕의 군대를 보고 사방으로 달아났다. 군인들이 여러 필추니들에게 물었다.

“여러 성자들께서는 어떻게 광엄성으로 가는 사람은 그 목을 벤다는 왕의 명령을 듣지 못하였습니까? 또한 저희에게 명령하여 국경 안을 지키게 하셨으니, 만약 우리가 없었으면 성자들께서는 틀림없이 도적들에게 붙잡혔을 것입니다.”

필추니들이 필추에게 알리고 필추는 세존께 아뢰었다. 세존께서는 물어보시고는 꾸중하셨으며, [이하 자세한 내용은 생략한다.]

“그 일에 학처를 제정하나니, 마땅히 이와 같이 설하노라. 만약 다시 필추니가 나라 안에 도둑들이 있어 두려움이 있는 곳을 알고서 유행하면 바일저가이니라.”

'필추니' 등은 앞에서와 같다.

'나라 안에 도둑들이 있어 두려움이 있는 곳을 안다.'는 두 나라 사이에 원한이 있는 것을 말한다.

'유행'은 다른 나라에 가는 것을 말하며, 죄의 모양을 자세히 설명한 것을 앞에서와 같다.

104) 지유호랑사자유행(知有虎狼師子遊行) 학처

인연이 이루어진 처소는 앞에서와 같다.

여러 필추니 대중들이 외딴 길을 유행하다가 호랑이와 늑대와 사자의 위험을 많이 만나서 재가인들이 비난하고 싫어하였다. [이하 자세한 내용은 생략한다.]

"그 일에 학처를 제정하나니, 마땅히 이와 같이 설하노라. 만약 다시 필추니가 호랑이와 늑대와 사자 등이 있는 것을 알고서 두려워하며 유행한다면 바일저가이니라."

'필추니' 등은 앞에서와 같다.

'그곳에 있는 것을 안다.'는 호랑이와 늑대가 있음을 아는 것을 말하며, 나머지의 뜻은 알 수 있을 것이다.

죄의 모양 등을 자세히 풀이한 것은 또한 앞에서 설명한 것과 같다.

105) 왕천사논의(往天祠論議) 학처

인연은 왕사성에서 이루어졌다.

어느 때 토라난타 필추니는 하늘에 제사를 지내는 곳과 외도들의 처소를 돌아다니면서 함께 논의를 하고서 날이 저물자 필추니의 절에 돌아와 여러 제자들에게 말하였다.

"내가 지금 피곤하고 마디들이 모두 아프니 팔다리를 주물러 피로를 풀어다오."

제자들이 물어 말하였다.

"성자께서는 무엇을 하셨기에 이렇게 피곤해 하십니까?"

대답하여 말하였다.

"내가 하늘에 제사지내는 곳과 외도들이 머물고 있는 곳에 가서 그들과 함께 논의를 하였느니라."

다시 물으며 말하였다.

"성자께서 하늘에 제사지내는 곳과 외도들의 처소에 가는 것이 합당합니까?"

"합당하고, 합당하지 않아도 나는 이미 그곳에 갔다 왔다."

필추니가 필추에게 알리고 필추는 세존께 아뢰었다. 세존께서는 물어보시고는 꾸중하셨으며, [이하 자세한 내용은 생략한다.]

"그 일에 학처를 제정하나니, 마땅히 이와 같이 설하노라. 만약 다시 필추니가 하늘에 제사 지내는 곳 가운데에 가서 논의하면 바일저가이니라."

'필추니' 등은 앞에서와 같다.

'하늘에 제사지내는 곳 가운데'는 천신(天神)과 외도들이 머무는 곳을 말한다.

'논의한다.'는 어려운 문제를 이야기하는 것을 말하며, 죄의 모양을 풀이한 것 등은 모두 위에서 설명한 것과 같다.

106) 연미만여타출가수근원(年未滿與他出家授近圓) 학처

인연은 왕사성에서 이루어졌다.

어느 때 여러 필추들은 법랍이 아직 열 살이 되지 않았으나 다른 사람을 출가시켜 구족계를 받게 하므로 여러 필추니들도 또한 그렇게 하였다. 그때 열두 필추니들에게는 제자들이 매우 많았으며, 육중필추의 처소에 가니 육중필추가 알려 말하였다.

"그대들은 제자들이 지극히 많이 둘러싸고 있구려."

필추니가 말하였다.

"성자들께서 다른 사람을 출가시키고 구족계를 받게 한 것처럼 저희들도 또한 그렇게 하였습니다."

물어 말하였다.

"그대들은 우리들과 다른 것이 없소?"

대답하여 말하였다.

"다른 것이 없습니다."

필추니가 필추에게 알리고 필추는 세존께 아뢰었다. 세존께서는 물어보시고는 꾸중하셨으며, [이하 자세한 내용은 생략한다.]

"그 일에 학처를 제정하나니, 마땅히 이와 같이 설하노라. 만약 다시 필추니가 아직 법랍이 열두 살이 되지 않았으나 다른 사람을 출가시키고 구족계를 주면 바일저가이니라."

'필추니' 등은 앞에서와 같다.

'다른 사람을 출가시킨다.'는 구적에게 학처를 주는 것을 말한다.

'구족계를 받게 한다.'는 백사갈마를 말하며, 죄의 모양을 자세히 설명한 것 등은 앞에서와 같다.

107) 첩축제자(輒畜弟子) 학처

인연이 이루어진 처소는 앞에서와 같다.

이때 세존께서는 모든 필추니들에게 법랍이 열두 살이 되어 다른 사람을 출가시켜 구족계를 받을 수 있게 제정하셨다. 만약 필추니가 법랍이 비록 열두 살이 되었으나 어리석고 분명하지 않으며 잘 이해하지 못하면서 다른 사람을 출가시켜 구족계를 받게 하는 것과 만약 스스로를 조복하지 못하면서 다른 사람을 조복하려고 하고, 스스로는 적정(寂靜)하지 못하면서 남을 적정하도록 하며, 스스로는 제도하지 못하면서 남을 제도하려고 하고, 스스로를 구제하지 못하면서 남을 구제하려고 하는 것 등은 모두가 옳지 않은 것이었다. 이때 여러 필추니들이 실제로는 덕이 없으면서도 쉽게 제자를 제도하려고 하였다. 필추니들이 필추에게 알리고 필추는 세존께 아뢰었다. 세존께서 말씀하셨다.

"필추니로서 제자를 깊이 가르칠만한 힘이 있는 사람은 승가의 허락을 받아 이와 같이 마땅히 축중갈마(畜衆羯磨)를 하도록 하라. 승가가 모두 모여서 법랍이 열두 살이 되었고, 혹은 다시 이것을 넘은 것을 확인하면 그 필추니는 차례대로 예를 올리고서 상좌 앞에서 합장하고 무릎을 꿇고서 이와 같이 말하여라.

'대덕 필추니 승가는 들으십시오. 나 어느 필추니는 열두 번의 안거를 마치고 제자를 깊이 가르칠 수 있으니 지금 필추니 승가에 축중갈마를 하여 주시기를 바라고 있습니다. 원하건대, 필추니 승가는 나 어느 필추니에게 축중갈마를 하여 주십시오. 가엾이 여겨 자비를 베푸십시오.'

이와 같이 세 번을 말한다. 다음으로 한 사람의 필추니가 갈마를 한다.

'대덕 필추니 승가는 들으십시오. 이 필추니 누구는 열두 번의 하안거를 마쳐서 제자를 맞이하고자 합니다. 이 누구는 지금 필추니 승가에 제자를 두는 작법을 바라고 있습니다. 만약 필추니 승가가 때에 이르렀음을 승인하시면 필추니 승가는 마땅히 허락하십시오. 필추니 승가시여. 지금 누구가 열두 번의 안거를 마쳤으므로 제자를 두는 작법을 하려고 합니다. 이와 같이 아룁니다.'

다음으로 갈마를 한다.

'대덕 필추니 승가는 들으십시오. 이 필추니 누구는 열두 번의 하안거를 마쳐서 제자를 맞이하고자 합니다. 이 누구는 지금 필추니 승가에 제자를 맞이하는 작법을 바라고 있습니다. 필추니 승가시여. 지금 누구가 열두 번의 하안거를 마쳤으므로 제자를 맞이하는 작법을 하고자 합니다. 만약 여러 구수께서 누구가 열두 번의 하안거를 마쳤으므로 제자를 맞이하는 것을 허락하신다면 조용히 계시고 허락하지 않으시면 말씀을 하십시오. 필추니 승가는 이미 누구가 열두 번의 하안거를 마쳤으므로 제자를 맞이하는 작법을 마칩니다. 필추니 승가께서 이미 승인하여 허락하셨으니 조용히 계셨기 때문입니다. 나는 이와 같이 지키겠습니다.'라고 할 것이니라."

이와 같이 세존께서는 필추니에게 힘이 있어 능히 제자를 가르칠 수 있는 사람은 승가에 대중을 맞이하는 작법을 해달라고 바라는 것을 허락하셨다. 그때 토라난타 필추니는 승가의 축중갈마를 받지도 않고 마음대로 다른 사람을 출가시키고 구족계를 받게 하였다.

필추니가 필추에게 알리고 필추는 세존께 아뢰었다. 세존께서는 물어보시고는 꾸중하셨으며, [이하 자세한 내용은 생략한다.]

"그 일에 학처를 제정하나니 마땅히 이와 같이 설하노라. 만약 다시 필추니가 승가의 축중갈마를 받지도 않고 쉽게 제자를 맞이하면 바일저가이니라."

'필추니' 등은 앞에서와 같다.

'승가에서 아직 축중갈마를 주지 않다.'는 대중이 아직 허락하지 않은 것을 말한다.

'쉽게 제자를 맞는다.'는 다른 사람을 출가시키고 구족계를 받게 하는 것을 말하며, 죄의 모양을 자세히 설명한 것 등은 앞에서와 같다.

108) 지증가여인연미만십이여출가(知曾嫁女人年未滿十二與出家) 학처

인연이 이루어진 처소는 앞에서와 같다.

어느 때 어리석은 사람이 악한 마음으로 석가족을 많이 죽이니, 많은 석가족의 여인들이 의지할 곳이 없게 되어 출가하였다. 그들은 친척들을 그리워하고 걱정하며 슬퍼하고 울다가 뒤에 법을 깨달아 근심하는 마음이 점차 없어져서 구족계를 받고자 청하였다. 여러 필추니들이 말하였다.

"그대들은 기다려서 나이가 스무 살이 되어야 비로소 구족계를 받을 수 있다."

알려 말하였다.

"성자여. 스무 살이 될 때까지 기다리는 것은 지극히 오랜 시간입니다."

여러 필추니들이 말하였다.

"나이가 스무 살이 되어야 능히 오바타야와 아치리야를 친히 받들 수 있다."

필추니가 말하였다.

"저희들은 재가에 있으면 능히 남편을 섬기며 가정도 오히려 잘 꾸려갈 수 있는데 어찌 지금 친교사와 궤범사를 능히 모실 수 없겠습니까?"

필추니가 필추에게 알리고 필추는 세존께 아뢰었다. 세존께서 말씀하셨다.

"만약 일찍 시집갔던 여인이 결혼한 것이 12년이 되었고, 혹은 열여덟 살이면 마땅히 2년 동안 정학법(正學法)을 주고서 비로소 구족계를 줄 것이며, 마땅히 이와 같이 주어라. 승가가 모두 모이면 그에게 차례로 예를 올리게 하고 상좌의 앞으로 나아가 이와 같이 말하여라.

'대덕 필추니 승가는 들으십시오. 저(我) 누구는 지금 일을 인연하여 존귀하신 누구를 친교사로 삼고서 지금 필추니 승가를 좇아 육법(六法)과 육수법(六隨法)을 구하는 정학녀(正學女)가 되고자 합니다. 원하건대 필추니 승가께서는 누구에게 육법과 육수법을 배우는 정학처(正學處)를 주고, 누구를 친교사로 삼는 것을 허락하여 주십시오. 이것은 능히 애민(哀愍)한 것이니, 원하건대 애민히 여기십시오.'

이와 같이 세 번을 말한다. 다음은 한 필추니가 백갈마를 한다.

'대덕 필추니 승가는 들으십시오. 이 구적녀 누구는 나이가 열여덟 살이며 누구를 오바타야로 삼아 지금 필추니 승가에서 2년 동안 육법과 육수법 배우는 것을 구하였습니다. 만약 필추니 승가가 때에 이르렀음을 승인하시면 필추니 승가는 마땅히 허락하십시오. 필추니 승가시여. 지금 구적녀 누구는 열여덟 살이 되었으므로 2년 동안 육법과 육수법을 배우도록 하겠으며 누구가 친교사입니다. 이와 같이 아룁니다.'

다음은 갈마를 한다.

'대덕 필추니 승가는 들으십시오. 이 구적녀 누구는 나이가 열여덟 살이 되어 누구를 오바타야로 삼아 지금 필추니 승가에서 2년 동안 육법과 육수법을 배울 것입니다. 누구가 오바타야입니다. 필추니 승가시여, 지금 구적녀 누구에게 열여덟 살이 되어 2년 동안 육법과 육수법을 배우게 하겠습니다. 누구가 오바타야입니다. 만약 여러 구수께서 구적녀 누구가

나이가 열여덟 살이 되어 누구를 오바타야로 삼아 2년 동안 육법과 육수법
배우게 하는 것을 인정하시면 조용히 계시고, 만약 허락하지 않으신다면
말씀을 하십시오. 필추니 승가시여. 이미 구적녀 누구가 열여덟 살이
되어 누구를 오바타야로 삼아 2년 동안 육법과 육수법을 배우게 하는
것을 마칩니다. 필추니 승가가 이미 승인하여 허락하심은 조용히 계셨기
때문입니다. 나는 지금 이와 같이 지키겠습니다.'

다음으로 마땅히 그에게 말하라.

'누구는 들으라. 오늘부터는 마땅히 육법을 배워야 할 것이니, 첫째는
혼자서 길을 갈 수 없고, 둘째는 혼자서 강이나 물을 건널 수 없으며,
셋째는 장부(丈夫)의 몸에 접촉할 수 없고, 넷째는 남자와 함께 잠을 잘
수 없으며, 다섯째는 중매를 할 수 없고, 여섯째는 필추니의 중죄(重罪)를
숨겨줄 수 없느니라.'

게송으로 거두어 말한다.

혼자서 길을 가지 않을 것이고,
혼자서 강이나 물을 건너지 않을 것이며,
일부러 남자의 몸에 접촉해서는 아니 되고
남자와 함께 잠을 자서도 아니 되며
중매하는 일을 해서는 아니 되고
필추니의 중죄를 덮어서 숨겨서도 아니 되느니라.

다시 말한다.

'그대 누구는 들으라. 오늘부터는 마땅히 육수법(六隨法)을 배워야 할
것이니, 첫째는 금·은 등의 보물을 손에 잡지 않을 것이고, 둘째는 숨겨진
곳에 있는 털을 깎지 말 것이며, 셋째는 살아 있는 땅을 파지 않을 것이고,
넷째는 일부러 살아 있는 풀이나 나무를 자르지 않을 것이며, 다섯째
받지 않은 음식을 먹지 않을 것이고, 여섯째 일찍이 만졌던 음식을 먹지
않아야 하는 것이다.'

게송으로 거두어 말한다.

　금은 등을 손에 잡지 않을 것이고,
　숨겨진 곳에 있는 털을 깎지 않을 것이며,
　살아 있는 땅을 파지 않을 것이고,
　살아 있는 풀과 나무를 무너뜨리지 않을 것이며,
　받지 않은 음식을 먹지 않을 것이고,
　일찍이 손을 만졌던 음식을 먹어서는 안 되느니라.

　이와 같이 세존께서는 일찍이 시집갔던 여인들이 마땅히 2년 동안 육법과 육수법의 정학법을 배우고 비로소 구족계를 받게 하셨다. 이때 토라난타 필추니는 결혼한 것이 12년이 되지 않은 여자를 출가시키고 또한 구족계를 주었다. 필추니가 필추에게 알리고 필추는 세존께 아뢰었다. 세존께서는 물어보시고는 꾸중하셨으며, [이하 자세한 내용은 생략한다.]
　"그 일에 학처를 제정하나니, 마땅히 이와 같이 설하노라. 만약 다시 필추니가 일찍이 시집갔던 여자가 12년이 되지 않은 것을 알고서 출가시키면 바일저가이니라."
　'필추니' 등은 앞에서와 같다.
　'일찍이 시집을 갔던 여인'은 일찍이 다른 성씨에게 시집간 것을 말한다.
　'아직 되지 않았다.'는 결혼한 때가 12년이 되지 않은 것을 말한다.
　'출가시킨다.'는 뜻은 앞에서 말한 것과 같으며, 죄의 모양을 자세히 설명한 것 등은 앞에서와 같다.

109) 연만십이불여정학법수근원(年滿十二不與正學法授近圓) 학처

　인연이 이루어진 처소는 앞에서와 같다.
　어느 때 토라난타 필추니는 일찍이 시집갔던 여인이 결혼한 때가 12년이 된 것을 알고 출가시키고는 곧 스스로는 생각하며 말하였다.

“세존께서 구족계를 받는 것을 허락하셨으니, 정학법을 주지 않고서 곧 구족계를 주었다.”

필추니가 필추에게 알리고 필추는 세존께 아뢰었다. 세존께서는 물어보시고는 꾸중하셨으며, [이하 자세한 내용은 생략한다.]

“그 일에 학처를 제정하나니, 마땅히 이와 같이 설하노라. 만약 다시 필추니가 일찍이 시집갔던 여인이 결혼한 때가 12년 된 것을 알고서 정학법을 주지 않고 구족계를 주면 바일저가이니라.”

‘필추니’ 등은 앞에서와 같으며, 죄의 모양을 자세히 설명한 것 등은 앞에서와 같다.

110) 첩다축중(輒多畜衆) 학처

인연이 이루어진 처소는 앞에서와 같다.

어느 때 토라난타 필추니는 제한없이 다른 사람을 출가시키고 구족계를 주고는 이름을 지어주지 않아서 이를테면, 불호(佛護)·법호(法護)·승호(僧護) 등의 부르는 이름만이 있었다. 일을 할 때 “얘야!”라고 부르면 제자들이 듣고서도 누구를 부르는지 알지 못하였다. 혹은 다시 “얘야! 구적녀야!”라고 부르고, “얘야! 정학녀야!”라고 부르며, “얘야! 어린 것아!”라고 부르고, 혹은 “1년이 된 것아!”라고 부르며, 나아가 “10년이 된 것아!”라고 불렀으나, 모두가 스승이 누구를 부르는지 알지 못하였다. 어느 필추니가 토라난타 필추니에게 말하였다.

“성자여. 이미 구족계를 주고는 어찌 이름을 지어주지 않으십니까? 무슨 까닭으로 이렇게 혼란스럽게 합니까?”

토라난타 필추니가 말하였다.

“나에게 사람이 많으니 어떻게 이름을 지어주겠는가?”

필추니가 말하였다.

“성자여. 제한없이 많은 제자들을 삼는 것이 청정한 법에 합당합니까?”

대답하여 말하였다.

"청정하든, 청정하지 않든 나는 이미 그렇게 하였소."

필추니가 필추에게 알리고 필추는 세존께 아뢰었다. 세존께서 말씀하셨다.

"필추니는 제한없이 많은 제자들을 삼아서는 아니 된다. 그러나 필추니가 제한없이 많은 제자들을 삼고자 하면 그 필추니는 마땅히 승가에 제한없이 제자를 두는 법을 구하여 승가에서 허락을 얻은 후에 비로소 많은 제자를 삼을 수 있느니라. 만약 능히 감당할 수 있는 힘이 있는 사람이면 승가가 마땅히 모여서 법랍이 12년이 되었고, 혹은 그보다 더 되었는가를 보고 그 필추니는 차례대로 예를 드리고 상좌 앞에서 합장을 하고 무릎을 꿇고서 이와 같이 말하라.

'대덕 필추니 승가는 들으십시오. 나 누구는 법랍이 12년이 되어 여러 제자를 감당할 수 있습니다. 필추니 승가께서는 나 누구에게 무한축중법(無限畜衆法)을 주시기 바랍니다. 원하건대, 애민히 여기십시오.'

이와 같이 세 번을 말한다. 다음은 한 필추니가 백갈마를 한다.

'대덕 필추니 승가는 들으십시오. 이 필추니 누구는 제한없이 제자들을 삼고자 합니다. 이 누구는 지금 필추니 승가께 제한없이 제자들을 삼는 법을 구하였습니다. 만약 필추니 승가가 때에 이르렀음을 승인하시면 필추니 승가는 마땅히 허락하십시오. 필추니 승가시여. 지금 누구에게 제한없이 제자를 삼는 법을 주고자 합니다. 이와 같이 아룁니다.'

다음에는 갈마를 한다.

'대덕 필추니 승가는 들으십시오. 이 필추니 누구는 제한없는 제자들을 삼고자 합니다. 이 누구는 지금 필추니 승가에 무한히 많은 제자를 두는 법을 구하였습니다. 필추니 승가시여, 지금 누구에게 무한히 많은 제자를 두는 법을 주려고 합니다. 만약 여러 구수께서 누구에게 제한없는 많은 제자들을 두는 법을 주는 것을 승인하시면 조용히 계시고, 허락하지 않으시면 말씀을 하십시오. 필추니 승가가 이미 누구에게 제한없는 많은 제자를 삼는 법을 주는 것을 마칩니다. 필추니 승가가 이미 승인하여 허락하셨으니 조용히 계신 까닭입니다. 나는 이제 이와 같이 지키겠습니다.'라고 하라."

　이와 같이 세존께서는 필추니가 승가에 무한히 많은 제자를 삼는 것을 구하는 것을 허락하셨으나 승가에서 허락하지 않으면 제한없이 제자들을 삼을 수가 없었다. 이때 토라난타 필추니는 승가에서 많은 제자를 삼는 것을 허락하지 않았으나 마음대로 제자들을 삼았다. 여러 필추니들이 여러 필추들에게 알리고 필추는 세존께 아뢰었다. 세존께서는 물어보시고는 꾸중하셨으며, [이하 자세한 내용은 생략한다.]

　"그 일에 학처를 제정하나니, 마땅히 이와 같이 설하노라. 만약 다시 필추니가 승가에서 제한없이 제자를 삼는 법을 허락하지 않았으나 쉽게 많은 제자들을 삼으면 바일저가이니라."

　'필추니' 등은 앞에서와 같다.

　'승가'는 여래의 성문 제자를 말한다.

　'아직 주지 않았다.'는 아직 대중의 허락을 받지 못한 것을 말한다.

　'제한없이'는 많고 적음을 마음대로 하는 것을 말한다.

　'쉽게 많은 제자를 삼는다.'는 한계를 넘어 제자들을 두는 것을 말한다.

　'법'은 백이(白二)갈마를 말하며, 죄의 모양을 자세히 설명한 것 등은 앞에서와 같다.

　열두 번째의 게송으로 거두어 말한다.

　　임신한 여인을 제도하는 것과 가르치지 않는 것과
　　보호하지 않는 것과 몸을 따르지 않는 것과
　　동녀(童女)에 관한 두 가지와 사나운 여인과
　　근심이 많은 것과 2년의 육법이 있다.

111) 여유신녀(與有娠女) 학처

인연이 이루어진 처소는 앞에서와 같다.

　어느 때 토라난타 필추니는 임신한 여인을 출가시켰다. 때가 이르러 딸을 낳으니 바라문과 장자가 이것을 보고 비난하고 싫어하였다.

"사문인 석녀(釋女)들은 진실로 청정하지가 않구나. 하나의 절에 두 가지 법이 있으니 이것은 재가의 법과 정행법(淨行法)이다."

필추니가 필추에게 알리고 필추는 세존께 아뢰었다. 세존께서는 물어보시고는 꾸중하셨으며, [이하 자세한 내용은 생략한다.]

"그 일에 학처를 제정하나니, 마땅히 이와 같이 설하노라. 만약 다시 필추니가 임신한 여인을 출가시키면 바일저가이니라."

'필추니'는 토라난타 필추니 또는 다른 필추니들을 말한다.

'임신하다.'는 아이를 가졌다는 말이다.

'여인'은 부인을 말한다.

'출가'는 구적에게 학처를 주는 것을 말하며, 죄의 모양을 자세히 설명한 것 등은 앞에서와 같다.

112) 불교계(不敎誡) 학처

인연이 이루어진 처소는 앞에서와 같다.

어느 때 토라난타 필추니는 찾아온 사람 모두를 선택하지 않고서 출가시키고 구족계를 주고는 가르치고 훈계하지도 않았으며 이끌어 주지도 않았다. 가사를 입는 것이 법에 맞지 않아서 위와 아래가 가지런하고 올바르지 않았으며 법도(軌則)를 알지 못하여 처소를 따라 떠나갔다. 여러 필추니들이 그것을 보고 함께 비난하고 싫어하여 물어 말하였다.

"누구의 제자인가?"

대답하여 말하였다.

"토라난타 필추니의 제자입니다."

여러 필추니들이 곧 말하였다.

"성자께서는 어찌 가르치고 훈계하여 그들에게 법을 알도록 하지 않습니까?"

대답하여 말하였다.

"나는 지금 제자가 매우 많으니 어떻게 두루 가르칠 수 있겠습니까?"

필추니가 필추에게 알리고 필추는 세존께 아뢰었다. 세존께서는 물어보시고는 꾸중하셨으며, [이하 자세한 내용은 생략한다.]

"그 일에 학처를 제정하나니 마땅히 이와 같이 설하노라. 만약 다시 필추니가 다른 사람을 출가시켜 구족계를 주고서 가르치지 않으면 바일저가이니라."

'필추니'는 토라난타 필추니 또는 다른 필추니들을 말한다.

'다른 사람을 출가시킨다.'는 다른 사람이 구적녀의 학처를 받는 것을 허락한다는 말이다.

'구족계를 주다.'는 백사갈마를 말한다.

'가르치지 않는다.'는 가르쳐서 훈계하지 않는 것을 말하며, 죄의 모양을 자세히 풀이한 것 등은 앞에서와 같다.

113) 불섭호(不攝護) 학처

인연이 이루어진 처소는 앞에서와 같다.

어느 때 토라난타 필추니는 여인들이 찾아오면 모두를 출가시키고 구족계를 주고서도 거두어 보호하지 않았다. 마음대로 떠나가고, 혹은 문 밖으로 나가 바라보며, 회랑 아래에 머물고, 누각 위에 있으며, 창으로 엿보는 등 밤낮으로 이와 같이 하였다. 여러 필추니들이 보고 싫어하며 물었다.

"그대는 누구의 제자인가?"

대답하여 말하였다.

"토라난타 필추니의 제자입니다."

여러 필추니들이 토라난타 필추니에게 말하였다.

"어떻게 성자께서는 여러 제자들을 거두어 보호하지 않습니까?"

대답하여 말하였다.

"제자들이 많으니 어떻게 능히 거두겠습니까?"

필추니가 필추에게 알리고 필추는 세존께 아뢰었다. 세존께서는 물어보

시고는 꾸중하셨으며, [이하 자세한 내용은 생략한다.]

"그 일에 학처를 제정하나니, 마땅히 이와 같이 설하노라. 만약 다시 필추니가 다른 사람을 출가시키고 구족계를 주고서 거두어 보호하지 않으면 바일저가이니라."

'필추니'는 토라난타 필추니 또는 다른 필추니들을 말한다.

'출가' 등의 뜻은 앞에서 설명한 것과 같으며, 죄의 모양을 자세히 풀이한 것 등은 또한 앞에서와 같다.

114) 부장수신(不將隨身) 학처

인연이 이루어진 처소는 앞에서와 같다.

어느 때 토라난타 필추니는 남편이 있는 어떤 부인을 출가시켰다. 그녀는 출가한 뒤 토라난타 필추니에게 말하였다.

"성자여. 만약 남편이 제가 출가하려고 이곳에 온 것을 알면 반드시 머무는 것에 어려움이 있을 것입니다. 원하건대, 성자께서는 저를 다른 곳으로 보내 주십시오."

토라난타 필추니가 말하였다.

"그대는 지금 어떻게 다시 다른 곳으로 가려고 하는가? 집을 버리고 제가를 떠났으면 이것이 바로 다른 곳이다."

뒤에 다른 때에 남편이 와서 보고 법의(法衣)을 벗기고 재가의 옷을 입히고 곧 집으로 데리고 갔다. 여러 필추니들이 걸식하며 그의 집에 들어가니 그 여인이 보고 예를 드렸다. 필추니가 곧 물었다.

"당신은 무슨 까닭으로 스스로 환속(還俗)하였습니까? 세존의 법 가운데에 머무르면 생각 생각이 모두 선품(善品)을 증장시킬 것이나, 지금 재가에 머무르니 다시 얽매이게 되었군요."

부인이 대답하였다.

"저는 몸이 자유롭지 못하고 다른 사람에게 구속되어 있습니다. 당시 저는 자주 성자 토라난타 필추니께 다른 지방으로 가서 어려움을 만나지 않게 요청하였으나, 보호를 받지 못하여 지금 이렇게 되었습니다."

여러 필추니들이 절에 이르러 토라난타 필추니에게 말하였다.

"성자께서는 무슨 까닭으로 그 여인과 다른 곳으로 떠나지 않아 환속하여 출가자로서 머무른 것을 어렵게 하였습니까?"

토라난타 필추니가 말하였다.

"내가 할 일이 없어서 한명 한명의 출가한 사람과 다른 지방으로 떠납니까?"

필추니가 필추에게 알리고 필추는 세존께 아뢰었다. 세존께서는 물어보시고는 꾸중하셨으며, [이하 자세한 내용은 생략한다.]

"그 일에 학처를 제정하나니 마땅히 이와 같이 설하노라. 만약 다시 필추니가 다른 사람을 출가시켜 장차 다른 곳으로 떠나가지 않으면 바일저가이니라."

'필추니'는 토라난타 필추니 또는 다른 필추니들을 말한다.

'다른 사람을 출가시킨다.'는 뜻은 앞에서 설명한 것과 같다.

'장차 떠나지 않는다.'는 어려운 일이 있으나 다른 곳으로 가지 않는 것을 말하며, 죄의 모양을 자세히 풀이한 것 등은 앞에서와 같다.

115) 동녀연미만이십수근원(童女年未滿二十受近圓) 학처

인연이 이루어진 처소는 앞에서와 같다.

어느 때 토라난타 필추니는 나이가 열여덟 살인 동녀(童女)를 출가시키고 2년 동안 배우는 육법과 육수법을 주고는 나이가 아직 스무 살이 되지 않았는데, 곧 구족계를 주었다. 여러 필추니들이 말했다

"세존께서 설하시기를, 열여덟 살인 동녀는 마땅히 2년 동안 육법과 육수법을 배우고 나이가 스무 살이 되어야 비로소 구족계를 받을 수 있으나, 성자께서는 어떻게 나이가 아직 되지 않은 것을 알고서도 곧 구족계를 주었습니까? 어떻게 청정하다고 할 수 있습니까?"

대답하여 말하였다.

"청정하든 청정하지 않든 나는 이미 구족계를 주었습니다."

필추니가 필추에게 알리고 필추는 세존께 아뢰었다. 세존께서는 물어보시고는 꾸중하셨으며, [이하 자세한 내용은 생략한다.]

"그 일에 학처를 제정하나니 마땅히 이와 같이 설하노라. 만약 다시 필추니가 동녀의 나이가 스무 살이 되지 않은 것을 알고서도 그에게 구족계를 주면 바일저가이니라."

'필추니'는 토라난타 필추니 또는 다른 필추니들을 말한다.

'동녀'는 남자에게 시집가지 않은 여인을 말한다.

'아직 스무 살이 되지 않았다.'는 나이가 열아홉 살인데 구족계를 주는 것을 말하며, 나머지의 뜻은 앞에서와 같다.

죄의 모양을 자세히 설명한 것 등은 또한 앞에서와 같다.

116) 불수육학법수근원(不授六學法授近圓) 학처

인연이 이루어진 처소는 앞에서와 같다.

어느 때 토라난타 필추니는 나이가 스무 살이 된 동녀를 출가시키고는 혼자 생각하며 말하였다.

"만약 나이가 열여덟 살이면 육법과 육수법을 받아야 할 것이나 저 사람은 지금 나이가 스무 살이 되었으니 어찌 다시 2년 동안의 정학법(正學法)을 주겠는가?"

곧 구족계를 주었다. 필추니가 필추에게 알리고 필추는 세존께 아뢰었다. 세존께서는 물어보시고는 꾸중하셨으며, [이하 자세한 내용은 생략한다.]

"그 일에 학처를 제정하나니, 마땅히 이와 같이 설하노라. 만약 다시 필추니가 동녀의 나이가 스무 살이 된 것을 알고서 2년 동안의 육법과 육수법을 배우게 하지 않고서 곧 구족계를 주면 바일저가이니라."

'필추니'는 토라난타 필추니 또는 다른 필추니들을 말하며, 나머지의 뜻은 앞에서와 같다.

죄의 모양을 설명한 것 등은 모두 앞에서와 같다.

117) 도악성여인(度惡性女人) 학처

인연이 이루어진 처소는 앞에서와 같다.

어느 때 토라난타 필추니는 실라벌성에 들어가 걸식하다가 한 여인을 보았다. 자주 화를 내고 흉악하고 거칠며 싸우기를 좋아하는 성품으로 다른 여인과 싸움할 때는 머리털이 모두 곤두서며 야간(野干)이 우는 소리를 질렀는데, 다른 사람들이 그 소리를 들으면 곧 땅에 쓰러졌다. 토라난타 필추니는 그녀를 보고 이렇게 생각했다.

'내가 저 여인을 데려다 출가시키면 내가 싸울 때 반드시 나를 도와 힘이 될 것이다.'

곧 방편을 사용하여 그 여인을 출가시켰다. 뒤에 다른 때 토라난타 필추니는 다른 필추니와 함께 사소한 다툼을 벌였으나 새롭게 출가한 그 필추니는 조용히 보고 있었다. 토라난타 필추니가 그에게 말하였다.

"그대는 능히 살아갈 수가 없겠구나. 내가 그대를 출가시켰는데 무슨 까닭으로 지금 조용히 있으며 도와주지 않는 것인가?"

필추니가 말하였다.

"성자여. 저는 지금 일의 본질을 모르는데 어떻게 돕겠습니까?"

토라난타 필추니가 말하였다.

"내가 만약 대세주 필추니와 싸우면 그대는 그에게 개인적으로 삭발을 하였다고 욕을 하고, 만약 연화색 필추니와 싸우면 그에게 여섯 곳의 큰 성(城)에서 몸을 팔아서 살았다고 욕을 하며, 만약 법여 필추니와 싸우면 사람을 시켜 구족계를 받았다고 욕을 하고, 수교답미 필추니와 싸우면 남에게 아들의 살점을 먹게 하였다고 욕을 하는 등의 마땅히 이러한 말로 욕을 하고 비난하는 것을 도와야 한다."

성질이 사나운 필추니는 토라난타 필추니가 남과 싸우는 소리를 들으면 여러 필추니들을 조롱하며 함께 싸우고 논쟁하였다. 여러 필추니들이 말했다.

"누가 이러한 성품이 나쁘고 싸우는 것을 좋아하는 사람을 출가하게 하였는가?"

필추니 중에서 누가 대답하였다.

"토라난타 필추니를 제외하면 누가 이런 사람을 출가시키겠는가?"

필추니가 필추에게 알리고 필추는 세존께 아뢰었다. 세존께서는 물어보시고는 꾸중하셨으며, [이하 자세한 내용은 생략한다.]

"그 일에 학처를 제정하나니, 마땅히 이와 같이 설하노라. 만약 다시 필추니가 성품이 나쁜 여인으로 싸우기를 좋아하는 것을 알고서 출가하는 것을 허락하고 아울러 구족계를 주면 바일저가이니라."

'필추니'는 토라난타 필추니 또는 다른 여러 필추니들을 말한다.

'성품이 나쁜 여인'은 싸우고 논쟁하는 것을 좋아한다는 말이다.

'출가'는 구적과 아울러 다른 학처를 받는 것을 말한다.

'구족계를 준다.'는 뜻은 앞에서 설명한 것과 같으며, 죄의 모양을 자세히 설명한 것 등은 또한 앞에서와 같다.

118) 도다우여인(度多憂女人) 학처

인연이 이루어진 처소는 앞에서와 같다.

어느 때 토라난타 필추니는 친족이 없는 것을 근심하는 여인을 출가시켰다. 그는 항상 생각에 얽혀 친족들을 생각하였고 초저녁에서 늦은 밤까지 눈물을 흘리며 슬프게 울었다. 여러 필추니들은 자주 놀라고 잠에서 깨어 그 울음소리를 듣고 모두가 마음이 산란해져서 생각을 보존할 수 없었고 정(定)에 들었던 사람도 깨어나게 되었다.

여러 필추니들이 충고하였다.

"슬피 울지 마십시오. 슬피 우는 것은 출가자의 법이 아닙니다."

그 필추니는 충고를 받아들이지 않고서 대답하였다.

"당신들은 남의 고통을 알지 못합니다. 부모님은 돌아가시고 형제자매와 남편과 자식이 모두 나를 버리고 떠나가서 나의 마음이 고통스러운데 어찌 걱정하지 않겠습니까?"

여러 필추니들은 서로에게 물었다.

"이와 같이 근심이 많은 여인을 누가 출가시켰는가?"

필추니가 말하였다.

"토라난타 필추니가 출가시켰습니다."

필추니가 필추에게 알리고 필추는 세존께 아뢰었다. 세존께서는 물어보시고는 꾸중하셨으며, [이하 자세한 내용은 생략한다.]

"그 일에 학처를 제정하나니, 마땅히 이와 같이 설하노라. 만약 다시 필추니가 근심이 많은 여인인 것을 알고서 출가시키면 바일저가이니라."

'필추니'는 토라난타 필추니 또는 다른 필추니들을 말한다.

'근심이 많다.'는 항상 걱정한다는 말이다.

'출가시킨다.'는 뜻은 앞에서 설명한 것과 같으며, 죄의 모양을 자세히 설명한 것 등도 또한 앞에서와 같다.

119) 학법미만여수근원(學法未滿與受近圓) 학처

인연이 이루어진 처소는 앞에서와 같다.

토라난타 필추니는 여인을 출가시키고 2년 동안의 육법과 육수법을 배우게 하고서 기간이 되지도 않아서 구족계를 주었다. 그가 곧 말하였다.

"성자여. 저는 정학녀의 법을 아직 정확히 얻지 않았습니다."

토라난타 필추니가 말하였다.

"다만 구족계를 받으면 정학녀의 법은 스스로 원만해지는 것이다."

필추니가 필추에게 알리고 필추는 세존께 아뢰었다. 세존께서는 물어보시고는 꾸중하셨으며, [이하 자세한 내용은 생략한다.]

"그 일에 학처를 제정하나니, 마땅히 이와 같이 설하노라. 만약 다시 필추니가 여인이 2년 동안 육법과 육수법의 배움을 아직 모두 마치지 않은 것을 알고서도 구족계를 주면 바일저가이니라."

'필추니'는 토라난타 필추니 또는 다른 필추니들을 말한다.

'아직 2년이 되지 않았다.'는 육법과 육수법을 배우는 것을 아직 끝내지 않았다는 말이다.

'구족계를 준다.'는 백사갈마의 작법을 말하며, 죄의 모양을 자세히 풀이한 것 등은 앞에서와 같다.

120) 지학법료불여수근원(知學法了不與受近圓) 학처

인연이 이루어진 처소는 앞에서와 같다.

어느 때 토라난타 필추니는 다른 여인을 출가시키고 2년 동안 육법과 육수법을 배우게 하였다. 그녀는 2년이 되어 토라난타 필추니에게 말하였다.

"성자여. 저에게 구족계를 주십시오."

그 필추니에게 대답하였다.

"그대가 다시 그것을 배워 모두 통달하면 마땅히 구족계를 주겠다."

그 필추니는 조용히 머물러 있었다. 뒤의 다른 때에 많은 필추니들이 필추에게 말하였다.

"그대는 이미 학법(學法)을 모두 배웠는데 어째서 구족계를 받지 않습니까?"

대답하여 말하였다.

"제가 이전에 성자 토라난타께 여쭈어 청하였더니 '다시 배워 통달하면 마땅히 구족계를 주겠다.'고 하셨습니다."

필추니가 필추에게 알리고 필추는 세존께 아뢰었다. 세존께서는 물어보시고는 꾸중하셨으며, [이하 자세한 내용은 생략한다.]

"그 일에 학처를 제정하나니, 마땅히 이와 같이 설하노라. 만약 다시 필추니가 여인이 2년 동안 육법과 육수법을 모두 배운 것을 알고서도 구족계를 주지 않으면 바일저가이니라."

'필추니'는 토라난타 필추니 또는 다른 필추니들을 말한다.

594

'여인이 2년 동안 배운 것을 안다.'는 배우기를 마치고 기간이 모두 되었으나, 구족계를 주지 않는 것을 말하며, 죄의 모양을 자세히 풀이한 것 등은 앞에서와 같다.

열세 번째의 게송으로 거두어 말한다.

놓아주지 않는 것과 나에게 옷을 주는 것과
거두어들이는 것과 해마다 받는 것과
여욕(與欲)과 보름과 스님이 없는 것과
안거와 자자(自恣)와 꾸중하는 것이 있다.

121) 부미방도출가(夫未放度出家) 학처

인연은 실라벌성에서 이루어졌다.

어느 때 토라난타 필추니는 성에서 걸식하다가 한 집에 들어가 부인이 남편에게 매를 맞고서 방에 있는 것을 보았다. 그의 남편은 밖에 외출하였다. 토라난타 필추니가 알려 말하였다.

"현수여. 원하건대 병이 없으십시오. 나에게 음식을 베풀어 주십시오."

부인이 대답하여 말하였다.

"제가 지금 괴로워서 음식을 드릴 수 없습니다."

물어 말하였다.

"무엇을 근심하십니까?"

곧 갖추어 말해주니 필추니가 말하였다.

"만약 그렇다면 어째서 출가를 하지 않습니까?"

대답하여 말하였다.

"그것은 제가 바라는 것입니다."

토라난타 필추니는 곧 그녀를 데리고 가서 드디어 출가를 시켰다. 남편은 뒤에 집에 와서 아내를 찾았으나 찾지 못하였다. 하인이 대답하여 말하였다.

"떠나서 출가하였습니다."

다시 물어 말하였다.

"누가 출가시켰느냐?"

대답하여 말하였다.

"토라난타 필추니입니다."

"그녀가 떠나면 누가 집안일을 맡겠느냐?"

뒤에 다른 때에 토라난타 필추니가 걸식하는 것을 보고 그가 물었다.

"성자가 내 아내를 출가시켰으니 누가 집안일을 맡겠소?"

마음에 분노가 일어나 옷으로 필추니의 목을 묶어서 끌고 가며 말하였다.

"당신이 내 아내를 출가시켰으니 집에 와서 나를 위해 집안일을 하시오."

필추니가 필추에게 알리고 필추는 세존께 아뢰었다. 세존께서는 물어보시고는 꾸중하셨으며, [이하 자세한 내용은 생략한다.]

"그 일에 학처를 제정하나니, 마땅히 이와 같이 설하노라. 만약 다시 필추니가 남편이 아직 풀어주지 않은 것을 알고서도 다른 사람의 아내를 출가시키면 바일저가이니라."

'필추니'는 토라난타 필추니 또는 다른 필추니들을 말한다.

'다른 사람의 아내인 것을 안다.'는 다른 사람의 아내나 첩을 말한다.

'남편이 아직 풀어주지 않았다.'는 남편이 아직 허락하지 않은 것을 말한다.

'출가'는 삭발 등을 해주는 것을 말하며, 나머지의 설명은 앞에서와 같다.

122) 종색의(從索衣) 학처

인연이 이루어진 처소는 앞에서와 같다.

어느 때 토라난타 필추니에게 정학녀가 있었는데 2년 동안 배우는 법을 모두 마치고 토라난타 필추니의 처소에 가서 말하였다.

"성자여, 저는 이미 배울 법을 모두 마쳤으니, 저에게 구족계를 주십시오."

596

토라난타 필추니가 말하였다.

"나에게 옷을 주면 비로소 그대에게 구족계를 주겠다."

대답하여 말하였다.

"저는 복력(福力)이 없어 얻은 것이 적으니 어디에서 옷을 얻겠습니까?"

여러 필추니들이 그에게 물었다.

"어떤 까닭으로 구족계를 받지 않습니까?"

대답하여 말하였다.

"내가 이미 성자 토라난타께 여쭈어 구족계를 주는 것을 청하였으나 그 성자께서는 '나에게 옷을 주면 구족계를 주겠다.'고 말하였습니다."

필추니가 필추에게 알리고 필추는 세존께 아뢰었다. 세존께서는 물어보시고는 꾸중하셨으며, [이하 자세한 내용은 생략한다.]

"그 일에 학처를 제정하나니, 마땅히 이와 같이 설하노라. 만약 다시 필추니가 다른 여인이 구족계를 받으려고 하는 것을 알고서도 그에게 '그대가 나에게 옷을 주면 마땅히 그대에게 구족계를 주겠다.'라고 말한다면 바일저가이니라."

'필추니'는 토라난타 필추니 또는 다른 필추니들을 말한다.

'구족계를 받고자 한다.'는 학처에 나아가는 것을 구한다는 말이다.

'나에게 옷을 주다.'는 칠의(七衣) 가운데서 아무 것이나 하나를 요구하는 것을 말한다.

'마땅히 구족계를 주겠다.'는 옷을 얻은 뒤에 백사갈마를 짓겠다는 말이며, 나머지 설명한 것은 앞에서와 같다.

123) 영타여인수렴가업(令他女人收斂家業) 학처

인연이 이루어진 처소는 앞에서와 같다.

어느 때 수교답미(瘦喬答彌) 필추니는 이 성안을 차례로 다니며 걸식하며 차례에 따라 한 대장자(大長者)의 집에 이르렀다. 장자는 죽고 그의 아내가 집안의 주인이었으며 큰 부자로 재산이 많고 거느리는 하인의 숫자도 많았으나 걱정을 품고 수교답미를 보고도 공손하고 존경하지도 않았으며 음식을 베풀지도 않았다. 필추니가 말하였다.

"자매여. 무슨 까닭으로 이렇게 고뇌하고 있습니까?"

부인이 필추니에게 말하였다.

"성자여. 남편은 죽었고, 친족들도 모두 죽었으므로 저는 지금 무슨 일을 해야 할 것인가를 모르겠습니다. 번뇌의 독화살이 내 가슴에 박혀 항상 걱정과 고뇌를 품고 있으니, 비록 재산이 많고 노비와 산업(産業)이 있어도 남편과 친족들이 떠났으니 이것으로 무엇을 하겠습니까?"

필추니가 말하였다.

"만약 그렇다면 어찌 출가하지 않습니까?"

부인이 말하였다.

"성자여. 저를 출가시켜 주시면 좋겠습니다."

필추니가 말하였다.

"만약 능히 집안일을 거두어 정리하고 재가의 여러 가지 얽힌 일을 버리면 출가의 길로 가는 것 또한 어렵지 않습니다."

그는 곧 창고에 저장하였던 재산을 가지고 받들어 사문과 바라문과 가난한 사람과 고아와 과부에게 베풀어서 모든 것을 버리고 필추니의 절로 가서 수교답미의 처소에 이르러 출가하는 것을 구하였다.

필추니가 말하였다.

"나는 지금 당신이 출가하는 것을 받아줄 수 없습니다. 다른 필추니의 처소로 가십시오."

부인은 생각하며 말하였다.

"가산(家産)을 모두 버리고 출가를 구하였는데 허락받지 못하는구나."

걱정하며 머물고 있으니 많은 필추니들이 보고 물었다.

"현수여. 무슨 일을 걱정하고 있습니까?"

그가 곧 갖추어 대답했다.

필추니가 필추에게 알리고 필추는 세존께 아뢰었다. 세존께서는 물어보시고는 꾸중하셨으며, [이하 자세한 내용은 생략한다.]

"그 일에 학처를 제정하나니, 마땅히 이와 같이 설하노라. 만약 다시 필추니가 재가인의 여인에게 '당신이 마땅히 가업을 거두어 정리하면 내가 당신을 출가시켜 주겠습니다.'라고 말하여 가르침을 따랐으나, 제도하여 출가시키지 않으면 바일저가이니라."

'필추니'는 수교답미 필추니 또는 다른 필추니들을 말한다.

'재가인의 여인에게 말한다.'는 재가에 있는 부인에게 가업을 거두어 정리하게 하는 것을 말한다.

'내가 당신을 출가시켜주겠다.'는 출가를 허락한다는 말이다.

'가르침을 따랐다.'는 그 여인이 필추니의 말에 따른 것을 말한다.

'허락하지 않는다.'는 뒤에 출가를 허락하지 않는 것을 말하며, 죄의 모양을 설명한 것은 앞에서와 같다.

124) 매년여출가수근원(每年與出家受近圓) 학처

인연이 이루어진 처소는 앞에서와 같다.

어느 때 토라난타 필추니는 해마다 다른 사람을 출가시키고 아울러 구족계를 주었다. 법명을 지어주지 않아 만약 일이 있으면 "애야! 구적녀야!"라고 하고, "애야! 정학녀야!"라고 하며, "애야! 어린 것아!"라고 불렀다. 여러 필추니들이 그것을 듣고 토라난타 필추니에게 알려 말하였다.

"성자께서는 무슨 까닭으로 해마다 다른 사람을 출가시키는 것입니까?"

대답하여 여러 필추니들에게 말하였다.

"나와 원수 맺은 사람의 목을 얽어매려고 출가시키는 것이오."

어느 필추니가 물었다.

"누가 원수입니까?"

대답하여 말하였다.

"당신이 곧 큰 원수요. 나를 참을 수 없게 하고 있소."

필추니가 필추에게 알리고 필추는 세존께 아뢰었다. 세존께서는 물어보시고는 꾸중하셨으며, [이하 자세한 내용은 생략한다.]

"그 일에 학처를 제정하나니, 마땅히 이와 같이 설하노라. 만약 다시 필추니가 해마다 다른 사람에게 출가를 허락하고 구족계를 주면 바일저가이니라."

'필추니'는 토라난타 필추니 또는 다른 필추니들을 말한다.

'해마다'는 1년 1년 중에 다른 사람을 출가시키고 구족계를 주는 것을 말하며, 죄의 모양을 설명한 것 등과 나머지 설명한 것은 앞에서와 같다.

근본설일체유부필추니비나야 제19권

125) 경숙여욕(經宿與欲) 학처

인연이 이루어진 처소는 앞에서와 같다.

어느 때 토라난타 필추니는 승가에 긴급하고 중요한 일이 있어 필추니 대중이 모두 모였으나, 나가지 않았다. 필추니가 토라난타 필추니에게 알려 말하였다.

"성자여. 필추니 대중이 모두 모였습니다. 나가시지요."

토라난타 필추니가 말하였다.

"나는 이미 법에 맞게 여욕(與欲)을 하였으니 짓는 것에 따르겠다."

다시 이튿날에도 필추니 대중이 모이게 되었으나, 토라난타 필추니는 대중 가운데 나가지 않고 욕(欲)도 주지 않았다. 필추니가 말하였다.

"성자여. 마땅히 여욕을 주도록 하십시오."

토라난타 필추니는 말하였다.

"나는 이미 어제 법에 맞게 여욕을 주었다."

필추니가 말하였다.

"하룻밤이 지난 여욕도 성립될 수 있습니까?"

대답하여 말하였다.

"욕(欲)이 썩고 문드러져서 성립되지 않는다는 말인가?"

필추니가 필추에게 알리고 필추는 세존께 아뢰었다. 세존께서는 물어보시고는 꾸중하셨으며, [이하 자세한 내용은 생략한다.]

"그 일에 학처를 제정하나니, 마땅히 이와 같이 설하노라. 만약 다시 필추니가 하룻밤이 지난 여욕을 하면 바일저가이니라."

'필추니'는 토라난타 필추니 또는 다른 필추니들을 말한다.

'하룻밤이 지났다.'는 밤이 지난 것을 말한다.

'여욕'은 뜻이 좋다고 말하는 것을 말하며, 죄의 모양을 설명한 것과 나머지의 설명은 앞에서와 같다.

126) 구교수(求敎授) 학처

인연이 이루어진 처소는 앞에서와 같다.

어느 때 토라난타 필추니는 여러 명의 필추니 도반들과 함께 세상을 유행하고 있었다. 한 마을에 이르러 그곳에 머무를 곳이 있어 곧 머무르기를 구하였으나, 그날이 15일이며 마땅히 장정(長淨)을 해야 하는 것을 기억해냈다. 다른 필추니들이 토라난타 필추니에게 말하였다.

"성자여. 오시어 함께 절에 가서 가르쳐 주실 분을 구하시지요."

토라난타 필추니가 말하였다.

"내가 삼장에 익숙한데 어떻게 다시 별도로 다른 사람을 구하여 가르침을 받아야 하는 것이오. 이 일은 마땅히 이렇게 짓고 저 일은 마땅히 짓지 않을 것을 내가 모두 분명히 알고 있으니, 수고스럽게 가서 청할 것이 없습니다."

필추니가 필추에게 알리고 필추는 세존께 아뢰었다. 세존께서는 물어보시고는 꾸중하셨으며, [이하 자세한 내용은 생략한다.]

"그 일에 학처를 제정하나니, 마땅히 이와 같이 설하노라. 만약 다시 필추니가 보름(半月)마다 가르쳐 주는 사람을 구할 것이며, 만약 구하지 않으면 바일저가이니라."

'필추니'는 토라난타 필추니 또는 다른 필추니들을 말한다.

'보름마다'는 흑월(黑月)의 15일과 백월(白月)의 15일을 말한다.

'마땅히 가르쳐 주는 사람을 구해야 한다.'는 마땅히 가르쳐주는 사람을 구해야 하는 것을 말한다.

'구하지 않는다.'는 가서 청하지 않는 것을 말하며, 죄의 모양을 자세히 설명한 것 등은 앞에서와 같다.

127) 무필추처작장정(無苾芻處作長淨) 학처

인연이 이루어진 처소는 앞에서와 같다.

어느 때 토라난타 필추니는 많은 필추니 도반들과 세상을 유행하면서 한 마을에 이르렀다. 필추니의 절은 마을 밖에 있었고 이날은 15일로 장정(長淨)을 하는 날이었다. 필추니들이 토라난타 필추니에게 말했다

"성자여. 세존께서 설하신 것과 같이 필추니는 필추가 없는 곳에서는 장정을 할 수 없으므로 함께 필추의 절에 가도록 하시지요."

토라난타 필추니는 말하였다.

"나는 삼장에 익숙하니 어떻게 장정하는 법을 모르겠소? 무엇 때문에 수고스럽게 다시 가서 청하여 묻겠소?"

필추니가 필추에게 알리고 필추는 세존께 아뢰었다. 세존께서는 물어보시고는 꾸중하셨으며, [이하 자세한 내용은 생략한다.]

"그 일에 학처를 제정하나니, 마땅히 이와 같이 설하노라. 만약 다시 필추니가 필추가 없는 곳에서 장정을 지으면 바일저가이니라."

'필추니'는 토라난타 필추니 또는 다른 필추니들을 말한다.

'필추가 없는 곳'은 큰스님(大僧)이 없는 곳을 말한다.

'장정한다.'는 바라저목차 계경을 설하는 것을 말하며, 죄의 모양을 자세히 설명한 것 등은 앞에서와 같다.

128) 무필추처작안거(無苾芻處作安居) 학처

인연이 이루어진 처소는 앞에서와 같다.

어느 때 토라난타 필추니는 필추니 도반들과 함께 유행하다가 한 마을에 이르렀다. 장자가 한 사람 있었으며 큰 부자로서 재산이 많았고, 필추니 대중에게 제공하려고 머물 곳을 지어 놓고 있었다. 그는 필추니 대중을 보고 앞에 와서 예배드리고 공경하여 말하였다.

"성자여, 이곳에 머무르면서 안거를 하십시오."

여러 필추니들은 이 말을 듣고 나서 그곳에 머무르려고 하였는데 어떤

필추니가 알려 말하였다.

"성자여. 세존께서 설하신 것과 같이 필추니는 필추가 없는 곳에서는 안거를 할 수 없습니다. 함께 필추가 있는 근처의 절로 가시지요."

토라난타 필추니가 말하였다.

"내가 삼장에 익숙한데 어떻게 안거하는 법도를 모르겠소? 무엇 때문에 수고스럽게 필추의 처소로 가겠습니까?"

여러 필추니들은 그 말을 받아들여 안거를 마쳤다. 필추니가 필추에게 알리고 필추는 세존께 아뢰었다. 세존께서는 물어보시고는 꾸중하셨으며, [이하 자세한 내용은 생략한다.]

"그 일에 학처를 제정하나니, 마땅히 이와 같이 설하노라. 만약 다시 필추니가 필추가 없는 처소에서 안거하면 바일저가이니라."

'필추니'는 토라난타 필추니 또는 다른 필추니들을 말한다.

'필추가 없는 처소'는 앞에서 설명한 것과 같다.

'안거를 한다.'는 석 달의 하안거를 말하며, 죄의 모양을 자세히 설명한 것 등은 앞에서와 같다.

129) 불어이부중삼사작수의(不於二部衆三事作隨意) 학처

인연이 이루어진 처소는 앞에서와 같다.

어느 때 여러 필추니들은 하안거를 마치고 15일에 수의를 하려고 다른 필추니들이 토라난타 필추니에게 말하였다.

"성자여. 필추의 절에 가서 자자를 하시지요."

대답하여 말하였다.

"이곳에서 지어도 되는데 무엇 때문에 수고스럽게 가는 것이오?"

필추니가 말하였다.

"세존께서 설하신 것과 같이 필추니는 마땅히 이부 대중 가운데에서 견(見)·문(聞)·의(疑)의 세 가지 일을 말하여 수의를 하는 것입니다."

토라난타 필추니는 말하였다.

"나는 삼장을 훌륭히 묻고 대답할 수 있는데, 어떻게 수의를 짓는 것을 모르고서 다시 이부 대중 가운데에 가겠소?"

필추니가 필추에게 알리고 필추는 세존께 아뢰었다. 세존께서는 물어보시고는 꾸중하셨으며, [이하 자세한 내용은 생략한다.]

"그 일에 학처를 제정하나니, 마땅히 이와 같이 설하노라. 만약 다시 필추니가 안거를 마치고서 이부 대중 가운데에서 세 가지 일로써 수의를 하지 않으면 바일저가이니라."

'필추니'는 토라난타 필추니 또는 다른 필추니들을 말한다.

'안거를 마쳤다.'는 석 달의 안거를 끝낸 것을 말한다.

'이부 대중 가운데에서 짓지 않는다.'는 승(僧)과 필추니 대중 안에서서 가지의 견(見)·문(聞)·의(疑)로써 수의를 하지 않는 것을 말하며, 나머지 설명한 것은 앞에서와 같다.

130) 책중(責衆) 학처

인연이 이루어진 처소는 앞에서와 같다.

어느 때 토라난타 필추니는 필추니 대중들이 삿된 법의 일을 지어 서로가 유혹하고 인도한다고 여러 가지 말로서 꾸중하며 다른 필추니들에게 말하였다.

"그대들은 어리석고 교묘하지 않아서, 어느 것을 마땅히 허락하고 마땅히 해야 하는지 모르며, 여러 가지 일에 능숙하지 못하다."

여러 필추니들이 충고하여 말하였다.

"성자여. 어떻게 이와 같이 꾸중하는 말을 하는 것이 합당합니까?"

토라난타 필추니가 말하였다.

"합당하든 합당하지 않든 나는 이미 말을 하였다."

필추니가 필추에게 알리고 필추는 세존께 아뢰었다. 세존께서는 물어보시고는 꾸중하셨으며, [이하 자세한 내용은 생략한다.]

"그 일에 학처를 제정하나니 마땅히 이와 같이 설하노라. 만약 다시 필추니가 대중을 꾸짖는다면 바일저가이니라.”

　‘필추니’는 토라난타 필추니 또는 다른 필추니들을 말한다.

　‘대중을 꾸짖는다.’는 승가를 꾸중하는 것을 말하며, 나머지의 설명한 것은 앞에서와 같다.

　열네 번째의 게송으로 거두어 말한다.

　　대중을 욕하는 것과 다섯 가지의 간탐(慳貪)과
　　칭찬과 집과 절과 음식의 법과
　　다시 먹는 것과 어린 아이를 기르는 것과
　　목욕할 때 입는 옷과 옷을 빨게 하는 것이 있다.

131) 매중(罵衆) 학처

　인연이 이루어진 처소는 앞에서와 같다.

　어느 때 토라난타 필추니는 성내는 마음을 품고 대중을 욕하였다.

　“너희는 제 힘으로 살아갈 수 없는 까닭으로 출가하였다. 가난하고 추워서 출가를 하였고, 죄악이 많은 종족이었으며, 성스러운 법을 분별하지도 못하고, 도둑의 마음으로 머무르며, 다른 사람을 미혹되게 하고, 실제로 청정하지가 않으니, 이것이 계율을 깨뜨린 것이다.”

　다른 필추니들이 말하였다.

　“성자여. 무슨 까닭으로 성내는 마음을 품고 이러한 천박한 말을 합니까?”

　토라난타 필추니가 말하였다.

　“나는 석가 종족에서 태어나 존귀하여 법에 맞게 꾸짖고 욕하는 것이다. 너희들은 어느 종족인지 알지 못하니 꾸짖고 욕하는 것이다. 다만 꾸중하고 욕하는 것을 듣고 조용히 참고 받아들이는 것이 합당하다.”

　필추니가 필추에게 알리고 필추는 세존께 아뢰었다. 세존께서는 물으시고는 꾸중하셨으며, [이하 자세한 내용은 생략한다.]

　“그 일에 학처를 제정하나니, 마땅히 이와 같이 설하노라. 만약 다시 필추니가 대중을 욕하면 바일저가이니라."

'필추니'는 토라난타 필추니 또는 다른 필추니들을 말한다.

'대중을 욕한다.'는 나쁜 말을 하는 것을 말하며, 죄의 모양을 자세히 설명한 것 등은 또한 앞에서와 같다

132) 견타찬예기질투심(見他讚譽起嫉妒心) 학처

인연이 이루어진 처소는 앞에서와 같다.

어느 때 바라문·장자·거사가 대세주(大世主)·교답미(喬答彌)·연화색(蓮花色)·법여(法與)·수교답미(瘦喬答彌) 필추니 등의 여러 필추니들을 찬탄하고 그들의 묘한 덕행을 이야기하였으며, 그 토라난타 필추니에게 물었다.

"성자께서는 무슨 까닭으로 이와 같이 비방합니까?"

토라난타 필추니가 말하였다.

"나는 석가 종족으로서 출가하였으며 삼장(三藏)에 매우 익숙하여 대법사(大法師)가 되었습니다. 어려운 문제를 논하면 묻고 대답하는 것에 막힘이 없으니 나의 덕을 찬탄해야 합당할 것인데 반대로 다른 사람을 찬탄하는군요."

여러 필추니들이 말하였다.

"성자여. 어째서 덕을 찬탄하면 아니됩니까?"

대답하여 말하였다.

"저들은 출신 종족도 없고 망녕되게 설하여 큰 화를 스스로 부르고 있습니다."

여러 필추니들이 말하였다.

"어떻게 매우 질투하여 다른 사람의 영광을 참지 못합니까?"

필추니가 필추에게 알리고 필추는 세존께 아뢰었다. 세존께서는 물으시고는 꾸중하셨으며, [이하 자세한 내용은 생략한다.]

"그 일에 학처를 제정하나니, 마땅히 이와 같이 설하노라. 만약 다시 필추니가 다른 사람을 찬탄하는 것을 매우 질투하는 마음을 일으키면

바일저가이니라.”

'필추니'는 토라난타 필추니 또는 다른 필추니들을 말한다.

'다른 사람을 찬탄하면 매우 질투심을 일으킨다.'는 다른 사람의 계덕(戒德)에 대해 인색한 것을 말하며, 죄의 모양을 자세히 설명한 것 등은 앞에서와 같다.

133) 어가간(於家慳) 학처

인연이 이루어진 처소는 앞에서와 같다.

어느 때 여러 필추니들이 걸식하다가 큰 부자로서 신심이 있는 집에 들어가 모두 청정하고 훌륭한 음식을 보시 받았다. 음식을 얻어서 빨리 본사(本寺)에 돌아왔는데 토라난타 필추니가 보고 물었다.

“너희들은 누구의 집에서 이렇게 좋은 음식을 얻었는가?”

필추니가 얻은 것을 갖추어 말하니 토라난타 필추니는 비난하고 헐뜯으며 말하였다.

“누구의 집에는 마땅히 갈 것이고, 누구의 집에는 가서는 아니 되며, 누구의 집에는 들어가서는 아니 된다.”

여러 필추니들이 말하였다.

“성자께서는 무슨 까닭으로 그 많은 집들을 아끼는 것입니까?”

대답하여 말하였다.

“무슨 허물이 있겠는가? 나는 그들 집안의 스승으로서 그들을 피곤하게 하여 공경하고 믿는 마음을 잃지 않도록 하려는 것이다.”

필추니가 필추에게 알리고 필추는 세존께 아뢰었다. 세존께서는 물으시고는 꾸중하셨으며, [이하 자세한 내용은 생략한다.]

“그 일에 학처를 제정하나니, 마땅히 이와 같이 설하노라. 만약 다시 필추니가 어느 시주의 집을 아끼면 바일저가이니라.”

'필추니'는 토라난타 필추니 또는 다른 필추니들을 말한다.

'어느 집을 아끼다.'는 다른 집을 아끼는 것을 말하며, 죄의 모양을 자세히 설명한 것 등은 앞에서와 같다.

134) 어사간(於寺慳) 학처

인연이 이루어진 처소는 앞에서와 같다.

어느 때 토라난타 필추니가 필추니 절을 한 채 지었는데 2층 누각 위에 어느 필추니가 머물러서 그 위를 다닐 때에는 큰 소리가 났다. 토라난타 필추니는 그 소리를 듣고 곧 화내는 마음을 일으켜 미워하였다.

"어느 처소에 버릇없는 물건이 있어 수컷 코끼리가 다리로 밟는 소리를 내고 다니는가? 가르쳐주는 사람이 없기 때문이다."

여러 필추니들이 말하였다.

"성자여. 무슨 까닭으로 절을 아끼어 이러한 거친 말을 하십니까?" 대답하여 말하였다.

"내가 화내는 것이 무슨 잘못인가? 나는 절을 짓느라고 손과 발이 모두 갈라졌고 몸이 피로하여 지쳤으며 온갖 고생을 하였으므로 이렇게 아끼는 것이다."

필추니가 필추에게 알리고 필추는 세존께 아뢰었다. 세존께서는 물어보시고는 꾸중하셨으며, [이하 자세한 내용은 생략한다.]

"그 일에 학처를 제정하나니, 마땅히 이와 같이 설하노라. 만약 다시 필추니가 절을 아끼면 바일저가이니라."

'필추니'는 토라난타 필추니 또는 다른 필추니들을 말한다.

'절을 아끼다.'는 필추니가 머무는 처소를 아끼는 것을 말하며, 죄의 모양을 자세히 설명한 것 등은 앞에서와 같다.

135) 어이양음식간(於利養飮食慳) 학처

인연이 이루어진 처소는 앞에서와 같다.

어느 때 여러 필추니들이 아침시간에 가사와 발우를 챙겨 차례로 걸식하고 걸식을 마치고 절에 돌아왔다. 이때 토라난타 필추니는 많이 욕심내고

먹은 까닭으로 초저녁에서 늦은 밤까지 잠을 이루지 못하고 오랫동안
있다가 비로소 누웠다. 매일 아침 해가 밝으면 필추니들은 걸식하러
갔다가 되돌아 왔다. 토라난타 필추니는 걸식에서 돌아오는 것을 보고
곧 이렇게 생각하였다.

'지금 이 여러 필추니들이 걸식이 매우 빠르구나. 내가 지금 그들에게
무슨 말을 할 수는 없으니 마땅히 방편을 지어 내가 그들보다 먼저 걸식하고
그들은 나보다 늦게 걸식하게 만들어야겠구나.'

그리하여 필추니들을 가르치고 훈계하는 시간에 그들에게 말하였다.

"그대들은 남의 음식을 도둑질하는 것이다. 긴 밤중에 잠자지 않고,
오로지 음식을 생각하고 법의 이치는 생각하지 아니하며, 친교사를 모시지
아니하고, 세존을 공경하지 아니하며, 제단에 칠을 하며 찬탄하고 풍송(諷
誦)을 하지도 않으면서, 오로지 일찍 일어나서 발우를 가지고서 걸식하러
나가는 것을 알 뿐이니 이것이 어느 법식(法式)인가?"

필추니들이 듣고 대답하였다.

"성자께서 말씀하신 것은 진실로 훌륭하십니다. 일찍 걸식을 나가지
않도록 하겠습니다."

어느 때 토라난타 필추니는 곧 다른 날에 하늘이 밝아지자 가사를
입고 발우를 가지고서 성에 들어가 걸식하였다. 이때 한 바라문이 좋은
길상(吉相)을 정하여 다른 지방에 가려고 성문을 나왔다가 서로 마주치자
분노를 일으켜 곧 필추니를 에워싸고 많이 때렸다.

필추니가 필추에게 알리고 필추는 세존께 아뢰었다. 세존께서는 물어보
시고는 꾸중하셨으며, [이하 자세한 내용은 생략한다.]

"그 일에 학처를 제정하나니, 마땅히 이와 같이 설하노라. 만약 다시
필추니가 이양(利養)의 음식을 아끼면 바일저가이니라."

'필추니'는 토라난타 필추니 또는 다른 필추니들을 말한다.

'이양의 음식을 아끼다.'는 다른 사람이 보시해주는 물건을 아끼는
것을 말하며, 죄의 모양을 자세히 설명한 것 등은 앞에서와 같다.

이때 모든 필추들이 의심하면서 세존께 청하였다.

"대덕이시여. 토라난타 필추니를 살펴보면 다른 사람의 이양의 음식을 스스로 욕심내는 까닭으로 바라문에게 많이 얻어맞은 것이옵니까?"

세존께서는 모든 필추들에게 말씀하셨다.

"이 필추니가 욕심 때문에 남에게 얻어맞은 것이 지금만의 일이 아니니라. 지나간 옛날에도 또한 이와 같았으니 그대들은 자세히 들으라. 지나간 옛날에 어떤 큰 구곡조(鴝鵒鳥)가 검은 깨를 실은 수레가 길머리에서 뒤집혀 있는 것을 보았다. 다른 구곡조들이 가서 먹으려고 하자 큰 구곡조가 알려 말하였다.

'길 가에서 이 검은 깨를 먹지 말라. 해가 저물려고 하니 반드시 말이나 코끼리가 끄는 수레가 이곳을 지나가다가 너희들을 밟아 죽일 것이다.'

다른 새들이 대답하였다.

'당신이 말한 것과 같습니다.'

모두 흩어져서 날아갔다. 이렇게 가르치고 밤이 되어 스스로 그곳에 가서 그 검은 깨를 먹었다. 그때 수레가 한 대 지나갔는데 탐욕스럽게 먹으면서 살피지 못하여 수레에 깔려 죽었다.

이때 어느 천인(天人)이 게송을 설하였다.

스스로 지혜롭게 아는 것도 없으며
억지로 남을 가르치고서
욕심 때문에 밤에 깨를 먹다가
수레에 깔리는 고통을 당하였구나.

그대들 여러 필추들이여. 이러한 인연으로 말을 하는 사람은 말과 행동이 같아야 하나니 마땅히 이와 같이 배울지니라."

136) 간법(慳法) 학처

인연이 이루어진 처소는 앞에서와 같다.

어느 때 여러 필추니들이 토라난타 필추니에게 청하여 말하였다.

"성자여. 마땅히 저희에게 독송하는 것 등을 가르쳐 주십시오."

그는 말을 듣고서 가르침을 받으러 필추니가 오면 모두에게 일을 시켰다. 옷 등을 불에 말리고, 혹은 안약통(眼藥筒)을 주며, 방을 청소하게 하고, 물을 뜨거나 혹은 이부자리를 펴고 옷을 햇볕에 말리게 하는 등 여러 가지의 일을 모두 시켰다. 여러 필추니들은 생각했다.

'지금 이 성자는 우리에게 법을 아끼고 가르쳐주지 않으면서 다만 일을 시키니 함께 물어봐야겠다.'

그리고는 곧 물어 말하였다.

"어째서 가르쳐주지 않습니까?"

토라난타 필추니가 말하였다.

"그대들은 법을 쉽게 구할 수 있다고 말을 하지만, 나는 오랫동안 많은 어려움을 겪고 밤낮으로 부지런히 밝은 스승을 섬기며, 이렇게 오랜 시간이 지나 비로소 구해 얻을 수 있었다."

결국 가르쳐주지 않았다. 필추니가 필추에게 알리고 필추는 세존께 아뢰었다. 세존께서는 물어보시고 꾸중하셨으며 여러 필추니들에게 알려 말씀하셨다.

"법을 아끼는 사람은 다섯 가지의 허물을 초래하게 된다. 첫째는 장님으로 태어나는 것이고, 둘째는 지혜가 없는 것이며, 셋째는 불법(佛法)을 멀리 떠나는 것이고, 넷째는 집에 원수가 있는 것이며, 다섯째 성스러운 지위에 들어가지 못하고, 몸이 무너지고 수명을 마치면 지옥에 떨어지느니라. [이하 자세한 내용은 생략한다.]

"그 일에 학처를 제정하나니, 마땅히 이와 같이 설하노라. 만약 다시 필추니가 법을 아끼면 바일저가이니라."

'필추니'는 토라난타 필추니 또는 다른 필추니들을 말한다.

'법을 아끼다.'는 개시(開示)하여 가르쳐주지 않는 것을 말하며, 죄의 모양을 자세히 설명한 것 등은 앞에서와 같다.

137) 식경갱식(食竟更食) 학처

인연이 이루어진 처소는 앞에서와 같다.

어느 때 토라난타 필추니는 이른 아침에 발우를 가지고 성에 들어가 걸식하여 음식을 얻고 난 뒤에 방안에 두고 마음대로 먹고서 곧 경행을 하고 경행을 마치면 다시 방에 와서 음식을 먹었다. 그리고 발우 안의 음식을 먹으면 몸을 제멋대로 하고 누웠다. 여러 필추니들이 그에게 말하였다.

"성자는 먹은 뒤에 경행을 하고, 경행을 한 뒤에 다시 먹고, 먹은 뒤에 배가 부르면 누워있습니까?"

토라난타 필추니는 듣고서 여러 필추니들에게 욕설을 하며 꾸중하였다. 필추니들이 필추에게 알리고 필추는 세존께 아뢰었다. 세존께서는 물어보시고는 꾸중하셨으며, [이하 자세한 내용은 생략한다.]

"그 일에 학처를 제정하나니, 마땅히 이와 같이 설하노라. 만약 다시 필추니가 먹는 것을 마치고 또 다시 먹으면 바일저가이니라."

'필추니'는 토라난타 필추니 또는 다른 필추니들을 말한다.

'먹는 것을 마치고 다시 먹는다.'는 배부르게 먹은 뒤에 거듭해서 먹는 것을 말하며, 죄의 모양을 자세히 설명한 것 등은 앞에서와 같다.

138) 양타해아(養他孩兒) 학처

인연이 이루어진 처소는 앞에서와 같다.

토라난타 필추니는 걸식하러 다른 집에 들어갔다가 그 집의 부인이 아들을 낳은 것이 오래 되지 않은 것을 보았다. 토라난타 필추니가 부인에게 말하였다.

"현수여. 병이 없기를 발원합니다. 저에게 음식을 베풀어 주십시오."

부인이 대답하여 말하였다.

"성자여. 아이가 자꾸 울어대니 어떻게 해야 하나요?"

필추니가 말하였다.

"아이를 낳는 법은 알고 어떻게 키우는 법을 알지 못합니까?"

부인이 알려서 말하였다.

"성자께서는 우는 것을 멈추게 하는 모든 방법을 아십니까?"

필추니가 말하였다.

"세상의 수승한 법을 내가 알고 있으니, 하물며 아이를 키우는 것을 내가 밝게 알지 못하겠습니까? 키우는 방법을 가르쳐주면 나에게 음식을 베풀겠습니까?"

대답하여 말하였다.

"드리겠습니다."

필추니가 말하였다.

"나를 따르는 필추니도 또한 음식을 주겠습니까?"

대답하여 말하였다.

"예. 드리겠습니다."

"방을 지키고 있는 사람도 음식을 주겠습니까?"

"예. 드리겠습니다."

필추니는 곧 아기를 데려다 넓적다리 위에 앉히고, 따뜻한 기름을 몸에 바르고, 밀가루를 사용하여 닦아주고 따뜻한 물로 깨끗이 씻어주고서, 뒤에 편안하게 눕히고 옷으로 덮어주니 아기는 곧 잠이 들었다. 부인은 곧 약속한 음식들을 모두 필추니에게 주었다. 뒤에 다른 때에 대세주 필추니도 걸식하다가 그 집 안에 들어갔다. 장자의 아내가 말하였다.

"성자께서도 이 아기를 편안하게 할 수 있으십니까?"

필추니가 말하였다.

"이것은 출가자가 할 일이 아닙니다. 일찍이 어느 출가자가 이런 일을 하는 것을 보았습니까?"

부인이 대답하여 말하였다.

"성자 토라난타께서 일찍이 나에게 이런 일을 해주셨습니다."

필추니가 필추에게 알리고 필추는 세존께 아뢰었다. 세존께서는 물어보시고는 꾸중하셨으며, [이하 자세한 내용은 생략한다.]

"그 일에 학처를 제정하나니, 마땅히 이와 같이 설하노라. 만약 필추니가 다른 사람의 아이를 키워주면 바일저가이니라."

'필추니'는 토라난타 필추니 또는 다른 필추니들을 말한다.

'다른 사람의 아이를 키운다.'는 함께 다른 부인의 자녀를 보살핀다는 말이며, 죄의 모양을 자세히 설명한 것 등은 앞에서 같다.

139) 불축세군(不畜洗裙) 학처

인연이 이루어진 처소는 앞에서와 같다.

어느 때 여러 필추니들이 아시라(阿氏羅) 강에서 재가의 여인들과 함께 목욕을 하였다. 그들은 서로가 손으로 필추니의 가슴과 허리와 배와 허벅지와 발꿈치 같은 곳을 가리키면서 일에 따라 찬탄하여 말하였다. 필추니가 필추에게 알리고 필추는 세존께 아뢰었다. 세존께서는 사실을 물어보시고는 꾸중하셨으며, [이하 자세한 내용은 생략한다.]

"그 일에 학처를 제정하나니, 마땅히 이와 같이 설하노라. 만약 다시 필추니가 목욕할 때 입는 옷을 준비해 두지 않으면 바일저가이니라."

'필추니'는 법 가운데의 필추니를 말한다.

'목욕할 때 입는 옷을 준비해 두지 않는다.'는 목욕할 때 입는 옷이 없는 것을 말하며, 죄의 모양을 자세히 설명한 것 등은 앞부분과 같다.

140) 영완의인세의(令浣衣人洗衣) 학처

인연이 이루어진 처소는 앞에서와 같다.

어느 때 열두 명의 필추니들이 꿈속에서 남자와 성교하여 부정(不淨)이 새어 나와 옷을 더럽혀서 빨래하는 사람에게 빨도록 하였다. 그 사람은 필추니의 붉은색 옷을 재가인의 흰옷과 함께 빨아서 마침내 옷이 서로 물들었다. 옷의 주인이 와서 누가 내 옷에 색을 물들였는가를 물었다. 빨래하는 사람이 대답하였다.

"내가 필추니의 옷과 함께 빨아서 물이 들었습니다."

재가인들이 비난하고 싫어하였다.

"이 출가자를 보니 적정(寂靜)을 닦는 것이 아니구나."

필추니가 필추에게 알리고 필추는 세존께 아뢰었다. 세존께서는 사실을 물어보시고 꾸중하셨으며, [이하 자세한 내용은 생략한다.]

"그 일에 학처를 제정하나니, 마땅히 이와 같이 설하노라. 만약 다시 필추니가 빨래하는 사람에게 옷을 빨게 하면 바일저가이니라."

'필추니'는 법 가운데의 필추니를 말한다.

'빨래하는 사람에게 옷을 빨게 한다.'는 칠의(七衣) 가운데서 어느 하나라도 남에게 빨도록 시키는 것을 말하며, 죄의 모양을 자세히 설명한 것 등은 앞에서와 같다.

열다섯 번째의 게송으로 거두어 말하겠다.

상좌(上座)와 사문의 옷과
두 가지 병(病)의 옷과 걸식하는 것과
함께 나가지 않는 것과 나누지 않는 것과
다투는 것과 맡기지 않는 것과 주법(呪法)을 배우는 것이 있다.

141) 공상중환의(共上衆換衣) 학처

인연이 이루어진 처소는 앞에서와 같다.

어느 때 흑명(黑名) 필추니에게는 독자(犢子)라는 아들이 있었으나 출가하였고, 또한 네 명의 딸들도 모두 출가하였다. 그 흑명 필추니의 아들인 필추가 승가지(僧伽胝)를 새로 지어 입고 어머니의 처소로 갔는데, 여동생이 오빠의 옷이 선명하고 광채가 나는 것을 보고 마음에 애착을 일으켰다. 여동생은 오빠에게 옷을 구하였으나 주지 않는 것을 보고 곧 눈물을 흘리며 울었다. 어머니가 아들 필추에게 말하였다.

"어찌 옷을 주지 않아 나를 괴롭게 하는가?"

아들은 어머니의 가르침을 따르는 것이 옳다고 생각하여 곧 옷을 주었다. 그 여동생이 절 안에서 그 옷을 입으니, 그 다음의 아래 동생이 말하였다.

"언니는 대의(大衣)를 입었네요. 그 옷을 나에게 주세요."

즐겁게 주지 않아 곧 슬피 우니 곧 어머니가 알려 말하였다.

"주는 것이 옳다. 나를 괴롭히지 말아다오."

어머니의 가르침을 어기지 못하여 곧 옷을 주니 여러 필추니들이 말하였다.

"이렇게 교묘하고 정밀한 가는 실로 만든 정거천(淨居天)의 가사를 어디에서 얻었는가?"

모두가 입고 싶어하니 대답하여 말하였다.

"원하건대, 형제께서는 병이 없고 편안하십시오. 이와 같은 옷을 어떻게 얻겠습니까?"

필추니가 필추에게 알리고 필추는 세존께 아뢰었다. 세존께서는 형제들의 처소에서 가사를 가져다가 사실을 물으시니 대답하였다.

"진실로 그렇습니다."

세존께서는 여러 가지로 꾸중하셨으며, [이하 자세한 내용은 생략한다.]

"그 일에 학처를 제정하나니, 마땅히 이와 같이 설하노라. 만약 다시 필추니가 상좌의 대중과 가사를 바꾸어 입으면 바일저가이니라."

'필추니'는 법 가운데의 필추니들을 말한다.

'상좌의 대중'은 자기보다 위의 사람을 말한다.

'옷을 바꾼다.'는 널리 바꾸는 것을 말하며, 죄의 모양을 자세히 설명한 것 등은 앞에서와 같다.

142) 첩여속인의(輒與俗人衣) 학처

인연은 왕사성에서 이루어졌다.

어느 때 음악하는 아이(樂兒)가 토라난타 필추니에게 옷을 구하니, 필추니가 곧 주었다. 그는 곧 옷을 입고 구적과 함께 육중필추를 야단치고 희롱하였다. 육중필추는 토라난타 필추니가 음악하는 아이에게 옷을 준 것을 알고서 각자 분노를 품었다.

'우리를 야단치고 희롱하는 것은 이 음악하는 아이가 아니다.'

마침내 어느 때 넓고 한적한 곳에서 토라난타 필추니를 마주치자 함께 그 필추니를 때렸다. 토라난타 필추니는 온 몸이 부어서 평상 위에 누워 있었다. 여러 필추니들이 물어 말하였다.

"성자여. 어째서 고생하십니까?"

대답하여 말하였다.

"육중필추가 때렸습니다. 그들은 나의 윗사람인데 가르치고 타이르지 않는다면 누가 나를 꾸중하겠습니까?"

필추니가 필추에게 알리고 필추는 세존께 아뢰었다. 세존께서는 물어보시고는 꾸중하셨으며, [이하 자세한 내용은 생략한다.]

"그 일에 학처를 제정하나니, 마땅히 이와 같이 설하노라. 만약 다시 필추니가 사문의 옷(法衣)을 쉽게 재가인에게 주면 바일저가이니라."

'필추니'는 토라난타 필추니를 말한다.

'사문의 옷'은 승니(僧尼)의 법의를 말한다.

'재가인에게 준다.'는 재가인에게 주어서 그가 입도록 하는 것을 말하며, 죄의 모양을 자세히 설명한 것 등은 앞부분과 같다.

143) 불축병의(不畜病衣) 학처

인연은 실라벌성에서 이루어졌다.

어느 때 여러 필추니가 걸식을 하고 있었는데 입고 있는 속옷에 피가 흘러 더러워지니 바라문과 장자가 보고 함께 비난하고 싫어하였다. 필추니가 이 일을 여러 필추들에게 알리고 필추는 세존께 아뢰었다. 세존께서 말씀하셨다.

"번뇌를 아직 끊지 못하여 업(業)에 따라서 흐르는 것이니라. 여인들은 달마다 모두가 부정(不淨)이 흘러나오므로 모든 필추니들은 마땅히 생리대(襯衣)를 준비하도록 하라."

이와 같이 세존께서는 생리대를 준비하도록 제정하셨으나 토라난타 필추니는 가르침에 의거하여 준비하지 않았다. 필추니가 필추에게 알리고 필추는 세존께 아뢰었다. 세존께서는 사실을 물어보시고 꾸중하셨으며, [이하 자세한 내용은 생략한다.]

"그 일에 학처를 제정하나니, 마땅히 이와 같이 설하노라. 만약 다시 필추니가 생리대를 준비하지 아니 하면 바일저가이니라."

'필추니'는 토라난타 필추니 또는 다른 필추니들을 말한다.

'생리대를 준비하지 않는다.'는 내의(內衣)를 말하며, 죄의 모양을 자세히 설명한 것 등은 앞에서와 같다.

144) 대중병의사용(大衆病衣私用) 학처

인연이 이루어진 처소는 앞에서와 같다.

어느 때 토라난타 필추니는 승만부인에게 말하였다.

"세존께서는 모든 필추니에게 생리대를 준비하도록 제정하셨으나, 저는 지금 그것이 없습니다."

부인이 옷을 가지고 토라난타 필추니에게 받들어 보시하고 아울러 대중들에게도 보시하였으나, 모두 자신이 개인적으로 사용하였다. 다시 다른 여러 필추니들이 부인의 처소에 나아가 말하였다.

"저희들에게 생리대를 베풀어 주십시오."

부인이 말하였다.

"제가 이미 모든 분에게 베풀어 드렸습니다."

물어 말하였다.

"누구에게 맡기셨습니까?"

대답하여 말하였다.

"토라난타 필추니입니다."

여러 필추니들이 토라난타에게 돌려달라고 하였으나 돌려주지 않았다. 필추니가 필추에게 알리고 필추는 세존께 아뢰었다. 세존께서는 사실을 물어보시고는 꾸중하셨으며, [이하 자세한 내용은 생략한다.]

"그 일에 학처를 제정하나니, 마땅히 이와 같이 설하노라. 만약 다시 필추니가 대중들의 생리대를 장차 개인적으로 사용하면 바일저가이니라."

'필추니'는 토라난타 필추니 또는 다른 필추니들을 말한다.

'대중들의 생리대'는 다른 사람이 승가에게 보시한 것을 말한다.

'장차 개인적으로 사용한다.'는 돌려서 자기 것으로 만드는 것을 말하며, 나머지는 앞에서 설명한 것과 같다.

145) 종빈걸갈치나의(從貧乞羯恥那衣) 학처

인연이 이루어진 처소는 앞에서와 같다.

어느 때 신심이 있는 장자가 한 사람 있었다. 이전에는 부자였으나 지금은 가난해져 재산이 조금 남아 있었으나, 필추니가 갈치나의를 만들 때에는 항상 보시하였다. 뒤에 1년 중에서 옷을 만들 때가 되자 필추니는 장자의 처소에 가서 말했다.

"견실의(堅實衣)를 보시할 수 있습니까?"

장자가 필추니에게 말하였다.

"지금은 가진 것이 없으니 나중에 여유가 있으면 마땅히 받들어 보시하겠습니다."

필추니가 말하였다.

"갈치나의를 만드는 때가 지금이므로 지체할 수 없습니다. 지금 방편을 사용하여 승전(僧田)을 보시하시고 뒤에 갚도록 하십시오."

장자가 필추니에게 말하였다.

"그렇게 하십시오."

곧 기한을 정하고 남에게서 빚을 얻었으나 뒤에 기한이 지나 채권자가 끌고 갔다. 다른 사람들이 물었다.

"당신은 어찌 끌려가십니까?"

대답하여 말하였다.

"내가 옷을 보시하였기 때문입니다."

그들이 곧 대답하며 말하였다.

"만약 사문인 석가녀(釋迦女)에게 청정한 믿음을 일으키면 이러한 고통을 만나게 되는구나."

필추니가 필추에게 알리고 필추는 세존께 아뢰었다. 세존께서는 사실을 물어보시고는 꾸중하셨으며, [이하 자세한 내용은 생략한다.]

"그 일에 학처를 제정하나니, 마땅히 이와 같이 설하노라. 만약 다시 필추니가 그 사람이 가난한 것을 알고서도 구걸하면 바일저가이니라."

'필추니'는 법 가운데의 필추니들을 말한다.

'가난한 사람인 것을 안다.'는 지금 재산이 없으나 그에게서 갈치나의를 구걸하는 것을 말하며, 죄의 모양을 자세히 설명한 것 등은 앞에서와 같다.

146) 불공출의(不共出衣) 학처

인연이 이루어진 처소는 앞에서와 같다.

어느 때 많은 필추니들이 모두 함께 모였다. 세존께서 설하신 것과 같이 필추니는 안거를 마치면 마땅히 세상을 유행하도록 하였다. 유행하다가 길에서 도둑을 만나 필추니 절에 되돌아와서 필추에게 알리고, 필추가 세존께 아뢰니 세존께서 말씀하셨다.

"나는 지금 도둑을 만난 여러 필추니들에게 마땅히 갈치나의를 나누어 주는 것을 허락하노라."

필추니들은 듣고서 모두 함께 모여 곧 토라난타 필추니를 불러서 말하였다.

"성자여. 오시어 함께 갈치나의를 내어놓도록 하십시오."

그러나 그는 기꺼이 오지 않았다. 필추니가 필추에게 알리고 필추는 세존께 아뢰었다. 세존께서는 사실을 물어보시고는 꾸중하셨으며, [이하 자세한 내용은 생략한다.]

"그 일에 학처를 제정하나니, 마땅히 이와 같이 설하노라. 만약 다시 필추니가 갈치나의를 내어놓는 곳에 함께 하지 않으면 바일저가이니라."

'필추니'는 토라난타 필추니 또는 다른 필추니들을 말한다.

'갈치나의를 내어놓는 곳에 함께 하지 않는다.'는 함께 모이는 곳에 참여하지 않는 것을 말하며, 죄의 모양을 자세히 설명한 것 등은 앞에서와 같다.

147) 불공분의(不共分衣) 학처

인연이 이루어진 처소는 앞에서와 같다.

어느 때 모든 필추니들은 갈치나의를 내어놓고 함께 나누고자 하였으나 토라난타 필추니는 나누는 곳에 기꺼이 오지 않았다. 여러 필추니들이 자주 부르려고 다니다가 피곤해졌으며, 옷을 지키는 필추니는 마음에 번뇌가 생겨났다. 필추니가 필추에게 알리고 필추는 세존께 아뢰었다. 세존께서는 사실을 물어보시고는 꾸중하셨으며, [이하 자세한 내용은 생략한다.]

"그 일에 학처를 제정하나니, 마땅히 이와 같이 설하노라. 만약 다시 필추니가 옷을 나누는 곳에 다른 대중과 함께 하지 않으면 바일저가이니라."

'필추니'는 토라난타 필추니 또는 다른 필추니들을 말한다.

'옷을 나누는 곳에 다른 대중과 함께 하지 않는다.'는 함께 모이는 곳에 오지 않고 머물러 있는 것을 말하며, 죄의 모양을 자세히 설명한 것 등은 앞에서와 같다.

범하지 않는 것은 그 옷을 나누어 가지려는 마음이 없는 것이다.

148) 견투불권지식(見鬪不勸止息) 학처

인연이 이루어진 처소는 앞에서와 같다.

여러 필추니들에게 다툼이 일어나서 두 부류로 나누어져 선품(善品)을 닦지 못하게 되었다. 모두가 토라난타 필추니의 처소로 가서 서로의 뜻을 말하였다. 토라난타 필추니는 힘이 있었으나 다툼을 멈추도록 서로에게 권유하지 아니하여 어지럽게 다투게 되었다. 토라난타 필추니가 말하였다.

"내가 지금 보니 그대들은 나에게 복종하지 않는구나."

필추니가 필추에게 알리고 필추는 세존께 아뢰었다. 세존께서는 사실을 물어보시고는 꾸중하셨으며, [이하 자세한 내용은 생략한다.]

"그 일에 학처를 제정하나니, 마땅히 이와 같이 설하노라. 만약 다시 필추니가 스스로 힘이 있는 것을 알고서도 다른 필추니가 다투는 것을 보고 다툼을 멈추도록 서로에게 권유하지 않으면 바일저가이니라."

'필추니'는 토라난타 필추니 또는 다른 필추니들을 말한다.

'스스로 힘이 있는 것을 안다.'는 힘이 있어 능히 조복시킬 수 있는 것을 말한다.

'다른 필추니가 다툼을 멈추도록 서로에게 권유하지 않는다.'는 필추니가 무리를 지어 서로 다투는 것을 보고 좋은 말로 권유하여 싸움을 멈추게 하지 않는 것을 말하며, 죄의 모양을 자세히 설명한 것 등은 앞에서와 같다.

149) 기주처불촉수(棄住處不囑授) 학처

인연이 이루어진 처소는 앞에서와 같다.

어느 때 토라난타 필추니는 이전에 머물렀던 곳을 떠나면서 부탁하여 맡기지 않고서 여러 필추니들과 함께 세상을 유행하였다. 떠나간 뒤에 절과 처소가 불이 나서 모두 불타고 그곳에 있던 가사와 발우와 생필품 등이 모두 불에 타서 없어졌다. 뒤에 필추니는 절에 돌아와 불에 탄 것을 보았다. 여러 필추니들이 알려 말하였다.

"성자께서는 떠나실 때 어째서 부탁하고 맡기지 않아 시주받은 승가의 물건을 모두 불에 태우셨습니까?"

토라난타 필추니가 말하였다.

"오히려 불에 태울지라도 나의 물건들을 그대들에게 주어 수용하도록 하진 않겠다."

필추니가 필추에게 알리고 필추는 세존께 아뢰었다. 세존께서는 사실을 물어보시고는 꾸중하셨으며, [이하 자세한 내용은 생략한다.]

"그 일에 학처를 제정하나니, 마땅히 이와 같이 설하노라. 만약 다시 필추니가 머물고 있던 절을 떠나면서 부탁하고 맡기지 않으면 바일저가이니라."

'필추니'는 토라난타 필추니 등을 말한다.

'머무르던 절을 떠나간다.'는 필추니가 머무는 절과 방사(房舍)를 말한다.

'부탁하여 맡기지 않는다.'는 떠나갈 때 다른 대중 등에게 알리지 않는 것을 말하며, 나머지는 앞에서 설명한 것과 같다.

150) 종속인수주(從俗人受呪) 학처

인연이 이루어진 처소는 앞에서와 같다.

어느 때 토라난타 필추니는 주술(呪術)을 많이 아는 재가인에게 그 주법(呪法)을 배워 주문을 외웠다.

"회리 회리 보사하(啊里啊里普莎訶)"

한 번 배운 뒤에 거듭해서 배우니 여러 필추니들이 그에게 말하였다.

"성자여. 저희가 들으니 상인(上人)은 총명하고, 자세히 알며, 널리 통달하여 알고, 기억력이 좋아서 삼장을 암송한다고 들었는데, 무슨 까닭으로 자주 재가인에게 가서 작은 주문을 배우십니까?"

토라난타 필추니가 말하였다.

"기억을 못하는 것이 아니고, 내가 그 사람을 사랑하여 함께 말하는 것이다."

필추니가 필추에게 알리고 필추는 세존께 아뢰었다. 세존께서는 사실을

물어보시고는 꾸중하셨으며, [이하 자세한 내용은 생략한다.]

"그 일에 학처를 제정하나니, 마땅히 이와 같이 설하노라. 만약 다시 필추니가 재가인에게 주법을 배우면 바일저가이니라."

'필추니'는 토라난타 등을 말한다.

'재가인에게 주법을 배운다.'는 재가인에게 주법을 받기를 구하는 것을 말하며, 죄의 모양을 자세히 설명한 것 등은 앞에서와 같다.

열다섯 번째의 게송으로 거두어 말한다.

주법(呪法)을 가르치는 것과 보릿가루를 파는 것과
이익을 경영하는 것과 다른 필추니들을 시키는 것과
실을 꼬고 실을 짜는 것과 덮고 다니는 것과
가죽신과 부스럼과 음녀를 제도하는 것이 있다.

151) 교속인주법(敎俗人呪法) 학처

인연이 이루어진 처소는 앞에서와 같다.

어느 때 재가인 한 사람이 와서 토라난타 필추니에게서 주법(呪法)을 배우려고 하였다. 필추니는 곧 가르쳐 주고 주문을 외웠다.

"회리 회리 보사하"

재가인은 듣고 나서 곧 받아 익혔으나 필추니는 거듭 가르쳐 주었다. 그가 곧 대답하여 말하였다.

"성자여. 저는 이미 익혔으니 수고스럽게 다시 가르치지 마십시오."

필추니는 그 말을 듣고서도 쉬지 않고 가르쳐 주었다. 재가인은 화를 내면서 대답하여 말하였다.

"나는 주문이 필요하지 않소."

이때 어느 다른 필추니가 물었다.

"성자께서는 어떤 까닭으로 그에게 자꾸 주법을 가르치는 것입니까?"

대답하여 말하였다.

"내가 그 사람을 사랑하여 함께 말하려고 이렇게 자주 가르치는 것이다."

　필추니가 필추에게 알리고 필추는 세존께 아뢰었다. 세존께서 토라난타에게 물어보셨다.

　"그대가 진실로 이와 같이 자주 남에게 법을 가르쳤는가?"

　대답하여 말하였다.

　"진실로 그렇습니다."

　[이하 자세한 내용은 생략한다.]

　"그 일에 학처를 제정하나니, 마땅히 이와 같이 설하노라. 만약 다시 필추니가 재가인에게 주법을 가르치면 바일저가이니라."

　'필추니'는 토라난타 등을 말한다.

　'재가인에게 주법을 가르친다.'는 다른 사람에게 주법을 가르치는 것을 말하며, 죄의 모양을 자세히 설명한 것 등은 앞에서와 같다.

152) 매구식(賣糗食) 학처

　인연이 이루어진 처소는 앞에서와 같다.

　어느 때 토라난타 필추니는 걸식하다가 한 사람이 보릿가루를 사서 먹으려는 것을 보았다. 토라난타 필추니가 알려 말하였다.

　"당신은 나를 따라 오시오. 당신에게 좋은 보릿가루를 주겠소."

　그에게 보릿가루를 팔았으며, 그는 곧 사람들이 모인 장소에서 큰 소리로 말하였다.

　"필추니가 절에서 좋은 보릿가루를 팔고 있다."

　다른 사람들은 이 말을 듣고 절로 와서 보릿가루를 팔라고 하였으며, 드디어 대세주 필추니를 보고 물어 말하였다.

　"성자여. 팔 수 있습니까? 모두 팔아서 팔 수 없습니까?"

　대세주 필추니가 물었다

　"어느 곳에서 필추니가 보릿가루를 파는 것을 보았습니까?"

　그 사람이 대답하여 말하였다.

　"성자께서는 어떻게 토라난타 필추니가 보릿가루를 파는 것을 모르십니까? 성 안의 사람들은 필추니가 보릿가루를 파는 것을 모두 알고 있습니다."

대세주 필추니가 말하였다.

"필추니가 지금 절을 보릿가루를 파는 곳으로 만들었구나."

필추니가 필추에게 알리고 필추는 세존께 아뢰었다. 세존께서는 사실을 물어보시고는 꾸중하셨으며, [이하 자세한 내용은 생략한다.]

"그 일에 학처를 제정하나니, 마땅히 이와 같이 설하노라. 만약 다시 필추니가 보릿가루니 음식을 팔면 바일저가이니라."

'필추니'는 토라난타 등을 말한다.

'음식을 팔다.'는 일반적으로 파는 것이며, 혹은 금·은과 돈으로 취하는 것을 말하며, 죄의 모양을 자세히 설명한 것 등은 앞에서와 같다.

153) 영속가무(營俗家務) 학처

인연이 이루어진 처소는 앞에서와 같다.

어느 때 토라난타 필추니는 걸식하다가 다른 사람의 집에 들어가서 아내에게 말하였다.

"원하건대 당신은 병이 없으십시오. 저에게 음식을 베풀어 주십시오."

부인이 대답하여 말하였다.

"저는 지금 한가하지 않습니다. 집안일을 어떻게 해야 하는가를 모르겠습니다."

필추니가 말하였다.

"자매여. 바느질을 하는 것을 알고 나머지 집안일은 모르는군요."

부인이 말하였다.

"성자께서는 집안일을 하실 줄 아십니까?"

필추니가 말하였다.

"내가 어떻게 집안일을 하는 것을 모르겠습니까?"

부인이 말하였다.

"그렇다면 서로 도울 수가 있겠습니다."

필추니가 말하였다.

"내가 당신에게 일을 해주면 음식을 베풀어 주겠습니까?"

부인이 말하였다.

"드리겠습니다."

다시 말하였다.

"나를 따르는 시자(侍者)와 방을 지키는 사람에게도 모두 주겠습니까?"

부인이 말하였다.

"또한 드리겠습니다."

곧 가사와 발우를 내려놓고 물을 떠서 벌레를 살피고, 이리저리 물을 뿌리고 쓸었으며, 모든 기와와 그릇들을 씻고, 아울러 음식과 국을 끓이고, 나물을 버무려서 모든 것을 준비한 뒤에 곧 손과 발을 씻고 향을 사루어 집안의 신령(神靈)에게 제사를 지내고, 또한 제사 음식을 나누어서 가지고 절로 돌아갔다. 뒤에 다른 때에 대세주 필추니가 또한 걸식하며 그 집안에 들어갔다. 장자의 아내가 보고 말하였다.

"성자여. 저의 집안일을 하여 주십시오."

대세주 필추니가 말하였다.

"어느 곳에서 필추니가 재가인의 집안일을 해주는 것을 보았습니까?"

부인이 말하였다.

"성자 토라난타께서는 일찍이 저의 집안일을 해주셨는데 다른 사람보다도 잘하셨습니다."

대세주가 필추니가 말하였다.

"필추니가 어떻게 이곳에 와서 재가인 일을 해주었는가?"

필추니가 필추에게 알리고 필추는 세존께 아뢰었다. 세존께서 토라난타에게 물어보셨다.

"그대가 진실로 이렇게 다른 재가인의 집안일을 해주었는가?"

대답하여 말하였다.

"진실로 그렇습니다."

세존께서는 꾸중하셨으며, [이하 자세한 내용은 생략한다.]

"그 일에 학처를 제정하나니, 마땅히 이와 같이 설하노라. 만약 다시 필추니가 재가인의 집안일을 해주면 바일저가이니라."

'필추니'는 토라난타 필추니 등을 말한다.

'재가인의 집안일을 한다.'는 재가인에게 일을 해주는 것을 말하며, 죄의 모양을 자세히 설명한 것 등은 앞에서와 같다.

154) 이전좌상(移轉座床) 학처

인연이 이루어진 처소는 앞에서와 같다.

어느 때 토라난타 필추니는 여러 필추니들을 가르치며 법을 배우러 온 필추니들에게 자리와 평상을 방 밖에 놓아두도록 하였고, 다시 문 밖으로 가져다 놓게 하였으며, 혹은 복도 아래에 놓게 하고, 혹은 누각 위에 놓게 하였으므로, 모든 필추니들이 피곤하였다. 피곤한 까닭으로 근심하고 고뇌하면서 함께 비난하고 싫어하였다.

"우리들은 이른 아침부터 늦은 밤까지 자리와 평상을 옮기면서도 가르침은 받지 못하였다."

필추니가 필추에게 알리고 필추는 세존께 아뢰었다. 세존께서 토라난타에게 물어보셨다.

"그대가 진실로 이렇게 여러 필추니들에게 자리와 평상을 옮기도록 시켰는가?"

대답하여 말하였다.

"진실로 그렇습니다."

세존께서는 꾸중하셨으며, [이하 자세한 내용은 생략한다.]

"그 일에 학처를 제정하나니, 마땅히 이와 같이 설하노라. 만약 다시 필추니가 다른 필추니를 시켜 평상과 자리를 옮기게 하여 피곤하고 지치게 하면 바일저가이니라."

'필추니'는 토라난타 등을 말한다.

'평상과 자리를 옮기게 한다.'는 필추니들을 마주잡고 옮기도록 시켜서 그들이 피곤하게 만드는 것을 말하며, 죄의 모양을 자세히 설명한 것 등은 앞에서와 같다.

155) 자수연루(自手撚縷) 학처

인연이 이루어진 처소는 앞에서와 같다.

어느 때 토라난타 필추니는 스스로 실을 꼬아서 어느 실을 짜는 사람에게 팔았다. 다른 실을 짜는 사람이 보고 물었다.

"어느 곳에서 이렇게 좋은 실을 얻었는가?"

그가 대답하였다.

"사문인 여인의 처소에서 샀습니다."

뒤의 다른 때에 실을 짜는 사람이 대세주 필추니를 보고 물었다.

"성자께서 실을 꼬았다면 제가 사려고 합니다."

필추니가 말하였다.

"어느 곳에서 필추니가 실을 꼬아 파는 것을 보아서 지금 나에게 묻습니까?"

대답하여 말하였다.

"사문인 여인입니다. 사람들이 모두 토라난타 필추니가 항상 스스로 실을 꼬아서 파는 것을 알고 있는데 어째서 듣지 못하셨습니까?"

대세주는 생각하며 말하였다.

"지금 우리들이 이러한 상태에 이르렀구나."

곧 이 인연을 필추에 알리고 필추는 세존께 아뢰었다. 세존께서 토라난타에게 물어보셨다.

"그대가 진실로 이렇게 스스로의 손으로 실을 꼬아서 실을 짜는 사람에게 팔았는가?"

대답하여 말하였다.

"진실로 그렇습니다."

세존께서는 꾸중하셨으며, [이하 자세한 내용은 생략한다.]

"그 일에 학처를 제정하나니, 마땅히 이와 같이 설하노라. 만약 다시 필추니가 스스로의 손으로 실을 꼬면 바일저가이니라."

'필추니'는 토라난타 등을 말한다.

'스스로의 손으로 실을 꼬다.'는 일곱 종류의 실을 꼬는 것을 말하며, 죄의 모양을 자세히 설명한 것 등은 앞에서와 같다.

범하지 않는 것은 만약 스스로 사용하기 위하여 보이지 않는 곳에서 꼬는 것은 범한 것이 없다.

156) 자직락(自織絡) 학처

인연이 이루어진 처소는 앞에서와 같다.

토라난타 필추니는 스스로의 손으로 실을 꼬아서 재가인들이 비난하고 싫어하였으며, 학처를 제정한 것은 앞에서와 같다.

"그 일에 학처를 제정하나니, 마땅히 이와 같이 설하노라. 만약 다시 필추니가 스스로 실을 짜면 바일저가이니라."

나머지의 뜻은 앞에서와 같다.

157) 지개행(持蓋行) 학처

인연이 이루어진 처소는 앞에서와 같다.

어느 때 주계난타 필추니는 일산(日傘)을 가지고 걸식하였다. 신심이 없고 공경하지 않는 바라문과 장자가 보고 비난하고 싫어하였다.

"대머리 사문인 여인이 비록 삭발하고 출가는 하였으나 번뇌에 얽매어 있구나."

필추니가 필추에게 알리고 필추는 세존께 아뢰었다. 세존께서 주계난타에게 물어보셨다

"그대가 진실로 이렇게 일산을 가지고 걸식하였는가?"

대답하여 말하였다.

"진실로 그렇습니다."

세존께서는 꾸중하셨으며, [이하 자세한 내용은 생략한다.]

"그 일에 학처를 제정하나니, 마땅히 이와 같이 설하노라. 만약 다시 필추니가 일산을 가지고 다니면 바일저가이니라."

'필추니'는 주계난타 등을 말한다.

'일산을 지니고 다니'는 두 종류의 일산을 가지는 것이다. 첫째는 대나무와 풀과 나뭇잎으로 만든 일산이고, 둘째는 비단으로 만든 일산이며, 죄의 모양을 자세히 설명한 것 등은 앞에서와 같다.

158) 착채색혜리(着彩色鞋履) 학처

인연이 이루어진 처소는 앞에서와 같다.

어느 때 주계난타 필추니는 색칠을 한 신발을 신고 걸식하러 다녔다. 바라문과 장자들이 보고 함께 비난하며 미워하였다.

"대머리 사문인 여인이 비록 삭발은 하였으나, 청정한 행을 갖추지 못하고 욕심에 얽매여 있구나."

필추니가 필추에게 알리고 필추는 세존께 아뢰었다. 세존께서 주계난타에게 물어보셨다.

"그대가 진실로 이렇게 색칠을 한 신발을 신고 걸식하였는가?"

대답하여 말하였다.

"진실로 그렇습니다."

세존께서는 꾸중하셨으며, [이하 자세한 내용은 생략한다.]

"그 일에 학처를 제정하나니, 마땅히 이와 같이 설하노라. 만약 다시 필추니가 색칠을 한 신발을 신는다면 바일저가이니라"

'필추니'는 주계난타 등을 말한다.

'색칠을 한 신발을 신는다.'는 무늬를 그리고 수를 놓은 신발을 신고 다니는 것을 말하며, 죄의 모양을 자세히 설명한 것 등은 앞에서와 같다.

범하지 않는 것은 자신의 방안에서 신는 것은 범한 것이 없다.

159) 유창령수해계(有瘡令數解繫) 학처

인연이 이루어진 처소는 앞에서와 같다.

어느 때 주계난타 필추니가 오른쪽 팔뚝 위에 부스럼이 생겨 의사를 불러오게 하였다. 의사는 고약을 만들어서 곧 한 덩어리를 부스럼 위에 붙이고는 명주로 묶었다. 묶은 후 오래 되지 아니하여 필추니가 말하였다.

"너무 세게 묶었으니 느슨하게 해주세요."

의사가 풀어주니 다시 말하였다.

"너무 느슨합니다."

이와 같이 그에게 여러 번 풀고 묶게 하니 의사가 화를 내면서 말하였다.

"성자여. 부스럼이 낫든 낫지 않든 나와는 상관이 없는 일이오."

버리고 떠나가니 여러 필추니들이 물었다.

"성자여. 무슨 까닭으로 그에게 여러 번 풀고 묶게 하였습니까?"

대답하여 말하였다.

"마음에서 사랑하여 함께 말을 하려고 일부러 풀고 묶고 하였습니다."

필추니가 필추에게 알리고 필추는 세존께 아뢰었다. 세존께서 주계난타에게 물어보셨다.

"그대가 진실로 이렇게 다른 사람에게 부스럼이 난 곳을 여러 번 묶고 풀게 하였는가?"

대답하여 말하였다.

"진실로 그렇습니다."

세존께서는 꾸중하셨으며, [이하 자세한 내용은 생략한다.]

"그 일에 학처를 제정하나니, 마땅히 이와 같이 설하노라. 만약 다시 필추니가 팔뚝 위에 부스럼이 생겨서 다른 사람에게 여러 번 묶고 풀게 하면 바일저가이니라."

'필추니'는 주계난타 등을 말한다.

'팔뚝 위에 부스럼이 났다.'는 부스럼이나 옴 같은 것이 생긴 것을 말한다.

'다른 사람에게 여러 번 묶고 풀게 한다.'는 여러 번 묶고 풀게 하는 것을 말하며, 죄의 모양을 자세히 설명한 것 등은 앞에서와 같다.

범하지 않는 것은 묶은 것이 실제로 너무 조이거나 느슨해서 풀고 묶게 하는 것은 범한 것이 없다.

160) 도음녀(度婬女) 학처

인연이 이루어진 처소는 앞에서와 같다.

어느 때 토라난타 필추니는 어느 음녀(婬女)를 제도하여 함께 걸식하였다. 여러 여색(女色)을 밝히는 남자들이 보고 비난하며 싫어하였다.

"이 여인은 이전에 재가인들과 항상 비법(非法)을 행하였으나 지금은 출가자와 함께 모여 있구나."

필추니가 필추에게 알리고 필추는 세존께 아뢰었다. 세존께서 토라난타에게 물어보셨다.

"그대가 진실로 이러한 음녀를 출가시켜서 함께 걸식하였는가?"

대답하여 말하였다.

"진실로 그렇습니다."

세존께서는 꾸중하셨으며, [이하 자세한 내용은 생략한다.]

"그 일에 학처를 제정하나니, 마땅히 이와 같이 설하노라. 만약 다시 필추니가 음녀를 출가시키면 바일저가이니라."

'필추니'는 토라난타 등을 말한다.

'음녀'는 이전에 정숙하고 삼가지 않는 여인을 말한다.

'출가'는 구적의 학처를 받는 것을 말하며, 죄의 모양을 자세히 설명한 것 등은 앞에서와 같다.

열일곱 번째의 게송으로 거두어 말한다.

필추니는 몸을 주무르는 것을 허락하지 않을 것이며
대략 사람에는 다섯 가지의 구별이 있고
향과 참깨와 검은깨와 물과
쉽게 물어보는 것과 재가인의 장신구가 있다.

634

161) 사필추니개신(使苾芻尼揩身) 학처

인연이 이루어진 처소는 앞에서와 같다.

어느 때 토라난타 필추니는 다른 여러 필추니들을 시켜서 자신의 몸을 주무르게 하여서 접촉할 때 스스로 즐거운 생각을 일으켰다. 필추니가 필추에게 알리고 필추는 세존께 아뢰었다. 세존께서 토라난타에게 물어보셨다.

"그대가 진실로 그와 같이 필추니들을 시켜서 몸을 주무르게 하여 스스로 즐거워하는 마음을 일으켰는가?"

대답하여 말하였다.

"진실로 그렇습니다."

세존께서는 꾸중하셨으며, [이하 자세한 내용은 생략한다.]

"그 일에 학처를 제정하나니, 마땅히 이와 같이 설하노라. 만약 다시 필추니가 필추니에게 자신의 몸을 주무르게 하면 바일저가이니라."

'필추니'는 토라난타 등을 말한다.

'필추니를 시켜서'는 이 법 가운데서 구족계를 받은 필추니를 말한다.

'몸을 주무른다.'는 즐거운 생각을 받아들이는 것을 말하며, 죄의 모양을 자세히 설명한 것 등은 앞에서와 같다.

162, 163, 164, 165) 사정학녀등개신(使正學女等揩身) 학처

인연이 이루어진 처소는 앞에서와 같다.

어느 때 토라난타 필추니는 다른 식차녀(式叉女)들을 시켜서 몸을 주무르게 하여서 그들이 몸을 접촉할 때 곧 즐거운 생각을 일으켰다. 필추니가 필추에게 알리고 필추는 세존께 아뢰었다. 세존께서 사실인지 거짓인지를 물으셨으며, 사실이라고 대답하였다. 세존께서는 꾸중하셨으며, [이하 자세한 내용은 생략한다.]

"그 일에 학처를 제정하나니, 마땅히 이와 같이 설하노라. 만약 다시 필추니가 식차마나(式叉摩拏)를 시켜서 몸을 주무르게 하면 바일저가이니라.”

‘필추니’는 토라난타 등을 말한다.

‘식차마나’는 2년 동안 육법(六法)과 육수법(六隨法)을 배우는 자를 말하며, 그에게 몸을 주무르게 하면 타죄를 얻는다.

자세히 설명한 것은 앞에서와 같다.

이와 같이 만약 구적녀와 여러 재가의 여인들과 외도의 여인들을 시켜서 몸을 주무르게 하면 앞의 묻고 답한 것에 의거하여 죄가 맺는 것을 마땅히 알아야 한다.(이 앞의 것이 세 가지의 인연이다.[1])

166, 167) 이향도신수(以香塗身首) 학처[2]

인연이 이루어진 처소는 앞에서와 같다.

어느 때 토라난타 필추니는 향을 몸에 바르고 걸식하다가 재가인의 집에 들어갔을 때 향내가 짙어서 집안에 널리 퍼졌다. 공경하고 신심있는 바라문과 장자의 아내가 물었다.

“성자여, 향내가 어디서 나는 것입니까?”

필추니가 말하였다.

“내가 지금 몸에 발랐습니다.”

부인이 말하였다.

“성자께서는 이미 사문인 석녀(釋女)가 되셨는데 도리어 욕심이 있습니까?”

사람들이 비난하고 싫어하였다. 필추니가 필추에게 알리고 필추는 세존께 아뢰었다. 세존께서 토라난타에게 물어보셨다.

“그대가 진실로 이렇게 몸에 향을 바르고 걸식하였는가?”

대답하여 말하였다.

“진실로 그렇습니다.”

---

1) 163)은 사미니이고, 164)는 속가의 여인이고, 165)는 외도의 여인이다. 모두 172)의 식차마나에 의거한다.
2) 167)의 내용은 향을 머리에 바르는 것이며, 166)의 내용에 의거하여 판단한다.

세존께서는 꾸중하셨으며, [이하 자세한 내용은 생략한다.]

"그 일에 학처를 제정하나니, 마땅히 이와 같이 설하노라. 만약 다시 필추니가 향을 몸에 바르면 바일저가이니라."

'필추니'는 토라난타 등을 말한다.

'향을 몸에 바른다.'는 향을 바르고 지니는 것을 말하며, 죄의 모양을 자세히 설명한 것 등은 앞에서와 같다.

근본설일체유부필추니비나야 제20권

168) 이호마재급수개신(以胡麻滓及水揩身) 학처

인연이 이루어진 처소는 앞에서와 같다.

이와 같이 마땅히 알아야 할 것이며, 참깨와 검은깨의 찌꺼기와 물을 가지고서 몸을 문지르게 하는 것에 대한 두 가지 계율은 앞의 묻고 답하는 것에 의거하며, 죄를 맺는 것도 다른 것이 없다.

169) 선미용허첩문(先未容許輒問) 학처

인연이 이루어진 처소는 앞에서와 같다.

어느 때 필추 한 사람이 네 가지의 아급마(四阿笈摩)[1]를 가지고 필추니 절에 왔다. 모든 필추니들이 자리를 마련하고 필추가 곧 앉았는데 토라난타 필추니는 이렇게 생각하였다.

'이 필추가 네 가지 아함경을 알고 있는가를 지금 내가 시험 삼아 물어보아야겠다.'

곧 물었으나 필추는 필추니가 물은 뜻을 이해하지 못하여 매우 부끄러워하였다. 필추니가 곧 대답하여 말하였다.

"헛되게 수행하고 경전을 가지고 다니니 마치 새가 요란하게 울어대는 것 같습니다. 완전히 설명하지 못하면서 헛되게 마음과 힘만 소비하는군요."

필추니들이 이 말을 듣고 모두 싫어하여 필추에게 알리고 필추는 세존께 아뢰었다. 세존께서 토라난타에게 물어보셨다.

"그대가 진실로 이렇게 먼저 허락받지도 않고서 쉽게 필추에게 질문하

---

1) 네 종류의 아함경을 가리킨다.

였는가?"

대답하여 말하였다.

"진실로 그렇습니다."

세존께서는 꾸중하셨으며, [이하 자세한 내용은 생략한다.]

"그 일에 학처를 제정하나니, 마땅히 이와 같이 설하노라. 만약 다시 필추니가 미리 허락받지도 않고 쉽게 질문하면 바일저가이니라."

'필추니'는 토라난타 등을 말한다.

'허락받지도 않고 쉽게 묻는다.'는 앞서 미리 부탁을 하지도 않고 쉽게 어려운 것을 묻는 것을 말한다.

'묻는다.'는 세존께서 설하신 뜻이나 성문들이 설한 뜻을 묻는 것을 말하며, 죄의 모양을 자세히 설명한 것 등은 앞에서와 같다.

"그러므로 여러 필추니들이여. 내가 지금 묻기를 청하는 법에 대해 말하겠노라. 만약 필추가 오면 먼저 반드시 자리를 마련하고, 경건하고 공손하게 예를 갖추고 좋은 말로 위로하며, '성자께서는 아함경과 논·율 등을 모두 암송하여 수지하고 계십니까? 원하건대, 조금의 질문을 허락하여 주십시오.'라고 물어서 그가 허락하면 묻고 허락을 하지 않으면 묻지 말라. 만약 이것을 어긴다면 악작죄를 얻느니라."

170) 착속장엄구(着俗莊嚴具) 학처

인연이 이루어진 처소는 앞에서와 같다.

어느 때 토라난타 필추니는 걸식하다가 바라문과 장자의 집에 들어갔다. 그때 장자의 아내가 여러 가지 영락으로 만들어진 재가인의 장신구를 착용하고 있는 것을 보았다. 필추니는 곧 그녀에게 빌려 자신의 몸을 치장하고 물었다.

"지금 내가 단정하고 즐거우며 묘한 모습입니까?"

그녀는 곧 비난하며 말하였다.

"헛되게 머리를 깎고 대머리 사문이 되었고, 오히려 욕심에 얽매여 있군요.”

필추니가 필추에게 알리고 필추는 세존께 아뢰었다. 세존께서 토라난타에게 물어보셨다.

“그대가 진실로 이렇게 재가인들의 장신구를 몸에 착용하였는가?”

대답하여 말하였다.

“진실로 그렇습니다.”

세존께서는 꾸중하셨으며, [이하 자세한 내용은 생략한다.]

“그 일에 학처를 제정하나니, 마땅히 이와 같이 설하노라. 만약 다시 필추니가 재가인의 장신구를 착용하면 바일저가이니라.”

‘필추니’는 토라난타 등을 말한다.

‘재가인의 장신구를 착용한다.’는 여러 가지의 영락으로 만든 팔찌와 귀고리 등을 말하며, 죄의 모양을 자세히 설명한 것 등은 앞에서와 같다.

열여덟 번째의 게송으로 거두어 말한다.

서로 손을 이끄는 것과 춤과 노래와 악기와
혼자 밖에 나와 대소변을 보는 것과
문지르는 것과 참빗과 거친 빗과 세 가지 거짓이 있으니
타죄에는 백팔십 가지가 있다.

171) 상견세욕(相牽洗浴) 학처

인연이 이루어진 처소는 앞에서와 같다.

어느 때 열두 필추니들이 함께 손잡고 아씨라(阿氏羅) 강에 들어가 목욕하면서 요란스럽게 장난을 하면서 물을 뿌렸다. 바라문과 장자가 보고서 비난하고 싫어하였다.

“이것은 적정행을 닦는 삭발하고 출가한 사문의 법이 아니다.”

필추니가 필추에게 알리고 필추는 세존께 아뢰었다. 세존께서 토라난타 필추니에게 물어보셨다.

“그대들이 진실로 이렇게 서로 손을 잡고 강 속에서 목욕을 하였는가?”

대답하여 말하였다.

"진실로 그렇습니다."

세존께서는 꾸중하셨으며, [이하 자세한 내용은 생략한다.]

"그 일에 학처를 제정하나니, 마땅히 이와 같이 설하노라. 만약 다시 필추니가 서로 손을 잡고 강물에서 목욕을 한다면 바일저가이니라."

'필추니'는 열두 필추니 등을 말한다.

'서로 손을 잡고 목욕을 한다.'는 서로 손을 잡고 강물 속으로 들어가는 것을 말하며, 죄의 모양을 자세히 설명한 것 등은 앞에서와 같다.

172) 자무교타무(自舞敎他舞) 학처

인연이 이루어진 처소는 앞에서와 같다.

어느 때 토라난타 필추니는 걸식하다가 어느 집에 들어갔는데 장자의 아내가 말하였다.

"성자여. 저에게 춤추는 법을 가르쳐 주십시오."

필추니는 곧 그녀를 가르치고 다시 말하였다.

"만약 당신들의 집안에서 혼인을 하고, 아들이나 딸을 낳아 잔치를 할 때는 이러한 춤을 추도록 하십시오."

사람들이 모두 비난하고 싫어하였다.

"이 대머리 사문의 여자가 스스로 삭발을 하였으나 생각은 욕심에 물들어 있구나."

모두가 필추니의 처소에 가서 그가 한 일을 말하였다. 필추니가 필추에게 알리고 필추는 세존께 아뢰었다. 세존께서 토라난타 필추니에게 물어보셨다.

"그대가 진실로 이렇게 다른 사람을 가르쳐 춤추게 하며, 스스로 춤을 추었는가?"

대답하여 말하였다.

"진실로 그렇습니다."

세존께서는 꾸중하셨으며, [이하 자세한 내용은 생략한다.]

"그 일에 학처를 제정하나니 마땅히 이와 같이 설하노라. 만약 다시 필추니가 스스로 춤을 추며, 남을 가르쳐 춤추게 하면 바일저가이니라."

'필추니'는 토라난타 등을 말한다.

'스스로 춤을 춘다.'는 스스로 춤을 추는 것을 말한다.

'남을 가르쳐 춤추게 한다.'는 남을 가르쳐서 춤추게 하는 것을 말하며, 죄의 모양을 자세히 설명한 것 등은 앞에서와 같다.

173) 창가(唱歌) 학처

인연이 이루어진 처소는 앞에서와 같다.

어느 때 토라난타 필추니는 바라문과 장자의 집에 갔는데 여러 부인들이 필추니에게 말하였다.

"성자여. 저희에게 노래하는 것을 가르쳐 주십시오."

필추니가 곧 노래 부르는 것을 가르치니, 재가인들이 보고 비난하며 앞에서와 같이 말을 하였다. 필추니가 필추에게 알리고 필추는 세존께 아뢰었다. 세존께서 토라난타 필추니에게 물어보셨다.

"그대가 진실로 이렇게 다른 사람들에게 노래하는 것을 가르쳤는가?"

대답하여 말하였다.

"진실로 그렇습니다."

세존께서는 꾸중하셨으며, [이하 자세한 내용은 생략한다.]

"그 일에 학처를 제정하나니, 마땅히 이와 같이 설하노라. 만약 다시 필추니가 노래를 부르면 바일저가이니라."

'필추니'는 토라난타 등을 말한다.

'노래를 부른다.'는 가사와 음률에 맞추어 노래하는 것을 말하며, 죄의 모양을 자세히 설명한 것 등은 앞에서와 같다.

174) 작락(作樂) 학처

인연이 이루어진 처소는 앞에서와 같다.

어느 때 토라난타 필추니는 부잣집에 가서 그 여인들과 함께 놀면서 서로 즐거워하였다. 여러 부인들이 말하였다.

"성자여. 저희에게 악기를 연주하는 것을 가르쳐주십시오."

필추니가 곧 가르쳤으며, 재가인들이 보고 비난하였다

필추니가 필추에게 알리고 필추는 세존께 아뢰었다. 세존께서 토라난타 필추니에게 물어보셨다.

"그대가 진실로 다른 사람들에게 악기를 연주하는 것을 가르쳤는가?"

대답하여 말하였다.

"진실로 그렇습니다."

세존께서는 꾸중하셨으며, [이하 자세한 내용은 생략한다.]

"그 일에 학처를 제정하나니, 마땅히 이와 같이 설하노라. 만약 다시 필추니가 악기를 연주한다면 바일저가이니라."

'필추니'는 토라난타 등을 말한다.

'악기를 연주한다.'는 현악기나 관악기로 소리를 짓는 것을 말하며, 죄의 모양을 자세히 설명한 것 등은 앞에서와 같다.

175) 독어공택대소변(獨於空宅大小便) 학처

인연이 이루어진 처소는 앞에서와 같다.

어느 때 주계난타 필추니는 홀로 절 밖으로 나가서 한적한 곳에서 대소변을 보았다. 이때 여자를 밝히는 남자가 필추니가 그곳에 들어가는 것을 보고, 곧 쫓아와서 필추니를 잡고 비법(非法)을 행하려고 하였다. 필추니가 말하였다.

"나를 놓아주세요. 이곳은 깨끗하지 않으니 다른 곳으로 가시죠."

남자는 곧 필추니를 붙잡고 깨끗한 곳을 찾았으나 드러난 곳에 이르러 필추니는 큰 소리로 외쳤다. 남자는 두려워 필추니를 놓아주고 말하였다.

"이 대머리 여자 사문은 거짓이 많고 진실은 적구나. 나를 불러 이곳에 데려오고서 반대로 스스로 큰 소리로 외치는구나."

재가인들이 보고서 비난하였다. 필추니가 필추에게 알리고 필추는 세존께 아뢰었다. 세존께서 주계난타 필추니에게 물어보셨다.

"그대가 진실로 이렇게 홀로 절 밖으로 나가서 한적한 곳에서 대소변을 보았는가?"

대답하여 말하였다.

"진실로 그렇습니다."

세존께서는 꾸중하셨으며, [이하 자세한 내용은 생략한다.]

"그 일에 학처를 제정하나니, 마땅히 이와 같이 설하노라. 만약 다시 필추니가 홀로 절 밖으로 나가서 빈 집안에서 대소변을 본다면 바일저가이니라."

'필추니'는 주계난타 등을 말한다.

'혼자서 절 밖으로 나간다.'는 다른 필추니가 없다는 말이다.

'빈 집안에서'는 사람이 살고 있지 않는 집이나 담장 같은 곳을 말한다.

'대소변을 보다.'는 오줌과 똥을 싸는 것을 말하며, 죄의 모양을 자세히 설명한 것 등은 앞부분과 같다.

176) 숙향초쇄(畜香草刷) 학처

인연이 이루어진 처소는 앞에서와 같다.

어느 때 토라난타 필추니는 걸식하러 남의 집에 들어갔다가 여러 부인들이 향기 있는 풀과 뿌리를 가지고서 문지르고 머리를 손질하며 몸을 치장하는 것을 보았다. 이때 토라난타 필추니도 스스로 몸을 치장하고 다시 여러 부인들에게 말하였다.

"나도 지금 아름다운 모습입니까?"

재가인들이 비난하고 싫어하였다. 필추니가 필추에게 알리고 필추는 세존께 아뢰었다. 세존께서 토라난타 필추니에게 물어보셨다.

"그대가 진실로 이렇게 향기 있는 풀과 뿌리를 가지고서 문질렀는가?"

644

대답하여 말하였다.

"진실로 그렇습니다."

세존께서는 꾸중하셨으며, [이하 자세한 내용은 생략한다.]

"그 일에 학처를 제정하나니, 마땅히 이와 같이 설하노라. 만약 다시 필추니가 향기 있는 풀과 뿌리를 가지고서 문지르면 바일저가이니라."

'필추니'는 토라난타 등을 말한다.

'향기 있는 풀과 뿌리를 가지고 문지른다.'는 향기 있는 풀을 가지고 있으면서 문지르는 것을 말하며, 죄의 모양을 자세히 설명한 것 등은 앞부분과 같다.

177) 축세비(畜細枇) 학처

인연이 이루어진 처소는 앞에서와 같다.

어느 때 토라난타 필추니는 걸식하러 남의 집에 들어가서 다른 부인의 참빗을 들고 빗으면서 알려 말하였다.

"매우 좋습니다."

곧 자기도 참빗을 가지고 다녀서 재가인들이 이것을 보고 비난하였다. 필추니가 필추에게 알리고 필추는 세존께 아뢰었다. 세존께서 토라난타 필추니에게 물어보셨다.

"그대가 진실로 이러한 참빗을 지니고 있는가?"

대답하여 말하였다.

"진실로 그렇습니다."

세존께서는 꾸중하셨으며, [이하 자세한 내용은 생략한다.]

"그 일에 학처를 제정하나니, 마땅히 이와 같이 설하노라. 만약 다시 필추니가 참빗을 지니고 있으면 바일저가이니라."

'필추니'는 토라난타 등을 말한다.

'참빗을 지니고 있다.'는 참빗을 가지고 있는 것을 말하며, 죄의 모양을 자세히 설명한 것 등은 앞에서 같다.

178) 축추소(畜麤梳) 학처

인연이 이루어진 처소는 앞에서와 같다.

필추니가 거친 빗으로 빗는 것이며. 계율로 제정한 것은 앞에서와 같다.

179) 용전삼사(用前三事) 학처

토라난타 필추니가 앞의 세 가지를 사용한 것이며, 계율로 제정한 것은 앞에서와 같다.

180) 축가계장구(畜假髻莊具) 학처

인연이 이루어진 처소는 앞에서와 같다.

어느 때 토라난타 필추니는 이와 같이 생각하였다.

'내가 지금까지 희롱하고 즐기지 않은 일은 무엇일까?'

마침내 음녀가 머리를 거짓으로 꾸미고서 여색을 탐하는 여러 남자들에게 둘러싸여 있는 것을 보았다. 필추니는 그녀에게 다가가서 몰래 물어 말하였다.

"당신은 지금 어떻게 살아가고 있습니까?"

그녀는 일의 뜻을 갖추어 필추니에게 말하였다.

"거짓으로 머리를 꾸민 것을 사람들이 사랑하고 소중하게 여기는 까닭으로 살아가고 있습니다."

필추니는 이렇게 생각하였다.

'이것 또한 좋은 계책이구나. 나도 필요한 것을 이러한 까닭으로 얻어야겠구나.'

곧 거짓으로 치장하여 머리 위에 올리고 몸을 꾸미고 음녀와 같이 한쪽에 머물러 있었다. 여색을 탐하는 남자들이 와서 같이 즐기는 것을 구하였으나 너무 비싼 값을 요구하여서 접근할 수가 없었다. 어느 때 한 사람이 마침내 그 값을 주고서 필추니를 껴안으려고 하였다. 음녀는 생각하였다.

'내가 만약 이 남자에게 알려주지 않으면 필추니의 계를 깨뜨릴까 두렵구나.'

곧 알려 말하였다.

"놓아주세요. 놓아주세요. 나는 이곳에 있습니다."

남자가 비로소 놓아주자 필추니는 돈을 가지고 달아났다. 남자가 뒤쫓아 와서 손으로 머리를 잡았으나 손에는 거짓된 머리꾸미개가 잡혔고, 필추니 는 돈을 가지고 그대로 달아났다. 남자는 큰 소리로 외쳤다.

"대머리 사문녀가 비천하고 나쁜 법을 행하여 세상을 속이고 나의 옷값을 가지고 급히 달아났다."

필추니가 필추에게 알리고 필추는 세존께 아뢰었다. 세존께서 토라난타 필추니에게 물어보셨다.

"그대가 진실로 이와 같이 거짓된 머리꾸미개를 지니고 있었는가?"

대답하여 말하였다.

"진실로 그렇습니다."

세존께서는 꾸중하셨으며, [이하 자세한 내용은 생략한다.]

"그 일에 학처를 제정하나니 마땅히 이와 같이 설하노라. 만약 다시 필추니가 거짓된 머리꾸미개를 지니고 있으면 바일저가이니라."

'필추니'는 토라난타 등을 말한다.

'거짓으로 머리를 꾸민 것을 지니고 있다.'는 거짓된 머리꾸미개를 가지고 있는 것을 말하며, 죄의 모양을 자세히 설명한 것 등은 앞부분과 같다.

"여러 대덕이시여. 아리이가승가(阿離移迦僧伽)시여. 나는 이미 180바일 저가법을 설하였습니다. 이제 묻겠습니다. 여러 대덕은 이 가운데서 청정 합니까? [이와 같이 세 번을 말한다.] 여러 대덕은 이 가운데서 청정합니다. 왜냐하면 말없이 조용히 계셨기 때문입니다. 나는 이제 이와 같이 지키겠습 니다."(제3부를 마침)

5. 바라저제제사니법(波羅底提舍尼法)

"여러 대덕이시여. 이 열한 가지 바라저제제사니법은 보름마다 계경 가운데서 설하는 것입니다."

게송으로 거두어 말하겠다.

우유와 타락(酪)과 생소(生酥)와
숙소(熟酥)와 기름과 사탕과 꿀과
생선과 고기와 마른 포와
법을 얻은 학인(學人)의 집이 있다.

인연은 실라벌성에서 이루어졌다.

어느 때 열두 필추니 대중은 병이 없으면서도 몸을 위하여 걸식하다가 다른 사람에게 우유를 구하여 마음대로 마셨다. 여러 외도와 믿고 공경하지 않는 장자와 바라문 등이 함께 비난하고 싫어하였다.

"여러 필추니들은 청정함을 닦지 않으면서, 오로지 자신이 몸을 위하여 남에게 우유를 구하여 얻어 마실 뿐이니 누구라도 정성스럽고 맛있는 음식을 좋아하지 않겠는가?"

여러 필추니들이 재가인들이 이렇게 비난하고 싫어하는 소문을 듣고서 욕심이 적은 여러 필추니들이 갖추어 필추에게 알리고 필추는 세존께 아뢰었다. 세존께서 필추니들에게 물어보셨다.

"그대들이 이와 같이 진실로 몸에 병이 없으면서도 스스로의 몸을 위하여 남에게서 우유를 얻으면 재가인의 집에서 마음대로 먹었는가?"

대답하여 말하였다.

"진실로 그렇습니다."

세존께서는 꾸중하셨으며, [이하 자세한 내용은 생략한다.]

"그 일에 학처를 제정하나니, 마땅히 이와 같이 설하노라. 만약 다시 필추니가 몸에 병이 없으면서 스스로를 위하여 재가인의 집에 나아가 우유를 걸식하거나 남을 시켜 걸식하여 마셨으면, 이 필추니는 마땅히 마을 밖의 절에 돌아와 여러 필추니들의 처소에 나아가 대중들에게 따로따로 말하라. '대덕이여. 저는 마주하고서 말하는 악법(惡法)을 범하였습니다. 이것은 마땅히 할 일이 아닙니다. 이제 마주하고서 참회합니다.'라고 말하라. 이것을 대설법(對說法)이라고 이름하느니라."

이와 같이 세존께서는 모든 필추니들을 위하여 계율을 제정하셨다. 뒤에 다른 때에 필추니에게 병이 있어 다른 필추니가 문병을 하였다

"성자여, 병에 차도가 있으십니까?"

병이 있는 필추니가 말하였다.

"내가 이전에는 우유를 음식물로 사용하여 병이 나았으나, 세존께서 지금은 필추니가 우유를 걸식하는 것을 금지하셨으니 어떻게 병이 나을 수 있겠습니까?"

이와 같은 인연으로 필추들에게 알리고 필추는 세존께 아뢰었다. 세존께서 말씀하셨다.

"내가 지금 허락하나니 필추니에게 병이 있으면 우유를 얻어다가 마음대로 마시도록 하라. 처음에는 제정하여 허락하지 않았으나 다음에는 다시 거듭해서 허락한 것이니라. [자세한 내용은 앞부분과 같다.] 이것을 대설법이라고 이름하며, 병이 생긴 것은 제외하느니라."

'필추니'는 이 법 가운데의 필추니를 말한다.

'병이 없으면서 스스로를 위하여 재가인의 집에서 우유를 걸식한다.'는 몸에 병이 없으면서 남에게 우유를 구하는 것을 말한다.

'만약 남을 시켜서 걸식하여 마신다.'는 다른 사람을 시켜서 걸식하게 하는 것을 말한다.

'이 필추니'는 이 계율을 범한 필추니를 말한다.

'마땅히 마을 밖에 있는 절에 돌아와야 한다.'는 나머지 필추니들이 있는 곳으로 가는 것을 말한다.

'대중에게 따로따로 말한다.'는 각자에게 따로따로 말하는 것을 뜻한다.

'대덕이여. 저는 마주 대하고 말해야 하는 악법을 범하였습니다.'는 범한 죄의 모양을 설명하는 것을 말한다.

'이것은 할 일이 아니었습니다.'는 이것이 법에 맞지 않는 것을 말한다.

'이제 마주 대하고 참회합니다.'는 스스로 지은 죄를 드러내어 숨기지 않는 것을 말한다.

'이것을 대설법이라고 이름한다.'는 그 일을 가리키는 것을 말한다.

'병이 있는 경우는 제외한다.'는 근심과 고통이 있는 것을 말한다.

만약 병이 없는데도 걸식하여 마신다면 모두 악작죄를 얻는 것이며, 이것을 대설법이라고 이름한다.

병이 있는 사람이 걸식하고 병이 없는 사람이 마시면 걸식한 사람은 악작죄를 얻고 마신 사람은 범한 것이 없다. 병이 없는 사람이 걸식하고 병이 있는 사람이 마시면 걸식한 사람은 악작죄를 얻고 먹은 사람은 범한 것이 없다. 병이 난 사람을 위하여 걸식하고 병이 없는 사람이 마시면 걸식한 사람은 범하는 것이 없고 마신 사람은 마땅히 뉘우침을 말해야 한다. 병이 있는 사람을 위하여 걸식하고 병이 있는 사람이 마신다면 범하는 것이 없다.

필추니가 우유를 걸식하여 얻고 다시 타락(酪)을 걸식하면, 걸식한 사람은 악작죄를 얻고 먹은 사람은 마땅히 마주 대하고 참회해야 한다. 필추니가 타락을 얻고서 다시 생 연유를 걸식하면, 요구한 사람은 악작죄를 얻고 먹은 사람은 마땅히 마주 대하고 참회해야 한다. 필추니가 생 연유를 얻고 나서 다시 익힌 연유를 걸식하면 죄를 얻는 것은 앞부분과 같다.

필추니가 익힌 연유를 얻고서 다시 기름을 걸식하면 또한 위에서 말한 것과 같다. 필추니가 기름을 얻고서 다시 사탕을 걸식하면 죄는 또한 앞부분과 같다. 필추니가 사탕을 얻고서 다시 밀육(蜜肉)을 걸식하면, 앞에서와 같이 죄를 얻는다. 밀육을 얻고 나서 다시 생선을 걸식하면, 또한 위에서 말한 것과 같다. 생선을 얻고 나서 다시 고기를 걸식하면 또한 위에서와 같다. 고기를 얻고 나서 다시 마른 포를 걸식하면 또한 위에서와 같다. 마른 포를 얻고 나서 곱게 찧은 쌀로 지은 밥을 걸식하면 또한 위에서 말한 것과 같다. 곱게 찧은 쌀로 지은 밥을 얻고서 다시 곱게 찧지 않은 거친 쌀로 지은 밥을 걸식하면 모두 악작죄를 얻는다.

범하는 것이 없는 경우는 대중을 위하는 것과 어리석고 미쳤으며 마음이 어지럽고 고뇌에 얽매인 것이다.

이 최초의 것2)은 마주하고서 참회해야 하는 것이며, 타락·생 연유·익힌 연유·기름·사탕·꿀·생선·고기·마른 포 등도 마땅히 이와 같다. 이것이 열 가지의 마주하고서 말하는 법 등이고, 걸식하면 모두 범하는 것이며, 자세히 설명한 것은 앞에서와 같다.

인연은 광엄성에서 이루어졌다.

이 성에 장자가 한 사람 살고 있었으며 사자(師子)라고 이름하였다. 견제(見諦)의 이치를 얻어 세존과 성문중(聲聞衆)에 깊고 올바른 신심을 일으켜 가진 재산으로 삼보를 공양하였다. 이렇게 받들어 보시하니 집안의 재산이 점차로 줄어 모두 없어지게 되었다. 어느 때 구수 사리자와 대목련이 세상을 유행하다가 광엄성에 이르렀다. 사자 장자는 두 존자께서 오셨다는 소식을 듣고 빨리 나아가 받들어 내일은 자신의 집에서 공양하기를 청하였다. 재가인들은 비난하고 싫어하며 이와 같이 말하였다.

"사자 장자는 자기 몸을 가릴 옷도 없고 음식도 채우지 못하는 것은 모두가 공양하였기 때문이다."

필추가 듣고 세존께 아뢰니 세존께서 말씀하셨다.

"그대들 모든 필추들은 사자 장자에게 학가(學家)갈마를 주고, 다시 이와 같은 일이 있으면 또한 학가갈마를 주도록 하라. 평소와 같이 대중을 모으고 한 필추에게 백(白)갈마를 하게 하여, 마땅히 이와 같이 지어라.

'대덕 필추니 승가는 들으십시오. 이 사자 장자는 신심이 깊고 두터우며 깨끗하고 착한 것을 즐겨하여 그가 소유한 모든 것을 불·법·승가에 기꺼이 보시하고도 아끼는 마음이 없었습니다. 여러 구하는 사람이 있으면 모두 베풀어 주었으며, 이러한 까닭으로 옷과 음식이 모두 없어지게 되었습니다. 만약 승가가 때에 이르렀음을 인정하시면 승가는 마땅히 허락하십시오. 승가시여. 이제 사자 장자에게 학가갈마를 지으려고 이와 같이 아뢰니

---

2) '최초의 것'은 앞에 처음으로 예시한 우유의 경우를 가리킨다.

다.’라고 말하라. 그리고 갈마는 알린 것에 의거하여서 지으라. 만약 필추니가 승가에서 학가갈마를 지은 것을 알았으면 마땅히 그의 집에 가서 음식과 평상과 와구(臥具)를 받는 것과 그를 위하여 법을 설하지 말라. 이것을 어긴다면 악작죄를 얻는다.”

또한 열두 필추니 대중이 청을 받지도 않았으나, 이 집에 가서 음식을 먹었다. 이 인연을 세존께 아뢰니 세존께서는 물어보시고는 꾸중하셨으며, [이하 자세한 내용은 생략한다.]

“그 일에 마땅한 학처를 제정하나니 마땅히 이와 같이 설하노라. 만약 다시 필추니가 이 학가(學家)에 승가에서 학가갈마를 한 것을 알고서도, 필추니가 먼저 청을 받지도 않았으나, 곧 그의 집으로 가서 스스로 음식을 받았다면 이 필추니는 마땅히 마을 밖의 처소에 돌아와서 여러 필추니들이 있는 곳에 나아가 대중에게 따로따로 말하라.

‘대덕이시여. 저는 대설악법(對說惡法)을 범하였습니다. 이것은 마땅히 해야 할 일이 아니었습니다. 이제 대덕을 마주하고서 참회합니다.’라고 할 것이며 이것을 대설법이라고 이름하나니라.”

모든 필추니들이 그의 집에 가지도 않았고 받지도 않았다. 세존께서 말씀하셨다.

“마땅히 평상 위에서 받고서 먹도록 할 것이고, 남는 채소와 잎사귀는 또한 받도록 할 것이며, 어린 남녀들을 위해서 남은 음식을 나누어 주도록 하라.”

광엄성의 사람들이 모두 사자 장자가 공양을 하여 지금 가난의 고통을 당하였다는 소식을 듣고 곡식을 경작하고 수확해주어 곡식 창고가 넉넉하게 되었다. 이때 사자 장자는 세존께서 계신 곳에 나아가 아뢰었다.

“대덕이시여. 저는 이전에 가지고 있던 물건들을 모두 불·법·승가에 공양하여 모두 없어졌으나, 지금은 수확한 곡식이 많이 있습니다. 원하옵건대 세존께서는 저를 불쌍히 여기시어 학가법을 풀어주시고, 모든 승가와 필추니들이 저의 공양을 받을 수 있도록 허락해 주십시오.”

세존께서 말씀하셨다.

"모든 필추들이여. 마땅히 장군(將軍)을 위하여 학가법(學家法)을 풀어주도록 할 것이며, 마땅히 이와 같이 하라. 승가가 모두 모이면 사자 장자에게 차례대로 예경(禮敬)을 하게 할 것이며, 상좌의 앞에 무릎을 꿇고 합장하고서 이렇게 말하라.

'대덕 승가는 들으십시오. 나 사자는 이전에 삼보께 깊이 신심을 일으켜 깨끗하고 착한 것을 즐겨하여 항상 보시하는 것을 좋아하였고 삼보께 기꺼이 보시한 까닭으로 가난하게 되었습니다. 이러한 까닭으로 승가께서 저를 불쌍히 여기시어 갈마를 지어 모든 성중들이 저의 집에 오지 못하게 되었습니다. 저는 이제 재산과 음식이 다시 풍족하게 되었으며 나 사자는 이전에 대중법을 얻었으나, 지금 대중께서 갈마를 풀어 걸식하도록 하여 주십시오. 바라건대, 저를 위하여 갈마법을 풀어주십시오. 가엾이 여겨 자비를 베푸십시오.'

이와 같이 세 번을 아뢰고 대중께 예배드리고 물러가게 하라. 이때 대중은 마땅히 한 사람이 작법에 의거하여 백이갈마를 하여 풀도록 하라. 풀고 나서는 모든 필추와 필추니 대중이 이전과 같이 왕래하며 주는 대로 공양을 받는 것은 모두 범하는 것이 없느니라."

'만약 다시 필추니'는 이 법 가운데의 필추니를 말하며, 나머지는 위에서 말한 것과 같다.

'학(學)'은 삼보를 믿어서 견제를 증득한 것을 말한다.

'가(家)'는 사성(四姓)을 말한다.

'필추니'는 세존의 제자를 말한다.

'갈마'는 백이법(白二法)을 말한다.

이와 같이 집에서 먼저 청하는 것이 없었으나 쉽게 가서 음식을 받으면 죄를 얻는다. 이 가운데에서 범한 것은 이와 같은 집에서 스물다섯 가지의 음식을 받아서 먹으면, 앞에서와 같이 죄를 얻으며, 참회를 하는 것은 위에서와 같다. 만약 갈마를 풀고서 음식을 받는 것은 모두 범하는 것이 없다. 또한 범하지 않는 것은 앞에서 자세히 설명한 것과 같다.

"여러 대덕이시여. 나는 이미 열한 가지의 바라저제사니법을 설하였습

니다. 이제 묻겠습니다. 여러 대덕은 이 가운데서 청정합니까? [이와
같이 세 번을 말한다.] 여러 대덕은 이 가운데서 청정합니다. 왜냐하면
조용히 계셨기 때문입니다. 나는 이제 이와 같이 지키겠습니다."(제4부가
마침)

6. 중학법(衆學法)

여러 대덕이시여. 이 중학법(衆學法)은 보름마다 계경(戒經) 가운데서
설하는 것입니다.
총괄적으로 게송으로 거두어 말하겠다.

　　옷과 음식과 모습이 가지런하게 정돈된 것과
　　재가인의 집에서 용모와 위의를 갖추는 일과
　　발우를 보호하고 병자를 제외시키는 것과
　　콧물과 침과 사람보다 높은 나무 등이 있다.

그때 세존께서는 모든 필추를 위하여 많은 학법(學法)을 통해 옷을
입고, 음식을 먹는 것 등의 규범과 위의를 제정하셨으며, 모든 필추니들도
모두 계율에 의지하여 배웠다. 여러 필추니들은 비록 가르침을 들었으나
아직 능히 그 법에 의지하지 못하여 옷을 너무 높게 입었다. 청정한
믿음을 가진 바라문 등은 필추니들이 옷이 가지런하지 못한 것을 보고
비난하며 비웃으며, 이렇게 말하였다.
"이 여러 필추니들이 옷을 가지런히 입지 못하니 부끄러움을 모르는
사람과 같구나."
여러 필추니들이 이러한 말을 듣고 필추에게 알리고 필추는 세존께
아뢰었다. 세존께서 말씀하셨다.
"옷을 너무 높게 입어서는 아니 되니, 마땅히 배우도록 할지니라."
곧 옷을 너무 낮게 입으니 재가인들이 다시 비난하고 싫어하였다.

654

세존께서 말씀하셨다.

"옷을 너무 내려 입어서 마치 새로 시집온 여인처럼 하여서는 아니 되니, 마땅히 배우도록 할지니라."

어느 때는 앞을 너무 길게 늘어뜨려 코끼리의 코와 같았고, 혹은 어느 때는 허리춤을 가늘게 주름을 잡아서 다라수(多羅樹) 잎과 같아서 여러 재가인들이 비난하고 싫어하였다. 세존께서 말씀하셨다.

"마땅히 그렇게 입지 말라."

어느 때는 한쪽 모서리를 말아서 뒤집어 허리춤에 구겨 넣으니 마치 뱀의 머리와 같았다. 세존께서 말씀하셨다.

"마땅히 그렇게 입지 말라."

어느 때는 가사의 위쪽 끝을 묶고 뭉쳐서 허리춤에 구겨 넣으니, 오히려 콩다발과 같았다. 세존께서 말씀하셨다.

"이렇게 옷을 입어서는 아니 되니, 마땅히 배우도록 할지니라."

인연이 이루어진 처소는 앞에서와 같다.

어느 때 토라난타 필추니는 가사를 입었으나 배를 드러내어 음녀와 같았다. 여러 필추니들이 보고서 함께 비난하고 싫어하며 그녀에게 알려 말하였다.

"성자여. 이렇게 옷을 입는 것이 마땅히 청정한 법입니까?"

토라난타 필추니가 말하였다.

"내가 일찍이 궁궐의 여러 여인을 보니 이렇게 옷을 입었습니다."

필추니가 필추에게 알리고 필추는 세존께 아뢰었다. 세존께서 말씀하셨다.

"모든 필추니들은 배를 드러내어 가사를 입어서는 아니 되나니, 마땅히 배우도록 할지니라."

어느 때 여러 필추니들이 가끔씩 높이 바라보고, 크게 소리로 떠들면서 재가인의 집에 들어가니, 여러 재가인들이 비난하고 싫어하였다. 세존께서 말씀하셨다.

"높이 바라보면서 재가인의 집에 들어가서는 아니 되니, 마땅히 배우도록 할지니라. 5의(衣)를 가지런히 입을 것이니, 마땅히 배우도록 할지니라.”

인연이 이루어진 처소는 앞에서와 같다.

어느 때 열두 필추니 대중은 바라문 장자의 집에 걸식하였으나, 사방을 두리번거려서 위의를 갖추지 못하였고, 여러 근(根)이 들뜨고 요동쳐서 앞길을 똑바로 보고 다니지 못하였다. 다른 집에 들어가서는 용모가 단정한 남자들을 보고 음욕심이 치성해져 아래로 부정(不淨)이 흘러내려 걸식도 못하고 급히 밖으로 뛰쳐나왔다. 여러 재가인들이 그것을 보고 비난하고 싫어하였다.

“대머리 여자 사문이 진실로 정행(淨行)을 닦는 것이 아니며, 거짓으로 정행을 말하는구나.”

필추니가 필추에게 알리고 필추는 세존께 아뢰었다. 세존께서 말씀하셨다.

“만약 필추니가 월경(月經)을 할 때가 되면 재가인의 집에 가서는 아니 되나니, 마땅히 배우도록 할지니라.”

어느 때 열두 필추니 대중은 머리를 덮고, 옷의 한쪽을 걷어붙였으며, 옷의 양쪽을 걷어붙였고, 허리에 손으로 뒷짐을 졌으며, 어깨를 어루만지면서 재가인의 집에 들어가니 마치 부끄러움이 없는 사람과 새로 시집온 여인과 같았다. 여러 필추니들이 보고 비난하고 싫어하여 물었다.

“여러 구수여. 어떻게 이것이 합당하겠습니까?”

그들은 곧 대답하였다.

“색(色)을 탐하는 남자들과 여자들이 모두 이렇게 합니다. 그러나 우리들은 알지 못하니 그 모양을 배우려고 합니다.”

세존께 아뢰니 세존께서 말씀하셨다.

“머리를 덮고, 옷의 한쪽을 걷어붙였으며, 옷의 양쪽을 걷어붙이고, 허리에 손으로 뒷짐을 졌으며, 어깨를 어루만지면서 재가인의 집에 들어가서는 안 되나니, 마땅히 배우도록 할지니라.”

어느 때 열두 필추니 대중은 춤추며 걷고, 발가락으로 걸으며, 뛰면서 걷고, 발을 옆으로 기울여 걸으며, 몸에 힘을 주고서 걸었다. 그 여러 재가인들이 비난하며 싫어하니, 그들은 앞에서와 같이 대답하였다. 세존께서 말씀하셨다.

"춤추며 걷고, 발가락으로 걸으며, 뛰면서 걷고, 발을 옆으로 기울여 걸으며, 몸에 힘을 주고 걸으면서 재가인의 집에 들어가서는 아니 되니, 마땅히 배우도록 할지니라."

그때 열두 필추니 대중은 몸을 흔들고, 팔을 흔들며, 머리를 흔들고, 어깨를 들썩이며, 손을 잡고 재가인의 집에 들어갔다. 사람들이 보고 비난한 것은 또한 앞에서와 같다. 세존께서 말씀하셨다.

"몸을 흔들고, 팔을 흔들며, 머리를 흔들고, 어깨를 들썩이며, 손을 잡고서 재가인의 집에 들어가서는 아니 되니, 마땅히 배우도록 할지니라."

어느 때 오바난타는 아침을 먹을 시간에 가사를 입고 발우를 들고서 실라벌성에 들어가 걸식하였다. 이때 성품이 깨끗한 것을 즐기는 바라문이 있었다. 그의 집에 평상과 자리가 있어서 오바난타가 들어와 평상 위에 앉으니, 바라문이 보고 비난하며 싫어하였다. 그러자 세존께서 말씀하셨다.

"재가인의 집에서 아직 앉으라고 허락하지 않았는데 앉아서는 아니 되니, 마땅히 배우도록 할지니라."

그때 구수 오타이에게 청정한 믿음이 있는 어떤 바라문이 자리에 앉기를 허락하였으나, 잘 살펴보지 않고 갑자기 앉으니, 그 평상 위에 있던 어린 아기가 눌려서 죽었다. 그러자 세존께서 말씀하셨다.

"재가인의 집에서는 잘 살피지 않고 앉아서는 아니 되나니, 마땅히 배우도록 할지니라."

어느 때 세존께서는 성문의 대중과 함께 정반대왕의 궁궐 안에서 공양을 받으셨다. 이때 구수 오타이는 몸을 잘 단속하지 못하였으므로 이것을 구비부인(瞿卑夫人)이 보고 비법(非法)인 것을 이상하게 생각하였다. 뒤에 다른 때에 혼자서 궁중에 이르자 부인은 그를 낡은 평상 위에 앉도록 하였으나 몸을 제멋대로 앉았다가 평상이 부서져 땅에 넘어져서 비난을 받고 추하게 생각되었다. [이하 자세한 내용은 생략한다.]

"필추니가 만약 재가인의 집에서 앉을 때에는 몸을 제멋대로 앉아서는 아니 되며 잘 살펴야 할 것이니, 마땅히 배우도록 할지니라."

혹은 재가인의 집에서 다리를 겹쳐 앉기도 하고, 혹은 안쪽의 복사뼈를 겹쳐서 앉기도 하였으며, 혹은 급히 발을 쪼그리기도 하고, 혹은 길게 발을 뻗기도 하였으며, 혹은 몸을 드러내고 앉으니, 여러 재가인들이 비난하고 싫어하였다. 세존께서 말씀하셨다.

"마땅히 이렇게 하여서는 아니 되므로, 마땅히 학처를 제정하겠노라. 재가인의 집에서는 발을 뻗지 않을 것이고, 안쪽의 복사뼈를 겹치지 않을 것이며, 바깥쪽의 복사뼈를 겹치지 않을 것이고, 급히 발을 쪼그리지 않을 것이며, 발을 길게 뻗지 않을 것이고, 몸을 드러내지 않을 것이니, 마땅히 배우도록 할지니라."

어느 때 시주 한 사람이 세존과 필추와 필추니에게 집에 오시어 공양하시도록 청하였다. 이때 음식을 나르는 사람이 마음을 잘 쓰지 못하여 둥근 맛있는 떡을 떨어뜨렸으며, 필추니가 발우에 공손히 보호하지 못하여 마침내 많이 부서졌다. 세존께서 말씀하셨다.

"음식을 공경스럽게 받을 것이니, 마땅히 배우도록 할지니라."
어느 때 열두 필추니 대중은 보리(善提)장자의 집에 들어가 걸식하였다. 장자가 밥을 주자, 발우에 가득히 밥을 받고, 다시 고깃국을 받아 발우가 넘쳐흘러내려 땅을 더럽혔다. 이것을 인연하여 비난받고 부끄러워하였다. 이 일을 세존께 아뢰었다.

"내가 학처를 제정하나니, 마땅히 이와 같이 설하노라. 발우에 밥을 가득하게 받고서, 다시 국과 반찬을 받아 음식이 발우를 흘러넘치게 하여서는 아니된다. 발우의 가장자리를 마땅히 손가락을 구부려 잡고 마음을 다스려 음식을 받아야 하나니, 마땅히 배우도록 할지니라."

혹은 음식이 아직 준비되지 않았으나 먼저 그 발우를 펼쳐 걸인들이 음식을 구하는 모습 같이 보여서 비난받고 부끄러워하였다. 세존께서 말씀하셨다.

"승가를 위하여 학처를 제정하나니, 마땅히 이와 같이 설하노라. 음식이 아직 준비되지 않았는데 먼저 발우를 펼쳐서는 아니 되니, 마땅히 배우도록 할지니라. 음식 위에 발우를 놓지 않을 것이니, 마땅히 배우도록 할지니라.”

혹은 가끔 음식을 먹을 때 교만한 모습을 나타내어 오히려 어린아이와 여러 음녀들과 같았다. 세존께서 말씀하셨다.

“마땅히 교만하게 음식을 먹어서는 아니 되며, 마땅히 공경스럽게 음식을 먹어야하나니, 마땅히 배우도록 할지니라.”

혹은 음식을 먹을 때 매우 작게 입에 넣거나 매우 크게 입에 넣으니, 입에 넣는 모양이 가난한 걸인과도 같았다. 세존께서 말씀하셨다.

“마땅히 그렇게 하여서는 아니 된다. 음식을 너무 작게 입에 넣지 않고, 너무 크게 하여 입에 넣지 않으며, 둥글고 가지런하게 하여 먹도록 할 것이니, 마땅히 배우도록 할지니라.”

어느 때 어떤 시주가 세존과 스님들께 집에 오시어 공양하시기를 청하였다. 이때 오바난타 필추는 늙은 필추의 옆에 앉았는데 늙은 필추가 입을 크게 벌리고 위를 바라보고 있었다. 그러자 오바난타는 곧 흙덩이를 그의 입안에 던져 넣고서 알려 말하였다.

“우선 이것을 드십시오.”

세존께서 말씀하셨다.

“이렇게 먼저 입을 벌리고 있어서는 아니 된다. 만약 음식이 준비되지 않았다면 입을 벌리고 기다려서는 아니 되나니, 마땅히 배우도록 할지니라.”

어느 때 열두 필추니 대중이 음식을 입에 넣고서 말하여 재가인들이 비난하고 싫어하였다. 세존께서 말씀하셨다.

“이렇게 음식을 넣고서 말해서는 아니 되니, 마땅히 배우도록 할지니라.”

혹은 시주의 집에 가서 국과 반찬을 보고 부족할 것을 걱정하여 먼저 청하여 얻은 국으로 밥을 덮고는 다시 얻기를 바라니 재가인들이 비난하고 싫어하였다. 세존께서 말씀하셨다.

“이렇게 밥으로 국과 반찬을 덮어서는 아니 되며, 국과 반찬으로 밥을 덮고서 다시 얻는 것을 바라면 아니 되나니, 마땅히 배우도록 할지니라.”

어느 때 어느 시주가 필추에게 음식을 청하였는데 그 음식이 많이 단맛이었다. 그러자 열두 필추니는 곧 혀를 차면서 서로 음식이 매우 시다고 말하였다. 혹은 그 음식이 너무 신맛이었는데 열두 필추니는 곧 소리를 내어 쩝쩝거리며 서로 매우 단맛이라고 말하였다.

혹은 어느 시주가 필추 승가와 필추니 승가에게 음식을 청하였는데 그 음식이 매우 뜨거웠다. 열두 필추니는 곧 입으로 더운 입김을 내뿜으면서 말하였다.

“음식이 너무 차다. 더 뜨거워야 비로소 먹을 수 있겠구나.”

혹은 그 음식이 너무 차가웠는데 열두 필추니는 곧 입으로 내뿜으면서 말하였다.

“음식이 너무 뜨겁구나. 불면서 식혀야만 먹을 수 있겠구나.”

이렇게 모두가 그 일을 거꾸로 말하여 일부러 시주를 번민하게 하니, 세존께서 말씀하셨다.

“그렇게 하여서는 아니 되느니라. 마땅히 학처를 제정하나니, 혀를 차면서 음식을 먹지 않을 것이고, 쩝쩝거리며 음식을 먹지 않을 것이고, 입으로 입김을 내뿜으며 음식을 먹지 않을 것이고, 입으로 차가운 입김을 내뿜으며 음식을 먹지 않을 것이니, 마땅히 배우도록 할지니라.”

혹은 어느 때 육중필추가 공양청을 받았는데 손톱으로 밥을 흩뜨리며 먹으니 오히려 닭이나 새와 같았다. 혹은 음식이 나쁘다고 서로 헐뜯기도 하였고, 혹은 음식을 입안에 볼록하게 넣고서 잘게 씹기도 하였으며, 혹은 음식을 먹으면서 반은 먹고 반은 남기기도 하였고, 혹은 혀를 길게 빼어 입술을 핥기도 하였다. 세존께서 말씀하셨다.

“마땅히 학처를 제정하나니 손으로 흩뜨리며 먹지 않을 것이고, 음식을 헐뜯으면서 먹지 않을 것이며, 음식을 볼에 넣어 볼록하게 먹지 않을 것이고, 반은 먹고 반은 남기며 먹지 않을 것이고, 혀를 빼어 핥아가며 먹지 않도록 할 것이니, 마땅히 배우도록 할지니라.”

어느 때 나형외도의 우바새가 가까이에서 공경하고 믿는 마음을 내어 불·법·승에 귀의하고 마침내 세존께 집에 오시어 음식을 드시도록 청하였다. 그는 여러 가지 음식과 보릿가루 뭉친 것과 넓게 만든 떡과 무우(蘿蔔)를 내놓았다. 이때 육중필추는 시주를 헐뜯으려고 보릿가루를 뭉친 것으로 탑의 모양을 만들어 무우 위에 올려놓고 그 위에 떡으로 덮고서는 서로에게 말했다.

"이것은 악한 무리 중에 노형외도 포자나(脯刺拏)의 탑이다."

점차로 그것을 먹어 무우가 넘어지니 곧 서로에게 말하였다.

"이것은 노형외도가 탑을 만들었으나 지금 무너진 것이다."

시주는 이것을 보고 귀의하고 공경하는 마음이 없어졌다. 세존께서 말씀하셨다.

"마땅히 학처를 제정하노라. 탑의 형상을 만들어서 먹어서는 아니 되니, 마땅히 배우도록 할지니라."

혹은 어느 때 육중필추가 다른 사람에게서 공양청을 받았는데 그 맛있고 좋은 음식을 남겨서 손에 잡고 있다가 곧 혀로 거듭하여 그 손을 핥았으며, 발우도 역시 똑같이 하였다.

혹은 손을 털고, 발우를 털며, 발우의 물을 다른 사람에게 뿌려 옷을 더럽히기도 하였는데, 다른 사람의 좋은 옷을 보고 질투심을 일으킨 까닭이었다. 세존께서 말씀하셨다.

"마땅히 이러한 일 등은 모두 하여서는 아니 되니, 마땅히 배우도록 할지니라."

어느 때 어떤 시주가 스님들께 공양을 올리면서 말하였다.

"성자여. 좋은 음식이 많이 있으니 보릿가루는 많이 청하지 마십시오."

육중필추는 믿지 않고 곧 보릿가루를 많이 받았다가 뒤에 좋은 음식을 보고는 그 보릿가루를 버리려고 하였다. 이때 옆자리에 한 늙은 필추가 사방을 두리번거리니, 육중필추는 곧 보릿가루 뭉친 것을 그의 발우 안에 넣어 마침내 넘쳐서 다른 음식을 받지 못하게 하였다. 세존께서 말씀하셨다.

"항상 발우 안의 음식을 보도록 할 것이니. 마땅히 배우도록 할지니라."

어느 때 어떤 필추가 음식을 받는데 발우가 가득 찼다. 육중필추가 옆에서 보고 함께 업신여기며 말하였다.

"이 늙은이가 모두 먹을 수 있겠는가?"

세존께서 말씀하셨다.

"업신여기는 마음을 일으켜 옆에 앉아 있는 필추의 발우 안에 있는 음식을 보지 않을 것이니, 마땅히 배우도록 할지니라."

어느 때 육중필추는 깨끗하지 않은 손으로 깨끗한 물병을 잡아서 마침내 파리들이 가까이 와서 비난을 받고 천박하게 생각되었다. 세존께서 말씀하셨다.

"더러운 손으로 깨끗한 물병을 잡지 않을 것이니, 마땅히 배우도록 할지니라."

어느 때 필추니가 강저산(江渚山)에 있으면서 보리(菩提) 장자의 높은 누각 위에서 음식을 먹고 발우 씻은 물을 깨끗한 땅에 버리니, 시주가 싫어하였다. 세존께서 말씀하셨다.

"마땅히 학처를 제정하노라. 재가인의 집에서 주인에게 묻는 것을 제외하고 발우 씻은 물을 버리지 않을 것이니, 마땅히 배우도록 할지니라."

인연은 실라벌성에서 이루어졌다.

이때 한 바라문의 아이가 병이 생겼다. 잘 아는 오바색가가 와서 알려 말하였다.

"아이가 병이 생겼으면 마땅히 절에 가서 여러 필추들에게 발우 안의 물을 부탁하여 아이를 목욕시키면 반드시 좋아질 것이다."

바라문은 곧 물을 구하러 갔으며, 오바난타를 보고 그에게 발우의 물을 부탁하였다. 오바난타는 보릿가루와 떡의 찌꺼기를 발우의 물에 넣어서 그에게 주었다. 그는 다른 것이 섞인 물을 보고 더럽고 싫은 생각을 일으켜 이렇게 말하였다.

"우리 아이가 죽을지라도 어떻게 이 더러운 물을 사용하여 목욕을 시키겠는가?"

이 일을 세존께 아뢰니 세존께서 말씀하셨다.

　"더러운 물을 남에게 주어서는 아니 된다. 만약 누가 와서 발우의 물을 얻으려고 하거든 마땅히 발우를 깨끗이 씻고, 그 안에 청정한 물을 담아서 경 가운데의 요송(要頌)3)인 아리사가타(阿利沙伽他)를 세 번 외우고 그 사람에게 주도록 할 것이니라. 그것으로 씻거나 혹은 마시면 능히 많은 병을 없앨 수 있느니라."

　아리사가타라는 것은 부처님께서 말씀하신 게송이다. 성인의 가르침 가운데에서 나온 것이며, 만약 독송할 때에는 큰 위력이 있어서 다른 곳에서 게송을 외우게 하는 것도 모두 이러한 부류이다. 곧 강이나 연못이나 우물이 있는 곳에서 목욕을 하고 물을 마실 때와, 혹은 잠시 나무 아래에 누워 시원하게 쉬고 가고, 객사(客舍)에 머무르며, 혹은 신당(神堂)에 들어가서 만다라를 밟고, 혹은 부처님 탑의 그림자를 밟으며, 혹은 자신의 그림자로 부처님의 상호를 가리고, 혹은 대중이 흩어질 때와, 혹은 성이나 마을에 들어가고, 혹은 이른 아침과 해질 무렵에 부처님의 존의(尊儀)에 예배를 올리며, 혹은 매일 식사를 마칠 때와, 혹은 탑묘(塔廟)에 물을 뿌리고 청소를 하는 등의 이와 같은 여러 일을 할 때 등의 그 부류는 진실로 많으나, 모두가 모두 입으로 게송을 암송하고 봉행하여 복을 얻고자 하는 것이다. 만약 일부러 어기고 업신여기면 모두 악작죄를 얻는다. 다만 동천(東川)4) 승가는 이전부터 행하지 않았던 까닭으로 주석하여 말하기를 성스러운 가르침의 게송이 있었던 것을 알리고자 하는 것이다.

　그것은 곧 다음의 게송과 같다.

　세간의 오욕락(五欲樂)이나
　혹은 다시 여러 천상의 즐거움도

---

3) 산스크리트어 udana의 음사로서 우다나(優陀那)라고 한역되고, 자설(自說) 또는 무문자설(無問自說)로 의역된다. 12부경의 하나로써 세존께서 스스로 게송으로 설하신 것을 가리킨다.
4) 현재의 중국과 중앙아시아 지역을 가리키는 말이다.

애욕이 사라진 즐거움에 비교하면
천분(千分)의 일에도 미치지 못한다네.

집착을 까닭으로 괴로움이 생겨나고
괴로움을 인연하여 다시 집착이 생겨나니
팔성도(八聖道)는 능히 뛰어넘어서
묘한 열반처(涅槃處)에 이른다네.

보시를 한 사람은
반드시 그 이익을 얻으며
만약 즐거운 까닭으로 보시하면
뒤에 반드시 안락(安樂)을 얻으리.

세존께서 말씀하셨다.

"남은 음식을 발우의 물에 넣지 않을 것이니, 마땅히 배우도록 할지니라."

어느 때 한 필추가 발우를 땅 위에 놓았으나 바닥에 발우포가 없어서 비난받고 추잡스럽게 생각되었다. 세존께서 말씀하셨다.

"마땅히 학처를 제정하노라. 바닥에 놓는 발우포가 없이는 땅 위에 발우를 놓아서는 아니 되나니, 마땅히 배우도록 할지니라."

어느 때 어떤 필추니가 서서 발우를 닦다가 실수로 발우를 땅에 떨어뜨려 그 발우를 깨뜨렸다. 세존께서 말씀하셨다.

"서 있으며 발우를 닦아서는 아니 되나니, 마땅히 배우도록 할지니라."

어느 때 어떤 필추니가 위험한 언덕에 발우를 놓아두었다. 세존께서 말씀하셨다.

"그것은 옳지 못하느니라. 위험한 언덕에 발우를 놓아두어서는 아니 되나니, 마땅히 배우도록 할지니라."

강물이 급하게 흐르는 곳에서 물을 거슬러 발우로 물을 뜨다가 마침내 발우를 깨뜨렸다. 세존께서 말씀하셨다.

"마땅히 그렇게 하지 말라. 물을 거슬러서 뜨지 않을 것이니, 마땅히 배우도록 할지니라."

열두 명의 필추니가 앞에 사람을 앉히고 자기는 서서 그들에게 설법을 하였다. 그러자 삼보를 공경하여 믿는 바라문과 거사 등이 싫어하고 비난하였다. 세존께서 말씀하셨다.

"마땅히 그렇게 하지 말라. 다른 사람은 앉고 자기는 서서 설법을 하지 않을 것이니 마땅히 배우도록 할지니라."

어느 때 병에 걸린 사람이 있어서 오랫동안 서서 법문을 들을 수 없었다. 세존께서 말씀하셨다.

"만약 환자라면 앉고, 누우며, 높고, 낮으며, 길이든, 길이 아니든, 또한 수레에 있고, 가죽신을 신었으며, 머리에 수건을 덮어 쓰고, 꽃과 영락으로 만든 관을 썼으며, 칼이나 병장기를 갖고 있고, 갑옷과 투구를 착용하고 있을지라도, 그가 환자라면 어떤 모습을 하고 있어도 법을 설하면 범하지 않으나 환자가 아니라면 합당하지 않다.

승가를 위하여 학처를 제정하나니, 마땅히 이와 같이 설하노라. 환자의 경우를 제외하고는 다른 사람은 앉고 자기는 서서 법을 설할 수 없나니, 마땅히 배우도록 할지니라. 환자를 제외하고는 다른 사람은 눕고 자기는 앉아서 법을 설할 수 없나니, 마땅히 배우도록 할지니라. 환자를 제외하고는 다른 사람은 높은 자리에 있고 자기는 낮은 자리에서 법을 설할 수 없나니, 마땅히 배우도록 할지니라.

환자를 제외하고 다른 사람은 앞에서 걸어가고 자기는 뒤에 따라가면서 법을 설할 수 없나니, 마땅히 배우도록 할지니라. 환자를 제외하고는 다른 사람은 길에 있고 자기는 길이 아닌 곳에 있으면서 법을 설할 수 없나니, 마땅히 배우도록 할지니라. 환자를 제외하고는 머리를 덮어 가렸고, 옷의 한쪽을 걷어붙였으며, 옷의 양 쪽을 걷어붙였고, 허리춤에 손으로 뒷짐을 졌으며, 어깨를 어루만지는 사람에게는 법을 설할 수 없나니, 마땅히 배우도록 할지니라.

환자를 제외하고는 코끼리를 타고 있고, 말을 타고 있으며, 가마를 타고 있고, 수레를 타고 있는 다른 사람에게는 법을 설할 수 없나니, 마땅히 배우도록 할지니라. 환자를 제외하고는 나막신·가죽신·짚신 등을 신은 다른 사람에게 법을 설할 수 없나니, 마땅히 배우도록 할지니라. 환자를 제외하고는 모자를 쓰고, 관(冠)을 썼으며, 불정계(佛頂髻)를 하고 있고, 혹은 머리를 묶었으며, 화관(花冠)을 쓰고 있는 다른 사람에게는 법을 설할 수 없나니, 마땅히 배우도록 할지니라. 환자를 제외하고는 햇빛 가리개(일산이나 우산)를 갖고 있는 사람에게는 법을 설할 수 없나니. 마땅히 배우도록 할지니라.”

인연은 겁비라성에서 이루어졌다.

어느 때 토라난타 필추니는 서서 대소변을 보았는데 여러 재가인들이 보고 함께 비난하고 싫어하였다. 세존께서 말씀하셨다.

“마땅히 그렇게 하지 말라. 환자를 제외하고는 서서 대소변을 보지 않을 것이니 마땅히 배우도록 할지니라.”

어느 때 토라난타 필추니는 자신의 낡은 옷을 빨래하는 사람에게 빨게 시켰으나 기꺼이 빨아주려고 하지 않자 곧 성내는 마음을 일으켜 일부러 그가 옷을 빨래하는 물에 오물을 풀었다. 세존께서 말씀하셨다.

“마땅히 그렇게 하지 말라. 환자를 제외하고는 대소변과 콧물과 침을 넣어서는 아니 되니, 마땅히 배우도록 할지니라.”

인연은 실라벌성에서 이루어졌다.

어느 때 어떤 시주가 승가에게 공양을 받을 것을 청하였다. 그때 절을 돌보던 스님이 돌아오는 때가 늦어지고 시간이 지체되는 것을 걱정하여 마침내 높은 나무에 올라가 그들이 돌아오는 것을 살펴보고 있었다. 이때 재가인들이 함께 보고 비난하며 웃었다.

“사문인 석자(釋子)가 높은 나무에 올라가니, 재가인들과 무엇이 다른가?”

세존께서 말씀하셨다.

“마땅히 그렇게 하지 말라. 사람의 키보다 높은 나무에는 올라가지 말라.”

어느 때 어떤 필추니가 염색한 빨랫줄을 묶으려고 하였으나 감히 나무에 올라가지 못하였다. 다시 호랑이와 늑대의 고난을 만나도 또한 감히 나무에 올라가지 못하여 죽고 다치게 되었다. 세존께서 말씀하셨다.

"어려운 인연을 제외하고는 사람의 키보다 높은 나무에 올라갈 수 없나니, 마땅히 배우도록 할지니라."

7. 일곱 가지 멸쟁법(滅諍法)

게송으로 거두어 말하겠다.

현전비나야(現前毘奈耶)와 억념비나야(憶念毘奈耶)와
불치비나야(不癡毘奈耶)와 구죄자성비나야(求罪自性毘奈耶)와
다인어비나야(多人語毘奈耶)와 자언비나야(自言毘奈耶)와
초엄비나야(草掩毘奈耶)로 많은 쟁론(諍論)을 없애는 것이다.

세존께서 모든 필추니에게 말씀하셨다.

"일곱 가지의 멸쟁법(滅諍法)이 있나니, 마땅히 배우도록 할지니라."
현전비나야5)를 주어야 할 일에는 현전비나야를 주고,
억념비나야6)를 주어야 할 일에는 억념비나야를 주어야 할 것이며,
불치비나야7)를 주어야 할 일에는 불치비나야를 주어야 할 것이고,
구죄자성비나야8)를 주어야 할 일에는 구죄자성비나야를 주어야 할

---

5) 논쟁 당사자를 대질하거나 혹은 삼장의 교법을 현전(現前)에서 인증하여 청정하게 하는 것이다.
6) 다른 이로 하여금 당시의 일을 기억하고 말하도록 하여 당사자의 범(犯)·불범(不犯)을 밝혀 청정하게 하는 것이다.
7) 정신병으로 범한 죄는 일단 허물을 삼지 않고, 병이 나은 뒤에 다시 거듭 범하지 않음을 살펴 불치갈마를 주어서 청정하게 하는 것이다.
8) 죄를 범한 필추가 거짓말을 하여 중죄를 가볍다고 하거나, 본죄 자체를 부정하는 경우, 승가가 백사갈마법을 통해 본죄를 다스리고 본죄를 스스로 말할 때까지 기다려 청정하게 하는 것이다.

것이며,

다인어비나야9)를 주어야 할 일에는 다인어비나야를 주어야 할 것이고,
자언비니야10)를 주어야 할 일에는 자언비나야를 주어야 할 것이며,
초엄비나야11)를 주어야 할 일에는 초엄비나야를 주어야 할 것이니라.
"만약 논쟁하는 일이 일어나면 마땅히 이 일곱 가지 법으로써 큰 스승의
가르침에 따라 법에 맞고 율(律)에 맞게 그것을 없앨 것이니라."

인욕은 정진 가운데에서 으뜸이라서
능히 열반처를 얻을 수 있나니
출가자로서 다른 사람을 괴롭게 하는 것은
사문이라고 이름하지 않느니라.

이것은 비발시여래등정각(毘鉢尸如來等正覺)께서 설하신 계경이다.

눈이 밝은 사람은 험난한 길을 피하여
능히 안은(安隱)한 처소에 이르며
지혜로운 자는 중생계에서
능히 모든 악을 멀리 벗어날 수 있으리.

이것은 시기여래등정각(尸棄如來等正覺)께서 설하신 계경이다.

헐뜯지도 않고 해치지도 않으며
계경을 잘 보호하여
음식을 만족할 줄을 알며

---

9) 논쟁이 계속되어 멈추지 않는 경우, 공개적으로나 비밀리에 투표를 행하여
  다수결로 결정하는 것이다.
10) 필추에게 죄가 있을 경우에 스스로 그 죄를 말하게 하며 죄를 청정하게 하는
  것이다.
11) 대중이 두 갈래로 나뉘어 논쟁이 멈추지 않을 경우, 두 대중을 한 자리에 모아
  양편의 상좌를 삼아 멸쟁의 논의를 통하여 논쟁을 멈추어 청정하게 하는 것이다.

와구를 수용(受用)하지 않으며
부지런히 증상정(增上定)을 닦는
이것이 모든 부처님의 가르침이니라.

이것은 비사부여래등정각(毘舍浮如來等正覺)께서 설하신 계경이다.

비유컨대 벌이 꽃을 찾아다니면서
모습과 향기를 깨뜨리지 아니하고서
그 꿀만을 구하여 가는 것 같이
필추니가 마을에 들어가는 것도 이와 같으라.

이것은 구류손여래등정각(俱留孫如來等正覺)께서 설하신 계경이다.

다른 사람을 어기고 거스르지 아니하며
짓는 것과 짓지 않는 것도 보지 않으며
단지 몸으로 행하는 것을 관(觀)하며
바른 것과 바르지 않는 것을 관할지니라.

이것은 갈낙가여래등정각(羯諾迦如來等正覺)께서 설하신 계경이다.

정심(定心)에 집착하지 말고
적정처(寂靜處)에서 삼가하고 닦아
능히 구제된 자는 근심이 없나니
항상 생각을 잃지 않도록 하라.

만약 남에게 능히 베풀 수 있다면
복은 늘어나고 원한은 스스로 사라지나니
선을 닦아 모든 악을 제거하면
미혹이 끝나서 열반에 이르리.

이것은 가섭파여래등정각(迦攝波如來等正覺)께서 설하신 계경이다

　모든 악을 짓지 않으며
　모든 선을 마땅히 닦아
　스스로 마음을 두루 조복하는 것
　이것이 모든 부처님의 가르침이라.

　몸을 보호하는 것은 좋은 것이고
　능히 말을 보호하는 것도 좋은 것이며
　뜻으로부터 보호하는 것도 좋은 것이고
　끝까지 보호하는 것이 최고의 좋은 것이다.

　만약 필추니가 모든 것을 보호하면
　능히 모든 고통을 벗어날 수 있으며
　입으로 하는 말을 잘 보호하고
　또한 뜻으로부터 잘 보호하며

　몸으로 모든 악을 짓지 아니하고
　언제나 세 가지 업(業)을 청정히 하라
　이렇게 곧 가르침을 믿고 따르는 것이
　대선(大仙)께서 행하신 도(道)이니라.

이것은 석가여래등정각(釋迦如來等正覺)께서 설하신 계경이다.

　비발시여래와 시기여래와
　비사부여래와 구류손여래와
　갈락가모니와
　가섭여래와 석가여래는
　모두가 하늘 중의 하늘이시고
　가장 높으신 조어자(調御者)이시며

일곱 부처님께서는 모두 웅맹(雄猛)하시어
능히 세간을 보호하고 구제하시니
큰 명호를 구족하시고
모든 여래가 이 계경을 설하시도다.

모든 부처님과 제자들께서
함께 계경을 존중하고 공경하면서
계경을 공경하고 존중한 까닭으로
무상(無上)의 보리를 획득하였네.

그대들이 마땅히 구하고 벗어나려면
부처님의 가르침을 부지런히 닦아서
생사(生死)의 군대를 항복받고서
마치 코끼리가 초가집을 부수듯 하라.

이 법과 계율의 가운데에서
항상 방일(放逸)하지 아니하면
능히 번뇌의 바다를 마르게 하고
괴로움의 끝을 맺을 수 있으리.

이미 설하여진 계경을
중요한 뜻을 넓고 자세히 풀어
모두가 계경을 존중하고 공경하기를
마치 검은 소가 꼬리를 사랑하듯 하라.

내가 이미 계경을 설하였나니
대중 승가가 장정(長淨)을 마쳐서
모든 유정이 복되고 이익이 되며
모두가 함께 불도를 이룰지어다.

이 권(卷)의 19장 20행(行)에 있는 오수촉정수(汚手捉淨水)의 하단본(下丹本)에는 병응당학(瓶應當學), 나아가 불언부등범(佛言不等凡)까지 약 59행(行)의 문장이 있다.

국본(國本)·송본(宋本)에는 모두 없으나, 이것은 음식에 관한 법식으로 만약 이 문장이 없으면 문장의 뜻이 단절되고, 또한 위에서 간략하게 게송으로 거두어 말한 '재가인의 집에서 위의를 바르게 갖추는 것과 발우를 보호하는 것과 환자는 제외한다.'는 말과도 어긋난다. 그리하여 중학법에서 20여 가지의 나머지의 법이 부족한 까닭으로, 지금 거란본에 의거해 이 부분을 보충한다.

옮긴이 | 釋 普雲

대한불교조계종 제2교구 본사 용주사에서 출가
중앙승가대학교 문학박사
현재 대한불교조계종 제2교구 본사 용주사 성보박물관장, 신륵사 거사림회 지도법사
중앙승가대학교 불교학과 계율학 강사

논저 |

논문으로 「한국의 관음신앙에 관한 연구」(박사학위논문) 등 다수
번역서로 『십송율』 61권, 율장의 주석서인 『살바다부비니마득륵가』 10권, 『살바다비니비바사』 9권,
『안락집』(상·하) 등이 있다.

근본설일체유부필추니비나야 根本說一切有部苾芻尼毘奈耶

三藏法師 義淨 漢譯 | 釋 普雲 國譯

2014년 10월 15일 초판 1쇄 발행

펴낸이 · 오일주
펴낸곳 · 도서출판 혜안
등록번호 · 제22-471호
등록일자 · 1993년 7월 30일

주   소 · ㉾ 121-836 서울시 마포구 서교동 326-26번지 102호
전   화 · 3141-3711~2 / 팩시밀리 · 3141-3710
E-Mail · hyeanpub@hanmail.net

ISBN 978-89-8494-517-3 93220

값 38,000 원